刑法原論

曽根威彦著

成文堂

は　し　が　き

　本書は，主として日本刑法（その中心は，1907年制定の刑法典）について，その特色・性質を刑法の根本に遡って原理的観点から論述したいわゆる体系書ないし理論書であって，その内容は，従来「刑法総論」と呼ばれてきたものとほぼ同じであるが（ただし，法技術的・制度的性格の強い「刑罰論」は独立に取り扱っていない），書名を『刑法原論』としたのはそのためである。その結果，テーマによってはかなり専門的な論文調の叙述となった箇所もあるが（この部分は文字のポイントを落としてある），これも理論の積み重ねを重視する刑法学の特色の表れとしてご理解いただければ幸いである。本書の方法論は，従来の用語例に従えば，刑法に関する理論体系的思考を踏まえたうえで論理的に整合性のある形で解釈論上の個別問題の具体的解決を図る，というものである。

　刑法についての私の基本的な考え方は，これを一言で述べれば，「刑法の守備範囲は，巷間考えられているほどに広いものではない」ということに尽きる。法効果として刑罰という強度の反作用を伴う刑法は，民法や行政法などの他の法律，あるいは道徳・慣習・習俗等の他の社会統制手段では対応のかなわない重大な反社会的行為（犯罪）に対してのみ適用される文字通り「最後の手段」（ultima ratio）でなければならない。昨今ややもすれば，社会的逸脱行動に対してマス・メディアを通して流される一面的な情報を受け取った国民世論による過剰な反応がみられ，それが刑事立法，刑事司法および刑法理論に強く影響し，著しい犯罪化・重罰化をもたらす傾向にあるが，このような傾向は厳に戒めなければならない。本書執筆の動機の1つは，まさに「刑法の適用をいかに限界づけるか」という点にあったといっても過言ではない。

　本書は，私の前著『刑法総論』（第4版　2008年，弘文堂）および『刑法の重要問題〔総論〕』（第2版・2005年，成文堂）を基本とし，これにその後の私見の展開を加味し，さらに近年の判例・学説の動向を踏まえて，刑法理論について詳論したものであって，私の刑法学のいわば集大成とでも位置づけられる性格のものである。上記の2著は，大学で使用するための講義・演習用教科書として，主として前者は法学部学生・法科大学院未修者を，後者は同既修者を読者対象としてい

たが，本書は，読者層として主に刑法学界（学会）に所属する方々（法学研究大学院の修士・博士後期課程学生を含む）を考えている。むろん，刑事司法実務に携わり現実社会に日々生起する解決困難な諸問題に心血を注がれている方々を初めとして，日ごろ刑法理論に関心をもたれている多くの皆さんに本書を手に取っていただけるならば，著者としてまさに望外の喜びである。

　今回の出版は，成文堂編集部の篠崎雄彦氏の強いお勧めによるものであった。「大学教員に定年はあっても，研究者に定年はない」と言われるものの，氏のお申し出がなければ本書が日の目を見ることはなかった。厚く謝意を表したい。また，本書の表記・校正等については，早稲田大学法学学術院の松原芳博教授の指導の下で日々研究に励んでいる伊藤嘉亮さん（法学研究科博士後期課程）、大塚雄祐さん（同）、大庭沙織さん（島根大学専任講師）、菊地一樹さん（法学部助手）、小池直希さん（法学研究科修士課程）、蔡芸琦さん（同博士後期課程）、鈴木一永さん（清和大学講師）、永井紹裕さん（法学研究科博士後期課程）、藤井智也さん（同修士課程）に「校正刷り」に目を通していただき，大変お世話になった。さらに，北川佳世子教授（早稲田大学）には，執筆に際し「過失論」につき貴重なアドバイスをいただいた。皆様方に心よりお礼を申し上げたい。

　　2015年12月　　　　　　　　　　　七回目の干支を控えて

　　　　　　　　　　　　　　　　　　　　　　　曽　根　威　彦

目　　次

はしがき (i)

凡　例 (xi)

第1編　刑法の基礎

第1章　刑法の概念・任務と基本原理 …………………… 3
第1節　刑法および刑法学 ……………………………… 3
　　1　刑法の概念 (3)　　2　刑法学 (6)
第2節　刑法の任務 …………………………………… 10
　　1　刑法の社会統制機能 (10)
　　2　法益保護—第1次社会統制機能 (11)
　　3　人権保障—第2次社会統制機能 (16)
第3節　刑法の正当化原理と刑罰権の根拠 ……………… 18
　　1　刑法の正当化原理と制約原理 (18)
　　2　刑罰権の根拠と限界 (23)

第2章　刑罰法規 ……………………………………… 33
第1節　罪刑法定主義と刑法の解釈 …………………… 33
　　1　意義 (33)　　2　沿革 (34)　　3　根拠 (36)
　　4　形式的内容と類推解釈の禁止 (38)
　　5　実質的内容と解釈の明確性 (46)
第2節　刑法の効力 …………………………………… 52
　　1　刑法の時に関する効力 (52)
　　2　刑法の場所に関する効力 (54)
　　3　刑法の人に関する効力 (56)

第3章　刑法の理論 …………………………………… 59
第1節　刑法理論の系譜 ……………………………… 59

1　近代刑法の誕生(59)　　2　古典学派の刑法理論(60)
3　近代学派の刑法理論(63)
第2節　学派の争いとその後の展開 …………………………………… 64
1　学派の争い(64)　　2　第2次大戦後の刑法理論(66)
第3節　日本における刑法理論 …………………………………………… 68
1　明治～昭和戦前期の展開(68)　　2　昭和戦後期の動向(71)
3　今日の刑法理論(73)

第2編　犯罪の成立要件

第1章　犯罪概念と犯罪論体系 ……………………………………… 79
1　犯罪の概念(79)　　2　犯罪論の体系構成(83)
第2章　行　為　論 …………………………………………………… 91
1　総説(91)　　2　行為概念の機能(92)
3　行為論の諸説(93)　　4　行為概念の内容(95)
5　条件関係(98)
第3章　構　成　要　件　論 ………………………………………… 107
第1節　構成要件の概念と理論 …………………………………………… 107
1　構成要件の概念(107)　　2　構成要件の機能(108)
3　構成要件論の変遷(112)　　4　現代の構成要件論(115)
第2節　構成要件の要素 …………………………………………………… 120
1　構成要件要素の種類(120)　　2　客観的構成要件要素(122)
3　主観的構成要件要素(130)
第3節　因果関係学説 ……………………………………………………… 134
1　条件説(134)　　2　原因説(136)
3　相当因果関係説(137)
第4節　相当因果関係 ……………………………………………………… 137
1　相当性判断の構造(137)　　2　行為の相当性(139)
3　因果経過の相当性(142)　　4　客観的帰属論(149)

第4章 違法論 ……………………………………………………… 153

第1節 違法性の概念 ……………………………………………… 153
1 意義 (153)　2 実質的違法性論 (154)
3 主観的違法論と客観的違法論 (156)
4 主観的違法要素 (159)

第2節 行為無価値論と結果無価値論 …………………………… 164
1 結果無価値・行為無価値の概念 (164)
2 行為無価値論 (166)　3 結果無価値論 (170)

第3節 可罰的違法性 ……………………………………………… 171
1 意義 (171)　2 可罰的違法性の理論の適用領域 (171)
3 判例の対応 (173)　4 学説の対応 (175)

第4節 正当化事由 ………………………………………………… 180
1 意義 (180)　2 正当化の一般原理 (181)
3 正当化事由の体系 (184)

第5節 正当防衛 …………………………………………………… 185
1 意義 (185)　2 正当化の根拠 (185)　3 要件 (187)
4 過剰防衛 (206)　5 誤想防衛 (211)
6 防衛行為と第三者 (216)　7 盗犯等防止法の特則 (220)

第6節 緊急避難 …………………………………………………… 221
1 意義 (221)　2 本質 (222)　3 要件 (231)
4 緊急避難の事例 (237)　5 特則 (238)
6 過剰避難と誤想避難 (238)

第7節 法令行為・正当業務行為 ………………………………… 239
1 総説 (239)　2 法令行為 (240)
3 正当業務行為 (244)

第8節 超法規的正当化事由（広義）……………………………… 248
1 総説 (248)　2 社会的相当行為 (249)
3 自救行為 (250)　4 超法規的正当化事由（最狭義）(252)

第9節 被害者の承諾 ……………………………………………… 255
1 総説 (255)　2 正当化根拠 (259)　3 同意傷害 (262)

4　要件（264）　　5　被害者による危険の引受け（269）
　　　6　推定的承諾（272）　　7　安楽死と尊厳死（274）

第5章　責　任　論 …………………………………………… 279
第1節　責任の概念 …………………………………………… 279
　　　1　意義（279）　　2　責任主義（279）　　3　責任の本質（284）
　　　4　責任の基礎・対象（288）　　5　責任の内容・構造（291）
　　　6　責任の要素（293）
第2節　責任能力 ……………………………………………… 297
　　　1　総説（297）　　2　責任無能力と限定責任能力（301）
　　　3　原因において自由な行為（304）
第3節　故　　意 ……………………………………………… 318
　　　1　意義（318）　　2　故意の体系的地位（318）
　　　3　要件（323）　　4　種類（328）
第4節　過　　失 ……………………………………………… 333
　　　1　意義（333）　　2　旧過失論と新過失論（334）
　　　3　要件（342）　　4　種類（358）　　5　過失犯の諸問題（360）
第5節　事実の錯誤 …………………………………………… 367
　　　1　意義（367）　　2　種類（369）
　　　3　具体的事実の錯誤（370）　　4　抽象的事実の錯誤（382）
第6節　違法性の意識と違法性の錯誤 ……………………… 393
　　　1　総説（393）　　2　違法性の意識（395）
　　　3　違法性の錯誤（402）
第7節　事実の錯誤と違法性の錯誤の区別 ………………… 408
　　　1　区別の基準（408）　　2　規範的構成要件要素の錯誤（410）
　　　3　行政法上の禁止事項に関する錯誤（411）
　　　4　正当化事情の錯誤（414）
第8節　期待可能性 …………………………………………… 422
　　　1　総説（422）　　2　期待可能性と責任阻却事由（424）
　　　3　期待可能性の判定基準（426）　　4　期待可能性の錯誤（428）
　　　5　判例と期待可能性（429）

第3編　犯罪の態様

序　章　総　説 …………………………………………………… *433*
第1章　不作為犯論 ……………………………………………… *435*
　　　1　作為犯と不作為犯（*435*）
　　　2　不真正不作為犯の作為義務と犯罪論体系（*439*）
　　　3　不真正不作為犯の成立要件（*441*）
　　　4　不真正不作為犯に関する判例（*442*）
　　　5　作為義務の発生根拠および作為との同価値性（*445*）
　　　6　作為義務をめぐる諸問題（*454*）
第2章　未遂犯論 ………………………………………………… *457*
　第1節　犯罪の発展段階 ……………………………………… *457*
　　　1　総説（*457*）　　2　既遂犯と未遂犯（*457*）
　　　3　予備（*458*）　　4　陰謀（*459*）
　第2節　未遂犯（障害未遂）………………………………… *460*
　　　1　意義（*460*）　　2　未遂犯の処罰根拠（*460*）
　　　3　実行の着手（*465*）
　第3節　不　能　犯 ……………………………………………… *478*
　　　1　意義（*478*）　　2　学説（*479*）　　3　態様（*489*）
　第4節　中　止　犯 ……………………………………………… *492*
　　　1　総説（*492*）　　2　中止犯の法的性格（*493*）
　　　3　要件（*502*）　　4　予備の中止（*511*）
第3章　共　犯　論 ……………………………………………… *515*
　第1節　正犯と共犯 …………………………………………… *515*
　　　1　総説（*515*）　　2　正犯の概念（*515*）
　　　3　共犯の概念（*517*）　　4　正犯と共犯の区別（*519*）
　第2節　間　接　正　犯 ………………………………………… *527*
　　　1　意義（*527*）　　2　態様（*529*）
　　　3　間接正犯における未遂処罰（*533*）　　4　自手犯（*536*）

第3節　共犯の基礎 ……………………………………………………… 537
　　　1　共犯の処罰根拠（537）　　2　共犯の本質（545）
　　　3　共犯の従属性（554）　　4　共犯の成立要件（560）
　第4節　共同正犯 ………………………………………………………… 561
　　　1　総説（561）　　2　要件（562）　　3　共謀共同正犯（565）
　　　4　不作為犯の共同正犯（581）　　5　過失犯の共同正犯（583）
　　　6　片面的共同正犯（592）
　第5節　教唆犯 …………………………………………………………… 594
　　　1　意義（594）　　2　要件（594）　　3　未遂の教唆（596）
　　　4　間接教唆（598）
　第6節　従犯 ……………………………………………………………… 599
　　　1　意義（599）　　2　要件（599）
　　　3　共同正犯と従犯の区別（604）　　4　不作為による従犯（606）
　第7節　共犯と身分 ……………………………………………………… 608
　　　1　身分および身分犯の概念（608）　　2　刑法65条の法意（611）
　　　3　各種身分犯と共犯（616）
　第8節　共犯の諸問題 …………………………………………………… 621
　　　1　承継的共犯（621）　　2　共犯からの離脱・中止（627）
　　　3　共犯の錯誤（635）　　4　予備罪と共犯（641）

第4章　罪数論 ……………………………………………………………… 645
　第1節　罪数の概念 ……………………………………………………… 645
　　　1　意義（645）　　2　種類（645）　　3　罪数決定の標準（646）
　第2節　本位的一罪 ……………………………………………………… 648
　　　1　意義（648）　　2　単純一罪（648）　　3　法条競合（648）
　　　4　包括一罪（650）　　5　不可罰的事後行為（652）
　第3節　科刑上一罪 ……………………………………………………… 655
　　　1　意義（655）　　2　観念的競合（656）　　3　牽連犯（656）
　　　4　かすがい現象（657）
　第4節　併合罪 …………………………………………………………… 659

　　　　1　意義・要件(*659*)　　2　効果(*659*)
　　　　3　併合罪における罪数処理(*660*)
　　　　4　観念的競合と併合罪の区別(*652*)
　　　　5　単純数罪(*665*)

事項索引 ……………………………………………………………… *667*

判例索引 ……………………………………………………………… *677*

凡　例

【参考文献】（引用はゴチックの部分による。なお，原則として，単著については著者名のみ，共著については著者名・論文名とし編者名は表示していない）

浅田和茂・刑法総論（補正版・2007年，成文堂）

阿部純二／板倉宏／内田文昭／香川達夫／川端博／曽根威彦編・**刑法基本講座　第 1 巻〜第 4 巻**（1992年〜1994年，法学書院）

井田　良・講義刑法学（2008年，有斐閣），刑法総論の**理論構造**（2005年，成文堂）

板倉　宏・刑法総論（2007年，勁草書房）

伊東研祐・刑法講義 総論（2010年，日本評論社）

植松　正・再訂 刑法概論 I 総論（1974年，勁草書房）

植松　正／川端　博／曽根威彦／日髙義博・**現代刑法論争 I**（第 2 版・1997年，勁草書房）

内田文昭・刑法 I〔総論〕（改訂版・1986年，青林書院），刑法**概要**（上）（中）（1995年・1999年，青林書院）

大塚　仁・刑法概説〔総論〕（第 4 版・2008年，有斐閣），犯罪論の**基本問題**（1982年，有斐閣）

大谷　實・刑法講義総論（新版第 4 版・2012年，成文堂）

岡野光雄・刑法要説総論（第 2 版・2009年，成文堂）

小野清一郎・新訂 刑法講義総論（増補版・1950年，有斐閣）

香川達夫・刑法講義〔総論〕（第 3 版・1995年，成文堂）

川端　博・刑法総論講義（第 3 版・2013年，成文堂），刑法総論25講（1990年，青林書院）

木村亀二・（阿部純二増補）刑法総論（1978年，有斐閣），犯罪論の**新構造**（上）・（下）（1966年・1968年，有斐閣）

草野豹一郎・刑法要論（1956年，有斐閣）

江家義男・刑法（総論）（1952年，千倉書房）

齊藤金作・刑法総論（改訂版・1955年，有斐閣）

斎藤信治・刑法総論（第 6 版・2008年，有斐閣）

齋野彦弥・刑法総論（2007年，新世社）

佐伯千仭・刑法講義〔総論〕（佐伯千仭著作選集 第 1 巻『刑法の理論と体系』2014年，信山社）

佐伯仁志・刑法総論の考え方・楽しみ方（2013年，有斐閣）

佐久間修・刑法講義〔総論〕(2009年, 成文堂)

芝原邦爾／堀内捷三／町野朔／西田典之編・刑法理論の**現代的展開** 総論Ⅰ・Ⅱ (1987年・1990年, 日本評論社)

荘子邦雄・刑法総論 (第 3 版・1996年, 青林書院)

鈴木茂嗣・刑法総論〔犯罪論〕(第 2 版・2011年, 成文堂)

曽根威彦・刑法**各論** (第 5 版・2012年, 弘文堂), 刑法学の**基礎** (2001年, 成文堂), 刑法における**実行・危険・錯誤** (1991年, 成文堂), 刑法における**正当化の理論** (1980年, 成文堂), 刑事違法論の**研究** (1998年, 成文堂), 刑事違法論の展開 (2013年, 成文堂), 刑法における**結果帰属の理論** (2012年, 成文堂), **現代社会**と刑法 (2013年, 成文堂), 我が刑法学の**歳月** (2014年, 成文堂),〔ゴチック体を『 』で引用〕

曽根威彦／松原芳博編・**重点課題** 刑法総論 (2008年, 成文堂)

高橋則夫・刑法総論 (第 2 版・2013年, 成文堂)

瀧川幸辰・犯罪論序説 (改訂版・1947年, 有斐閣)

団藤重光・刑法綱要総論 (第 3 版・1990年, 創文社)

内藤 謙・刑法講義総論 (上)・(中)・(下) Ⅰ・(下) Ⅱ (1983年〜2002年, 有斐閣)

中 義勝・刑法総論 (1971年, 有斐閣), **講述犯罪総論** (1980年, 有斐閣)

中 義勝編・**論争刑法** (1976年, 世界思想社)

中野次雄・刑法総論概要 (第 3 版補訂版・1997年, 成文堂)

中山研一・刑法総論 (1982年, 成文堂), 新版 **概説**刑法Ⅰ (2011年, 成文堂)

中山研一／西原春夫／藤木英雄／宮澤浩一編・**現代刑法講座** 第 1 巻〜第 5 巻 (1977年〜1982年, 成文堂)

西田典之・刑法総論 (第 2 版・2010年, 弘文堂)

西原春夫・刑法総論 (初版・1977年, 成文堂), 上巻・改訂版, 下巻・改訂準備版 (1993年, 成文堂)

日本刑法学会編・**刑法講座** 第 1 巻〜第 6 巻 (1963年〜1964年, 有斐閣)

野村 稔・刑法総論 (補訂版・1998年, 成文堂)

林 幹人・刑法総論 (第 2 版・2008年, 東京大学出版会)

日髙義博・刑法総論 (2015年, 成文堂)

平野龍一・刑法総論Ⅰ・Ⅱ (1972年・1975年, 有斐閣)

福田 平・全訂 刑法総論 (第 5 版・2011年, 有斐閣)

藤木英雄・刑法講義総論 (1975年, 弘文堂)

堀内捷三・刑法総論 (第 2 版・2004年, 有斐閣)

前田雅英・刑法総論講義 (第 6 版・2015年, 東京大学出版会), 刑法の**基礎** 総論 (1993年, 有斐閣)

牧野英一・刑法総論上巻・下巻（1958年・1959年，有斐閣）
町野 朔・刑法総論講義案Ⅰ（第2版・1995年，信山社）
松原芳博・刑法総論（2013年，日本評論社）
松原芳博編・**刑法の判例** 総論（2011年，成文堂）
松宮孝明・刑法総論講義（第4版・2009年，成文堂）
宮本英脩・刑法大綱（1935年，弘文堂）
山口 厚・刑法総論（第2版・2007年，有斐閣），問題**探究** 刑法総論（1998年，有斐閣），**新判例**から見た刑法（第3版・2015年，有斐閣）
山口 厚／井田 良／佐伯仁志・理論刑法学の**最前線**（2001年，岩波書店）
山口 厚／佐伯仁志編・刑法判例**百選**Ⅰ総論（第7版・2014年，有斐閣）
山中敬一・刑法総論（第3版・2015年，成文堂）

【略　　語】

大判　　大審院判決
最（大）判　　最高裁判所（大法廷）判決
高判　　高等裁判所判決
地判　　地方裁判所判決

刑集　　大審院または最高裁判所刑事判例集
刑録　　大審院刑事判決録
裁判例刑　　大審院裁判例刑法
裁判集刑　　最高裁判所裁判集刑事
高刑集　　高等裁判所刑事判例集
高刑裁特　　高等裁判所刑事裁判特報
高刑判特　　高等裁判所刑事判決特報
高裁速報　　高等裁判所刑事裁判（判決）速報
下刑集　　下級裁判所刑事判例集
刑裁月報　　刑事裁判月報
新聞　　法律新聞
判時　　判例時報
判タ　　判例タイムズ

法令名の略語は，有斐閣版「六法全書」による。

第1編

刑法の基礎

第1章　刑法の概念・任務と基本原理

第1節　刑法および刑法学

1　刑法の概念
1　刑法の意義・内容

刑法とは，①広義では，犯罪とこれに対する制裁としての刑罰[1]，およびその両者の関係を規定したいっさいの法をいう[2]。「実質的意義における刑法」とも呼ばれる。これに対し，②狭義では，1907（明治40）年に制定された**刑法典**を指している[3]。これを「形式的意義における刑法」と呼ぶ（➡︎2参照）。本書は，主として狭義の刑法を考察の対象としているが，記述の多くは，その他の実質的意義における刑法にも妥当する（8条参照 ➡︎2(3)(a)）。

刑法も他の法と様，社会統制の一手段として，社会生活の準則（ルール）の総体を定めたものであるが，国家権力が刑罰という制裁手段を用いてその遵守を強制するところに法としての特色がある。ここに**社会統制**とは，何らかの制裁によって個人の行動を一定の社会的に期待された型に合致させる過程をいう[4]。この過程において用いられる手段を「社会統制手段」と呼ぶ。法は，物理的制裁によって支えられた，自覚的・技術的・制度的な社会統制手段であるが，物理的制裁として刑罰を予定する法が刑法なのである。

---

[1] 刑法の概念をより広く定義するときは，法効果（刑事処分）として刑罰のほかに，犯罪者の将来の危険性を理由として言い渡される保安処分を含むこともあるが，わが国の刑法には保安処分に関する規定は設けられていない。なお，自由の剝奪・制限を伴う点で保安処分類似の制度としては，少年の健全育成を目的とする保護処分制度（少年法24条）がある。

[2] 「刑法」（Strafrecht）という名称は，刑法を制裁（刑罰）規範の観点から捉えたものであるが，英米法では，criminal law（犯罪法）と呼ぶのが一般である。

[3] 刑法は1995（平成7）年に現代用語化されたが，基本的に実質的な内容には変化がなかった。

[4] 碧海純一『新版 法哲学概論 全訂第2版補正版』（2000年）79頁以下参照。

2 刑法の種類

実質的意義の刑法には，広狭さまざまな種類のものがある。

(1) 刑事法　最広義における刑法（刑事法）には，①刑罰の発動に関する実体的法律関係を規定した実体的刑法（広義における刑法）のみならず，②国家刑罰権を実現するための手続を規定した刑事手続法，および③刑の執行を行政的側面から規定した行刑法が含まれる。刑事手続法の代表的なものは刑事訴訟法であり，行刑法としては，刑事収容施設及び被収容者等の処遇に関する法律（刑事収容施設法），犯罪者予防更生法などがある。

(2) 実体的刑法　広義における刑法は，ⓐ一般刑法としての刑法典（狭義における刑法）とⓑ（広義の）特別刑法とに分かれる。複雑化・流動化する現代社会においては，「特別刑法の肥大化」という現象が顕著であるが，本書では主として刑法典（総則）を考察の対象とする（➡1）。

広義の**特別刑法**は，さらに狭義の特別刑法と行政刑法とに分類される。①**特別刑法**（狭義）は，刑法典の付属法規的・補充法規的性格を有し，刑法典と同様，自然犯・刑事犯的性格の行為を規制の対象としている。これに属するものとして，軽犯罪法，暴力行為等処罰ニ関スル法律，破壊活動防止法などがある。これに対し，②**行政刑法**（広義）は，本来行政取締目的のために設けられた法規であるが，部分的に刑罰によってその遵守を強制されているものをいう（これに違反する行為が法定犯・行政犯である）。道路交通法，国家公務員法，地方公務員法，公職選挙法，大気汚染防止法などがこれに当たる[5]。

【**自然犯（刑事犯）と法定犯（行政犯）**】　①「自然犯」とは，殺人罪や窃盗罪のように，法律による規定をまたないでそれ自体として反社会的・反道義的な内容をもっている犯罪をいい，「刑事犯」とも呼ばれる。これに対し，②「法定犯」とは，道路交通法違反の罪のように，それ自体は倫理的に無色な行為であって，法律で定められることによって初めて犯罪とされるような罪をいい，「行政犯」とも呼ばれる。もっとも，例えば酒酔い運転の罪のように（道交法65条1項，117条の2第1号），当初は行政犯であったものも，社会がそれを反倫理的なものとみなすようになれば自然犯化する（法定犯の自然犯化）。

---

[5] 広義の行政刑法には，その他，経済取引および事業活動に関連する犯罪行為を規制対象とする経済刑法（独占禁止法，不正競争防止法等の罰則規定），労働法規範の効力を保障するために設けられた労働刑法（労働基準法，労働組合法等の罰則規定）が含まれる。

(3) **刑法典** 狭義の刑法は，刑法総則と刑法各則とに分けることができる。

(a) **刑法総則** 個々の犯罪および刑罰に共通な問題を総括して規定したものが「刑法総則」である。刑法典の第1編「総則」がこれである。総則には，①刑法の効力（適用範囲）等について規定した**通則**（1条～8条／➡第1編第2章）のほか，②**刑罰**について，刑の種類（9条）[6]，刑の適用（10条）[7]，刑の執行（11条以下）[8]・執行猶予[9]（25条以下），仮釈放[10]（28条～30条），刑の時効[11]（31条～34条）・消滅[12]（34条の2），累犯[13]（56条～59条），酌量減軽[14]（66条・67条），加重減軽の方法[15]（68条～72条）に関する規定が設けられ，③**犯罪**については，犯罪の不成立および刑の減免（35条～42条／➡第2編第4章・第5章），未遂罪（43条・44条／➡第3編第2章），併合罪（45条～55条／➡第3編第4章），共犯（60条～65条／➡第3編第3章）等の規定がおかれている。

刑法8条は，他の法令に特別の規定の存在しないかぎり，刑法典の「総則」がすべての実体的刑法に適用される旨を規定している。したがって，他の法令にお

---

6 刑法は，ⓐ主刑として，①生命刑である死刑，②自由刑である懲役・禁錮（無期または1月以上20年以下の有期）および拘留（1日以上30日未満），③財産刑である罰金（1万円以上）および科料（1000円以上1万円未満）を規定し，ⓑ付加刑として没収（犯罪を原因として物の所有権を原所有者から剥奪し国庫に帰属させる処分）を規定している。
7 刑の適用には，①**法定刑**（法律が抽象的に一定の犯罪に対し規定している刑罰）→②**処断刑**（法定刑に対し法律上および裁判上の加重減軽を施したもの）→③**宣告刑**（処断刑の範囲内で具体的に刑を量定しこれを宣告したもの）という3つの段階がある。
8 ①死刑は，刑事施設内において絞首して執行され（11条），②自由刑は，刑事施設に拘置して行われ（12条2項・13条2項・16条），③財産刑・没収等の裁判は，検察官の命令によって執行される（刑訴490条）。
9 刑の言い渡しの際，情状により一定期間の執行を猶予し，もし猶予期間中に特定の事故がなかったときは刑の言渡しの効力を失わせ，刑の言渡しがなかったのと同様の効果を生じさせる制度をいう。
10 刑期または留置期間の満了前に条件付きで釈放することをいう。拘留については「仮出場」という。
11 一定期間の経過を条件として，刑の言渡しを受けて確定した者につき，これに対する刑罰執行権を消滅させることをいう。刑事訴訟法上の公訴の時効（一定期間の経過を条件として，まだ刑の言渡しの確定しない者につき，これに対する公訴権を消滅させ，ひいて刑罰請求権を実現しえなくすること）から区別される。
12 刑の後効の消滅を意味する。「法律上の復権」，「前科抹消」規定ともいう。
13 確定裁判を経た2個以上の犯罪をいう。特に，以前に確定裁判を受けた後，再び罪を犯した場合を「再犯」という。
14 犯罪の情状に酌量すべきものがある場合にこれをなしうる減軽であって，法律上の減軽（減軽事由が法律に個々的に定められているもの）に対し「裁判上の減軽」ともいう。
15 処断刑を形成する際の加重減軽の順序については，再犯加重→法律上の減軽→併合罪の加重→酌量減軽と定められている（72条）。

いて刑法典の総則規定の適用を排除する趣旨を明らかにしたものがあれば，その限度においてその特別規定は刑法総則に属することになる（例えば漁業法140条）。

（b）**刑法各則**　各個々の犯罪につき法律要件と法律効果とを規定したいっさいのものが「刑法各則」である。刑法典第2編「罪」がこれに当たる。各則には，①国家的法益に対する罪（2章～7章），②社会的法益に対する罪（8章～25章），③個人的法益に対する罪（26章～40章）に関する規定が設けられている[16]。このように，国家的法益に対する罪から始めて個人的法益に対する罪に至る規定形式は，国家を最高の道義態として，個人を超えた社会的実在とみるという明治憲法下の国家観・価値観に立脚したものであるが，個人主義に立脚している現行憲法の下では，国家を，個人の利益を維持・保全する機構・装置とみて，個人的法益に対する罪から始めて国家的法益に対する罪に至る立法形式が採られるべきである。

> 【**法益の概念**】　法益とは，（刑）法の保護に値する生活利益をいう。法益は，その担い手いかんにより，個人的法益，社会的法益，国家的法益の3つに分けることができる。このうち，国民主権と基本的人権の尊重を基本原理とする現行憲法秩序の下においては，生命・身体・自由・名誉・財産などの個人的法益が刑法により優先的に保護されなければならない。したがって，公共の安全・信用などの社会的法益についても，これを，個人を超越した統一的実在としての社会の利益と観念すべきではなく，あくまでも個人的利益の集合体としての社会的利益と捉える必要がある。また，国家も，個人を超えた自己目的の存在として保護の対象となるのではなく，個人的法益を擁護するための機構・装置として，その限度で保護されると解すべきである。国の基本的政治組織，国の行政・司法作用などが国家的法益として保護されるのは，このような意味においてなのである。

2　刑法学

（1）**刑法学の分類**　刑法を研究対象とする刑法学は，刑法の種類に応じてさまざまな観点からこれを分類することができる。

（a）**刑事法学**　刑法学は，もっとも広い意味では，①実体的刑法を対象とする学問分野である「刑法学（広義）」のほか，②刑事手続法を研究対象とする「刑事訴訟法学」[17]，③行刑法を対象とする「行刑法学」，さらに犯罪と刑罰に関

---

[16] ただし，刑法第2編の各章の規定と保護法益とは，今日の視点からみると必ずしも厳密に対応するものではない。

する実証的な事実解明の学問である「刑事学＝刑事政策学（広義）」などを含んでいる。これら全体は，「全刑法学[18]」ないし「刑事法学」（最広義の刑法学）とも呼ばれる。刑事学は，さらに犯罪現象論および犯罪原因論を内容とする「犯罪学」と，犯罪対策論としての「刑事政策学（狭義）」とに分けられる。

(b) **実体的刑法学**　　広義の刑法学は，さらに，①現行刑法の規範的意味を解釈によって体系的に認識することを任務とする「刑法解釈学」と，②臨床的な解釈法学を理論的に支え，これに科学的素材を提供する「基礎刑法学」とに分けることができる。後者には，犯罪および刑法の意義についての哲学的基礎を研究する刑法哲学，刑法の歴史的発展の経過を認識する刑法史学，各国間の刑法を対比検討する比較刑法学などが含まれる（大塚7頁参照）。

(c) **刑法解釈学**　　刑法学は，狭い意味では刑法解釈学（狭義の刑法学）を指す。その目的は，どのような行為がどのような条件の下でどの程度に処罰されるべきかを明らかにするところにある。すなわち，国民の生活利益保護の見地に立って，刑罰法規から真に非難に値する行為を導き出すことによって可罰的評価の基準を示すとともに，犯罪者の人権を擁護するという見地から処罰の限界を明らかにして国民に行動の準則を示すというきわめて実践的な働きをその任務としている。刑法解釈学は，従来，規範科学として形式的合法性の論理の上に築かれてきたが，近年では，刑事学の分野において展開された実証科学的知見が刑法解釈学にも浸透し，「刑法の科学化」という状況が進行しつつある（➡(2)参照）。

刑法解釈学は，刑法が犯罪と刑罰を規定した法律であることに照らして，犯罪の実体的な成立要件の解明をその任務とする「犯罪論」と，犯罪に科せられる制裁としての刑罰の性質・在り方を検討課題とする「刑罰論」に分かれるが，その重点は，解釈に多様な広がりを見せる犯罪論におかれている。犯罪論の役割については，大別して，①犯罪の性質を踏まえた実体論的構造把握に主眼をおくものと，②犯罪の認定の在り方を問題とする認定論的構造を明らかにすることこそが

17　同じく犯罪を規定する法律であっても，刑法は，犯罪とはいかなる行為かを定めるものであり，刑事訴訟法は，その犯罪をいかにして合理的に認識・認定するかを定めるものであるから，犯罪の「性質論」は刑法学に，犯罪の「認定論」は刑事訴訟法学に委ねるのが妥当，とするものとして鈴木茂嗣「犯罪と要件事実──犯罪論と刑法学のありかた──」（近畿大学）法学62巻3・4号250-1頁。

18　「全刑法学」を提唱したドイツ近代学派の泰斗リストは（➡64頁），刑法学における客観主義と刑事政策における主観主義の併存を主張し，「刑法は刑事政策が超えることのできない柵である」ことを強調したが，この命題は今日でも基本的に妥当している。

犯罪論の課題であるとするものとがあるが，「その行為が犯罪であるか」を認定するにあたっては，先ずもって刑法が定める「犯罪とは何か」，「犯罪はいかなる構造を有するか」を明らかにしておく必要があることから（鈴木1-2頁・20頁）[19]，本書では，「犯罪の性質」を解明するという見地に立って，基本的に①の立場から犯罪論を展開することとし（犯罪実体論・性質論），必要に応じて犯罪認定の在り方にも言及することにしたい。

　刑法解釈学は，また，刑法（狭義）が刑法総則と刑法各則とに分けられるのに対応して，①すべての犯罪と刑罰に関する共通の問題についての一般的考察を行なう**刑法総論**と，②個々の犯罪類型ごとの個別問題についての特殊的考察を行なう**刑法各論**とから構成されている。刑法総論と刑法各論にはそれぞれ内容上の独自性が認められているが，両者が一体となって刑法（解釈）学を構成している以上，相互に孤立して存在することは許されず，相即不離の関係に立って有機的に結合していなければならない。

　(2) 刑法学の方法　　刑法（解釈）学には，方法論的に大別して2つの考え方がある。

　(a) 体系的思考　　刑法が法益保護機能とともに人権保障機能を果たさなければならないことからみて（➡11頁参照），犯罪と刑罰の認定が慎重かつ精確になされなければならないことはいうまでもない。刑法学の重要な社会的使命の1つとして，「刑罰権といった国家権力の発動がでたらめなものにならないようにするためには，あらゆる恣意を封じなければならない」（団藤・はしがき4頁）という学者の叫びは，まさに強烈な人権保障思想の発露である。もとより，恣意的解釈を封じるために理論体系を強調することは，ひとり刑法学固有の課題ではなく，広く実践科学である解釈法学全般にわたる要請と考えられるが[20]，特に刑罰権の行使という，時に人の存在自体を左右する重大な反作用（法効果）を伴う刑法の領域では，他の法領域にもまして，刑法理論，殊に犯罪論の理論的体系化の要請が顕著に求められるのである。そこで，従来の刑法学が厳格な形式論理に導かれ

---

[19] 鈴木26頁は，その著書が実体論的考察と認定論的考察という2つのサラブレッド体系を前提に，総合的な犯罪論（その意味では，ハイブリッドな犯罪論体系）を目指そうとするものであるとし，また，犯罪論について，これを犯罪性質論（実体論）と犯罪認定論（手続論）とに分かち，前者を刑法学の，後者を刑事訴訟法学の研究対象と解している（鈴木茂嗣「刑法学，刑訴法学，そして犯罪論──二元的犯罪論序説──」犯罪と刑罰24号（2015年3月）1頁以下，特に39-40頁参照）。
[20] 団藤重光『法学の基礎』（第2版・2007年）363頁以下。

た刑法の条文解釈や犯罪論の体系構成に心血を注いできたことには，十分な理由が認められる。これが一般に「体系的思考」と呼ばれている学問方法である。

 (b) **問題的思考**　その後，刑法も社会統制手段の一つであることが認識されるようになり，また，「刑法の科学化」が進行するようになると（➡(1)(c)），内容的に刑法の機能的考察の必要性が自覚されるとともに，形式的には体系的思考に代わる「問題的思考」の重要性が強調されることとなった（平野・Ⅰはしがき）。この機能的考察方法は，刑法が現代社会で果たしている実質的，機能的役割を重視し，刑法解釈論と刑事立法論とを一貫して考察することによって，両者を通じた批判的原理を求めようとするものである[21]。ここでは，ドグマティカルな規範的，体系的思考から機能的で合理的な政策論的思考への転換が意図されている。そして，犯罪論体系というものは，斉一的な裁判を可能にするといった目的に役立つものであって，裁判官の思考を整理し，その判断を統制するための手段にすぎない，というのである（平野・Ⅰ187頁）[22]。この立場を代表する平野が，犯罪論の体系構成それ自体を自己目的化し，完結した閉鎖的な殻に閉じこもる傾向をもつ伝統的刑法学を打ち破ろうとした根底には，刑法を機能的に考察するという観点に立って，刑罰論の側から犯罪論の再構成を試みようとする意思が強く働いていたのであり[23]，刑罰論から犯罪論を見据えるというこのような思考方法は[24]，当然に従来の犯罪論優位の体系的思考への批判を伴うものであった[25]。

　他方で，このような機能的考察方法に対しては，伝統的な立場から次のような反批判が加えられた（団藤96頁）[26]。第1に，社会制御一辺倒の考え方は，法の機械化，人間疎外の傾向を伴いがちであり，第2に，機能的アプローチの偏重は，便宜主義を招き，人権保障を弱めるおそれに対する歯止めがない，というのである。団藤によれば，機能的アプローチは，体系的な解釈法学の代用物ではなく，

21　平野龍一『刑法の機能的考察』刑事法研究第1巻（1984年）5頁。
22　平野龍一『刑法の基礎』（1966年）247頁以下。
23　中山研一『現代刑法学の課題』（1970年）113頁以下。
24　功利的，機能的な刑法観にあっては，「人は刑法によって何を達成しようとするのか」という刑法の目的，「刑法を適用することによってその目的を達成することができるのか」という刑法の効果が重視され，そのような視点から目的論的解釈論が展開されることになる。
25　これに対し，日本の刑法学は従来言われるほどに「体系的思考」に留意してきたわけではなく，むしろ犯罪体系論と個別の解釈論とが遊離してきたことから，一方では「体系のための体系」論が，他方では，カズイスティックな解釈論が横行することになった，とするものとして松宮361頁以下。
26　団藤・前掲注（20）365頁以下。

体系的な解釈法学をいっそう合目的的なものにするための技術的手段に他ならないことになる。たしかに、機能主義のアプローチが行為功利主義の観点から往々にして「社会的損益計算を合理的に遂行する者（国家）による社会成員（国民）の操作」[27]という事態に至ることは歴史の教えるところであり、殊に、機能主義が刑罰論の側から犯罪論の再構築を試みようとする意図の下に、刑法理論の目的論的―刑事政策的体系構成と結びつくとき、一般予防目的（➡13頁）を中核として国家の期待する刑事政策目的が前面に押し出され、国家刑罰権行使の倫理的正当性判断がその背後に押しやられる恐れなしとはしないのである。

(c) **両思考の有機的結合**　結論的にみれば、以上の両者の思考方法は必ずしも相容れないものではない。一般に承認されてきた犯罪論体系が近代刑法の基本原理を反映したものであり、機能主義により批判の対象とされた体系的思考も、それが裁判官をコントロールするための手段であるとすれば、その理論的、実践的意義にはきわめて重大なものがあると言わざるをえない。また、実践科学である法解釈学が社会の提起する諸問題に個別的、具体的回答を与えなければならないのは理の当然であり、刑法の機能的考察を離れて健全な刑法解釈学が成り立ちえないことも確かである。体系的考察は、解釈による法的安定性に資することによる人権保障的寄与は別として、それ自体に自己目的的意味があるわけではなく、新たに提起される具体的問題を解決するための理論を体系化するという実践的課題を果たすことにその存在理由が求められる。これからの刑法学は、「体系的思考」と「問題的思考」を有機的に結び付け（松宮367頁）、刑法の基本原理を損なうことなく（➡第2節・第3節）、理論体系的に整合性のある問題解決が図られることに意を用いるべきであろう。

第2節　刑法の任務

1　刑法の社会統制機能

近現代の社会において刑法が果たすべき任務・役割は、刑法の機能・働きを考察することにより明らかとなる。法は、発生史的にみれば、まず、①社会の組織された権力による秩序維持のための社会統制の技術として現れた。しかし、②近

---

[27]　小林公『法哲学』（2009年）361頁参照。

代国家においては，法にもう1つの重要な任務，すなわち「人間の尊厳」「個人の尊重」の思想（例えば憲法13条）を背景として，国民の権利・自由を保障するために統治権力そのものを統制する技術としての任務が課せられることになった。法の機能のもつこの2つの側面を，それぞれ**第1次社会統制機能**および**第2次社会統制機能**と呼ぶ。近代法による社会統制の特色は，法が（第1次）社会統制の主体（国家）自体をも統制する働きをもつ点に認められる。

　刑事法，およびその一部を構成する刑法においても事情は同じである。むしろ，まさに刑法の分野においてこそ，第1次社会統制機能と第2次社会統制機能との複雑な関係がもっとも典型的な形で現れるのである。刑法は，行為規範違反の行為に対する制裁として刑罰を科す制裁規範である，と説かれることが多いが（例えば，高橋7頁以下参照），刑法は，同時にそのような制裁に対して一定の制約を設ける規範でもあるのである。刑法における法益保護機能（ないし規制・規律機能）と人権保障機能との関係がこれである。

　例えば，刑法235条は，「他人の財物を窃取した者は，窃盗の罪とし，10年以下の懲役又は50万円以下の罰金に処する」と規定しているが，この条文には2つの作用が秘められている。第1は，裁判官に対して窃盗犯人を「10年以下の懲役又は50万円以下の罰金に処する」権限を付与することによって，国民の財産的利益を保護するという積極的な作用がこれである（第1次社会統制機能）。そして第2に，この条文は，裁判官に対して窃盗犯人に「懲役10年または罰金50万円を超える刑を科してはならない」ことを命ずるという，ある意味では形式的な，しかしきわめて重要な作用を営んでいるのである（第2次社会統制機能）。

　刑法は，犯罪者を処罰することによって国民の法益を保護すると同時に，無用に人を処罰しないようにすることによって国民の人権を保障している。刑法のもつ法益保護機能と人権保障機能をどのように結びつけてゆくか，ということが刑法学の永遠の課題であるといえよう[28]。

2　法益保護――第1次社会統制機能

(1) 意　義　今日，刑法の第1次社会統制機能を法益保護に求めるのが一般であるが，これは必ずしも自明のことではない。この問題は，現代社会において

28　制裁規範としての刑罰の目的を「法的平和の回復」に求めることから，刑法の機能として法益保護機能・自由保障機能に加え，法的平和を指し示す象徴的機能を挙げるものとして，高橋21頁。

国家が果たすべき役割をどのようにみるか，ということと密接に関連している。この点に関し，従来，個人の法益保護侵害を伴わなくても倫理的に悪い行為をしたというただそれだけの理由でこれを刑法的に規制することができるか，ということが論じられてきた。もとより，例えば殺人や窃盗，放火など，通常の犯罪は倫理的悪であると同時に法益侵害結果を伴っているから，他者を害する行為を禁止する倫理が同時に刑法の見地からも擁護されなければならないことについては争いがない。問題となるのは，単なる性的不道徳行為のように（例えば，わいせつ文書の頒布，売春等），倫理的には悪とされるものの必ずしも個人の被害法益が特定しえない行為の扱いである（➡21頁）。

(2) 社会倫理維持説　1つの考え方は，刑法に法規範としての独自の存在意義を認めつつも，刑法の機能を倫理・道徳のそれに近づけて理解し，刑法も基本的には社会倫理維持の任務をもつとするものである。この立場も，刑法が生命・身体・自由・名誉・財産といった個々人のもつ社会生活上の利益（法益）を保護していることを否定するわけではないが，このような法益保護機能は，刑法が社会倫理を維持することの結果として副次的に派生する効果として捉えられているにすぎない。そして，刑法の社会倫理的機能（一般に規制・規律機能[29]と呼ばれる）を強調するとき，それは，社会の存立のために必要なかぎり，個人の法益侵害結果を伴わなくても不道徳な行為は不道徳であるという理由だけで犯罪として処罰されるべきである，とする刑法の道徳形成機能を肯定する立場に至ることになる[30]。

しかし，近代社会における法は，倫理的価値観が多元的に存在することを前提として，社会倫理に対し独自の領域と機能を主張するところにその特色があるのであるから，その一部門である近代刑法も，「個人の生活利益を保護するために存在するのであって，個人に礼儀正しい『立居振舞い』を教えるために存在する

---

[29] 刑法は，規制的機能を営むことによって法益保護機能と保障機能とを果たすとしたうえで，保護機能と規制機能とは表裏をなすべきものであり，法益保護だけの強調が妥当でないと同時に，法益の見地をぬきにした義務思想は危険である，とするとするものとして団藤14頁。なお，大谷7-8頁は，刑法の社会的機能を規制機能と社会秩序維持機能とに分けたうえ，後者をさらに法益保護機能と人権保障機能とに分けている。

[30] 近年では，刑法規範のもつ規制機能を唱えつつ，これを社会倫理の観点から切り離して考える見解も有力であるが（井田・理論構造8頁，福田4頁注1），行為者の主観を重視し，法益侵害の現実的危険のないところに規範違反性（違法性）を認めるかぎり，そこに倫理的考慮が忍び込んでくることは避けられないであろう。

のではない」（平野・I 51頁），と解さなければならない。刑法の道徳形成機能を認める立場は，国家がその価値観に基づいて自己が正しいと信ずる社会倫理（国家的道義）を刑罰によって国民に押しつけてくる危険を不可避的に伴うであろう（同旨，浅田10頁，内田12頁，内藤・上47頁以下，中山13頁など）。

(3) **法益保護説**　国民主権主義と，個人の尊厳を基礎とした基本的人権の尊重を基本原理とする日本国憲法の下においては，国家の役割は，個人の生活利益（個人的法益）とその集合体としての社会の利益（社会的法益）の保護，およびこれらの利益を維持・促進するための諸機構・装置（国家的法益）の保護に求められるべきである。法益が安全に保たれている状態を維持・保全することが刑法の任務なのであり，したがって，刑法の第1次社会統制機能は，法益の保護にあると考えられる。刑法は，抽象的に一定の法益侵害行為に対し刑罰を科すことを規定することによって，また，現実に行われた法益侵害行為に実際に刑罰を科すことによって，国民一般が犯罪に陥ることを防止し（**一般予防**[31]），あるいは犯人が将来再び犯罪を犯さないようにする（**特別予防**）という作用を営んでいるのである。そして，刑法のもつ法益保護機能を強調するとき，市民的安全の要求に対する配慮から，国民生活の向上と安定に伴って，被害感受性，市民的安全保護の要求が増大し，市民の間に応報感情の強化がみられるとして，個人間の利益調節の手段としての刑法はいくらか積極的になってもよい，とする主張となって現われてくる[32]。

しかし，刑法が法益保護機能をもつといっても，法益を保護するためであればいつでもどこでも刑法を用いてよいということではなく，刑法が使われるのは，法益の侵害・危険という事態が生じたときに限られる（侵害原理／➡18頁）。また，そのような事態が生じたとき直ちに刑法がこれに介入すべきだというわけでもない。それは，刑法が法効果として刑罰という峻厳な物理的制裁を伴う社会統制手段なのであって，その反作用・副作用にも看過しえないものがあるからである。したがって，刑法は，いわゆる「最後の手段」（ultima ratio）として，他の手段（刑法以外の法，あるいは法以外の社会統制手段）では十分でないときに，初めて

31　これに対し，行為の時点で違法・適法の限界を明らかにするという刑法規範のもつ提示・告知機能に着目して，規範による一般予防の働きを強調するものとして，井田・理論構造10頁以下。
32　その具体的帰結としては，未遂成立の早期化，不作為犯成立の拡張，プライバシーの刑法的保護，常習犯人・精神異常犯人に対する保安処分の導入が挙げられている（平野・前掲注(22) 120頁以下）。

補充的に介入すればよいのである。これを刑法の謙抑性（補充性）という。その結果，刑法の対象となる行為は，おのずから断片的なものとならざるをえない（刑法の断片性）。次に述べる刑法の人権保障機能が，第2次社会統制機能として，第1次社会統制機能（法益保護機能）を外部から制約する原理であるのに対し，刑法の謙抑性・断片性の原則（**謙抑主義**）は，いわば第1次社会統制機能に内在する制約原理であるといえよう。

(4) 現代の法益論　現代刑法においては，保護法益の抽象化と法益保護の早期化という現象が顕著である。

(a) **法益概念の機能**　法益保護説の見地から，法益概念を中心に刑法の機能について考察するとき，法益概念は次の2つの機能を有している。まず，ⓐ刑罰法規によって保護されている法益は，刑法の解釈原理として，各犯罪構成要件の解釈のための指針としての役割を果たしている（体系内在的機能）。例えば，器物損壊罪（261条）の保護法益を器物の（一般的）効用と解するときは，その物の物質的な毀損を伴っていなくても，その効用を害する一切の行為が「損壊」に当たることになる（効用喪失説）[33]。次に，ⓑ例えば売春のように，単なる道徳違反の行為を刑罰化することに対して，そこに保護に値する法益が存在しないことを主張して，そのような態度を犯罪化することに歯止めをかける機能がある（体系批判的機能／➡ 2(2)）。そして，個人の自由保障に最大の価値を見出した19世紀以降の近代刑法における法益論の特色は，法益概念がもともと犯罪概念の不当な拡張を防止することによって刑法学に導入されたという歴史的経緯からして（➡155-6頁），体系内在的機能に対する体系批判的機能の優位にあったのである。ところが，20世紀末以降の現代刑法においては，体系批判的機能が後退し，法益の保護を万全とするために，「犯罪化」「刑罰化（重罰化）」の現象が顕著になってきたという傾向が認められる。

(b) **法益論の変容**　従来の近代刑法が法益概念を実体的，具体的に捉え，しかもそのような実体的法益に対する侵害・危険が現実化した段階で初めて刑法は介入すべきである，という方向を目指してきたのに対し，現代刑法は，市民生活の安全性欲求の高まりに応ずる今日の世界的潮流を背景として，これとは異なる様相を呈してきている。すなわち，危険（リスク）社会の到来を前提とした現代刑法は，抽象化された法益をしかも早期に保護するという形で，「保護法益の抽象化」と「法益保護の早期化」という2つの要請を同時に追求しようとするに至っている（危険刑法・予防刑法）。法益保護に対する内在的制約が取り払われつつあるのである。

現代刑法にあっては，まず，①刑法により保護の対象とされる法益が一般化，抽象

---

[33] また，住居侵入罪（130条前段）の保護法益について，「住居へ他人の立入りを認めるか否かの自由」と解するとき（自由権説），住居の平穏を害するような態様の立入りであっても，それが居住者の意思に合致していれば「侵入」には当たらないことになる。

化し，保護の範囲が空間的に拡散している（保護法益の抽象化）。この傾向は，特に国民の経済的利益一般，「自由な経済秩序」といった経済システムを保護対象とする経済刑法や，「自然の生態系の多様性」といった環境システムを保護対象とする環境刑法等の分野で顕著であって，そこでは，一般的，抽象的な社会システム，社会制度自体が法による保護に値する利益（法益）として捉えられている（普遍的法益）。そして，この種の利益を保護対象とする刑法が現実に果たしている役割として指摘できるのは，法益概念が希薄化した結果，実際には，刑法が各人の個別具体的な法益を保護するために機能するというよりも，法益保護を謳う規範（ルール）そのものを維持するために用いられ，その手段として刑罰権が行使されるようになった，ということである。しかも，このような抽象的な普遍的法益においては，行為と法益侵害結果との間の因果関係が必ずしも明らかではないことから，これらの法益を遺漏なく保護しようとするあまり，その保護領域を時間的に前倒しする要請が生じてきたのである。

　そこで，②現代刑法の第2の特徴は，このように抽象化された法益はもとより，伝統的に承認されてきた生命・身体・自由・名誉・財産等の実体的法益についても，その侵害，現実的危険の発生を待つことなく，侵害の抽象的危険が発生したとみられる段階ですでに，したがって侵害からかなり遠い時点で刑法の介入を認めるようになったということであり，法益の保護の範囲が時間的にも拡大してくることになった（法益保護の早期化）。このように，法益侵害から遠い段階で，早期に刑法の介入を認めようとすることから，その時点では，保護の対象となる法益が伝統的なものについても「法的平和」，「公共の平穏」，「公共の秩序と安全」といったように，漠然かつ曖昧模糊としたものとしてしか捉えられなくなったのである。

　(c) **現代刑法の特色**　近代刑法から現代刑法に至る過程において，保護法益の抽象化と法益保護の早期化が相互補完的な作用を営むことによって，抽象的危険犯（➡81頁）の増大をもたらし，刑法の守備範囲は飛躍的に拡大することになった。そのことは，例えば，近代刑法に属し，純粋に人間関係的法益概念が採られ，しかも生命・身体に対する危険・侵害が現に発生して初めて犯罪を構成することとされている公害罪法[34]と，典型的な現代刑法の1つとして，純粋な静態的法益概念を採用し，かつ，生態系の保全といった抽象的法益を保護するために早期の介入が要請される環境刑法との対比から明らかである。たしかに，自然環境を良好に保全することは現代社会において我々に課せられた最大のテーマの1つであるが，それは第一次的には社会の自律的規制に委ねられるべきものであり，また，それを担保するものとして民事・行政法の活用が期待されるのであって[35]，積極的に新たな社会秩序を形成する役割を果たすのは，ウルティマ・ラティオとしての刑法の任務ではないであろう。現代社会の生み出す諸問題に対し，社会秩序を維持するため予防規制的機能を果たすことが刑法の本

---

[34]　公害罪法が処罰の対象としているのは，「人の健康を害する物質を排出し，公衆の生命又は身体に危険を生じさせる」行為（2条1項，3条1項），あるいは「人を死傷させ（る）」行為（2条2項，3条2項）に限られている（傍点筆者）。

来の任務であるのか，についてはやはり疑問を払拭しえないのである。
　ところで，①刑法は，本来，「司法法」の1つとして法的安定性および正義の指導原理によって支配され，合目的性の原理によって支配される「行政法」から区別されてきたが，現代刑法の多くは，合目的性の理念を追求して，本来行政法の分野に属すべき多くの課題を自らの内に取り込んでいる。ここでは，行政目的実現のために，行政法規違反行為に対し行政制裁に代えて，あるいはこれに加えて刑事罰を多用化することによって，刑法が国家の政策目的追求に対する柵・防壁として機能することを放棄し，国家・社会目的実現のための道具・手段として機能するに至っているのである。また，②現代国家・社会においては，犯罪に対する国家刑罰権の行使を定め，これを規制する法規として「公法」に属すべき刑法が，不法行為に対する損害賠償を規定する法規として本来「私法」に属する民事上の諸問題とも深く関わってきている。現代社会にあっては，法領域間の相互関連に関心が払われ，法的規制の分野における総合的な協力と連携の在り方が問われているが，その場合でも，刑法における謙抑主義は徹底されなければならず，刑法の最終手段性，二次的・補充的性格，担保法的役割は堅持されなければならないであろう[36]。

3　人権保障——第2次社会統制機能

(1) 法益保護機能との関係　刑法の果たすべき第2次社会統制機能は，基本的人権の保障に求められる。刑法は，国家刑罰権の行使を制約することによって，国家権力の濫用から犯罪行為者，ひいては国民一般の権利・自由を保障するという機能を営む（**刑法のマグナ・カルタ機能**）。国民に向けられた刑法の法益保護機能と国家に向けられた人権保障機能とは対抗関係に立ち，その間に矛盾・衝突が生ずることは避けられない。刑法の謙抑性・断片性の原則は，法益保護機能の側からその矛盾を小さくしようとする努力の現れであるが（➡2(3)），そこには内在的制約に伴う作用上の限界がある。処罰に値する重要な生活利益を侵害する行為が行われても，その行為を罰する規定が存在しないとき，矛盾はいぜんとして解消されていない。このような場合，刑法の人権保障機能が法益保護機能に優先することになるのである（浅田13頁，内藤・上58頁など）。第2次社会統制に特別の力点をおく近代刑法の特色は，ここにおいてその真価を発揮する。「罪刑法定主義」の原則がこれであり，次章で詳論することにしよう（➡第2章第1節）。

---

[35] 浅田和茂「刑法的介入の早期化と刑法の役割」〔浅田ほか編〕井戸田侃先生古稀祝賀論文集『転換期の刑事法学』（1999年）738頁。
[36] 以上につき，曽根「現代刑法と法益論の変容」『展開』23頁以下。

(2) **現代刑法と人権保障機能**　近代刑法の特色は，先に述べたように，国民の権利・自由を保障するために国家刑罰権の主体である統治権力そのものを統制する点に求められたが（➡第2節1），第1次社会統制機能（法益保護機能）と第2次社会統制機能（人権保障機能）との関係では，むしろ前者に対する後者の優位が認められてきたのであった。しかるに，20世紀後半以降のわが国においては，近代刑法に対するいわばポスト・モダンの現代刑法の特色ともいうべきものが顕著に現れてきている。その1つは，上述の法益保護機能自体の在り方の変化にみられるが，他の1つは，それを超えて，近代刑法において最大の価値・意義を付与された人権保障機能の後退に伴い，現代社会の要請に基づく法益保護機能の優越的地位の回復という，いわば近代法の遺産を視野に入れない先祖返り，プレ・モダンへの回帰という現象が顕著になってきたことである。このような傾向は，刑事判例・立法，刑法理論の各分野にみられるところであるが，その要因にはさまざまなものが考えられる。

　ここでその1つを挙げるとすれば，科学・技術・企業・医学等の分野で国境を越えて危険を発生させ，人々を不安と恐怖，混乱に陥れているいわゆる「危険社会」の到来という問題がある（➡14頁）。日々激変を遂げる混乱した社会状況は，学校・家庭・職場・地域等による伝統的な社会統制が弱体化した今日，刑法という統制手段への依存度をますます高め，刑罰権の行使に伴う重大な反作用・犠牲には目を閉じて，刑法に対し過剰な期待を寄せることになる。そこでは，近代社会における「国家権力対市民の権利」の対立図式に代えて，「危険（犯罪）対安全（不安の解消）」の図式が描かれ，刑法は，市民的犠牲をも厭わない戦争法規的役割を担わされることになるのである。犯罪者は，人権の主体であることを拒否されて，市民社会にとり危険な存在として排撃の対象とされ，刑法は，犯人のマグナ・カルタであることを放棄してそれとの闘争に邁進することになる（敵味方刑法）。しかし，ここでもやはり我々は，「加害者も人間である」という平等な人間観に立って，犯罪者との市民的共生を目指す近代刑法の原点に立ち返る必要があるであろう[37]。

---

[37] 私見の詳細については，「現代の刑事判例・立法と刑法理論」『現代社会』1頁以下。

第3節　刑法の正当化原理と刑罰権の根拠

1　刑法の正当化原理と制約原理

　刑法についての基本問題を考察するにあたっては，刑法のもつ第1次・第2次社会統制機能に照らして，相対する2つの方向からのアプローチが不可欠である。1つは，刑法が国家刑罰権の行使を通して国民（犯罪者を含む）の権利・自由に干渉することが許されるための正当化原理であり，他の1つは，その干渉を限界づけるために国家に向けられる刑法介入に対する制約原理である。

　(1) モラリズムと功利主義　刑法が刑罰という手段を用いて個人の権利・自由に介入することができる根拠については，刑法の機能に対する理解の相違に関連して，①社会倫理維持説の根底にあるモラリズムの立場と，②法益保護説を背後から支えている功利主義の立場とに大別することができる。①の**モラリズム**は，社会生活のあらゆる場面で社会倫理の維持を重視する考え方であって，特に(刑)法の目的を倫理それ自体の強制に求める立場を**リーガル・モラリズム**[38]と呼んでいる。これに対し，②の**功利主義**の立場は，刑法による介入の基礎に，「文明社会のどの成員に対してにせよ，彼の意志に反して権力を行使しても正当とされる唯一の目的は，他の成員に及ぶ害の防止にある」[39]とする，J・S・ミル(1806-73)の思想に由来す**他者侵害原理**（他者侵害なければ刑罰なし）を据える。功利主義も，人間社会における道徳を無視するわけではないが，それは，動機の純粋性を問題とする内心の個人道徳として捉えられ，そこには刑法の干渉を拒否する自由主義的な性格が与えられている[40]。

　「法の外面性」，「道徳の内面性」という規制対象に対する法と道徳（倫理）との区別に関する基準に照らし，他者を害することに結びつかない単なる道徳（倫理）違反は，他者性（外面性）の規制を主要任務とする(刑)法によって規制されるべきではない。リーガル・モラリズムがその前提としている，国家を倫理の源

---

[38]　判例を意識した場合の日本の伝統的な表現としては，「醇風美俗論」がこれに近い（佐伯(仁) 9頁参照）。
[39]　J. S. Mill, On Liberty, 1859. 塩尻公明・木村健康訳『自由論』（岩波文庫・1971年）24頁。
[40]　20世紀におけるリーガル・モラリズムをめぐる争いとしては，私的な同性愛と売春を処罰から解放することを内容とする1957年のウォルフェンデン委員会の報告書（イギリス）をめぐって，リーガル・モラリズムの立場からこれを批判したデヴリン判事と，刑法は私的道徳に干渉すべきではない，としてこれを支持した法哲学者の H. L. A ハートとの論争が著名である。

泉と解する国家主義の思想は，価値観が対立し，何が正義であるか一義的には明らかでない多元的な現代社会の理念とは相容れない考え方である。反倫理的行為をそれだけの理由で処罰することは，むしろ，近代社会の共通の理念である個人の自由，個人の尊重の理念を脅かすことにもなる。個人の平等・独立の人格的価値の承認を意味する「個人の尊厳」は，価値の多様化を生み出す源泉であって，現代国家においても普遍的に実現されるべき根本的な価値観として承認されなければならないのである[41]。

　このように，（刑）法によって倫理を強制するリーガル・モラリズムは否定されるべきであるが，そうであるからといっておよそモラリズムがすべて排斥されるというわけではない。モラリズムには，倫理（社会道徳）を強制する目的で行われる国家的介入を正当視する側面（積極的モラリズム）と並んで，国家の介入は個人の尊厳（個人の尊重）の理念に反しない限度で許される，という側面（消極的モラリズム）もある。リーガル・モラリズムが否定されるのは，それが前者の積極的モラリズムに属するからであって，**消極的モラリズム**は，個人の権利・自由の価値を重視する近代社会において，刑法による介入の正当性を担保するための制約原理として重要な機能を果たしている。今日では，刑法自体の倫理性が要請されているのであって，刑法およびその担い手である国家も道徳的批判の前に立たなければならないのである。刑法の人権保障機能は，実は消極的モラリズムによって支えられているのであって，国家に対する倫理性の要請は，特に刑罰権行使の限界を考える際に重要な意味をもってくる（➡2）。

　(2) パターナリズムと刑法　　法益保護説を徹底すると，ある人が他人に侵害を加える場合でなくても，行為者本人を害する（おそれがある）場合に本人自身の保護のために，その自由に干渉することも許されることになるが，このような考え方を**パターナリズム**（父権的干渉主義）という[42]。例えば，賭博罪（185条・186条）は自己の財産に損害を与える行為，あるいは同意のある他人の財産に損害を与える行為を処罰している，と解するならば，パターナリズムの思想を刑法に取り入れたものということになる（➡(3)(b)）。しかし，他者侵害原理を高唱したミルは，成熟した能力をもつ成人は，自己自身のことに関して本人がもっともよく知っているということから，パターナリズムに批判的な立場を採った。「他人」

41　金沢文雄『刑法とモラル』（1984年）37頁参照。
42　パターナリズムに関しては，中村直美『パターナリズムの研究』（2007年）が詳しい。

への侵害は，人（侵害者）の自由への介入・干渉への正当化根拠となるが，「自己自身」への侵害は，介入の根拠となりえないというわけである。

　そこで，刑法において，パターナリズムもまたリーガル・モラリズムと同様に否定されなければならないのか，ということが問題となる。個人は，賢明でない誤った判断でも，その判断行為から学びつつ，試行錯誤的に判断能力を高め，統合的人格を形成してその自律や個性を完成させてゆくことを考えれば，少なくとも全面的にパターナリズムを承認することには躊躇せざるをえない。しかし，複雑な現代社会にあっては，われわれ自身が自分に関することについて必ずしも常に「最良の判断者」(best judge) というわけにはいかないのであって，一定の範囲で人々，特に社会経済的弱者を彼ら自身から保護する必要のある場合があることは否定できない。ところで，一口にパターナリズムといっても，これにはさまざまな態様のものがある。

　(a)まず，①**積極的パターナリズム**と②**消極的パターナリズム**の区別が可能である。①は，平均以上の利益を創造的に生み出すため，あるいは倫理的堕落を「自己自身による侵害」とみて，倫理的改善を目的として法が強制的に介入することであり（倫理的パターナリズム），②は，放置すると社会生活に必要不可欠な平均的生活利益すら確保できない者のために例外的に法の介入を許容するものである。このうち，①の積極的（倫理的）パターナリズムについては，リーガル・モラリズムを否定する立場から，刑法においてこれを容認することはできないが，②の消極的パターナリズムについては，放置すると自己の生命・身体を侵害する場合など（例えば，刑法202条の自殺関与罪），一定限度でこれを認めることができよう。

　(b)次に，①**ハード・パターナリズム**（強い意味のパターナリズム）と②**ソフト・パターナリズム**（弱い意味のパターナリズム＝ベネフィシェンス）の区別も可能である。①は，判断能力が十分である人間について，被介入者の完全に任意な選択・行動にも法が介入することを認め，②は，判断能力が十分でない人間について，被介入者の不任意な選択・行動に対してのみ介入を認めるものである。自己決定権の利益が自律的判断の尊重にあるとしてこれを重視する立場から，前者の（ハード）パターナリズムは承認しえないが，後者のベネフィシェンスの原理の方は刑法においても一般に承認されている。例えば，13歳未満の者に対するわいせつ行為・姦淫行為は，その者の同意があっても犯罪を構成するが（176条後段・177条後

段)，これは判断能力が十分でない者について，その選択・行動に任意性が認められないことから，その者の保護のために刑法の介入が認められているのである。

(3) 非犯罪化論　刑法の3つの基本原理を侵害の対象との関係で見てみると，ⓐ侵害原理は，行為者以外の他人がその者の意思に反して被害を受ける「他者侵害」の場合，ⓑモラリズムは，およそ特定の被害者の存在が認められない「侵害不在」の場合，ⓒパターナリズムは，行為者が自己の利益を侵害し，行為者自身が被害者となる「自己侵害」の場合（および被害者の承諾がある他者侵害の場合）に問題となることが分かる。そして，刑法においては基本的に侵害原理のみが肯定され，モラリズムとパターナリズムは例外的にのみ認められるということになると，①具体的に被害者が特定されえない場合（被害者のない犯罪），②行為者自身が被害者となる場合（自己が被害者である犯罪），さらに③他人の法益を侵害していてもその者の意思に反していない場合（被害者の承諾に基づく犯罪）については，これを刑罰の対象とする必要がない，むしろ対象とすべきではないのではないか，という疑問が生じてくる。以下，前2者のケースについてみてみることにしよう（③については，➡255頁以下）。

(a) 被害者のない犯罪　典型的にはいわゆる風俗犯にみられるように，社会倫理に反するとされている行為であっても，具体的にどのような法益を侵害しているのか必ずしも明らかでない場合には，刑法の第1次社会統制機能について，どのような立場に立つかによって結論に違いが生じてくる。日本では，法益保護説の見地から，このような〈犯罪〉については刑法のカタログから外すべきである，とする「非犯罪化論」が昭和40年代の刑法改正作業に関連して議論されるようになった。すなわち，非犯罪化を適切に推進することによって，倫理面における国家の干渉を抑制し，それによって人格的自由と個人責任の領域を拡大することは，個人の尊厳をいっそう尊重する所以である，と解せられるに至ったのである。

非犯罪化論は，わいせつ物頒布等の罪など，特に性的不道徳行為の処罰について問題となることが多い。まず，ⓐリーガル・モラリズム（社会倫理維持説）の立場からすると，わいせつ物の頒布等のように善良な性的道義観念に反する行為は，社会を存立させる共通の倫理を維持するためにこれを処罰しなければならない，ということになる。しかし，この場合，いったいいかなる内容の性道徳・性秩序が害され，社会にいかなる実害が生じているのか，必ずしも明らかではない。そこで，ⓑ侵害原理を重視する功利主義の立場（法益保護説）からは，性的不道徳行為を処罰することは，個人の自由な選択の行使という価値を妨害し，また，性的衝動の抑圧が個人の感情生活，個性の発展等に悪影響を及ぼすのであって，それにもかかわらず刑法による介入

を認めようとするのであれば，そのこと自体について道徳的正当化を必要とするが，性的不道徳行為が社会に及ぼす実害を証明しえない以上，介入に対する道徳的正当化は認められない，と主張する。

もっとも，この立場でも，わいせつ文書の頒布等の行為が侵害原理およびソフト・パターナリズム（ベネフィシェンスの原理）に抵触するときは，例外的に処罰が肯定されることになる。①侵害原理によって説明されるのは，その種の図書を「見たくない者」に対しその者の意思に反してこれを無理やり見せるような場合であって，「見たくない者の自由」の利益を害する行為として処罰の対象となる。また，②ベネフィシェンスの原理によって説明されるのは，青少年に対しわいせつ図書を頒布等する場合であって，青少年がわいせつ図書等の取得・購入を望んだとしても青少年の保護・福祉の見地から刑法的介入が認められるのである[43]。

(b) 自己が被害者である犯罪　　（他者）侵害原理の下では，「他人に対する危害」が刑法による介入の根拠とされたが，現行刑法は自己に対する危害とみられる場合をも処罰の対象としている。賭博罪（刑法2編23章）や堕胎罪（同29章，特に自己堕胎罪（212条）），一部の薬物犯罪（自己使用罪）等がその例である。ここでは，賭博罪について見てみることにしよう。

刑法の正当化原理との関連で賭博罪の処罰根拠（保護法益）として考えられているのは，次の2つである。まず，①第1の見解は，各則の体系的位置づけに照らし現行法が採用しているとみられるリーガル・モラリズムの立場からのもので，例えば，最大判昭25・11・22（刑集4巻11号2380頁）は，賭博は国民の射幸心を助長し，怠惰浪費の弊風を生じさせ，健康で文化的な社会の基礎をなす「勤労の美風」を害するから処罰される，としている（風俗犯説）。しかし，はたして「勤労の美風」を養うといった抽象的な経済的風俗の維持自体を刑法の任務と解することができるか，したがってその侵害が賭博罪処罰の根拠となりうるかは，法益保護説の見地から大いに問題となるところである。

そこで，②第2の見解は，パターナリズムの立場から，賭博は自己の財産に損害を与え（負けた場合），あるいは同意のある他人の財産に損害を与える（勝った場合）行為であって，自ら自己の財産を保持しえない者（行為者または相手方）のために国家が刑罰という手段を用いてその者に代わってこれを保護するのだと説明される（財産犯説）。しかし，消極的パターナリズムの原理自体はこれを認めるとしても，生命・身体・自由といった法益と比較して価値的に劣る財産の侵害の場合にも，なおパターナリズムを援用して国家が刑罰を用いてまで介入できるかは疑問である。

賭博罪の処罰は「一罰百戒」的な意味しかなく，他人の意思に反する利益侵害のみを処罰すべきである，とする（他者）侵害原理の見地からは，賭博罪処罰を理論的に基礎づけることは困難である。明確な処罰根拠をもたない賭博罪の規定を存置するこ

---

[43] 児童ポルノの処罰は，成人のそれとは異なり，侵害原理によってもベネフィシェンスの原理によっても基礎づけられよう。

とは，国民一般に，今日の社会で賭博行為が日常茶飯事に行われているという現実とのギャップを意識させ，かえって国民の遵法精神の弛緩を招き，ひいては遵法精神の喪失が刑法からその倫理的基礎を奪う結果となる。他方，国や地方公共団体が財政上の理由から，事実上賭博に当たる競馬・競輪・競艇等の「公営賭博」を行っていることは，国民にますます賭博罪の処罰理由を疑わせる結果ともなっており，国民の間で，賭博に対する拒否反応が解消ないし緩和され，罪の意識が希薄化の一途をたどっている現在，立法論的には，むしろ賭博罪，特に単純賭博罪（185条）を不可罰とし，これを刑法のカタログから外して他の社会統制手段に委ねることも考えられてよいであろう[44]。

2　刑罰権の根拠と限界

　刑法の正当化原理の問題と関連して，「国家は，何故，犯罪者を処罰することができるのか」，また「その限界はどこにあるのか」，ということが問われている（佐伯（仁）6頁参照）。刑罰は，過去に行われた犯罪行為に対する反作用として，行為者に科せられる害悪・苦痛を内容としていることから，その正当性（必要性，有効性および倫理性）が問われなければならないが，その際，1で挙げた3つの原理（モラリズム・侵害原理・パターナリズム）が刑罰による介入を正当づける基準として援用されることになる。ここでは，①刑罰の正当化根拠すなわち刑罰の存在理由と，②刑罰の制限原理すなわち刑罰権行使の限界とに分けて考察することにしよう。

1　刑罰の正当化根拠

　刑罰権の根拠に関しては，大別して，①刑罰制度ないし刑罰権の行使それ自体を価値あるものとして正当化する応報主義と，②刑罰を人間社会にとって有益な何らかの目的を達成するための手段・装置と捉える功利主義の対立がみられる。この対立は，行為や社会制度の評価正当化に関して，①結果を顧慮することなく行為や制度をそれ自体価値あるものとして正当化するデオントロジカル（義務論的）な立場と，②因果的に生ずる何らかの結果により評価正当化がなされるべきであるとするテレオロジカル（目的論的）な立場との対立の刑罰論における現れとみることができるが[45]，これは，すでに古くいわゆる学派の争いの過程で古典

44　近年，わが国においてもカジノ賭博の解禁が議論されるに至っているが，賭博非犯罪化論がカジノ賭博場設置の容認に結びつくものでないことはもとより当然である。
45　小林・前掲注（27）358頁。

学派の応報刑論と近代学派の目的刑論の対立としてみられたところである（➡第3章）。

(1) 応報主義（応報刑論）　一口に応報刑論といっても，刑法の正当化原理の理解いかんによって様々な考え方がありうる[46]。まず，リーガル・モラリズムの立場は，刑事責任の本質を国家の立場からする道義的非難と解する道義的責任論を前提として（➡284頁），犯罪に対する応報の観念自体が倫理性を体現していると主張し，したがってこの立場では，国家的道義，社会倫理を国民に強制することが刑罰権の根拠ということになる（道義的応報刑論）。ここでは，刑罰制度の正当化根拠を刑罰のもつ応報機能にのみ求め（絶対的応報刑論），応報的正義の実現という形で正義の理念を立論の基礎においているが（正義説），そこでいう「正義」が倫理的意味で捉えられているところにこの見解の特色がある。カントに代表される絶対的応報刑論は，有責な者だけが処罰されるべきであるとするにとどまらず，積極的モラリズムの見地から，国家には有責な者をそれだけの理由で処罰すべき義務がある，とするのである（積極的応報刑論）。

　刑罰，特にその具体的適用が正義・公正の理念に基づき応報の観点からなされるべきは当然だとしても，ここでいう「応報」および「有責性」の内容には次のような問題がある。応報が正義の実現であり，倫理性の体現であるとする絶対的応報刑論においては，応報刑の対象が倫理的に悪しき行為と捉えられ，したがってその前提におかれる責任が道義的非難を内容とする「道徳的有責性」と理解されているが，国家の承認する特定の倫理観を維持強化するために，国家が刑罰により介入することは，自由主義的，多元的な個人主義的国家観の下では許されないところである。刑法で問題とされるのは，あくまでも法益侵害・危険行為であり，それに対する責任も法的非難を内容とする「法的責任」でなければならない。絶対的応報刑論にあっては，刑罰が他の目的に照らして有効か否か，必要か否かを問う余地がなく，また，国家が犯罪者に刑を科すこと自体を正義の実現とみることから，国家による刑罰権行使自体の正当性・倫理性を問うことが意味をなさなくなるのである。国家制度の1つとしての刑罰制度が，国民の利益実現のための何らの目的をも有することなく，それ自体において正当性を有するという

---

[46] 犯罪のいかなる側面に対して報いようとしているのかに着目して，刑罰の正当化根拠としての応報モデルを，①被害応報，②秩序応報，③責任応報の3に分類・説明するものとして，松原芳博「刑法と哲学——刑罰の正当化根拠をめぐって——」『法と哲学』創刊第1号（2015年）63頁以下。

ことはありえないことである。

　もっとも，道義的色彩の濃い絶対的応報刑論が刑罰制度の正当化根拠となりえないということから，直ちに応報刑論そのものが否認されるということにはならない。応報刑論には，現に行われた犯罪と実際に科される刑罰との間に道徳的適合性がなければならないとする側面もあって，特に消極的モラリズムの見地から「犯罪なければ刑罰なし」，「刑罰の質量は犯罪のそれに対応したものでなければならない」という形で応報刑に限定的作用を営ませる場合には，その限りでこれを容認することができる。応報刑論は，刑罰を過去の犯罪行為に対する反作用として位置づけることによって，「誰にどの程度の刑を科すべきか」という個別具体的な科刑の問題を理論的に説明するという役割も果たしているのである。今日，通説と目される「相対的応報刑論」（統合説）は，応報の意義を「有責な者でなければ処罰されてはならない」という消極的なものにとどめるとともに（消極的応報刑論），他面において，犯罪者が有責であってあっても，それが将来の犯罪を予防する目的や犯罪者の再社会化に役立たないときはその者を処罰すべきではない，ということを認めるに至っている[47]。

　しかし，それにしても相対的応報刑論を含めて，およそ応報刑の考え方は，このように個々の行為者に対する具体的な刑罰権の行使を正当づける原理として重要な働きをもつことを示唆しているのであるが，国家制度として存在する刑罰制度自体を積極的に基礎づける正当化根拠として機能しうるものではない[48]。それでは，刑罰制度の正当化は，いったいどのような考え方によって基礎づけることができるのであろうか。

　(2) 功利主義（目的刑論）　　功利主義の刑罰論は，犯罪の予防や犯罪者の教育など，特定の成果や利益を生み出す限りにおいて刑罰を正当と考え，具体的な科刑も，行為（者）が社会的に有害であるか否か，刑罰によりこの有害性を除去・減少することができるか否かを考慮して行われる。目的刑論は，学説史的に，古典学派の一般予防論と近代学派の特別予防論の対抗として論ぜられてきた。

---

[47] 相対的応報刑論も，相対的とはいえ，①後述の目的刑論に対する疑問，すなわち刑罰の犯罪防止効果を厳密に論証することが不可能であることから，目的刑論（特に一般予防論）では，犯罪者を他の人々のために犠牲にすることにはしないかという疑念を提示し，かつ，②犯罪と刑罰の均衡を維持し，非難としての刑罰が本質的に規範的，倫理的なものであることを確保する必要性があることを認める点で（中山546頁），応報刑論の１つであることに変りはない。

[48] 応報刑論のもつ無目的性を厳しく指弾するものとして，松原・前掲注（46）66頁以下。

(a) **改善刑論**　学派の争いにおける近代学派の**特別予防論**は，刑罰について一定の国家・社会目的を達成するための手段と考える目的刑論の代表的な理論である。この理論は，刑罰のもつ苦痛・害悪としての作用を考慮の外におき，刑罰が犯罪者自身にとっても利益であるとみて，犯罪者の反社会的性格の改善・教育による犯罪性の除去を強調する点にその特色が認められる（→63頁以下）。中でも，特別予防の効果が刑罰による犯罪者の改善・教育（少年についてはさらに健全育成）による社会復帰によって達成される，と考えるのが「改善刑論」（**社会復帰刑論**）である。犯罪者に対する行刑ないし処遇の目的を再社会化ないし社会復帰に求める特別予防論の根底にあるのは，パターナリズムの思想である。再社会化は，一方で，①犯罪者の価値観・道徳観を法の要求する社会道徳と適合したものに変革するという道徳的強制を意味し，他方で，②生活技術の付与と環境調整に重点をおいた福祉的援助を与えることをその内容としている[49]。

このうち①は，倫理的堕落に対し倫理的改善を目的として刑を科すことを承認する積極的（倫理的）パターナリズムに依拠するものであるが，刑罰の執行は，社会において他人に危害を加えない程度に犯罪者を再社会化すれば足りるのであって，それを超えて倫理的に有徳な人格を作り上げることを目標とするものではない[50]。したがって，かかる視点からは，①の意味での再社会化は，刑罰による介入の根拠となりえないと言わざるをえない。これに対し，②の福祉的援助の付与を内容とする再社会化は，社会的生活関係の再建ないし改善を目的とする消極的（法的）パターナリズムを基礎におく考え方であって，その限度で刑罰による介入を正当化することは可能であるが，この場合においても，刑罰が本人にとって利益であるという側面が過度に強調されてはならず，刑罰の実体があくまでも害悪を内容とする苦痛であることを忘れてはならないであろう。

(b) **抑止刑論**　功利主義の見地から伝統的な応報刑論と目的刑論の止揚を目指し，新たな刑罰理論を構築しようとするものに抑止刑論がある[51]。この理論は，犯罪が他人の法益（市民的安全）を侵害する行為であることから，刑罰の正当化根拠を考えるにあたっては，法益保護のために刑罰という手段が必要かつ有

---

[49] 澤登俊雄「刑法と道徳」〔藤木英雄／板倉宏編〕『刑法の争点』（新版・1987年）13頁。
[50] これに対し，松原・前掲注（46）73頁は，「刑罰による特別予防作用は犯罪行為に対する非難の伝達によって行為者の規範意識ないし法益尊重意識を覚醒させることを中核とすべきもの」とし，同74頁は，「害悪としての刑罰は，その「感銘力」によって行為者の「贖罪」の契機を創出し，それを通じて行為者の再社会化を促すもの」とする。

効か，ということが問われなければならないと主張し（平野・Ⅰ20頁以下），刑罰の応報（不利益＝苦痛）としての犯罪抑止効果，すなわち威嚇ないし規範意識の確認・強化によって，①国民一般が犯罪を行うことを防止し（一般予防），あるいは，②犯罪者が再び犯罪を行わないようにすること（特別予防／➡(a)）に刑罰の存在理由（正当化根拠）を求めるのである（効用説）。

このうち，①の広義の一般予防には，ⓐ国民一般に対する刑罰の威嚇作用により（消極的一般予防），あるいはⓑ国民一般の規範秩序への信頼の回復[52]，規範意識遵守の維持・強化によって（積極的一般予防），国民一般を犯罪から遠ざける，という2つの機能が認められているが，今日，ⓐの**消極的一般予防論**は，罪刑の均衡を失した刑罰が肯定されてしまうおそれがあるとして人道主義的見地より斥けられ[53]，ⓑの**積極的一般予防論**が有力に主張されている。この理論の推進者の1人であるヤコブスによれば，刑罰の名宛人は潜在的な行為者だけではなくすべての国民であり，刑罰の課題は，規範に対する国民の信頼を回復し，国民に法的忠誠を習得させるとともに，規範の承認へと国民を促すことに求められる[54]。

しかし，国民の規範意識の維持・強化を促し，規範秩序の信頼を確保するという積極的一般予防目的を根拠に行為者を処罰するということは[55]，行為者が他者（規範の名宛人である国民一般）に対する政策目的達成のための単なる手段・道具と

---

[51] 抑止刑論は，罪刑の均衡を要求し刑罰の応報的側面を認めているが，刑罰が正当化されるのは犯罪防止効果がある限りであるとする点で，目的刑論（広義）の1つとみることができる。なお，前田12頁は，正義としての応報を基本と考える相対的応報刑論を「応報型相対的応報刑論」と呼び，一般予防効果を重視する抑止刑論を「抑止型相対的応報刑論」と呼んで，後者も相対的応報刑論に位置づけているが，両者の基本的発想の違いを看過すべきではないであろう。
[52] 刑罰目的を，加害者・被害者・コミュニティの三者間における規範的コミュニケーションとしての法的平和の回復に求め，これに，加害者の修復・被害者の修復・コミュニティの修復を事実的レベルで把握する修復的司法を対置させるものとして，高橋12頁以下・514頁以下。
[53] もっとも，「ある犯罪に対する刑罰を重くしすぎると，他の犯罪に対する抑止力が失われてしまうから」，この理論をとっても「刑罰は重ければ重いほどよいということになるわけではない」とするものとして，佐伯(仁)4頁。
[54] 松原6-8頁は，積極的一般予防論について刑罰の意義づけを，①国民の規範意識の維持・覚醒による犯罪予防に見出すもの，②規範・法秩序に対する「信頼」を確保することに見出すもの，③規範の妥当性を「確証」することに見出すもの，の3つのタイプに分け，このうち①については，「規範意識は快不快や利害打算よりも複雑なものであること，規範意識への働きかけは害悪による抑止よりも作用の対象となる人や時期が広がることから，消極的一般予防以上に，効果の可視性ないし実証可能性が低下する」という問題を指摘している。
[55] 積極的一般予防論は，「規範が守られている状態それ自体が重要と考えるため，逆に，規範違反があれば常に処罰すべきであるという立場につながるおそれが強い」ともされる（佐伯(仁)4頁）。

して処罰されるということを意味する[56]。また，そもそも規範意識の維持・強化，規範秩序の信頼の確保といった倫理的に崇高な目的の実現が，はたして法益の侵害・危険の発生を抑止するという最低限度のルールを定めた刑法の任務といえるかは疑問であり[57]，上のような「目的」は，刑罰の事前の目的というよりは，むしろその事後的な「効果」として捉えられるべきものであろう。さらに，積極的一般予防論は，違法心のある国民を含めたすべての国民を対象とし，犯罪動機を抱く以前の時点において犯罪動機を抱かないように規範意識を維持・形成させようとするが[58]，はたして刑法による国家刑罰権行使の目的がそこまでの拡がりをみせてもよいものなのか，それは国民生活に対する不当な干渉・介入ではないか，疑問が残るところである。

　抑止刑論が功利主義の見地から掲げる「犯罪の抑制と防止」は，たしかに刑罰の制度目的を考えるうえで不可欠な視点であり，また，市民的安全の保護の見地から刑罰を科すことが犯罪の発生を防止するために必要であり（刑罰の必要性），かつ，科刑に犯罪防止効果が期待される（刑罰の有効性）場合にのみ，刑罰を科すことを正当と解している点には，基本的な正しさが認められる。犯罪防止の必要がなく，刑罰が有効に機能しない場合に科刑が控えられなければならないのはまさにその通りだからである（→2(1)）。しかし，反対に，刑罰（科刑）の必要性・有効性が認められさえすれば常に刑を科してもよい，ということにはならない。刑罰の犯罪防止効果，特に応報として不利益を加えることによる効果は，一般的経験則としてそれ自体是認しうるとしても，今日の科学的知見のレベルでは，科刑による一般予防および特別予防効果を経験科学的に測定・予測することは困難である。また，予防目的，特に積極的一般予防を含めて一般予防目的を実現するために犯罪者に刑を科すことは，人格的主体を外部的目的達成のための道具として扱い，その者の人間性を否定することにもつながりかねない。

---

[56] また，消極的一般予防論が，刑法が「苦痛・害悪」としての刑罰を科す法規であることを自覚し，これを自制的・抑制的に適用するという傾向を備えているのに対し，積極的一般予防論は，国民の規範意識の覚醒・強化を目指す刑法の目的を「良きもの」として肯定的，積極的に捉え，刑法による過度の干渉を肯認する方向に傾くおそれが強い。

[57] 刑法のハードルは，謙抑主義の観点からも低く設定されるべきであり，刑法としては犯罪が発生しさえしなければそれに満足するのであって，極論すれば，国民が犯罪に手を染めないかぎりその意図・動機は問わないというべきであろう。これに対し，刑法のハードルを高く設定する場合は，刑法を限りなく倫理的要請に近づける結果になると思われる。

[58] 松原・前掲注（46）69頁参照。

抑止刑の考え方だけで最終的に刑罰を正当化しうるか，という点について疑問があるのは，抑止刑論に代表される功利主義的刑罰論には，①教育・更生・治療などを強調するそれ自体としては人道主義的側面と，②社会的損益計算を合理的に遂行する者（国家）による社会構成員（国民）の操作という負の側面とが混在しているからである[59]。刑罰の正当化を常に現実の効果に結び付けて考えると，刑罰に代表される刑事法上の諸制度・施策がもっぱら合目的的な刑事政策的考慮によって決定され，そこに正義・公正の観点からする刑罰制度に対する批判的視点が失われることになる[60]。特に，具体的な刑の適用場面で功利主義の考え方を徹底させると，予防の必要性・有効性という社会・国家の利益が認められれば，責任の程度を超えて，あるいは責任の存在が不明な場合にも刑を科し，さらには人間の尊厳を損なう形で刑を科すことさえ許容することになりかねない事態に陥る。そのため，少なくとも具体的な刑の適用場面で「誰にどの程度の刑を科すべきか」という問いに対して功利主義的解答を与えるだけで我々は満足することができないのである。

(3) 刑罰制度の正当化と刑罰適用の正当性　　ところで，刑罰の正当化は，まず，ⓐ一般的な刑罰権の根拠との関連で，国家がおよそ刑罰という国家制度を設けることの存在意義が問われることになる。刑罰制度の正当化根拠に関する問題がこれである（立法の次元＝マクロレベルの正当化）。しかし，ⓑ刑罰はまた，現実に過去に行われた犯罪行為に対する反作用として，当該行為者に科せられる害悪・苦痛を内容とするものであるため，現実になされる具体的な刑罰権行使の正当性（必要性・有効性・倫理性）が問題となるのである（司法の次元＝ミクロレベルの正当化）[61]。刑罰功利主義（目的刑論）の問題性が，ⓑの現実の科刑の場面でも，「予防の必要性があり，予防効果が期待できるから当該行為者に刑を科すべきである」という積極的な形でその思想を貫徹しようとしたところにあったことか

59　小林・前掲注（27）361頁。
60　松原・前掲注（46）66頁は，「刑罰の正当化を現実の効果から切断するなら，……たとえば死刑に犯罪抑止力はあるのかといった議論も無意味なものとなってしまう」とするが，仮に死刑に抑止力が認められるとされた場合であっても，なおその非人道性，非人間性に照らしてこれを拒否するという視点は，刑罰の正当化について現実の効果からこれを遮断することによって，あるいはその彼岸において初めて可能となるのではなかろうか。
61　佐伯（仁）6頁は，「刑罰制度の正当化としては一般予防論を採り，個人処罰の正当化としては応報刑論を採る」ものとしてハート（H.L.A.Hart,Punishment and Responsibility,p.9-11（1968））を引用し，これに賛意を表する。これに対し，松原・前掲注（46）80-1頁参照。

ら、これを@の制度論の場面に限定して適用しようとする考えが登場するに至った。「ルール功利主義」の考え方がこれである[62]。

ルール功利主義は、功利計算の対象を国家制度としての刑罰制度自体に限定し、刑の個別具体的遂行は、「犯罪者を処罰することが社会のルールだからである」（一般的ルールの公平な適用）という形式的理由で、功利原則を考慮することなく単に刑罰ルールを適用することによりなされることになる。ここでは、刑罰の正当化に関して、制度としての刑罰はそれが生み出す国家的・社会的利益（例えば一般予防）により正当化されるが、個々の科刑は、刑罰ルールに一致するか否かによりその成否が判断され、科刑者（裁判官）は損益計算を行うことなく、たとえ無責な当該行為者に刑を科すことが国家的・社会的利益に資する（一般予防効果がある）場合であっても、「無責な者に刑を科してはならない」とするルールを適用すべき義務を負うことになる。その意味で、ルール功利主義は「功利主義」と言われながらも、功利性とは異なった価値（公正）を自らの中に含んでおり、それが具体的な刑の適用場面で現実化することになる。すなわち、問題の最終的な解決は、このような制度としての刑罰と刑罰の具体的適用という形式的区分自体、したがって後者におけるルールの機械的適用に求められるのではなく、刑の具体的適用場面では、功利性を超えた正義ないし公正の問題、すなわち応報の観点がその核心におかれることになるである[63]。

刑罰の制度目的に関しては、仮に功利主義の見地から予防説（抑止刑論）を採用するとしても、当該行為者個人に対する科刑を正当化するためには、刑罰が犯罪の量（違法）に比例し、かつ、犯罪者の非難可能性（責任）を前提としなければならない、という意味での「道徳的適合性」[64]の観念を放棄することができないのである[65]。

2 刑罰の制限原理

刑罰権の限界に関しては、刑罰が物理的制裁の中でももっとも強力なものであ

---

[62] 小林・前掲注（27）360頁以下。なお、刑罰論との関係では、刑罰制度の正当化を基礎づける原理として、ルール功利主義を「制度功利主義」と呼ぶのが適当かもしれない。
[63] 小林・前掲注（27）365頁。
[64] M. P. ゴールディング〔上原行雄・小谷野勝巳訳〕『法の哲学』（1985年）106頁。
[65] 「個人に刑罰を科すことの正当化は、犯罪防止という社会の側の利益ではなく、当該個人の責任に求められなければならない」とするものとして、佐伯（仁）5頁。

ることを考えると，国家刑罰権の行使は，国民の承認する範囲内，すなわち「国民の合意」の範囲内のものに限られなければならない（内藤・上9頁）。これは，国政のあり方を最終的に決定する権限が一般国民に存するという国民主権主義の原則から導かれる当然の帰結である。したがって，国民の合意の得られない刑罰権の行使は，刑罰権の濫用であって許されないことになる。ここでは，現実になされる個別的な刑罰権行使の正当性が問われているのである。

（1）刑罰の必要性・有効性（内在的制約）　　刑罰制度の正当化根拠が侵害原理（危害なければ刑罰なし）および消極的パターナリズムによって説明されることとの関係で，刑罰権の行使が手段として正当であるためには，まず，ⓐ市民的安全の保護のために刑罰という手段を用いざるをえない場合であって（刑罰の必要性），かつ，ⓑ刑罰が犯罪防止上有効でなければならない（刑罰の有効性／大谷48頁参照）[66]。刑の必要性・有効性の要件は，当該犯罪者との関係で刑罰が必要であって，かつ有効な場合に科しうる，という意味で積極的に刑罰の正当性を基礎づける理由ともされるが（平野・Ⅰ22頁／➡①(2)(b)），本来的には，刑罰を科すことが必要でもなければ有効でもない場合には，刑罰権の行使は許されない，という意味で刑罰の内在的な制限原理としての機能を営んでいるのである。

　また，刑罰権行使の内在的制約は，刑法の謙抑性・補充性の原則からも導かれる。犯罪に対しては，刑罰以外にも，民事上の損害賠償のような法的制度のほか非法的な私的制裁など，さまざまな不利益が結び付いてくる。刑法のもつ法効果である刑罰の反作用・副作用には看過しえない重大なものがあることから，刑法は「最後の手段」として活用し，刑罰以外の不利益をもって刑罰に代替させることが可能な場合にはできるだけそうすべきであって（ダイヴァージョン），ここに刑罰謙抑主義の考え方がクローズ・アップされてくるのである。この考え方は，刑法と刑法以外の社会統制手段を有機的に関連させて，社会の犯罪統制機能を向上させようという功利論的理念に裏づけられている点で，刑罰の有効性の要件と密接に関連しているが[67]，ここでも，問題の処理が他の手段で可能な場合には，刑罰の行使は控えるべきである，という意味で刑罰権限定の機能を果たしているのである。

---

[66]　澤登俊雄「現代における刑罰の本質と機能」〔同〕『新社会防衛論の展開』（1986年）141頁。
[67]　澤登・前掲注（66）140頁。

(2) 刑罰の倫理性（外在的制約）　刑罰の必要性・有効性は，刑罰権行使の限界を示すものの，それは法益保護のために機能する刑の正当化根拠に淵源を発する内在的制約にとどまっており，最終的に具体的な刑罰権の行使が正当とされるためには，さらに，ⓒ刑法の人権保障機能の見地からする外在的な制約として，刑罰の適用および執行が倫理的にも妥当なものでなければならないことが要請される。たとえ，刑罰に国民の利益保護のための犯罪防止効果が期待されるとしても，刑法が第 2 次社会統制機能を果たさなければならない場面では，行為者を含む国民自身が統制の主体として刑罰権行使の主体である国家を自己のコントロールの下におき，そこでは刑罰権行使自体の倫理性（道徳的適合性）が問われることになるのである[68]。国家刑罰権の行使の名の下に，犯罪者を犯罪抑止の単なる手段・道具として用い，あるいは現実に行われた犯罪（違法・責任の質量）と均衡を失する刑罰を犯罪者に科すことなどは，個人の尊厳を害する刑罰権の濫用であって許されない。

　第 2 次社会統制の際の基準として援用されるのが批判道徳であり，消極的モラリズムの考え方である。刑罰権行使の主体である国家が正義・公正の観点からする倫理的正当性判断の下におかれなければならないのは，刑罰制度・科刑における当然の前提であって，国家が道徳から完全に自立するならば，国家はもはやあらゆる道徳批判を免れ，刑罰権行使の正当性は挙げて国家自身の判断に委ねられることになってしまう。国家刑罰権の行使が許容されるのは，倫理の根底にあり，憲法上の基本理念でもある「個人の尊厳」（憲法13条参照）に反しない限度であって，その場合に初めて刑罰による介入の目的－手段の正当性が担保されることになるのである。刑罰は，犯罪者の人間的再生の可能性が保障され，促進されるように行使されなければならず，そこに刑罰を倫理的に正当化するための最小限度の条件が存在するといえる。国家が刑罰を用いて国民に倫理を強制することは許されないが（積極的モラリズムの否認），国民に対する刑罰権の行使は倫理的にみて正当なものでなければならないのである（消極的モラリズムの容認）。

---

[68] 松原・前掲注（46）79頁以下は，刑罰の行為者側からの正当化として，責任主義（刑罰という特別な犠牲の受忍義務を正当化する原理）の要請としての刑罰受忍義務の限界を挙げるが，行為者が具体的刑罰権行使をめぐる法律関係の一方当事者・主体としてではなく，科刑の対象として刑罰権行使の客体的・受動的地位にとどめおかれた場合，このような一種の「受忍限度」論がはたして国家刑罰権の行使に対する制約・対抗原理としての積極的役割を果たしうるか，さらにこれを検討してみる必要があるように思われる。

第2章　刑罰法規

第1節　罪刑法定主義と刑法の解釈

1　意　　義

　刑法のもつ2つの基本的機能である「法益保護機能」(第1次社会統制機能)と「人権保障機能」(第2次社会統制機能)とは対抗関係に立ち,その間に矛盾・衝突が生ずることは避けられない(➡16頁以下)。人権保障機能を法益保護機能に優先させることによってその矛盾を解消するために登場した近代刑法の基本原則が罪刑法定主義である。罪刑法定主義は,中世および近世初頭の封建主義国家・絶対主義国家における罪刑専断主義に対応する観念であって,近代的な市民階級台頭の過程において国家権力による刑罰権の苛酷な恣意的行使から,市民の権利と自由を守るために登場した原則である。

　罪刑法定主義は,「法律なければ犯罪なし」,「法律なければ刑罰なし」(フォイエルバッハ)という標語で示されるように,形式的意味での法律の規定がなければ,どのような法益侵害行為も犯罪とされることはなく,また,これに対して刑罰が科されることはない,という原則であるが,ここにいう「法律」は,法律の形式さえ備えていればどのようなものでもよいというのではなく,明確かつ適正な内容の法律でなければならない,と解されている(➡46頁以下)。罪刑法定主義は,このように形式・実質の両面を備えているが,このうち,形式的側面は,大陸法系に由来する罪刑の形式的法定原則であって,立法権による司法権に対する規制を意味し,裁判所による刑法の解釈・適用を一定の方向にコントロールしこれに厳しい制約を課そうとする。その究極的な形式は,裁判官に対する不信を前提として成文の法律の拘束力を強調した「裁判官は法を語る口」(モンテスキュー)との象徴的表現に端的に示されている。一方,罪刑法定主義の実質的側面は,英米法,特にアメリカにおける実体的デュー・プロセスの理論に由来する

後発の原理であって，司法権による立法権に対する控制を意味し，違憲立法に対する司法審査権を裁判所に付与している（➡5）[1]。

2 沿　革

(1) 外　国　罪刑法定主義の精神は，1215年のイギリスの**マグナ・カルタ**（大憲章）39条[2]に遡るとされている。この規定の保障内容自体は，本来，封建貴族が国王に確認させた特権の1つであったが，罪刑法定主義は，その後，イギリスにおいて天賦人権の思想あるいは自然法学説によって育まれ，その思想がアメリカに渡って，諸州の権利章典や独立宣言（1776年）を経て，**合衆国憲法**1条9節〔3項〕[3]（1788年／事後法の禁止）および同修正5条[4]（1791年／法の適正手続）に規定されたのである。法の適正手続条項は，形式的には個人の権利と自由を手続法的見地から保障しようとするものであるが，同時に，保障の「内容」が適正であることを要求することによって，罪刑法定主義の原則が単なる形式的法定を超え，立法権をも拘束する実質的内容をもつものであることを示唆している（➡48頁以下）。

一方，ヨーロッパ大陸諸国では，アメリカ諸州の権利章典の影響を受けた，フランス革命時（1789年）における**人権宣言**8条[5]が明確な形で罪刑法定主義を宣言した。そこでは，法律の定める刑罰が「厳格かつ明白に必要な」ものでなければならないことを明言して，罪刑法定主義が立法上の実質的原理でもあることを示した。ところが，1810年の**フランス刑法典**（ナポレオン刑法典）は，罪刑法定原則（法律主義）および遡及処罰の禁止のみを規定し，このような形式的原則を内容と

1　罪刑法定主義の両面性に関し，一方で，①刑法でも法の解釈は裁判官の選択であり決断であって，裁判官の選択的行動が広く認められており，その重要な機能の1つとして不当な立法に対するチェック機能が重視されている（平野龍一『刑法の基礎』（1966年）228頁以下），としてその実質面が強調され，他方で，②現在においても立法による裁判所のコントロールの必要性はなくなっていない，として法律による形式的制約の必要性が説かれ，また，実質的な基準が形式的法定主義の保障を超えることはないか，として法的安定性への努力による形式的保障の側面が実質的に掘り崩される危険が指摘されている（中山研一『現代刑法学の課題』（1970年）126頁，同『刑法の基本思想』（増補版・2003年）183頁以下）。
2　「自由人は，その同輩の合法の裁判によるか，または国法によるのでなければ，逮捕，監禁，差押，法外放置，もしくは追放を受けまたはその他の方法によって侵害されることはない。」
3　「権利剥奪法あるいは遡及処罰法は制定されてはならない。」
4　「……また正当な法の手続によらずに，生命，自由または財産を奪われることはない。」
5　「法律は，厳格かつ明白に必要な刑罰のみを定めなければならず，何人も犯罪に先立って制定公布され，かつ適法に適用された法律によらなければ，処罰されえない。」

する罪刑法定主義がその後大陸諸国の憲法および刑法に波及し，19世紀以降のヨーロッパ大陸の刑事立法を支配したのであった。

　20世紀の独裁国家に罪刑法定主義を否定した2つの刑法典が現れた。1つは，1926年の旧ロシア共和国刑法16条であり，他の1つは，1935年に改正されたナチス・ドイツ刑法2条[6]であって，いずれも刑法の類推適用を認めていた（➡42頁参照）。このことは，個人の権利・自由を保障する罪刑法定主義の原則が，全体主義国家にとって刑事司法上いかに桎梏と考えられていたかを雄弁に物語っている。しかし，これらの規定は，ドイツでは1946年に，ソヴィエトでは1958年に廃止され，今日，当然のことながらドイツ刑法およびロシア共和国刑法は，いずれも罪刑法定主義を採用している。なお，中国では，近年に至るまで最高人民法院の裁可を条件とする類推許容の規定をおいていたが，1997年の新刑法では削除され，今日，罪刑法定主義の明文規定（3条）がおかれている。

(2) 日 本　わが国では，明治時代に入っても，当初は罪刑法定主義が採用されず，例えば1870（明治3）年の新律綱領は，類推（援引比附）や「情理」（不応為）による処罰を肯定し，新法の遡及も認めていた（1873（明治6）年の改定律例も同様）。わが国において，最初に罪刑法定主義を明文化したのは，フランス刑法に範をとった1880（明治13）年の**旧刑法**であった。同法は，2条[7]において罪刑の法定を宣言し，同3条1項[8]において刑法不遡及の原則を明らかにした。次いで，プロイセン憲法を範として作成された1889（明治22）年の**帝国憲法**は，その23条[9]で罪刑法定主義を憲法上の原則にまで高めたが，遡及処罰を明文で禁止するものではなかった。その後，1907（明治40）年の**現行刑法**は，憲法に明文の規定があることを理由に罪刑法定主義に関する規定を設けなかったが，その背後に犯罪の成立範囲と量刑について裁判官に広い裁量の余地を与えようとする考慮が働いていたことは否定できない。このことは，戦前において，不明確な犯罪類型を内容とする治安維持法（1925年）や広範な白地刑罰法規（➡39頁）である国家総動員法（1938年）の制定などによって罪刑法定主義の形骸化，その実質的な否定へと連なった歴史が端的にこれを物語っている。

---

[6] 「法律が可罰的であると宣言している行為，または刑法典の基本思想および健全な民族感情によれば処罰に値する行為は，処罰されるものとする。」
[7] 「法律ニ正条ナキ者ハ何等ノ所為ト雖モ之ヲ罰スルコトヲ得ス」
[8] 「法律ハ頒布以前ニ係ル犯罪ニ及ホスコトヲ得ス」
[9] 「日本臣民ハ法律ニ依ルニ非スシテ逮捕監禁審問処罰ヲ受クルコトナシ」

第2次大戦後、アメリカ法の影響を受けて成立した**日本国憲法**は、まず31条において「何人も、法律の定める手続によらなければ、その生命若しくは自由を奪はれ、又はその他の刑罰を科せられない」と規定した。これは、英米憲法の適正手続条項に由来するものであるが、この「法律」の中には、手続法のみならず犯罪と刑罰との関係を規定した実体刑法も含まれる、と解されている。また、日本国憲法が国民主権主義と基本的人権の尊重を基本原理としていることから、そこにいう「法律」は「適正な」内容の法律を意味すると解すべきであって、法律の内容の適正さも司法審査の対象とされることになる（憲法81条）。次いで、憲法39条は、「何人も、実行の時に適法であった行為……については、刑事上の責任を問はれない」と規定して、遡及処罰の禁止を明言したのである[10]。さらに、憲法73条6号本文は、内閣が憲法および法律の規定を実施するために政令を制定することができる、として法律主義の例外を認めたが、同ただし書は、これを受けて「但し、政令には、特にその法律の委任がある場合を除いては、罰則を設けることができない」と規定して、特定委任だけを認めることとした（➡38頁）。

3　根　拠

罪刑法定主義は、いくつかの根拠によってこれを基礎づけることができる[11]。形式的根拠と実質的根拠とに分けて考察することにしよう。

(1) 形式的根拠　　罪刑法定主義は、従来、主として形式的根拠から基礎づけられてきた。民主主義の原理と自由主義の原理がこれである。

(a) 民主主義　　罪刑法定主義の内容の1つが法律主義であるが（➡4①）、この原則は、政治上の民主主義の原理によって基礎づけられている。国家権力の恣意から国民の自由を保障するための統治組織原理がこれであって、この原理は、さらに次の2つの思想に分けることができる。その1は、**三権分立主義**の思想で

---

[10] 改正刑法草案（1974年）は、その冒頭で罪刑法定主義を宣言し、「法律の規定によるのでなければ、いかなる行為も、これを処罰することはできない」（1条）、「法律上罰せられなかった行為は、事後の法律によってこれを処罰することができない」（2条1項）と規定している。

[11] 罪刑法定主義に関して、①井田31頁は、この原則の理論的根拠が「刑法の本質的機能が人の行為意思への働きかけを通じての行為統制であるところに求められる」として、本文に挙げた根拠を刑法の行為規範論の見地から基礎づけようとする。これに対し、②松原芳博・重点課題2頁以下は、罪刑法定主義と刑法の行為規範性の結びつきを一面的に強調することに疑問を示し、自由主義の要請としての刑罰権の濫用防止は、刑法の裁判規範性にも関わり、また、法律主義は、刑法の裁判規範の側面をも規制する、と主張する。ここにも、基本的な刑法観の相違が端的に現れている。

あり，これによれば，裁判所は自ら犯罪と刑罰を決定する権能をもたないことになり，その任務は単に国会の制定した法律を適用することに限られることになる。その2は，国民主権主義および**議会制民主主義**の思想であって，これによれば，犯罪と刑罰は国民自身がその代表である議会を通じて決定しなければならない，ということになる。

　(b) **自由主義**　　罪刑法定主義のもう1つの内容である事後法の禁止は（➡4②参照），形式的根拠のうち主として自由主義の原理によって基礎づけられる。国民は，法の事前の予告によって，自己の行為が処罰されるかどうかについての予測可能性をもつことができる，という意味での自由主義的要請がこれであって，フォイエルバッハの心理強制説につながる原理である。

> 【心理強制説】　人間は犯罪を行うことによって満たされる快感とそれに対して科される刑罰の苦痛とを比較し，後者が前者より大きければ罪を犯さないものであるから，刑法は，犯罪と刑罰をあらかじめ法典に明確に規定しておくことによって，誰も罪を犯さないように心理的に強制され，国民は犯罪から遠ざかることになる，という思想であって（一般予防），罪刑法定主義に結び付けて理解された。心理強制説は，人間をあまりにも理性的・功利的な存在として把握し，犯罪の社会病理的側面や犯罪者の生物学的側面を看過していることなどを理由に，今日，全面的に承認されているとはいえないが，合理的打算をなしうる犯罪者や犯罪の存在することも否定しえない事実である。この見解は，心理的強制という形で刑罰の威嚇による予防を説く一種の消極的一般予防論とされるが，見せしめとしての刑罰の執行による威嚇論的一般予防論が犯罪者を予防目的の単なる手段に堕さしめているのとは異なって，刑罰の合目的性の要請と個人の自由・平等の要求を共に満たす人道的性格を帯有した「刑罰予告による一般予防論」である。

　(2) **実質的根拠**　　以上に述べた民主主義や自由主義の原理は，裁判所の恣意的判断を拘束することによって罪刑法定主義を基礎づけているが，それだけでは議会の制定した法律の内容を法制度上問題とすることができず，立法権を内容的に拘束しえない形式的原理にとどまっている。しかし，罪刑法定主義が今日なお刑事立法や刑法解釈学の指導原理として長い生命を保ち，ますますその価値を高めているのは，実はそれが形式的原理の根底にある，より高次の普遍的な原理によって支えられているからなのである。この普遍的原理とは，人間の自由，基本的人権尊重の思想，すなわち個人の尊厳によって基礎づけられる権利と自由を国

家刑罰権の恣意的行使から実質的に保障するという意味での「実質的人権保障の原理」（内藤・上23頁）をいう[12]。このような実質的原理によって，罪刑法定主義の内容の1つとしての「刑罰法規の適正」（適正処罰の原則）を基礎づけることが可能になるのである。

4　形式的内容と類推解釈の禁止

罪刑法定主義の内容としてはいくつかのものが考えられるが，罪刑法定主義の形式的根拠に基づくものとして，その中心となるのが法律主義，事後法の禁止および類推解釈の禁止である。

1　法律主義（罪刑の法定性）

憲法31条が規定するところであって，犯罪と刑罰を形式的意味の法律で定めるべきであるとする原則をいう。憲法31条は，英米憲法の適正手続条項に由来するものであるが，ここでいう「法律」には手続法だけではなく犯罪と刑罰との関係を規定した実体刑法も含まれている。法律主義から，次の派生原則が導かれる。

(1) **罪刑成文法主義**　犯罪と刑罰は「成文」の法律をもって定められていなければならないから，不文法である慣習法は刑法の直接の法源となりえない（**慣習刑法の排斥**）。もっとも，個々の犯罪構成要件の解釈に際して社会生活上の慣習または一地方における慣習法を顧慮することが不可欠な場合がある。例えば，水利妨害罪（123条）において妨害の対象となる水利権は，多くの場合，慣習によって認められている。

(2) **国会制定法主義**　法律主義にいう「法律」は，原則として，直接国民の代表の手になる国会制定法でなければならない。もっとも，これには3つの**例外**がある。

(a) **政　令**　その1は，政令に罰則が設けられる場合であり，憲法は，法律の特定委任がある場合に限ってこれを認めている（73条6号ただし書）。したがって，旧憲法の下で制定された「命令ノ条項違反ニ関スル罰則ノ件」（1889年）のような包括委任は，現行憲法の下では認められないことになる。

---

[12] この原理を「『民主主義の圧政』から個人の人権を守るという意味での自由主義の要請」と捉えるものとして，佐伯（仁）18頁。

(b) **条　例**　その２は，普通地方公共団体の条例に罰則が設けられる場合である（地方自治法14条3項）。条例は，住民の代表者である地方議会の議決によって成立するものであるから，「法律」と同様，議会制民主主義の要請を満たしているが，いわゆる公安条例などにみられるように，条例には憲法を初めとする諸法律の趣旨に反する疑いのあるものも少なくない。

【青少年保護育成条例】　条例制定権は法律の範囲内に制限されているから（憲法94条），法律がすでに罰則の対象としている行為を条例でより重く処罰したり，より広い範囲にわたって処罰することは許されない。ところで，刑法176条・177条は，13歳以上の相手に対し同意を得て行うわいせつ・姦淫行為を不可罰としているが，青少年保護育成条例では，一般に同意を得て18歳未満の相手方と性交渉をもつこと（淫行）が処罰されているために，刑法と条例の関係が問題となる。この点につき，最大判昭60・10・23（刑集39巻6号413頁）は，刑法は「性的自由」を保護するものであるが，条例は青少年の保護育成を図るためのもので両者はその趣旨・目的を異にするとして（補足意見），福岡県青少年保護育成条例の淫行処罰規定は違憲でないとした[13]。

(c) **白地刑罰法規**　その３は，犯罪成立要件の細目を法律以外の下位規範に委ねている白地刑罰法規の場合である（例えば刑法94条）。この場合でも，法律自体が処罰されるべき行為の輪郭を一応示していることが必要であり，まったくの白地委任は委任の特定性を欠く点で違憲の疑いがある。

【人事院規則への委任】　国家公務員法（以下，国公法）102条1項は，「職員は，……人事院規則で定める政治的行為をしてはならない」と規定し，同110条1項19号は，この規定に違反する行為に対し刑を科しているが，従来から人事院規則への委任が白紙委任に近いことが取りざたされてきた。**猿払事件**に関する最大判昭49・11・6（刑集28巻9号393頁）は，国公法102条1項が人事院規則に懲戒処分と刑罰の対象となる特定の政治的行為の定めを一様に委任するものであるからといって，そのことの故に，憲法の許容する委任の限度を超えることになるものではない，と判示した。これに対し，少数意見は，国公法102条1項が，公務員関係上の義務としての禁止と罰則の対象となる禁止とを区別することなく，一律一体として人事院規則に政治的行為の定めを委任し，罰則の対象となる行為の内容についてその基準として特段のものを示していないのは，少なくとも刑罰の対

---

[13] 「法律（刑法典）レベル（176条・177条）では処罰されない行為を条例によって処罰することには疑問がある」とするものとして，高橋34頁。

象となる禁止行為の規定の委任に関するかぎり違憲無効である，と主張した。国公法による国家公務員の政治的行為に対する規制・処罰については，多くの問題点が含まれているが，委任立法の点については，憲法の特定委任の趣旨および可罰的違法性（➡171頁）の観点からして，少数意見の指摘の方が説得力をもち妥当である（浅田54頁）[14]。

2 事後法（遡及処罰）の禁止

行為のときに適法であった行為をその後の法律（事後法）によって犯罪としたり，あるいは行為時にも犯罪ではあるが軽く処罰されていた行為を事後法によって重く処罰することは許されない。

(1) 刑罰法規不遡及の原則 行為後に施行された刑罰法規によってそれ以前の行為を処罰することは許されない（憲法39条）。憲法が明示的に禁止しているのは，①行為時に適法であった行為を事後立法で処罰することだけであるが，②行為時に違法ではあったが罰則のなかった行為（不可罰的違法行為）を事後立法で罰則を設けて処罰することも許されないと解すべきである。②の場合についても，犯罪でなかった行為が犯罪とされることにより，行為時の予測可能性が害されることには変わりがないからである。

(2) 刑の変更 刑法6条は，「犯罪後の法律によって刑の変更があったときは，その軽いものによる」と規定し，①刑が行為時法より裁判時法の方が重くなった場合には，重い刑罰の遡及を禁止し（軽い刑罰の追及），反対に，②刑が行為時法より裁判時法の方が軽くなった場合には，軽い刑罰の遡及を認め（重い刑罰の不追及），事後法禁止の例外を設けることによって罪刑法定主義の精神をさらに拡充している。なお，③行為時法と裁判時法とで刑に違いのない場合は，いずれを適用しても結論に変わりはないが，刑罰法規不遡及の原則により行為時法が適用されることになる（➡52-3頁）。

(3) 判例の不遡及的変更 判例が被告人の不利益に変更された場合，刑罰法規と同様，遡及処罰を禁止すべきかどうかは1個の問題である。判例が刑法の法源となりえないこと（法律主義）を理由に，判例の不遡及的変更（判例の変更を宣

---

[14] 私見の詳細については，『表現の自由と刑事規制』（1985年）83頁以下，99頁以下。また，公務員の政治的行為と刑事罰との関係を全般的に扱ったものとして，『現代社会』175頁以下所収の各論文参照。

言するにとどめ，当該事案については旧判例に従って対処する）を否定するのが一般である。最高裁も，岩手県教組事件に関する第2次上告審判決において，同じ地方公務員法違反事件に関する都教組事件判決（最大判昭44・4・2刑集23巻5号305頁／➡50頁）の解釈を変更し，行為当時の最高裁判所の判例の示す法解釈に従えば無罪となるべき行為であっても，これを処罰することは憲法39条に違反しない，としている（最判平8・11・18刑集50巻10号745頁）[15]。

　学説では，判例に対する被告人の信頼の保護を違法性の錯誤（➡402頁以下）の問題として扱い，違法性の意識の可能性がない場合は，責任を否定して不可罰とすることで妥当な解決を図ろうとする見解も主張されている（具体的信頼説／西田52頁，町野48頁，山口16頁など）[16]。しかし，違法性の錯誤は，本来，個々の行為者について個別的に検討されるべき責任の問題であって，判例に対する国民の信頼の保護や国家の刑罰権行使の公正さの確保の要請という一般的な問題とは，基本的性格を異にしている。また，違法性の錯誤の問題として捉える立場にあっては，判例変更による刑の加重の場合に被告人に不利益な扱いを回避するためには，法定刑の錯誤についても刑法38条3項ただし書を適用しなければならなくなるが，これは判例・通説の容認するところではない（佐伯(仁)22頁）。たしかに，法律主義の原則に照らして判例に固有の意味での法源性を認めることは許されないとしても，判例が時に国民の行動の準則として機能していることもまた事実であって[17]，国民の予測可能性を保障し刑罰権行使の公正さを確保するという見地から，やはり被告人の不利益に変更された判例による遡及処罰は禁止すべきであろう[18]（浅田65頁，大谷68頁，高橋35頁，中山・概説22頁，野村55頁など）[19]。

---

[15] もっとも，本件については，被告人の行為が行われた1974（昭和49）年3月当時，都教組事件判決はすでに国家公務員法違反事件に関する全農林警職法事件に関する最大判昭48・4・25（刑集27巻4号547頁）によって実質的に変更されていたとみる余地はあった。

[16] 「先例が確定していた程度，それに対する一般人・被告人の認識等を基礎に，被告人に生じる不利益は，具体的な故意論等の判断や量刑の判断において対応されるべきである」とするものとして前田55頁。

[17] わが国のように，成文法国ではあるものの刑法の条文数が比較的少なく，個々の条文の外延が広がりを見せる法形式の下では，判例が条文解釈において果たすべき役割は重大で，判例のもつ規範的効力には無視しえないものがある。

[18] 西原春夫「刑事裁判における判例の意義」中野次雄判事還暦祝賀『刑事裁判の課題』（1972年）311頁。

[19] 判例変更に憲法39条の適用を認める見解の問題点とこれに対する解決法については，佐伯（仁）22頁以下参照。

(4) 遡及禁止と刑事手続法　遡及処罰の禁止については，手続法上の処罰の制約にも及ぶか，という問題もある。このルールは，たしかに純粋に手続法的な規定には及ばないが，例えば公訴時効については，訴訟法的理由のほか予防の必要性の程度や社会の応報感情の緩和といった実体法的理由を含むその制度趣旨からすると（松原29頁），公訴時効期間の遡及的変更は，憲法31条の適正手続の保障に反すると考えられる（西田51頁）。法定刑の引上げに伴う時効期間の延長につき，最決昭42・5・19（刑集21巻4号494頁）は，「犯罪後の法律により刑の変更があった場合における公訴時効の期間は，法律の規定により当該犯罪事実に適用すべき罰条の法定刑によって定まる」として，旧法の公訴時効期間によるべきものであるとした。また，2004年度の刑事訴訟法改正により公訴時効期間そのものが延長された際にも（例えば，殺人罪は15年から25年），付則の経過規定において，改正前の行為については「なお，従前の例による」として遡及適用は認められなかった。

しかるに，2010年の法改正（刑法及び刑事訴訟法の一部を改正する法律）では，「人を死亡させた罪であって死刑に当たるもの」について時効制度が廃止されたが（刑訴法250条1項参照），改正法施行の際に公訴時効が完成していないものについては改正法が適用されることから（改正法附則3条），改正法は，刑訴法250条1項の時効未完成事件につき新法の遡及適用を認めることになった。しかし，公訴時効の完成は単に手続法上の公訴権の消滅をもたらすばかりでなく，実体法上の刑罰権の消滅をももたらすことに照らすと，遡及適用を認めた改正法には憲法上の疑義が残るところである[20]。

3　類推解釈の禁止

法律に規定のない事項について，これと類似の性質を有する事項に関する法律を解釈して適用する類推解釈（**類推適用**）は，禁止される。それは，まず，①類推解釈（適用）が適正手続によらない法の創造であり，裁判官による事実上の立法であって，三権分立主義，議会制民主主義の原則に反しているからである。その意味で，類推解釈禁止の原則は，立法による司法（裁判）に対する抑制としての役割を果たしている。また何よりも，②類推解釈は，国民の行動の予測可能性

---

[20]　田口守一『刑事訴訟法』（第6版・2012年）188頁以下参照。

を害しており，自由主義の原則にも違背しているのであって，その禁止は，慣習刑法の排斥（法律主義）および刑罰法規不遡及の原則（事後法の禁止）と並んで従来罪刑法定主義の内容をなすものとされてきたのである。

(1) 類推と刑法の解釈　もとより，刑法において罪刑法定主義の原則から厳格解釈が要請されるとしても，刑法の解釈も法の解釈の1つである以上，文理解釈や論理解釈しか許されないわけではなく，合理的な目的論的解釈も許される。そして，これには立法の趣旨・目的に照らして法文の内容を狭く解する限定（縮小）解釈だけではなく，言葉の意味を拡大する拡張解釈も許されると解されている。そこで，問題となるのは，禁止される類推解釈と許された拡張解釈との違いであるが，この点につき，類推解釈と拡張解釈の限界は流動的であって，両者を区別することはきわめて困難であるということから，一定限度で類推解釈（類推適用）を認めてゆこうとする見解もある（類推許容説）。

たしかに，どちらも言葉の本来の日常用語的意味を超えて刑法の適用範囲を広げる解釈方法であって，両者を一義的に区別する基準を立てることにはある種の困難を伴うが，ⓐ「成文の言葉の可能な意味」の範囲内にあるかどうか，一般人の客観的予測可能性を奪うものでないかどうかに両者の区別の基準を求めることは一応可能である（解釈結果による区別）[21]。また，ⓑ類推適用（類推解釈）では，国家社会の立場からみてけしからぬ行為をまず取り出し，類似した法条を後から探し出すという思考方法が採られるのに対し，拡張解釈はあくまでも法文の論理解釈の枠内に入るかどうかという観点から社会生活上の各行為をみる，という点に相違を認めることもできる（解釈方法による区別／西原・上44頁）。例えば，行為の主体を「医師，薬剤師，医薬品販売業者，助産師，弁護士，弁護人，公証人」に限定している秘密漏示罪の規定（134条）をどのように拡張解釈してもこれに看護師を含ませることはできないが，類推解釈の思考方法は本条を看護師の行為に適用する余地を残しているといえよう[22]。

これに対し，刑法の実質的解釈という見地から，刑法の解釈にあたっては言葉の可能な意味の範囲や国民の予測可能性の範囲と保護法益や処罰の必要性との衡

---

[21]　自由主義的な予測可能性の見地から拡張解釈が許されるとしても，民主主義的な法律主義の要請からそこにはおのずから一定の限界がある。その意味では，禁止される類推と許容される拡張といっても，相対的な区別にとどまることを銘記すべきである。

[22]　ただし，保健師・看護師については，今日，保健師助産師看護師法に刑法と同様の罰則規定（42条の2，44条の3）がおかれている。

量が必要である，とする考え方がある（前田60頁以下）。この見解によれば，「解釈の実質的許容範囲は，実質的正当性（処罰の必要性）に比例し，法文の通常の語義からの距離に反比例する」という基準で判定されることになる。しかし，罪刑法定主義は，処罰の必要性があっても事前に告知していない行為を処罰することは許されない，という原則なのであるから，処罰範囲の確定にあたっては，処罰の必要性を基準に入れるべきではないであろう（大谷69頁参照）。罪刑法定主義は，処罰の必要性を犠牲にしても，国民の予測可能性に基づく行動の自由を保障しようとする原則なのである（➡37頁／松原・重点課題10頁参照）。

　なお，類推適用の禁止は被告人の人権保障のための原則であるから，被告人に有利な方向に働く類推適用は罪刑法定主義に反しない。したがって，違法・責任阻却，刑罰減軽・免除などについては，類推適用は許容されていると解すべきである[23]。例えば，緊急避難（37条）の保全法益には貞操や名誉も含まれる，と解されている（➡231頁）。

　(2) 判例と類推適用　　判例[24]にも，(a)法律上の文言を厳格に解して，犯罪の成立を否定したものはある。例えば，①人事院規則14-7（政治的行為）5項1号にいう「特定の候補者」とは候補者としてその地位を有するに至った特定人を指し，「立候補しようとする特定人」はこれに含まれないとしたもの（最判昭30・3・1 刑集9巻3号381頁），②「火炎びん」は爆発物取締罰則にいう「爆発物」に当たらないとしたもの（最大判昭31・6・27 刑集10巻6号921頁）などがそれである。

　しかし，(b)判例の多くは，従来，わが国における刑事立法の動きが緩慢であったこともあり，比較的柔軟な解釈態度を示してきた。判例が犯罪の成立を認めた事例として以下のものがある。①いわゆる電気窃盗事件に関し，電気も旧刑法の「他人ノ所有物」に含まれるので，他人の管理する電気を盗用する行為は窃盗罪を構成するとし（大判明36・5・21 刑録9輯874頁）[25]，②養鯉池の水門を開いて鯉魚を流出させる行為が物の「傷害」に当たるとし（大判明44・2・27 刑録17輯197

23　類推が被告人に有利な方向であれば許されるとしても，法律主義の観点から一定の限界があることはもとより当然である。
24　刑罰法規のもつ，ⓐ行為規範性からの要請（刑罰法規の「言葉の意味」による拘束を問題とする）と，ⓑ裁判規範性からの要請（法的文脈における整合性を欠いたり，法律的文章の約束事に反したりする解釈は許されない）とに立脚して判例を分析するものとして，松原・重点課題7頁以下。

頁），③過失でガソリンカーを転覆・破壊させた事案に対し，ガソリンカーが過失往来危険罪（129条）にいう「汽車」に含まれるとし（大判昭15・8・22 刑集19巻540頁），④狩猟鳥獣であるカモをねらって洋弓銃で矢を射かける行為は，矢が外れたためカモを自己の実力的支配内に入れることができず，また殺傷するに至らなくても，（旧）鳥獣保護法が禁止の対象とする「弓矢を使用する方法による捕獲」に当たるとした（最判平8・2・8 刑集50巻2号221頁）[26]。しかし，仮にこれらの行為の当罰性を認めうるとしても，③を別として[27]，他はいずれも類推解釈（類推適用）の疑いが残るものである。

　ところで，(c)現代における科学技術の発展，産業構造の変化に伴って新たにいわゆる「現代型犯罪」と呼ばれる反社会的現象が生じてきたが，1907（明治40）年に制定されてそのような事態をおよそ予想していなかった現行刑法とのギャップもまた顕著になってきた。このような事態に直面してこれに対応するため，20世紀後半以降，各則に規定された刑法各本条の文言が拡大解釈され，条文解釈の軟化現象ともいうべき状況がみられるようになった。例えば，①電子複写機にかけた公文書の写真コピーを本物としてではなく，本物があることを示すためその「写し」として使用する場合にも，社会的機能と信用性からみてその偽造も公文書偽造罪（155条）に当たるとした最判昭51・4・30（刑集30巻3号453頁）[28]，②公害または薬害事故により，過失によって胎児に傷害を与え，その胎児が障害をもって生まれ，またその後死亡したという「胎児傷害」の事例（**熊本水俣病事件**）につき業務上過失致死傷罪（211条1項）の成立を認めた最決昭63・2・29（刑集

---

[25]　大審院は，いわゆる管理可能性説に立って電気を「物」と解したが，「物」は管理可能であるとしても，管理可能なものがすべて「物」とはいえないであろう。判例は，「物」の属性の一部を捉えてこれを管理可能なもの一般と拡張解釈した上で電気がこれに当たるとし，外観上拡張解釈の手法を採っているが，その実体は「成文の言葉の可能な意味」の範囲を超え，国民一般の客観的予測可能性を奪う類推解釈である（松宮24頁参照）。

[26]　鳥獣保護法は2002年に全面改正され，平成8年判決で適用が問題となった規定については，未遂犯を処罰する規定が設けられ（鳥獣の保護及び狩猟の適正化に関する法律83条2項），図らずも本件被告人の行為が「捕獲」（既遂）に当たらないことが明らかとなった。

[27]　汽車とガソリンカーとは，動力源を異にするだけで軌道上の高速大量輸送という基本部分は共通であり，許容される拡張解釈の一例と考えられる（論理形式の点では拡張解釈にとどまっているが，可能な語義を逸脱している疑いがある，とするものとして松原・重点課題6・8頁）。ただし，山口14頁は，大審院判決が交通往来の安全を保護するという規定の趣旨を援用することについては，疑問を示している。なお，本件につきかろうじて言葉の可能な意味の範囲内と思われる，とするものとして浅田63頁。

[28]　本判決の解釈は，ⓐ一般人の理解する「文書」の意味の範囲内ではあるが，ⓑ刑法上の「文書」概念との関係では罪刑法定主義に違反する疑いがある，とするものとして松原・重点課題9頁。

42巻2号314頁),③磁気情報部分の通話可能度数を改ざんしたテレホンカードを,変造を告げて金券屋に売り渡す行為について（変造テレホンカードの交付）,変造有価証券交付罪の成立を認めた最決平3・4・5（刑集45巻4号171頁)[29],④（旧）破産法374条3号にいう「商業帳簿」（現270条の「業務及び財産の状況に関する帳簿」）に電磁的記録である総勘定元帳ファイルが含まれるとした最判平14・1・22（刑集56巻1号1頁）などがあり,枚挙に暇ない。

　現代社会がわれわれに突きつけてくる今日的問題に対し,もとより刑法理論が拱手傍観していてよいというわけではないが,立法の不備を被告人の負担において安易に解釈論的手法によって補おうとすることには,より大きな問題性が含まれている[30]。その意味で,21世紀に入り刑事立法の動きが活性化したことについては,犯罪化・重罰化など,その内容にさまざまな問題・疑念を抱えるものの[31],上の趣旨に照らせば現代的問題に対する立法化の方向性自体にはそれなりの意義を認めることができよう。

5　実質的内容と解釈の明確性

　罪刑法定主義を実質的な人権保障原理とするためには,単に行為の時に犯罪と刑罰を規定した法律がありさえすればよいというものではなく,さらにその刑罰法規の内容が明確であって（明確性の原則),かつ,適正なものでなければならない（適正処罰の原則)[32]。ここに,罪刑法定主義の実質面がクローズ・アップされてくるのである。

(1) 明確性の原則　まず,刑罰法規は,どのような犯罪に対してどの程度の刑罰が科せられるかが一般国民にとって予測可能な程度に具体的かつ明確に規定されていなければならない。この原則は,国民に対する公正な告知および刑罰権の恣意的濫用の防止という観点から,特に経済活動の自由や言論の自由の保障の

29　この問題は,2001年に支払用カード電磁的記録に関する罪（163条の2第3項）が新設されたことにより立法的に解決され,本最高裁決定は判例としての意義を失うことになった。

30　「刑事裁判は,新しい問題に含まれている多様な利害を集約調整するのに適した場とはいえない」とするものとして,佐伯（仁)28頁。

31　今日の刑事立法が抱える問題性につき,曽根『現代社会』9頁以下,特に交通刑法につき同書233頁以下。

32　明確性の原則以外の適正処罰の原則,特に内容の適正さは,伝統的な罪刑法定主義とは異なった別個の原則である,とするものとして佐伯(仁)17頁,西原・上37頁,萩原 滋『実体的デュー・プロセス理論の研究』（1991年）271-2頁など。

ために，不明確な刑罰法規はデュー・プロセスに違反し無効である，というアメリカの判例法で展開されてきた「**漠然性故に無効**」の理論に由来している[33]。

(a) 犯罪の明確性　犯罪の成立要件についてみると，その解釈の範囲は，一般国民の予測可能性の範囲内にとどまるものでなければならない。したがって，一般国民が刑罰法規によって何が禁止されているかを法文から理解することができない場合は，その刑罰法規は不明確であって違憲・無効（不明確故に無効）ということになる。

最高裁判例には，法文の不明確を理由に刑罰法規を違憲・無効としたものはないが，最大判昭50・9・10（刑集29巻8号489頁／**徳島市公安条例事件**）は，明確性の原則を認めたうえ，刑罰法規が明確であるかどうかは「通常の判断能力を有する一般人の理解において，具体的場合に当該行為がその適用を受けるものかどうかの判断を可能ならしめるような基準が読みとれるかどうかによってこれを決定すべきである」とした。そして，右の判断基準に従うと，集団行進等をする者は「交通秩序を維持すること」という遵守事項を定めた徳島市条例の規定は，立法措置として妥当性を欠くが，犯罪構成要件の内容をなすものとして明確性を欠くものではない，と判示した[34]。明確性に関する最高裁の判断基準自体は一応これを是認しうるとしても，上の徳島市条例の条項がこの基準に照らし「一般人の理解」が可能な程度に明確といえるかは疑問である[35]。

また，最近の最高裁判例として，北海道迷惑防止条例2条の2が禁止している「卑わいな言動」という文言の明確性が問われた事件において，最決平20・11・10（刑集62巻10号2853頁）は，「卑わいな言動」とは，社会通念上，性的道義観念に反する下品でみだらな言動または動作を言う」と解した上で，同条第1項の柱書（「公共の場所又は公共の乗り物にいる者に対し，正当な理由がないのに，著しくしゅう恥させ，又は不安を覚えさせるような」というもの）と相まって日常用語としてこれを合理的に解釈することが可能であるから，不明確とはいえない，と判示したが（本決定には反対意見が付されている），「卑わいな言動」という文言によって「事前

---

[33]　ドイツでも，刑法の保障的機能および裁判官の恣意的決定の排除の観点から，確定性ないし明確性の要請は，「明確な法律なければ犯罪なし」の標語により罪刑法定主義の主要な内容とされている。

[34]　本判決については，曽根「公安条例最高裁判決の検討」判例タイムズ330号（1976年）2頁以下。

[35]　「罰則の合憲性に関する判例の基準は，その具体的な適用を見る限り，それほど厳格だとはいえない」とするものとして山口19頁。

の告知」機能が果たされているかについては，異論の余地がある（松原35頁）[36]。

　(b) 刑罰の明確性　　刑についてまったく定めのない「絶対的不定刑」が明確性の原則に反することはいうまでもないが，それはおよそ刑罰を法定したものとはいえず，法律主義にも反するからである。**絶対的不定刑の禁止**は，罪刑法定主義の形式的内容をなす先の３つの原則（慣習刑法の排斥・刑罰法規不遡及の原則・類推解釈の禁止）と並んで，古くから一般に承認されてきている。これに対し，例えば，殺人罪（199条）において「死刑又は無期若しくは５年以上の懲役」と規定されているように，刑罰の種類および量が相対的に法定されている刑を「相対的不定刑」といい，今日の各国の刑法はこの相対的法定刑主義を採用しているが，わが国の刑法は相対的な法定刑の幅がきわめて広いという特色をもっている。

　なお，刑種だけを言い渡し，まったく期間の定めのない「絶対的不定期刑」も，執行される刑に対する予測を困難にすることからこれを認めるべきではない。これに対し，刑の長期と短期を定めて言い渡し，現実の執行期間をその範囲内において執行機関の裁量に委ねる「相対的不定期刑」は，少年法52条において，少年の特性に鑑み少年に対する自由刑につき認められている。

　(2) 適正処罰の原則　　この原則は，罪刑の形式的法定を超えて，内容の適正を欠く刑罰法規を裁判所が憲法31条違反として違憲・無効とする憲法解釈の原理を基礎においている。これは，立法に対して裁判所が行う実質的な制約であり，違憲立法審査制度をもつアメリカで発展してきた**「実体的デュー・プロセス」の理論**に由来する。特に，社会的に有害でない行為の不処罰と関連して，表現活動の自由の制約につきアメリカの判例で展開された理論，すなわちその適用範囲が過度に広汎な場合には国民に萎縮効果をもたらす，という観点から刑罰法規を無効とする**「過度の広汎性」の理論**が重要である。

　(a) 内容　　適正処罰の原則が問われるその１は，**罪刑の均衡**である。刑罰法規に規定された犯罪と刑罰とが均衡を失しているときは，個人の権利・自由を不当に制限することになるものとして罪刑法定主義違反の問題が生じる。

　その２は，固有の意味での**刑罰法規の内容の適正**である。刑罰法規の内容が，①表現の自由（憲法21条），労働基本権の保障（憲法28条）などの個々の人権保障規定に違反して行為を罰している場合，または，②そのような行為を処罰するこ

---

[36] その他，いわゆる「体感治安」の低下を背景とする刑事立法（特に条例）には，明確性に疑義のある処罰規定を新たに創設するものが現れているが，この点については，松原35-6頁。

とが必ずしも必要不可欠とはいえないのに，処罰に値しない行為を罰している場合には刑罰権の限界を超え，その内容が適正でないものとして罪刑法定主義に違反することになる（必要性・合理性の原則／浅田66頁以下，内藤・上39頁）。例えば，最大判昭35・1・27（刑集14巻1号33頁）は，HS式無熱高周波療法と称する電気療法を行ったことが，医療類似行為を禁止した「あん摩師，はり師，きゅう師および柔道整復師法」違反に問われた事案において，この法律が医療類似行為を業とすることを禁止処罰するのも「人の健康に害を及ぼす虞のある業務行為に限局する趣旨と解しなければならない」のに，原判決にはその点についての判示がない，として破棄差し戻した[37]（ただし，差戻し審で，新たな鑑定の結果，健康に害を及ぼす危険がある，とされた）[38]。

 (b) **明確性の原則との関係**　　適正処罰の原則（実体的デュー・プロセスの考え方）は，憲法31条の「法律」は「適正な法律」を意味すると解すべきであるという点では，明確性の原則と共通の思想的基盤の上に立っている。その意味で，適正処罰の原則を広く捉えるときは，明確性の原則を含むことになる。しかし，明確性の原則が刑罰法規の内容の当・不当を問う以前に，自由主義の要請として，そもそも法文自体が明確に規定されていなければならないという手続的・形式的な観点から法律の適正を要請するのに対し，固有の意味での適正処罰の原則は，法文の明確な刑罰法規についても，さらにその内容の適正さを問題にしうる点に相違が見受けられる。

 (3) **合憲限定解釈と解釈の明確性**　　法文が「あいまい，漠然（不明確）の故に無効」という不明確性の理論，および「過度の広汎の故に無効」という過度の広汎性の理論と密接に関連し，不明確ないし過度に広汎な法文であっても，これを直ちに違憲の法令とすることなく，限定解釈を施すことによって法文の内容を明確化し，また合憲の範囲にとどめることが可能となると解せられることがある。これが**合憲限定解釈**の手法である。

---

[37] 保護法益による目的論的解釈は，法文の可能な意味の範囲内という外在的な制約に服さなければならないが，本判決のように，刑罰法規を縮小解釈するにあたっては，罪刑法定主義の自由主義的性格からみて，法文の可能な意味の範囲を超えることも許される，とするものとして松原・重点課題11頁。

[38] なお，最判昭57・9・28（刑集36巻8号787頁）は，業務に関し，無許可で法定の除外事由なく，クエン酸またはクエン酸ナトリウムを主成分とする商品を販売したという事案について，「人体に対し有益無害なものであるとしても」薬事法違反の罪が成立するとした（もっとも，本判決には，積極的な弊害はもとより消極的な弊害も生ずるおそれはない，とする反対意見が付されている）。

(a) わが国の判例　　最高裁判所が刑罰法規の内容的適正を問題にして，これを正面から違憲・無効としたものはないが，合憲限定解釈の手法を用い，憲法に照らして制限的に解釈することによって事実上その趣旨を実現しようとした判例はある。

例えば，❶最大判昭44・4・2（刑集23巻5号305頁／**都教組事件**）は，地方公務員法61条4号の争議行為をあおる罪について，あおり等の行為をすべて処罰する趣旨と解すべきものとすれば，憲法の保障する労働基本権にかんがみ違憲の疑いを免れないから，違法性の強い争議行為を違法性の強い方法であおった場合に初めて合憲的に処罰しうるとした（二重の絞り論）。もっとも，この考え方は，最大判昭48・4・25（刑集27巻4号547頁／全農林警職法事件）によって限定解釈の不明確性を理由に否定され，今日に至っている（➡174頁参照）。

また，❷福岡県青少年保護育成条例10条1項にいう「淫行」の意義につき，前掲最大判昭60・10・23（➡39頁）は，「淫行」を広く青少年に対する性行為一般を指すものと解するときは，社会通念上およそ処罰の対象と考えられないものを含むこととなって，その解釈が広すぎることは明らかであるから，これをⓐ「青少年を誘惑し，威迫し，欺罔し又は困惑させる等その心身の未成熟に乗じた不当な手段により行う性交又は性交類似行為」，およびⓑ「青少年を単に自己の性的欲望を満足するための対象として扱っているとしか認められないような性交又は性交類似行為」に限定して解釈しなければならないとしたうえ，このような解釈は，①規定の文理から合理的に導き出されうる解釈の範囲内であって，通常の判断能力を有する一般人の理解に適うものであり，②同規定につき処罰の範囲が不当に広過ぎるとも不明確であるともいえない旨判示し，「淫行」処罰規定が限定解釈によって合憲になるとする趣旨を明らかにした。しかし，反対意見が説くように，ⓐのような限定は一般人にとっては不可能であり（同旨，山口21頁など），また，ⓑの解釈結果は依然として不明確であって，同条項は憲法31条に違反すると言うべきであろう。

さらに，❸最判平19・9・18（刑集61巻6号601頁／**広島市暴走族追放条例事件**）は，広島市暴走族追放条例が規制の対象としている「暴走族」は，同条例2条7号の定義にもかかわらず，暴走行為を目的として結成された集団である本来的な意味における暴走族の外には，服装・旗・言動などにおいてこのような暴走族に類似し，社会通念上これと同視することができる集団に限られるものと解され，このように限定的に解釈すれば，同条例16条1項1号，17条，19条の規定による規制は，いまだ憲法21条1項，31条に違反するとまではいえない，と判示した。しかし，①当該条文に接した一般国民（住民）がそこから本件におけるような解釈に到達できるかどうかは疑問であるし，また，②仮に当該限定解釈の方法の明確性を認め，規制対象者を限定しえたとしても，その解釈結果が明確であるか，適正であるかについては，なお疑問の残るところである[39]。

その他，❹公務員の政治的行為の制限違反罪（国公法102条1項，110条1項19号）に関する2つの事件に関し，最判平24・12・7（堀越事件／刑集66巻12号1337頁，世田谷事件／同1722頁）は，まず，①政治的行為の規制が必要やむを得ない範囲に限られることから，政治的行為は「公務員の職務の遂行が政治的中立性を損なうおそれが実質的に認められる場合」に限定されるとしたが，はたしてその解釈方法および解釈結果が明確であって，国民（公務員）一般が本件罰則規定から容易にその内容を読み取れるか疑問である。また，②本判決は，公務員の職務の遂行が政治的中立性を損なうおそれが実質的に認められるかどうかは，当該公務員の地位，その職務の内容や権限等と当該公務員がした行為の性質・態様・目的・内容等の諸般の事情を総合して判断するのが相当であるというが，このように専門的な法律判断を国民ないし公務員一般に求めるのは酷であって，具体的な場合に当該公務員が自己の行おうとする行為がまさにこの意味での政治的行為に当たるか否かを的確に判断することは，至難の業というべきであろう[40]。

(b) **法文の明確性と解釈の明確性**　　前掲❷の最大判昭60・10・23は，解釈の明確性を要求して，①規定の文理から合理的に導き出される解釈の範囲内で，通常の判断能力を有する一般人の理解に適うものであること（解釈方法の明確性），②解釈の結果が不明確でも過度に広汎でもないこと（解釈結果の明確性）を要件として挙げたが[41]，これに対しては，法文の明確性は要求されても解釈の明確性までは要求されない，という見方がある（**区別説**／前田51頁参照）。

その根拠の1つは，法文とその解釈とは区別すべきであって，法文は日常的な用語の意味にしか解釈しえないわけではない，というものである。たしかに，法の解釈は日常用語的な文理解釈にとどまるものではないが，法はそれに対する解釈によって内容づけられるのであり，法文の明確性とは「そのように解釈された」法文の明確性を意味するのであるから，法文自体はもとより，その解釈もまた明確でなければならないであろう。法文を解釈して得られた構成要件が罪刑法定主義的機能を営む，とされるのもこのことを意味している。罪刑法定主義的機能は，第一次的には法文そのものがこれを営むのであるが，構成要件もまた，処罰される行為と処罰されない行為を明確に限界づける，という機能を果たさなければならないのである（➡108頁以下）。

---

[39] 本判例の評釈として，曽根「暴走族追放条例と合憲限定解釈」『現代社会』127頁以下。
[40] 本国公法2事件上告審判決に対する検討として，曽根「公務員の政治的行為制限違反罪と職務関連性」『現代社会』219頁以下。
[41] 田宮裕「刑法解釈の方法と限界」〔同〕『変革のなかの刑事法』（2000年）51頁以下。

区別説の第2の理由は，解釈の明確性を要求すると，当該限定解釈が不明確であるという理由から，刑事責任を限定する方向に制約が加えられることになって処罰範囲が広められ，かえって罪刑法定主義の実質的趣旨に反する結果になる，というものである。たしかに，例えば前掲全農林警職法事件判決は，二重の絞り論を採用した前掲❶の都教組事件判決等の限定解釈を不明確であるとして退けたが（→(a)），限定解釈は本来違憲判断を回避するための手法なのであるから，解釈内容が不明確であるというのであれば端的に刑罰法規自体の違憲性を問えばよいのであって（法令違憲），処罰範囲の拡張は解釈の明確性を要求する立場の責に帰せられる事柄ではない。

　もとより，合憲限定解釈にも問題がないわけではない。この解釈方法は，実体的デュー・プロセス論のいわば補完物ないし二次的手法であって，これが認められるためには，解釈の対象となる法文の大部分が合憲的な規制範囲に属するものでなければならず，解釈によって明確化されるからといって，それにより不明確かつ過度に広汎な刑罰法規の違憲性を糊塗するようなことがあってはならない。淫行処罰規定に関する前掲❷の最高裁判決に問題があるとされるのは，それが解釈の明確性を要求したことにあるのではなく，その反対意見が述べているように，前記ⓑの部分を「淫行」に含ませた結果，その解釈内容が依然として不明確かつ広汎であること，また，仮に「淫行」を前記ⓐの場合に限定するのであれば広きに過ぎることはないとしても，そのような解釈が通常の判断能力を有する一般人の理解を超え，多数意見の意図したような限定が規定の文理の合理的解釈により導き出すことができないことに存したのであった。ここには，合憲限定解釈の問題性が端的に現れているのである。

第2節　刑法の効力

1　刑法の時に関する効力

(1) **刑の変更**　刑法（広義）は，その施行の時から廃止に至るまで効力を有し，これに違反する行為に対して適用される（**刑法の時間的適用範囲**）。問題となるのは，行為時における法律（行為時法）と裁判時における法律（裁判時法）とが異なる場合にどちらの法律を適用すべきであるか，ということである。

　(a) 行為時法によれば犯罪でなかった行為が，裁判時法によって犯罪となった

場合は，罪刑法定主義の原則（事後法の禁止）により，新法は遡及せず，行為は犯罪とならない（➡40頁参照）。

(b) 行為時法によれば犯罪であった行為が，裁判時法によって犯罪でなくなった場合は，刑事訴訟法337条2号により，犯罪後の法令により**刑が廃止**されたときに当たるものとして免訴の言渡しがなされる。ただし，いわゆる**限時法**の場合，すなわち一時的な特定事情のために一定期間を限って制定された法律の場合には，「廃止前の行為に対する罰則の適用については，なお従前の例による」といった特別の規定（経過規定）が設けられているかぎり，旧法は追及して行為は有罪となる。

【限時法の理論】 限時法の場合，失効間際に行われた違反を事実上処罰しえなくなるという不都合を避けるために，立法の動機を理由として，有効期間内に行われた行為については法律の廃止後も追及効を認めることができる，とする理論が「限時法の理論」である（限時法における動機説）。しかし，処罰の根拠となるべき刑罰法規が失効している以上は，刑訴法337条2号によって免訴とすべきであって安易に例外を認めるべきではなく，また，失効後も処罰しようとするなら，上にあげたような特別規定を設ければ足りることである。

(c) 行為時法によれば犯罪であった行為が裁判時法によっても犯罪である場合については，そのうち，①旧法と新法とで刑に違いのない場合は，刑罰法規不遡及の原則により，行為時法を適用すべきであり，②刑に違いのある場合は，刑法6条により，軽い刑を規定した法律の方を適用することになる[42]（➡40頁）。

(2) 非刑罰法規の変更　刑罰法規自体に変更はないが，その構成要件の内容が他の法令に委ねられている場合に，その法令が改正された結果，それが刑罰法規の廃止（刑の変更）に影響を及ぼすかが問題となる。判例は，例えば，義母を殺害して尊属殺人（旧200条）で起訴された後に民事法規が改正され，被害者が「直系血族」でなくなった場合でも，「既に成立した尊属殺の成立を阻却しない」とし（最判昭27・12・25刑集6巻12号1442頁）[43]，この結論を支持する見解も有力である（消極説／団藤81頁など）。しかし，民法改正後は，継父母殺しは普通殺人とな

---

[42] 1995年の改正前の刑法205条2項により尊属傷害致死罪の成立を認めた控訴審判決後に「刑法の一部を改正する法律」が施行されて，尊属傷害致死罪の規定が削除されたときは，刑訴法411条5号にいう原判決後の「刑の変更」に当たる（最判平8・11・28刑集50巻10号827頁）。

るのであるから，実質的に処罰範囲が縮小されたものとして「刑の変更」があったと解するのが妥当である（積極説／大谷508頁，西田440頁など）[44]。

2 刑法の場所に関する効力

(1) 国内犯と国外犯　日本の刑法がどのような場所で行われた犯罪に対して適用されるか，という問題である（**刑法の場所的適用範囲**）。わが国の刑法は，属地主義を原則とし，保護主義，属人主義および世界主義を例外として認めている。

表　刑法の場所に関する効力

	場所	主義	条文	犯罪	行為者
国内犯	日本	属地主義	1条	すべての犯罪	すべての者
国外犯	外国	保護主義	2条	自国（民）の利益を害する罪	
			3条の2	日本国民に対する罪	外国人
		属人主義	3条	比較的重い犯罪	日本人
			4条	公務員犯罪	日本の公務員
		世界主義	4条の2	条約による犯罪	すべての者

(a) 属地主義　刑法1条1項は，犯罪が日本国内において行われるかぎり，すべての者に対して刑法の適用がある，としている（国内犯）。犯罪地の決定においては，犯罪事実の一部でも日本国内で発生すればよい，と解されており（**遍在説**），したがって実行行為地・結果発生地・その中間地のいずれもが犯罪地であり，それが日本国内であれば日本刑法が適用される。また，正犯行為が国外で行われ，共犯行為が国内で行われた場合に，正犯につき国外犯処罰規定がない場合にも，正犯も犯罪としては成立していると解する以上，遍在説によるかぎり，共

---

[43] 他に，構成要件の内容が下位の規則や命令に委任されている場合について，最判昭37・4・4（刑集16巻4号345頁）は，新潟県の規則による第二種原動機付自転車の二人乗りの禁止の解除は，旧道路交通取締法施行令41条の刑の廃止に当たらない，としているが疑問である（浅田81頁）。なお，本件については，団藤81頁も，構成要件ないし規範の変更として刑の廃止に当たるとしている（その意味では中間説）。

[44] 前田56頁は，「刑の廃止といい得るには，法の変更によって法的見解も『改正により犯罪とするに値しなくなった』という形で変化したことが必要である」としたうえで，駐車禁止区域の変更の場合，構成要件の中心は「禁じられた場所に駐車してはならない」という点であって，具体的場所の重要性は低く，個々の場所が変更されても処罰は可能である，とする。

犯について日本刑法の適用があるということになる（大塚仁ほか編・大コンメンタール刑法（第二版）第 1 巻80頁）。なお，属地主義は，国外にある日本船舶または日本航空機内において罪を犯した者にも適用される（1条2項／旗国主義）。

　行為地が外国の未遂犯の場合，法益侵害の危険が現に日本で発生した場合に国内犯とされる（➡464頁）。共犯の場合，その犯罪地は正犯結果と因果性がある共犯行為が行われた場所のほかに，正犯の犯罪地を含む。したがって，日本国外で幇助行為をした者であっても，正犯が日本国内で実行行為をした場合には，日本国内で罪を犯したことになる（最決平 6・12・9 刑集48巻 8 号576頁）[45]。なお，正犯の行為が行為地では犯罪とならない場合に，その教唆・幇助を処罰するのは，「正犯なき共犯」を認めることになり妥当でない（➡543頁／浅田70頁参照）[46]。

　(b) 保護主義　　自国または自国民の利益を侵害する犯罪に対しては，犯人が誰であるか，犯罪地がどこであるかを問わずすべての犯人について刑法の適用がある，とするものである。刑法 2 条は，内乱・外患・通貨偽造等の重大な犯罪について，国外においてこれを犯したすべての者に刑法の適用がある，としている（すべての者の国外犯）。

　また，刑法 3 条の 2 は，日本国外における日本国民の保護の観点から，日本国民以外の者により，日本国民が殺人等の生命・身体等に対する一定の重大な犯罪の被害を受けた場合に，これを処罰するものとしている（国民以外の者の国外犯）。国外にある自国民を保護する趣旨に出るものとして「消極的属人主義」とも呼ばれる。

　(c) 属人主義　　犯人が自国民であるかぎり，犯罪地の内外を問わず刑法の適用がある，とするものである（積極的属人主義）。これは，行為地国に代わって日本国が処罰するものである，という**代理処罰**（代理主義）の考え方である。刑法 3 条は，放火・強姦・殺人・強窃盗などの比較的重い犯罪について，日本国民が国外においてこれを犯した場合に刑法の適用がある，としている（国民の国外犯）。また，刑法 4 条は，公務員の職権濫用・収賄等の公務員犯罪について，公務員の国外犯への刑法の適用を認めている（公務員の国外犯）。

---

[45] これを「共犯の（正犯）従属性」（➡554頁）の現れの 1 つと捉えるものとして，松宮31頁。
[46] 犯罪が国内において行われるかぎりでその国の刑法を適用する，という属地主義の考え方は，今日，越境性を特質とするインターネットの普及により，わいせつ物陳列罪や名誉毀損罪の領域でその現状対応性に問題を生じつつある（松宮31頁参照）。この問題の詳細につき，渡邊卓也『電脳空間における刑事的規制』（2006年）10頁以下。

(d) **世界主義（普遍主義）**　犯人，犯罪地のいかんを問わず，また自国の利益を侵害するものであると他国の利益を侵害するものであるとを問わず，自国の刑法を適用しうる，とするものである。刑法4条の2は，同2条から4条のほか，日本国外において，第2編に掲げる罪であって，条約により日本国外において犯された場合においても処罰すべきこととされているものを犯したすべての者に刑法を適用する，としている（条約による国外犯）。本条は，一種の白地刑罰法規であって，わが国が裁判権設定義務を負う条約としては，人質行為防止条約，国家代表保護条約等があり，本条の例により特定の行為の国外犯を処罰することを明らかにするものとして，人質強要行為等処罰法5条，暴力行為等処罰法1条の2第3項等がある。

(2) **外国判決の効力**　国外で罪を犯し，その外国で確定判決を受けた場合でも，当該犯罪が日本国の適用を受けるものであるかぎりにおいて，「同一の行為について更に処罰することを妨げない」（5条本文）。裁判権が異なる以上二重処罰の禁止に抵触するものではないが（最大判昭28・7・22刑集7巻7号1621頁），外国ですでに刑の執行を受けている場合に，これを無視するのは犯人にとって過酷にすぎるため，そのような場合は「刑の執行を減軽し，又は免除する」こととされている（5条ただし書）。

3　刑法の人に関する効力

　日本の刑法は，原則として，時および場所に関する効力の及ぶかぎり，犯罪を行ったすべての者に対して適用される（**刑法の人的適用範囲**）。ただし，次の場合は例外的に日本の刑法は適用されない。

(a) **国内法上の関係からするもの**　①天皇について明文の規定はないが，摂政は，その在任中訴追されないこととなっており（皇室典範21条），それとの関係で，退位のない天皇は終身訴追されることがないと解されている。②国会議員は，議院で行った演説・討論・表決について院外で責任を問われることがなく（憲法51条），また，国務大臣は「その在任中，内閣総理大臣の同意がなければ，訴追されない」保障がある（憲法75条本文）。

　刑事法上，天皇・国会議員については人的処罰阻却事由，摂政・国務大臣については訴訟障害事由とみる見解が有力であるが（大谷518-9頁など），人的処罰阻却事由を犯罪（違法・責任）阻却事由に解消しようとする見地からは，いずれも

手続上の訴訟障害と考えられる（浅田82頁）。いずれにしても，これらの者の行為も犯罪としては成立しているから，これに対する共犯の成立は可能であり，また，これらの行為に対する正当防衛も可能である。

(b) **国際法上の関係からするもの**　①外国の君主，大統領，その家族および日本国民でないその従者，②信任された外国の大使・公使，付属員その家族，および日本国民でない雇員・従者（外交官特権），③承認を得てわが国の領土内にある外国軍隊の構成員または軍属などがこれに含まれる。ここでは，一種の治外法権が認められており，訴訟障害が存在している。

第3章　刑法の理論

第1節　刑法理論の系譜

1　近代刑法の誕生

(1) アンシャン・レジームの刑法制度　ヨーロッパの近代的刑法思想は[1]，フランス革命以前のいわゆるアンシャン・レジーム（旧制度）の刑法制度に対する激しい批判の中から生まれた。アンシャン・レジーム下における国王は，政治学上の**王権神授説**によって理論的にその地位を基礎づけ，神の権威を背景として全能の生殺与奪の権を行使した。人々には，近代的意味での人たるに値する権利・権能は与えられておらず，一般の人民は国王およびその官僚である裁判官の恣意・専断に対してきわめて不安定な地位におかれていた。

アンシャン・レジームの刑法思想は，神学的贖罪，倫理的応報の色彩の濃いものであり，刑法の目的は，身分的秩序に対する反抗を抑圧するための一般威嚇におかれ，刑罰の執行は公開されていた。当時の刑法制度の特色として，①刑法と道徳・宗教の結合（干渉性），②身分による取扱いの不平等（不平等性），③罪刑専断主義（恣意性），④苛酷な刑罰（苛酷性）が挙げられる（佐伯(千)57頁）。

(2) 啓蒙主義の刑法思想　近代刑法学の源流は啓蒙主義に求められるが，啓蒙主義の政治思想は，市民社会生成期の思想的所産である**社会契約説**である。これによれば，個人の自由と平等に最高の価値が認められ，国家社会は神の意思によって作られたのではなく，自由で平等な個人の契約によって作られたと考えられた。刑法の領域で啓蒙思想を主唱したのは，フランスのモンテスキュー，ヴォルテール，ドイツのホンメル，ゾンネンフェルス，イギリスのベンサム，イタリアのベッカリーア等であったが，中でも**ベッカリーア**（1738-94）は，名著『犯罪と刑罰』（1764年）を著し，アンシャン・レジームの刑罰制度の非人道的性質を批

1　わが国の刑法の歴史については，佐伯(千) 9 頁以下に詳しい記述がある。

判し、また犯罪認定の尺度は犯罪によって生じた社会の損害であると論じて、近代的な客観主義刑法学の基礎を築いた。

啓蒙的刑法思想の特色は、次のように要約されている（佐伯（千）59頁以下）。まず、①国家刑罰権の根拠は社会契約におかれ、アンシャン・レジームの下で刑法が奉仕してきた倫理と宗教は刑法から切り離されて、宗教上ないし道徳上の罪業と刑法上の犯罪とはまったく別個のものとされるようになった。次に、②法律主義という意味での罪刑法定主義、およびその実質的内容をなす罪刑均衡主義を特色として挙げることができる。すなわち、個人の自由・平等の思想は、裁判官に対する徹底した不信感と結びついて、明瞭でしかも裁判官の解釈を必要としない完全無欠な法律の制定を要求することになる。また、③刑罰は犯された犯罪に比例するものでなければならないという主張が強くなり、しかも罪刑の均衡においてその軽重を決する標準となるものはもっぱら行為および結果の大小である、という客観主義的見解が主張された。そして、さらに、④刑罰に関しては、人道主義的見地から寛刑化の方向が目指されるとともに、応報刑思想を排し、国民一般が犯罪に陥るのを阻止するための一般的予防理論が説かれた。これは、啓蒙的刑法思想のもつ合理主義、功利主義、目的主義からすれば、容易に理解されるところである。

2　古典学派の刑法理論

啓蒙主義の刑法思想を近代的な刑法学説に昇華したのが古典学派の刑法理論であるが、一口に古典学派（旧派）と呼ばれる学派にも、実は2つの流れがある。この2つは、共に罪刑法定主義を強調し、外部に現れた客観的な行為に現実的意味を認めるという点では、近代学派に対して共通の特色を有している。しかし、一方は、18世紀から19世紀初頭のヨーロッパ市民社会の成立期に登場し、その刑法理論は啓蒙主義刑法思想を理論体系化したものであるのに対し（「前期古典学派」（前期旧派）と呼ばれる）、他方は、19世紀中葉から20世紀にかけての資本主義の隆盛期に台頭し、いわば近代学派に対抗する形で「学派の争い」（➡第2節）を展開していった古典学派である（「後期古典学派」（後期旧派）と呼ばれる）。

(1) 前期古典学派　前期古典学派を代表する学者が、「近代刑法学の祖」と謳われるドイツの**フォイエルバッハ**（1775-1833）である。彼は、カント哲学の流れを受けて道徳と法を峻別し、人格の自律（自由）の原理の支配する道徳の世界と

因果律（決定論）の支配する法則の世界との混同を厳に戒めた。そして，刑法を後者に含ませることによって刑法論からいっさいの道義的応報観念を排斥し，目的 - 手段の功利的見地に立つ刑法論を樹立したのである。この点で，絶対的応報刑論者であるカントと袂を分かつことになった。

フォイエルバッハは，刑法および刑罰を目的に対する手段として理解したが，自己の信奉する自由平等思想，人格至上主義の立場から，アンシャン・レジーム下に支配的であった威嚇論的一般予防論も，その当時有力になりつつあった特別予防論も共にこれを排斥した。すなわち，前者に対しては，それは犯罪者の人格の自己目的性を喪失させ犯罪者を予防目的の単なる手段に堕さしめてしまうから，これを認めることはできないとし，また，警察国家思想を背景にグロールマン（1775-1829）らによって主張されていた特別予防論に対しては，それは行為者の心情・性格の危険性という不確実なものに処罰の基礎を求めており客観的基準に欠ける，ということなどを理由にこれを退けたのである。

そこで，フォイエルバッハは，一方における刑罰の合目的性の要請と他方における自由・平等の要求を共に満たすものとして，罪刑法定主義の基礎となった**心理強制説**（→37頁）を背景とする，「刑罰予告による一般予防論」を主張したのである。すなわち，彼は，刑法の主たる作用を，犯罪と刑罰を予告することによって，一般人をして犯罪から遠ざけること（刑罰予告による心理的強制）に求めたのであった。

(2) 後期古典学派　19世紀に入ると，市民革命に理論的武器を提供した合理主義的，功利主義的な啓蒙思想に対する反動として，ヨーロッパに超個人的民族精神を強調した伝統尊重の**歴史主義**，**ロマン主義**が盛んな勢いで起こった。この思想的反動は，人間社会は啓蒙思想が説くように人間の悟性をもって割り切れるものではなく，人生において真に重要なものは，合理的解釈あるいは目的 - 手段の関係に基づく理性的把握を超越した非合理的なものである，という主張を内容としていた。そして，刑法理論も，このような時代思潮の変遷と無縁ではありえなかったのである。前期古典学派の刑法理論は，1840年代以降，後期古典学派の刑法理論へと変容を始める。個人の自由を尊重する自由主義的立場を維持しつつも，次第に形而上学的な道義的応報思想が強調されるようになった。そこには，ロマン主義，歴史主義の時代思潮のほか，意思自由論を基礎に絶対的応報刑論を主張したカント，ヘーゲルの**観念論哲学**の影響が認められるのである。

カント（1724-1804）は，人格の自己目的性を強調する立場から，刑罰は，ただ人が罪を犯したからという理由で彼に科せられなければならず，他の善を促進する手段として科せられてはならないとし，刑罰の公的正義を決すべき規準を均等の原理（衡平の原理）に求めて，タリオの思想に基づく「絶対的応報刑論」を主張したのである。カントの思想は，たとえ「公民的社会が全成員の合意によって解散する……といった場合にも，その前にあらかじめ，牢獄につながれた最後の殺人犯人が死刑に処せられ，こうすることによって各人にその所業にふさわしいものが報いられ」なければならない[2]，とする言葉に端的に表現されている。

ヘーゲル（1770-1831）は，犯罪は正（法）としての法を侵害（否定）するものであるとし，弁証法の論理によれば，刑罰は，ただ否定の否定であるにすぎない，として「等価的応報刑論」を主張した。また，国家を人倫秩序における最高の道義態とみたことによって，彼の影響の下に立つ**ヘーゲル学派**[3]の刑法理論は，容易に国家主義・権威主義に行きつく可能性を有していたのである。ヘーゲル主義は，一面において人格の自由を強調することにより個人の自由主義的保障を獲得し，他面，非合理的な国家の道義的優越を説くことによって自ら権威主義をまとう結果となり，この2つの側面が後期古典学派の複合的な性格を形成することになるのである。

ロマン主義の影響を受けた**後期古典学派**は，19世紀後半以降，近代学派と対決する中で，ヘーゲル主義の延長線上において自己の刑法理論を展開していった。規範論に基づく壮大な刑法理論を構築した**ビンディング**（1841-1920），刑法学派の争いにおいて旧派刑法学の陣営をリードした**ビルクマイヤー**（1847-1920），構成要件理論の創唱者**ベーリング**（1866-1932／➡112頁）等がその代表的な学者である。それぞれの理論の内容は細部において必ずしも同じではないが，形而上学的な意思の自由を前提とし，自由意思によって反道義的な行為をしたことについて道義的責任を問い，それに対する応報として刑罰を加えようとする点で共通の基盤に立ち，近代学派に対し共同の論陣を張ったのであった。もっとも，実定刑法から目的－手段の目的論的考察を完全に排除することは不可能であって，特に実

---

2 Immanuel Kant, Metphysik der Sitten, 1797. 翻訳は，野田又夫『人倫の形而上学』世界の名著 39 カント（1979年）476頁による。
3 ヘーゲルと後期古典学派を架橋するものとして（1840～1870年代），アベック，ケストリン，ヘルシュナー，ベルナー，コーラーらの学者（ヘーゲリアーナー）がいる。

証主義的な近代学派の目的刑論に対抗する必要上，後期古典学派の応報刑論も目的論的理由づけの必要を自覚するようになり，ここに応報刑論と一般予防論との結合が生ずることになったのである (➡第2節1(1)(a))。

後期古典学派が犯罪と刑罰との均衡を要求して罪刑法定主義の尊重を叫び，また犯罪の客観的側面を重視する客観主義の犯罪理論を採用したという自由主義的側面においては，前期古典学派との間に共通性を有していたが，「刑罰の道義的な意味を強調する応報刑論が現実の国家の刑罰権を絶対的に基礎づけることによって，国家主義と権威主義の方向に移行した点に」(中山29頁)，前期古典学派との決定的差異が見受けられるのである。

3　近代学派の刑法理論

近代学派（新派）の刑法理論は，特にその歴史的背景を抜きにしてはこれを語ることができない。近代学派の登場は，まず，①19世紀後半以降の**資本主義の展開**と密接に関連している。資本主義の発達は，一方で経済の繁栄をもたらすとともに，他方では景気の変動，人口の都市集中に伴って，貧困・失業・疾病などの社会問題を発生させ，その結果，犯罪特に累犯・常習犯の激増をもたらした（社会・経済的要因）。ところが，これに対し古典学派が何ら実効ある対応をなしえなかったということが，近代学派の台頭を促した1つの契機となったとされている。また，②新技術の発明，発見によって発達を遂げた自然科学方法論が刑法学の分野にも流入し，自然科学的な**実証主義**の立場から犯罪および犯罪人の研究がなされ，その対策が講じられることになった（人間科学的要因）。そこでは，後期古典学派が犯罪を理性人による自由意思の所産としたことに疑問を投げかけ，犯罪は素質と環境によって決定されるとみなし，これに対する刑罰の効果と限界についても経験的，合理的に考えようとした。合理的・目的的思考という点では，近代学派はむしろ前期古典学派に類似した側面を持ち合わせていたといえよう。

近代学派を代表するのは，犯罪の生物学的要因を重視するイタリアの刑事人類学派と，社会的原因に着目するドイツの刑事社会学派である。ⓐ**刑事人類学派**に属するイタリアの**ロンブローゾ**（1836-1909）は，犯罪者の頭蓋骨や体型を調査してその人類学的特徴を明らかにし，「生来犯罪人」という概念を唱えて，近代学派の創始者となった。次いで，ロンブローゾの思想を法律学的に発展させた**ガロファロ**（1851-1934）は，犯罪の心理学的研究によって犯罪の本質について考察

し，犯罪への対策を論じた。さらに，**フェリー**（1856-1929）は，犯罪の自然的および社会的要因をも考察し（三元的犯罪原因説），生来犯罪人のほか，慣習犯罪人，機会犯罪人などの分類を試み，古典学派の道義的責任と応報刑に代えて，「危険性と制裁」の体系を提案したのである。

一方，ⓑ**刑事社会学派**に属するドイツの**リスト**（1851-1919）は，イェーリングの目的法論の影響の下に「刑法における目的観念」を展開し，目的刑論を唱えた。彼は，犯罪の原因を個人的なものと社会的なものとに分け，①社会的原因については，これを除去する社会政策こそ最良の刑事政策であるとした。一方，②個人的原因の除去に関しては，「罰すべきは行為ではなく行為者である」という立場（行為者刑法）から，犯罪者を機会犯人（偶発的犯罪者）・改善可能な状態犯人（性格的犯罪者）・改善不能な状態犯人に分け，それぞれについて威嚇・改善・無害化（隔離）という分類的処遇を提案したのである。もっとも，刑法理論においては，刑法の自由保障機能，罪刑法定主義的機能を視野に入れて，「刑法は犯罪者のマグナカルタ」であり，「刑法は刑事政策が超えることのできない柵」である，として刑事政策の限界を刑法に求めたのであった。

第2節　学派の争いとその後の展開

1　学派の争い

近代学派の主張に対しては，後期古典学派（以下，単に古典学派という）から厳しい反論と再批判が試みられ，19世紀末から20世紀初頭にかけて，両者の間に「学派の争い」が展開された。特に，古典学派を代弁するビルクマイヤーと近代学派の総帥リストとの論争は有名である。

(1) **学派の争いの要点**　　古典学派と近代学派の争いは，刑罰論と犯罪論の双方にみられる。

(a) **刑罰論**　　刑罰の本質に関し，古典学派が**応報刑論**をとり，刑罰を，過去に行われた一定の悪行（悪因）に対する反作用（悪果）として捉えたのに対し，近代学派は**目的刑論**をとり，刑罰をもって，もっぱら将来の犯罪に対し社会を防衛するための手段であると解した（社会防衛論）。なお，応報刑論のうち，特に過去の犯罪に対する贖罪ということ（刑罰の倫理的意義）を重視するものを**贖罪刑論**といい，また，目的刑論を醇化したものとして，刑罰の目的を犯罪者の教化・改

善に求める**教育刑論**（改善刑論）がある。

　基本的には古典学派の立場から応報刑論を主張しつつ，刑罰の目的をも考慮する相対主義の見地においては，刑罰はそれが規定されていること，またはそれが現に執行されることによって一般人を威嚇し，事前的に犯罪の予防に役立つとする**一般予防論**が唱えられることになる。これに対し，近代学派は，刑罰を科することにより，犯罪者を威嚇・改善し，その者が将来再び犯罪に陥ることを予防しようとする**特別予防論**を説くことになる。

　(b)　**犯罪論**　　古典学派の刑法理論は，刑罰を道義的応報として理解し，しかも刑罰の大小はなされた違法行為の大小に相応するものと考えるから（行為主義），外部に現れた違法行為自体が科刑の基礎として現実的意味をもつことになる（現実主義）。したがって，古典学派の犯罪論は**客観主義**に赴くのである。これに対し，近代学派の刑法理論によれば，刑罰の大小は犯人の社会的危険性の大小に相応するものと考えられるから（行為者主義），なされた違法行為は犯罪者の危険性を徴憑するという意味しかもたない（徴憑主義）。したがって，近代学派の犯罪論は**主観主義**を採用することになるのである。

　(2)　**両学派の歩み寄り**　　しかし，1920年代に入ると，両学派の主張が誇張され単純化されていたことが互いに自覚されるようになり，「学派の争い」は，次第にその激しさを失っていった。それは，現代社会における人間像の省察に基づく結果といえよう。近代学派の説くように，人間の行動が素質や環境による影響を受けている面があることは否定できず，その意味で人間の社会行動に一定の法則性がみられることは確かである。また，無原因という意味での形而上学的な意思の自由が否定されることも事実である。しかし，何らの意思自由も認められない宿命的な人間観の下では，非難としての責任を基礎づけることができない。少なくとも最終のところでは，自己決定の自由という意味での意思自由が働いていると考えなければならない。このような基本的認識の上に立って，両学派の間で様々な折衷と妥協が試みられたのである。

　その1つは，刑罰の本質を応報と解しながら，その範囲内で刑罰に合目的的な作用を営ませようとする刑罰理論である（**相対的応報刑論**）。応報刑論を認める点で古典学派の流れを汲み，その内部で刑罰の目的を追求するという形で近代学派の刑事政策思想を生かそうとする考え方である。例えば，刑罰の法定・量定・執行のそれぞれの段階に応じて，応報・法の確証・予防目的を指導理念とした，

M.E.マイヤー(→113頁)の**分配理論**はこの流れに沿うものである。

　立法においても妥協が試みられ，刑事制裁として刑罰と保安処分のいわゆる**二元主義**が20世紀のヨーロッパにおける刑法制度の基本形態となった。すなわち，違法行為について自ら責任を負いうる行為者に対しては刑罰を科し，責任を負いえないが，犯罪反復の危険性のある者に対しては保安処分を科そうという立法形式である。また，近代学派が提唱した，短期自由刑の制限，執行猶予・仮釈放制度の採用，罰金刑の拡充などの刑事政策的構想も新しい刑事立法の中に取り入れられることになった。

　(3) 全体主義の刑法理論　「学派の争い」においては，応報刑論と客観主義，目的刑論と主観主義がそれぞれ一体として主張されたが，刑罰論と犯罪論のこのような結びつきは必ずしも必然的なものではない。そのことを実証したのが，ナチス・ドイツの全体主義刑法理論である[4]。民族主義的世界観に立つナチスの刑法思想は，まず，保護の対象を個人から民族共同体としての国家へと転換し（人類学的選別思想），類推を許容して個人の権利・自由の防壁である罪刑法定主義を否定した（→35頁）。また，全体のためには犯罪をその源泉において鎮圧する必要があるとして，従来の客観主義的な「結果刑法」からきわめて主観主義的な「意思刑法」，「危険性刑法」への転換を試みたのである。さらに，刑罰は民族共同体への誠実義務違反に対する道義的非難としての贖罪応報でなければならないことが強調され，死刑を含む加重刑による応報威嚇の厳罰主義が採られたのであった。

　ナチスの刑法思想がそれまでの個人主義的・自由主義的刑法観を排斥し，国家主義的・権威主義的刑法観に立脚したとき，全体主義の刑法理論が，古典学派と近代学派とがそれぞれ有していた自由主義的側面，すなわち客観主義犯罪論と犯罪者の社会復帰を目的とする刑事政策的考察を無用視し，権威主義的な主観主義犯罪論と威嚇的応報刑論とに結びついたのは必然の成行きであったといえよう。

2　第2次大戦後の刑法理論

(1) 刑法思想の展開　戦後，西ドイツではナチスの刑法思想が否定され（例

---

[4] 中でも，1930年代後半から40年代初頭にかけて，ナチス政権下のキール大学において，超個人主義的ドイツ民族国家への忠誠服従義務違反等を説く権威刑法を主張したダーム，シャフスタインらの**キール学派**は，ナチス刑法学の理論的支柱となった。

えば罪刑法定主義の復活），人権と人道主義に基づく自然法思想が台頭した。しかし，間もなく始まった冷戦による東西の対立，東ドイツとの緊張関係の中で，刑法においても道義的責任と結びつく国家的・倫理的観念が重視されるようになり，刑罰の根拠を道義的責任に求める応報刑論が西ドイツ刑法理論の主流を占めるようになった。ところが，1960年代後半以降，刑事政策論の高まりとともに状況に変化が生じ，刑法改正作業の過程で登場したいわゆる代案グループは，形而上学的な道義的応報思想を排除し，刑法は法益の保護と行為者の社会復帰に役立たなければならない，として機能的・刑事政策的な考察方法を重視する刑法理論を唱えた。西ドイツの新刑法（総則は1975年）は，これら２つの刑法理論の妥協の上に成立したものであり，統一後のドイツ（1990年）に受け継がれ今日に至っている。

　戦後，基本的に近代学派の立場に立ちつつ，古典学派との統合を試みたものに，イタリアのグラマティカ（1901-79），フランスの**アンセル**（1902-90）らによる**新社会防衛論**がある。これは，近代学派の主張に沿って，社会防衛の見地から犯罪者の処遇を改善と治療の方向に進めようと努めながら，他方で古典学派の刑法理論が現実に果たしている人権保障機能を重視して，罪刑法定主義を維持し，被処遇者の自由と人格の尊重を強調しようとするものである。新社会防衛論は，人道主義的な再社会化を中心的なスローガンとして，社会復帰理念に基づく刑罰と処分の両立を唱えているが，再社会化目的に対してはたして人権保障が制約原理たりうるか，という根本的課題が残されている（中山34頁）。

(2) 今日の刑法理論　　現代のドイツ刑法学の顔ともいうべき**ロクシン**（1931-）は，(a)伝統的な犯罪体系論の史的発展段階について，①リストとベーリングに代表される「古典的犯罪体系」→②メッガーに代表される「新古典的体系」→③ヴェルツェルの「目的的行為論」の系譜を論じた後，(b)現代の支配的な犯罪論として，④ガラス，イェシェックらによる「新古典的体系と目的的行為論との統合」を挙げ，これに⑤ロクシン自身が展開する「目的合理的（機能的）刑法体系」を対抗させている[5]。目的合理的刑法体系論の主張には，論者においてその内部に相違があるものの，③の目的的行為論体系のアプローチを拒否する点に意見の一致がみられ，いずれも，刑法上の体系構成が存在的所与（行為，因果関係，事物論理的構造等）に結び付けられてはならず，もっぱら刑法上の目的設定から導かれることが許されるとする考え方から出発している，とする[6]。ロクシン自身

は，この刑法上の目的設定を現代の刑罰目的理論のもつ刑事政策的基礎に求め，伝統的な刑法体系論に対して，自己の体系を「目的論的－刑事政策的体系構想」と位置づけている[7]。

このような目的論的－刑事政策的刑法理論は，一方において目的的行為論の行き過ぎた主観主義と行為無価値論にアンチテーゼを突き付けるとともに（山中43頁），他方で功利的観点から国家刑罰権の行使に積極的意義を見出そうとするものであって，現代刑法学の1つの特色をなしている。そして，そのような理論刑法学の色彩は，今日のわが国の刑法学にも色濃く反映されているのである（➡第3節3）[8]。

第3節　日本における刑法理論

日本の近代刑法学は，明治期におけるヨーロッパ刑法理論の導入とともにその歩みを始めたが，時期的には第二次世界大戦の終結を境に，それ以前の明治憲法下における刑法理論の展開と，戦後の現行憲法下における刑法理論の発展とに分けられる。今日，日本の刑法学は，20世紀末以降の刑事司法・立法を取巻く国家体制・社会状況の変貌を背景として，戦後の動向をさらに進展させるべきか，それとも戦前への回帰へと舵を切るのか，という岐路に立たされている[9]。

1　明治～昭和戦前期の展開

わが国における刑法理論は，まず，旧刑法時代（1880年～）にヨーロッパから導入された折衷主義理論として展開されたが，学派の争いとしての特色は，次い

---

[5] Claus Roxin, Strafrecht, Allgemeiner Teil, Bd. 1, 4. Aufl., 2006, S. 200ff. 目的論的-機能主義的犯罪論の帰結として，客観的帰責においては，伝統的な（相当）因果関係論に対する客観的帰属論，主観的帰責においては，刑事政策的な犯罪予防の見地から責任概念を刑罰目的論的に再構成しようとする答責性論がある。ちなみに，松宮43頁以下は，実定法規定の趣旨から目的論的に犯罪体系を作るべきであるとするロクシンらの主張を「客観的帰属論の体系」と呼び，この体系を，リスト・ベーリングの体系も目的的行為論の体系も実務の解釈を有効にコントロールできなかったドイツにおいて，新たに実務解釈をコントロールするために出てきたものと位置づけている。

[6] Roxin, a. a. O. (5) S. 205f.

[7] Roxin, a. a. O. (5) S. 221ff.

[8] 目的合理的刑法理論に対する私見については，「目的論的犯罪理論と結果帰属」『結果帰属の理論』299頁以下。

[9] 日本における刑法学の歩みについて歴史的動向を踏まえて簡潔に論述したものとして，内田博文『日本刑法学のあゆみと課題』（2008年）107頁以下。

で，現行刑法制定（1907年）前後にもたらされた近代学派の理論と，その後に導入された古典学派理論との間で展開されていったところにみることができる。

(1) 旧刑法時代の刑法理論　わが国における近代的刑法理論は，フランスの法律学者ボアソナード（1825-1910）のもたらした，犯罪は社会的害悪であると同時に道徳的悪である，とするフランス新古典派の**折衷主義**刑法理論をもってその嚆矢とする。この理論は，刑法の本質を道義的応報に求めつつ，その目的は，功利的目的主義の見地から社会的害悪の除去にあり，刑事責任の量は，結果（社会損害性）の程度と，個別的・具体的な自由の量によって変動する有責性の程度とを総合して決定される，とするものであった。折衷主義は，ボアソナードが旧刑法（1880〔明治13〕年）の制定に寄与したこともあって，明治20年頃までわが国の通説的地位を占めたが（宮城浩蔵，古賀廉造など），その後，ヨーロッパの新派刑法学の理論を導入した学者（富井政章，勝本勘三郎など）により，折衷主義は旧刑法とともに，軟弱であって犯罪対策として無力である，と批判されることになった。

(2) 近代学派の展開　現行刑法（1907〔明治40〕年）成立後，近代学派の立場から刑法の解釈論を理論的，体系的に展開した代表的学者が**牧野英一**（1878-1970）である。牧野は，進化論的発想を背景として，応報刑論から目的刑論特に教育刑論へ，客観主義犯罪論から主観主義犯罪論へ移行することが刑法の進化であり，それによって犯罪から社会を防衛することが可能になる，と論じた。牧野の人道主義に裏づけられた刑事政策論がわが国の行刑の発展に及ぼした思想的・実践的影響は無視しえないが，そのオプティミズムに彩られた進化主義的国家観は，結果において戦前の天皇制国家イデオロギーを肯認し，その刑法理論は個人の自由・権利を制約する危険を内在させていた。すなわち，自由な法発見を旨とする自由法論の立場から罪刑法定主義の解消を示唆し，確信犯人をも教育の対象とする特別予防論は治安維持法体制の支持へとつながり，さらに，徹底した主観主義犯罪論は行為者刑法へ赴く必然性を有していたのであって，ここに近代学派のもつ国家主義的・権威主義的側面をみることができよう。

戦前において，牧野の影響の下に近代学派の陣営に加わった学者に木村亀二[10]

10　木村の戦前における主観主義犯罪論体系は，戦後，目的的行為論の主唱者の1人となることによって変ぼうを遂げたが，目的的行為論には，例えば主観的色彩の濃い人的不法論にみられるように，主観主義理論によっても受け入れられる素地があったとみることもできよう。

(1897-1972) がいるが，近代学派にあって独自の道を歩んだのが，規範的な主観主義犯罪論を構築した**宮本英脩**(ひでなが)（1882-1944）であった。宮本は，主観的違法論（➡156頁以下）に基づく規範的評価と犯罪徴表説に基づく可罰的評価とを峻別して主観主義の立場を徹底させながら[11]，刑罰は闘争の手段ではなく社会的調和の手段であるという立場（愛の刑法観）から，自由主義的思想を背景として国家刑罰権の制約を意図し，刑法における「謙抑主義」を強調したのであった。

(3) 古典学派の展開　一方，近代学派の理論に対し，明治末から大正にかけて（後期）古典学派の立場から論陣を張ったのは，ビルクマイヤーを祖述した大場茂馬（1869-1920）であるが，昭和に入って，牧野・宮本らの近代学派に激しく対抗したのが，**小野清一郎**（1891-1986）と**瀧川幸辰**(ゆきとき)（1891-1962）である。2人は，共に応報刑論者であり，構成要件概念（➡107頁以下）を基礎とした客観主義犯罪理論を展開したが，その実質的内容は，両者の刑法観の違いを反映して必ずしも同じではない。

　小野は，一方において，国家刑罰権の拡大適用により国民の自由・権利への脅威を伴う近代学派の刑法理論を批判したが，他方で，法をその本質において道義そのものとみる立場から，刑法による国家的道義秩序の維持・形成を強調し，道義的・国家的な応報刑論を主張した。戦時体制下における「日本法理の自覚的展開」において，後期古典学派のもつ国家主義的・権威主義的側面はその頂点に達したのであった[12]。これに対し瀧川は，近代学派の防衛しようとする「社会」がいかなる社会なのかを問題とし，その内部に強者と弱者の対立する現実の資本主義社会においては罪刑法定主義を採らざるをえないことを強調して，近代学派を批判した。瀧川は，刑罰は犯罪と均衡するものでなければならないという意味で，その本質は応報であるとし（罪刑法定主義的応報刑論），古典学派のもつ自由主義的側面を展開・発展させようとしたのであった[13]。わが国では，いわゆる前期

---

[11] 宮本の可罰的評価の発想は，客観的違法論からの変容を受けつつ，可罰的違法性論を展開した**佐伯千仭**（1907-2006）に受け継がれた。

[12] 小野の刑法理論は，その後，その国家道義的色彩を薄める中で（道義的責任・応報刑論から人格責任を踏まえた罪刑均衡応報刑論へ），主体的人間像と定型的思考を2本の柱とする**団藤重光**（1913-2012）の刑法理論に受け継がれた（団藤刑学についての評伝として，曽根『歳月』99頁以下）。

[13] 瀧川は，1933年のいわゆる「京大事件」（瀧川事件）において渦中の人となったが，この事件は，わが国の全体主義が進む中で，思想弾圧の対象がマルクス主義から自由主義に拡大されていった出発点に位置するものであった（その後，1935年の美濃部達吉の「天皇機関説事件」など）。

古典学派の理論が自覚的に展開されることはなかったとされるが（内藤・上85頁），瀧川の理論にはこれに近いものが認められよう[14]。

2 昭和戦後期の動向

わが国の刑法理論状況は，第2次世界大戦を境に大きく転換することになる。

(1) 概　観　戦後のわが国における刑法理論の動向については，およそ次のように要約することができよう。まず，ⓐ**犯罪論**の領域においては，近代学派の主観主義理論が少なくとも純粋な形ではほとんどその姿を消したということができる。これは，戦後，個人の尊厳に最高の価値をおく新憲法の下で，主観主義犯罪論が罪刑法定主義による人権の保障という要請に沿わなくなったことによるのである[15]。今日における犯罪論上の対立は，客観主義内部の争い，あるいは純客観主義と従来の折衷主義の対立にあるといってよいであろう。

次に，ⓑ**刑罰論**の領域では，反対に，後期古典学派の本来の主張である絶対主義的応報刑論を説く者はいない。すなわち，現実の刑罰が国家制度の一つとして，合理的，経験的に刑事政策上の任務を遂行するものである以上，刑を科すこと自体に意義を認める形而上学的な刑罰論は現実的意義をもちえないのである。戦後期の対立は，刑罰の目的を考慮しつつもなお過去の犯罪に対する「応報」という観念を維持すべきか，またその必要があるかということに帰着するといえよう。その点で貴重な示唆を与えるのは，M.E. マイヤーの分配理論（➡第2節1(2)）を彷彿とさせる刑罰についての次のような動態的把握である。

それによれば，①刑罰予告の段階である犯行時を中心として考察すれば，刑法は一般人を名宛者とする行為規範として現れ，そこでの刑法の機能には応報的色彩が強い。次いで，②刑罰附加の段階である裁判時においては，刑法は裁判関与者を名宛者とする裁判規範として立ち現れ，そこでは応報的色彩が衰退し始め，

---

[14] 昭和戦前期から戦後期にかけて，以上の学派の対立を背景とした刑法理論の展開とは異なる系譜として，刑事司法実務出身の手になる刑法理論がある。代表的な論者として，「実務家的感覚からする折衷主義者」と評された泉二新熊（1876-1947），共同意思主体説により共謀共同正犯論を展開した草野豹一郎（1886-1951）がいる。

[15] 例えば，江家義男『刑法（総論）』（1952年）は，主観主義犯罪論の痕跡をとどめつつも，新憲法の基本理念に平仄を合わせる形で，文化国家思想に並ぶ法治国家思想の観点から自己の理論に個人の自由保障の原理を取り込んで，社会の安全保障に着眼する主観主義もある程度の制約があることを予定するとし，また，構成要件概念を重視して客観主義的変容を被りつつ近代学派の犯罪論を展開したのである（江家刑法学については，曽根『歳月』36頁以下参照）。

教育的色彩が漸次に色調を増大してくる。そして最後に，③刑罰執行の段階である行刑時には，刑法が行刑関与者，特に受刑者を名宛人とする行刑規範として姿を現し，教育・教化の理念が前景に立ち現れ応報の理念は背後に隠れる，と説明する（齊藤（金）270-2頁）。ここでは，応報感情衰退の下降曲線と教化理念自覚の上昇曲線が裁判時に交差する形でイメージされており，刑罰概念が動的発展的に把握されているのである[16]。

(2) **刑法改正作業をめぐる対立**　戦後における刑法理論の対立は，**刑法改正作業**の過程を通して次第に鮮明にされてきた。戦後，刑法全面改正作業が開始されたのは1956年であり，その成果として1961年に「改正刑法準備草案」が公表されたが，これに対しては，戦前の「改正刑法仮案」（1940年）にみられた国家主義的・権威主義的傾向をなお根強く残している，という批判があった。その後，1963年になって法務大臣の諮問を受けた法制審議会は本格的審議を開始し，1974年に「改正刑法草案」を公表した。これに対しても，**平野龍一**（1920-2004）[17]を初めとする学界の中堅・少壮の研究者グループなどから，草案の根底にある思想は戦前の国家主義のそれであり，草案の基本的立場は，刑法が国家道義を維持することを任務とするものであって，その刑法理論は，行為者に責任があれば必ずそれに応じた刑罰を科すべしという積極的責任主義と応報自体を自己目的化した固い応報刑論であり，応報と責任の強調は刑事政策の発展を妨げる，などの批判が寄せられた。ここに，「改正刑法草案」の目指す方向を基本的に支持する第1の立場と，これに批判的な第2の立場との対立が浮かび上がってきたのである。その対立点を図式的に示せば次のようになる（内藤・上90頁以下）。

まず，ⓐ**刑法の機能**について，第1の立場が刑法の第1次（社会統制）機能として，刑法が社会倫理的機能をもつべきことを重視するのに対し，第2の立場は刑法のもつ法益保護機能を強調する（➡11頁以下参照）。次に，ⓑ**犯罪論**については，第1の立場が，違法の実質は法秩序の基底にある社会倫理規範違反であり（規範違反説），責任の本質は道義的非難可能性である（道義的責任論）とするのに

16　齊藤金作「刑法の社会的機能」〔同〕『共犯判例と共犯立法』（1959年）231頁以下，特に244頁以下参照（齊藤刑法学については，曽根『歳月』45頁以下）。なお，刑罰論の動的構造に着目する最近の見解として，前田14頁。

17　平野理論の系譜は，いわゆる前期旧派に連なるものであり，①刑罰論において予防目的の追求を重視する見地から，後期旧派における「刑法の道義性」が徹底的に排除され，他方，②人権保障を含む刑罰権の合理的制約を意図して，新派の主観主義に対する歯止めを実現すべく，犯罪論における客観主義的志向を目指したのである。平野刑法学の評伝として，曽根『歳月』121頁以下。

対し，第2の立場は，違法の実質は法益の侵害・危険であり（法益侵害説），責任の本質は刑罰という手段による法（律）的非難である（法的責任論）とする（➡154頁以下，284頁以下）。最後に，ⓒ**刑罰論**に関しては，第1の立場が，刑罰は道義的応報であることによって初めて一般人・行為者の規範意識を覚醒，強化して一般予防・特別予防の作用をもちうるとするのに対し，第2の立場は，犯罪者処遇の問題を重視するとともに，人権保障の見地から行為責任によってその目的・作用に限界を設定しようとしたのである（➡3(2)参照）。

3　今日の刑法理論

刑法理論を犯罪論と刑罰論に分かったうえ，複数の座標軸を用いて，今日の刑法理論の対立状況を概観することにしよう[18]。

(1) 犯罪論　今日，この分野では次のような対立がみられる。

(a) 行為無価値論と結果無価値論　従来の主観主義と客観主義の対抗関係に代わり，行為無価値論と結果無価値論の対立について語られることが多い。これは，本来は違法性の本質に関する見解の対立を示すものであるが（➡164頁以下），それが犯罪論全体に及び，刑法理論そのものの対立を示すものとしても用いられるようになってきている。まず，①行為無価値論は，行為規範としての刑法規範がもつ社会秩序維持機能，および行為者に対する命令機能（意思決定機能）を重視し，折衷主義の立場から，違法論において行為者の主観を考慮に入れた規範主義的な犯罪理論（規範違反説＝人的違法論）を展開する。これには，後期旧派の流れを汲むものと近代学派の流れを汲むものとがある。一方，②前期旧派の流れを汲む結果無価値論は，刑法規範のもつ法益保護機能を重視し，客観主義の立場から違法と責任を峻別したうえで，違法論において法益侵害説（物的不法論）を展開している。

(b) 形式的犯罪論と実質的犯罪論　現代の犯罪理論には，行為無価値論と結果無価値論の対立軸とは別の座標軸もみられる。それは，ⓐ刑法の果たすべき人権保障機能を重視する見地から，厳格な固い犯罪概念を堅持し，それから外れる反社会現象を刑法の埒外におく形式的犯罪論と，ⓑ刑法が現代社会において果たすべき社会秩序維持ないし法益保護機能を強調する立場から，現代社会の要請に

---

[18] 刑法理論をめぐる最近の動向については，曽根『現代社会』14頁以下参照。

応じて犯罪概念に伸縮性をもたせ，刑法を柔軟に運用していこうとする実質的犯罪論[19]との対抗である。ⓐの形式的犯罪論が，法的安定性を重視して閉じられた犯罪概念を志向し，犯罪論の分析的な体系構成に心血を注ぐのに対し（分析的考察・体系的思考），ⓑの実質的犯罪論は，現代国家の果たすべき刑事政策的目標・要請をも刑法理論に組み込み[20]，刑罰のもつ刑法上の効果を視野に入れて，個々の論点ごとに具体的妥当な結論を得るべく，個別の問題処理を目指す犯罪論である（機能的考察・問題的思考）。

　(c) 犯罪論の現状　　したがって，図式的にみれば，20世紀末以降今日に至るわが国の犯罪論状況は，(1)行為無価値論に立つ形式的犯罪論（①－ⓐ／大塚(仁)・大谷・団藤など），(2)行為無価値論に立つ実質的犯罪論（①－ⓑ／西原・藤木など）[21]，(3)結果無価値論に立つ形式的犯罪論（②－ⓐ／内田・内藤・中山など）[22]，(4)結果無価値論に立つ実質的犯罪論（②－ⓑ／平野など）[23]の4通りのものが考えられよう。本書は，基本的に(3)の立場に従っている。

　(2) 刑罰論　　①責任主義の思想を考慮に入れつつも，刑事政策を重視する見地から犯罪予防目的を積極的に実現していこうとする立場と，②国家の刑事政策目的を視野に入れつつも，責任主義の見地からこれに一定の制約を及ぼしていこうとする立場がある（➡282頁以下参照）。①の刑事政策を強く志向する立場は，刑法によって犯罪予防を達成することを刑法理論の最終目的と位置づけ，犯罪者に積極的に働きかけることによって再社会化目的を達成しようとし（特別予防論），あるいは一般予防に必要な限りで，犯罪者に対する積極的な働きかけを是認しようとする（一般予防論）。これに対し，②の立場は，刑法の第2次社会統制機能（人権保障機能）を重視する見地（謙抑主義）から，行為者の責任によって国家の犯罪防止活動の独走に歯止めをかけようとするものである（責任主義の徹底）。

　(3) 刑法理論の現状　　現在，日本で主張されている刑法理論は，犯罪論（特に違法論），および刑罰論（ないし責任論）における見解の対立を反映して，次の3

19　実質的犯罪論の近時の展開については，曽根『現代社会』16頁以下参照。
20　ここでは，実践的な刑事政策に対し理論刑法が果たすべき「柵としての機能」（リスト）は，事実上放棄されることになる。
21　西原刑法学については，曽根「西原刑法学と犯罪実行行為論」『研究』123頁以下，同「西原刑法学」『歳月』58頁以下参照。
22　近時では浅田など。なお，この立場に立脚する研究図書として，近時，名和鐵郎『現代刑法学の理論と課題──二元的結果無価値論の提唱』（2015年，成文堂）が公刊された。

つに大別することができよう²⁴。第1は，Ⓐ行為無価値論・形式的犯罪論に立って，積極的に特別予防目的を志向するもの，第2は，Ⓑ結果無価値論・実質的犯罪論に立ちつつ，積極的に一般予防目的の実現を図るもの，そして第3は，Ⓒ結果無価値論・形式的犯罪論の立場から，謙抑的に刑事政策目的を推進するものである²⁵。本書は，政策目的の過度の強調が過去に行われた犯罪の評価を曖昧なものとし，国家刑罰権の行使に対する柵としての刑法の働きを危うくすると解する見地から，基本的にⒸの見解を採っている。

---

23 このタイプの犯罪論は，その後，①自ら「実質的犯罪論」を標榜し「国民の常識に則って」妥当な処罰の確定を目指す犯罪論（前田）と，②一般予防目的に必要な限りで，犯罪者に対して刑罰による積極的な働きかけを是認する刑罰観を反映した犯罪論（町野・山口）とに分化していった。
24 前田16頁は，刑法理論の構築において国民の規範意識を重視する。たしかに，特に現行の裁判員制度の下で，国民の規範意識を無視した刑法理論は空中楼閣のおそれなしとしないが，他面，国民に向けあるべき刑事司法の在り方を示すのも刑法理論の重要な役割の1つであろう。
25 山中47頁以下は，現代の刑法理論を，(1)謙抑的刑事政策志向刑法理論と(2)積極的刑事政策志向刑法理論とに分かったうえ，さらに後者を(a)行為規範的特別予防志向刑法理論と(b)経験的一般予防志向刑法理論とに分け，これに山中自身の(3)謙抑的事後予防刑法理論を対置させている。このうち，基本的に，(2)(a)は本文のⒶに，(2)(b)は本文のⒷに，(1)は本文のⒸに対応している。

第2編

犯罪の成立要件

第1章　犯罪概念と犯罪論体系

1　犯罪の概念

(1) 犯罪の意義　犯罪概念は，刑法学（広義＝刑事法学）上，種々の意味において用いられる（西原61頁以下）。まず，①経験科学である刑事学・犯罪学の対象としての犯罪概念は，**実在としての犯罪**を意味する。これは，XがAを射殺したとか，YがBの家に放火したというような，現実の社会生活に生起する犯罪現象をさす。次に，②刑法解釈学のうち，刑法各論の対象としての犯罪概念は，殺人・放火・窃盗・公務執行妨害……といった，**個別類型的な概念としての犯罪**（犯罪類型）を意味する。ここでは，例えばXがAを射殺する行為も，YがBを刺殺する行為も，いずれも殺人という個別的に類型化された犯罪概念に抽象化されて理解されることになる。

最後に，③本書で扱う刑法総論の対象としての犯罪が，**一般概念としての犯罪**であって，殺人・放火・窃盗などの個々の犯罪類型に共通の要素によって構成された，包括的な上位概念としての一般的な犯罪概念をいう。刑法総論のうち，犯罪のこのような一般的概念の解明を任務とする部分を**犯罪の理論**ないし単に犯罪論と呼ぶ。本編および次編がこれに当たる。犯罪の一般概念を明らかにする意義は，第1に，犯罪を犯罪でない類似の現象から限界づける基準を明らかにすることにあり，第2に，この点とも関連して，犯罪認定論との関わりで犯罪の認定に統一的原理を与え，処罰・不処罰の根拠に体系的意味を付与することにある。これにより裁判官の判断の統一を図り，犯罪の認定を安定した適正なものとすることが可能となるのである。

一般概念としての犯罪には，①犯罪を形式論理的に整理し，体系つけた「形式的意味での犯罪概念」（形式的犯罪概念）と，②犯罪をその内容面で理解した「実質的意味での犯罪概念」（実質的犯罪概念）とがある（内田22頁以下，同・上19頁以下参照）。犯罪論の主要な任務は，形式的犯罪概念の性質（属性），構成要素（成立要件）を明らかにすることにあるが，ここではそれに先立って実質的犯罪概念を取り上げることにしよう。

(2) 実質的犯罪概念　この意味での犯罪概念の理解は，前述した刑法の任務に関する理解の相違に対応して，これを，ⓐ義務違反ないし規範違反と理解するものと，ⓑ権利侵害ないし法益侵害と理解するものとに大別される。おおむね，刑法の社会倫理秩序維持機能ないし行為規律的機能を重視する立場はⓐを，法益保護機能を強調する立場はⓑを採用する。ドイツ刑法史に例をとれば，その先駆者ないし代表者として想起されるのは，ⓐの立場からは，①刑罰法規に先行する法秩序の命令・禁止に対する違反が犯罪（違法性）である，としたビンディング（規範違反説[1]），②民族共同体の発展を支えるべき義務・人倫的義務に違反する行為を犯罪とみたキール学派（義務違反説／ダーム，シャフスタイン）等であり，ⓑの立場からは，①国家が保護する権利の侵害を犯罪と考えたフォイエルバッハ（権利侵害説），②法（国家権力）によりすべての者に価値あるものとして平等に保障されるべき法的財（Gut）の侵害・危殆化を犯罪とみたビルンバウム（財侵害説），③法益（Rechtsgut＝法的に保護された利益）を犯罪構成の中核に位置づけたリスト（法益侵害説）等である。

　このうち，ⓐの義務・規範違反説については，刑法と道徳・倫理とを峻別し，刑法を人の外部的行為とその結果としての外界の変動を規制する社会統制手段と解する以上，単なる義務違反・規範違反を犯罪と捉えることはできない。そもそも義務・規範といっても，刑法の世界においてそれ自体が独立した固有の意義・価値を有しているわけではなく，あくまでも人の権利・法益を保護するための手段・道具として機能していることに想いを致すならば（内田・上27頁参照），犯罪の実質は，究極的にはⓑの意味（権利・法益侵害説）に捉えられなければならない[2]。ただその中でも，法規上未だ権利として構成されていない人の利益であっても刑法的保護に値するものもあることに照らせば，実質的犯罪概念を法益侵害ないしその危険と捉える法益侵害説をもって妥当と解すべきであろう（浅田86頁など）。むろん，実質的犯罪概念として本説を採れば事足りるというものではなく，法益侵害・危険という価値的・評価的概念の内実を明らかにし，その外延を明確にする作業は，形式的犯罪概念の体系構成に課せられた重要な課題である[3]。

1　ビンディングも，法益を立法者により価値ありとされた状態と定義して，これに付随的な意味を与えていたが，それは全体主義的思想からする法益論にとどまっていた（内田・上26頁）。
2　刑法が規範的存在であることを強調しつつ，規範違反は，犯罪の実質が法益の侵害・危険にあることを根拠として当然に生じる国家の無価値判断にすぎず，その意味で犯罪の形式にすぎない，とするものとして林15頁以下・18頁。

【実質的犯罪概念の種類】　法益侵害説の見地から実質的犯罪概念を分類すると，次のようになる。まず，ⓐ法益の侵害または危険の発生を内容とする**実質犯**と，ⓑ法益の侵害はもとより，およそ危険の発生すら必要とされない**形式犯**（例えば，道交法95条，121条１項10号・２項違反の免許証不携帯の罪）とに大別される。次に，実質犯は，ⓘ法益が現実に侵害されることを内容とする**侵害犯**（実害犯／殺人・窃盗など多くの犯罪がこれに含まれる）と，ⓘⓘ法益侵害の危険の発生を内容とする**危険犯**とに分かれる。さらに，危険犯は，ⓘ法益侵害の高度の蓋然性が要求され，かつ，危険の発生を構成要件要素とする**具体的危険犯**（例えば，刑法109条２項，110条の放火罪）と，ⓘⓘ単に法益侵害の可能性があれば足り，特に危険の発生が構成要件要素とされていない**抽象的危険犯**（例えば，刑法108条，109条１項の放火罪）[4]とに細分される（➡294頁参照）[5]。

(3) 形式的犯罪概念の構成要素　形式的意味での犯罪概念は，本書の立場によると，「構成要件に該当し[6]，違法でかつ有責な行為」と定義される。すなわち，犯罪は，構成要件該当性・違法性・有責性という３つの属性を備えた行為であり，①行為，②構成要件該当性，③違法性，④有責性の４つの要素から構成されている[7]。

(a) 行　為　形式的犯罪概念を構成する第１の要素は，行為である。犯罪は，外界に現れた人の行為でなければならない，とする原則を**行為主義**（行為原則＝行為なければ犯罪なし）という。行為は，これに他の３要素（構成要件該当性・違法性・有責性）が結びつく犯罪概念の中核的要素である。犯罪の概念要素としての「行為」とは，意思による支配可能な何らかの社会的に意味のある人の外部

---

[3]　この問題は，犯罪行為・結果の詳細な「記述」，すなわち「構成要件の明確化」によって解決される，とするものとして内田・上34頁。

[4]　抽象的危険犯については，従来，危険の発生が立法理由にとどまっており擬制されているにすぎないと考えられてきたが，およそ危険の発生を伴わない行為を「危険犯」として処罰することは許されないといわなければならない（➡164頁）。

[5]　山口46頁は，具体的危険犯と抽象的危険犯の中間形態の存在（例えば，刑法217条の遺棄罪）を指摘し，これを「準抽象的危険犯」と呼んでいる。

[6]　これに対し，構成要件の本来的機能を「訴訟法的機能」に求め，「阻却事由」と対をなす概念としてこれを犯罪認定論に位置づける見解もあるが（鈴木26頁以下），犯罪の実体論的構造の観点から，「構成要件該当性」を違法性・有責性と並ぶ犯罪の属性の１つとして，犯罪の性質論（成立要件論）に位置づけることも不可能ではないであろう。

[7]　浅田85頁注１は，違法・有責は犯罪の実質をなしているのであるから，このような構成を「形式的」と称することには疑問があるとするが，違法・有責が実質的であるのは構成要件との対比でいえることであって，違法・有責を構成要素とする総体としての体系的な犯罪概念は，実質的犯罪概念との対比においてなお「形式的」と評することができよう。

的態度，およびこれによる外界の変更をいう。①行為の主体は人に限られ，動物の行動や自然現象は行為概念に含まれない。また，②人に関わる事象であっても外部的態度とはいえない意思や思想それ自体も行為ではなく，処罰の対象とならない（➡第2章）。

(b) 構成要件該当性　犯罪概念の第2要素は，**罪刑法定主義**に由来する構成要件該当性である。刑法における罪刑法定原則は，犯罪成立要件として「構成要件なければ犯罪なし」という形をとって現われる。構成要件該当性は，同時に，行為を犯罪とするための第1の属性であって，行為が犯罪となるためには，まず構成要件に該当することが必要である。ここに「構成要件該当性」とは，現実の犯罪行為が刑法の禁止する一定の法律上の定型に当てはまることをいう。例えば，侵入盗・スリ・万引・置引がいずれも窃盗とされるのも，それぞれの行為が共に窃盗罪（235条）の構成要件に該当するからであり，いわゆる利益窃盗が他人の法益を侵害しているにもかかわらず窃盗とされないのは，それが客体を財物に限っている窃盗罪の構成要件に該当しないからである（➡第3章）。

(c) 違法性　犯罪概念の第3要素は，**侵害原理**（法益侵害・危険なければ犯罪なし）から導かれる違法性である。「違法性」とは，行為が法益の侵害またはその危険を惹起し法的に許されないことをいう。違法性は，行為を犯罪とするための第2の属性であって，行為は，構成要件に該当していても違法でなければ犯罪とならない。例えば，殺人罪の構成要件に該当する行為であっても，それが正当防衛によるものであれば適法な行為であって犯罪ではない。このように，構成要件に該当する行為を適法とする特殊な事情を「正当化事由」（違法阻却事由）と呼ぶ（➡第4章）。

(d) 責任（有責性）　犯罪概念の第4要素は，有責性（責任）である。有責性は，同時に，行為を犯罪とするための第3の属性である。犯罪が成立するためには，構成要件に該当する違法な行為が有責になされなければならない。責任のない行為者の行為は，構成要件に該当し，かつ違法な行為であっても犯罪とはならない（**責任主義**＝責任なければ刑罰なし）。責任能力を欠く者（例えば，41条の刑事未成年者），責任条件を欠く者（例えば，38条1項の故意のない者）の行為は処罰されない。ここに，「責任」（有責性）とは，法的な非難ないしその可能性をいう（➡第5章）。

2 犯罪論の体系構成
1 犯罪の実体論と認定論

　形式的犯罪論には，ⓐ「犯罪とは何か」という犯罪の性質を問う**実体論**と，ⓑ「その行為は犯罪であるか」という犯罪の認定過程を問題とする**認定論**とがある。従来の犯罪論がこの2つを統合する形で一元的に1つの体系として構成されてきたのに対し，近年，実体論と認定論が次元を異にする議論であることから，それぞれの理論目的を明確にして，犯罪論を二元的に構成すべきである，との主張がみられるようになった。すなわち，ⓐ刑法が，基本的には，国家の刑罰権を基礎づける「制裁規範」であって，制裁規範としての刑法の法律要件である犯罪それ自体の実体的性質を論ずる「実体論」的犯罪論と，ⓑ刑法が，刑事手続における事実認定にあたり，裁判上の認定基準として用いられる「裁決規範」でもあって，裁決規範として刑法が機能する場面が「認定論」的犯罪論である，として両者の相違が強調されるようになったのである（鈴木17頁以下）[8]。そして，実体論において，犯罪の性質を違法，有責かつ可罰的行為（当罰性・犯罪類型該当性）という形で理論的に分析するとともに，認定論において，犯罪を構成要件と阻却事由とで構成するのである[9]。

　犯罪論が，実体論と認定論という2つの側面をもつことは確かであり，また，実体論と認定論とが交錯する伝統的な一元的体系の下において，犯罪の概念要素が不明確なものとなり，理論的混乱をもたらしてきたという側面があることは否定できない。しかし，刑法理論上の諸問題の多くが，学説史上，実体論と認定論の交錯する場面で論じられてきたこともまた確かであり，犯罪認定論において重要な役割を果たす違法阻却（事由）にしても責任阻却（事由）にしても，犯罪概念の実質的評価である違法ないし責任に関する実体的な考察を当然にその前提としているのである。問題は，①実体論と認定論という，いわば縦割りの形で犯罪論を構築し，それぞれの内部で違法や責任について論ずるのが適当なのか，それ

---

[8] 鈴木茂嗣「犯罪論の新構想」〔同〕『犯罪論の基本構造』（2012年）193頁以下。なお，すでに中野21頁以下は，犯罪論を「犯罪の本質」と「現行法における犯罪の構成」とに分かったうえ，後者について，構成要件・違法阻却事由・責任阻却事由・可罰性阻却事由という形で論じていた。これも，犯罪論のもつ2つの課題，すなわち理論的課題（性質論）と実践的課題（認定論）を意識したものといえよう。

[9] その他，犯罪論を構成要件（およびその修正形式）と犯罪成立阻却事由に分けるものとして，大谷93頁以下，227頁以下。なお，客観的構成要件・主観的構成要件と違法性阻却事由・責任阻却事由に分けるものとして，前田36頁以下。

とも②統一的な犯罪体系の下で，犯罪要素を違法（阻却）論・責任（阻却）論という形で横断的にそれぞれについて実体論と認定論を展開するのが適切なのか（通説），ということである。いずれの方法にも一長一短があるが，各犯罪要素の実体面とその認定の在り方とは不可分に結びついていると考えられるので[10]，本書は，通説に従い一元的な体系構成を採用することとする[11]。

2　犯罪論の構成方法

犯罪論をどのように構成すべきかについては，一元論の内部で見解の対立がみられる。

(1) **学　説**　現在，わが国で犯罪論の体系として提示されているものは，大別すると，❶構成要件該当性・違法性・責任の3とするもの（多数説），❷行為・構成要件該当性・違法性・責任の4とするもの（内藤，中山，林，山中など），❸行為・不法（違法性）・責任（有責性）の3とするもの（岡野，西原，野村など），の3つである。このように見解が分かれるのは，まず，ⓐ犯罪概念の第1要素を何に求めるか，次に，ⓑ構成要件該当性と違法性との関係をどのようにみるか，この2点をめぐって学説の間に見解の対立があるからである。ⓐの問題については，①構成要件ないし構成要件該当性を犯罪概念の第1要素と解する「構成要件論」と，②行為を第1要素と解する「行為論」とが対立している。また，ⓑの問題については，①構成要件該当性を違法性から独立した犯罪要素とみる見解（分離説）と，②構成要件該当性と違法性が本質を同じくするという見地から両者を一体視し，一方を他方へ解消しようとする見解（一体説）とがある。

上記❶の立場は，構成要件該当性を犯罪概念の第1要素とするとともに，これを違法性から切り離し（分離説），さらに行為を犯罪概念の独立した要素ではなく単に犯罪概念の基底にすぎないと解し（例えば，大塚114頁以下），あるいは実行行為という形で構成要件の内部でのみ論ずるものであって，純粋の意味での「構成要件論」とみることができる。反対に，❸の立場は，行為を犯罪概念の独立した

---

[10]　例えば，正当化（違法阻却）事由の1つである正当防衛の本質・要件等については，「刑法における違法性とは何か」との一般的考察を踏まえて初めて十全な理解に到達することが可能となろう。

[11]　認定論に傾斜した犯罪論体系として，高橋62-3頁は，一方で，刑法典が個々の犯罪に特有な要件（構成要件）と犯罪一般に共通な要件（犯罪成立阻却事由）を規定し，他方，構成要件を違法・有責・可罰類型と理解する見地から，犯罪の成否を検討するには，行為→構成要件該当性→違法阻却→責任阻却→可罰性阻却という判断順序で行えばよい，とする（なお，同63頁注8参照）。

要素，しかもその第1要素と解するとともに，構成要件該当性に犯罪概念における独立した意義を認めないものであって（例えば，西原61頁以下），「行為論」の考え方を徹底させたものということができる[12]。以上に対し，❷の立場は，❸の立場と同様に行為を犯罪概念の独立した第1の要素と解している点で基本的に「行為論」の立場に立っているが，構成要件該当性に違法性から独立した独自の意義を与えている点では❶の立場との類似性が認められ，結局，❶と❸の中間的見解とみることができよう。

(2) **本書の立場**　犯罪概念を構成する要素のうち，まず，前刑法的事実に属する行為が刑法的評価に属するその他の要素から区別される。現実の社会生活に生起した事象が「行為」であるかどうかは，刑法学上の判断とはいえ非価値的な事実判断である。次に，刑法的評価に属する要素のうち，形式的・抽象的評価である構成要件該当性が他の実質的・具体的評価に属する要素（違法性・有責性）から区別される。ある行為が構成要件に該当するかどうかは，後に違法性・有責性という価値判断の加えられることが予定されているかぎりで価値に関係しているとはいえ，なお事実判断にとどまっている。最後に，実質的評価を構成する要素は，客観的・外部的な行為の違法性と主観的・内部的な行為者の有責性とに区分される[13]。構成要件に該当する行為が違法であるか否か，有責であるか否かは，いずれも実質的な価値判断である。よって，本書は，犯罪論の構成方法として，行為・構成要件該当性・違法性・有責性という4分説（前掲❷の立場）に従う。

　本書のような犯罪論の体系構成は，判断が比較的容易なものからより困難なものへ，すなわち@事実的なものから評価的なものへ（行為→構成要件該当性・違法性・有責性），ⓑ形式的なものから実質的なものへ（構成要件該当性→違法性・有責性），ⓒ客観的なものから主観的なものへ（違法性→有責性）と順を追って判断することにより，犯罪成否の判断に安定性が付与されることになるのである（山口25頁参照）。

12　❸の立場にあっても，構成要件（該当性）は不法（違法性）の内部で重要な地位を占めているが，それすらも排除して，構成要件を刑法各論における「刑法各本条」の解釈として研究すれば足りるとし，刑法総論から構成要件（該当性）の概念をいっさい放逐する犯罪論体系として，齊藤（金)70頁以下がある（齊藤説に対するコメントとして，曽根『歳月』48頁以下参照）。
13　違法行為につき行為者の意思決定を非難しうることを責任と解し，これを責任の「不法関連性」（違法に従属する責任）と呼び，責任は，処罰を根拠づける違法判断と異なり，単に処罰を限定するもの，と説くものとして井田77-8頁，同・理論構造1頁。

③ 犯罪概念の第1要素

構成要件該当性を犯罪概念の第1要素と解するのが「構成要件論」であり、行為を犯罪概念の第1要素と解するのが「行為論」である[14]。

(1)「構成要件論」 広い意味では、構成要件該当性に独立した犯罪要素としての意味を認め、これを何らかの形で犯罪論体系に組み入れる見解がすべて構成要件論である。したがって、広義では、前記❷の犯罪論体系も構成要件論ということになる。しかし、「行為論」と対比される意味での「構成要件論」は、構成要件該当性を犯罪概念の第1要素と解する狭い意味でのそれであって、以下、特に断らないかぎり、この意味で「構成要件論」という言葉を用いることにする。「構成要件論」の特色は、ⓐ事実と価値の二元主義に裏づけられたその哲学的方法論と、ⓑ犯罪論の主たる任務を、「その行為は犯罪か」を問う犯罪認定論におく、という2点に求められる。前者からみてゆくことにしよう。

　(a) **哲学的方法論**　「構成要件論」の思想的根底には、認識に先立って我々に与えられた所与の現実は、名もなく形もない無秩序の混沌であって、我々の認識を通して初めて物事の秩序・実体を形成することが可能となる、とする新カント哲学の方法論が横たわっている。すなわち、存在と当為とを峻別し、存在の当為への当てはめという実践的な認識活動を要求する認識論を方法論上の基礎としているのである[15]。犯罪概念についても同様であって、観念的な存在である構成要件という枠組みを通して初めて犯罪概念を把握しうるのであって、構成要件の観念の存在しないところに犯罪概念は存在しえない、と主張するのである。

　「構成要件論」によっても、犯罪はやはり人間の行為に限られるのであるが、その場合の行為は個々の構成要件の中に観念として存在しているにとどまり、構成要件に該当するか否かの判断の対象となるのは、まったく無限定な出来事にほかならないのである。「構成要件論」によれば、例えば、XがAを射殺したという行為だけではなく、YがBに対して殺意を抱いていたという非行為も殺人罪（199条）の構成要件該当性の判断対象となる（もちろん後者は構成要件に該当しない）。この理論の真骨頂は、あらゆる出来事のうち何を犯罪とするかは刑法的な評価との関係で確定されるのであるから、刑法的な評価から離れたところで行為と行為でないものとを区別するのは無意味だというところにある（西原68頁以下参照）。したがって、「行為論」が説くように、刑法から離れたところに行為が存在すると解するのは誤りであるとし、構成要件とい

---

[14] 本章において、犯罪概念の第1要素に関する学説・理論として行為論・構成要件論を表記する場合は、一般的な行為・構成要件に関する議論と区別する意味で、原則として「構成要件論」「行為論」と「」を付して表示することにする。
[15] 西原春夫「犯罪論における定型的思考の限界」〔同〕『犯罪実行行為論』（1998年）63頁。

う衣をまとわない，いわゆる「裸の行為」論を排斥することになる（大塚115頁，川端96頁，福田55頁注1など）。「構成要件論」によれば，ある事象がおよそ行為と呼べるものであるか否かはどうでもよいことであり，それがもっぱら「構成要件的」行為であるか否かにのみ関心が向けられるのである。

　(b) 犯罪認定論　　また，仮に構成要件的評価の対象を行為に限定するとしても，「構成要件論」が目標とする犯罪論の任務は，「犯罪とは何か」という犯罪の実質（性質）を問うことではなく，「その行為は，構成要件に該当するか」という形で犯罪（行為）の属性を重視する犯罪認定論におかれることになる[16]。犯罪論における「構成要件論」の主たる関心は，犯罪の本質論（実体論）よりも行為が犯罪とされるための条件に，その意味で犯罪の評価的把握に向けられているといってよい（➡①）。したがって，「構成要件論」にあっては，「行為とは何か」という形で犯罪の基体である行為に関心が払われることなく，犯罪概念の単なる基底にすぎない行為の存在を所与の前提として，「その行為は構成要件に該当するか」という形でもっぱら構成要件該当性という評価的判断のみが重要視されるのである。

　たしかに，刑法においては罪刑法定主義が支配しているから，犯罪として処罰の対象となる行為は，刑罰法規に規定された構成要件に該当する行為だけである。しかし，「構成要件論」にあっても行為が構成要件に該当するという判断をするためには，それ以前に判断の対象となる行為が非行為から区別される実体を備えたものとして予定されていなければならない。「その行為が構成要件的行為であるか」という判断は，①それがおよそ行為といえるかという評価と，②行為であるとして構成要件に規定する行為といえるか，という二重の判断を含んでいるのであって，後者は構成要件（該当性）の問題であるが，前者は行為論の問題である。いずれにせよ行為にしか構成要件該当性の可能性がないわけであるから，あらかじめ行為論の段階で人間事象を行為と非行為とに選別しておき，次に，行為とされたものについて構成要件該当性の段階で構成要件に該当する行為（実行行為）とそれ以外の行為とを選別する方が判断構造の上で妥当であるばかりでなく思考経済にも合致しているといえるのである。

(2)「行為論」　　狭義では，構成要件概念に犯罪論体系上独立した意味を与えない見解のみを行為論と呼ぶが，「構成要件論」と対比される意味での「行為論」（広義）は，行為を犯罪概念の第1要素と構成するすべての見解をいう。したがって，狭義では上記（➡②(1)）の❸のみが行為論の体系であるが，広義では，❷および❸の犯罪論体系は共に「行為論」に含まれる（以下，特に断らないかぎり広い意味で「行為論」の語を用いることにする）[17]。「行為論」は，行為のみが構成要件

---

[16] そのことは，行為が「犯罪の成否に関する刑法的判断の基準となりうるものではない」（大塚115頁，川端94頁）とする指摘に端的に現れているが，「行為でなければ犯罪となりえない」という意味で，行為も刑法の判断の基準として機能しているというべきであろう。
[17] 「行為論」を採るものとして，浅田91頁，林74頁以下，内藤・上144頁以下，中山121頁，西原・上75頁以下など。

該当性(あるいは不法)判断の対象であって,行為こそが犯罪概念にとってもっとも基本的な要素であると解しているのである[18]。

　「行為論」の特色は,構成要件論とは異なり,「犯罪とは何か」を問う形で犯罪論を実質的,実体的に構成しようとするところにある。「行為論」も,行為が刑法的評価に関連するものとして刑法学上の概念であることを否定するわけではないが,その基本は,行為が刑法的評価の加えられる事実的基礎であるとして,存在論的に刑法的評価に先行するものと考える点にある。犯罪論を単なる認識論・認定論にとどめることなく,実体論的に把握しようとするのであれば,構成要件該当性・違法性・有責性という刑法的評価を加えず,これに先立って,あらかじめ行為概念を明らかにし,犯罪を行為に限定しておく必要がある[19]。例えば,XがAを射殺したという事実(行為)とYがBに対して殺意を抱いていたという事実(非行為)とは,構成要件的評価を加える以前にすでに行為論の段階で区別されなければならないのである。

　個々の構成要件的評価以前に,すべての行為に共通な一般的行為概念を立てることは,理論的意義をもつばかりでなく,刑法のもつ人権保障機能に奉仕する,という実践的意義も有している。「犯罪は行為である」という命題は,人の意思・思想自体は処罰の対象にならない,という法政策的な中心機能をもっている。刑法の適用においても,「思想及び良心の自由は,これを侵してはならない」(憲法19条)のであって,犯罪としての処罰は,あくまでも人の外部的「行為」でなければならない(**行為原理／鈴木37頁**)。ここでは,犯罪事実のもつ存在拘束性の見地から,行為概念が刑法の解釈にとどまらず立法をも指導するものとして捉えられているのである。罰すべきは,単なる意思・思想ではなく,その発現としての行為なのだという行為主義の原則は,個々の構成要件から超然とし,むしろ個々の構成要件の設定を指導する原理として機能するものでなくてはならない。そう解することによって初めて,立法者が行為以外の単なる意思・思想を処罰の対象にし,そのような構成要件を定立することを非難し防止することが可能となるのである。

④　構成要件該当性と違法性の関係

　両者の関係については,構成要件の理解の仕方いかんによって,いくつかの見解に分かれてくる(→②(1))。大別すると,ⓐ構成要件該当性と違法性とは表裏の関係にあるとして,両者を一体視する立場(一体説／前記❸)と,ⓑ構成要件該当性と違法性を区別し,構成要件該当性を違法性から独立した犯罪要素とみる立場(区別説／前記❶・❷)とがある。

---

[18] 「行為の特定」という観点から,行為論のもつ意義を重視する見解として,髙橋71頁以下。
[19] 鈴木・前掲注(8)202頁参照。

(1) **一体説**　この立場は，構成要件を違法行為の類型と解する違法類型論を徹底させ，構成要件に該当する行為は違法阻却事由（正当化事由）が存在しないかぎり直ちに違法と解することによって，構成要件（該当性）を違法性の存在根拠と解するものである（存在根拠説）[20]。しかし，この見解に対しては，次のような問題性を指摘することができる。

まず，①存在根拠説には，構成要件該当性と違法性とがそれぞれ担っている刑法的評価としての性格の違いが無視されているのではないか，という疑問がある。すなわち，構成要件該当事実（例えば，実行行為）は，違法評価の対象となる事実であって，それ自体が違法性を具備しているわけではない。構成要件該当性は，その後に違法評価が予定されていることから価値に関係した判断であるとはいえ，抽象的・類型的な事実判断にとどまるのに対し，違法性は具体的・非類型的な純粋の価値判断であるという相違が認められるのである（➡85頁）。ⓐある行為が構成要件に該当するかという判断と，ⓑ構成要件に該当した行為が違法と評価されるか，という判断は厳に区別されなければならない[21]。

また，②仮に構成要件が違法類型であるとしても，そこにいう「類型」は，違法評価の対象として違法性を徴憑する事実の類型を意味しているにすぎず，違法要素が直接的な形で構成要件に浸透してくることを意味するものではない。例えば，不作為犯や規範的構成要件要素を含む犯罪のように，構成要件該当性の判断に価値的考慮が不可欠とされる場合であっても，それは当該事象が違法判断の対象にふさわしい実体を備えているか否かを判断するための価値評価にすぎず，違法性判断の一般条項の導入を伴うものではないのである[22]。

(2) **区別説**　構成要件は，犯罪を輪郭づける観念形象（型）である（内田84頁／➡107頁）。構成要件は，また，違法評価の対象（禁止の素材）を特定するための

---

[20] 「構成要件・違法密着論」がキール学派のダーム，シャフスタインの論理に赴く危険性を内蔵させていた，とするものとして内田・上41頁。
[21] 卑近な例で言えば，「禁煙」にあっては，「煙」が構成要件であり，「禁」が違法性を示している。比喩的に言うと，「およそタバコを吸うこと」が「煙」に当たるかどうかが形式的な構成要件該当性判断であり（噛みタバコをたしなむこと，たき火をすることなどは「煙」の構成要件に該当しないが，風の強い日に木造家屋の近くでたき火をするなど，構成要件に該当せずとも違法なこと〔許されないこと〕はある），「具体的にその場でタバコを吸うことが他人の迷惑となり禁止されているかどうか」が実質的な違法性判断である。
[22] また，一体説では構成要件該当性と違法性とが一体化されることから，その分，犯罪の認定に際してテストの回数が減るため，それに伴って判断の信頼度が低下する，という指摘もなされている（内田30頁参照）。

判断枠組であって，構成要件に該当するとされた事実が違法評価を受ける地位におかれることになる。このように，構成要件が「違法」評価（禁止）の対象・素材として「犯罪」の観念形象であるかぎり，たしかに構成要件は違法性と無縁ではありえない。現に，構成要件に該当する行為は，通常違法でもあって，構成要件に該当する行為が違法とされないのは例外的な場合である。その意味で，構成要件に，事実上の違法性推定機能を認める余地はある。

　しかし，構成要件が，犯罪の単なる「観念形象（型）」にすぎないことも確かであり，「観念形象」という以上，構成要件は，あくまで1つの形式であって，実質を示すものではない。行為が犯罪の観念形象としての構成要件に該当するという判断は，価値に関係しているとはいえ1つの形式的な事実判断であって，事実に対する実質的な価値判断ではないから，構成要件該当性は，事実に対する実質的な否定的価値判断である違法性とは区別されなければならないのである（内藤・上196-7頁参照）。また，構成要件該当事実は単に違法評価の対象にとどまっていることから，違法評価を受ける以前の構成要件該当性判断の段階で論理的に違法性が推定されることにはならない。構成要件該当性が違法性を推定させるのは，どこまでも事実の領域にとどまっているのであって，刑法体系の論理としては，構成要件に該当する行為も違法性と適法性とから等距離に存在するといえよう（➡110頁以下参照）。単なる殺人（違法）も正当防衛のための殺人（適法）も，まったく対等の資格で殺人罪（199条）の構成要件に該当しているのである。

第2章 行 為 論

1 総　説

　古来，「思想は税を免ぜられる」(何人も思考のために罰を受けることはない) とされ，犯罪は，人の「行為」として外部に発現して初めて処罰の対象とされてきた。また，処罰の基礎におかれるのは，行為者の性格・人格そのものや行為者の属する身分[1] (行為者刑法) ではなく，行為者の行った行為それ自体でなければならない (行為刑法)。「行為なければ刑罰なし」の原則 (**行為主義**＝行為原理[2]) は，構成要件論における「罪刑法定主義」，違法論における「侵害原理」，責任論における「責任主義」と並ぶ刑法における4大基本原則の1つである。本書が「行為」を犯罪概念の第1要素とするいわゆる「行為論」を採ることは，すでにこれをみた (➡87頁)。

　このように，犯罪をまず行為として捉えることは，また現行刑法典の立場でもある。例えば，ⓐ法令または正当の業務による「行為」は罰しない (35条)，正当防衛に当たる「行為」は罰しない (36条1項) というように，違法とされない人間の行動を行為として，犯罪が違法「行為」であることを明らかにしているし，また，ⓑ罪を犯す意思がない「行為」は罰しない (38条1項本文)，心神喪失者の「行為」は罰しない (39条1項) というように，有責とされない行動もやはり行為であるとして，犯罪が有責「行為」であることを明らかにしている。さらに，ⓒ54条1項前段は，1個の「行為」が2個以上の罪名に触れる場合が観念的競合である旨を規定している (最大判昭49・5・29刑集28巻4号114頁 参照)。

　刑法的評価の対象として構成要件という衣をまとわない「裸の行為」を論ずることは，解釈論上もいくつかの点で実益を有する。まず，①行為の態様である作為・不作為は，構成要件による評価がなされる以前にすでに認識しうる概念であ

---

[1] 近代刑法においては，それ以前の身分刑法は排除され，刑法においても平等原理が貫徹されている (浅田98頁)。
[2] 行為原理を「社会侵害的な外部的行為・結果がなければ処罰されない」原則と捉えるものとして，浅田44頁。

る（➡97頁）。たしかに，作為・不作為は純粋な意味で物理的な事実概念とはいえないが，構成要件的評価以前に社会的観点から区別しうるものである。また，②（相当）因果関係の事実的基礎としての条件関係は，構成要件的評価の対象としての行為と結果との関係を示すものとして行為論に属する（➡98頁以下）。さらに，③わが刑法典は，犯罪の実行と犯罪の予備との区別，および正犯と共犯（教唆犯・従犯）との区別を認めているが，実行行為・予備行為・予備以前の行為の区別，および正犯行為と教唆・幇助行為の区別を明らかにするためには，これらを「行為」という共通の上位概念の種差として捉えることが必要であり，それによりそれぞれの行為の範囲と限界を確定し，相互の内的関係を明確にすることができるのである。

2　行為概念の機能

(1) **4つの機能**　行為概念の機能として，次の4つのものが挙げられる。

(a) **基本要素としての機能**　①行為は，その論理的意味において，犯罪概念の基本要素としての働きをする。およそ犯罪を概念として示すためには，構成要件該当性・違法性・有責性という犯罪の属性を「構成要件に該当する違法かつ有責な」という修飾語として結びつけている基本要素（行為）が被修飾語として概念の中に組み込まれていなければならない。

②基本要素としての機能の論理的帰結として，行為は，犯罪の属性である他の犯罪要素を結び合わせ，犯罪論体系の一貫性を確保するという機能を有している（**結合要素としての機能**）。本来別々の評価である，構成要件該当性・違法性・有責性という各要素は，それぞれが行為を修飾することにより，行為を通して相互に結びついてくるのである。

(b) **限界要素としての機能**　③刑法的評価の対象は行為に限られる，という前提に立って，行為でない自然現象や社会現象，人の単なる意思・思想を初めから犯罪概念の外におく，という機能がこれである。

④非行為が犯罪概念から排除された後に，すべての犯罪態様を「行為」として統一的に包摂する機能が認められ，行為概念により犯罪論体系の統一性が確保される（**統一要素としての機能**）。ここでは故意犯と過失犯，作為犯と不作為犯に通じる行為概念が要請されることになるのである[3]。

(2) 相互関係　問題となるのは，上の4機能の相互関係をどのように解すべきかである。ⓐ基本要素および結合要素としての機能において，行為は，犯罪概念の第1要素として，その後に構成要件該当性・違法性・有責性という属性が付加されていくべきものであるから，それ自体としては未だ無内容・無規定なものでなければならない。これに対し，ⓑ限界要素（そして統一要素）としての機能は，行為を行為たらしめるものとして最初からそれなりの内容をもっていなければならない[4]。

その意味で，両者は相互に対向する関係に立つが，体系の論理としては行為が他の刑法的評価を先取りするものであってはならず，両者が矛盾する場合にはⓐの方向が優先されるべきであろう（浅田100頁，佐伯(千)140頁参照）。しかし，行為概念は，他の刑法的評価との関係で無内容・無規定とされるにすぎず，それが限界要素としての機能を果たし非行為から区別されるためには社会的意味に満ちたものでなければならないのであって，まったく無意味・無内容なものでないことはもちろんである。

3　行為論の諸説

行為の内容をどのように理解するかについては，学説上の争いがある。

(1) 因果的行為論　行為を，人の意思決定に基づく客観的な外部的活動およびそれに基づく因果的経過（結果を含む）として理解する立場がこれであって**有意的行為論**とも呼ばれる。この見解の特色は，①行為は現実の意思決定に基づくものでなければならないとする「有意性」と，②行為はもっぱら人間の感覚に知覚しうる存在でなければならないとする「有体性」とを考慮する点にある[5]。

ところで，因果的行為論のうち，行為を意思によって外界に惹起された物理的な身体運動と解する**自然主義的行為論**によると，身体的運動を伴わない不作為を行為概念に包摂することができない。そこで，不作為を自然的な「無」としてではなく，法的に期待された「何か」をしないことと解することによって，不作為を

---

[3]　一般的行為概念を否定し，行為論に犯罪論構成上独自の意義をもたせることはしない川端99頁以下も，行為概念を4つの機能に分けて説明している。
[4]　犯罪成立にとって刑法的評価の対象としての行為が重要であることから，限界要素としての機能を重視するものとして，大谷86頁。
[5]　近時，行為を「意思に基づく身体の動静」と捉えるものとして，山口42頁。なお，同43頁は，行為には身体の「静」である不作為も含まれるとしつつ，不作為は「ある作為」との関係で認められる関係的概念であるとしている。

行為の中に数える**価値関係的行為論**が登場することとなった。しかし，有意的行為論に立脚するかぎり，この見解によっても**忘却犯**，すなわち認識なき過失による不作為犯（例えば，失念による届出義務違反）については，有意性が認められないため，その行為性を認めることはきわめて困難である。

(2) **目的的行為論**　　1930年代にドイツの**ヴェルツェル**によって創唱された行為論であって，人間の行為の本質を目的追求活動として把握し，「目的性」こそが行為の中核的要素である，と考える見解をいう[6]。目的的行為論は，行為概念に意思内容が不可避的に含まれていると解し（目的的意思），従来，行為を単に有意的なものとして捉え，意思内容を行為概念から分離して責任で論じていた因果的行為論を排斥した。

目的的行為論が行為の存在論的構造に着目した点は高く評価されるが，はたして人間の行為がすべて「目的性」をもつといえるか，ということが特に過失行為に関して問題とされた。過失犯について，この立場の論者は，過失行為は構成要件的に重要でない結果に向けられた目的的行為であるとするが，行為の本質的要素として「構成要件的に重要でない」目的性をも考慮せざるをえないところに，目的的行為論の基本的欠陥が露呈している。刑法における行為概念の把握にとり，「目的性」は過度の要求というべきであろう[7]。

なお，不作為について，目的的行為論は，不作為は行為（目的的意思の実現）をなさないことであるから行為ではないとし，「目的的行動力」という共通のメルクマールを媒介として行為（作為）と行為の不作為の上位概念として「行態」（態度）という**概念**を用いたのであったが[8]（福田62-3頁など），因果経過の主体的な支配・利用・操縦という点では，不作為も身体運動による因果経過の変更（作為）と異なるところはなく，目的的行為論の立場でもなお不作為を行為と解することは可能であろう（西原・上86頁参照）。

(3) **人格的行為論**　　行為を「行為者人格の主体的現実化としての身体の動静」と解する見解であって，責任の基礎を，個々の犯罪行為だけでなく，その背後に

6　わが国では，井田246頁，木村(亀)166頁以下，福田59頁以下など少数説にとどまっている。
7　目的的行為論の中から，意思の内面・主観面ではなく，その外面・客観面を強調し，客観的に期待されうべき結果への意思の客観化・現実化として行為を規定する「客観的目的的行為論」も展開されているが（内田83頁），その実質は，社会的行為論に近いものがある。
8　この立場では，目的的行動力の範囲内にある可能な行為を，①行うという行態が作為（行為）であり，②行わないという行態が不作為である，と説明される（福田63頁）。

ある人格に認める人格責任論（➡289頁）と結びついて説かれる行為論である（団藤104頁以下）。しかし，「主体的」という語を，自由意思により違法行為を行いうることと解する場合には，結局，主体性は非難可能性（有責性）を意味することになり，行為概念が責任を先取りしてしまう恐れがある（大谷88頁）。仮に，犯罪が総体的にみて「行為者人格の主体的現実化」であることを認めるとしても，それを挙げて行為概念自体に取り込むことは，犯罪概念の分析的理解を阻害する要因ともなろう。

(4) **社会的行為論**　この理論は，「人の態度が社会生活の中でどういう意味をもっているか」という見地から，行為を社会的意義において把握しようとする立場である[9]。有意的行為論が忘却犯を行為概念に包摂しえなかったことの反省から出発し，行為概念から意思的要素を排除し，あるいはこれを緩和した形で認めようとするが，その内容は論者によって必ずしも同じではない。例えば，①行為とは「何らか社会的に意味のある人の態度」であるとし（佐伯(千)145頁）[10]，あるいは，②「意思による支配の可能な，何らかの社会的意味を持つ運動または静止をいう」とする（西原75頁）。①によれば，意思支配の可能性のない反射運動や物理的強制下の動作も人の行為に含まれるが，②の立場では，これらは行為概念から排除される。人の意思による支配の不可能な行動は犯罪となりえないことから（ただし，➡4(2)），以下では，基本的に②の立場から，行為概念を明らかにしてゆくことにしよう。

4　行為概念の内容

(1) **意　義**　**行為**とは，一般には，何らかの社会的に意味のある人の態度による外界の変更をいい，犯罪の概念要素としての行為は，そのうち意思による支配可能なもののみを指す。このように，一般的な行為概念を限定する機能をもつ意思を「**行為意思**」と呼ぶ。したがって，社会的意味を付与される行為概念には，①客観的外部的な行為それ自体（身体の動静）と，②主観的内部的な行為意思とが共に含まれることになるが，重点はもとより前者におかれている。このよ

---

[9] このように社会的行為論は，通常，行為のもつ実在論的側面から説かれるが，これに対し，高橋76頁以下は，行為規範に違反する行為が第1次的に社会規範のレベルで問題とされる，として規範論的見地から社会的行為論を展開している。
[10] 思想・信条が含まれないことを明確にするために，「社会的に意味ある人の外部的態度」と定義するものとして，浅田106頁。

うに，行為論のレベルでは，行為意思は行為の概念要素であるが，構成要件要素としては，①違法評価の対象としての客観的な実行行為と，②責任評価の対象としての主観的な故意・過失とに分かれることになる（➡121頁以下）。

(2) 行為意思　反射運動，睡眠中の動作，絶対的強制下の行動は，行為意思が作用因となって惹き起こされたものではない。その意味で，行為意思を伴わない行動を犯罪の概念要素，犯罪成立要件としての「行為」と考えることはできない。行為意思は，何らかの行為に出ようとする意思であって行為の要素であるが，行為が犯罪的評価（構成要件該当性・違法性・有責性）の対象にすぎず，客観的行為自体（身体の動静）が犯罪行為に限られないのと同様，主観的な行為意思も犯罪意思に限られるわけではない。行為意思は，主観的構成要件に該当することによって（構成要件的）故意・過失と評価され[11]，さらに責任要件（責任能力・責任条件）を備えることによって最終的に犯罪意思との評価を受けることになるのである。

大阪地判昭37・7・24（下刑集4巻7＝8号696頁）は，覚醒剤慢性中毒の後遺症から心的混乱に陥っていた被告人が，自宅で妻と共に就寝した際，色の黒い男が突如室内に侵入し被告人を殺そうとして首を締めつけてくる夢を見て，その男の首を締めつけたところ，男だと思っていたのがそばに寝ていた妻であったため，同人を頸部扼圧により死亡させたという事案に関し，行為者の意思支配の存しない外部的挙動は，行為者の責任能力の有無を論ずるまでもなく，刑罰法規の対象たる行為そのものに該当しない，として無罪を言い渡した（ただし，控訴審の大阪高判昭39・9・29下刑集6巻9＝10号979頁は，被告人の挙動について行為ではあるが責任能力がないとした）[12]。

もっとも，行為意思に基づかない行動を行為一般として捉えることが，刑法上まったく意味をもたないわけではない。例えば，正当防衛における「不正の侵害」の中には，このような行動も含まれるのであって，それが法益を侵害・危険化する場合には，これに対して正当防衛をすることができるのである。そのかぎりで，行為意思に基づかない行動は「行為」でないから違法とはなりえない，と

---

[11]　行為意思と故意との結び付きを重視するものとして，高橋78・167頁。
[12]　林79頁は，「問題の場合に責任を否定することができない場合がありうるとすれば，このような場合行為性を否定すべきであろう」として，制限された客観説の見地から責任を否定しうる本件について控訴審判決を支持している。

して反射運動等に対する正当防衛の可能性を否定するのは妥当でない（➡188頁以下参照）。行為意思に基づかない行動は，主観的な責任判断の対象とはならない（したがって犯罪とはなりえない）が，客観的な違法判断の対象とはなるのである。

(3) **行為の態様**　行為は，物理的観点からは身体の運動と静止に分けられるが，社会的観点からは，これを作為と不作為とに分けることができる。**作為**とは，一定の身体運動をすることをいい，**不作為**とは，（社会的に期待された[13]）一定の身体運動をしないことをいう。例えば，人を目がけて銃を発射する行為は作為であり，溺れかかっている子供を救助しない行為は不作為である。不作為は自然的実在ではないが法的創造物でもなく，社会生活の中で機能している社会的存在である。作為は常に身体運動を伴うが，不作為は必ずしも身体の静止に限らず，運動の形態をとる場合もある。例えば，溺れかかっている子供を横目で見ながらテニスをしていた場合，スポーツ（運動）をしていても子供を救助する，という社会的に期待された身体運動はしていないから不作為である。

ある行為が作為か不作為かの区別は一般には容易であるが，区別が困難な場合，あるいは作為と不作為の複合的構造とみられる場合もある（西原258頁以下参照）。例えば，落とし穴を掘って被害者を穴に落とす行為（暴行・傷害）は，穴を掘るという点では作為であるが，その後，被害者が穴に落ちる危険を放置したという事態は不作為的性格をもっている。この場合の行為が作為か不作為かは，発生結果との関係でいずれにより大きな社会的意味が認められるかということによるが，最終的に作為犯となるか不作為犯となるかは構成要件的評価の問題であって，行為論固有の問題ではない（➡435頁以下参照）。

(4) **行為の主体と客体**　行為の**主体**は「人」に限られる。刑法上「人」とは，通常自然人をさすが，社会的行為論の見地からは，法人も行為の主体となりうる。もっとも，法人をも刑罰の対象とすべきか，法人の行為に当罰性が認められるかは，さらにこれを検討してみる必要がある（➡126頁以下）。

行為の**客体**とは，行為の向けられる事実的対象，つまり「人」または「物」をいう（➡5 ①(1)参照）。これに対し，犯罪の保護法益および被害者を「犯罪の客体」という。殺人罪を例にとると，侵害の対象である「人」が行為の客体であり，そ

---

[13]　なお，不真正不作為犯における作為義務の（実質的）根拠について（➡446頁），社会的期待を基礎とする見解もあるが，社会的期待は前法的概念であって行為論における不作為自体の基礎とはなるが，価値(関係)的な（刑)法的概念である作為義務の根拠としては薄弱であろう。

の人の「生命」および当該「被害者」は犯罪の客体である。

5 条件関係
1 行為・結果と条件関係
(1) 行為と結果　行為概念には，広狭二義がある。①**広義の行為**は，狭義の行為と結果とに分けることができる。②**狭義の行為**（以下，単に「行為」という）は，人の外部的態度自体を指し，**結果**とは，それによる外界の変動，すなわち社会における外界に対する影響の惹起を意味する。例えば，銃の発射は行為であり，それによる人の死亡が結果である。結果は，法益侵害またはその危険という事態の事実的側面を表現している（内藤・上206頁以下）。

行為だけで犯罪の完成するものを**挙動犯**（単純行為犯）と呼び，結果の発生を必要とするものを**結果犯**と呼ぶことがある。例えば，暴行罪は挙動犯であり，殺人罪は結果犯である，とされる。しかし，結果犯にいう「結果」とは，狭く行為の客体に及ぼす有形的事実作用のみを意味するのであって，上で述べた「結果」（広義＝外界の変動）とは異なる概念である。住居侵入罪（130条）が挙動犯であって客体に対する有形的事実的作用が予定されていないにもかかわらず，その未遂（131条）が処罰されるのは，外界の変動としての「結果」（住居の平穏の侵害ないし居住者の意思に反する立入り）を予定しているからである。

(2) 条件関係の概念　**条件関係**とは，一般的には，一定の先行事実がなかったならば，一定の後行事実はなかったであろうという論理的関係をいう（仮定的消去法＝conditio sine qua non（コンディティオ公式））[14]。そして，刑法学では，その行為がなかったならば，その結果（広義）は発生しなかったであろうという関係が条件関係である[15]。条件関係（コンディティオ公式）の適用にあたっては，次の点に注意しなければならない。

まず，①条件関係においては，「･その･結果」が発生したであろうか否かが問題となるのであるから，「結果」は，具体的・個別的な形態・規模・発生時期における結果として判断の基礎におかれなければならない[16]。したがって，例えば数時間後に死ぬ運命にあった重体患者を殺害した場合も，その行為がなければその

---

[14] 西田94頁は，仮定的消去法は因果法則の適用公式ではあっても発見公式ではない，とその問題性を指摘する。
[15] 本書と同様，条件関係を行為論で扱うものとして，高橋114頁以下。

時刻でその態様での死亡結果は発生しなかったのであるから条件関係が認められ殺人既遂となる。

また，②「その行為がなかったならば」を問題とするのであるから，行為は結果発生のための1つの条件であればよく，他の事情の介入，共同作用は条件関係の存在に影響を及ぼさない。例えば，暴行と被害者の特異体質とが相まって死亡結果を生ぜしめた場合にも，暴行だけでは結果が発生しないが特異体質だけでも結果は発生しないのであるから，行為と結果との条件関係が認められる。

さらに，③条件関係は客観的関係であるから，行為者の予想した経過をたどったかどうかに左右されない（内藤・上249-250頁）。したがって，例えば溺死させようとして橋の上から川に突き落としたが，橋げたに頭をぶつけて死亡した場合にも条件関係は認められる。

最後に，④条件関係の進行中，行為者の行為に基づかない偶然の事情が介入したことによって条件関係の経路が変更し，行為がなくても結果が発生したとみられるに至った場合，条件関係は認められない（**条件関係の断絶**）。例えば，Xが殺意をもってAに毒薬を飲ませたところ，その効果が現れる前に事情を知らないYがナイフでAを刺し殺した場合，Xの行為とAの死亡との間に条件関係は存在しない。このような条件関係の断絶は「因果関係の断絶」とも呼ばれるが，条件関係そのものがないのであるから，後述の「因果関係の中断」（➡136頁以下）とは区別されなければならない。

2　条件関係の認定

条件関係の有無，認定の仕方をめぐって必ずしも理解の容易でない事例として，次のようなものがある。

(1) **択一的競合**　例えば，X・Y2人が独立にそれぞれAに致死量の毒薬を飲ませ，Aを死亡させた場合のように，複数の独立した行為が競合して結果を発生させた場合において，それらの行為のいずれもが単独でもA死亡の結果を発生させることができた場合を「択一的競合」（広義＝**択一的条件関係**）という。これに対し，ⓐXが致死量，Yが致死量の2分の1の毒薬を投与した場合は，Yは単

16　結果を具体化・個別化するといっても，むろんそれは社会的にみて意味のある範囲内の事実に限られる。例えば，殺人についていえば，死因・死亡時期などであり，殺人にとり意味のない事実（例えば被害者の着衣の損傷など）は除かれる。

独では死の結果を発生させることができず（条件関係はＸにのみありＹにはない），ⓑ共に致死量の２分の１の毒薬を投与した場合は，いずれもが単独では結果を発生させることができないから（条件関係はＸ・Ｙ共にある／**重畳的条件関係**），ⓐ・ⓑとも択一的競合の事例ではない。

(a) **仮定的消去法による解決**　択一的競合事例（広義）において，①毒薬が同時に効きＡの死亡を惹起したときは，通常，Ｘ・Ｙの行為の双方について条件関係が肯定される。なぜなら，この場合，致死量の２倍の毒薬を飲ませることによって，具体的にみればＡの死亡の時期・態様にＸ・Ｙ単独の行為の場合とは違った結果が認められるからである。これに対し，②毒薬が効いた時間に先後関係があれば，先に効いた方についてのみ条件関係が肯定され，その者は殺人既遂となるが，後に効くはずであった方には条件関係が否定されて未遂の責任しか問われない。なお，Ｘ・Ｙどちらの毒薬が先に効いたか証明できない場合は，「疑わしきは被告人の利益に」の原則に従い，共に殺人未遂となる。

以上に対し，③具体的形態においてもＸ・Ｙ単独の場合とまったく同じ経過をたどった場合は，そのいずれの行為についても条件関係が否定される（狭義の択一的競合）[17]。Ｘの行為がなくてもＹの行為によりＡは死亡するし，反対に，Ｙの行為がなくてもＸの行為によりＡは死亡するからである。この場合，他の一方の行為が代替的原因として作用するが，そのような付け加えが許容されるのは，次の仮定的因果経過の場合とは異なり，いずれも現実になされた行為であって仮定的事実ではないからである。なお，Ｘ・Ｙのいずれの行為についても条件関係が否定されるのは，重畳的条件関係の場合に（上掲ⓑの事例），共に条件関係が認められて既遂となる（Ｘの行為がなければＹの行為だけでＡは死亡しない〔同じことはＹの行為についてもいえる〕）こととの間に不均衡が生ずるようにみえるが（毒を多く飲ませた方が有利（未遂）に扱われる）[18]，双方が致死量の２分の１の毒薬を飲ませた場合には自己の毒薬とあいまって初めて既遂結果が発生するのに対し，それぞれが致死量の毒薬を飲ませた場合は相手方の毒薬だけで既遂結果が発生するのであるから，上の結論は必ずしも不合理とはいえない。

---

[17] このケースを，因果関係の断絶の究極の場合としての「相互同時断絶」と捉えるものとして，松原64頁。
[18] 重畳的因果（条件）関係の場合も，条件関係はあるものの相当因果関係が認められないから未遂となり，択一的競合との間に不均衡は生じない，とするものとして浅田142-3頁。

また，択一的競合事例において条件関係を否定するのは不当であるとして，「いくつかの条件について，それを択一的に取り除いたのでは結果が発生するが，累積的に全部を取り除くと結果が発生しない場合には，各々の条件がその結果を引き起こしたものである」とする見解（**一括消去説＝条件公式修正説**／大谷212頁，平野・Ⅰ138頁，前田181頁）も有力であるが，共犯でないにもかかわらず個々の条件を併せて取り除くことは許されないであろう[19]。

　(b) 合法則的条件公式による解決　これに対し，仮定的消去法による結論を不当とし，（狭義の）択一的競合の場合についても条件関係を肯定するのが，「合法則的条件公式」ないし「合法則的条件の理論」と呼ばれる考え方である。これは，仮定的消去法による条件関係公式が「行為をやめれば結果を抑えうる」という支配可能性を問題とするのに対し，行為をなせば結果を生じさせうるという支配可能性を問題とするものであって，近年支持者を増やしつつある（西田98頁以下，山中269頁以下など）[20]。この理論は，第1段階として一般的な法則を確認し（一般的因果性），第2段階としてそれを具体的事例に適用して（具体的因果性）（高橋116頁），結果が（外界）変化の連鎖を通して行為と法則的に結合しているとき，行為は結果の原因である，と解する。

　条件関係を「PあればQあり」という十分条件と捉える合法則的条件公式によると，上の②のケース（毒薬が効いた時間に先後関係がある場合）についても，X・Yそれぞれの行為がA死亡の結果に対し十分条件となっているから条件関係が認められてしまい，「疑わしきは被告人の利益に」の原則に抵触することになる。そこで，③のケース（狭義の択一的競合）についてのみこの公式を適用するとしても，たしかにX・Yそれぞれの行為が単独で行われたと仮定した場合には，一般法則（一般的因果性）としていずれの行為についてもA死亡の結果に対する必要十分条件として作用すると観念することができるが，択一的競合の場合は，両者の行為が同時的に行われているのであって，X・Yいずれの行為についても結果発生に対し必要不可欠な条件を設定したことにはならない。合法則的条件公式は，その実，現実には存在しない仮定的事実（XまたはYが単独で致死量の毒薬を投与）を前提とした観念的な因果法則をもって，現に行われた複数の行為と結果と

---

[19]　択一的競合における一括消去説と次の仮定的原因（仮定的因果経過）における付け加え禁止説とは，実質的に同じ，とするものとして松原67頁注14.
[20]　詳細は，林 陽一『刑法における因果関係理論』（2000年）66頁以下．

の間（択一的競合）の条件関係（具体的因果性）を判断しようとするものであろう。

合法則的条件公式によると，結局，択一的競合の場合にも具体的な事実の推移が確定されれば条件関係はすべて肯定されることになってしまい，条件を選択する能力に欠けるのではないか，という疑問が提起されることになるのである（合法則的条件公式の抱える一般的問題性を指摘するものとして，松原63-4頁）。

(2) 仮定的因果経過　結果を発生させるのに十分な行為があり，かつ，結果が現実に発生したが，その行為がなかったとしたら生じたであろう他の事実によってやはり結果が発生したであろう場合の取扱いについても，見解が分かれている。

(a) 付け加え禁止説　この見解によれば，条件関係が行為と結果との事実的なつながりを確認するための判断であって，結果に影響を与えなかった仮定的事実を付け加えて判断すべきではない，と解されることから（佐伯（仁）49頁），行為と結果との間の条件関係が肯定される。例えば，死刑が執行される際，Xが死刑執行のボタンを押そうとしていた係官Yを押しのけ，自らそのボタンを押して死刑囚を殺害したという場合（**死刑執行事例**），Xの行為とA死亡との間の条件関係は否定されない。この場合，Xがボタンを押さなければYが押したであろうという事実は，現実には存在しなかった仮定的事実であるから，この事実を仮定的に付け加えて，Xの行為がなくてもいずれにせよYの行為によってAは死亡したであろうからXの行為と結果との間に条件関係がない，と判断してはならないと考えるのである（大谷210頁，内藤・上251頁，平野・Ⅰ135頁，前田181頁など）。

これに対し，仮定的消去法によるかぎり「取り除いた後に事態はどうなったか」という判断をせざるをえないのであって，仮定的因果経過を無視することはできないと解する場合には，①付け加え禁止説に代えて次の論理的結合説を採り条件関係を否定するか，②およそ仮定的消去法を放棄して合法則的条件説を採用し条件関係を肯定することになる（例えば，高橋117頁参照）。しかし，条件関係は現に存在した行為と結果との事実的関連性を確認するための公式であって，実際には存在しなかった仮定的事実を付け加えて判断すべきではないし（➡(b)），また，合法則的条件関係公式には条件関係限定の論理が認められないと考えるので（➡(1)(b)），本書は，仮定的消去法を維持したうえで付け加え禁止説に従うこととする。

(b) **論理的結合説**　これに対し，死刑執行事例の場合，Xにとり当該結果が回避不能であることを理由に，仮定的因の事例について条件関係を否定する見解がある（林114頁以下，松原64頁以下，山口53頁など）[21]。この考え方の特色は，コンディティオ公式に行為と結果との事実的なつながりを超えて，行為がなければ結果が回避可能であったかという特別の判断を付与する点にある。論理的結合説の根底にあるのは，刑法の因果関係（条件関係）は，自然的科学的因果関係とは異なり，刑事責任を限定するために行為と結果の間に要求される論理的結合関係を意味するという思想であり，したがって，当該行為を行わなくても結果が生じた場合（事後的にみて結果の回避可能性がなかった場合），行為が結果を支配したとはいえないので，結果の帰責を否定すべきである，というのである。死刑執行事例では，Xがボタンを押さなくても，その時刻に係官Yがボタンを押していたであろうから，Xの行為は死亡の結果を支配したとはいえないので条件関係は否定されることになる。

しかし，仮定的因果経過における結果回避可能性の判断は，現実には存在しなかった仮定的事実を付け加えて判断するものであるから，その事実をありえたものに限定するとしてもその蓋然性をどの程度のものまで見込むかという問題がある。また，どのような性格のものをどの範囲まで取り込むかについて明確な基準があるわけではないことから，取り込まれる事実いかんによって結果回避可能性の判断は大きく左右されることになる。例えば，死刑執行事例の場合，Xの行為と同時に行われるはずであった係官Yの行為を付け加えて判断すれば，たしかにXの行為につき結果回避可能性がなかったともいえるが（そのことから直ちに条件関係を否定してよいかも問題であるが），例えば，XがYを押しのけたうえ，そのまま押さえ続けていたという仮定的事実（その可能性があったとする）を付加して考えれば，少なくともはその時点で死亡することはなかったはずであり，結果回避の可能性はむしろあったとみるべきであろう[22]。

もともと**結果回避可能性**の概念は，結果発生の危険性がすでに存在している状態でその危険を取り除き，結果の発生を阻止することができるか否かを問う場面で問題となる。従来，不作為犯について結果回避可能性が論ぜられてきたのは，

---

[21]　町野朔「条件関係論」〔同〕『犯罪論の展開Ⅰ』（1989年）111頁以下。
[22]　結果回避可能性の判断にあたっては，現実に行った実行行為に代えて，「法が期待する行為」「なすべき行為」を仮定する必要がある，とするものとして山口55頁。

まさに社会的に期待された作為を行なえば既存の危険を除去して結果を回避することができた場合に初めて，作為に出なかった行為者の不作為の罪責を問いうるからである（➡441頁）[23]。死刑執行事例では，Xがボタンを押すという作為によって初めて危険が創出されたのであって，それ以前の段階ではAが死亡するに至る危険性はなかったのであるから（Yがボタンを押さなければAは死亡しない），不作為犯の事例とは前提を異にしているといえよう。事実的つながりを解明すべき条件関係論において，仮定的事実を付け加えてきわめて価値的・規範的色彩の強い結果回避可能性判断を行うことには疑問が残る（佐伯(仁)52-3頁，高橋118頁，西田98頁参照）。

(3) 不作為の条件関係　自然主義的行為論の下では，不作為は物理的な「無」を意味したから，「無から有を生じない」ということで不作為と結果との間の条件関係を認めることは困難であり，不作為以外の何かに原因力を認めざるをえなかった（先行作為原因説，併行作為原因説）。しかし，不作為という概念は，単なる物理的な無ではなく，想定された作為をしないことであるから，想定された作為をすれば結果が発生しなかった場合，不作為に条件関係が認められる。また，価値的行為論は，作為義務に違反した不作為についてのみ結果との間に原因力を認めた。しかし，不作為は，法的作為義務の存在する場合に限って成立する価値的概念ではなく，社会的に期待された「何か」をしないという，存在論的な社会的概念であるから，作為義務違反の有無にかかわらず，不作為それ自体について結果との間の条件関係が判定されなければならないのである。

ただ，不作為という概念は，単に何もしないことではなく，一定の想定された（期待された）作為をしないことを意味しているから，「その不作為がなかったならば」という仮定的条件は，直ちに「想定された作為がなされていたならば」という条件に置き換えられることになる。したがって，不作為の条件関係は，「想定された作為がなされていたならばその結果は発生しなかったであろう」という形で，想定された作為を付加して仮定的判断をすることになる（**仮定的付け加え公式**）。そこで，想定された（期待された）作為をしていても結果が発生したであろう，という場合は条件関係が否定されることになり，不作為にあっては結果回避

---

[23] 過失犯についても一般に結果回避可能性が問題とされるが，それは過失犯をすべて不作為犯的に構成する新過失論によるからであって（➡338頁），旧過失論の立場からすれば，過失不作為の場合に限って結果回避可能性を問題にすべきであろう。

可能性が条件関係判断の内容として要求されていることになる[24]。それは，作為の場合はこれにより新たに結果発生の危険が創出されるのに対し，不作為の場合は既に存在する（あるいは不作為と並行的に存在する）危険を作為により除去することの可能性が問題となるからである。

問題となるのは，「作為があれば結果は発生しなかったであろう」という場合，結果不発生の可能性がどの程度必要か，ということである。最決平1・12・15（刑集43巻13号879頁）は，被害者の女性に覚醒剤を注射したところ，同女が錯乱状態に陥り急性心不全のため死亡したという事案につき，「直ちに救急医療を要請していれば，十中八，九被害者の救助が可能であった場合には，被害者の救命は合理的な疑いを超える程度に確実であったと認められる」として，被害者を放置した不作為と死亡結果との間に刑法上の因果関係（条件関係）があるとした。ここで「十中八，九」結果回避の可能性があるというのは，「合理的な疑いを超える程度に」結果回避が確実であったことを意味している（山口79頁）[25]。

なお，不作為の条件関係の問題と関連して，「救助的因果経過の阻止」という事例が問題となる。これは，例えば，AがおぼれかかっているBを救助しようとして浮き輪をB目がけて投げようとしたところ，Xがその浮き輪を奪ってしまったためにAは浮き輪を投げることができずBが溺死してしまった，というような事例である。この場合，X自体の動作はたしかに作為であるが，Xは作為によってAに不作為を強制し，Aの不作為を介して結果を発生させているのであるから，通常の不作為と同様に仮定的事実（AがBに浮き輪を投げていたであろう事実）を付け加えて判断することが許されるし必要でもある（佐伯(仁)48-9頁）[26]。

---

[24] なお，結果回避可能性がないとして条件関係が否定された場合に，結果が発生しても既遂が認められないのは当然として，未遂の可能性は残るか，という問題がある。この点，「結果回避可能性が存在する可能性」により，未遂犯の成立を肯定することは可能である，とする見解もあるが（山口79頁注20)，ひとたび結果回避可能性が否定された以上，被告人の利益を考えればそれが存在する可能性も認めるべきではないであろう。不作為犯において結果回避可能性がないというのは，結果発生の原因はすべからく不作為以外の「何か」に求められることを意味し，作為犯においておよそ結果発生の可能性がない行為が不能犯として不可罰とされるのと同様（西田117-8頁参照），この場合の不作為にはおよそ結果発生の危険性が認められないと解すべきであろう。

[25] 前田134頁は，不作為犯の実行行為性を基礎づける「結果回避可能性（救命可能性）」は，相当程度のものでよりる，とする。

[26] 保障人的義務（作為義務）の問題は残るが（➡441頁），XがAを説得してBの救助行為を断念させた場合にこれを不作為犯に対する教唆犯とするのであれば，本文に挙げた事例は，Aの不作為を道具の行為とする一種の間接正犯とみることができよう。

(4) **条件関係の疫学的証明**　公害犯罪などの場合，原因と結果との間の詳細な因果経路が科学的に証明されえないことがある。このような場合，疫学の手法を用いて原因と結果との条件関係を証明しうるかが問題となっている。公害訴訟などにおいて，企業の排出物質と住民の被害との間の関係が医学的に詳細なメカニズムとして解明されなくても，統計的手法を用いた大量観察の方法によって排出物質と健康被害との間の高度の蓋然性を立証するのが疫学的証明であり，これによって証明された条件関係が「疫学的条件関係」（通常「疫学的因果関係」と呼ばれる）である。

　疫学的条件関係が認められるためには，①原因とされるべき因子が発病の一定期間前に作用すること，②その因子の作用が高まれば，その発病の罹患率が高まること，③その因子の分布消長の観点から，疫学的に観察された流行の特性が矛盾なく説明されること，④その因子の作用メカニズムが生物学的に矛盾なく説明可能なことが必要であり，これを「疫学4原則」と呼んでいる[27]。最高裁は，いわゆる**千葉大チフス菌事件**[28]において，疫学的証明があれば他に重要な積極的証拠がなくても裁判上の証明が認められるという見方はしなかったが，疫学的方法による立証を，他の証拠と共に因果関係の証拠の一部として使用することを認めたのであった（最決昭57・5・25判時1046号15頁）。

---

[27]　吉田克己「疫学的因果関係と法的因果関係論」ジュリスト440号（1969年）107頁，日本弁護士連合会『刑事裁判と疫学的証明』（1981年）31頁等参照。
[28]　千葉大の助教授が，赤痢菌やチフス菌を食品に転化して食べさせることにより，64名に発病させたとして傷害罪で起訴された事件。

第3章 構成要件論

第1節 構成要件の概念と理論

1 構成要件の概念

(1) 刑法各本条の構造　刑法典第2編「罪」の刑法各則の規定を「刑法各本条」と呼ぶが，刑法各本条は，他の法律規定と同様，法律要件と法律効果とから構成されている。刑法199条を例にとると，前段の「人を殺すこと」が法律要件であり，後段の「死刑または無期もしくは5年以上の懲役に処する」というのが法律効果である。法律要件の多くは，直接犯罪行為に関する記述であって，これを講学上「**構成要件**」（Tatbestand）[1]と呼んでいる。もっとも，構成要件は条文そのものではなく，これに解釈を施して得られた観念像・観念形象である。

(2) 構成要件の意義　構成要件は，犯罪を輪郭づける観念形象（型）である（内田84頁）。各種の法律効果に対応する異質な法益侵害行為を抽象的一般的に輪郭づけた観念像であるといってもよい（西原124頁以下参照）。構成要件は，まず，ⓐ観念形象すなわち抽象的一般的な観念像であるから，個別具体的な現実の犯罪行為そのものとは区別されなければならない。現実の犯罪行為が構成要件に当てはまることを**構成要件該当性**といい，構成要件に該当した犯罪事実を**構成要件該当事実**という。例えば，殺人罪（199条）においては，「人を殺すこと」が構成要件であり，XがAを射殺したという現実の犯罪行為が「人を殺すこと」という構成要件に当てはまるとき，そこに殺人罪の構成要件該当性が認められ，XがAを射殺したという事実は構成要件該当事実となる。このように，構成要件は，行為が構成要件に該当するという法的評価を下すための判断基準としての役割を果たしている。

---

[1] 犯罪成立要件を総称して「一般構成要件」と呼ぶこともあるが，ここでいう「構成要件」は，個々の犯罪類型に固有の成立要件である「特別構成要件」のことである。

次に、ⓑ構成要件は、個々の犯罪（異質な法益侵害行為）を輪郭づけたものであるから、例えば、人の生命を侵害する殺人罪（199条）と人の財産（財物）を侵害する窃盗罪（235条）が構成要件を異にするだけではなく、同じく人の死を惹起する行為であっても、殺人罪と過失致死罪（210条）は構成要件を異にする[2]。傷害致死罪（205条）、遺棄致死罪（219条）、逮捕監禁致死罪（221条）についても同様である。また、同じく人の財産を侵害する罪であっても行為態様の相違により、窃盗罪の構成要件は、強盗罪（236条）、詐欺罪（246条）、恐喝罪（249条）、横領罪（252・253条）、背任罪（247条）、盗品等関与罪（256条）、毀棄・隠匿罪（258条以下）の構成要件から区別される。

さらに、ⓒ構成要件は、構成要件該当事実が違法・責任評価の対象となることから価値に関係しているとはいえ、それ自体は行為が違法であるかどうか、責任があるかどうかという実質的・価値的な判断を避けて、もっぱら犯罪の輪郭づけに奉仕しようとする観念的形象である点において、形式的価値中立的な性質をもっている。その点で、構成要件該当性の判断は、実質的な価値判断である違法性・有責性の判断から区別されることになるのである（→85頁）。

2　構成要件の機能

構成要件の果たすべき機能として、次の4つのものが考えられている[3]。ただし、各機能は常に対等の立場で並立しうるものではなく、場合によっては相互に矛盾を生じさせることがあり、また、各機能の間に主従の差、必要度の違いも認められる。後記の構成要件論の相違も（→3，4），構成要件のいずれの機能を重視するかの見解の対立といってよいであろう。

(1) 罪刑法定主義的機能　処罰される行為と処罰されない行為を明確に限界づける機能がこれである。ドイツにおいて最初にベーリングが構成要件を犯罪論体系に導入したのは、罪刑法定主義の要請を示すためであり（→3(1)(a)），今日で

---

[2] これに対し、構成要件を違法行為類型と捉え、これと有責行為類型とを合わせたものを犯罪類型とみる見解として、内藤・上196頁。このような立場によれば、故意・過失を責任要素とみるかぎり、殺人と過失致死は、犯罪類型としては異なるが、不可抗力による人の死の惹起を含めて構成要件としては同一ということになる。

[3] その他の機能としては、違法性および有責性の判断内容を構成要件に関連づけ制約する機能、未遂・共犯・罪数などの諸問題について解決基準を提供する機能、刑事訴訟法335条1項の「罪となるべき事実」を示す訴訟法的機能などが挙げられている（佐伯（仁）33頁）。

もこの機能がドイツ法圏およびわが国で重視されており，構成要件の果たすべき中核的機能といえよう。罪刑法定主義的機能は，第1次的には，刑法各則規定の条文そのものがこれを営むが，条文を解釈して得られた観念形象である構成要件もまた明確な内容をもったものとして限界づけ機能を営まなければならないのである。

構成要件のこのような機能は，刑法の人権保障機能と結びついているが（**保障構成要件**[4]），構成要件が認識の比較的容易で確実な客観的要素（➡122頁以下）および記述的要素（➡120頁）から形成されるとき，もっともよくその機能を果たすことになる。たしかに，主観的構成要件要素（➡130頁）および規範的構成要件要素（➡121頁）の存在が避けられない以上，構成要件のもつ保障機能も一定の制約を免れがたい。しかし，その場合でも，罪刑法定主義的機能を重視する見地から，主観的要素（故意・過失）については，構成要件内部で，事後に責任評価を受ける主観的構成要件として，違法評価を受ける客観的構成要件から極力峻別されるべきであり（故意・過失は責任にのみ関係し違法とは関係しない），規範的要素については，可能なかぎりこれを記述的要素へ還元する努力が払われるべきであろう[5]。

なお，主観的要素については，それが構成要件の果たす罪刑法定主義的機能に資する面もある。故意・過失を構成要件要素とせず，構成要件的故意・過失の概念を否定する見解は今日でも有力であるが，「立法者が故意犯のみを処罰しようとしているのか，過失犯をも処罰しようとしているのかは，罪刑法定主義的観点からはきわめて重要な問題」であって[6]，故意・過失は当然に構成要件要素に数えられるべきものである（➡131頁）。例えば，故意・過失のない不可抗力（無過失）により人を死に致す行為は，不可罰の行為として最初から殺人罪（199条）の構成要件にも過失致死罪（210・211条）の構成要件にも該当しないし，過失窃盗や過失による器物損壊行為は，故意による窃盗・器物損壊行為のみを処罰している窃盗罪（235条）・器物損壊罪（261条）の構成要件に該当しないのである。

---

4 これは，構成要件のもつ複数の機能の1つに着目して付された名称であって（以下，同じ），機能ごとに複数の構成要件が存在するわけではない。

5 その点で，規範的要素の代表ともいうべき「わいせつ」概念を含むわいせつ物頒布等の罪（175条）について，日本刑法が簡潔な法文できわめて抽象的，包括的に規定するのに対し，ドイツ刑法（184条〜184条c）は，ポルノ文書の配布等について微に入り細にわたり可罰性の限界を明確に規定しているのが参考となる。

6 鈴木茂嗣「犯罪評価と要件事実——犯罪論と刑法学のあり方——」法学（近畿大学）62巻3・4号255頁。ただし，そこで故意・過失は，「犯罪類型」要件事実と解されている。

(2) 犯罪個別化機能 個々の犯罪を他の犯罪から区別して示す機能がこれである。犯罪個別化機能は、構成要件の罪刑法定主義的機能をさらに一歩進めたもので、構成要件は、全体として非犯罪現象に対する犯罪全体の限界を示すとともに、個別的に個々の犯罪の輪郭づけをも可能にする。上に述べたように、例えば殺人の構成要件は、窃盗や放火の構成要件から区別され、さらに傷害致死や過失致死の構成要件からも区別されるのである。

犯罪個別化機能を徹底するとき、構成要件には、客観的・記述的要素だけでなく、主観的要素や規範的要素、特に前者が不可避的に入り込まざるをえない。仮に、構成要件を純粋に客観的要件と捉えてそこから主観的要素を排除すると、例えば、殺人行為も過失致死行為（さらに無過失の致死行為）も刑法に規定のない「人を死に致す」という同一の構成要件に該当することになり[7]、また、他人の物を自分の物と誤って持ち去る過失窃盗も窃盗罪（235条）の構成要件に該当することになるが（例えば、浅田111頁）、このように刑罰規定に基礎をおかない構成要件は、刑法各本条を解釈して得られた観念像としての構成要件概念から大きく遊離することになろう[8]。

(3) 違法性推定機能 構成要件に該当する行為が違法であることを推定させる機能がこれである。ただ、その内容をどう理解するかについては見解の対立がある。通説は、構成要件該当性と違法性の関係を原則-例外の関係として捉え、構成要件該当性に違法性の論理的推定ないし認定論的推定を認める。すなわち、構成要件は違法類型であるから（**不法構成要件**）、構成要件に該当したという判断が下されることによって、その行為は違法であろうことが論理的に推定され、あるいは原則として違法であるとされ、例外的に正当化事由があれば、推定された違法性が阻却されると解するのである。しかし、このような意味での「推定」は、実体法上の論理的な関係を意味すると解されているが、その実、これはむしろ訴訟法上の一定の推定関係を意味するのではないか、との疑問があるほか[9]、

---

[7] 故意・過失を構成要件要素とみず、これを犯罪類型の要素として殺人と過失致死を区別する場合には（浅田111頁、内藤・上193頁以下など／➡注2）、その「犯罪類型」を犯罪論体系上どのように位置づけるかという問題が生じてこよう。

[8] 結果無価値論（物的違法論）の見地から、故意・過失を構成要件要素とすることに拒否反応が示されるのは、構成要件を違法類型と解し（➡117頁）、構成要件要素が同時に違法要素でもあると解するからであるが、構成要件（特に主観的なそれ）を違法性から切り離して考えるならば（行為類型論）、その恐れはない。

次のような問題性を指摘することができる（内田89頁以下）[10]。

まず，①正当化事由という形で違法判断に単なる消極的な「例外」判断としての意味しか付与しえないというのであれば，その犯罪論体系は，構成要件該当性－違法阻却（正当化）－責任ということにならざるをえず，そこから得られるものは，単に「違法でない行為」だけなのであって，積極的に「違法な行為」を確認することはできないことになる。しかし，実体刑法上の独立した犯罪成立要件の1つとして「違法性」を掲げる以上，正当化事由の判断に先立って，違法性が何故犯罪の要素となるのか，いかなる要素（要件事実）が違法評価を基礎づけるのか，という違法性の実質が積極的に明らかにされなければならない[11]。

また，②違法論の任務が，正当化事由に属さない行為はすべて「違法な行為」である，とする点に尽きると解するならば，違法性の強弱を論じる必要もなく，不可罰的違法を把握することも不可能となる（➡171頁以下）[12]。犯罪不成立の主張を体系的，実質的に根拠づけるためには，違法性判断を構成要件該当性判断から独立させて内容の充実したものにする必要があり，違法論を単なる消極的な違法阻却（正当化）事由の理論に閉じ込めることによって，これを形骸化し不毛のものとすることは避けなければならない[13]。

(4) 故意規制機能 故意犯[14]において「故意があるといえるためには，何を認識しなければならないか」，すなわち，故意（認識）の対象として必要とする客観的事実を示す機能がこれである（故意の構成要件関連性）。例えば，殺人罪の構成要件は「人を殺すこと」であるから，殺人罪の故意があるといえるためには，

---

9 鈴木茂嗣『犯罪論の基本構造』（2012年）91頁参照。
10 内田文昭「形式的犯罪概念と構成要件の機能」〔同〕『犯罪概念と犯罪論の体系』（1990年）30-1頁。
11 鈴木茂嗣「刑法学，刑訴法学，そして犯罪論——二元的犯罪論序説——」犯罪と刑罰24号（2015年）10頁参照。
12 以上の点につき，佐伯（仁）38頁は，「構成要件を違法性阻却事由に該当しなければ可罰的に違法といえるだけの類型に限定して解釈すれば問題なく」，「構成要件該当性判断によって，可罰的な程度に違法であることの判断がなされる」とするが，違法性阻却事由（正当化事由）に該当しない行為の違法性の程度にはさまざまなものが考えられるのであって，可罰（的違法）性の判断基準をあげて構成要件に求めることになれば，それこそ構成要件該当性判断と違法性判断の質的違いを捨象してしまうことになろう。
13 日常生活上の卑近な例を比喩的に再現すれば（➡第1章89頁注21），「禁煙」にあっては，「タバコを吸うこと」（構成要件）自体は，けっして「許されないこと」（違法性）を推定するものではなく，いつ・どこで・どのような状況で吸うか（行為の具体的状況）が違法判断として喫煙行為（構成要件該当行為）について改めて問題となるのである。

「人を殺すこと」の認識がなければならない。したがって，構成要件に該当する事実の認識が欠ける場合は，事実の錯誤であって故意は認められない（**錯誤構成要件**）[15]。なお，主観的構成要件要素を認める本書の立場からは，構成要件が全体として故意規制機能を営むのではなく，客観的構成要件[16]のみがこのような機能を果たすことに注意する必要がある。また，構成要件該当事実以外の違法性を基礎づける事実は，責任故意の対象であるから（➡294頁），構成要件が故意規制機能をもつという場合の「故意」は，構成要件的故意のことである。

3　構成要件論の変遷

(1) **ドイツにおける変遷**　20世紀に入りドイツで構成要件論が台頭してきた学説史的背景の1つに，刑法学における罪刑法定主義思想の確立が考えられる。すなわち，構成要件論は，「法律なければ犯罪なし」の思想を発展させ，そこでいう「犯罪」はおよそ犯罪一般を意味するのではなく，法律の明文により類型化された個々の犯罪（特別構成要件）を指している，と解せられるようになった。構成要件論によれば，構成要件に該当する行為だけが犯罪となるのであって，ここに，構成要件のもつ罪刑法定主義的機能を強調することこそが国民の人権保障を全うすることになる，と考えられるに至ったのである（➡ **2**(1)）。「法律なければ構成要件なく，構成要件なければ犯罪なし」というわけである。

(a) **ベーリングの構成要件論**　構成要件概念は，近代ドイツ刑法において，抽象化された個々の犯罪を意味する実体法上の概念として発展してきた。構成要件論の創唱者ベーリング（1866-1932）の構成要件は，①初め個々の犯罪のカタログとしての犯罪類型の輪郭を意味していた。ベーリングは，構成要件該当性の判断に裁判官の恣意的評価が入ることを防止し，構成要件を人権保障に奉仕させようとして，構成要件から

14　結果的加重犯については，基本行為のみが故意の対象となり，重い結果は過失（予見可能性）の対象ではあっても故意の対象ではない（➡135頁）。問題となるのは，いわゆる客観的処罰条件であるが，これを行為の条件として構成要件要素と解するときは（➡130頁），当然故意の対象となる（これに対し林92頁は，不法要素であっても故意の対象とはならないとするが，これでは責任主義を潜脱することになろう）。

15　構成要件の故意規制機能は，ドイツ刑法16条（行為事情に対する錯誤）が「所為の遂行にあたり，法律上の構成要件に属する事情を知らなかった者は，故意に行為したものではない」と規定していることに由来する。

16　なお，責任要素は，通常主観的なものであるから故意の対象とはなりえないが，例えば，証拠隠滅罪（104条）における証拠が「他人の刑事事件」に関する証拠に限られているのは，自己の刑事事件に関する証拠を隠滅しないことが期待できないとする責任の考慮に基づくものであるものの，客観的に構成要件化されているので故意の対象となる（西田72-3頁参照）。したがって，自己の刑事事件に関する証拠と誤認して隠滅した場合は，刑事事件の他人性に関する錯誤として故意を阻却することになる（これに対し，山口32-3頁参照）。

主観的・規範的要素を排除し，構成要件を純客観的・記述的なものと捉えた。しかし，その後，②彼は，構成要件（例えば，人の死の惹起）と犯罪類型（例えば，殺人・過失致死）とを峻別し，構成要件は，犯罪類型における主観的要素と客観的要素を規制する観念上の**指導形象**であるとした。もっとも，指導形象としての構成要件においても，その要素はやはり客観的・記述的なものに限定されていた。

　(b) **マイヤーの構成要件論**　ベーリングが，純粋に事実的な構成要件該当性判断と価値的な違法性判断とを峻別したのに対し，構成要件を違法性の徴憑（ちょうひょう）とみ，構成要件該当性を違法性に一歩近づけたのが M. E. マイヤー（1875-1923）である。彼は，構成要件には，記述的要素だけではなく規範的要素も含まれていることを示唆し，構成要件と違法性の関係を煙と火の関係に譬えて，構成要件は違法性の認識根拠である，としたのであった（**認識根拠説**）。

　(c) **メツガーの構成要件論**　構成要件と違法性との結びつきを強調して，マイヤーの構成要件論をさらに前進させ，構成要件は違法行為の類型である，と説いたのがメツガー（1884-1962）である。彼は，マイヤーにおいてなお不真正な構成要件要素とされていた規範的要素を正面から構成要件に組み入れ，また，主観的構成要件要素もこれを認めた。そして，構成要件に該当する行為は特殊な違法阻却事由（正当化事由）が存在しないかぎり直ちに違法と解される，とすることによって，構成要件は違法性の存在根拠である，とした（**存在根拠説**）。メツガーにおいては，構成要件該当性はもはや独立の犯罪要素たることをやめ，違法性の中に埋没することとなったのである（新構成要件論）[17]。

　(d) **消極的構成要件要素の理論とヴェルツェルの構成要件論**　メツガーと同様，構成要件と違法性とを表裏一体のものと捉えつつ，ドイツ刑法16条が「法定構成要件」に属する事実の錯誤についてのみ故意の阻却を認めていることから（➡注(15)），正当化（違法阻却）事由の不存在を構成要件に取り込むことにより，メツガーとは反対に「違法性」を独立の犯罪要素としない理論として「消極的構成要件要素の理論」[18]が主張されている（この理論とその問題性については，➡ 4 (2)(b)）。構成要件論は，元来構成要件該当性に違法性から独立した地位を与えるものとして登場したのであるが，現実の発展史はむしろ構成要件該当性を違法性に近づける歴史として成り行き，この理論に至って，それは発展の終局にまで到達したものとみることができる。構成要件論の発展の歴史は，取りも直さずその崩壊の歴史だった，とされる所以である（西原・上153頁）[19]。ここにおいて，人は，およそ構成要件の理論から退場するか，ベーリン

17　もっとも，メツガーは後年，目的的行為論との対決において，違法類型としての「不法構成要件」のほかに，広義の構成要件として可罰的行為の前提条件の総体としての「行為構成要件」を認めるに至った。

18　この理論は，一方において，（事実的）故意は構成要件該当事実の認識に尽きると解し（構成要件的故意），他方，正当化事由の事実的前提（正当化事情）の誤認を事実の錯誤と解することによって（➡419頁），正当化事情の錯誤に構成要件的故意の阻却を認めることを意図したものである。

グ流の行為類型としての構成要件論に立ち返るかの岐路に立たされることになる。後者の途を採った1人が目的的行為論のヴェルツェルであった。

消極的構成要件要素の理論によると、「蚊を叩き潰す行為」と「正当防衛で人を殺害する行為」が共に殺人の構成要件に該当しない行為として同一の扱いを受けることになるが[20]、両行為のもつ刑法的意義の違い（法益侵害の有無）を無視する点にこの理論の基本的問題性がある[21]。そこで、消極的構成要件要素の理論の問題性を回避するために規範違反（構成要件）と違法とを峻別したヴェルツェルの構成要件論は、メッガー流の違法類型論からも離れ、構成要件は規範（禁令）の内容を記述したものであり、禁止の素材である、として構成要件は違法性から独立した地位を取り戻すこととなった（西原・上151頁参照）。彼が規範と許容命題を切り離したことの問題性を措くとしても、構成要件が禁止の素材にすぎず、違法性そのものでないことを明らかにした点は特筆に値しよう。

(2) **日本における変遷**　構成要件論は、昭和初期に、小野清一郎と瀧川幸辰により、ドイツにおける理論的展開から影響を受けて、日本に導入された。

(a) 小野は、構成要件は違法類型であると同時に責任類型でもあると理解し、**違法有責行為類型説**という、独得の構成要件論を展開した[22]。小野によれば、構成要件論は、罪刑法定主義から独立した、独自の法理的、原則的要求に基づくものであり、その根底には、犯罪の本質を国家的道義違反とみる道義的責任論の思想があった。小野の違法有責類型としての構成要件論は、戦後、罪刑法定主義的変容を被りつつも基本的に団藤重光の構成要件論（定型説）[23]に受け継がれている。

(b) 一方、瀧川は、初めマイヤーに強く影響され、構成要件は違法性の徴憑であるとしていたが（瀧川59頁）、やがてメッガーの影響の下に**違法類型論**を採るに至った[24]。瀧川の構成要件論は、構成要件に、罰せられるべき行為を限定する意味を認め、構成要件と罪刑法定主義との緊密な結びつきを求めようとするところにその特色があった。その後に現れた佐伯千仭の「可罰的違法類型論」は、瀧川の違法類型としての構成要件論と相通ずる性格をもっている[25]。

19　西原春夫「犯罪論における定型的思考の限界」〔同〕『犯罪実行行為論』（1998年）28頁以下。
20　ハンス・ヴェルツェル〔福田平＝大塚仁訳〕『目的的行為論序説』（再版・1965年）37頁参照。
21　消極的構成要件要素の理論には、また、個々の犯罪ごとに類型化された構成要件の中に、各犯罪に共通な、その意味で非類型的な正当化事由（の不存在）を含ませるという根本的な疑問もある。
22　その集大成が、小野清一郎『犯罪構成要件の理論』（1953年）である。なお、ドイツにこれと類似の理論を求めれば、ガラスの「違法・責任類型論」がある（齊藤金作『ガラス・犯罪論の研究』早大比較法研究所紀要12号（1960年））。
23　団藤は、人権保障の見地から体系的思考を重視する定型刑法（Typenstrafrecht）の採用に至り、この定型説に結び付けて基礎づけられた犯罪定型としての構成要件理論を展開したが、そこで説かれている違法有責行為類型としての構成要件は、けっして違法性・有責性そのものを体現しているわけではないことに注意を要する（団藤37頁以下）。
24　瀧川幸辰『刑法講話』〔団藤重光ほか編〕瀧川幸辰刑法著作集第二巻（1981年）612頁（本書で、構成要件は「違法」の内部で論じられている）。

(c) 構成要件論は，客観主義犯罪理論の1つとして，通常，主観主義論者の採るところではないが，近代学派から出発しつつ，構成要件は，①違法な行為を法律が抽象化し類型化したものである，という意味で「違法類型」であり，また，②違法行為のうち刑罰をもって禁止するに足るべき違法性，すなわち可罰的違法性を有するものだけを包含する，という意味で「可罰的違法類型」である，と論ずるものがある（江家113-4頁）。この見解は，違法性→構成要件該当性の順で犯罪論体系を構築しているが（**違法性先行論**）[26]，構成要件論と主観主義犯罪論との両立可能性はさておき，①構成要件について違法（行為）類型論を採るのであれば，違法性の判断を抜きにして多くの構成要件の内容・範囲を確定することができない（西原・上155頁参照），とする見地から，また，②可罰的違法類型論の立場から，違法行為のうち構成要件に該当するものだけが犯罪となりうる，という意味で，一般（違法）から個別（構成要件）への思考方法に添う違法性先行論の採用は，この立場で犯罪論の適切な体系構成とみることができよう。

4　現代の構成要件論

今日，ほとんどの刑法学説が，構成要件を何らかの形で自己の犯罪論体系の中に組み込んでいる。いわゆる「行為論」もその例外ではない（➡87頁）。しかし，構成要件の意義・内容，構成要件と違法性・有責性との関係などについては，いくつかの異なった見解が示されている[27]。わが国では，現在においても，小野の違法・有責（行為）類型論と，瀧川の違法（行為）類型論に端を発する構成要件論が二大潮流をなしているので，先にこれを見てみることにしよう。

(1) **違法有責（行為）類型論**　構成要件を違法行為の類型であるとするにとどまらず，有責行為の類型でもあると解する立場であって，構成要件に違法性推定機能のみならず責任推定機能をも認めるところにその特色がある[28]。違法有責類型論は，違法類型と有責類型の関係をどのようにみるかによって，ⓐ違法類型と有責類型との間に密接な関連性を認め，故意・過失は責任要素であるとともに違法要素でもあると解し，故意犯と過失犯とは有責類型として区別されると同時に

25　ただし，佐伯(千)113頁以下では，「構成要件」が論者により多義的に用いられていることからこれを避け，「犯罪類型」の語を用いて違法・有責行為類型論を展開している。
26　構成要件が実体論的に罪刑法定主義の観点から問題とされるとき，違法性を論じた後にそれを論じるのが合理的である，とするものとして鈴木・前掲注（9）108頁。
27　「構成要件」は，実体論上考慮すべき「犯罪類型」と区別して，認定論上の概念として用いるのが相当であるとして，構成要件論の再構成を試みるものに鈴木・前掲注（9）29頁以下がある。
28　構成要件は，違法・責任類型であるにとどまらず可罰類型でもある，とするものとして高橋89頁。

違法類型としても区別される，とする見解（大塚145頁，大谷117-8頁・234頁，高橋88頁，団藤134頁以下など）と，ⓑ構成要件概念の内部で違法類型と有責類型とを峻別して考え，かつ，構成要件該当性を確定するにあたり，違法類型としての判断を有責類型としての判断に先行させようとする分析的立場（西田73頁，前田36頁など）とに分かれる。違法と責任を峻別する立場からは（➡157-8頁），ⓑ説が採られることになる。

さらに，ⓑの立場は，犯罪論体系の判断順序に関し，①構成要件的故意の概念を認め，（違法・責任）構成要件該当性→違法性（違法阻却）→有責性（責任阻却）の順で判断する見解（前田36頁以下）と，②構成要件的故意の概念を否定し，違法構成要件→違法阻却→責任構成要件→責任阻却の順で判断する見解（西田72頁以下，松原51頁）とに分かれる。②説が登場した背景には，誤想防衛に代表される正当化事由（違法阻却事由）の錯誤の取扱いに関する考慮が働いているが[29]（この点については，➡418頁以下），この見解には次のような疑問がある。

まず，構成要件的故意の概念については，なるほど違法構成要件に該当する事実の認識に限局された構成要件的故意概念は否定されているが，故意が責任構成要件に含まれることによって責任構成要件的故意概念は認められており，しかもその認識対象は，違法構成要件該当事実のほか，違法阻却事由の不存在，さらに客観的責任構成要件該当事実（例えば，証拠隠滅罪における刑事事件の他人性）など多岐にわたっていて，故意の構成要件関連性は破られ故意概念の外延は茫漠としたものとなっている[30]。次に，例えば，過失または無過失による器物損壊行為は，この見解によると，違法構成要件に該当し，違法阻却も認められないことから過失器物損壊行為が違法であることを確定した上で，責任構成要件該当性が否定されて初めて処罰から解放される，というきわめて迂遠な回路をたどらざるをえず，また，そもそもおよそ犯罪たりえない過失または無過失による器物損壊行為が該当する違法構成要件を設定すること自体，条文に基礎をおかない解釈論上の技法として疑義がある。本説は，構成要件（該当性）が犯罪論体系において違法性・有責性に対して果たしてきた独自の意義を失わせ，違法構成要件・責任構

---

[29] その意味で，この見解は，その理論構成は異なるものの，前記消極的構成要件要素の理論と同一の問題意識を有している。
[30] したがって，構成要件的故意概念を認めないというのであれば，故意（および過失）は，一般的責任要素であるとしておよそ構成要件に含まれない，とする見解（町野118頁）の方が論理的にみて整合的であろう。

成要件といっても，所詮それは消極的な阻却事由との対比において，違法を構成する要件（積極的違法要素），責任を構成する要件（積極的責任要素）として，違法論・責任論内部で機能するにとどまるものであろう[31]。

(2) 違法（行為）類型論　構成要件を違法行為の類型と解する立場であって，現在のわが国の通説である。違法類型論は，構成要件と違法性との関係をどのように解するかによって，さらに次の2つの見解に分かれる[32]。

(a) 区別説　第1は，構成要件該当性と違法性を区別する立場であって，両者を原則（構成要件該当性―違法）と例外（違法性―違法阻却）の関係と捉え（原則－例外関係説），構成要件に一応の違法性推定機能を認めつつも，構成要件該当性が違法性から独立して，しかも違法性判断の前に認定されなければならない，とする見解である。上述のマイヤーの構成要件論（認識根拠説）の流れを汲む学説であって，わが国の多数説といえよう（可罰的（当罰的）違法行為の類型と捉えるものとして，浅田109・116頁，山口32頁以下[33]など）。構成要件がもつ違法行為の「類型」としての側面を強調する立場である。

この見解の特色は，構成要件（該当性）と違法性を原則－例外関係とみることによって，構成要件に論理的な意味での違法性推定機能を認める点にあるが，前述のように（➡2(3)），このような理解には疑問がある。また，認識根拠説に対する批判は，その折衷的な性格にも向けられよう。すなわち，構成要件のもつ違法性推定機能を徹底するのであれば，ドイツにおける構成要件論の学説史が示すように（➡3(1)），構成要件と違法性とが一体化されて次の存在根拠説に至らざるをえないし，反対に，構成要件のもつ形式的保障と体系的独立性を強調するのであれば，構成要件の論理的推定機能は否定されて，後記(3)の行為類型論に回帰することになるのである。

---

[31] 本説については，犯罪の性質（実体）論と認定論との関係をどうみているか，という問題もある。認定論的構造は，本文に述べたとおりであるが，実体論的構造は，通説に従い，①構成要件該当性➡②違法性➡③有責性（責任）とされており（西田61-3頁），責任構成要件要素である故意・過失が責任論で扱われている。

[32] 構成要件を違法行為類型と捉える場合には，そこにいう「違法行為」の内容をどのように考えるかによって，結果無価値（論）的違法行為類型説と行為無価値（論）的違法行為類型説とに分けて説明されることもある（内藤・上182頁以下，鈴木・前掲注（9）81頁以下）。

[33] 山口33頁注5）は，（例えば窃盗罪における不法領得の意思（利用意思）のように）「構成要件に属する（主観的）責任要素は，当罰性に関わる（違法行為）類型形成要素として理解しておけば足りる」とする（同94頁参照）。

(b) 一体説　違法類型論の第2は，構成要件該当性と違法性を一体としてみる立場であって，構成要件が「違法」行為の類型である点を重視する見解であるといえよう。一体説は，次の2つの方向から主張されている。

その1つは，①構成要件該当性を違法性の中に埋没させるメッガーの見解を発展させたものであって，構成要件該当性と違法性との関係を原則‐例外関係とみる区別説の論理構成は，積極的に違法性を基礎づける事由（構成要件）も，消極的に違法性を阻却する事由（正当事由）も共に違法評価に関わるものとして同一の原理から発しなければならない，という要請の下で破綻することになる[34]，として，違法性（不法）は構成要件該当性と違法阻却事由（正当化事由）の不存在とから成り立っている，と解している（**構成要件違法性解消説**／西原・上159頁以下）。ここでは，構成要件該当性が違法性を積極的に基礎づける1要素（他に，違法性を消極的に基礎づける正当事由の不存在）にとどまるとして，犯罪論体系において独立した意義が認められていない。これに対し，他の1つは，②正当化事由を消極的要素として構成要件に属させる**消極的構成要件要素の理論**であって，構成要件は積極的な違法要素と消極的な違法阻却要素の不存在とから成り立っている，と解している（井田92・230‐1・351頁，中90‐1頁）。ここでは，第1の見解と反対に，違法性に犯罪論体系において独立した意義が与えられていないのである（**違法性構成要件解消説**）[35]。なお，この説の問題性については，➡114頁。

(3) 行為類型論　構成要件を「犯罪を輪郭づける観念的形象（型）」と理解する行為類型論は，構成要件が犯罪の実質を示すものではなくその単なる形象・形式にすぎず，したがって構成要件該当性の判断は価値に関係しているとはいえ事実判断にとどまっていて，規範的，否定的判断を含まないと解している（内田84頁以下）[36]。犯罪体系論上違法論・責任論に固有の領域を認め，構成要件の論理的な意味での違法・責任推定機能を否定して事実上の推定のみを認めるところにその特色がある。これは，構成要件を責任のみならず違法性からも截然と分離し，

---

[34]　西原春夫「構成要件の価値的性格」・前掲注（19）90頁参照。
[35]　なお，井田230‐1頁は，違法性阻却事由が構成要件該当行為の存在を前提としており，広い意味の構成要件該当性の判断は，①（狭義の）客観的・主観的構成要件該当事実の確認→②客観的・主観的違法性阻却事由の不存在の確認の順序・内容で行われ，その点は通説と完全に一致するというが，そうであるとすれば，行為規範違反（違法性）は，構成要件該当性と違法性阻却事由の不存在とから構成されるとすれば足り，あえて正当化事情の錯誤の解決のためだけに消極的構成要件要素の理論を唱えるまでもないであろう。
[36]　他に，価値中立的構成要件論を目指すものとして，澤登俊雄『刑法概論』（1967年）81頁以下。

これを形式的、価値中立的にもっぱら行為の類型と解する立場である。構成要件は、立法者が刑法各本条において処罰に値する行為を類型的に示そうとした「行為類型」であって、これを違法評価や責任評価に直結させることに疑問を示す見地から支持されている[37]。

　違法論との関連でみれば、行為類型論は、刑法体系の論理として、構成要件は違法な行為と違法でない行為を均等に内含している、と主張するのであって、構成要件（該当性）と違法性との関係を原則－例外ではなく形式－実質の関係と捉えている。今日の行為類型論も、ベーリングの「純粋に客観的で記述的な行為の型」としての構成要件論に由来するが、構成要件の犯罪個別化機能（➡ 2 (2)参照）を徹底させる見地から、違法性とは峻別しつつ責任との関係を意識したうえで、主観的な行為意思を構成要件化した故意・過失を構成要件要素と解するに至っている。本書の採る構成要件概念は、基本的にこの立場のものである[38]。

　行為類型論に対しては、それがあまりにも形式的、記述的、没価値的にすぎるため、構成要件概念の形骸化・空洞化をもたらし、実質的な違法行為をその中に盛り込むことができなくなる、という批判が提起されている。しかし、構成要件が記述的、没価値的であるといっても、それは違法性（および責任）との関係においてのみ言いうることであって、この立場でも構成要件がまったく形式的で無内容だというわけではない。構成要件該当性も事実的判断ではあるが、後に違法（責任）評価が予定されているかぎりで価値に関係しており、ただ、構成要件概念のもつ独自性を維持しようとするかぎり、違法性（有責性）との関係ではむしろその異質性を強調する必要がある、と考えるのである。構成要件要素は、違法・有責評価の対象ではあっても、そのような評価の根拠となるもの、すなわち違法・責任評価を基礎づけるものではない[39]。構成要件該当事実（行為）は、違法・責任評価の「対象」にとどまっており、構成要件該当事実（行為）に対する実質的「評価」は違法性・有責性判断において初めて可能となるのであって、評価の「対象」（構成要件）と対象の「評価」（違法・責任）を混同することは厳に慎まなければならない。

37　鈴木・前掲注（9）16頁参照。
38　私見の詳細については、曽根「行為類型としての構成要件」『研究』109頁以下。
39　この点を強調するものとして、鈴木・前掲注（11）17頁。なお、同頁は、評価の根拠を「要件事実」と呼ぶ。

もっとも，このような意味で構成要件は行為類型ではあるが，構成要件の客観的要素が違法評価と関連し，同じく主観的要素が責任評価と関連する限度で，客観的構成要件を「違法（関連）構成要件」，主観的構成要件を「責任（関連）構成要件」と呼ぶことは許されよう。例えば，殺人罪（199条）と過失致死罪（210条）の構成要件を対比した場合，「人の死の惹起」という客観的構成要件に該当する事実は両罪に共通であって，それが違法評価の対象として違法（関連）構成要件要素であり（したがって殺人罪と過失致死罪の違法性は同一である），これに対し，両罪の主観的構成要件に該当する事実は，責任評価の対象として「人の死の惹起」の認識・予見（故意→殺人罪）とその認識可能性・予見可能性（過失→過失致死罪）という形で異なっており，両罪は責任（関連）構成要件において区別されているのである。

しかし，①行為について言えば，ⓐそれが構成要件に該当すると評価されて実行行為となるのと同様，ⓑ実行行為は違法（法益侵害の危険性）と評価されて初めて違法（な実行）行為となるのであって，実行行為は構成要件要素ではあってもそれ自体が違法性を帯びた違法要素であるわけではなく，その意味で構成要件は違法類型ではない。また，②故意・過失についても，ⓐ行為意思が故意構成要件に該当すると評価されて（構成要件的）故意となり，過失構成要件に該当すると評価されて（構成要件的）過失となるのと同様，ⓑ構成要件的故意・過失は，それが有責（規範的に非難可能）と評価されて初めて責任要素となるのであって，構成要件的故意・過失は構成要件要素ではあってもそれ自体が有責性を帯びた責任要素ではなく，構成要件は有責類型でもない。構成要件（該当性）を，違法性・有責性と並ぶ犯罪成立のための独立した「特別成立要件」として位置づけるためには，これを「行為類型」として純化した形で捉える必要があるのである。

第2節　構成要件の要素

1　構成要件要素の種類

構成要件要素は，種々の観点からこれを分類することができる。

(1) 記述的要素と規範的要素　構成要件要素は，単なる事実認識に基づいて確定しうるか，それともその確定のために文化的価値判断を必要とするかによって，記述的要素と規範的要素に分けることができる。

(a) **記述的構成要件要素**　例えば，殺人罪（199条）における「人」・「殺す」，放火罪（108条）における「住居」・「建造物」などのように，事実認識に基づいて確定しうる要素を「記述的構成要件要素」という。記述的要素も法的解釈を必要とするが，ある概念について解釈が一定になりえた場合には，単なる事実認識によってその範囲を確定することが可能となる。例えば，人の始期については一部露出説，全部露出説等の争いがあるが（『各論』6頁），解釈がいずれかに特定した場合には，その客体が人であるか胎児であるかはおのずからその基準に従って確定されることになる。

(b) **規範的構成要件要素**　例えば，公然わいせつ罪（174条）・わいせつ物頒布等の罪（175条）における「わいせつ」，賄賂罪（197条～198条）における「賄賂」などのように，文化的価値尺度に基づいてのみ判断しうる要素を「規範的構成要件要素」という。規範的要素は，確定した法解釈を前提としても，なおある事実がそれに当たるかどうかについて裁判官の価値判断を必要とするところにその特色がある。例えば，わいせつの概念を「いたずらに性欲を興奮または刺激させ，かつ普通人の正常な性的羞恥心を害し，善良な性的道義観念に反すること」と定義したとしても，その文書がわいせつな文書であるかどうかが一義的に明らかになるわけではない。

　構成要件は，その罪刑法定主義的機能からみて，できるかぎり記述的・事実的要素によって表現されなければならず，したがって，価値的評価を必要とする規範的構成要件要素は，構成要件の明確性の観点からみて望ましくないものであり，その採用は必要最小限度にとどめられなければならない。そして，立法技術上の理由により規範的要素の使用が不可避の場合があるとしても，これを可能なかぎり事実的要素に分解・還元することによって，裁判官の判断を純粋の規範的価値判断から解放し，社会生活における事実に対する文化的意味理解の判断にまで緩和する必要があるのである。

(2) **客観的要素と主観的要素**　構成要件が，違法評価の対象となる客観的構成要件と，責任評価の対象となる主観的構成要件に分かれるのに対応して，それぞれが客観的要素と主観的要素とから構成されることになる。

　もっとも，主観的構成要件要素を認めるか否かについては，争いがある。構成要件を違法行為類型と解し，かつ，違法性を純粋に客観的に捉える結果無価値論の立場からは，主観的要素はあくまでも責任要素であって，主観的違法要素＝主

観的構成要件要素はこれを認めることができない，ということになる。しかし，構成要件該当性と違法性とを峻別し，かつ，構成要件の果たすべき犯罪個別化機能，ひいては罪刑法定主義的機能を堅持するかぎり，主観的違法要素は否認するものの，これと区別された主観的構成要件要素については一定範囲でこれを認めるべきである。また，構成要件が違法・責任評価の対象となる事実を包含すると解する見地からも，違法評価の対象となる客観的構成要件要素と並んで，責任評価の対象としての主観的構成要件要素が容認されることになるのである。

2 客観的構成要件要素
1 行為・結果と因果関係

(1) 実行行為 前刑法的概念である行為が構成要件に該当した場合，これを「実行行為」と呼ぶ[40]。刑法43条が「犯罪の実行に着手して」と規定している場合の「実行」がこれに当たる。実行行為は，形式的には「構成要件該当行為」(構成要件的行為)を指すが，実質的にみれば「法益侵害の一般的危険性のある行為」である。ただ，構成要件概念のもつ形式的性格からして，実行行為は，当該行為時の具体的状況に照らして現実的危険性を発生させた行為ということではなく，そのような行為をすれば通常法益侵害の危険性を発生させる性格を帯びている行為という意味であって，まさに構成要件が予定している行為が実行行為なのである。したがって，ここでいう「危険」は，構成要件要素である実行行為の属性としての危険性であって，事前判断によりなされる。それは，例えば未遂犯における処罰根拠としての具体的（現実的）危険のように（➡461頁），違法論における「危険」が事後判断によりなされるのとは性格を異にしているのである（林112頁)[41]。

なお，行為が作為と不作為とに分かれるのに対応して，実行行為も作為の形式をとる作為犯と不作為の形式をとる不作為犯とに分かれる（➡435頁）。

【因果関係の起点としての実行行為】 実行行為概念は，従来一般に，犯罪の本体・実体として構成要件ひいては犯罪概念の中核的要素として重視されてきたが，近年に至り，その意義を希薄化する傾向が顕著になりつつある。それは，既

---

[40] 実行行為概念に対する総合的研究として，西原・前掲注19。
[41] この2つの危険概念を規範論的見地から，行為規範違反としての実行行為（行為の法益への抽象的危険）と制裁規範発動条件としての法益に対する具体的危険と説明するものとして，高橋102頁。

遂犯・侵害犯・結果犯にとどまらず，未遂犯・危険犯・挙動犯についても法益侵害・危険という何らかの「結果」が想定されることから（➡(2)(a)），すべての犯罪形態について結果を基本とした犯罪概念を前提とする犯罪論（結果無価値論）が構築されたことにより，実行行為概念のもつ意味が相対的に低下したことによるのである。そして，この新たな潮流によれば，実行行為は，因果関係論の内部で構成要件的結果（➡(2)）を惹起する客観的な危険性が認められる行為，その意味でもっぱら「因果関係の起点となる行為」と理解され，実行行為概念にそれ以上の意義・役割を付与することには疑問が提起されることになる（山口50-1頁）。未遂犯についてみれば，これを「既遂の結果を生じさせる危険」を要件とする結果犯と解する理解が実行行為概念に波及し，構成要件該当性の判断に際しては，行為と構成要件的結果（未遂結果を含む）との間に因果関係ないし客観的帰属の要件が備わっているかどうかだけが問題である，と解せられるようになったのである（山口・探究4頁以下）。

たしかに，犯罪概念の重点は構成要件的結果にあり，また，未遂犯も単に行為を処罰するものではなく，一種の結果犯として（危険）結果を処罰しているのであるが（高橋104-6頁参照／➡464頁），そうであるからといって実行行為概念を因果関係論の内部にとどめておけば足りる，というものではないであろう。この立場の論者も，実行行為が因果関係論を超えて犯罪論の様々な場面で使用されていることを認めるが，それぞれの場面では異なった問題が問われていて，それに対する回答を与える必要があり，実行行為概念について事前に形式的な統一的把握に努めることに疑問が提示される（山口51頁）。なるほど，例えば未遂犯論における予備と未遂の区別のための実行の着手論，共犯論における正犯概念のメルクマールとしての実行概念等，その現れ方は様々であって（実行行為概念の相対性），必ずしも統一的把握に馴染むものではない。しかし，それぞれの個別論点も類概念としての実行行為概念の種差として捉えることによりその実質がより明らかとなるのであって，実行行為概念を因果関係論に閉じ込め[42]，その独立した意義を否定することには疑問が残る。およそ法益侵害の危険性のない行為についてこれを刑法的評価の対象とすることは無益であるし，「（実行）行為なければ犯罪なし」とする行為主義のもつ罪刑法定主義的機能は，今日もなお維持される必要があろう。

(2) 構成要件的結果　実行行為と並んで，客観的構成要件の中心的な要素が「結果」である。

---

[42] 因果関係の問題として考えても，実行行為は因果関係内部での固有の構成要素にとどまるものではなく，むしろそれに先置される概念として，行為の実行行為性が肯定されて初めて当該行為と結果との間の因果関係が問われることになるのである。

(a) 結果の意義　結果の概念には広狭二義がある。①広義では，社会における外界に対する影響の惹起という意味での外界の変動一般（法益侵害・危険の事実的側面）をいうが，②狭義では，そのうち行為の客体に及ぼす有形の事実的作用だけを意味する（➡98頁参照）。広義の結果概念は，すべての犯罪に不可欠な要素であるが，狭義の結果は，行為の客体の認められる犯罪に特有の要素である。挙動犯に対比される結果犯における「結果」は後者の狭い意味で用いられる[43]。殺人罪における「人の死亡」，放火罪における「焼損」などがその例である。このように構成要件に該当する結果を特に「**構成要件的結果**」と呼ぶ。

(b) 犯罪の終了時点　広義の結果（法益侵害・危険）が発生しても必ずしも常に犯罪が終了するわけではない。犯罪は，その終了時期と法益侵害との関係から3種に分類されている。①例えば殺人罪（199条）のように，法益侵害の発生と同時に犯罪が終了し法益が消滅するものを**即成犯**（即時犯）といい，②例えば窃盗罪（235条）のように，法益侵害の発生と同時に犯罪は終了するが，犯罪が終了しても法益侵害の状態が続くものを**状態犯**と呼び，そして③例えば監禁罪（220条1項）のように，法益侵害が発生してもなおそれが継続している間，犯罪としても終了することなく継続するものを**継続犯**という。

ⓐ即成犯・状態犯[44]は，法益侵害によりすでに犯罪が終了しているから，法益侵害の発生（犯罪の成立）後に第三者が加功しても共犯とはならず，また，公訴時効は，法益侵害の発生後直ちに進行を始める（刑訴253条1項）。これに対し，ⓑ継続犯の場合は，法益侵害が発生してもすぐには犯罪が終了しないから，法益侵害の継続中はいつでも共犯が成立し，また，公訴時効もその間は進行せず，法益侵害の状態が終了した時点以降に進行を始めることになる。

問題となるのは，継続犯の場合，犯罪が終了しないのは何が継続しているからなのかということであるが，この点，①従来は漠然と実行行為が継続する犯罪を継続犯と捉えてきた（**行為継続説**）のに対し，②近年，法益侵害の結果が継続すると捉える見解（**結果継続説**／松原55頁，山口48頁など）が有力に唱えられるように

---

[43] 構成要件上行為だけで成立するとされる挙動犯（単純行為犯）も，例えば暴行罪における「生理的苦痛」の惹起のように，広義の結果の発生が予定されている。その意味では，形式犯を除き犯罪はすべて「結果犯」であるともいえよう。

[44] ただし，状態犯とされる傷害罪においても，例えば長期にわたり毒の効果が持続するような有害薬物を服用させて生理的機能に障害を負わせたような場合には，継続犯の場合と同様，既遂後も犯罪は終了しないことになる（西田87頁参照）。

なった。ただ，そうなると継続犯と状態犯の相違がなくなるのではないか，という疑問が生じてくるが（例えば，西田86頁），この点につき結果継続説は，ⓐ継続犯の場合，法益侵害などの結果の惹起が持続的に肯定され（例えば，監禁罪においては場所的移動の自由の侵害が持続的に肯定される），構成要件該当性が持続的に肯定されるのに対し，ⓑ状態犯の場合は，犯罪成立後の法益侵害状態の持続は構成要件該当性を肯定しえないものであり（例えば，窃盗罪において占有移転は継続しない），構成要件該当性を持続的に肯定しえない，としてその差別化が図られている（山口48- 9頁）。

(3) 因果関係　実行行為と構成要件的結果との間には，一定の原因－結果の関係，すなわち因果関係が存在しなければならない。因果関係の任務は，発生した結果を客観的に実行行為に帰属（帰責）させることができるかどうかを明らかにする点にある。たとえ結果が発生しても，因果関係が欠ければその結果を行為に客観的に帰属（帰責）させることができないから，その犯罪は未遂になる。因果関係は，一定の先行事実がなかったならば一定の後行事実はなかったであろうという論理的関係（条件関係）を前提とするが（➡98頁），このような論理的な条件関係の認められるもののうち，刑法学固有の因果関係の範囲を求めるための理論を「因果関係論」という[45]。

①因果関係は，生じた結果をすでに行われた外部的行為にまで還元させるという意味で「客観的」帰責としての性格を有しており，その点で，行為を行為者の内部的主観にまで還元させる「主観的」帰責としての責任とは異なる。他方，②因果関係は，構成要件論において客観的「帰責」として刑法的評価を伴うから，条件関係が前刑法的な純粋の事実概念として行為論に属するのとも異なる。しかも，③因果関係においては，発生した結果が「構成要件的」結果であるといえるために，実行行為と結果との間に必要とされる関係が問われているのであるから，その意味でも因果関係は構成要件該当性の問題なのである。因果関係に関する諸学説については，後述する（➡第3節）。

---

[45] 因果関係の判断が，①行為論における条件関係と，②構成要件論における客観的帰属の2段階で行われる，とするものとして高橋113- 4頁。ただし，正確には因果関係が自然的カテゴリーであるのに対し，客観的帰属は刑法規範的カテゴリーであるとしており（同114頁注4），その意味で，この立場では条件関係のみが本来の因果関係ということになろう。

2 犯罪の主体

(1) 身分犯　犯罪（行為）の主体は，一般に，構成要件上特定されていないが，構成要件によっては，これを一定の人的範囲に限定しているものがある。このように，一定の犯罪行為に関する犯人の人的関係である特殊の地位または状態を**身分**と呼び，身分の有無によって影響を受ける犯罪を**身分犯**という。

身分犯には，ⓐ法文上主体が限定されている**形式的身分犯**と，ⓑ法文上の限定はないものの，法益を侵害することが事実上一定の属性を備えた者に限られるため，その属性を欠く者が単独では犯罪を行いえない**実質的身分犯**がある。例えば，公務員を犯罪主体と規定する収賄罪（197条）は形式的身分犯であり，男性以外姦淫行為を行いえない強姦罪（177条）は実質的身分犯である。ⓐ収賄罪においては，非公務員は単独ではもちろん，公務員を利用して収賄罪を行うこと（間接正犯）もできないが[46]，ⓑ強姦罪の場合は，女性が男性を利用して犯罪を行うこと（間接正犯）は可能であり（➡537頁注44），ここに形式的身分犯と実質的身分犯との基本的な相違が認められる[47]。

なお，身分については，特に共犯との関係で問題が生ずるので，後に詳論することにする（➡第3編第3章第7節）。

(2) 法人犯罪　法律上，人には自然人のほか法人も含まれるが，法人が犯罪の主体となりうるか，については争いがある。

(a) **法人の犯罪能力**　①従来の通説・判例（例えば，大判昭10・11・25 刑集14巻1217頁）は，次のような理由により，法人の犯罪能力を否定してきた。すなわち，ⓐ法人には意思の発現としての身体の動静が認められないから，自然人のような行為能力（意思活動）がない，ⓑ法人は倫理的な自己決定ができないから責任能力がなく，したがって犯罪能力がない，ⓒ現行の刑罰の中心は自由刑であるが，これは現行刑法が法人の犯罪を予定していないことの証左である，などがその主たる根拠とされてきた。

しかし，②まず，ⓐいわゆる社会的行為論をとり，行為を社会生活の中に実体として存在するものと解するかぎり，法人の業務を分担する機関（自然人）の行動を法人

---

[46] なお，公務員犯罪の1つとされる虚偽公文書作成罪（156条）の本来の主体は，作成名義人である公務員であるが，公文書の作成は，事実上の作成者である作成補助者によって作成され，作成名義人はただこれに裁可を与えるにすぎないというのが通常の形態であるから，156条の主体には，代決者はもとより文書の事実上の作成について職務権限をもつ補助公務員も含まれる，と解される。

[47] 実質的身分犯を「擬似身分犯」と呼び，これは本来の意味での身分犯でない，とするものとして山口36-7頁。

の行為とみることができる。また，ⓑ責任を道義的・倫理的非難可能性ではなく，法的・社会的な非難可能性と解すれば，法人に対して刑罰による法的・社会的非難を加えることは十分可能である。特に合目的的性格の強い行政取締法規違反の罪（法定犯・行政犯）については，法人に犯罪能力を肯定することにより多くの合理性が認められる。さらに，ⓒ自由刑はたしかに自然人を予定した刑罰であるが，罰金は法人にも科しうるし，特別刑法には，法人に科するにふさわしい高額の罰金刑を規定しているものもある（例えば，いわゆる公害罪法2条・3条）。結論として，法人の犯罪能力は，これを肯定することができよう。

(b) **法人処罰の基礎**　法人に犯罪能力を認めるとして，法人犯罪を処罰する根拠に関しては，基本的に2つの考え方がある（高橋95-6頁）。第1は，個人の違法な業務活動を抑止すれば法人犯罪も抑止できるとする考え方であって（**個人抑止モデル**），法人の行為を機関（代表者）の行為とそれ以外の従業者の行為とに分け，機関の行為については法人は行為責任を負い，従業者の行為については監督責任を負う，というものである。これに対し，第2は，法人処罰の目的が法人として違法な行為に出たことを非難し，将来の違法な行動を抑止する点にあるとし（**組織抑止モデル**），法人それ自体の責任を直截に求めるものである[48]。

刑罰による抑止効果といっても，法人は，自然人である構成員の意思により法人としての意思決定をするのであり，法人としての意思決定を行った自然人において刑罰が機能しないかぎり，規制の目的を果たしえないと考えるのであれば，個人抑止モデルに採るべきものがある。ただし，構成員による法人の意思決定プロセスは組織内部の事情にとどまっており（法人犯罪としてはいわば予備的行為），法人犯罪のもつ対外的社会的意味を考慮に入れるのであれば，一たび法人に犯罪能力を認めた以上，組織抑止モデルにも法人犯罪の実体に見合った理論的意義を認めることができよう。

(c) **両罰規定**　法人の処罰に関して，古くは，自然人の違反行為につき法人のみが罰せられる代罰規定（転嫁罰規定）が一般的であったが，昭和期に入ってからいわゆる両罰規定が多く用いられるようになり，今日ではそれが法人処罰の一般的形式となっている[49]。「両罰規定」というのは，「法人の代表者又は法人若しくは人の代理人，使用人その他の従業者が，その法人又は人の業務に関して……の罪を犯したときは，行為者を罰するほか，その法人又は人に対して各本条の罰金刑を科する」（公害罪法4条）というような形式で，犯罪行為を行った事業主の代表者[50]・使用人（行為責任）などと合わせて，その事業主（監督責任）をも罰する趣旨を明らかにした規定の

---

[48] 組織抑止モデルに立脚する代表的な理論として，企業組織体責任論がある（板倉94頁以下，同『企業犯罪の理論と現実』（1975年）20頁以下など）。
[49] 両罰規定に関する近時の判例については，曽根「両罰規定と最近の最高裁判例」『現代社会』85頁以下。
[50] 法人自身が違反行為を行ったのと同じとされる法人の代表者と法人の双方を罰するのは，二重処罰ではないか，との疑問を提起するものとして浅田122頁。

ことをいう⁵¹。問題となるのは，この両罰規定における法人処罰の論拠である。
　①法人の犯罪能力を否定する見解は，法人に対する処罰規定は政策的見地から法人に受刑能力を認めたものであって，犯罪能力を認めたものではない，と主張する。そして，法人が従業者の行為について処罰される責任の根拠について，いわゆる**無過失責任説**（転嫁罰の理論）を採り，取締目的から従業者の責任が無過失的に法人に転嫁（代位）されると説く。また，②法人の犯罪能力を肯定しつつも，いわゆる**過失擬制説**と結びついて，現行法上，法人の過失は擬制されており，不可抗力の場合も法人は処罰される，と主張する見解がある。しかし，これらの見解は，故意または過失がある場合に限って犯罪として処罰しうる，という意味での責任原則と正面から衝突することになる（→280頁参照）。③法人処罰の根拠は，やはり，法人が従業者の違法行為につき，これを防止すべき選任監督上の注意を尽くさなかったために負わされる過失責任に求めるべきであろう。問題となるのは，ここでいう過失責任の性格をどのようなものとして理解すべきかということである。
　この点，最判昭40・3・26（刑集19巻2号83頁）は，両罰規定が事業主の過失の存在を推定したものである（最大判昭32・11・27 刑集11巻12号3113頁）という法意は，事業主が法人で，行為者がその代表者でない従業員である場合にも，当然推及されるべきである，と述べ，いわゆる**過失推定説**（多数説）を採ることを明らかにしている。これは，法人代表者の行為と法人の行為とを同視する立場（同一視説）を前提として，従業員による違反行為の防止に関する監督過失責任を法人の代表者について問題とし，それが肯定される場合，それを法人の監督過失責任とみなす考え方と解されている（山口40頁）⁵²。
　しかし，過失の推定を認めることは，無過失の証明がされないかぎり処罰されることを意味するのであって，刑事司法における「疑わしきは被告人の利益に」の原則に反し，「責任なければ刑罰なし」の原則に抵触することにもなる。そこから，監督過失責任説の考え方を徹底し，過失推定を否定する**純過失説**（林83頁など）も有力に主張されるに至ったが，今日の高度に分化した企業組織体の実態に照らして，従業員により違反行為が行われることについての具体的な予見可能性を代表者に肯定することは

51　両罰規定の形式には，ⓐ「何人も……してはならない」というように，禁止規定の名宛人が限定されていない名宛人非限定型と，ⓑ「……を営む者は，……しなければならない」というように，禁止規定が例えば事業主にのみ向けられている名宛人限定型とがある。ⓑの場合，従業員は，両罰規定の「その行為者を罰するほか」という文言によって犯罪主体が拡張され初めて処罰が可能となる（構成要件修正説／最決平7・7・19 刑集49巻7号813頁 参照）。
52　なお，最決平9・10・7（刑集51巻9号716頁）は，家庭の主婦である被告人より譲渡所得の確定申告をすることについて委託を受けた夫が，所得税法244条1項にいう「代理人」に当たるとしたうえで，事業主でない被告人にも代理人に対する選任・監督上の過失がないことが証明されないかぎり，代理人の行った所得税は脱の違反行為について両罰規定の適用を免れない，と判示した。本決定の特色は，従業者の例示である「代理人」の範囲を広く捉え，しかも両罰規定にいう「人」を非事業主にまで広げて解釈している点にあるが，法人はともかくとして事業主でない自然人にも過失推定の考え方が妥当するかは疑問である。

困難であるという問題もあり，近年では，上記の組織抑止モデル論の見地から，代表者の行為を法人の行為と同一視することなく，法人固有の故意や過失を問題としようとする見解も主張されるようになっている。

③ 行為の客体・状況・条件

(1) 行為の客体　「行為（実行行為）の客体」とは，（実行）行為がそれに対して向けられる対象物，すなわち人または物をいう。殺人罪における「人」（199条），窃盗罪における「他人の財物」（235条），公務執行妨害罪における「公務員」（95条1項）などがこれである。もっとも，構成要件によっては，例えば偽証罪（169条）などのように，（実行）行為の客体が存在しない場合もある。

なお，（実行）行為の客体は，保護の客体すなわち保護法益から区別されなければならない。保護法益は，刑罰法規が一定の行為を処罰することによって保護する生活利益であって（➡97頁参照），例えば，殺人罪，窃盗罪，公務執行妨害罪における保護法益は，それぞれ人の生命，所有権ないし占有，公務の適正な運用である。実質的な価値概念としての法益は，通常[53]，形式的な価値関係的概念にとどまる構成要件に盛り込まれていない。法益自体は，その侵害ないし侵害の危険という形で，違法論が直接これを問題とするのであり（➡155-6頁参照），構成要件レベルでは，即物的な客体・行為・結果概念を介して，法益侵害・危険という事態の事実的基礎が示されているのである（内田・上191-2頁参照）。

(2) 行為の状況　構成要件によっては，（実行）行為が一定の状況のもとで行われることを要求するものがある。「構成要件的状況」と呼ばれるものがこれである。例えば，消火妨害罪（114条）は，「火災の際に」消火用の物を隠匿・損壊して消火を妨害した場合に初めて成立する。行為の状況は，「結果」と同様，行為の外部的事情でありながら，結果とは異なり，行為との間に因果関係が存在しないところに構成要件要素としての特殊性がある。行為の状況も構成要件要素として故意の対象であり，行為者において「火災の際」の認識がなければ，消火用の物を損壊しても単に器物損壊罪（261条）が成立するにとどまることになる。

(3) 行為の条件　行為の状況と同様に，行為の外部的事情でありながら行為と因果関係に立たず，しかも構成要件要素とされるものがある。「行為の条件」

---

[53] 例外的に法益が構成要件中に明示されているものとして，秘密漏示罪（134条）の「秘密」，名誉毀損罪（230条）の「名誉」などがある。

と呼ばれるものがこれである。行為の状況が行為と同時的に存在する事情であるのに対し，行為の条件は，時間的に行為の後に存在する事情である。例えば，事前収賄罪（197条2項）において，公務員になろうとする者が収賄行為後に「公務員となったこと」がこれである。

行為の条件は，従来，一般に（**客観的**）**処罰条件**と解されてきた。すなわち，犯罪が成立すれば，通常，刑罰権が発生するが，例外として，犯罪が成立しても刑罰権の発生が他の条件にかかっている場合があるとし，これを「（客観的）処罰条件」と呼んでいるのである。この（客観的）処罰条件は，何らかの政策的理由から認められるもので，犯罪概念の外部に存在し，したがって当該構成要件の要素ではなく，故意の対象ともなりえないこととされた。しかし，犯罪を刑罰権発動のための前提要件と解し，刑罰を犯罪に対する制裁としての法律効果と解するときは，犯罪の成立と無関係に刑罰権の発生を左右する事情を認めることはできない。通説は，例えば，公務員になろうとする者が将来担当すべき職務に関し，請託を受けて金品を収受すれば，その時点で直ちに犯罪（事前収賄罪）が成立し，ただ公務員になるまで処罰を控えるにすぎないと解するが，行為当時未だ公務員でない者について，金品を収受した時点ですでに公務員犯罪である収賄罪としての違法性が完備しているとみるのは妥当でないであろう[54]。

3 主観的構成要件要素
① 構成要件的故意・過失

すべての故意犯に予定されている主観的要素が「構成要件的故意」であり，同じくすべての過失犯に予定されている主観的要素が「構成要件的過失」である。構成要件的故意・過失の概念については，結果無価値論的違法行為類型論の見地からこれを認めない見解も有力であるが，本書は，構成要件の機能に照らし，故意構成要件と過失構成要件，および無過失により構成要件をもたない場合を構成要件レベルで明確に区別すべきであると解する見地から，構成要件的故意・過失の概念を認めることにする。ただし，故意・過失が主観的構成要件要素とされる

---

[54] 高橋92頁は，客観的処罰条件が可罰要素としての構成要件に属するとしつつ，故意の対象にはならないとするが，（構成要件的）故意を構成要件該当事実の認識と理解すること（高橋168頁以下）との間に齟齬が生じないであろうか。客観的処罰条件が行為規範としての内容をなす事実でないというのであれば，これを構成要件に位置づけることは困難であろう。

のは，もっぱら当該犯罪の輪郭づけに奉仕する限度にとどまるのであって（内田・上165頁），それが有責と評価されて初めて責任要素としての地位を獲得するのである。なお，「構成要件的錯誤」については，➡368頁以下。

(1) **構成要件的故意**　主観的（責任）構成要件要素の1つであって，「客観的構成要件に該当する事実の認識」を意味する（故意の構成要件関連性）。「構成要件要素としての故意」ともいう。構成要件的故意は，故意構成要件を過失構成要件および故意・過失のない行為（構成要件をもたない）から分かつ，構成要件の犯罪類別（個別化）機能を有している[55]。

構成要件的故意の概念要素として，まず，①認識の対象である「構成要件該当事実」とは，客観的構成要件に該当する外部的事実をいう（➡2）。したがって，構成要件に属さないもの，例えば，訴追条件（および通説の立場では処罰条件）はこれを認識する必要がない。次に，②**認識**とは，構成要件該当事実の表象（狭義の認識），および構成要件該当事実実現の意欲をいう（➡325頁以下参照）。

なお，例えば，わいせつ物頒布等の罪（175条）における「わいせつな文書」のような規範的構成要件要素については，①その物体（生の事実＝文章の客観的存在）の認識および文章のもつ言語学的，文学的意味の認識のほかに，②**社会的意味の認識**を必要とする。これは，規範的構成要件要素においては，行為者に社会的意味（例えば，一般社会に受容されない程度の「いかがわしい文書」「卑わいな文書」であること）の認識があって初めて，「そのような行為をするな」という規範の問題に直面することができるからである（**故意の提訴機能**）。ただし，「わいせつ性」自体の認識は違法性の意識の問題であって，故意の要素ではない（➡410頁以下参照）。当該文書が刑法175条の「わいせつな文書」に当たるかどうかは裁判官の判断すべき事柄であり，行為者には，一般社会においてこれと平行的に存在する評価，すなわち社会的意味の認識があれば足りるのである（**素人仲間の平行的評価**）[56]。

(2) **構成要件的過失**　不注意により，すなわち注意義務に違反して，客観的構成要件に該当する外部的事実を認識・予見しないことをいう。「構成要件要素としての過失」ともいう。

---

[55] 構成要件的故意は，後述の責任故意とは異なり（➡318頁），違法要素から派生するとみる見解もあるが（高橋168頁），やはり責任評価の対象（責任故意の一部）として責任との関係で捉えるべきものであろう（責任構成要件要素）。

構成要件的過失が認められるためには，まず，①構成要件的故意と区別するために，「構成要件に該当する事実を認識していないこと」が必要である。次に，②無過失との区別を示すために，構成要件該当事実の不認識が「不注意（注意義務違反）によるものであること」（認識・予見可能性）が必要である（➡342頁以下参照）。結局，注意していれば構成要件該当事実を認識しえた（結果を予見しえた）ことに帰するから，結果犯については「（構成要件的結果）予見可能性」が構成要件的過失の実体をなすことになる。

2 特殊な主観的構成要件要素

犯罪によっては，構成要件的故意・過失のほかに，特殊な主観的要素を要求するものがある。通常，目的犯における主観的目的，傾向犯における内心の傾向，表現犯における心理的過程の3つが挙げられる。

(1) 目的犯における目的　　例えば，内乱罪（77条）における「憲法の定める統治の基本秩序を壊乱する目的」，各種偽造罪（各則16章以下）における「行使の目的」などがこれに当たる。もっとも，目的犯には，Ⓐ通貨偽造罪（148条1項）のように，後の行為（行使）を目的とするもの（**間接目的犯**）と，Ⓑ虚偽告訴の罪（172条）のように，行為者の行為の結果としての事態（人に刑事または懲戒の処分を受けさせる）を目的とする犯罪（**直接目的犯**）とがあるが，Ⓑ類型の目的は，そのような事態の認識・意図を意味し，一般的要素である故意に解消される（➡161頁注8参照）[57]。したがって，特殊的要素として特に「目的」が問題となるのはⒶの間接目的犯の場合ということになる。

通貨偽造罪の場合，例えば，学校の教材用に通貨に似せたものを造る行為は，行使の目的（偽貨を真貨として流通させようとする目的）を欠くから通貨偽造罪を構成しない。故意が客観的に存在する事実の認識を意味するのに対し，目的は行為者の主観にのみ存在し，その内容である客観的事実が現実には存在しないところ

---

[56] 最大判昭32・3・13（刑集11巻3号997頁／**チャタレー事件**）は，「刑法175条の罪における犯意の成立については，問題となる記載の存在の認識と，これを頒布販売することの認識があれば足り，かかる記載のある文書が同条所定の猥褻性を具備するかどうかの認識まで必要としているものではない」と判示した。たしかに，故意の内容としてわいせつ性の具備の認識までは必要でないが，記載の存在と頒布販売の認識だけでは足りず，記載の意味の認識も必要である。

[57] ただ，立法者があえてこの場合に「目的」としたのは，単なる事実の認識を超えて，結果実現の強い意思・意欲を要求し，その意味で「強い故意」を示そうとした現れであろう（内田・上260頁以下参照）。

にその特色がある（超過的内心傾向＝主観的超過要素）。通貨偽造罪において，故意の対象である「偽造」は客観的に存在することが予定されているが，目的の内容である「行使」は現実には存在しないのである（偽造通貨が実際に行使されれば，148条2項の行使罪であって偽造罪ではない）[58]。

なお，構成要件該当性と違法性を区別する私見によれば，「（行使の）目的」は，主観的構成要件要素ではあっても主観的違法要素ではない。例えば，通貨偽造罪における構成要件は，客観的要素としての「通貨の偽造」と，主観的要素として，その認識を意味する（構成要件的）故意に加えて「行使の目的」とから成り立っているが，客観的な違法事実としては，単なる「偽造」行為では足りず「行使の危険のある偽造」行為が必要であって，その認識が本罪の「責任要素としての故意」ということになる。すなわち，主観的構成要件要素である「行使の目的」は，違法性における客観的な「行使の危険（のある偽造）」と責任における「行使の危険（のある偽造）の認識」としての故意に分解して理解されることになるのである。詳細については，➡160-1頁参照。

(2) 傾向犯における内心の傾向　「傾向犯」とは，例えば強制わいせつ罪（176条）のように，行為者の一定の内心の傾向の表出とみられる行為が犯罪となるもので，行為者にその傾向があるときに限って犯罪が成立する，といわれている。判例は，強制わいせつ罪が成立するためには，その行為が自己の性欲を刺激興奮させ，または満足させるという性的意図の下に行われることが必要であるとし，もっぱら報復または侮辱虐待の目的で婦女を裸にして写真を撮ったとき同罪は成立しない，としている（最判昭45・1・29刑集24巻1号1頁）。

しかし，強制わいせつ罪は被害者の性的な自由を保護法益としているのであるから，それを侵害するような一定の客観的行為があり，かつ行為者がそのことを認識している以上，内心傾向のいかんを問わず本罪の成立を認めるべきである。内心の傾向は，（主観的）違法要素でないことはもとより（➡161頁），（主観的）構成要件要素でもない。

---

[58] 目的犯における目的と類似の機能を営むものとして，窃盗罪等の領得罪における不文の構成要件要素である「不法領得の意思」が挙げられることがある（多数説）。しかし，私見によれば，領得意思は所有権（本権）侵害・危険の認識として（責任）故意の中に解消される（領得意思不要説／『各論』121-2頁参照）。なお，構成要件を違法行為類型と解しつつ，領得意思（利用意思）を責任要素としての主観的構成要件要素と捉えるものとして，山口94頁。

(3) 表現犯における心理的過程　「表現犯」とは，行為が行為者の心理的過程・状態の表現である場合に初めて意味をもつところの犯罪であって，偽証罪（169条）がその典型である。証人が自己の実験した事実を供述することが証言であるから，「虚偽の陳述」であるかどうかは，証人の外部的な陳述と内心の記憶とを比較して初めて決定されることになる。その意味で，表現犯における行為者の内心の状態は，主観的構成要件要素である。

もっとも，自己の記憶に反する陳述をしたとしても，記憶が誤りでそれが客観的事実に合致しているときは国家の審判作用を害するおそれがないのであるから，このような場合をも違法であるとして処罰の対象とする見解（主観説）には疑問がある。偽証罪における証人の主観的記憶は，（主観的）構成要件要素ではあっても，（主観的）違法要素ではないと解すべきであろう（➡161-2頁）。

第3節　因果関係学説

因果関係に関しては，従来，さまざまな見解が展開されてきた。以下，これを概観することにしよう[59]。

1　条件説

(1) 考え方　条件説は，すべての先行行為について結果発生に対する起因力を認めるものであって，「その行為がなかったならば，その結果は生じなかったであろう」という関係（必然的条件関係）が存在する場合に，常に因果関係を認めるところにその特色がある（岡野52頁，齊藤（金）102頁）。すべての条件に結果に対する原因力を認めることから，**平等原因説**（等価説）ともいう。

わが国の判例は，基本的には条件説を採用してきたといわれている。特に，行為当時，被害者に特殊事情があったために重大な結果が発生したという場合，判例はほぼ例外なく因果関係を肯定している。結果的加重犯である傷害致死の場合がその典型であって，「致死の原因たる暴行は，必ずしもそれが死亡の唯一の原

---

[59] 因果関係の存否が問題とされた場面を，①「（人の行為以外の）異常な経緯をたどって結果が発生した場合」（特異体質事例，予後不良事例等）と，②「人の更なる行為が介入して結果が発生した場合」（第三者または行為者本人の過失行為が介入した場合と故意行為が介入した場合，被害者の行為が介入した場合等）の2つに分けて判例・学説を整理するものとして，杉本一敏・重点課題22頁以下。

因または直接の原因であることを要するものではない」といった表現を用いて，被害者の特殊事情を考慮しないことを明言している（例えば，最判昭46・6・17刑集25巻4号567頁）。行為後の因果過程に他の事情が介入した場合についても，少なくとも最近までは行為と結果との間に因果関係を認めるのが判例の基本的態度であった。

(2) **問題点**　条件説が，行為と結果との間に条件関係がないかぎり因果関係が存在しえないことを示している点は妥当であるが，この説に対しては，条件関係さえあれば直ちに因果関係が認められるとすることによって，その範囲が広がりすぎる，という批判が提起されている。条件説を具体的に適用するときに生ずる問題性を挙げると，以下のとおりである。

(a) 条件説を徹底すると，例えば，殺人犯人を生んだ母親の出産と被害者の死との間にも因果関係を認めざるをえなくなる。むろん，母親には被害者の死について故意・過失が認められないから，条件説によったとしても，犯罪の成立範囲が広がりすぎるということにはならない。しかし，因果関係における客観的限定を認めず，それを責任によってのみ限定しようとする方向は，主観主義犯罪論へと傾斜する可能性をもつことになろう（内藤・上260-1頁）。

(b) 結果的加重犯について，犯罪が成立するためには基本行為である故意犯と重い結果との間に因果関係があれば足り，行為者の過失ないし予見可能性を必要としないとする見解を採った場合，条件説では処罰範囲が不当に広くなりすぎる。学説には，発生した重い結果について，①条件関係があれば足りるとする説（判例）のほか，②相当因果関係を必要とする説，および③過失をも必要とする説がある。責任主義を徹底する意味から③説が妥当である（➡281頁）。

> 【結果的加重犯】　例えば，傷害致死罪（205条）のように，故意による一定の犯罪行為（基本行為＝暴行または傷害）が行為者の予見しなかった重い結果（被害者の死亡）を発生させた場合に，その重い結果によって刑が加重される犯罪をいう。現行法の規定する結果的加重犯には，その典型例である傷害致死罪のほか，大別して，ⓐ基本犯と致死傷からなるもの[60]と，ⓑ死傷以外の結果を加重的結果とするもの（延焼罪（111条），往来危険による汽車転覆等罪（127条））とがある。

60　これには，①傷害の罪に比較し重い刑により処断されるもの（逮捕監禁致死傷罪（221条）など），②傷害致死よりも重い刑で処断されるもの（強盗致死傷罪（240条）など），③傷害致死よりも軽い刑で処断されるもの（同意堕胎致死傷罪（213条後段））がある。

(c) 例えば，Xが殺意をもってAに切りつけた後，BがAを発見して病院へ収容したが，病院が火事になったためAが焼死したというように（病院火災事例），行為後に異常な事態が生じたため結果が発生した場合にも，条件説によると，Xは殺人既遂の責任を負わされることになるのでないか，という疑問がある。これに対しては，因果関係は肯定されても，因果関係についての認識を欠き故意の阻却が認められるから不当ではない，との反論がなされている（岡野63頁）。

(d) しかし，例えば，Xは飛行機が墜落してAが死ぬことを欲して，Aを飛行機に搭乗させたところ，その飛行機が実際に墜落してAが死亡したというように，行為者が行為後の異常な事態を認識・意欲していた場合，行為者に錯誤はないから故意の阻却は認められず，条件説に従うと，Xに殺人既遂の罪責を負わせることになって妥当でない。

(3) **因果関係の中断**　　条件説による不当な結論を回避するため，因果の流れの中間に他人の故意行為（例えば，➡(a)の出産した子による殺人）または予期しえなかった異常な事実が介入した場合（例えば，➡(c)の病院の火災）には，その因果関係が中断する，と説かれることがある。しかし，条件関係⇒因果関係とする条件説の立場では，因果関係は存在するかしないかであって，本来存在するものが中断すると解することはできない。

2　原因説

この説は，当該事案を具体的に考察し，先行諸事実を何らかの標準で原因と条件とに区別し（**差別原因説**），原因には後行事実発生に対する起因力があり，したがって因果の関係に立つものとし，これに反して，条件には起因力がなく，したがって後行事実に対して因果の関係には立たない，とする見解である。事態を個別的に観察するところから**個別観察説**とも呼ばれる。そして，どのような標準で原因と条件とを区別するかにつき，優勢条件説，最有力条件説，最終条件説などが唱えられてきた。

原因説は，原因と条件を区別することにより因果関係を一定の範囲に限定しようとした点に学説史的意義を見出すことはできるが，刑法上の因果関係を自然科学的見地から論ずるという基本思想に方法論上の問題が残され，また，何が優勢か，有力か，また最終の条件であるかを定める基準を明確に示すことができない，という欠陥が指摘されて，原因説は過去の学説となったが，最近また見直さ

れつつある。

3 相当因果関係説

　相当因果関係説は，事態を一般的に考察して，一般人の経験上，一定の先行事実（行為）が存在する場合には一定の後行事実（結果）が発生するのが通常だと考えられる場合に因果関係を認めるものである。**一般観察説**とも呼ばれる。行為と結果との間に条件関係があることを前提にして，その行為からその結果が発生するのが相当である場合に限って刑法上の因果関係を認めようとするところに，この説の特色がある。なお，相当因果関係説は，偶然的な結果とそれに至る異常な因果経過を刑法上因果関係がないとして排除しようとするものであるから，相当性の程度は「ある程度の（ありがちな）可能性」で足り，「高度の蓋然性」までは必要でない。

　相当因果関係説は，わが国における現在の多数説であり，判例の中にもこの説によったと思われるものが現れている（➡141頁）。相当因果関係説は，行為論で展開された条件関係を構成要件論で限定する因果関係の理論として，基本的に支持されるべき見解である。以下，本説の内容につき，節を分かって詳論することにしよう。

第4節　相当因果関係

1　相当性判断の構造

　相当因果関係の構造を理解するためには，①相当性判断をどのようにして行うべきか[61]，②相当性を判断するに際し，何を判断基底におくべきか，という2点が考察されなければならない[62]。

　(1) 行為の相当性と因果経過の相当性　行為と結果との間に相当因果関係があるといえるためには，①行為自体と，②行為から結果に至る因果経過の双方について相当性が認められなければならない[63]。すなわち，①**行為の相当性**は，行

---

[61] 相当性の判断方法に関して，①およそ「構成要件該当結果」の予測可能性を問うのか，それとも，②発生した当該「現実経緯」の予測可能性を問うのか，という2つの問題がある，とするものとして杉本・重点課題25頁。

[62] 相当因果関係論に対する私見の詳細については，『結果帰属の理論』19頁以下。

為の結果に対する危険性の判断により確認され（広義の相当性），②**因果経過の相当性**は，行為の危険性が具体的な因果経過を通じて結果へ実現したといえるかどうかの危険の実現の判断に依拠している（狭義の相当性）。①行為当時に存在した事情のみを考慮すれば足りる事例においては，行為の相当性判断だけで相当因果関係を認定できるが，②行為後に他の事情が介入し，それが因果の流れに影響を及ぼした事例については，因果関係の確定にあたって因果経過の相当性をも判断することが不可欠である。

(2) 批判と反論　相当因果関係を行為の相当性と因果経過の相当性とに分けて考え，因果関係の認定にこの2つの相当性概念を用いることについては異論もある。まず，ⓐ行為の相当性を実行行為の危険性（実行行為性）と同一視する場合には，行為の相当性が欠ける場合は実行行為性も欠けるので，未遂犯も成立しないことになり[64]，行為の相当性は結果の帰責の基準ではなく，因果関係論において重要な機能を果たさないことになる。しかし，既遂・未遂に共通の要件である実行行為性が主として結果の生じなかった場合に問題となるのに対し，既遂のみの要件である行為の相当性の有無は結果が発生した場合に問題となる判断である点で，両者は実際上かなり異なっており（前田・基礎100頁），両者を完全に同一視することには疑問がある。

また，ⓑ因果関係において行為と具体的な構成要件的結果の関係を問題とする以上，具体的結果はその内容として因果経過を当然に含むから，相当性の内容としては，狭義の相当性（因果経過の相当性）だけを問題とすればよい，とする主張もある（山口・探究19頁）[65]。しかし，①行為後の因果過程に何らかの事情が介入し，そのため因果経路に変更をもたらした場合でも，因果経過を危険の実現過程と捉えるときは，行為の危険性が認められないところでは危険の実現もありえないのであるから，危険実現判断の論理的前提として，行為の危険性を考慮せざるをえないであろう[66]。いわんや，②行為当時存在した事情が直ちに結果を左右するケースについては，むしろ因果経過の相当性を問題とするまでもなく，行為の危険性（相当性）と結果との関係だけを考慮すれば足りると思われる。

---

[63] 井上祐司「介在事情と判断基底の問題――刑法における相当因果関係説の検討――」〔同〕『行為無価値と過失犯論』（1973年）165頁以下参照。
[64] 町野朔「因果関係論」〔同〕『犯罪論の展開Ⅰ』（1989年）211頁参照。
[65] 山口厚「因果関係論」現代的展開Ⅰ61頁。
[66] 山中敬一『刑法における客観的帰属の理論』（1997年）75頁。

2 行為の相当性

行為の相当性は，主として行為当時に被害者の特殊事情があったために，重大な結果が発生した場合に問題となる。

(1) 判断基底　相当因果関係論は，どの範囲の事情を相当性判断の基礎とするかによって見解が分かれている。次の事例によって，各説の違いを明らかにすることにしよう。

> 【事例】XがAを殴打してAに軽傷を負わせたところ，Aは血友病を患っていたため出血が止まらず死亡してしまった。

(a) 主観的相当因果関係説（主観説）　もっぱら行為当時において行為者が認識していた事情および認識しえた事情を判断の基礎とする立場である。事例についていえば，①XがAの血友病を認識していたか認識しえた場合は，Aの血友病という事実を判断基底に組み入れたうえで相当因果関係が判断される。反対に，②XがAの血友病を認識しておらず，また認識することもできなかったときは，Aの血友病という事実は判断基底から除かれ，「健康人を殴打した場合に，その者が死亡することが相当かどうか」が問われることになる。

主観説は，行為者の認識内容を基準として相当性の判断を行うが，行為者の認識（可能性）の有無は，本来，主観的帰責，すなわち責任に関する問題であって，客観的帰責の問題である因果関係の基準としては妥当でない。また，行為者が認識しえなかった事情は，たとえ一般人には認識しえたとしても相当性判断の基礎から除かれてしまうので，因果関係の認められる範囲が狭くなりすぎる，という欠点がある。

(b) 折衷的相当因果関係説（折衷説）　行為当時において一般人が認識しえた事情，および一般人は認識しえなかったが行為者が特に認識していた事情が判断の基礎におかれる。事例についていえば，①Aの血友病を一般人が認識しえた場合，および一般人は認識しえなかったがXが特にこれを認識していた場合は，Aの血友病という事情は判断基底に組み入れられる。これに対し，②Aの血友病を一般人が認識しえず，またXも認識していなかったときは判断基底から除かれ，健康人を殴打すれば死亡することが相当であるかどうかが問われることになる[67]。

折衷説においても，一般人が認識しえなかった事情については，行為者が特にその事情を認識していたか否かによって結論が左右されることになり，そのかぎりで主観説に向けられたのと同じ批判を甘受せざるをえない。この問題性は特に共犯の事例において顕著になる。例えば，Xは，Aが血友病であることを知りながら，それを知らないYを唆してAに軽傷を負わせたところ，Aは血が止まらず死んでしまった場合，折衷説によると，一般人およびYがAの血友病を知りえなかったとすれば，Yの行為とAの死亡との間には因果関係がないのに反し，その事実を知っていたXの行為とAの死亡との間には因果関係があることになって，同一の事象につき因果関係が人によってあったりなかったりする不合理な結論に陥ることになる。

(c) **客観的相当因果関係説（客観説）**　裁判の時に立って，行為当時におけるすべての客観的事情，および行為後における事情のうち経験法則上予見可能な事情を判断の基礎とする。客観説は，行為時の事情については実行行為終了後に判明した事情をも判断基底におき，そこから当該結果の発生が予測しえたかどうかを判断するところにその特色がある（客観的事後予測）。設例についていえば，Aの血友病は，行為当時すでに客観的に存在した事情であるから，行為当時その事実が判明していなくても，相当性判断の基礎におかれることになる。

客観説が因果関係の本質にもっともよく適合する学説として，基本的に妥当と考えるが，客観説に対しては，行為当時の事情に関して，一般人も知りえない特殊の事情をも考慮に入れることによって，適用上条件説とほぼ同一の結果となり，客観的「帰責」としての因果関係論の任務にもとる，という批判が提起されている。しかし，行為の因果性判断は，事後的な客観的判断でなければならず，実行行為のもつ危険性を問題とするとき，結果発生の可能性に現実に影響した行為当時の事情はすべて判断基底として考慮されなければならないが（内藤・上279-280頁），客観説も，画定した判断基底に基づいて実行行為と結果との間の相当性判断を行うことによって条件関係に絞りをかけており，やはり条件説とは異なっているのである。

また，客観説が行為時の事情と行為後の事情を区別することに対して，その区

67　西田106頁は，行為時における稀有な危険が結果に実現した場合や行為時の危険が稀有な因果経過によって結果に実現した場合には相当性がないとして因果関係を否定すべきである，とするが（経験的相当性説），この見解は実質的には折衷的相当因果関係説に近いものといえよう。

別自体に疑問も提起されているが[68]，この点は次のように考えるべきであろう。すなわち，ここでいう「行為後の事情」というのは，行為後に初めて存在するに至った事実をいうのではなく，行為時にすでに存在していた事実であっても，その事実が行為に起因する因果の流れに介入し，結果の発生に一定の影響を及ぼしたことをいうのであって，一般に行為後の介在事情と呼ばれる所以である。介在事情は，行為当時の因果系列には含まれておらず，行為後にこれに介入し，あるいは他の因果系列と交錯することによって初めて行為の因果関係に変化を来すことになる。これに対し，「行為時の事情」というのは，行為が客体に作用を及ぼした時点ですでに存在していた事実であって（前例の血友病），行為自体の因果系列に当初から内在していた事情をいうのである[69・70]。

【判例と相当因果関係説】　判例の中には，大審院時代から，「社会生活上ノ普通観念ニ照シ」（大判大12・4・30 刑集2巻378頁）といった表現を用いて，相当因果関係説的な口吻をもらすものも散見されたし（ただし結論的には因果関係を肯定していた），現に相当因果関係説を採って因果関係を否定した戦前の下級審判例もあった（東京控判昭8・2・28 法律新聞3545号5頁／浜口首相暗殺事件）。そして，最高裁も，後掲（➡3(3)(b)）の最決昭42・10・24（刑集21巻8号1116頁）で，行為後に第三者の行為が介入した事例について，相当因果関係説によって因果関係の存在を否定したのであった。もっとも，前述のように（➡第3節1(1)），最高裁は，行為当時，被害者に特殊事情が存在した場合の事例，特に結果的加重犯については，その特殊事情を考慮しない姿勢を堅持しており（例えば，前掲最判昭46・6・17（➡135頁）），判例が少なくとも折衷的相当因果関係説を採用していないことは明らかであろう。行為当時に特殊な事情が存在した場合については，客観的相当因果関係説も条件説と同一の結論に至ることからみると，相当因果関係説を採用した昭和42年決定と相まって，判例が全体的に客観的相当因果関係説的方向にあることは否定できないように思われる[71]。

68　例えば，山中・前掲注（66）57頁以下。
69　佐伯(仁)64頁は，血友病も被害者が傷害を負った後で血液凝固の阻害という形で結果発生に寄与しているから行為後の事情として扱わなければならなくなるとするが，血液凝固の阻害は当初の傷害行為の因果系列に内在している事情であって，行為後の因果経過に他の因果系列が交錯し作用因として影響を及ぼした場合（例えば負傷したAが収容された病院で外科手術が行われたが，血液凝固阻害のため死亡した）とは区別しなければならない（後者は行為後の事情）。
70　行為時か行為後かを分けることなく，一般予防の観点から介在事情の利用可能性を基準とする見解も有力であるが（利用可能性説），この見解に対する疑問として，曽根『結果帰属の理論』307頁以下。

(2) 行為の相当性と未遂犯における危険　　行為の相当性（広義の相当性）は，行為自体の担っている構成要件的結果発生の危険性を意味しているが，それと同様に結果発生（法益侵害）の危険を意味する「未遂犯における危険」との関係が問題となる。未遂犯の構造については様々な理解があるが，大別すると，①未遂犯は行為の危険性（行為の違法性）を処罰すると解するものと，②結果としての危険（結果の違法性）を処罰すると解するものとがある（➡461頁）。

　第1説によれば，行為の相当性と未遂犯における危険とは，共に行為の危険性を意味するものとして同一のものとなる。したがって，行為の相当性が否定され，行為と結果との間の因果関係＝既遂が認められないということになると，法益侵害の（具体的）危険も発生しなかったものとして未遂犯の成立も否定されることになる。しかし，未遂犯も単なる行為自体の違法性を処罰するものではなく，法益侵害の具体的危険の発生という結果の違法性を処罰するものと解すべきであろう。

　未遂論で問題となる具体的危険は結果としての危険を意味し，因果関係論において問題とされる行為の危険性（行為の相当性）とは区別すべきである[72]。すなわち，ⓐ未遂犯における危険が現実には存在しない結果（法益侵害）の可能性を問うのに対し（その可能性がなければ不能未遂（➡478頁）），ⓑ因果関係における危険は，現に存在する結果を前提として，それの（実行）行為への帰属を判断する際に，結果不発生の可能性を問うという形で行為の相当性を問題とする点で（結果不発生の可能性があれば，すなわち行為の相当性がなくても未遂にはなる），その実体を異にしているのである。ⓐにおいては，未遂犯の成立要件として「未遂犯か不能犯か」が問題とされるのに対し，ⓑにあっては，相当因果関係を認定するための1要素として「既遂か未遂か」が問題とされるのである。

3　因果経過の相当性

(1) 介在事情　　因果経過の相当性は，主として行為後に何らかの事情が介入し（介在事情），それが因果の流れに影響を及ぼした事例について，行為の危険性

---

[71] 被害者の特殊事情以外の事情については，行為時の事情であることを理由にして因果関係を認めたものが存在しないとすれば，判例理論を客観的相当因果関係説と即断することはできない，とするものとして佐伯(仁)75頁。
[72] 山口・前掲注（65）57頁以下。

がはたして結果へと実現したといえるか，という形で問題となる。ここで，危険の実現が因果的理由によって阻害されていると判断され，因果経過の相当性が認められない場合には，仮に行為の相当性（危険性）が認められ，また，これと条件関係に立つ結果が発生したとしても，相当因果関係は否定されることになる。

　介在事情としては，①行為者自身の行為，②被害者の行為，③第三者の行為，④自然的事実が考えられるが，このうち①の場合，例えば，Ｘが殺意をもってＡに切りつけ，すでに死亡した者と思ったＡを川の中に捨てたところ，Ａはまだ生きており，大量に水を飲んで死亡した場合は（事例ⅰ），行為者Ｘの新たな故意行為が介入しており，全体を１個の行為とその後の因果経過とみることは困難である。この場合は，第１の行為と第２の行為とに分け，前者については故意犯の未遂，後者については過失犯の既遂を認めるべきであろう（→330-１頁）。したがって，ここで問題となるのは②，③および④である。例えば，②Ｘが殺意をもってＡに切りつけ傷害を与えて現場に放置していたところ，Ａが立ち上がって歩き出し，肥溜めに落ちて死亡したという場合（事例ⅱ），③事例ⅱでＸに傷害を負わされたＡは通行人Ｂにより病院に収容されたが，医師Ｙの治療が不適切であったため死亡したという場合（事例ⅲ），④事例ⅱでＡは病院に収容されたが，病院が火事になって死亡してしまった場合（事例ⅳ）が考えられる。

　問題は，因果経過の相当性をどのように判断すべきか，ということであるが[73]，行為の相当性判断の場合と同様，ここでも相当性の判断基底の問題と相当性判断それ自体の問題とに分けて考えることができよう。ところで，因果経過の相当性判断の内容については，ⓐ行為に存する結果発生の確率の大小，ⓑ介在事情の異常性の大小，ⓒ介在事情の結果への寄与度の大小の３つの基準を挙げる見解がある（前田138頁以下）。このうち，ⓐの基準は行為の危険性，すなわち行為の相当性（広義の相当性）を意味しており，固有の意味での因果経過の相当性に関する基準はⓑとⓒである。そして私見によれば，ⓑは，相当性の判断基底にかかわる問題であり，ⓒは，相当性判断それ自体にかかわる問題である。

　最初に，説明の便宜のため，因果経過の相当性が問われるケースを一覧表に示しておくことにしよう（以下，本文では類型・判例の番号で引用する）。

---

[73] 西原春夫「行為後の介入事情と相当因果関係」研修400号（1981年）８頁以下参照。

表　因果経過の相当性判断

介在事情の予見可能性	行為の危険性	介在事情の寄与度	因果経過の相当性	類型	参照判例
有	高	大	○	I	❶柔道整復師事件（最決昭63・5・11）
有	高	小	○	II	❷夜間潜水訓練事件（最決平4・12・17）
有	低	大	○	III	❸追跡・逃走事例（最決平15・7・16）
有	低	小	結果不発生		
無	高	大	×	IV	❹米兵ひき逃げ事件（最決昭42・10・24）
無	高	小	○	V	❺大阪南港事件（最決平2・11・20）
無	低	大	×	VI	❻柔道整復師事件（松江地判昭60・7・3）
無	低	小	結果不発生		

(2) 判断基底　因果経過の相当性判断において，仮に判断時点を行為時に固定して，行為後に生じた事情についても行為時に予見可能であった事情のみを繰り上げて判断基底に据え，行為と結果との間の相当因果関係を問うというのであれば（事前判断），行為の危険の実現過程，したがって因果経過の具体的流れを充分に把握できないことになる。例えば，前掲事例iiiにおいて，行為時に医師Yの不適切な治療が予見しえないからといって，これを直ちに判断基底からはずし，抽象的にXがAに切りつけた行為から死の結果が発生することが相当であるかどうかを問うことは妥当でなく，行為後の介在事情が問題とされる場合には，因果経過の具体的な1こま1こまについて，経験法則上予見可能な事情を判断基底に組み入れるという形で事後的に判断基底を設定することが不可欠な作業となる（内藤・上285頁）。そしてこの場合，〔XのAに対する傷害行為→Bが負傷したAを発見→Aを病院に収容→Yの医療過誤によりA死亡〕がそれぞれの段階で予見可能であれば，いずれもが判断基底に組み込まれ因果経過の相当性が肯定されることになる。これに反し，Yの落ち度が重大であって，Aが病院に収容された時点でもそのような事態が経験則上およそ予測不可能であるようなきわめて例外的な場合には，判断基底から排除されることになる。

問題は，行為との関係でどのような事情が経験則上予見可能な事情，すなわち異常でない事情，通常の事態として判断基底に組み入れられるのか，ということである。具体的な帰結は個々の事例ごとに判断せざるをえないが，一般的にいえば，ⓐ当該介在事情が行為から必然的に，あるいは行為によって誘発されるな

ど，行為に付随してしばしば惹き起こされるものであるのか，それとも，ⓑそのような行為が行われてもめったに生じないもの，あるいは行為とまったく無関係に生じたものなのかによって異なってこよう（前田・基礎111頁）。ⓐの場合であれば，経験則上予見可能であるとして判断基底に組み入れられ，ⓑの場合であれば，予見不可能であるとして判断基底から排除されることになる。

　被害者の行為の介入が予見可能であるかどうかが問題となった事例として，判例❶（刑集42巻5号807頁）[74]がある。事案は，医師の免許をもたない被告人が被害者から風邪の診療を依頼されたところ，脱水症状を誘発するような医学的にきわめて危険な指示を繰り返したために，被害者の症状が悪化の一途をたどり死亡するに至ったというものであるが，これに対し最高裁は，たとえ被害者側にも医師の診療を受けなかったという落度があったとしても，被告人の行為と被害者の死亡との間に因果関係が認められる，と判示した。本件の場合，被害者が被告人の圧倒的な影響下にあったとする本決定の事実認定を前提とすれば，被害者側の落ち度のある態度は，被告人の行為により誘発されたものとして行為者による行為－結果の因果系列に内在するものと考えられ，当然その予見も可能だということになる。これに反し，本件一審判決の説くように（判例❻），被害者側の教育程度・職業（被害者は大卒の建築士，妻は医学技術専門学校卒の臨床検査技師）等を考慮すると，被害者が病状の悪化した後もまったく医師にかからず，適切な療養・看護を受けなかったという被害者の落ち度ははなはだ突飛な事情であり，したがってこれに被告人の行為から独立した独自の意義を認めるのであれば，それは経験則上も予見不可能な事実として判断基底から排除されることになろう[75]。

　(3) 相当性判断　　因果経過の相当性を判断するにあたっては，①介在事情の予見可能性の有無，②行為の危険性の程度，③介在事情の結果に対する寄与度（介在事情が結果の発生に及ぼした影響の程度）の3つが問題となる。

　(a) 介在事情が予見可能な場合　　介在事情が経験則上予見可能な場合は（類型Ⅰ～Ⅲ），その事情を判断基底に載せたうえで行為から結果に至る因果経過の相当性判断が行われるから，行為の危険性の程度，介在事情の寄与度のいかんを問

---

[74] 本決定の評釈として，曽根『実行・危険・錯誤』45頁以下。
[75] 本件では，判例❶が，被告人の行為は被害者死亡の危険性を有していたとするのに対し（類型Ⅰ），判例❻が，被告人の指示はそれ自体危険な行為ではないとしており（類型Ⅵ），行為の危険性に関する判断の違いも認められる。

わず，相当因果関係は肯定されることになる。

　まず，①行為の危険性が高く，かつ，介在事情が予見可能であれば判断基底に載せられるため，その寄与度が大きくても因果経過の相当性は肯定される（**類型Ⅰ ➡(2)**）。

　次に，②行為の危険性が高く，しかも介在事情の寄与度が低いケースについては（**類型Ⅱ**），当然に因果性が肯定される。例えば，海中における夜間潜水の講習指導中，指導者（被告人）が不用意に受講生らのそばから離れて同人らを見失い，受講生が圧縮空気タンク内の空気を使い果たして溺死するに至った事故について（**夜間潜水訓練事件**），判例❷（刑集46巻9号683頁）[76]は，指導補助者（第三者）および受講生（被害者）の不適切な行動が介在したとしても，それは被告人の行為から誘発されたものであるとして，被告人の行為と受講生の死との間に因果関係がある，とした。介在事情が行為による誘発事実であるため予見可能な事情として判断基底におかれるときは，被告人の重大な危険行為からそのような事情を経て結果の発生に至ることは相当であるといえる。

　さらに，③行為の危険性がそれほど高くなくても介在事情が予見可能な場合には，その寄与度が大きくてもやはり行為と結果との間の相当因果関係は肯定されることになる。このようなケースはいわゆる追跡・逃走事例においてよく見られるところであって（**類型Ⅲ**），判例❸（刑集57巻7号950頁）[77]は，被害者が被告人らから長時間激しくかつ執ような暴行を受けて，被告人らに対し極度の恐怖感を抱き，必死に逃走を図る過程で，被告人らによる追跡から逃れるためとっさに高速道路に進入し，疾走してきた自動車に衝突され，後続の自動車にれき禍されて死亡した，という事案について，被害者の行動が著しく不自然，不相当であるとはいえず，被告人らの暴行と被害者の死亡との間の因果関係を肯定することができる，とした。もっとも，本件は，ⓐ被害者が単に逃走の途中で転倒するなどして結果が生ずる典型例（例えば，最判昭25・11・9 刑集4巻11号2239頁）とは異なり，ⓑ特に危険な逃走手段（高速道路への進入）を選択したために結果が生じてしまった場合であり，危険な逃走手段を予見可能とみるか否かで結論が左右されることになる[78]。

---

[76] 本決定の評釈として，曽根『結果帰属の理論』117頁以下。
[77] 本決定の評釈として，杉本一敏・刑法の判例1頁，曽根『結果帰属の理論』123頁。

その他，この類型に属する判例として，最決平16・10・19（刑集58巻7号645頁）は，夜間，高速道路上に自車（被告人X）および他人Aが運転する自動車を停車させる過失行為が，それ自体において後続車の追突等による人身事故につながる重大な危険性を有しており，本件事故が他人の行動等が介在して発生したものであるとしても，それが右の過失行為およびこれと密接に関連してなされた一連の暴行等に誘発されたものであるときは，過失行為と自車が走り去った後にAの自動車に後続車（Y）が追突して生じた死傷事故との間に因果関係がある，と判示した。本決定は，X自身の行為の危険性を問題としているが，死傷事故の直接の原因はYによって与えられており，本件は，むしろ仮にXの行為自体の危険性が低くても，Yの行為およびそれに至る一連の事態がXの行為によって誘発された予見可能なものであり，したがってその一連の事態を判断の基礎において考えれば，介在事情が重大なものであるとしても行為と結果との因果性は相当だということになろう[79]。

(b) **介在事情が予見不可能な場合**　問題となるのは，介在事情が予見不可能であるため判断基底から排除された場合，その後において因果経過をどのように判断すべきか，ということである。この場合，介在事情が判断基底から排除された以上，行為の危険性の程度のみで相当性判断を行なおうとする見解もあるが（平野・I 146頁），行為の危険性がいくら高くても，その危険性が結果に実現していないとみられる場合もあり（例えば，行為者により高層ビルから突き落とされた被害者が落下中に第三者により射殺された場合），行為の危険性だけから直ちに行為と結果との因果経過の相当性を認めることはできない。そこで，介在事情が判断基底から排除される場合についても，介在事情が結果に及ぼした寄与度を考慮せざるをえず，結局，因果経過の相当性は行為の危険性の程度と介在事情の寄与度との相関関係で決まることになる。そして，①行為の危険性が低い場合は，予見不可能な介在事情を判断基底から排除して相当性判断を行うと，行為から結果が発生することは通常とはいえず，相当因果関係が否定されることになるのに対し（**類**

78　ただし，介在事情の予見可能性が，被告人らの行為およびその後の事態の具体的推移を前提として個別的に評価すべきものであるとすれば，本件でもその予見可能性を肯定しえよう（曽根『結果帰属の理論』129頁）。
79　本決定および判例❷が持ち出した「誘発」という認定基準には，事件経過の一こま一こまの連接を重視した「一貫性」判断を行うという発想が現れている，とするものとして杉本・重点課題30頁。

型Ⅵ／➡(2)），②行為の危険性が高いときは，介在事情の寄与度の大きさによって結論が異なり，寄与度が大きければ因果経過の相当性は否定され（類型Ⅳ），小さければ肯定される（類型Ⅴ）ことになるのである。

まず，ⓐ介在事情が単独でも結果を発生させうるほど寄与度が大きい場合は，介在事情が予見不可能であるとしてこれを判断基底から除いて判断すると，行為の危険性が高かったとしても[80]，現実の因果経過は想定された因果経過の相当性の枠を超え，相当因果関係は否定されることになる（**類型Ⅳ**／中性化的付加原因→凌駕的因果関係）。例えば，在日米軍兵士であった被告人Ｘが，乗用車を運転中，過失により被害者Ａに自車を衝突させてはね飛ばし，被害者を自車の屋根の上にはねあげて意識喪失状態に陥らしめたが，被告人はそのことに気づかず，運転を継続していたところ，やがてこれに気づいた同乗中の同僚Ｙが右自動車の屋根から被害者をさかさまに引きずり降ろし，路上に転落させて死亡させた，という**米兵ひき逃げ事件**において，判例❹（刑集21巻8号1116頁）は，Ｘの過失行為からＡの死の結果の発生することが，われわれの経験則上当然予見しえられるところではない，として因果関係を否定した[81]。本決定は，Ｙの行為が予見不可能であるとしてこれを判断基底から除いて考えると，ＡをはねたＸの行為からそのような経過をたどって結果が発生することは相当とはいえない，と判断したことになる[82]。すなわち，本件で発生した現実の因果経過（Ｙの行為を含めて考える）は，想定された因果経過（予見不可能なＹの行為を除いて考える）に包摂されないことになるのである（杉本・重点課題27頁参照）。

次に，ⓑ介在事情が行為の危険性を促進したにとどまり，その寄与度が小さい場合は，予見不可能な介在事情を判断基底から除いて判断しても，現実の結果の発生は相当性の枠内にあると考えられる（**類型Ⅴ**／結合的付加原因→重畳的因果関

80　なお，行為の危険性が低ければ，因果経過の相当性は当然に否定されることになる（類型Ⅵ／判例❻）。

81　なお，本件原判決（東京高判昭41・10・26 刑集21巻8号1123頁）は，「被告人の自動車の衝突による如上の如き衝撃が被害者の死を招来することのあるべきは経験則上当然予想し得られる」として因果関係を肯定したが，これは現実の因果経過を捨象して行為と結果との抽象的相当性判断を行う考え方である（杉本・重点課題26頁参照）。学説として，平野・Ⅰ146頁。

82　もっとも，本件における因果関係の本質的な部分，すなわち〔自動車が被害者に衝突→被害者を自車の屋根にはねあげる→被告人の運転継続→同乗者による被害者の発見→同乗者が被害者を道路に引きずり降ろす→被害者の死亡〕の間には，それぞれの時点の具体的状況のもとで，因果経過の1こま1こまが必然的に連結しているとみることもできよう（類型Ⅰ）。

係)。例えば，判例❺（刑集44巻8号837頁)[83]は，被告人Xが被害者Aの頭部を殴打して意識を失わせ，これを港の資材置き場に放置したところ，その後に何者か（第三者Y）が被害者の頭部を殴打し死亡させたという事案につき（**大阪南港事件**)，被告人の暴行により被害者の死因となった傷害が形成された場合には，その後第三者により加えられた暴行によって死期が早められたとしても，被告人の暴行と被害者の死亡との間には因果関係が認められる，とした。本件では，被告人の行為から被害者の現実の死亡に至る経過は相当性の範囲内にある[84]，と考えられた[85]。すなわち，この場合仮にYの行為が予見不可能であるとしてこれを判断基底から除いて考えても，現に発生した因果経過（Yの行為を含めて考える）が，想定された因果経過（Yの行為を排除して考える）に包摂されるものとして相当と判断されるのである。

このように，介在事情が予見不可能な場合の因果経過の相当性は，現実に発生した結果が，介在事情を判断基底から排除して得られる想定された結果との対比においてなお相当性の枠内にあるといえるか，という判断であるとみることができよう。したがって，相当因果関係においては，相当性の限度内で（死亡）結果は抽象化されて捉えられるが，これは行為論において行為と結果との純粋に事実的な結び付きを問う条件関係判断と，構成要件論において価値に関係した帰責判断を行う相当因果関係判断との性格の違いに由来しているのである。

4　客観的帰属論

近年，判例の新たな動きを契機として（➡3参照),「相当因果関係論の危機[86]」ということが言われるようになり，相当因果関係論に代わるものとして客観的帰

---

[83] 本決定の評釈として，曽根『結果帰属の理論』114頁。
[84] これに対し，第三者の行為により死期が早められたのであれば，刑法上の因果関係は否定されるべきである，とするものとして浅田148頁。
[85] 同種の事案として，最決平18・3・27（刑集60巻3号382頁）は，被告人が道路上で停車中の自動車後部のトランク内に被害者を監禁したところ，同車に後方から走行してきた自動車が追突して被害者が死亡した場合，被害者の直接の死亡原因が追突事故を起こした第三者の過失行為にあるとしても，監禁行為と死亡結果との間には因果関係がある，とした。
[86] そこでの主張は，介入行為（介在事情）の異常性の有無を強調する相当因果関係論が，実務における思考方法，すなわち被告人の行為と結果との結びつきを具体的に探究することにより，結果への寄与度の有無・態様等を認定し，これに基づいて因果関係を判断しようとする思考方法とマッチせず，最近の判例は，理論的にも説得性を欠く相当因果関係論から離脱して，ケース・バイ・ケースにより客観的帰属基準を展開している，とするものである。

属論が主張されるようになった（山中256頁以下）[87]。この理論は、もともと因果関係論における条件説の問題性を解消するものとしてドイツで提唱された理論であって、因果関係の問題と客観的帰責（帰属）の問題とを区別し、因果関係論においては条件説を採り、その後において客観的帰属の理論により帰責限定を行おうとするところにその特色がある。客観的帰属論は、まず、結果との間に条件関係のある行為が法的に許されない危険を生み出し（危険の創出）、次いで、その危険が構成要件に該当する結果を実現した場合に（危険の実現）、結果の客観的帰属が認められる、とする。したがって、例えば、前掲の病院火災事例についてみれば（➡143頁）、Xは殺意をもってAに切り付け重傷を負わせたことによって生命に対する危険を生じさせたが、Aが収容された病院が火災になって死亡したことから、当初のXの行為によるAの生命に対する危険がAの死亡結果に実現したとはいえず、したがって結果は行為に客観的に帰属しえないことになる。

相当因果関係が、本来、発生した結果を当該行為に客観的に帰属させることが妥当かどうかの判断の問題であり、客観的帰属論の前提がもともと相当性判断において展開された行為の危険性と危険の実現の問題であったことを想起するなら、客観的帰属論にいう「危険の創出」および「危険の実現」はそれぞれ、相当因果関係論における「行為の相当性」および「因果経過の相当性」にほぼ対応する概念とみることができよう。客観的帰属論が、相当性判断の明確化のために、一般的抽象的な相当因果関係の判断枠組に個別具体的な判断基準を提供するかぎりで、その理論的価値は十分考慮に値するものといえる。ただ、相当因果関係論が予見可能性・相当性という評価的側面を有しつつも、なお事実的・存在論的性格を維持しているのに対し、客観的帰属論は、行為規範に違反して許されない危険が創出されたかどうかを問題とし、また、危険の実現判断において規範の保護目的をも考慮するなど、規範的・価値論的色彩の濃い理論という基本的相違も見受けられる。客観的帰属論の射程範囲は、（相当）因果関係論、実行行為論などの構成要件該当性判断を超えて、違法論、過失犯論、共犯論等にも及んでおり、この理論の帰すうが注目される。

なお、客観的帰属論に対する近時の判例の対応については評価の分かれるところであるが[88]、「危険の現実化」という言葉の使用からは（最決平22・10・26 刑集64

---

[87] 山中・前掲注66。なお、客観的帰属論に対する私見の詳細については、曽根『結果帰属の理論』131頁以下。

巻7号1019頁など），客観的帰属論への接近が印象づけられる。ただ，この判断枠組は，本文で述べたように，相当因果関係論にも共通のものであり，また，個々の判例の論旨・帰結は相当因果関係論によっても説明できることから，必ずしも判例が客観的帰属論に依拠していると断言することはできない。むしろ，判例が「危険の現実化」の判断枠組を用いて行為と結果との事実的なつながりの強さを判断していることに照らすと，規範的性格の強い客観的帰属論と一線を画しているともいえ，「判例の判断枠組と客観的帰属論は似て否なるものである」（佐伯（仁）78頁）とまで言えるかは別として，過度に客観的帰属論に引き付けて判例を理解することには疑問が残るところである。

> 【遡及禁止論】　遡及禁止とは，行為者の行為後に第三者，被害者ないし行為者自身の有責な故意行為が介在して結果が発生した場合，当該結果は介在者の行為に帰属し，それ以上に結果を第一行為者の行為にまで遡及して帰属させることが禁止される，とする考え方をいう（山口68頁参照）[89]。遡及禁止事例の取扱いは，現代の客観的帰属論の展開に大きな影響を受けたが，遡及禁止論が因果関係論と袂を分かち，意識的に一般的な客観的帰責理論の中に自己を位置づけるようになったのは，比較的近年のことに属する[90]。遡及禁止論は，実際には因果関係論ないし客観的帰属論固有の領域にとどまらず，理論刑法学の各分野で問題解決の一助として展開されており，共犯論においては，介在する第三者の行為の属性いかんによって，遡及禁止効が働いて背後者が共犯（教唆犯）になる場合と，遡及禁止効が働かず背後者が（間接）正犯になる場合とに分かれる，とされる[91]。

---

[88] その親近性を強調するものとして，やや古いところでは山中敬一「最近の刑法総論における判例の動向」刑事法ジャーナル創刊号（2005年）33頁。
[89] 規範論からの理論的分析として，①行為による危険創出（事前判断）―結果への危険実現（事後判断）という形で，二元的行為無価値論の規範的理解と結びつく客観的帰属論（違法論における帰属判断）と，②「範囲設定」（想定された因果経過）への現実の因果経過「包摂」の判断モデルを「評価規範妥当性の認定」の中身として援用する，結果無価値論型の規範的理解から出発しつつ，責任論における帰属判断の考え方を基礎におく遡及禁止論を対比させるものとして，杉本・重点課題34頁以下。
[90] 林陽一『刑法における因果関係論』（2000年）96頁。
[91] 遡及禁止論に対する私見の詳細については，曽根「遡及禁止論と結果帰属」『結果帰属の理論』275頁以下。

第4章 違法論

第1節 違法性の概念

1 意 義

　犯罪は，違法な行為である。構成要件に該当する行為がすべて犯罪となるわけではなく，そのうち違法な行為だけが犯罪となるのである。**違法性**は，構成要件該当性に次いで行為を犯罪とするための第2の属性であり，また犯罪概念の第3の要素である。もっとも，違法性概念自体は刑法特有のものではなく，刑法・民法[1]・行政法等の個別実定法規を含んで，憲法を頂点とする実定法秩序全体を貫く基本概念であり，刑法においても，特に違法性を否定する方向では法秩序の統一性の見地からこの意味での「一般的違法性」概念は重要な意味をもっている（他の法領域で適法とされる行為が刑法上犯罪とされることはない）。ただ，刑法では最終的に処罰に値する違法行為だけが罪に問われることから，一般的違法性を踏まえて特に刑法上の違法性を「可罰的違法性」と呼んで他と区別することがある（➡第3節）。

　また，一般に違法性というとき，それは形式・実質の2つの側面から理解されている。①形式的に法律（実定法規）に違反することを**形式的違法性**と呼び，②実質的に法（規範）に違反すること，つまり法に内在する刑法の理念に反することを**実質的違法性**と呼ぶ。犯罪の概念要素としての「違法性」とは，実質的意味での違法性のことである。この2つの違法概念の違いは，端的に正当化事由（違法阻却事由／➡第4節）の理解の違いとなって現われる。すなわち，実定法主義に立脚する形式的違法性の考え方によれば，構成要件該当行為を適法とする事情である正当化事由も，法規が形式的に明文で定めるところにその根拠をもたなければならないのに対し，法を実定法によって表現されるものに限らないと解する実質

---

[1] 刑法学の立場から民法上の違法性について論じたものとして，曽根「不法行為法における『違法性』概念——もう一つの〈比較法学〉の試み——」『展開』123頁以下。

的違法性の考え方によれば，少なくとも正当化事由は必ずしも形式的な条文上の根拠を必要としないことになるのである（超法規的正当化事由の承認）[2]。

2 実質的違法性論

違法性の実質をどのように理解するかについては，刑法による介入の（積極的）根拠の問題に関連して見解が分かれている。大別して，①規範論からアプローチするものと，②法益論からアプローチするものとの2つがある[3]。

(1) 規範違反説　これは，刑法を，人の意思決定に働きかけて違法な行為を避け適法な態度に出ることを要求する行為規範（意思決定規範）と捉える立場から，そのような規範の要請に反して刑法の禁止する行為に出ること，または刑法の命ずる行為に出ないことを違法と解する見解である。規範違反説は，元来，刑法の正当化原理としてのリーガル・モラリズムの立場において（➡18頁），刑法の任務として社会倫理ないし道義の維持を強調する見地から（社会倫理維持説），そのような倫理・道義に反することが違法の本質であると解してきた（➡12頁）。このように，純粋に規範論的な考え方をするものとして，例えばビンディングの規範説やM. E. マイヤーの文化規範説がある（**純粋規範違反説**）。しかし，今日有力な規範違反説は，少なくともその意図において，倫理的性格を払拭し純粋に法規範的見地から刑法上の違法性を基礎づけようと試みるに至っている。

この意味の規範違反説は，違法性の実質につき法益論的見地を加味した考え方を採り，例えば「社会的相当性を逸脱した法益侵害」（福田144頁）を違法と捉え，また，「違法性は，社会倫理規範に違反するような方法と程度で法益の侵害・危険を惹起した場合だけにこれを認定すべき」（西原・上127頁）と説く見解がこれである（**修正規範違反説**）。わが国の規範違反説の多くは，この立場を採っている。近年では，法益保護主義の見地から，刑法は，行為規範を手段として人々の行為を統制することにより，法益の侵害または危険を防止するために存在しているのであって，行為規範を手段とする一般予防こそが本質的な刑法の目的であり，存在理由であるから（規範論的一般予防論），行為規範に違反した行為が違法評価の対象となる，として規範違反説が展開されている（井田81頁以下。これ

---

[2] これに対し，違法性評価の対象となる積極的事情は，罪刑法定主義の要請上，実定刑法に明記された構成要件該当事実に限られることになる。
[3] 日本における違法理論史を概観したものとして，曽根「違法論の百年」『展開』3頁以下。

に対し松原98頁)。近時の規範違反説は，いずれにしても，行為者の意図・動機，行為態様といった法益侵害以外の要素を違法評価に組み入れることが可能である一方，規範違反の法益侵害のみが違法であるとすることによって，すべての法益侵害を違法とする結論を回避しうる結果，違法評価において適切な限定機能を果たしうる，と自負しているのである。

　たしかに，法が規範として機能する以上，違法性に規範的側面があり，そのかぎりで規範違反説は正しい核心を含んでいる。しかし，ここで問われているのは，まさに違法性，すなわち規範違反性の実質なのであるから，規範違反が違法だというだけではトートロジーである，との批判を免れがたい。そこで，この難点を避けようとすれば，規範の目的を法益保護に求める法益侵害説に赴くか，あるいは説明の重複を避けるためにかつての規範違反説のように，規範を道義・社会倫理といった非法的な観点から理解する必要が生じてくる。しかし，後者の途は，法と倫理，したがって違法と倫理違反との混同をもたらすばかりでなく，反道義性，社会倫理違反という概念は，その内実を論理的に分析・検証することが困難であるため，違法評価に裁判官の直観的・恣意的判断が介入する危険を避けることができない。また，違法評価の適切な限定を強調する修正規範違反説も，実際には，正当化（違法阻却）論（➡第 4 節以下）や不能犯論（➡478頁以下）などにおいて，法益侵害・危険がなくても規範違反が認められれば違法性を肯定することによって，違法評価の範囲に広狭の差はあれ，究極のところでは純粋規範違反説と同一の帰結に至る傾向にある。そこで，規範を法規範に限定して考えるとき，規範に違反することが何故違法とされるかを尋ねるなら，それは結局，法益を侵害し危険化したから，という答えに行き着かざるをえないであろう。

　(2) 法益侵害説　　違法性の実質に関する見解の第 2 は，刑法の正当化原理としての功利主義を背景として，これを「法益の侵害または危険」に求めるものである。この見解は，刑法の任務が法益保護にあると解する見地に立って，刑法は法益の侵害・危険が生じたときに初めて介入することができる，と主張する（侵害原理）。法益侵害説は，その出発点において，フォイエルバッハの権利侵害説における「権利」の概念を修正・拡張し，「権利」と呼べないものを含む「生活利益」（法によって保護された場合に「法益」と呼ばれる）の侵害・危険をもって違法性の実質と解したのである。法益概念は，あいまいで形式的な犯罪概念に実質的内容を与え，犯罪概念の不当な拡張を防止することによって，国家権力から一定の

市民的自由を確保しようとして刑法学に導入されたという歴史的経緯からして，当初から自由主義的性格を有していたと考えることができる（内藤・中301頁）。

　法益侵害説に対しては，まず第1に，違法性は法益の侵害に尽きるものではない，との批判がある。たしかに，違法評価に際して，発生した結果ばかりでなく行為の態様も問題となるが，それも法益侵害の危険のある行為という形で法益概念に還元して論ずることが可能である。これに反して，法益概念に還元しえない行為者の動機・目的といった純粋の主観的・内心的要素は，むしろ客観的であるべき行為の違法判断にあたって考慮すべき事柄ではないのである。また，第2に，法益侵害説によると，すべての法益侵害が違法となるがそれは妥当でない，との批判がある。しかし，法益侵害説もけっしてすべての法益侵害が違法となると考えているわけではない。例えば，正当防衛の場合，状況によっては攻撃者の生命を奪うことすら正当化されるが，それは，防衛行為によって攻撃者の不正な法益に優越する防衛者または第三者の正当な法益が保全されるからである。したがって，厳密にいえば，法益侵害説は，保全法益（プラス）より重大な法益の侵害・危険（マイナス）を違法とみる見解であるといえよう（通常の犯罪では，保全法益はゼロと解せられる）[4]。

　法益侵害説は規範違反説と異なり，法益の侵害・危険という客観的事態を違法判断の基礎に据えることによって，違法評価に客観的内容と事実的基礎を与える，という利点をもっている。また，「法益」および「侵害」・「危険」といった概念は，規範的要素であるが事実的基礎をもつだけに，「道義違反」，「社会倫理違反」，「規範違反」という概念と比較すると，相対的にせよその内容を論理的に分析・検証することが容易である。その意味でも，法益侵害説は妥当な核心をもっているといえよう。刑法の第1次的任務を法益保護に求め，かつ，「法益侵害・危険なければ刑罰なし」として刑法の介入を限定的に捉える侵害原理の見地からは，法益侵害説が支持されるべきである。

3　主観的違法論と客観的違法論
(1) 学説とその検討　「規範は，これを理解する者にのみ向けられるか」とい

---

[4] 違法性を左右する要件事実を行為のもつ「法益侵害の危険性」と「法益保全の期待性」に求め，前者を「違法化要件事実」，後者を「正当化要件事実」と呼ぶものとして，鈴木茂嗣「刑法学，刑訴法学，そして犯罪論――二元的犯罪論序説――」犯罪と刑罰24号（2015年）16頁。

う問いかけに対し，これを肯定するのが主観的違法論，否定するのが客観的違法論である。

(a) **主観的違法論**　この見解は，法規範を人の意思に対する命令・禁止と解する**命令説**の立場から，行為者はその命令・禁止に従った態度をとることができたのに，命令・禁止（規範）に違反して行為したから違法である，と説く。命令・禁止は，その内容を理解しそれによって意思決定をする能力のある者，すなわち責任能力のある者に対してのみ意味を有するのであるから，結局，責任能力者だけが規範に違反して違法に行為を行うことができる，と主張するのである。したがって，主観的違法論においては「責任なければ違法なし」という形で違法と責任の区別が否定されることになる。

しかし，犯罪の認定を厳密かつ正確に行うためには，犯罪概念は，相互に独立したできるかぎり多くの要素に分解されることが望ましい。違法と責任の関係も同様であって，外部的・客観的な事実を対象とする違法性判断は，内部的・主観的な事実を対象とする責任の判断から独立して，しかもこれに先行して行われなければならない。のみならず，法規範が命令・禁止機能をもち，主観的な（意思）**決定規範**（行為規範）として機能するとしても，そのためにはその論理的前提として，どのような事態が法の立場からみて望ましく，また望ましくないかをあらかじめ評価しておかなければならない。法は決定規範として機能する前にまず客観的な**評価規範**（裁判規範）として機能するのである。その意味で，法を決定規範としてのみ捉える主観的違法論は妥当でない。

(b) **客観的違法論**　法規範は，生活利益保護のための客観的な生活秩序の保全に役立つものとして客観的に存在するのである。そして，行為が客観的生活秩序としての法規範（評価規範）と矛盾するということは，何らかの法益を侵害し，危険化することを意味するのであって，そのような評価規範と矛盾し，法益を侵害・危険化するかぎり，違法判断の対象は，当然に責任無能力者の行為を含むことになる。責任のない違法の存在を認め，責任無能力者の行為にも違法性を認める客観的違法論に正しい核心が認められるのである。

(2) **違法と責任の区別**　客観的違法論を採った場合にも，その内部で違法と責任をどのように区別すべきか，ということが問題となる。

(a) **伝統的な客観的違法論**　本来の客観的違法論は，客観的な評価規範としての法規範に違反することが違法であり，意思決定規範としての法規範に違反す

ることが責任である，と解している（純粋説）。すなわち，ここでは，法益を侵害ないし危険化する行為およびその結果が客観的生活秩序としての法規範に矛盾することを違法と評価するのであるから，客観的違法論における「客観性」は評価対象の客観性を意味することになる。したがって，違法性判断の対象は人間の行為はもとより，自然現象や動物の行動（違法状態）をも含んでいるのであり（**物的違法論**），違法状態を前提とする対物防衛も正当防衛として適法だということになる（➡189頁以下）。一方，責任は，行為者の主観的な意思・心理状態が意思決定規範違反として法的に非難可能と判断されることをいう，と解せられる。

(b) **修正された客観的違法論**　近年，客観的違法論の内部に，法規範は人間の行為のみを対象とし（違法状態の否定＝**人的違法論**），法規範の評価機能と意思決定機能のいずれもが違法および責任のそれぞれの場面において二重に作用するという見解（修正説）が有力に主張されるようになった。これによれば，違法と責任の区別は，抽象的一般人を基準とする「当為」の判断と，具体的行為者を基準とする「可能」の判断の違いとして表れることになる。このように，一般人を基準とするとはいえ，違法の領域においても法規範が意思決定規範として機能するということになると，違法状態の観念は否定され，対物防衛も正当防衛とは認められないことになる[5]。

また，この立場で客観的違法といっても，それは違法の判断対象の客観性を意味するのではなく，判断基準の客観性を意味するにとどまるから，主観的要素も一般人を基準とした当為の問題に関係するかぎり違法要素だということになり（主観的違法要素の大幅な承認），主観的違法論との差は紙一重のものとなる（平野・Ⅰ51頁）。しかし，違法性判断の客観性を担保し，違法と責任とを峻別すべきであるとする立場から出発するなら，本来の意味での客観的違法論を堅持すべきであり，仮に後述の主観的違法要素を認めるとしても，それはきわめて例外的な場合に限られるべきであろう。さらに，修正された客観的違法論には，意思による行動制御の可能性は違法の要素であり，規範意識による動機づけの可能性は責任の要素である，とする見方もあるが（井田・理論構造18頁），意思による行動制御

---

[5] 修正説が違法判断の対象を人の行為に限るのは，動物の行動を違法と評価し，これに刑罰を科すのは無意味であり，またそれは現行法の立場でもない，ということに基づいている。たしかに，刑罰権行使の基礎となる犯罪成立要件としての違法判断は，人の行為を前提としているが，それは刑法上の犯罪概念が人間の行為に限られていることの表れであって，違法概念に内在する違法の本質からの帰結ではない。

が可能となるのも，そのような行動が法的に許されないとの規範意識が働いて規範に従った意思形成（動機づけ）が可能となるからであって，そのかぎりでこの見解においても責任評価が違法評価の前提とならざるをえないであろう[6]。

4 主観的違法要素

(1) **一般的考察**　行為者の主観的要素でありながら，行為に違法性を与え，または行為の違法性を強める要素を主観的違法要素といい，行為が違法であるかどうかを決定するにあたって，行為の外部的・客観的な事情のみでなく，行為者の意思や目的などの内部的・主観的事情にも立ち入る必要があるとする見解を**主観的違法要素の理論**と呼ぶ[7]。この理論を認めるか否かは，客観的違法論内部で，ⓐ人的違法論（修正説）を採るか，ⓑ物的違法論（純粋説）を採るかによって結論が異なってくる。

ⓐの立場では，たとえ違法判断にあたって行為者の責任を考慮に入れない客観的違法論に立脚するとしても，そこでいう客観性は一般人を基準とする判断基準の客観性を意味するにすぎないから（修正説），主観的要素であっても客観的違法評価に関係すると解されるものについては，当然違法要素に組み込まれることになる。これに対し，ⓑ物的違法論の立場では，判断対象を客観的なものに限ることこそが違法評価の客観性を担保することになると考えるから（純粋説），主観的違法要素の理論に消極的な態度を採ることになる。なお，ⓑの立場にも，①いっさいの主観的違法要素を認めないものと，②主観的要素が客観的要素を超えて法益侵害・危険に新しい何物かを付け加えている場合（**超過的内心傾向**）に限って例外的に主観的違法要素を認めるものとがある。

人的違法論（修正説）に対しては，主観的違法要素の存在を全面的に認めることが客観的違法論の基本思想と矛盾することになるのではないか，という疑問があり，物的違法論に対しては，はたして客観的要素だけで違法性の存否・程度を判断することが可能なのか，という疑問が提起されているが，この点はどのように考えたらよいであろうか。

---

[6]　近時の修正説（新しい客観的違法性論）には，規範の義務づけ機能に反することが違法であり，動機づけ機能に反することが責任であるとする説明もみられるが（井田239頁），これに対し疑問を示すものとして松原101-2頁。

[7]　主観的違法要素に関する私見の詳細については，「主観的違法要素——中・中山論争に寄せて」『研究』55頁以下，「主観的要素と犯罪論構造」『展開』47頁以下。

ところで，主観的違法要素是認論の立場から，その犯罪論上の役割として，Ⓐ実体論的にそれによって行為の違法性を基礎づけ，その程度を決定するということの他に，Ⓑ認定論的にその存否によって犯罪の個別化・類型化を可能にするということが説かれている。しかし，まず，Ⓐの機能については，行為者の主観も外部に現れて初めて法益の侵害・危険に結び付いてくるのであって，規範違反説はいざ知らず，法益侵害説によるかぎり主観的要素自体が直ちに違法性を基礎づけ，その程度を決定しているわけではない。主観的違法要素の理論は少なくとも本来の意味での客観的違法論（純粋説）からは採りえないところである。また，Ⓑの犯罪個別化機能については，主観的要素が犯罪の個別化・類型化に資することがあるとしても，それは責任類型としての主観的構成要件要素（主観的違法要素と峻別）および責任固有の要素こそが果たすべき役割であって，その機能を違法要素に求めることは適当でない。違法面での個別化・類型化は，違法類型としての客観的構成要件要素（およびその他の独自の客観的違法要素）がその役割を担わなければならないのである。

(2) 個別的考察　従来，主観的違法要素と呼ばれてきたものには，①**広義**では，すべての犯罪に共通な要素であって，しかも客観的事実の単なる主観的反映にすぎない故意・過失も含まれるが，②**狭義**では，特殊な犯罪にのみ要求される要素であって，かつ客観的事実を超えて法益の侵害・危険に新しい何物かを付け加える超過的内心傾向だけが含まれる，と解されてきた。ⓐ目的犯における特定の主観的目的，ⓑ傾向犯における一定の内心の傾向，ⓒ表現犯における心理的過程，ⓓ未遂犯における故意をいう，とするのが伝統的な理解である（➡132頁以下参照）。故意・過失一般については，第5章で扱うこととし（➡318頁，333頁），以下，狭義の主観的違法要素と呼ばれるものについて考察することにしよう。

(a) 目的犯における目的　通説は，例えば通貨偽造罪（148条）における「行使の目的」について，それは通貨の「偽造」という客観的構成要件の範囲を超えており，また，「行使の目的」をもって通貨を偽造した場合に初めて違法性が生ずるから，「行使の目的」は主観的違法要素である，と説明する。しかし，行使の目的があれば，それだけで直ちに通貨に対する公共の信用を危うくすることになるとはいえない。行使の目的が客観化され，行使される危険のある偽造行為として外部に発現して初めて法益侵害の危険性が生ずるのである。したがってこの場合，客観的構成要件を単なる「偽造」と捉えるとしても，客観的な違法事実と

しては，偽貨が「行使される危険のある偽造」と構成する必要があり（「行使される危険のない偽造」は構成要件に該当しても違法でない），そのように考えれば，「行使の目的」いかんにかかわらず客観的要素だけで違法性が生ずることになる（中山240頁）。したがって，通貨偽造罪の責任故意の内容は，単に「通貨偽造」の認識ではなく，「行使の危険のある通貨偽造」の認識ということになるのである。

このような理解に対しては，はたして行為の客観面だけで，行使の危険のある違法な偽造とそのような危険のない適法な偽造との区別が可能か，という疑問が提起されるが，通常の場合は，偽造行為の程度・方法・場所，偽造行為に至ったいきさつなどの客観的状況から判断できるであろう。また，仮に「行使の目的」を考慮に入れないと犯罪の成否が決せられないとしても，それは主観的構成要件要素としての「行使の目的」が果たすべき機能であって，「行使の目的」が直ちに主観的違法要素となることを意味するわけではない（➡132-3頁）。構成要件該当性と違法性とを峻別し，しかも客観的な（違法）構成要件と主観的な（責任）構成要件とを区別する立場からは，「行使の目的」は（主観的）構成要件要素ではあっても，けっして客観的であるべき違法要素ではないのである[8]。

(b) **傾向犯における内心の傾向** 一般に，強制わいせつ罪（176条）が傾向犯の典型例とされているが，上述のように（➡133頁），本罪は被害者の性的自由を侵害するところにその本質があるのであるから，行為者に自己の性欲を刺激興奮させ，または満足させるという性的意図がなくても，被害者の性的自由を侵害する行為があれば，正当化事由が存在しないかぎり直ちに違法性を具備したものといえるのである。また，反対に，異性の患者に対する診察・治療が医学的にみて適切であり，診療行為に患者の承諾があるときは，たとい医師の側に性的衝動を刺激・満足させる傾向があったとしても，その行為はなお適法というべきであろう。

(c) **表現犯における心理的過程** 例えば，偽証罪（169条）において，自己の記憶に反するという行為者の内心の状態は，（主観的）構成要件要素ではあるが，

---

[8] なお，通貨偽造罪のように，行為者自身の後の行為（偽造通貨の「行使」）を目的とする犯罪（間接目的犯）とは異なり，虚偽告訴等の罪（172条）における「人に刑事又は懲戒の処分を受けさせる目的」のように，後の結果を目的とする犯罪（直接目的犯）については，目的が法益侵害の危険性を高めていないとして，多数説からも主観的違法要素ではないとされている（例えば，山口96頁／➡132頁）。さらに，「営利の目的」（例えば225条）についても，当該犯罪における「目的」の内容の理解いかんにより，違法要素説と責任要素説との対立がみられる。

けっして違法要素ではない（➡134頁）。自己の記憶に反する陳述は「偽証」であって偽証罪の構成要件に該当するが，記憶の方が誤りであって陳述の内容が客観的真実と合致するときは，裁判所の判断を誤らせるおそれがないから，その「虚偽の陳述」は法益侵害の危険を伴っておらず違法ではないのである。反面において，自己の記憶に従った陳述でもやはり記憶が誤りで客観的真実と合致していないときは，構成要件には該当せず犯罪とならないとしても，国家の司法作用を害する危険があるから違法とはなるのである。

(d) **未遂犯における故意**　未遂犯においては，既遂犯の場合と異なり，その違法性を認定する際に故意を援用しなければならないか，が問題とされている。まず，①既遂犯における故意を含めて故意一般を主観的違法要素として構成する人的違法論が，未遂犯における故意を違法要素と解するのは当然である。この立場の論者は，未遂犯においては，既遂犯の場合にもまして故意を考慮に入れないと違法性（さらに犯罪）の有無・種類を特定できないと解している。例えば，Xが山中で猟銃を発砲したところ弾丸がAと猪（いのしし）との中間を通り抜けた場合（**猪事例**），この見解によると，その発砲行為の法的意味は行為者Xの主観（故意）によってしか決められない，とする（川端179頁）。すなわち，XがAを殺そうとしていた（故意ある）場合は殺人未遂であり，猪を狙っていた（故意のない）場合は不可罰である，とするのである。

次に，②物的違法論の立場からも，未遂犯については既遂犯の場合とは異なり，故意を例外的に主観的違法要素と解する立場がある（平野・Ⅱ314頁）。それは，未遂犯の構造が目的犯の構造と基本的に同じであることから，目的犯において目的を考慮しないと違法性の有無を認定しえないと同様，未遂犯においては故意を考慮に入れないと違法性の存否・種類を認定しえない，と解するのである。通説によれば，目的犯における目的が客観的要素を超える主観的要素として法益侵害性に何物かを付け加えているように，未遂犯においては，例えば客観的な殺害結果が欠落しているために，主観的要素である殺害意図が客観的要素を超え行為の危険性（違法性）を基礎づけている，と解せられているのである。

ここでも，未遂犯における，Ⓐ違法性の実質・実体に関する問題と，Ⓑ違法性の認定に関する問題とに分けて考えてみることにしよう。まず，Ⓐ未遂犯における違法性の実体は，単に行為それ自体（行為無価値）にあるのではなく，法益侵害の具体的危険の発生にあると考えられるから（➡461頁以下），客観的事実のみ

によって違法の実質が形成され，未遂犯においても故意を違法要素と考える必要はない。上掲の猪事例において，仮に，XがAを狙っていたとしても，銃口が完全にそれていて弾丸があらぬ方向に飛び去り，Aに当たる可能性がおよそ認められないような場合には，未遂犯としての危険性（違法性）も認められないことになる。反対に，Xが猪を狙っていたとしても，弾丸がAに当たった場合（法益侵害）はもとより（過失犯），Aの直近をかすめた場合（侵害の危険）であっても（ただし，この場合は構成要件に該当せず不可罰），違法とはなるのである。結局，未遂犯においても，故意はその実体において違法性の有無・程度を基礎づけてはいないのである。

　次に，ⓑ未遂犯の違法性の認定のあり方については，猪事例のような場合，その多くは猟銃の向けられた方向，行為時の四囲の状況，発砲行為に至ったいきさつ等の客観的事情から，殺人未遂か否かを認定することが可能であろう。しかも，行為者がどちらを狙ったのか自白しないかぎり，故意もまた結局は客観的事実から認定せざるをえないのであるから，「故意を推知させるような客観的危険の存在こそが違法を決するモメントだといわなければならない」[9]。そればかりか，猪事例でXがAを狙ったのか猪を狙ったのかが客観的に判別しえない場合は，「疑わしきは被告人の利益に」の原則に従って，無罪を言い渡すべきであろう。「客観的に判別できないときに，殺人の主観的な故意があるからという理由で，生命に対する客観的危険があるとすることは妥当でない」からである（内藤・上221頁）。また，犯罪の認定に際し，客観的事実とともに故意を援用しなければならないとしても，それは類型的な構成要件該当性を判断するための資料として責任類型としての構成要件的故意を援用するにすぎず，その場合にも故意を違法要素と解する必要性はないのである[10]。

9　中山研一「故意は主観的違法要素か―中教授の批判にお答えする―」〔同〕『刑法の論争問題』（1991年）9頁。
10　なお，ⓐ直接目的犯の「目的」は故意として責任要素であるが，ⓑ間接目的犯の「目的」は主観的違法要素であるとする見地から（➡注8），目的犯と構造を同じくする未遂犯についても，ⓐ実行行為が終了している実行未遂における故意は責任要素であるが，ⓑ後の行為を予定している着手未遂における故意は主観的違法要素であるとする見解も有力である（例えば，林103-4頁）。しかし，結論的には，間接目的犯についてみたように，ⓑの着手未遂における故意も実行未遂の場合と同様に解すべきであろう。

第2節　行為無価値論と結果無価値論

1　結果無価値・行為無価値の概念

　戦後，主観主義刑法学がその影響力を徐々に弱めていった中で，1950年代半ば頃から客観主義刑法学の内部で目的的行為論の影響を受けたいわゆる行為無価値論が次第に主張されるようになり，次いで1960年代半ば頃から，これに対抗する形で結果無価値論が自覚的に展開され，さらにその後，これに対する行為無価値論からの反論・再批判が強力に試みられ，今日，両理論にさまざまのバリエーションが見られるものの基本的対立は終息をみるに至っていない。そこで，この両理論を検討するに先立ち，あらかじめ「結果無価値」「行為無価値」の両概念について考察しておくことにしよう。

　(1) 結果無価値の意味　「結果無価値」の概念要素に何を数えるかについては争いがある。まず，結果犯・既遂犯・侵害犯と呼ばれるものが結果無価値性を帯びていることについては異論がない。問題は，挙動犯・未遂犯・危険犯の場合であるが，これらの犯罪形態も，行為それ自体を処罰の対象としているのではなく，行為の結果として生ずる法益侵害ないしその危険の発生に処罰の基礎をおいていると考えられる以上，それぞれが結果無価値を担っているといわざるをえない。危険の発生（危険結果）は，法益侵害（侵害結果）と並ぶ結果無価値の一態様である。まず，①**具体的危険犯**は，危険の発生を構成要件要素としているのであるから，その点で結果無価値を要求していることは明らかである。②**挙動犯**も，行為の客体に及ぼす有形の事実的作用という意味での構成要件的結果を必要としないというだけのことであるから（→124頁），実質的にはこれを侵害犯ないし危険犯の観点から再構成することが可能である。また，③**未遂犯**も，その処罰根拠を法益侵害（既遂結果）発生の現実的危険に求めるならば（→461頁），これを（具体的）危険犯の一種と解することができよう。

　残るのは，④**抽象的危険犯**であるが，この場合も，法益侵害の現実的危険性，すなわち結果無価値の発生をまって初めて犯罪の成立を認めるべきである。従来説かれてきたように，抽象的危険犯を，構成要件該当の行為さえあれば危険が生じたものと擬制され，あるいは反証を許さない仕方で推定されて刑罰を科せられる犯罪と解することは，近代刑法の法治国原理である罪刑法定主義，責任主義の

観点からみて重大な疑義をはらむものといえよう（具体的危険犯とは，実質的には危険の程度の違い，形式的には危険が構成要件要素か違法要素かによって区別される）。例えば，周囲に引火すべき物の何もない平原の一軒の小屋を焼損したという場合は，仮に放火罪（109条1項）の実行行為性を認めたとしても，放火罪の保護法益である公共の安全が現実には危険にさらされていないのであるから放火罪は成立せず，せいぜい建造物損壊罪（260条）が成立するにとどまる。結局，形式犯を除くすべての犯罪態様につき，結果無価値として法益の侵害・危険化が要求されることになるが，⑤**形式犯**については，そもそも法益侵害・危険のない行為に刑事罰を科すことの是非が問われなければならないであろう（浅田129頁）[11]。

(2) 行為無価値の意味　「行為無価値とは何か」という問題は，結果無価値論と行為無価値論の対立に結びつけて議論される。大別すれば，①行為無価値として，原則として客観的な法益侵害の一般的危険性だけを考慮するもの，反対に，②法益侵害を志向する無価値を中心として主観的要素だけを行為無価値に数えるもの，③右の両者を考慮に入れるものの3者に分けることができる。このうち，①は結果無価値論，②・③は行為無価値論に結びつく考え方であるといえよう[12]。③は，客観的要素としての行為の種類・方法などの他に，法益侵害・危険に向けられた意思（志向無価値）を行為無価値の中に含める考え方であり，②は，もっぱら志向無価値が行為無価値を構成する，という考え方である。ここに**志向無価値**とは，法益の侵害・危険＝結果無価値を志向し，結果無価値を構成要件に客観的に該当する方法・態様によって獲得しようとする意図無価値を意味する。たしかに，志向の対象は客観的な違法事実であるが，志向それ自体は行為者の内心の意図・目的であって，志向無価値といった主観的要素がはたしてなお違法要素にとどまるのか，それは，むしろ責任要素に属するのではないか，という疑問がある。したがって，ここでは①の立場から，行為無価値について考えてみることにしよう。

　ⓐ行為のもつ法益侵害の一般的危険性は実行行為自体の属性であって，これを

---

[11]　形式犯の典型である免許証不携帯罪（道交法95条1項，121条1項10号）の法益として，「運転免許証保有の即時の確認可能性」が挙げられることもあるが（西原・上287頁），これは行政法上の取締目的ではあっても，刑法上の保護法益の名に値しないであろう。

[12]　行為無価値論によれば，行為無価値のない違法行為は存在せず，行為無価値があれば（それだけで）違法性を肯定できる場合がある（井田81頁）。したがって，結果無価値を考慮に入れるとしても（二元的行為無価値論），その重点は行為無価値におかれている。

欠く行為は、結果無価値はもとよりすでに行為無価値自体が否定される。例えば、毒薬と間違えて殺意をもって砂糖を人に投与した場合、一般人も砂糖を毒薬と誤認する状況にないかぎり、砂糖の投与はおよそ生命侵害の一般的危険性を欠くから、その行為は殺人の実行行為性を欠き、実行の着手自体すでにこれを認めるべきではないのである。これに対し、ⓑ法益侵害の一般的危険性はこれを具備するが、現実に侵害・危険を生じさせなかった行為は、結果無価値は否定されるが、行為無価値は肯定されることになる。例えば、死体を生体と誤解し殺意をもってピストルを発射する行為の場合、結果無価値（生命侵害の危険）を欠き、したがって殺人未遂の成立も認められないが（不能犯）、行為当時、行為者はもとより一般人も客体が生存していたと考えていたときは、そのような状況での行為には生命に対する一般的危険性、したがって行為無価値は認められることになる（➡489頁参照）。

以上から明らかなように、（客観的）行為無価値は違法性に関係し、不法を構成する要素であるが、結果無価値のように違法性を確定するメルクマールではなく、むしろ単に行為の違法性を窺わせる要素であるにすぎない。形式的に法益侵害の一般的危険性をもつ行為、すなわち実行行為（構成要件該当行為）が実質的にも直ちに違法となるわけではない。生体とみられる状況での《死体》に対する殺人は、実行行為性を具備するとしても、危険が現実に発生することはありえないから、実質的には違法でないのである。行為無価値は、せいぜい結果無価値との関係でのみ意義を有する形式的・非独立的違法要素ということができよう。

2 行為無価値論

(1) **意　義**　**人的不法（違法）論**[13]とも呼ばれる行為無価値論の特色は、これを概括的に表現すれば、まず、ⓐ消極的には、違法性が法益侵害およびその危険に尽きるものではないと解し、積極的には、いわゆる規範違反説（➡154頁）を採ることによって、行為無価値に法益の侵害・危険に還元しえない独自の意義と地位を認めることにある。行為無価値論は、この意味での行為無価値概念を違法判

---

[13] 川端299頁は、学説の対立の中核が、人的要素である行為者の「主観」を違法性の本質の把握にあたってどれだけ重視するかにあるので、行為者の意思を重視する立場を「人的不法論」、これを排除して法益侵害ないしその危険のみを考慮に入れる立場を「物的不法論」と称するのが妥当である、としてその対立軸をより明確にしている。

断の中核におくものであって,刑法の倫理化傾向をもたらすことになる[14]。また,ⓑ未遂犯における故意にとどまらず,既遂犯における故意を含めて,「故意」一般を,同時に責任の要素と解するかどうかは別として,これを違法(構成要件)要素と解することが行為無価値論に共通の特色である。したがって,主観的違法要素に関して,行為無価値論は故意・過失を含めてほぼ全面的にこれを肯定する。行為無価値論は,客観的違法論を維持しつつも,ここにいう客観性は判断基準の客観性を意味するのであって,判断対象の客観性を意味するものではないから,一般人を基準とする規範的な当為の判断にかかわるものである以上,違法性から主観的要素を排除するいわれはない,と主張するのである(修正された客観的違法論／➡158頁参照)。

　刑法規範が第一次的に行為規範として作用すると解する行為無価値論(人的不法論)の見地においては,行為者の主観が違法性の存否・程度に影響を及ぼすと解する以上,主観はまさに刑法規範の作用する行為時におけるそれであることから,行為時を基準として違法性判断をすることになる(**事前判断**)。行為無価値論者は,行為時における行為者の主観を重視するとしても,一般人の見地を考慮して違法判断をするのであるから,事前判断説を採っても違法性が主観化することにはならないとするが(川端303頁),一般人を基準として違法性の有無・程度を判断するとしても,判断の基礎(対象)に行為者の主観がおかれる以上,主観的違法要素の大幅な承認からも明らかなように,違法性の主観化は避けられないであろう。

　また,行為無価値論の中には,これを,行為の時点で違法・適法の限界を明らかにする提示機能・告知機能を重視して,罪刑法定主義の要請に応え,同時に規範による一般予防を図ろうとする理論と捉え,このような観点から行為時の事前判断を重視する見解(**規範的一般予防論**)がある(井田10頁以下)[15]。この見解によれば,社会生活上必要とされる要請にかなう行為はすでに違法でないとされるが,事後的な裁判時の判断に従って法的に許されないことが判明した場合には,やは

14　川端302頁は,刑法の任務である国家社会生活上重要とされる「価値」(法益)の保全にいう「価値」は社会倫理的なものに限られない,として人的不法論と刑法の倫理化との結び付きを否定するが,「価値」に社会倫理的なものを含む余地を残し,また,行為無価値概念を本文に述べた意味で理解する以上(行為無価値のすべてが法益侵害・危険に還元しうるのであれば,それは物的不法論である),やはり行為無価値論と刑法の倫理化とのつながりは否定できないであろう。むしろ,両者の結びつきを認めることにこそ行為無価値論の存在意義があるというべきである。

りその行為は不正（違法）であって，これに対しては正当防衛が可能である，とすべきであろう（西田130頁以下参照）。

(2) 行為無価値論と結果無価値　行為無価値論には，ⓐ結果無価値を違法性から排除し，これを客観的処罰条件と構成する一元的行為無価値論と，ⓑ結果無価値を行為無価値とともに違法要素と解する二元的行為無価値論とがある。

(a) 一元的行為無価値論　この見解（一元論ともいう）は，規範違反説を徹底する見地から次のように論ずる。すなわち，規範は人間に対する拘束を本質とするから，人間を離れた物自体の状態価値（事態有価値・事態無価値）を規範の内容とすることはできず，行為有価値・行為無価値のみが規範の内容となりうる。つまり，立法者は法益保護の目的の下に，法益侵害を志向する行為を禁止し，法益保持を志向する行為を命令することになるのである（**志向無価値論**）。したがって，一元論によれば，法益保持（結果有価値）は規範の目的であるが，法益侵害自体は規範の対象ではなく，法益侵害を志向する人間の行為だけが規範の対象（内容）であると考えられる[16]。違法性の実質を規範違反に求め，しかも規範の本質を，行為に先立って一般人を抽象的に義務づける命令と解するかぎり，行為後に生ずる結果が規範対象から脱落し，違法判断から排除されるのは，規範論理の必然的帰結といえよう。

一元的行為無価値論は，規範違反説（命令説）の考え方を徹底し，行為無価値のみが違法性を決定し，結果は偶然の産物であって客観的処罰条件にすぎない，と解する。この見解は，違法を（意思）決定規範違反と解する立場から，法益侵害・危険に向けられた意思を意味する志向無価値が決定規範に違反する行為無価値として違法性を構成し，およそ決定規範の対象となりえない結果無価値は違法評価から排除されるのである。この立場では，未遂犯こそが犯罪の基本形態であり，しかも意図した行為をすべて遂行したという点では実行未遂（終了未遂）と

15　なお，井田・理論構造14頁は，行為無価値論を「法が客観的に設定する行為規範が現に存在することを前提として，その違反があったといい得るかどうかは事前判断で決せられる」見解と捉え，例えば，誰が見ても，マネキン人形が「人」に見える場合でも暴行罪の規範違反は認められないとするが，それは事後判断に立脚するからであって，行為時の事前判断からは，この場合暴行罪の行為規範違反性は現に存在していたというべきであろう。それが，不能犯論における具体的危険説の帰結でもある（→481頁）。

16　Armin Kaufmann, Lebendiges und Totes in Bindings Normentheorie, 1954, S.69ff. 増田豊「刑法規範の論理構造と犯罪論の体系」法律論叢49巻5号140頁以下，同『規範論による責任刑法の再構築』（2009年）1頁以下参照。

既遂との間に差異はなく，むしろこの両者に着手未遂（未了未遂）が対置されることになるのである。

一元的行為無価値論には，結論の当否はともかく，命令説（意思決定規範違反説）に立脚する行為無価値論としての理論的一貫性が認められるが，法益侵害・危険を中核として犯罪規定を構成している現行刑法の解釈論として実際的でない，という問題性を残している[17]。

(b) **二元的行為無価値論**　この見解は，結果無価値も行為無価値とともに違法性を決定する，と考える折衷的性格の理論であって，わが国の行為無価値論者の大半がこれに依拠している（大塚368頁，大谷237頁，川端301頁，野村147頁，福田146-7頁注3など）[18]。結果無価値をも考慮に入れるこの見解がなお「行為無価値論」と呼ばれるのは，①行為無価値だけで違法性が完結する場合があることを認めるとともに，②行為無価値がなければ結果無価値があっても違法性を認めないからである。①例えば，行為当時死体を行為者（および一般人）が生体と考えていた状況での《死体に対する殺人》は，現実には生命侵害の危険が発生せず結果無価値が否定されるにもかかわらず，決定規範に違反する行為であるから行為無価値が認められるとして，この立場では未遂犯（違法）となるのである（結果無価値論では不能犯）。また，②行為者に故意・過失が認められない不可抗力の行為の場合は，たとえ法益の侵害・危険という結果無価値が客観的に存在しても，行為無価値が存在しないとして，この立場では当該行為を違法とはしないのである。

二元的行為無価値論は，結果無価値をも違法要素と解することによって，現実の具体的な問題の処理については，多くの場合一応妥当な結論を導きうるが，その帰結がはたして行為無価値論の理論的前提から導かれるかについては疑問がある。というのは，行為無価値論が，一般人を対象とするにせよ，規範の機能を行為者の意思に働きかける意思決定に求める行為規範説に立つ以上，規範が行為者の手を離れた事態や結果を禁止・命令し，義務づけるということはおよそ意味をもたないからである。しかも，命令はもともと人の意思に向けられるものであるから，結局，違法評価の対象は行為意思のみということになり，客観的な行為態

---

[17]　一元的行為無価値論に対する私見については，「一元的人的不法論とその問題点」『研究』3頁以下。また，一元的行為無価値論に対し疑問を提示するものとして，松原98-9頁。

[18]　前田雅英「行為無価値と結果無価値」〔同〕『現代社会と実質的犯罪論』（1992年）69頁以下参照。なお，二元的行為無価値論に対する私見については，「二元的人的不法論と犯罪結果」『研究』29頁以下。

様や被害者との関係で重大な意味をもつ結果の違法性は，行為規範（命令）説からは導き出しえないであろう[19]。したがって，この点とも関連して，この見解は，違法論において規範のもつ命令（意思決定）機能を中核に据えつつ，これと相容れない結果無価値の違法性をいかにして基礎づけることができるか，行為無価値（規範違反）と結果無価値（法益侵害・危険）を統合する違法性の基本原理は何か，という理論体系上の問題を残しているのである（松原99頁参照）。

3　結果無価値論

(1) 意　義　結果無価値論の基本的特徴は，ⓐ違法性の実質を裁判時の**事後判断**による法益の侵害・危険に求め（法益侵害説），ⓑ未遂犯における故意はともかくとして，少なくとも「故意」一般を違法要素と解しない点にある（内藤・中320頁）。ここでは，故意は責任要素（あるいはそれと同時に構成要件要素）と解されているのである。結果無価値論も現実に生じた有形の結果だけではなく，行為の方法・態様をも考慮に入れており，そのかぎりで，この見解も行為無価値を完全に排除しているわけではない（➡74頁注22名和34頁）。ただ，行為無価値論が規範違反説の立場から，故意一般を含めて広く主観的要素を行為態様として把握するのに対し，結果無価値論は，法益侵害の一般的危険性という客観的観点から行為態様を考慮に入れているのであって，法益の侵害・危険に還元しえない行為無価値（特に主観的なそれ）を認めないという点では，行為無価値論との間に決定的な違いがみられるのである。

(2) 結果無価値論と主観的要素　主観的要素の扱いに関しては，結果無価値論の側で，既遂犯の故意を違法要素と認めないという点を共通の了解としながら，それ以外の主観的要素については，その内部で，①主観的違法・構成要件要素をいっさい排除する立場（内藤・中山など），②主観的違法・構成要件要素を一定限度で認める立場（平野など），③主観的違法要素は認めないが，主観的構成要件要素は認める立場（内田・前田など）がある。主観的違法要素に限ってみれば，

---

[19] 近時，刑罰の目的・機能を踏まえて二元的行為無価値論を基礎づける試みがなされている。それによれば，一方で，刑法規範（行為規範）の遵守を通して一般予防目的を実現すべく，行為規範違反（行為無価値）を違法性の根幹に据え，他方で，刑法の応報機能にも着目して，犯罪結果を結果無価値として違法要素に取り込むのである（井田12頁以下）。ここでは，展望的，事前的な行為規範違反の判断と回顧的，事後的な法益侵害・危険の判断とをいかに統一的に説明するかが最大の課題となる。

結果無価値論は、判断対象の客観性が判断自体の客観性を担保するということから伝統的な客観的違法論を堅持し、主観的違法要素を認める場合にも（前掲②の立場）、客観的要素を超えて法益侵害に何物かを付け加える場合に限り、例外的にこれを認めようとするのである。ちなみに、本書が③の立場を採ることは、すでにみたとおりである（➡130頁以下，159頁以下）。

第3節　可罰的違法性

1　意　義

可罰的違法性とは、犯罪として刑罰を加える程度の質と量をもった違法性という意味である。犯罪は違法な行為であるが、違法な行為がすべて刑罰という強力な法効果を必要とするだけの違法性を具備しているわけではない。犯罪が成立するためには、一定の質と量をもった違法性が存在しなければならない。このように、行為が違法であっても、それが可罰的程度に達していないときは犯罪が成立しない、とする理論を「可罰的違法性の理論」と呼ぶ。この理論は、上述の実質的違法性論と、違法性が程度を付しうる概念であるという考え方とを前提として、刑法における謙抑主義の思想（➡14頁）を背景に、国家刑罰権の濫用を阻止し、個々の事件について被告人の側から結論の具体的妥当性を得ようとして展開・形成されてきた理論である[20]。

2　可罰的違法性の理論の適用領域

(1) 違法の相対性　　可罰的違法性は、まず、違法性の質の問題として現れる。「違法の相対性」という考え方がこれである。実際には、処罰規定とは別個の法律に明文の禁止規定がある場合に問題となる。違法の相対性は、まず、①法域による違法性の質の違いを意味する。すなわち、例えば、Ⓐ姦通は民法上違法であって裁判上の離婚原因となるが、刑法上は違法でなく犯罪とならない〔構成要件不該当〕。また、Ⓑ緊急避難は、民法上違法であって損害を賠償しなければな

---

[20] 手続法において、実体法上の可罰的違法性の理論と同様の機能を果たすとされるのが「公訴権濫用の理論」である。これは、通常であれば不起訴となるような軽微な事件が起訴されたとき、それが法の下の平等を定めた憲法14条に反する、として刑訴法338条4号により公訴棄却をなしうるとする理論であるが、判例（最決昭55・12・17 刑集34巻7号672頁）は、これを認めるとしても極限的な場合に限られるとしている。

らないことがあるが（➡227頁以下），刑法上は違法阻却が認められている〔可罰的違法阻却（多数説）〕。違法の相対性は，次に，②犯罪による違法の相対性[21]を意味する。すなわち，例えば，Ⓐ森林窃盗は森林法上の窃盗罪（197条）を構成するが，必ずしも刑法上の窃盗罪（235条）として処罰されることはない〔構成要件不該当〕。また，Ⓑ無免許医業としての手術は医師法（17条・31条1項1号）に違反するとしても，直ちに刑法上の傷害罪（204条）を構成するわけではない〔可罰的違法阻却〕。

(2) 狭義の可罰的違法性　違法性の量的な軽微性に関するものを「狭義の可罰的違法性」と呼ぶ。従来，実際に問題とされてきた可罰的違法性論の適用事例の多くは，狭義の可罰的違法性に関するものであり，同じく違法性の分野における刑法の超法規的運用という点で共通の基盤に立っている超法規的正当化事由（超法規的違法阻却事由）の理論との関係が問題となるのも主としてこの場合であった（➡249頁）。両理論とも，違法性の実質的把握を前提に，刑法における謙抑主義の思想を背景として，国家刑罰権の濫用を阻止し，個々の事件について具体的に妥当な結論を得ようとして展開されてきた，という点で共通の思想的基盤の上に立っている。

　狭義の可罰的違法性は，さらに，例えば，Ⓐ他人の庭から花一輪を摘み取る行為のように，端的に被害法益が軽微な場合（**結果軽微型・絶対的軽微型**）と，Ⓑ被害法益自体は必ずしも軽微ではないが，当該侵害行為が意図する保全法益との比較において法益侵害の程度が比較的軽微といえる場合（**法益衡量型・相対的軽微型**）とにこれを分けることができる。ただ，はたして上のタイプのいずれも（殊にⒶ）が固有の意味での可罰的「違法性」の問題といえるかは，さらに検討してみる必要がある。

　私見によれば，絶対的軽微型の事例は，違法性とは独立に構成要件該当性のレベルで考えるべきであり（同旨，前田・基礎49-50頁），相対的軽微型の事例のみが本来の（可罰的）違法性固有の領域に属する。たしかに，Ⓐ被害法益が絶対的に軽微な場合は，当該行為の違法性も通常軽微であるといえようが，その程度の被害は刑法上禁止の対象とされておらず，事実的にみてどのみち当該構成要件の予定する結果（構成要件的結果）に当たらないのであるから，この場合にまで価値判

---

[21] この場合の違法の相対性は，違法が何に向けられているかの問題である，としてこれを「違法の方向性」と呼ぶものとして浅田180頁。

断を要する違法性の程度を問題にする必要はないといえる。これに対して、Ⓑ法益侵害の問題よりも法益衝突の問題に重点がおかれる相対的軽微型の事例については、結果の重大性にかんがみ構成要件該当性自体を否定することは妥当でなく、事は違法性の段階で処理されなければならない。このタイプの事例において、可罰的違法性と超法規的正当化事由との理論体系上の同質性をみることができるのである。

しかも、このことは、可罰的違法性の理論の意義が認識されるようになった歴史的・実際的背景からも裏づけることができよう。かつては、主としてⒶ類型に属する事例について論ぜられることが多かったが、その後は、Ⓑ類型の事例に議論の重点が移ってきている。これは、戦後、社会情勢の推移、犯罪現象の多様化に伴い、現存刑罰法規を形式的に適用することによってしばしば生ずる不当な結論に疑問がもたれるようになり、法規の趣旨に沿った実質的に妥当な結論を導くために必要な原理として、可罰的違法性の理論が登場してきたという実際的理由に基づくのである。特に労働・公安事件において、Ⓑの法益衡量型の類型が問題となることが多い。

3　判例の対応

(1) 大審院時代　　戦前において、可罰的違法性の理論と同様の精神から、犯罪の成立を否定したものに、いわゆる**一厘事件**判決（大判明43・10・11 刑録16輯1620頁）がある。これは、煙草耕作者が〔旧〕煙草専売法48条1項に反し政府に納入すべき葉煙草7分（約3グラム）、価格にして一厘相当のものを手きざみにして消費してしまった、という事案について、大審院が、被害法益の価値がきわめて軽微であることを理由に、原審の有罪判決を覆し無罪を言い渡したものである。戦前の一元的天皇制国家体制のもとでは、このような結果軽微型の判例が散見されるだけであり、法益衡量型のものは見あたらない。

(2) 昭和22年〜40年　　この時期、労働刑事事件の分野で、したがって法益衝突の場面で可罰的違法性の理論を採用した裁判例とみるべきものに、例えば、**三友炭坑事件**の最判昭31・12・11（刑集10巻12号1605頁）がある。これは、同盟罷業中、脱退した一部組合員が炭車を連結したガソリン車を運転して進行しようとしたところ、罷業派組合員が線路上で怒号して坐りこみ、炭車の進行を妨害したという事案について、「諸般の情況を考慮」して判断し、被告人らの行為は「いま

だ違法に刑法234条にいう威力を用いて人の業務を妨害したものというに足りず」として，無罪の原判決を維持したものである。

一方，違法の相対性が問われる官公労働事件に対しては，裁判所は厳しく対応し，最判昭38・3・15（刑集17巻2号23頁／国労檜山丸事件）は，厳格な違法一元論の立場から（➡ 4(2)），当時の公共企業体等労働関係法（以下，公労法。現在は特定独立行政法人等の労働関係に関する法律）17条が禁止する争議行為に際して国鉄（当時）職員である被告人が青函連絡船内に侵入した事案につき，公労法17条の争議行為の禁止は憲法28条に違反するものではなく，争議権自体が否定されている以上，その争議行為について正当性の限界を論ずる余地はない，と判示していた。

(3) **昭和41年～47年**　この間は，刑事判例史上，可罰的違法性の理論が隆盛をきわめた時期である。官公労働事件を中心としておよそ刑法上の違法性の存否・程度が問題となるあらゆる分野で可罰的違法性論が展開された。その頂点に位置するのが，①**東京中郵事件**に関する最大判昭41・10・26（刑集20巻8号901頁）と②**都教組事件**に関する最大判昭44・4・2（刑集23巻5号305頁）である。

①の東京中郵事件判決は，公労法17条1項違反の争議行為についても労働組合法1条2項（刑法35条による刑事免責）の適用を認め，正当な争議行為であれば刑事制裁の対象とならないとした。最高裁は，公労法上違法な争議行為であっても必ずしも刑法（郵便法）上違法とはならないという意味で違法の相対性を認め，刑事制裁の対象としての違法性の質を問題としたのである。本判決は，郵便法79条（郵便物不取扱いの罪）の構成要件該当性を認めたうえで，労働組合法1条2項を適用して可罰的違法阻却の結論を導き出したのである。

これに対し，②の都教組事件判決は，地方公務員法（地公法）違反事件に関しいわゆる合憲限定解釈論を展開し，「地公法61条4号は，……争議行為自体が違法性の強いものであることを前提とし」，かつ，「争議行為に通常随伴して行なわれる」限度を超えた，違法性の強い「あおり」行為等に限って処罰の対象としていると解して（二重の絞り論），被告人らの行為の構成要件該当性自体を否定したのであった。

(4) **昭和48年以降**　最高裁は，①昭和48年4月25日の**全農林警職法事件**大法廷判決（刑集27巻4号547頁）を契機として，可罰的違法性の理論に対し消極的な態度をとるようになる。右判決も，公務員の団体行動のなかで単なる規律違反の煽動等は国家公務員法（国公法）110条1項17号の構成要件に該当しないとしてい

るが，都教組事件判決におけるような合憲的限定解釈による二重絞り論は不明確な限定解釈であるとしてこれを否定し[22]，通常の「あおり」行為等を一律全面的に処罰すべきだとしたのである。また，②昭和52年5月4日の**名古屋中郵事件**大法廷判決（刑集31巻3号182頁）は，争議行為の単純参加者については原則として刑罰から解放するとしながらも，東京中郵事件判決を変更し，公労法違反の争議行為について労働組合法1条2項の適用を否定したのであった[23]。

一方，結果軽微型に属する判例として，最決昭61・6・24（刑集40巻4号292頁）は，発信側電話の度数計器を作動させるため受信側から送出される応答信号の送出を妨害する機能を有するマジックホンと称する電気機器を加入電話の回線に取り付ける行為は，たとえただ1回通話を試みただけで同機器を取り外した場合であっても，その違法性が否定されるものではない，と判示し，有線電気通信妨害罪，偽計業務妨害罪の成立を認めた。本決定は，違法性の程度・量に関する配慮を欠くものであって，可罰的違法性に関する性格を異にするものの，昭和48年以降の官公労働法違反事件に関する最高裁の一連の判例の延長線上に位置づけられるものであろう（なお，本決定には，被告人の行為が処罰相当性を欠くとして，構成要件該当性を否定する反対意見が付されている）。

4　学説の対応

(1) **可罰的違法性と犯罪論体系**　学説の多くは，可罰的違法性の理論を積極的に承認しているが，その犯罪論上の体系構成の仕方については，見解が分かれている。すなわち，可罰的違法性を欠く場合には，①もっぱら構成要件該当性が否定される，と理解する立場（藤木117頁以下）と，②構成要件該当性が否定される場合と，構成要件該当性は否定されないが違法性が阻却される場合とがある，とする立場（佐伯(千)180頁注3等多数説）がこれである。①の見解は，可罰的違法性の判断基準として，ⓐ被害の軽微性とⓑ被害惹起の態様の社会的相当性からの逸脱の軽微性を挙げ，この2つの要件を満たした行為についてその構成要件該当性を否定する，いわば行為無価値型可罰的違法性の考え方を採るものである。

---

[22] 限定解釈が不明確の故に憲法31条に違反する疑いがある，と言える資格を有するのは，国公法の規定が端的に法令上違憲と主張する者だけであって（➡52頁参照），48年判決は合憲限定解釈の意義を弁えていないと言わざるをえない（浅田183頁参照）。
[23] 本判決は，民事責任（公労法違反）と刑事責任（郵便法違反）を同列に扱うものであって不当である（浅田184頁）。

しかし，すでにみたように（➡171頁以下），なるほど可罰的違法性の理論の適用領域として示されたⒶの事例（姦通，森林窃盗および結果軽微型）は，いずれも構成要件該当性が否定される場合であるが，Ⓑの事例（緊急避難，無免許医療および法益衡量型）は，いずれも構成要件には該当するが，可罰的違法性が阻却される場合である。その意味で，基本的には上記②の見解が妥当である。ただし，Ⓐの事例で問われる可罰的「違法性」は，構成要件該当性の判断に際して意義を有する形式的・類型的な違法性を意味し，実質的違法性論で説かれる固有の意味での個別具体的な違法性とはその性格を異にするから，厳密な意味では，むしろⒷの事例だけが本来の「可罰的違法性の理論」の適用領域に含まれると解すべきであろう。

(2) **違法一元論と違法多元論**　刑法における違法性に関して，違法性概念がすべての法領域ないし犯罪について統一的でなければならないのか（**違法の統一性**），それとも違法性は個々の法領域ないし犯罪ごとに個別的性格をもつものであるのか（**違法の相対性**），ということが争われている[24]。この点について，ⓐ違法性判断は法秩序全体で一元的なものであるとする見解（**違法一元論**）は，基本的に違法の統一性を指向し，ⓑ刑法上の違法性は処罰に値するか否かの判断を前提とするものであって，民法などの違法性とは性格を異にするという見解（**違法多元論**／例えば，山口176頁）は，正面から違法の相対性を容認しようとする。

違法一元論は，ある法領域で禁止されていない行為が別の法領域では禁止されているというように，各法領域の規範の間に矛盾があってはならない，という「法秩序の統一性」の思想を立論の基礎においているのに対し，違法多元論は，法域間の規範矛盾は法秩序の目的に必要な範囲で除去されれば足り，必ずしもこれを絶対的に排除する必要はない，とするのである（前田・基礎158頁）[25]。もっとも，現在，わが国で支持されている違法一元論は，①違法性は全法秩序において完全に単一であり，一つの法領域で違法とされた行為が他の法領域で正当とされることは絶対にありえない，とする「**厳格な違法一元論**」ではなく，②違法性が根本において法秩序全体に通ずる統一的なものでありながら，その発現形式にはさまざまの種類・軽重の段階があるとする「**やわらかな違法一元論**」である（例

---

[24]　このテーマについての私見として，「違法の統一性と相対性」『研究』73頁以下。
[25]　京藤哲久「法秩序の統一性と違法判断の相対性」平野龍一先生古稀祝賀論文集　上巻（1990年）196頁以下。

えば，松宮106頁以下）。（やわらかな）違法一元論も，各法の固有の目的に応じて，そこで要求される違法性の質・量に違いが生じてくることを承認する点では，「違法の相対性」を認めているのである[26]。

　違法の統一性ないし相対性の問題は，具体的には，Ⓐ構成要件に該当する行為が民法・行政法等において許容されている場合，刑法においてもその行為の正当性が認められるのか，反対に，Ⓑ民法・行政法等において禁止されている行為が刑法の構成要件に該当する場合，その行為は刑法上も常に違法であって可罰性を帯びるのか，という2つの側面で現れる。そして，やわらかな違法一元論は，Ⓐの命題を肯定し，Ⓑの命題を否定するが（厳格な違法一元論の立場では，ⒶはもとよりⒷの命題も肯定される），違法多元論は，ⒷだけでなくsoundⒶの命題も否定される場合のあることを認めるのである。刑法が他の法領域に対してもつ謙抑的性格に照らすと（➡14頁），民法等で許容されている行為は当然刑法でも許容されるべきであるし，反対に，民法等で禁止されているからといって，常に刑法でも禁止されるということにはならない。やわらかな違法一元論が妥当である（違法多元論に対する疑問を示すものとして，浅田179頁，松宮107頁など）。

　(3) 可罰的違法性論に対する対応　可罰的違法性論に対する学説の対応は，まず，可罰的違法性の概念自体を否定するかたい（厳格な）違法一元論をめぐって争われた。

　(a) 否定論　厳格な違法一元論の立場では，違法性の評価は全法秩序の見地から統一的になされることが必要であるから，刑法以外の法領域で違法と評価される行為は，刑法上も当然に違法行為として扱われるべきであって，刑法に特殊な違法性としての「可罰的違法性」を認める余地はないことになる（木村（亀）・新構造（上）221頁以下）。しかし，違法性は根本におい法秩序全体に通ずる統一的なものであるとしても，刑法の目的と機能からみて，刑法上の違法性が刑罰を科するにふさわしい質と量を備えたものでなければならないことも否定できないところである。したがって，刑法独自の違法性（可罰的違法性）の概念を認めることは可能であるし，また必要でもある。

　可罰的違法性論をめぐる学説の対応は，次に，可罰的違法性（刑事法上の違法性）概念自体は肯定するとして，これを刑事違法論において「可罰的違法性の理

---

[26]　やわらかな違法一元論を，違法評価の一元性と法律効果の相対性（多元性）として説明するものとして，井田252頁以下，同・理論構造142頁以下。

論」として展開することの要否が争われることになった。不要論を説く違法多元論と必要論を展開するやわらかな違法一元論の対立がこれである。

　(b) **不要論**　　違法多元論は，形式的な「可罰的違法性」という概念を用いることなく，可罰的違法性論の実質を維持・発展させようと試みるものであり[27]，正面から「違法の相対性」を認めることによって，違法の統一性を前提とした「可罰的違法性」の概念は不要となる，と主張する。違法多元論の特色は，刑法上の違法性は処罰に値するという意味での違法性，すなわち可罰的違法性そのものなのであるから，可罰的違法性論のように，可罰性と違法性，ないし刑法上の違法性と一般的違法性とを峻別することは意味をなさず，したがって「可罰的違法性」の概念は刑法上の違法性概念（実質的違法性）に解消されるべきである，とする点にある。

　(c) **必要論**　　しかし，刑法上の違法性と他の法領域における違法性との差異も，「（一般的）違法」という共通の上位概念の種差として捉えることにより，相互の内的関係を明らかにすることも，その区別をより明確にすることも可能となるのである。また，一般的違法性を帯びるが可罰的違法性のない行為は，犯罪として成立しないにしても，これに対しては正当防衛が可能であるという意味で，そのようなカテゴリーを設定することに解釈論上の実益も認められる。可罰的違法性の理論は，一般的違法性概念の内部で他の法領域における違法性から区別される刑法上の違法性の特質を際立たせる理論として，その実際上の意義を認めることができよう[28]。

　(4) 正当化事由と可罰的違法阻却事由　　可罰的違法性をめぐる見解の対立は，違法阻却論の分野で先鋭な形で現れてくる。広い意味の違法阻却事由には，構成要件に該当する行為の違法性を完全に排除する**正当化事由**（違法阻却事由）と，一般的な意味では違法であるが，刑罰に値する程度の違法性を欠く**可罰的違法阻却事由**（違法減少事由）とがある。この２つの違法阻却事由を区別することについては，可罰的違法性論に対する考え方の相違を反映して，見解の対立が認められる。

27　前田雅英『可罰的違法性論の研究』(1982年) 431頁以下。
28　この関係は，責任論においては，法一般の「規範的責任」（法的責任）に対する刑法上の「可罰的責任」という形で立ち現れる。

(a) **可罰的違法阻却事由否認論**　厳格な違法一元論は，可罰的違法性論の適用基準が不明確であるため，この理論の拡大適用ないし濫用の危険性に対する歯止めが欠如している，という危惧から正当化事由のみを承認し，可罰的違法阻却事由を名実ともに否定している[29]。しかし，適用基準の不明確性という点では，超法規的正当化事由の存在からも明らかなように，最終的にはやはり実質的判断に頼らざるをえない正当化事由についても同様の問題があり，可罰的違法阻却事由特有の問題ではない。のみならず，厳格な違法一元論が，法領域ごとの法律効果の差異を無視して，適法ではないが違法性の微弱な（可罰的違法性のない）構成要件該当行為をすべて処罰の対象とすることには，より大きな問題性がある。

(b) **区別否定説**　違法多元論は，正当化事由から区別された意味での可罰的違法阻却事由の概念を否定し，正当化論の枠内で可罰的違法性論の考え方を生かそうとする。すなわち，刑法上の違法阻却事由をすべて可罰的違法阻却事由であると解することによって，正当化事由と可罰的違法阻却事由の区別を否定し，これを「実質的違法（性）阻却事由」の概念に一元化しようとするのである（前田230-1頁）。

しかし，他の法領域で正当化事由に当たり適法とされた行為は，刑法上も当然適法であって，刑法においてこれが可罰的違法阻却事由に該当するかどうかを論ずる必要はない。法秩序の統一性の観点からは，刑法における正当化事由も法効果の相違を超えて法秩序全体から引き出されなければならないのである。他の法分野で正当化事由に当たるとされる行為は，刑法でもまた正当とされなければならない。また，正当化事由に当たる行為は適法であって正当防衛の対象とはならないが，可罰的違法阻却事由に該当するにすぎない行為はなお「不正」であって，これに対しては，不正性が軽微であることから限定されたものであるにせよ正当防衛が可能となる，という相違も認められよう。さらに，違法阻却の問題をすべて「処罰に値する」という視点から考察する方向は，本来の正当化事由のもつ正当な権利行使としての側面を「処罰に値する違法性なし」という形でその権利性を希薄化してしまう恐れもある。

(c) **区別肯定説**　結論として，やわらかな違法一元論の立場から，正当化事由と可罰的違法阻却事由とを区別する立場が妥当である。なお，前出の東京中郵

---

[29] 臼井滋夫『刑事法の今日的諸問題』(1983年) 129頁以下。

事件に関する最大判昭41・10・26（→ 3 (3)）の理解に関し，違法一元論の「『処罰の有無を決定する35条の判断において違法性は阻却されないのに，処罰に値する違法性は否定される』という説明は苦しい」という指摘があるが[30]，刑法35条は処罰の有無を決定するものではなくて，違法性が完全に排除される場合の正当化事由を規定したものと解するならば，35条により直接違法性が阻却されないにしても，可罰的違法性が否定されることは十分考えられるであろう[31]。

第4節　正当化事由

1　意　義

構成要件は，禁止の素材・対象を内容としているから，構成要件に該当する行為は通常違法である。しかし，特殊な事情が存在する場合には，行為は構成要件に該当しても適法となる。このような事情を**正当化事由**（違法阻却事由）と呼ぶ。刑法は，違法性の実質的内容について正面から積極的に規定することなく，裏面から消極的に違法性を阻却する事由を規定している。構成要件の違法性推定機能を強調する立場では，形式的に正当化事由に該当しない構成要件該当行為は自動的に同時に違法行為として扱われることになるが，違法性の論理的推定を認めない本書の立場では，正当化事由は構成要件該当行為につき違法論においてその違法・適法を判断するための手段・道具としての役割を果たしているにすぎない。したがって，個々の正当化事由の要件解釈，その適用範囲を確定するためには実質的な違法判断が不可欠であり，また，実定法上の正当化事由に加えて実質的違法性（正当性）の観点から**超法規的正当化（違法阻却）事由**も当然に認められてくることになる。

なお，行為の違法性が完全に阻却されなくても，したがって行為を正当化するものではないが，その違法性の質を可罰的でないものとし，あるいはその程度を低下させて可罰的程度に達しないものとする事情が**可罰的違法阻却事由**（違法減少事由）である（→第3節 4 (4)）。

---

[30] 前田雅英「法秩序の統一性と違法の相対性」研修559号（1995年）20頁。
[31] なお，公労法（当時）違反の争議行為として民事責任が残るというのであれば，刑事免責（刑法35条）を規定した労組法1条2項の適用ではなく「準用」ということになろう。

2　正当化の一般原理

1　問　　題

実質的違法性論の見地から，違法性の本質を法益侵害ないし実質的に法規範に違反することと解するかぎり，その裏面である違法阻却，すなわち正当化の問題も実質的・超法規的観点から捉えられることになる。ここに，正当化事由に当たる行為が，形式的には構成要件に該当し実質的には法益を侵害しているにもかかわらず，何故適法とされるのか，その根拠および基準，すなわちすべての正当化事由に通ずる正当化の一般原理が問われることになるのである。

2　学　　説

正当化の一般原理については，違法性の実質をどのように理解するかに応じて区々に分かれている。大別すると，規範違反説に立脚するものと法益侵害説に立脚するものとがある[32]。

(1) 規範論からのアプローチ　違法性の実質を**規範違反**に求める考え方によるものである[33]。

(a) 目的説　法益の侵害が「国家によって承認された共同生活の目的達成のための相当な手段」である場合には違法でない，とする見解である。目的説は，標語的に「正当な目的のための相当な手段」が正当化の一般原理である，と説いている（木村（亀）252頁以下）。

目的説に対しては，この見解は「正当なものは正当だ」というだけであって同語反覆であり，また，すべての場合を包括してこれを論理的に矛盾なく説明しようとするあまり，その表現形式があまりにも漠然・不明確となり，実務上の問題解決の基準としては役立ちにくい，という批判がなされている。この批判に対し，目的説は，そのためにかえって法益衡量の場合や社会的に相当な場合をも包括する一般的原理として機能しうると反論しているが，いずれにしても目的説の基準に従った場合，「国家によって承認された共同生活の目的」を実現するために，裁判を通して国家の道義的立場を国民に押しつけてくる危険がないとはいえ

---

[32]　刑法における正当化の一般原理について論じたものとして，曽根「刑法における正当化の原理」『正当化の理論』151頁以下。

[33]　正当化原理を行為規範に内包される許容規範の存在根拠の問題として捉え，その一般原理を「共同体関係的な行為許容性」に求めるものとして，高橋253-4頁。

ないであろう。

(b) 社会的相当性説　行為が社会的に相当であること，すなわち行為が歴史的に形成された社会生活の秩序の枠内にあり，そうした秩序によって許容されていることが正当化の一般原理である，とする見解をいう（福田150頁）。社会的相当性説は，目的説が目的を強調する点，次の法益衡量説が法益侵害という結果の無価値だけを判断の基準としている点が共に一面的であるとしてこれを非難し，社会的相当性を正当化の一般原理とみることは，両者の一面性を克服するものである，と主張する。社会的相当性説に対しては，この原理は緊急行為について妥当しない，社会的相当性の概念はあまりに包括的・抽象的・多義的であって，その内容が明確でない，といった批判が加えられている。また，「歴史的に形成された社会生活の秩序」という基準は，社会倫理秩序違反を処罰することにつながるおそれがある反面，今日的な新しい現象には対処しえなくなる，という指摘もある（佐伯(仁)101頁参照）。

　規範論を基礎とする目的説および社会的相当性説は，いずれにしても正当化のための形式的な判断枠組のみを呈示し，それ自体において正当化の実質的内容を規定する判断材料を準備していない点に問題を残しているといえよう。

(2) 法益論からのアプローチ　違法性の実質を**法益侵害**に求める考え方によるものである。

(a) 法益衡量説　ある法益の侵害が他のより高い価値の法益を救うことになる場合，この法益侵害行為は法の任務・目的に合致するものとしてなお適法である，とする見解をいう。複数の法益が衝突する場合，価値の低い法益はより価値の高い法益に譲歩しなければならず，したがって正当化の判断においては，「法益の価値衡量」が決定的な役割を果たす，と考えるところにこの立場の特色がある。なお，法益衡量説の論者は，被害者の承諾についてこれを正当化事由の1つとみるとき，その根拠を「法益不存在」の原理で説明し，法益衡量と並んで二元的な説明を試みるのが常である（二元説）。

　法益衡量説に対しては，それはあまりにも功利主義的な物の見方であって，結局，「強者の権」を認めることになりはしないか，すべての場合にわたって法益の大小軽重を比較衡量することが可能であろうか，といった疑問・批判のほか，法益衡量を正当化の唯一の基準とする立場においては，正当化の判断に際し，問題となっている法益の価値関係以外の事情を考慮に入れることができない，とい

う根本的な批判が加えられている。たしかに，法益の価値衡量は行為の正当化のためのもっとも中心的な要素であるが，法益の一般的価値順位だけで行為の正当化が決定されるわけではなく，そこに法益衡量説の限界がある。

(b) **優越的利益説** 法益衡量のほかに個別具体的場合の全事情を考慮して包括的に利益の比較衡量を行う見解がこれであって[34]，**利益衡量説**ともいう。この見解においては，①法益の一般的価値順位のほかに具体的に考慮すべき事情として，②保護した法益に対する危険の程度，③保護した法益と侵害した法益の量と範囲，④法益侵害の必要性の程度，⑤行為の方法・態様がもつ法益侵害の一般的危険性の程度などが挙げられる（内藤・中314頁）。優越的利益説は，対立する法益とその要保護性に関する客観的諸事情とについての価値判断の過程を分析・検証することを可能にすることによって結論に至る経過が明確になる，という利点をもっている。本書は，優越的利益説を採る[35]。

なお，以上の論述は，すべての正当化事由に通ずる統一的原理（基本原理）が存在することを前提として，一元的に説明したものであるが（一元論。ただし上記二元説），それは，正当化原理が正当化事由の単なる解釈原理にとどまるものではなく，違法と適法の限界を明らかにする法の一般原理，ないしこれと密接不可分の関係に立つものと解されるからである。ただ，個々の正当化事由について，その実態を帰納的に検討することによってそれぞれに固有の正当化根拠（正当化の個別原理）が認められている。その意味で，各正当化事由の解明にあたっては，複数の正当化原理に論究する多元論に一定の意味が認められるが，このような個別原理も基本原理（一般原理）の支配・統制に服し，これによる規制を受けつつ，個々の正当化事由が実社会において機能する各場面で動的かつ有機的に作用する原理であることに注意を要する[36]。

---

34 「優越的利益」には，マイナスの利益でない，という意味で「同等の利益」も含まれる。緊急避難に関して規定した刑法37条1項が，「やむを得ずにした行為…によって生じた害が避けようとした害の程度を超えなかった場合に」処罰しないとしているのは，裏面から「害の較量」という形式をとっているが，この趣旨を含むものである（➡225頁）。

35 法益保護の目的に反しないことが違法阻却の一般原理であるとしつつ，その下位原理として，①優越的利益保護の原則，②回避義務の原則，③要保護性欠如の原則を挙げるものとして，西田134-5頁。

36 曽根『正当化の理論』194-5頁。

3　正当化事由の体系

　正当化事由は，一方において，❶緊急性の有無により，ⓐ緊急（法益に切迫した危険）から自己または第三者の法益を擁護するために，他人の法益を侵害する**緊急的正当化事由**（緊急行為）と，ⓑ通常の事態においてすでに許容されている**常態的正当化事由**（一般的正当行為）とに分けられ，他方で，❷法律の規定の有無により，ⓐ法律に規定のある**法定的正当化事由**と，ⓑ明文の規定のない**超法規的正当化事由**とにこれを分けることができる。

　結局，正当化事由の類型としては，①法定的な緊急的正当化事由として正当防衛（36条）と緊急避難（37条），②法定的な常態的正当化事由として法令行為（35条前段）と正当業務行為（同後段），③超法規的な緊急的正当化事由として自救行為と狭義の超法規的正当化事由，④超法規的な常態的正当化事由として，社会的相当行為と被害者の承諾の4つが挙げられる。

　【緊急行為】　古来，「緊急は法をもたない」，「緊急は命令を知らない」といわれてきた。法は，本来，法に敵対する者をも含めて，すべての被法治者の法益の保護をもってその任務としているが，複雑多様な社会生活においては，時として法のうえで等しくその存続が要求される数個の法益の間に矛盾・衝突が生じ，法が同時にすべての法益を保護することが不可能であるような事態が起こることがある。この法益衝突の場合を「緊急（状況）」というが，緊急状況は，法益の一方の側からいえば，速やかに救済措置を講じなければ生活利益の失われる危険状態でもある。緊急はまた，同時に救助の時期が切迫していることを意味し，このような状況において人は，通常，緊急（危険）から免れる何らかの行為，緊急（危険）を避ける行為に出るが，これが緊急行為である。ここに，緊急行為という一般的な概念を立てることが刑法学上可能となり，また必要ともなってくるのである。

　もっとも，危険から免れる行為，危険を避ける行為が他者のいかなる法益をも侵害しない場合は，刑法上これを問題とする必要がないから，本来の意味での緊急行為は，他者（緊急の相手方あるいは第三者）の法益を侵害することによってしか自己（または他人）の法益を擁護しえないところにその特色をもっている。したがって，**緊急行為**とは，「法益に切迫した危険（緊急）から自己（または他人）の法益を擁護するために他者の法益を侵害する（侵害せざるをえない）行為」と定義することができよう。緊急行為（正当防衛・緊急避難・自救行為・狭義の超法規的正当化事由）は，通常の事態においては許されず，刑法上処罰の対象となる行為が，速やかに救済方法を講じなければ法益の失われる緊急状況（危

険状態）を理由として例外的に正当とされ，刑責を問われないという点で同一の取扱いを受けるのである[37]。

第5節　正当防衛

1　意　義

正当防衛とは，急迫不正の侵害に対して，自己または他人の権利を防衛するため，やむをえずにした反撃行為をいう（36条1項）[38]。正当防衛は，不正な侵害に対する正当な利益の保護として，標語的に「不正対正」の関係に立つ，と言い表されている。

正当防衛は，洋の東西，時の古今を問わず，社会の発展段階，国家体制の違いを超えて不可罰的行為として一般に承認されてきた。正当防衛の成立範囲については各法制度によって広狭の差があり，また，その法的性格についても考え方に変遷があったが，正当防衛が犯罪行為となりえないことは，ほぼ異論なく認められてきたといってよい。しかも，犯罪論体系が整備されてきた近・現代の刑法理論においては，正当防衛が正当化事由であることについても意見の一致をみるに至っているのである。

2　正当化の根拠

正当防衛が適法とされる根拠については，従来，さまざまな説明が試みられてきた。その1つに，正当防衛における「急迫不正の侵害」者の法益は，防衛に必要な限度でその法益性を失う，として正当防衛の正当化根拠を「法益性の欠如」に求める見解が存在するが（法益性の欠如説／平野・Ⅱ228頁），侵害者の不正な利益であるからといって必ずしも法益としての属性が完全に失われるわけではない[39]。そこで，侵害者側の「法益保護の必要性」が失われると説かれることもあるが，その理由は必ずしも明らかではない[40]。たしかに，正当防衛においては侵

---

[37] 緊急行為について全般的に論じたものとして，曽根「緊急行為の構造と法的性格——正当防衛を中心として」『正当化の理論』199頁以下。
[38] 著者による正当防衛全般の考察として，「正当防衛と正当化の原理」『正当化の理論』3頁以下。
[39] 被攻撃者との関係で攻撃者の法益の価値が減少する，と説くものとして林187頁。
[40] 三上正隆・重点課題80頁は，〔不正＝違法性＋帰責性〕と解して，攻撃者が違法な侵害を帰責的に惹起したことにその理由を求めているが，帰責性は必ずしも不正の必要条件ではないであろう。

害者の法益保護が後退することになるが，それはあくまでも防衛者に正当防衛権の行使が認められ，その者の法益が優先的に保護される結果であって（井田272頁参照），「法益性の欠如」といい，「保護の必要性の欠如」といい，いずれも結論を述べているにすぎず，トートロジーのそしりを免れない。正当防衛における正当化の根拠は，先ずもって何故防衛者の法益が優先的に保護されるのか，これを積極的に明らかにするものでなければならないのである。

上述のように，正当防衛は，緊急避難・自救行為とともに，緊急的正当化事由（緊急行為）の1つに数えられる（➡第4節3）。したがって，正当防衛の本質を明らかにするためには，①それが緊急行為であることと，②同じ緊急行為でありつつ緊急避難等から区別される根拠の両面から考察されなければならない。正当防衛が適法な行為とされるのは，まず，①正当防衛に，緊急状況において自己の法益を保全するという，個人主義的な**自己保全の利益**が存在しているからである。個人に与えられた普遍的な自己防衛権を行使する権利行為といってもよい（西田154頁）[41]。

また，②正当防衛においては，緊急避難の場合と異なり[42]，侵害者の不正な利益と被侵害者（防衛者本人または第三者）の正当な利益とが衝突している。したがって，「不正対正」の関係において，「法は不法に譲歩する必要はない」という原則に示されるように，正当防衛には，急迫不正の侵害に対して，個人の法益を保護するための客観的生活秩序である法（権利）が現存することを確証する利益（**法確証の利益**）が存在していることが正当防衛固有の正当化根拠となる[43]（正当防衛の正当化根拠を以上の2つに求めるものとして，他に井田271頁以下[44]，高橋264頁など。なお，松宮135頁）[45]。したがって，被侵害者（防衛者）には侵害から退避（回避）す

---

[41] 自救行為との違いは，同じ緊急行為でありつつ，正当防衛が事前救済的性格を備えているのに対し（その点では緊急避難も同じ），自救行為が事後救済的性格を帯びていることにある（➡第8節3）。

[42] この点に着目して，正当化根拠に関する諸見解を，①正当な保全利益を増加させる方向での説明と，②不正な侵害利益を減少させる方向での説明とに分けて整理するものとして，三上・重点課題78頁以下。

[43] 法確証の利益を「不正な攻撃に対して反撃を認めることで，正当な権利の不可侵性が公に示される，という利益」と説明するものとして，佐伯（仁）117頁。ただし，同117頁以下は，法確証の利益を正当防衛の正当化根拠と解することに否定的である。

[44] なお，井田274頁は，法確証の利益の意義を，正当防衛行為により帰責性（故意または過失）を有する法侵害者に対する侵害抑止の効果の発生が期待できることから法秩序の安定に資することに求めるが（同・理論構造159頁以下参照），反対に，被侵害者に帰責性のない法侵害者による侵害の甘受ないし回避を要求するのは酷であろう。

る義務が生ぜず,現場において侵害者に反撃する権利が認められることになるのである。

正当防衛において「法確証の利益」を取り上げることに対して,この概念の根底には規範防衛論が存在し,国家刑罰権の代理行使の考え方が潜んでいるとする指摘がある(西田156-7頁)。しかし,正当防衛においては,不正な侵害があってもそれが急迫でなければ反撃が認められていないことから明らかなように,法としては可能であれば不正な侵害者の法益も保護したいのであるが(上述のように,不正な侵害によりその法益性が失われるわけではない),防衛者の法益との間に両立不可能な関係が存在し,そのため防衛者による正当防衛権の行使の結果として不正な侵害者の法益保護が後退することになるのであって,法確証の利益も,侵害者の法益の剥奪を意図・目的とする性質のものではなく,その点で,一定範囲で犯罪者の法益の剥奪を制度趣旨・内容とする刑罰とはその本質を異にしている。

ところで,正当防衛も正当化事由の1つである以上,正当化の一般原理である優越的利益の原理の支配を受ける[46]。防衛者の側に自己保全の利益と法の確証の利益とが認められるとき,優越的利益の原理が貫徹されたものとして防衛行為は正当化されるのである(内藤・中329頁以下)[47]。

3 要　件

正当防衛は,その前提である「正当防衛状況」に関する要件と,その内容をなす「正当防衛行為」に関する要件とから構成されている。正当防衛が成立するためには,まず,①その前提として,自己または他人の権利に対する「急迫不正の侵害」が存在しなければならず,**正当防衛状況**が存在しないときは,過剰防衛にもならない。正当防衛状況が存在しないのに存在すると誤認したときは,誤想防

---

45 「要保護性の欠如を媒介とした法益性の欠如の原理と権利行為の法理の組み合わせにより正当防衛は行為の違法性を阻却する」と説明するものとして,西田155頁。
46 山口113-4頁は,「急迫不正の侵害」の要件によって,不正な侵害者の利益に対する被侵害者の利益の絶対的優位性を説くが,これも,結局不正な侵害者と正当な防衛者との立場の相違に依拠することによるものであろう。
47 評価規範を法益主体の側から表現したものとして,「法益ないし財の各人への配分・帰属を定め,この帰属秩序に合致する利益を『権利』として優先的に保護するために,その権利の妨害を構成する利益の要保護性を,妨害排除に必要な限りで後退させる」働きをもつ「保障規範」を想定し,「正当防衛は,保障規範の指示する価値秩序に適った,要保護性の高い利益を守ったものとして,優越的利益の原理により正当化される」と説くものとして,松原144頁以下。

衛として違法となるが,「反撃行為」につき故意が阻却される（➡5）。次に, ②正当防衛の内容をなす**正当防衛行為**の要件は,「自己または他人の権利を防衛するため, やむをえずにした行為」であって, 防衛の程度を超えた場合は, 過剰防衛となる（➡4）。急迫不正の侵害を契機としてなされる行為であっても, およそ防衛効果が期待しえない行為は, 防衛行為とはいえず, 過剰防衛の可能性も排除される（➡207頁）。

1 不正の侵害（正当防衛状況・その1）

防衛行為が可能となるためには, まず, 不正の侵害が存在しなければならない。

(1) 意 義 まず,(a)**侵害**とは, 広い意味で使われており, 権利に対する実害のほか危険を含む概念である。侵害（行為）は, 行為意思に基づくと否と（➡96頁参照）, また, 作為によると不作為によるとを問わない。最決昭57・5・26（刑集36巻5号609頁）は, 使用者が団交の申し入れに応じないという単なる不作為があるのみでは, 急迫不正の侵害があるとはいえない, と判示したが, 使用者が正当な理由なく団交に応じないことは不当労働行為であって不正な侵害である（労組法7条2号）[48]。不作為による侵害は, 作為の場合に比して法益侵害性が弱く正当防衛の範囲が限られるとしても, 正当防衛権行使の対象が作為の場合と異なって不退去など犯罪を構成する場合に限られるわけではない。

次に,(b)侵害は「不正」なものでなければならない。ここに**不正**とは, 法一般における違法という意味である。適法な侵害に対しては正当防衛が認められず, 緊急避難のみが可能となる。なお, 行為無価値論からは, 無過失の行為は違法でなく, このような侵害行為に対しては正当防衛ができないことになるが, 全法秩序の観点からみて防衛者側に優越的地位（利益）が認められる以上, 無過失な侵害も違法であってこれに対する正当防衛を認めるべきである。また, 結果無価値論の側からも, 令状に基づく逮捕行為は適法であるから, 無実の者であっても正当防衛はできない, とされるが（佐伯(仁)129頁）, この場合, 無実の者が逮捕されなければならない謂れはないから, 手続法上適法な行為であっても, 実体法上は違法な行為としてこれに対する正当防衛は可能である。さらに,「不正」は刑

---

[48] 本件につき, 西田162頁は, 侵害の急迫性に問題があったとし, 山口117頁以下は,「違法性の質」が違い,「不正」に当たらないとする。

法上の違法を意味しないから,「不正の侵害」は必ずしも犯罪である必要はなく,例えば民事上の不法行為に対しても正当防衛は可能である[49]。また,「不正」は客観的に違法であれば足りるから(客観的違法論),侵害者が有責であることを必要としない(➡157頁以下)[50]。

不正な侵害については,それが人の違法な侵害行為に限られるか(人的違法論),それとも法の立場から容認しえないものであれば侵害状態も含まれるか(物的違法論),が「不正」の意義との関連で争われている。対物防衛の問題がこれである。

(2) 対物防衛　人間の行為以外の単なる侵害の事実,特に動物による侵害に対しても正当防衛が認められるであろうか。①対物防衛を正当防衛と解する立場は,「不正」すなわち違法という評価はすべての法益侵害・危険の状態に向けられているから,ここでいう「侵害」は広く侵害状態を含むものであると解して,人の侵害行為でない動物の侵害に対しても正当防衛を認める(正当防衛説)。これに対し,②対物防衛に正当防衛を否定する立場は,不正＝違法は(法)規範違反を意味するが,規範は人間の行為に対してのみ向けられるから,不正の「侵害」も狭く人の侵害行為に限定されるとし,そこから外れる動物の侵害を「危難」とみて,これに対しては緊急避難が認められるにすぎない,と解するのである(緊急避難説)[51]。

もっとも,飼い主が攻撃の手段として動物を利用したとき,あるいは動物の侵害の背後に飼い主の作為・不作為が認められるときは,飼い主の侵害行為に対する正当防衛が可能となるから,ここで対物防衛として問題となるのは,飼い主の管理不能な動物の侵害に対するものに限られることになる。また,動物が無主物であったり,保護動物として国家の管理下におかれていない場合は[52],動物によ

---

[49] したがって,可罰的違法性は否定されるが,民法上損害賠償義務が生ずる緊急避難については,その限りでこれに対する正当防衛が認められることになる(➡227頁以下)。

[50] これに対し,客観的違法論を維持しつつ,「不正」を帰責性のある違法と解し対物防衛を否定する見解として,三上・重点課題83-4頁(➡注40)。

[51] 対物防衛を否定しつつ,法秩序の統一性の見地から民法720条2項を根拠に,正当防衛・緊急避難と異なる防衛的緊急避難として刑法上の正当化を認める見解もあるが(井田278頁以下,同・理論構造168-9頁,松宮139頁など参照),これは,同条項が刑法上の対物防衛(の一部)に当たる場合を規定している(民法上は緊急避難),と解すれば足りよう(➡229頁)。

[52] 無主物の動物の保護が国家の管理下におかれ,その殺傷が構成要件に該当する例としては,鳥獣保護法,絶滅動植物保存法などの刑罰規定に触れる場合が考えられるが,この場合は,正当防衛を論ずる意義がある。

る侵害を不正と解するとしても、これを殺傷する行為はいかなる構成要件にも該当しないから、正当防衛を論ずる必要はない。したがって、刑法上、実際に対物防衛が問題となる場面は、動物による侵害状態と動物の利益主体（飼い主・国家）との結び付きが認められる場合に限られよう（山中489頁以下参照）。

　対物防衛につき、緊急避難説に立つとみられる著名な判例がある。Xが猟犬を連れてA方前にさしかかったところ、A所有の番犬がXの犬にかみついてきたので、Xは、そのまま放置すると自分の犬がかみ殺されると思い、携帯していた猟銃でAの番犬を狙って発砲し傷を負わせた、という事案に関し、大判昭12・11・6（裁判例11巻刑法87頁）は、Xの犬の価格がAの犬の価格よりも高いことなどを理由に、緊急避難としてXの行為は違法性を阻却する、と判示した。本判決は、正当防衛に言及することなく緊急避難の規定を適用しているが、これは、動物の攻撃は「不正の侵害」ではありえず、「現在の危難」として緊急避難だけが可能である、という考え方を当然の前提としているものといえよう。

　「不正の侵害」にいう「不正」（＝違法）は、規範論的には法規範違反を意味するが、仮に、主観的違法論のように、法規範はこれを理解する者にのみ向けられていると解すれば、責任無能力者の場合と同様、規範を理解しえない動物の侵害は不正でありえず、これに対する正当防衛は認められない。また、客観的違法論に立ちつつ、法規範は「人間の行為」のみを対象としていると解すれば（修正説）、責任無能力者の侵害に対しては正当防衛が可能であるが、動物の侵害に対してはやはり正当防衛が認められないことになる。しかし、動物の侵害も明らかに法益を侵害・危険化しているのであって、客観的違法論をとって責任無能力者の侵害行為に対しては正当防衛を認めつつ、飼主の管理できない動物の侵害に対しては正当防衛が許されないと解するのは、著しく均衡を失する。先の事例において、仮にXの犬の価値がAの犬の価値より低かったとしても、Xとしては、自分の犬が襲いかかってきたAの犬によってかみ殺されるのを甘受しなければならない理由はない。法規範の第1次的役割を評価機能に求める本来の客観的違法論の立場から、動物の侵害をも不正と評価してこれに対する正当防衛を肯定すべきである[53]（➡第1節**3**）[54]。

　36条1項も「不正の侵害」と規定しているだけであるから、これを侵害行為に限ることなく侵害状態（違法状態）をも含むと解することに十分な合理性があると考えられる。むしろ、刑法は不正の「侵害行為」と規定しているわけではない

のだから，「侵害」を「侵害行為」に限ることによって，防衛者に法文よりも不利益な解釈をすることは，罪刑法定主義上の疑義さえ生じさせることになろう（内藤・中339頁）。

2 急　迫（正当防衛状況・その2）

(1) 意　義　侵害は不正であれば足りるというわけではなく，それはまた急迫なものでなければならない。ここに「急迫」とは，差し迫った現在の意味であり，過去および将来の侵害に対しては，正当防衛は認められない。侵害が急迫であるかどうかの判断は，侵害の不正性と同様，正当防衛の前提要件である正当防衛状況の存否を確定するためのものであるから，防衛行為側の要件，特に行為者の主観的事情から切り離して，客観的状況を踏まえて事実的，物理的になされなければならない。

> **【喧嘩と正当防衛】**　侵害の急迫性に関連して第1に問題となるのは，喧嘩闘争においても正当防衛が認められるか，ということである。かつての大審院判例は，喧嘩両成敗の考え方を前提にして，喧嘩闘争に正当防衛の観念を容れる余地がないとしていたが（大判昭7・1・25刑集11巻1頁），最高裁は，まず一般論として，喧嘩においても闘争の全般からみて正当防衛の成立する場合がありうることを認め（最大判昭23・7・7刑集2巻8号793頁），次いで，より積極的に喧嘩闘争における正当防衛の成立を明らかにした（最判昭32・1・22刑集11巻1号31頁）。喧嘩の場合も，具体的事案に即して急迫性その他の個々の要件の有無を吟味し，正当防衛の成否を決定する必要がある。

(2) 侵害の継続性[55]　急迫性に関し第2に問題となるのは，具体的事案において，侵害がなお継続中であって急迫性が認められるか，侵害がすでに終了し過去のものとなったため急迫性が否定されるか，の判断である[56]。特に，行為者が侵

53　対物防衛においては，①刑罰の前提となる犯罪成立要件（人の行為に限られる）としての違法性ではなく，②正当防衛の対象としての侵害の違法性（不正性）が問われていることにも注意を要する（➡158頁参照）。これに対し，大塚383頁は，①のみを「違法性」と解し，②の「不正」を「法益侵害の危険」と解して違法性から区別する。

54　なお，対物防衛には正当防衛を認める「正の確証」が存在しないとする見方もあるが（高橋270頁），動物の法益侵害によっても客観的法秩序（保護法益が安全に保たれている状態）は動揺するのであって，法（正）の確証のために相手方（動物）に対して法秩序の存在を知らしめることは必ずしも必要ないであろう。

55　この問題に関する私見の詳細は，「侵害の継続性と量的過剰」『展開』201頁以下。

害者から凶器を奪い取った事例について問題となるが，たとえ凶器を奪い取ってもなお侵害が継続し，侵害の現在性・切迫性を認めうる場合には，「急迫」の要件を満たしているといえる（最判昭26・3・9 刑集5巻4号500頁）。

　過去の侵害との関連で侵害の継続性（急迫性）が問題とされたものに，最判平9・6・16（刑集51巻5号435頁）がある。本判決は，被告人がアパート2階で相手方Aからいきなり鉄パイプで殴打されてもみあいとなり，いったんは被告人が鉄パイプを取り上げて相手を殴打したが（第1暴行），Aは，これを取り戻して殴りかかろうとして，その際，勢い余って2階手すりに上半身を乗り出してしまったが，Aがなお鉄パイプを握っていたので，同人を階下のコンクリート道路上に転落させた（第2暴行），という事案に対して，①Aの旺盛かつ強固な加害意欲が被告人の第2暴行時にも存在していたこと（加害意思の存在），および②Aが間もなく態勢を立て直して再度の攻撃に及ぶことが可能であったこと（再度の攻撃可能性）を根拠に，第2暴行時にも急迫不正の侵害が存在していたことを認めた。

　同じ侵害の急迫性に関する判断であっても，判例において，ⓐ侵害の開始時点（急迫性の開始時期）における判断基準と比較して，ⓑ侵害の終了時点（急迫性の終了時期＝継続性）における判断基準の方が緩やかに扱われる傾向にある。これは，ⓐにあってはそもそも侵害が存在するかどうかが問題となるのに対し，ⓑにあっては，すでに存在したことが明らかな侵害がなお存続しているか否かが問われるからであろう。したがって，侵害の継続性が否定されても，侵害行為時に開始された反撃行為が侵害終了後も引続き行われた場合には，量的過剰として過剰防衛規定が適用（準用）される可能性が残されている（➡ 4）。

　(3) 侵害の予期と積極的加害意思　急迫性に関して第3に問題となるのは，侵害を予期しながらこれに立ち向かった場合，殊に防衛者が相手方の加害を予期していただけではなく，その加害行為に対して効果的に反撃ができるように事前に凶器を携行し，その準備行為が純粋に防衛の動機・目的でなされたとはみられない事例の取扱いである。

　(a) 判例の動向　かつての判例は，侵害について当然または十分の予期が

56　ここで「侵害の継続性」は侵害行為の継続性をいい，その後の単なる侵害状態の継続性を含まない（➡124頁参照）。例えば，窃盗犯人が物の占有を確保した後は，法益侵害状態が継続していても（状態犯），事前の急迫性は失われ，盗品の取戻しは同じ緊急行為ではあるが事後救済としての自救行為の問題として扱われる（➡250頁）。ただし，監禁罪のような継続犯の場合は，犯罪が継続している間，侵害状態を超えて行為の継続性，したがって急迫性が認められる。

あったときは，急迫性を否定する傾向を示していた。例えば，最判昭30・10・25（刑集9巻11号2295頁）は，本件において被告人は相手方の侵害について充分の予期をもち，かつ，これに応じて立ち向かう充分の用意を整えて，進んで相手と対面すべく赴いていたわけであるから，この侵害は被告人にとって急迫のものということはできない，と判示した。

ところがその後，最判昭46・11・16（刑集25巻8号996頁）は，相手方の侵害を予期しつつも，口論して別れた相手に謝り仲直りしようと思って現場に戻った場合について，「侵害があらかじめ予期されていたものであるとしても，そのことから直ちに急迫性を失うものと解すべきではない」として，相手方の侵害意図が被告人に予期されていたにもかかわらず侵害の急迫性を肯定するに至ったのである。本判決は，また，侵害の回避可能性は「急迫性」の問題ではなく，防衛行為の必要性・相当性の問題であるとも判示しており，侵害の急迫性の認定に際しては，侵害の予期・回避可能性，防衛意思などの防衛者側の（主観的）事情は一応これを排除して，もっぱら侵害の時間的切迫性という客観的事実だけによって急迫性を判定すべきことを明らかにした。もっとも，防衛者にとって「ある程度」の侵害の予期から「直ちに急迫性を失うものと解すべきではない」ともしており，侵害が確実に予期されていて，しかも十分な反撃が準備されているような場合には急迫性が欠ける，とする余地を残したのであった。

そして，最決昭52・7・21（刑集31巻4号747頁）は，「当然又はほとんど確実に侵害が予期されたとしても，そのことから直ちに侵害の急迫性が失われるわけではない」として，妥当な方向を示したが，他方で，「単に予期された侵害を避けなかったというにとどまらず，その機会を利用し積極的に相手に対して加害をする意思で侵害に臨んだときは，もはや侵害の急迫性の要件を充たさない」と判示して，侵害の急迫性が失われる場合を一般的な形で示したのである。これは，積極的加害意思で対応した者は，正当防衛に名を借りて攻撃を加えたこと（口実防衛）に他ならないから，過剰防衛すら認めるべきではない，との価値判断に基づくものと考えられている[57]。また，最決平4・6・5（刑集46巻4号245頁／フィリピ

---

[57] 香城敏麿・最高裁判例解説刑事篇昭和52年度247頁。本決定は，従来の裁判例が防衛意思の問題と関連させて論じてきた積極的加害意思の問題を急迫性の問題に移し変えて論じたところに判例としての意義が認められているが，調査官解説からも窺われるように，本決定以後も防衛意思が問題とならなくなったわけではない（➡199頁）。

ンパブ事件〔事案の詳細については，➡564頁〕）は，共同正犯における過剰防衛の成否が問題となった事案において，昭和52年決定を引用しつつ，相手方の侵害は，積極的な加害意思がなかった（実行）共同正犯者Yにとっては急迫不正の侵害であるとしても，積極的な加害意思をもって侵害に臨んだ（共謀）共同正犯者Xにとっては急迫性を欠くものである，と判示し，Yについて過剰防衛の成立を認めたものの，Xについてはこれを認めなかった。

(b) 判例の評価　判例の基本的立場は，結局，①相手方の侵害が単に予期されていたにすぎない場合，および相手方の加害を予期して反撃を用意していたとしても，それが純粋に防衛のためのものである場合には急迫性が認められるが，②相手方の侵害を予期したうえ，あらかじめその侵害を積極的に利用する意図をもって攻撃の準備をしたときは，もはや急迫とはいえず，したがってそのような反撃はもはや防衛行為とは認められない，というものである。

以上の点を考慮すると，判例が，侵害の急迫性は侵害が予期されただけでは失われるものではない，という正当な方向へ一歩を踏み出しながら，積極的加害意思をもって侵害に臨んだときは急迫性が失われる，として正当防衛のみならず過剰防衛の可能性をも奪っているのは不徹底のそしりを免れない。なぜなら，主観的要素の排除は，侵害の予期といった認識的要素を超えて，加害の意図といった意思的要素にまで及ぶものでなければならないからである。たとえ，行為者が事前に積極的な加害意思を有していたとしても，その加害行為が相手方の侵害に対応する形で行われたときは，やはり侵害の急迫性を認めてよいと思われる[58]。積極的加害意思といった行為者側の主観的な意図的・意欲的要素（心情要素）を直接的な形で客観的であるべき正当化事由である正当防衛，特に防衛行為の前提である正当防衛状況の判断資料とすることにはなお問題が残るといえよう[59]。

(4) 挑発防衛　急迫性に関連して第4に問題となるのは，単なる積極的加害意思を超えて，自ら挑発行為をして違法な攻撃を有責に招いた場合（**自招侵害**）の扱いである。

---

[58] そこから，急迫性において問題となるのは，客観的な積極的加害行為であって主観的な加害意思ではない，とするものとして平野・Ⅱ235頁参照。

[59] 前田257頁は，「重大な侵害が確実に予想されるにもかかわらず，行かなくてもよい危険な場に出向いた者の反撃行為」は，防衛のための行為に当たらないとするが，後記の自招侵害の場合は別として，「危険な場に出向く」のは防衛行為の背景事情であって，そのこと自体が正当防衛の成否を左右することにはならないであろう。

(a) **取扱い**　この場合も，被挑発者は挑発に乗って挑発者を攻撃してはならないのであり，挑発者に対する攻撃は原則として違法であるから（浅田235頁），挑発者もこれに対し直ちに正当防衛ができなくなるわけではない[60]。特に，挑発者が予期していた以上の攻撃を受けた場合は，正当防衛権の行使が完全に否定されるわけではないが，挑発行為によって法確証の利益が減少するから，防衛行為の必要性の範囲は狭くなり，侵害を回避することが可能なときは退避義務が生ずる。さらに進んで，正当防衛状況を利用して他人を侵害する意図をもった挑発行為の場合（**意図的挑発**）は，およそ正当防衛が認められず，過剰防衛の成立する余地もない。

近時の判例（最決平20・5・20刑集62巻6号1786頁）は，必ずしも積極的加害意思に基づく意図的な挑発とはいえないケースについて，相手方Aの攻撃が，被告人Xの暴行に触発された，その直後における近接した場所での一連，一体の事態であるときは，Xが不正の行為により自ら招いたものといえるから，Aの攻撃が暴行の程度を大きく超えるものでないかぎり，何らかの反撃行為に出ることが正当とされる状況にあるとはいえない，と判示している。本決定は，侵害が予期されていない場合であっても，①違法行為によって侵害を招致していること（不正な自招性），②侵害が違法な招致行為の程度を大きく超えていないこと（ソフトな均衡性），③侵害が違法な招致行為と場所的・時間的に接着した一連・一体のものといえること（自招行為と侵害行為の一体性）を根拠に，「正当防衛状況性」ともいうべき包括的な判断枠組を用いて，正当防衛の個別の要件に言及することなく正当防衛の成立を否定している[61]。しかし，これは，最初から有無を言わせず過剰防衛の可能性をも排除するものであり，特にAの攻撃も適法とはみられない本件においては，正当防衛の門戸を閉ざし過ぎているきらいがある。

(b) **制限根拠**　挑発に基づく攻撃に対する正当防衛を制限する根拠として，次のような見解が主張されている。

(i) **原因において違法な行為の理論**　これは，挑発に基づく防衛行為自体は適法であるが，原因行為である挑発行為が違法であるから，その結果として適法

---

[60] 古く大判大3・9・25（刑録20輯1648頁）は，自らの不正行為により侵害を受けるに至った場合でも，正当防衛権の行使は可能である，と判示していた。
[61] 本決定は，裁判員裁判をも念頭においたものと推測されている（高山佳奈子・百選Ⅰ55頁）。他に本判例の研究として，岡本昌子・刑法の判例55頁など。

な防衛行為を経て法益侵害を惹起したことに対し，故意・過失の責任を問いうる，とする見解である（山口120-1頁）。意図的に相手方の攻撃を招いた場合にも挑発者に正当防衛権を認め，防衛行為については刑事責任を問えないとしながら，挑発行為自体を構成要件実現行為とみることにより，そこに処罰根拠を求めるところにこの立場の特色がある。

　原因において違法な行為の理論に対しては，もともと防衛行為とそれによる結果が適法であるにもかかわらず，何故，原因行為である挑発が違法であれば，適法であるべき防衛行為によって惹起された結果が同時に既遂の違法性を基礎づけることになるのか，という疑問が提起されよう[62]。また，この理論の射程範囲が広がりすぎるという問題性を意識して，不正侵害を惹起する相当程度の危険という形で，挑発行為に危険性の観点から絞りをかけこれを防衛行為と一体化しようとすると[63]，原因行為を独立に取り上げる意義が希薄化するという問題もある（前田・基礎207頁参照）。

　(ⅱ) 権利濫用説　この見解は，自ら意図的に相手方の侵害を招いておきながら，これに対して防衛行為をしようとするのは，正当防衛権の濫用であって許されない，と主張する。ただ，権利濫用説の基本思想は妥当であるとしても，権利の濫用という一般条項を援用するだけでは，正当防衛権制限の具体的・実質的根拠を十分に明確化することはできない[64]。

　思うに，積極的な利用・加害意図をもった挑発（意図的挑発）による攻撃に対する《防衛》の場合は，およそ正当防衛権固有の根拠としての法確証の客観的利益が存在せず，防衛者は法秩序の擁護者をもって自らを任ずることができず，このような場合の行為は，客観的にみて「防衛のための」行為とはいえないであろう（前田・基礎207-8頁）。また，積極的加害意図を有していないとしても，自ら挑発行為をして違法な攻撃を有責に招いた以上，挑発行為によって法確証の利益は減少するから，防衛行為の必要性の程度は低くなり，防衛行為の存在を認めたとしても，正当防衛は一定の制限を受けることになるのである（内藤・中336頁）。

---

[62]　山中敬一『正当防衛の限界』（1985年）184頁参照。
[63]　山口厚「自ら招いた正当防衛状況」法学協会百周年記念論文集第2巻（1983年）755頁。
[64]　山口・前掲注（63）744頁以下。

3 自己または他人の権利の防衛（正当防衛行為・その1）

正当防衛は，急迫不正の侵害に対して，「自己または他人の権利を防衛するため」に行われる。

(1) 自己または他人の権利　ここに「権利」とは，法令上権利として認められているものに限られることなく，広く法の保護する利益（法益）を意味する（改正刑法草案14条1項参照）。自己の法益だけではなく，「他人」の法益も防衛の対象となる（**緊急救助**）。

問題となるのは，「他人の法益」の中に国家・社会的法益を含むか，ということである。通説・判例（最判昭24・8・18刑集3巻9号1465頁）は，「国家公共の機関の有効な公的活動を期待し得ない極めて緊迫した場合においてのみ例外的に許容さる」と限定を付しつつも，一般に国家・社会的法益のための正当防衛の可能性を肯定しているが，疑問である。国家の権力機構・権力作用や法秩序・社会的法益自体を防衛することは，本来国家の任務であって，個人の任務ではない。このような利益にまで正当防衛の対象を拡大するならば，正当防衛が政治的に濫用される危険が生ずる。仮に国家・社会的法益が正当防衛の対象となることがあるとしても，それは，これに対する侵害が同時に個人的法益に対する侵害を含むような例外的場合に限るべきであろう。

(2) 防衛意思　防衛行為について，法文は「防衛するため」としているが[65]，これが「防衛意思」をもって行うことが必要である趣旨なのかどうか，また，防衛意思が必要であるとしてその内容は何か，争いのあるところである。後者の問題からみてゆくことにしよう。

(a) 防衛意思の内容　この点に関しては大別して2つの考え方があり，判例には変遷がみられる。かつての判例は，防衛意思の内容を狭く防衛の動機・目的の意味に解していた（**目的説**）。例えば，大判昭11・12・7（刑集15巻1561頁）は，攻撃者が被告人に向かって行き突然その胸ぐらをつかんだため，これに対して反撃したという事案に関し，被告人は「憤激して」やったのであって「正当防衛の意思」でやったのではないから正当防衛の成立は認められない，とした。これは，防衛の認識は憤激によって影響されないが，防衛の目的は影響されうるか

---

[65] 「防衛行為といえるためには，当該行為が権利の防衛に役立つものでなければならない」が，「このような防衛手段の『適合性』は，……『防衛行為（狭義）』の内容をなし，これを欠く場合には過剰防衛にもならない」とするものとして，松原154-5頁。

ら，防衛の目的を意味する防衛意思が本件の場合認められない，とするものである。しかし，防衛の意思は，実際上，急迫した状態での自衛本能に基づく反射的行動，特に憤激・驚愕・興奮・狼狽等の下になされた反撃行為との関係で多く問題となるのであるから，防衛の意思を肯認するために憤激というような他の動機ないし目的の存在は妨げとならないと解すべきである。防衛意思の内容としては，防衛の認識，ないしはせいぜい侵害に対応しこれを避けようとする意識（対応意思）で足りるとする考え方（**認識説**）が妥当である[66]。

最高裁判例として，防衛意思の内容について最初に認識説的見地に立った前出の最判昭46・11・16（➡ ②(3)(a)）は，防衛の意識または対応の意識が認められる以上，たとい憤激・興奮・逆上して反撃に出たとしても防衛の意思を欠くものと解すべきではない，とする多数の学説に呼応して，防衛意思は純粋に防衛しようとする意思だけであるべきでその他の意思があってはならない，とする従来の見解を排斥し，「相手方の加害行為に対し憤激又は逆上して反撃を加えたからといって，ただちに防衛の意思を欠くものと解すべきではない」と判示した。さらに，最判昭50・11・28（刑集29巻10号983頁）は，「急迫不正の侵害に対し自己又は他人の権利を防衛するためにした行為と認められる限り，その行為は，同時に侵害者に対する攻撃的な意思に出たものであっても，正当防衛のためにした行為にあたる」と判示し，もっぱら攻撃の意思に出た場合は別として（最判昭60・9・12刑集39巻6号275頁），攻撃意思が防衛意思と併存している場合の行為も防衛意思を欠くものではないことを認めたのであった。

(b) 口実防衛　　前掲昭和50年最高裁判決（➡(a)）は，基本的に認識説に立ちつつ，同時に「防衛に名を借りて，侵害者に対し積極的に攻撃を加える行為は，防衛の意思を欠く結果，正当防衛のための行為と認めることはできない」（傍点筆者）として，積極的加害意思が防衛意思と両立しえないと解したうえ，いわゆる「口実防衛」を正当防衛から排除した。最高裁は，積極的加害意思に基づく行為は防衛意思を欠くとしたのであるが，しかしこの場合，たとえ予期された侵害に対する積極的な加害行為であろうとも，防衛者に侵害の存在の認識とこれに対応する意識が認められる以上，防衛者に防衛意思がないと言い切れるかは疑問である[67]。

66　高橋275頁は，防衛の目的の存在によって当該行為に対して反撃行為としての意味が付与される，として「侵害排除意思」という意味での防衛の目的を要求する。

一方で，行為者が憤激または逆上していても存在し，また攻撃意思と併存しうる性格のものでありながら，他方で，積極的加害意思と両立しえない「防衛意思」を観念することはきわめて困難である[68]。この点，防衛の認識と防衛の目的（意図）との中間に「攻撃に対応する意思」を挙げ，これを防衛意思と捉える見解もある[69]。しかし，反撃行為が単なる攻撃意思によるものか，より強い積極的な加害意思によるものかという「攻撃（反撃）意思の程度」で「対応意思（防衛意思）」の有無，したがって正当防衛の成否を決するのは至難の業である（前田・基礎197-8頁）。そこで，防衛意思の内容として防衛の目的をも要求する目的説が採りえないとすれば，認識説の見地から，防衛意思の内容を防衛の認識にまで緩和して，急迫不正の侵害を認識して反撃に出ている以上，積極的加害意思があってもなお防衛意思を認めるべきである。口実防衛に限界を設けるとしても，それは主観的な反撃意思の程度・内容ではなく，客観的な防衛行為の必要性・相当性の見地からなされるべきであろう（➡ 4 ）。

【積極的加害意思と正当防衛】　客観的違法論を純化した立場から，違法性が客観的に捉えられなければならないとすると，その裏面である正当化事由も客観的に構成されなければならない。正当化事由の1つである正当防衛についても，その成否にあたり行為者の主観的事情，したがって積極的加害意思を考慮に入れる必要はないと思われる。しかし，積極的加害意思を何らかの形で正当防衛の成否に反映させようとする判例理論は，きわめて強固である。判例は，積極的加害意思が認められる場合に，ときにより「急迫性」の要件を欠くといい（➡ 2 (3)），あるいは「防衛意思」を欠くというが，一般的傾向としては，ⓐ反撃行為の予備・準備段階における意思内容を急迫性の要件において考慮し[70]，ⓑ反撃行為の実行時における意思内容を防衛意思の要件において考慮する，という態度を採っているとみることもできる[71]。そのかぎりで，急迫性の問題と防衛意思の問題とは区別され，対象の振り分けがなされているのである。

　しかし，積極的加害意思が認められる場合には急迫性の要件を満たさないとす

---

[67] その後の判例（前掲最決昭52・7・21／➡ 2 (3)(a)）が積極的加害意思の問題を防衛行為の領域から排除し，「急迫性」の領域に移し変えたことには，それなりの理由がある（なお，その場合の問題性については，➡194頁参照）。
[68] 前田・前掲注（18）146頁以下。
[69] 香城敏麿「判解」法曹時報29巻8号（1997年）155-6頁。
[70] 前掲最決昭52・7・21が急迫性を否定したのは，単に積極的加害意思が存在したからだけではなく，侵害の予期も存在したからと考えられる。
[71] 安廣文夫・最高裁判例解説刑事篇昭和60年度142頁。

ることに疑問があると同時に，防衛意思に少なくとも防衛の認識以上のものを要求することに疑念が残る以上，主観的な積極的加害意思の問題はおよそ正当防衛の要件から排除すべきであると思われる。たしかに，積極的加害意思を行為動機とする反撃行為は往々にして防衛の程度を超えて過剰防衛となり，その限度で行為は違法となるが，積極的加害意思の存在それ自体が正当防衛を否定し違法性を基礎づけることになるわけではない。積極的加害意思に導かれた行為であっても，急迫不正の侵害に対応する形で行われ，客観的にみて防衛の程度を超えていなければ通常の正当防衛なのである。たしかに，積極的加害意思に基づく行為が防衛の程度を超えるに至った場合は，通常，そのことにつき認識のある故意の過剰防衛として扱われることになるが（→ 4 (3)(a)），その場合でも防衛意思が欠けるわけではない。ただし，過剰防衛の法効果である「刑の減軽又は免除」の根拠とされる違法減少・責任減少のうち（→ 4 (2)(b)），精神の動揺による責任減少の側面が欠けることから，任意的な刑の減免（少なくとも免除）が認められなくなる，と解すべきであろう（山口・探究65頁参照）。

　(c) **偶然防衛**　　正当防衛におよそ防衛意思が必要か，が問われるテーマに偶然防衛がある。これは，ある者が積極的加害意思をもって他人の法益を侵害したところ，実は，その他人も自己または第三者の法益を攻撃しようとしていたため，偶然にも自己または第三者の法益を防衛する結果となっていた場合をいう[72]。例えば，Xは，AがBを殺害しようとして銃を構えていたことを知らず，殺意をもってAに向け銃を発射しこれを殺害したため，Bが偶然にも一命を取りとめた，というケースがそれである。この場合，①行為者Xには防衛意思が認められないから，防衛意思必要説によればXの行為は正当防衛とならないが，②客観的にみれば結果的にせよ防衛の効果が生じているので，防衛意思不要説によれば正当防衛が認められることになる。

　(i) **行為無価値論の場合**　　この立場は，違法判断にあたり主観的違法要素を要求し，その反面において，正当化事由である正当防衛については主観的正当化要素として防衛意思を要求する。すなわち，行為無価値論によれば，客観的な防衛行為と主観的な防衛意思とが認められて初めて，その法益侵害行為は正当防衛として正当化されるが，偶然防衛の場合，客観的にみて防衛行為は存在するが，主観的な防衛意思が存在しないため，この立場では正当防衛が認められないこと

---

[72] 偶然防衛に関して私見を詳論したものとして，「『偶然防衛』再論—自己のための偶然防衛を中心として—」『研究』173頁以下，「防衛意思と偶然防衛」『展開』187頁以下。

になるのである。

　行為無価値論は，本来，人間の行為は主観と客観の全体構造をもつものである，ということから出発して，行為の違法性も客観的要素と主観的要素が相まって初めて認められ，いずれか一方でも欠ければ行為は違法でなくなるはずである。したがって，偶然防衛の場合，客観的には防衛行為が存在するのであるから，客観的違法要素を欠き，本来であれば主観的正当化要素を欠いても違法でなくなるはずであるにもかかわらず，行為無価値論は主観的違法要素（防衛意思の不存在＝犯罪意思）を重視してこれを違法と解しており，そこにこの立場の問題性が指摘されることになるのである[73]。

　(ⅱ) **結果無価値論の場合**　　まず，①この立場で主観的違法要素を否定する場合には，正当化事由についても主観的正当化要素を要求せず，正当防衛については防衛意思不要説に至ることになる。したがって，偶然防衛についても，正当防衛の客観的要件を満たす以上，正当防衛として認められることになるのである。また，②結果無価値論に立ちつつ，故意は主観的違法要素でないが，目的犯における目的のような超過的内心傾向を例外的に主観的違法要素と解する立場でも，防衛意思を防衛の認識，対応の意識と解する場合には（認識説），防衛意思が客観的な防衛行為を超過せず，その認識としていわば「防衛行為の故意」と捉えられて主観的正当化要素ではないことになる。結果無価値論によれば，基本的に防衛意思は不要であり，法益侵害行為が防衛行為として正当化されるかどうかは，それによって保護された法益が侵害された法益よりも優越的な保護に値するかどうかによって決まってくるのである。

　前例についてみると，XがAに向け銃を発射しなければBは生命を失い，また，Bの生命を救うためにはXがAに銃を発射する必要がある，という関係が認められるが，Aは，何ら侵害を受けるべき謂れのないBの生命を侵害しようとしているのであり，Aの生命とBの生命とを同時に保全する途がない以上，法の立場からみて，Bの生命が優先的に保護されなければならないことは理の当然である。Xに防衛意思がないとはいえ，結果的にせよXの行為によってBの正当な利益が保全されている以上，Xに正当防衛の成立を認めるべきである。正当防衛は，利益衝突が「不正対正」の関係にあると特徴づけられるが（➡2），ここで

---

[73] 前田・前掲注（18）99頁参照。

は，衝突する2つの利益の担い手であるA（不正）とB（正）との間にこの関係が維持されているのである。

これに対し，AがX自身を殺害しようとしていた場合には，XのA法益とAの法益とが衝突しているのであり，前例と異なり，法は，衝突する2つの法益の担い手であるXとAのいずれの側にも優越的地位を認めることができない。防衛意思のないXの利益は，Aの利益と同様，法の保護に値しない不正な利益であって，そこにあるのは「不正対不正」の利益衝突であり，Xに正当防衛を認めることはできない。さもないと，Aが一瞬早く引き金を引きXを殺害した場合にAに正当防衛を認めることになるが，法は「早い者勝ち」を認めるべきではないであろう。強者（射撃技量の優れた者）に正義を認め，弱者（射撃技量の劣った者）を不正とするのは法の理念に合致しない。そのかぎりで，本件においては結果的に防衛意思の存在が行為の正当化のための基礎におかれることになるが，それは防衛意思の認められないX（Aについても同様）の法益が不正利益と評価されるからであって，行為無価値論の説くように，防衛意思を有していない行為者Xの心理状態自体が行為の違法性を基礎づけると考えるからではない。

もっともこの場合，Aの利益も法の保護の外にあるので，Xの罪責は違法性の程度としては未遂の限度にとどまると解すべきであろう[74]。たしかに，Aは死亡しているのであるから，Xの行為は殺人（既遂）罪の構成要件に該当するが（この点は通常の正当防衛の場合も同じ），Aの法益も法の保護に値しない不正な利益であることによって，通常の殺人とは法的評価を異にすると考えられる。ただし，現にA死亡の結果が発生しているので，未遂規定の適用ではなく，その準用にとどめるべきであろう[75]。

(3) 防衛行為の対象と効果　正当防衛にあっては，不正な侵害に対する正当な反撃という意味で，防衛者に法の確証の利益が認められるのであるから，防衛行為は当然に不正な侵害者に向けられたものでなければならない。したがつて，不正な侵害を契機として惹き起こされた行為であっても，不正な侵害者ではなく第三者に向けられた行為は，それが被侵害者（防衛者）の法益の保護に資するかぎりで緊急避難の可能性は認められるが，およそ正当防衛のカテゴリーに含まれ

---

[74] 防衛意思不要説を採りつつ，偶然防衛に未遂の可罰性を認めるものとして西田171頁。
[75] 構成要件的結果が発生しているから純粋な未遂犯ではないが，防衛効果が生じていることから結果無価値が減少し未遂犯に準じる，とするものとして高橋276-7頁。

るものではありえない（➡ 6 参照）。

　また，正当防衛は，通常，反撃行為によって防衛の結果（侵害の排除）が生じた場合に認められるが，問題となるのは，例えば，AがナイフをもってXに襲いかかってきたので，XがAに向かって石を投げたところ，急所を外れてAにかすり傷を与えたにすぎず，結局，Aの刺突行為によりXが重傷を負ってしまった場合のように，反撃行為に出たものの防衛に失敗して防衛の効果をもたらさなかった，いわば「正当防衛の未遂」についてどのように考えたらよいか，ということである。この場合，侵害排除の効果が生じなかった以上正当防衛として違法性が阻却されない，とする見方もあるが[76]，前例で，石がAの急所にあたりAに重大な危害を加えて反撃が功を奏した場合（正当防衛の既遂）に正当化されるのであるから，Aに加えた危害が軽微なため反撃に失敗して不正な侵害を受けてしまった場合であっても，正当防衛の結果が発生する可能性があった以上，その行為は適法と解すべきである[77]。Xの正当な法益がAの不正な法益に優越するという関係（不正〔A〕対正〔X〕の関係）は，防衛行為の結果によって左右されるものではない。防衛に向けられた反撃行為自体の正当性を認めないと，正当防衛を認めている制度自体の趣旨が没却されることになってしまうであろう（山口125-6頁）。

4　必要性・相当性（正当防衛行為・その2）

　防衛行為は「やむを得ずにした」ものでなければならない。防衛行為の必要性・相当性の要件がこれである[78]。防衛行為が必要性・相当性の程度を超えたときは，過剰防衛となる。

　(1) 防衛行為の必要性　　まず，ⓐ正当防衛は，不正な侵害に対する正当な反撃行為であるから（不正対正の関係），ここに「必要性」とは，単に，必要やむをえないことを意味し，正対正の関係に立つ緊急避難のように他にとるべき方法がなかったこと（補充性の原則）を要しない。したがって，相手方の侵害から退避することが可能な場合にも，法確証の利益に由来する「その場に滞留する利益」

76　山本輝之「優越利益の原理からの根拠づけと正当防衛の限界」刑法雑誌35巻2号（1996年）53-4頁参照。
77　ここでも，防衛行為が強者（投石名人）の行為か弱者（投石技量の劣る者）の行為かによって，正義（正当防衛）と不正（違法）のレッテルを貼り分けるべきではないであろう。
78　三上・重点課題84頁以下は，正当防衛行為に「比例の原則」の適用を認め，考慮事項として，①手段の有用性，②手段の必要性，③狭義の比例性＝利益の均衡性を挙げるが，これを厳格に適用する場合，正当防衛の許容範囲はかなり限られたものとなろう。

を認め，正当防衛を行うことができる。必要性の程度は，侵害の強さの程度と侵害の危険性の程度，および自己の用いうる防衛手段によって決定される（内藤・中345頁）。

　問題となるのは，防衛行為が侵害者の生命に対する危険を伴う場合にも，常に補充性の要件を必要としないか，ということである。この点につき，「生命に対する危険の高い防衛行為は，重大な法益を守るためで，かつ，他に侵害を避ける方法がない場合に限って許容すべきである」とする見解が有力に主張されている（佐伯（仁）140頁以下，149頁）。たしかに，反撃行為が侵害者の生命の危険のない身体的利益・自由・財産等に対する加害にとどまる場合は，防衛した利益と法確証の利益とが相まって，防衛者側に優越的利益が認められて防衛者に退避義務は生じない。しかし，反撃が侵害者の生命に対する加害に及ぶ場合は，生命が人間存在そのものに関わる，他の何ものにも代えがたい利益であることに照らすと[79]，仮に不正な侵害が防衛者の生命に向けられたものであるとしても，防衛者が安全確実かつ容易に退避することが可能であるかぎり，両者の生命が二者択一の関係で拮抗しているとはいえなくなることから，滞留の利益（法確証の利益）を考慮しても防衛者に優越的利益が認められず（佐伯（仁）146頁・注24），退避義務が生ずると解すべきであろう。

　次に，ⓑ必要性の原則はまた，複数の防衛手段が同程度に可能である場合，そのうちできるだけ加害・危険の少ない手段が選択されなければならないことを意味している（選択可能性＝相対的最小限度手段性）。問題となるのは，この意味での必要性の要件を満たしつつ，たまたま重い結果が生じた場合の取扱いであるが，この点については，➡(2)(b)。

(2) 防衛行為の相当性（均衡性）　　防衛行為の必要性が選択可能な防衛行為相互の関係で問題となるのに対し，防衛行為の相当性は，侵害行為と防衛行為との対比で問題となる（比喩的に「武器対等の原則」と呼ばれる）[80]。

(a) 意　義　　ここに「相当性」とは，緊急避難が法益の厳密な均衡を要求し

---

[79] 生命は，自殺関与罪・同意殺人罪（202条）の規定の存在からも明らかなように，被害者の自己決定権にも優越する利益であって（➡262頁），法益としてのその特殊性は正当防衛においても考慮に入れるべきであろう。

[80] もっとも，防衛行為の必要性も，「侵害行為との関係で」どの防衛行為を選択する必要があるかという問題であり，また，防衛行為の相当性も，侵害行為と相当であるためには「どの防衛行為を選択すべきか」という問題でもあって，必要性と相当性の区分けは絶対的なものではない。

ているのとは異なり（➡234頁），保全法益と侵害法益とが著しく均衡を失していないことを意味する（相対的権衡＝ソフトな均衡性）[81]。したがって，例えば，りんご1個を泥棒から防衛するための唯一の手段として泥棒を射殺した場合のように，保全法益と侵害法益とが均衡を著しく失している場合は過剰防衛となる。なお，このような場合はおよそ正当防衛が認められず，過剰防衛にもならない，とする見方もある（山口131-2頁）。たしかに，違法行為である過剰防衛の可能性しかないということは，法としては被侵害者にりんごを窃取されることの受忍を求めているのであるが，それにもかかわらず反撃行為に出た場合に36条2項適用の余地を認めなくてもよいかということである。やはり，りんご1個といえどもこれを泥棒から防衛することは権利であり，また，法益の不均衡も程度を付しうる概念であることに照らすと，過剰防衛の効果を任意的減免にとどめている現行規定の下で，そのような場合に防衛行為の可能性を最初から排除してしまうのは妥当でないであろう（西田173頁）。

　判例には，年齢も若く体力にも優れたAが「殴られたいのか」といって手拳を前に突き出し，足を蹴り上げる動作をしながら被告人に近づいてきたのに対し，菜切包丁を構え，「殴れるのなら殴ってみい」「切られたいんか」と申し向けたという持凶器脅迫の事案について，被告人は「Aからの危害を避けるための防御的な行動に終始していたものであるから，その行為をもって防衛手段としての相当性の範囲を超えたものということはできない」と判示して，防衛行為の相当性を認めたものがある（最判平1・11・13刑集43巻10号823頁）。本件の場合，素手に対して包丁を用いていることから「武器対等の原則」に反する外観を呈しているが，包丁は反撃の直接の手段として用いられているのではなく，脅迫のための道具として使用しているにとどまり（暴力行為等処罰法1条），脅迫行為としての危険性もそれほど強くなかった点を考慮して均衡性を肯定したものと考えられる[82]。

81　相当性の内容として，均衡性と並んで，選択された防衛手段の内容が侵害者からの攻撃の緩急や強弱に対応したものであること（対応性）を挙げるものとして，高橋279頁。また，防衛行為を，攻撃防衛（不正な侵害を即座に止めさせるために侵害者にそれと同等の反撃を加えるもの）と防御防衛（侵害自体を排除するのではなく，単に被害の発生だけを防止するもの）とに分けたうえ，両者で相当性の程度・範囲に相違が生ずることを指摘するものとして，前田277-8頁。
82　財産権の防衛が問題となった事案につき，最判平21・7・16（刑集63巻6号711頁）は，財産的権利等を防衛するためにした暴行の程度が軽微であるなどの事実関係の下においては，相手方の身体の安全を侵害した本件暴行が，被告人らの主として財産的権利を防衛するためのものであることを考慮しても，防衛手段としての相当性の範囲を超えたものとはいえないとし，正当防衛にあっては法益均衡が絶対的なものではないことを判示した。

(b) **相当性の判断方法**　　防衛行為の相当性をどのように判断するかについては，侵害行為との対比において，①防衛行為それ自体の相当性を問題とする立場（行為基準説／井田291頁，西田175頁，林194頁以下，山口130頁など）と，②防衛行為によって生じた結果（防衛結果）の相当性を問題とする立場（結果基準説／三上・重点課題89頁等）とがある。判例は，①の行為基準説に立ち，「やむを得ずにした行為」とは，反撃行為が権利防衛手段として必要最小限度のものであること，つまり防衛手段として相当性を有するものであることを意味し，反撃行為がその限度にとどまる以上，それにより生じた結果がたまたま侵害されんとした法益より大であっても，正当防衛足りうる，とした（最判昭44・12・4 刑集23巻12号1573頁）[83]。しかし，違法評価は，最終結果に基づき事後的に判断されるべきである，とする結果無価値論の見地からは②の結果基準説が支持される。

　もとより，厳密な法益の均衡が要求されない正当防衛にあっては，防衛行為により生じた結果がたまたま侵害されようとした法益より重大であっても正当防衛となりうることは当然であるが，保全法益と侵害法益とが著しく均衡を失している場合は，いくら防衛行為が反撃の時点で相当であるとしても，全体的に判断すれば，当該防衛行為は過剰防衛であって違法と言わざるをえないであろう。もっとも，防衛行為者に，反撃行為の開始時点で相当とみられる防衛行為については，そこから著しく均衡を欠く事態が生ずることの認識・予見（故意の過剰防衛）は考えられず，また，多くの場合は，そのような事態が生ずることの予見可能性（過失の過剰防衛）を肯定することさえ困難であろう。いずれにせよ，行為自体は相当だが結果が相当でない，という例外的なケースについては，責任論で問題の解決を図るべきだと思われる。

4　過剰防衛

(1) 意義・要件　　(a) 急迫不正の侵害に対し，自己または他人の権利を防衛するためにした反撃行為であって，防衛の程度を超えたものが「過剰防衛」であり，情状により刑を減軽または免除することができる（任意的減免／36条2項）。過剰防衛は，正当防衛の延長上に位置する行為であって，防衛の程度を超えたこ

---

[83]　下級審判決として，千葉地判昭62・9・17（判時1256号3頁）。これに対し，「『相当性』の有無も，狭義の反撃行為だけではなくその結果をも含めた全体について判断されるべきものである」として，結果基準説に立つものもある（東京地八王子支判昭62・9・18 判時1256号120頁）。

とにより行為全体として違法性を帯びることになるが，正当防衛と同様に急迫不正の侵害に対する行為であることから，通常の犯罪に比し違法性は軽いものとして扱われる（→(2)）。

(b) 過剰防衛が成立するためには，まず，①正当防衛と同様，「急迫不正の侵害」が存在しなければならない。過剰防衛は，正当防衛がその程度を超えた場合であるから，正当防衛の前提要件である正当防衛状況が存在しないときは，正当防衛はもとより過剰防衛も成立しないことになる。また，仮に正当防衛状況が存在しても，およそ反撃行為としての適格性を欠く行為が行われた場合は，過剰防衛にもならない（前田278頁参照）。次に，②急迫不正の侵害に対する反撃行為が「防衛の程度を超えた」ことが必要である。「防衛の程度を超えた」とは，防衛行為が「やむを得ずにした行為」といえない場合，すなわち防衛行為が必要性・相当性の程度を超えることをいう。

(2) **刑の減免の根拠**　過剰防衛において，刑を減軽または免除することができることの実質的理由，その法的根拠の理解について見解が分かれている。

(a) **責任減少説**　刑の減免の根拠は，従来，一般に，もっぱら行為者の主観的非正常性（行為動機の異常性）に基づく責任減少に求められてきた。すなわち，過剰防衛は急迫不正の侵害という緊急な事態の下での行為であるから，恐怖・驚愕・興奮・狼狽などの異常な心理状態に陥り，このような精神の動揺のために多少の「ゆきすぎ」があったとしても，強く非難できない場合もあるという理由に基づき責任が減少する（例えば，平野・Ⅱ245頁，福田161頁），と説かれてきた[84]。また，過剰防衛が違法減少事由だとすれば，刑の減免は「必要的」であるはずだが，実際には「任意的」とされていることも責任減少説の根拠とされる（西田177頁）[85]。たしかに，刑の減免の実質的根拠として，過剰防衛が防衛の程度を超えていることにつき，行為者の責任の側からの考慮が働くことは争いえないが[86]，客

---

[84]　責任減少説からは，正当防衛について防衛意思不要説を採る場合であっても（偶然防衛に36条1項が適用される），防衛の認識がなければ責任減少を認めることができないから，過剰防衛が認められるためには，防衛意思が要求されることになる（この立場で偶然過剰防衛に36条2項の適用は認められない）。また，この立場では，過失による正当防衛が過剰結果を生じた場合にも，過剰防衛は否定される（西田177頁）。

[85]　過剰防衛においても「急迫不正の侵害」の存在は客観的事実であり，また，刑の減軽にとどまる場合があることを考えると，立法論的には「必要的」減免とすべきであろう。

[86]　36条2項は，法効果を刑の減免にとどめているが，防衛の程度を超えたことについて行為者をまったく非難できないような場合には，超法規的に責任の阻却を認めるべきであろう（盗犯等防止法1条2項参照）。

観的に急迫不正の侵害が存在して初めて可能となる過剰防衛の構造的理解を前提とすると，はたして刑の減免の根拠が責任減少に尽きるか，という疑問が残る。

　(b) 違法・責任減少説　　過剰防衛における刑の減免の根拠，したがってその法的性格を明らかにするためには，これと両端において境を接する正当防衛と通常の犯罪との対比で考えてみる必要がある。過剰防衛は，一方で，①自己または他人の権利を防衛するために急迫不正の侵害に対して行った反撃行為が，他方で，②防衛の程度を超えている場合であって，①の点では正当防衛とまったく同じであり，その点において通常の犯罪との間に決定的な違いがみられる。すなわち，過剰防衛は，②の点において全体として違法性を帯びてくるのであるが，いわば②の違法部分が①の正当防衛に接木された行為であって，正当防衛の枠内にある①の適法部分の存在が，およそ反撃行為としての属性を備えない通常の犯罪より違法性を減少させる方向に作用することはこれを認めざるをえない[87]。責任減少説は②の部分にのみ着目しているきらいがある。過剰防衛の刑を減免しうるとされるのは，違法減少を前提としてそれに責任減少の面が加味されるからである[88]。

　(3) 種　類　　過剰防衛は，種々の観点からこれを分類することができる。

　(a) 故意の過剰防衛と過失の過剰防衛　　①行為者が防衛の程度を超えたことを認識していた場合が「故意の過剰防衛」であり，②防衛の程度を超えたことにつき不注意により認識を欠いていた場合が「過失の過剰防衛」である。共に36条2項の適用がある。

　過失の過剰防衛は，正当防衛を構成する事実（防衛の程度を超えていないこと）に誤認がある点を捉えて，これを誤想防衛の一種でもあるとする見方も有力である。しかし，本来の誤想防衛では，行為者が客観的に存在しない急迫不正の侵害を存在すると誤認しているのに対し，過失の過剰防衛においては，現に急迫不正の侵害が存在している場合について，単に防衛行為の程度を誤認しているにすぎないのであって，その間に本質的な差異があることを看過してはならない。過失

---

[87]　なお，刑の減免の根拠として違法減少のみを考慮するものとして（**違法減少説**），町野朔「誤想防衛・過剰防衛」警察研究50巻9号（1979年）52頁。基本的に違法減少説を支持するものとして，前田280頁。

[88]　松原165頁は，違法・責任減少説を，①違法減少・責任減少の双方が必要だとする見解（重畳的併用説）と，②どちらかがあれば足りるとする見解（択一的併用説／例えば，林201頁）に分けて説明するが，刑の減免の根拠は通常の犯罪との比較での話であるから，違法減少を基本とし，二次的に責任減少を問題とすべきであろう。

の過剰防衛の場合には，36条2項により過失犯の刑がさらに減軽または免除される可能性があるのに対し，誤想防衛の場合にはおよそ本条項を適用する余地がないのである（➡5参照）。

(b) **質的過剰防衛と量的過剰防衛**　①「質的過剰防衛」とは，急迫不正の侵害（正当防衛状況）が存在する場合に，防衛行為が必要性・相当性の程度を超えて強い反撃行為を加えた場合をいい（限縮的過剰防衛ともいう），②「量的過剰防衛」とは，攻撃者がすでに侵害をやめたのに反撃を続けた場合をいい，正当防衛状況が客観的に解消された段階で問題となる（拡張的〔外延的〕過剰防衛ともいう）[89]。質的過剰と量的過剰の区別は，侵害継続の有無によるが（ただし，量的過剰の中には，侵害が継続していれば正当防衛とされるものも含まれる），判例はこの点につき比較的緩やかな判断を示している（例えば，最判平9・6・16➡192頁）。

問題となるのは，36条2項にいう「防衛の程度を超えた行為」の中に，質的過剰防衛の外に量的過剰防衛が含まれるか，ということである。この点，最判昭34・2・5（刑集13巻1号1頁）は，最初の反撃行為で侵害者が凶器を手から落とし，横倒れになってその侵害態勢が崩れ去ったのに，被告人が恐怖・驚愕・興奮かつ狼狽のあまりさらに鉈で侵害者に数回切りつけてこれを死に致した事案について，一連の行為を全体としてみて過剰防衛に当たる，とした。量的過剰においては，すでに急迫不正の侵害が存在しないので違法減少を伴う本来の意味での過剰防衛とみることはできず，これを「急迫不正の侵害」に対する防衛の程度を超えた行為のみを問題にしている36条2項の中に含めて考えることは困難であるが（違法・責任減少説）[90]，反撃行為が侵害行為時に開始されて侵害終了後も継続し，全体を一連一体の行為とみることができる場合には，正当防衛の延長上の行為として過剰防衛に準じた取扱いをすることはなお可能であろう（➡(4)）。

(4) **侵害の継続性と量的過剰**　侵害の継続中に行われた反撃行為は，正当防衛ないし質的過剰防衛となるが，侵害の継続性が否定された場合でも，侵害が存在した時点で反撃行為が開始され，侵害終了後も引続き反撃が続行された場合

---

[89] 林202頁は，①を「強度的過剰防衛」，②を「時間的過剰防衛」と呼び，後者については，急迫不正の侵害の前段階での防衛行為を含めて考えるが，侵害発生前の時点ではおよそ防衛が考えられないのであるから，その過剰もありえないであろう。

[90] これに対し，責任減少説（ないし択一的併用説／➡注88）によれば，量的過剰防衛も36条2項に含まれることになる。

は，全体を一連の過程として統一的に評価し，量的過剰防衛が認められる。そこで，どのような場合に侵害の継続性が認められるのか，その判断基準が問題となる。

(a) **裁判例の動向**　近年の最高裁判例のうち，まず，①過剰防衛の成立を認めなかった，最決平20・6・25（刑集62巻6号1859頁）[91]は，相手方AからなぐりかかられたX被告人がXがAの顔面を殴打した後（第1暴行），意識を失ったように動かなくなっているAに対し，憤激のあまりもっぱら攻撃の意思に基づいてその腹部等を足蹴にしたりするなどの暴行を加え，ろっ骨骨折等の傷害を負わせ（第2暴行），その後，第1暴行に起因するクモ膜下出血によってAは死亡した，という事案につき，Xによる第2暴行が正当防衛に当たる第1暴行に時間的場所的に連続しているとしても，侵害の継続性，防衛意思の有無という点で，両暴行が性質を異にし，その間に断絶が認められるときは，第2暴行について，正当防衛はもとより過剰防衛を論ずる余地もない，と判示して傷害罪の成立を認めた。本件では，死因となる傷害が第1暴行により形成されたものの，第1暴行自体は攻撃に対する反撃として殴打行為にとどまっているのに対し，第2暴行は，無抵抗の状態に陥ったAに対し腹部等を足蹴にするなどの強度の暴行を加えており，侵害の前後で場面の転換が認められるケースであった。

これに対し，②全体を1個の反撃行為とみて過剰防衛の成立を認めた最決平21・2・24（刑集63巻2号1頁）は，被告人XがAによる急迫不正の侵害に対する反撃として複数の暴行を加えた場合において，それが一連一体のものであり，同一の防衛意思に基づく1個の行為と認めることができる場合には，単独で評価すれば防衛手段としての相当性が認められる当初の暴行のみから傷害が生じたとしても，全体的に考察して1個の過剰防衛としての傷害罪が成立する，と判示した。本件における第1暴行は，Aが居室内の机を押し倒してきたため，その反撃として机を押し返し，机に当たって倒されたAが加療約3週間を要する傷害を負ったというものであり，第2暴行は，抵抗が困難になったAに対し，その顔面を手拳で数回殴打した，というものである。本件における第2暴行は，侵害終了後の「余勢に駆られた」行為であって，「急迫不正の侵害に対して反撃を継続するうちに，その反撃が量的に過剰になったもの」と評することができるケースであった。

(b) **行為の一体的評価の意義**　平成21年決定（上掲判例②）の問題点は，被害者Aに生じた傷害結果が侵害終了前の正当防衛行為である第1暴行から生じたことを認めつつ，侵害終了前後の2つの暴行を一連一体の行為として捉え，「全体的に考察して1個の過剰防衛として傷害罪の成立を認めるのが相当」であるとして，傷害が第1暴行から生じた事実は，有利な情状として考慮すれば足りる，とした点にある。本件において，全体を一連の行為として捉えること自体は，上述の説明からも明らかなよう

---

[91] 本決定の研究として，井上宜裕・刑法の判例75頁。それ以前の下級審裁判例を扱ったものとして，曽根「侵害の継続性と量的過剰」『展開』201頁以下。

に妥当な理解であるが（→(a)），全体的評価を一貫させる形で1個の過剰防衛として傷害罪の成立を認めたことには疑問が残る。

そもそも行為を一体的に評価することの刑法的意義は，侵害終了後の行為（第2暴行）を侵害終了前の正当防衛行為（第1暴行）から切り離して，通常の犯罪行為として36条2項の適用を排除し，刑の任意的減免を拒否することを回避するために採られることにあるのであり，行為全体を一体視することによって侵害終了前の正当防衛の部分をも過剰防衛に格下げするために採られる措置ではない。換言すれば，急迫不正の侵害に対する反撃が勢い余って侵害終了後にも行われた場合に，一体的評価によりその部分にも正当防衛の枠組み（過剰防衛を含む）を広げようとするものであって，反対に，侵害終了後の量的過剰部分をそれ以前の正当防衛行為に遡及させて評価しようとするものではないのである。特に，本件のように，重い結果（傷害）が正当防衛に当たる第1暴行に由来する場合は，その限度で結果も当然に正当化されるのであって，行為の一体性が認められることによって，全体が違法とされるとしても，それは量的過剰部分（第2暴行）が付加されたことによるものであって，第1暴行による傷害が違法と評価されるからではないのである。重い結果が「死亡」でその原因が第1行為にある場合には，平成21年決定の依拠する論理の問題性はさらに増幅されることになろう（佐伯（仁）166頁以下，171頁以下参照）。

5 誤想防衛

1 総　説

(1) 意　義　「誤想防衛」とは，急迫不正の侵害がないのにあると誤信して《防衛》行為に出た場合をいう。同じく正当防衛周辺の違法行為でありつつ，急迫不正の侵害が客観的に存在しない点で過剰防衛と区別される。したがって，急迫不正の侵害に対し防衛のために相当な行為をするつもりで，誤って不相当な，防衛の程度を超える行為をした場合は，過失の過剰防衛であって（→4(3)(a)），誤想防衛ではない[92]。誤想防衛は過剰防衛と異なり，急迫不正の侵害が存在しないから，違法減少の面は認められないが，行為無価値論からは，次にみるようにこれとは異なった理解もみられる。

(2) 誤想防衛と違法性　誤想防衛は，伝統的に錯誤の問題としてもっぱら責任論で扱われてきたが（誤想防衛が事実の錯誤であるか違法性の錯誤であるかについては，→414頁以下参照），これを違法性の問題として処理しようとする考え方がある。

---

[92] 正当防衛の要件事実に関する誤認であるとして，過失の過剰防衛を誤想防衛の1つに数えるものとして，例えば団藤242頁注29。

(a) **違法論で解決する立場**　行為無価値論の中には，特定の場合には誤想防衛も適法であるとする見解がある。例えば，「急迫不正の侵害が，実際には存在しない場合であっても，行為者が，自己または他人の権利に対する不正の侵害が切迫しているかあるいは現に行われているものと誤信した場合に，そのような事実を誤認したことについて，行為者の立場に置かれた平均的な思慮分別を備えた一般市民を標準として，そのような誤信を避けることができなかった，すなわち，そのような状況に置かれた者ならば，当然急迫不正の侵害が行われていると信ずることに客観的な理由があると認められる場合（事実誤認をしたことについて過失が認められない場合）には，正当防衛の前提要件としての急迫不正の侵害があった場合と同様に扱うべきである」とするのがそれである（藤木172頁以下）[93]。

この見解は，誤想防衛としてなされた法益侵害行為は，故意の結果惹起行為としての違法性はなく，正当行為をするにあたって要求される注意を欠いたため予期しない被害を生ぜしめたものであるから，行為の構造としてせいぜい過失の違法行為が認められるにとどまるという前提に立ち，したがって誤想防衛は，急迫不正の侵害ありと誤認したことに客観的に合理的理由があって無過失であると認められる場合は，正当防衛そのものであって違法性が阻却される，とするのである。

(b) **考　察**　上記の見解は，違法論の段階でも故意・過失・無過失をそれぞれ違法性の有無・程度を決する要素として区別すべきであるとする人的違法論を前提とするものである。行為者ないし一般人の主観を違法判断の根底に据え，行為時の事前判断を旨とする行為無価値論を採るかぎり，誤想防衛にも違法阻却の可能性を留保する結論には，論理的一貫性が認められる[94]。しかし，この見解によれば，誤想防衛は，客観的（事後的）には急迫不正の侵害がなかったことが明らかであった場合にも，行為時に一定の要件を満たせば，《防衛者》（X）の行為も適法行為（正当防衛）として扱われることになり，誤想された相手方（A）はこれに対し正当防衛で対抗することができなくなる。そこで，この結論を回避しようとすれば，「Xによる正当防衛（適法な誤想防衛）に対するAによる（本来の）正当防衛」という関係を認めざるをえなくなるが，これでは「不正対正」の関係という正当防衛の基本構造が破綻するという不都合が生じてしまう[95]。

物的違法論（結果無価値論）を採れば，故意・過失・無過失が違法性の平面で区別されることはないから，上のような問題は生じてこない。客観的に急迫不正の侵害が存在しない以上，誤想防衛は行為者（ないし一般人）の認識状態いかんにかかわらず常に違法であって，これに対抗する行為は正当防衛となる。誤想防衛の解決は，責任

---

[93] 本文に述べた見解は，誤想防衛を事実の錯誤と解して故意の阻却を認めたうえで，行為者に過失もないときはこれを適法行為として扱うものであるが，これに対し，急迫不正の侵害についての錯誤が一般人にとって回避不能である場合には行為の違法性阻却を認め，回避可能である場合には違法性の錯誤（禁止の錯誤）として扱う，とする見解として川端403-4頁，同・25講200頁以下。

[94] その点で，違法判断において行為時の事前の行為規範性を重視する行為無価値論者が，上記の論者（川端・藤木）以外，誤想防衛に適法性の余地を認めないのは不可解である（ただし野村161頁）。

論において責任要素としての故意をめぐる問題として図られなければならない（➡415頁以下）。違法評価は，行為者ごとに個別的に判断される責任の評価とは異なり，全法秩序の見地から行為者同士および被害者（さらに第三者）にとって共通の基盤の上で一元的になされなければならないのである。

(3) 種 類　誤想防衛（広義）には，①誤想した侵害に対する防衛行為としてその程度を超えない典型的な誤想防衛と，②侵害が現実に存在したと仮定したとしても，その防衛が必要性・相当性の程度を超えた誤想過剰防衛（➡②）とがある。

2　誤想過剰防衛

(1) 意 義　「誤想過剰防衛」とは，急迫不正の侵害が存在しないのに存在すると誤認して，これに対する《反撃》行為をしたが，誤認した侵害が現実に存在したと仮定しても，その防衛が必要性・相当性の程度を超えたものをいう[96]。なお，現に存在する急迫不正の侵害に対する防衛が誤って過剰にわたった場合は，過失の過剰防衛であって誤想過剰防衛ではない。

誤想過剰防衛は，急迫不正の侵害に関し誤認がある点で誤想防衛の一種であって，現実に急迫不正の侵害が存在する過剰防衛の一種ではない。［誤想防衛－誤想過剰防衛（誤想防衛の過剰）］の間には，［正当防衛－過剰防衛（正当防衛の過剰）］に対応する関係が認められるのである。

(2) 性 格　誤想過剰防衛が故意犯であるか過失犯であるかについては，争いがある。

(a) 故意犯説　まず，①誤想防衛を違法性の錯誤の場合と解し，違法性の意識に関して厳格責任説を採れば，誤想防衛自体に故意の阻却が認められないから（➡415-6頁），その延長線上に位置する誤想過剰防衛も，防衛の程度を超えたことを認識していた場合はもとより，認識のない場合も誤想防衛の特殊なケースとして当然に故意犯として扱われることになる（例えば，福田217頁）。しかし，誤想防衛を事実の錯誤と解する通説的理解からは（➡417頁以下），この結論を支持す

---

[95]　井田・理論構造135頁は，誤想防衛について，普通の人にもその誤想が避けられない状況であったとしても，正当化の「結果」が欠け，いわば「正当防衛の未遂」にすぎないのであって36条1項により違法性は阻却されないが，違法性の一般理論により行為不法の欠如を理由として違法性が否定される（同・注18），とする。しかし，そのように解すると，36条1項の要件を満たさない適法行為を認めることになって正当防衛規定が宙に浮いてしまうであろう（川端・藤木説にも言える）。
[96]　誤想過剰防衛に関する私見の詳細については，「誤想過剰防衛と刑の減免」『研究』195頁以下。

ることができない。

　次に，②誤想防衛として故意の阻却が認められるのは，行為者の誤認した急迫不正の侵害に対し，防衛行為が相当性をもつ場合に限られるのであって，正当防衛との均衡からいっても，相当性を欠く場合にはもはや故意が阻却されることはない，とする見解がある[97]。たしかに，防衛行為が相当性を超えることを認識していた場合には，故意の阻却を認めるべきではないが，防衛のために相当な行為をするつもりで，誤って防衛の程度を超える不相当な行為をしてしまった場合には，やはり故意の阻却を認めるべきである。この場合の行為者は，行為の違法性を基礎づける過剰な事実を認識することなく《防衛》行為に出ているのであって，故意犯の成立が認められないのである。また，正当防衛との均衡からみても，正当防衛の程度を超えたことについて認識がない場合には，せいぜい過失の過剰防衛が成立するにすぎないのであるから（➡ 4(3)(a)），誤想防衛においてその程度を超えたことについて認識がない場合に故意犯の成立を否定しても何ら不均衡の問題は生じないであろう[98]。

　(b) **過失犯説**　　この見解は，誤想防衛を事実の錯誤と解する通説的理解から出発し，誤想過剰防衛の場合，行為者が急迫不正の侵害を誤認しなければ過剰な防衛行為もしなかったであろうから，急迫不正の侵害の誤認の点が行為全体について支配力をもち，そのような行為は全体において過失犯的性格をもつ，とする[99]。たしかに，防衛の程度を超えたことについても認識がない場合は，行為は全体として過失犯となるが，急迫不正の侵害について誤認があるとしても過剰にわたった点について認識がある場合には，「違法性を基礎づける事実」を認識しているのであるから，故意犯の成立を否定することはできない。また，通常の過剰防衛において，防衛の程度を超えたことについて認識していた場合を故意犯とせざるをえない以上，それとの対比からいっても，誤想過剰防衛において常に故意の阻却を認めることは不均衡のそしりを免れない（内藤・中373頁）。

　(c) **二分説**　　結局，誤想過剰防衛には，故意犯の類型と過失犯の類型とがあることになる。まず，①急迫不正の侵害については誤認しながら，防衛の程度を超えたことについては認識のある場合，行為者は防衛行為の違法性を基礎づける

---

[97] 船田三雄・最高裁判例解説刑事篇昭和41年度110頁。
[98] 町野・前掲注（87）46頁以下。
[99] 石原明「判批」法学論叢（京都大学）81巻1号（1967年）101-2頁。

過剰な事実を認識しているのであるから，故意犯の成立が認められる（故意の誤想過剰防衛）。これに対し，②防衛の程度を超えたことについても認識がない場合は故意が阻却され，認識可能性があることを前提として過失犯の成立が認められる（過失の誤想過剰防衛）。過失の誤想過剰防衛は，急迫不正の侵害と過剰事実の2点に誤認があることを特徴としており（二重の過失犯），行為者の意識としては通常の誤想防衛と同様，正当防衛行為を行うことの意識しかないのである。

(3) **刑の減免の可否**　誤想過剰防衛にも過剰防衛（36条2項）と同様，刑の減軽または免除を認めることができるかについては争いがある。

(a) **積極説**　過剰防衛の刑の減免の根拠に関する責任減少説は，誤想過剰防衛を過剰防衛の一種と捉え，急迫不正の侵害の存在しない誤想過剰防衛においても，行為者が恐怖等の異常な心理状態にあることを理由に，行為者の責任減少が通常の過剰防衛と異なることがない，として刑法36条2項の適用ないし準用を認める。最決昭41・7・7（刑集20巻6号554頁）も，原判決が誤想過剰防衛について「刑法三六条二項により処断したのは相当である」と判示し，その結論を支持している（他に，最決昭62・3・26刑集41巻2号182頁／英国騎士道事件［森永真綱・刑法の判例90頁］）。しかし，《防衛》がその程度を超えない典型的な誤想防衛において，およそ刑の減免が認められないこととの均衡を考慮すると，急迫不正の侵害の侵害が存在せず，しかも防衛の程度を超えている誤想過剰防衛に36条2項の適用（準用）を認めることには問題がある。

(b) **消極説**　この見解は，過剰防衛の刑の減免の根拠に関する違法減少説ないし違法・責任減少説から出発し，誤想過剰防衛の場合は，過剰防衛の場合と異なり，急迫不正の侵害が存在しないので違法減少が認められないことを重視し，また，刑の減免の認められない典型的な誤想防衛の場合との刑の均衡を問題にする[100]。たしかに，急迫不正の侵害の誤認について無過失のときは，典型的な誤想防衛が不可罰となるのであるから，誤想過剰防衛に36条2項を準用しても刑の不均衡の問題は生じないが，いずれにしても誤想過剰防衛の際における恐怖・驚愕・狼狽等の異常な心理状態の程度が高いときは，一般的な期待可能性の理論によって責任の減少・阻却を認める余地があるのであるから，急迫不正の侵害が存在しない誤想過剰防衛にあえて36条2項を準用する必要はないと思われる[101]。そ

---

[100]　町野・前掲注（87）54頁。

の点で，まがりなりにも事前に急迫不正の侵害が存在し，反撃行為が侵害行為時に開始された「量的過剰防衛」の場合とは区別されなければならない（➡209頁）。

6 防衛行為と第三者

　防衛行為に伴い第三者の法益を侵害した場合，これをどのように解決すべきであるかという問題は，対物防衛（➡189頁）と並んで，従来から正当防衛と緊急避難の限界領域にあるとされている問題である。これには，以下の3つのケース（類型）が考えられる。

　(1) 侵害者が第三者の物を利用した場合　例えば，［事例Ⅰ］Aが，つないであったBの飼い犬を解き放してXにかみつかせようとしたため，Xが自分の身を守るために犬を蹴殺したという場合のように，急迫不正の侵害者（A）が侵害の手段ないし道具として第三者（B）の所有物（飼い犬）を利用したため，被侵害者（X）が防衛行為によってその第三者の所有物を損壊した場合に，Xの損壊行為（動物の傷害）の法的評価が争われている。この場合，Aとの関係では不正の侵害が存在するから当然正当防衛が成立するが，問題は，法益の正当な所有者である第三者Bとの関係である。

　(a) 対物防衛か　この問題を，動物の侵害に対する反撃という点で，対物防衛のカテゴリーに含めて理解する見方もある。その場合には，①対物防衛否定説によれば，Bが自分の飼い犬の侵害に何ら関わっていない以上，Bとの関係ではXの正当防衛が否定されることになる。これに対し，②対物防衛肯定説の立場では，Bの飼い犬がAの不正な侵害行為に対する手段として利用されている以上，通常の対物防衛の場合にもまして第三者Bとの関係でも正当防衛が認められることになる（平野・Ⅱ233頁）。しかし，対物防衛においては，本来，動物の侵害という単なる違法状態が前提とされているにすぎないのに対し，本問の場合は，物を利用したAの違法な侵害行為が存在するのであるから，これを対物防衛の問題に解消してしまうことには疑問がある（内藤・中383-4頁）。対物防衛否定説の立場でも，本件Xの行為についてはBとの関係でも正当防衛を認めることが可能

101　36条2項の刑の減免根拠を，違法性の減少を基本とし責任の減少を加味する立場から，客観的違法性の減少がまったくない以上，刑の免除まで認めるべきではないが，責任の減少が存在することも否定できない以上，刑の減軽をいっさい認めないことも不合理である，とするものとして前田320頁。また，36条2項の適用につき裁判官の裁量に委ねれば足りる，とするものとして西田185頁，堀内164頁。

である。

 (b) **緊急避難か正当防衛か**　それにもかかわらず，第三者Bには故意・過失がなく，Bの法益が法の保護に値する正当な利益であることから，Bに対する関係では緊急避難にとどまる，と解する余地もないわけではない。しかし，この場合，Bの所有物はAによる侵害の手段としてその一部分となっているから，Xの行為はAの侵害自体に対する反撃とみることができるし，また，Bの所有物が用いられたことは，侵害者Aの側の事情によるのであって被侵害者Xの側の事情によるのではないから，Xの行為は第三者Bとの関係でも正当防衛と解するのが妥当である（高橋281頁など）[102]。

　なお，侵害者が第三者自身を利用した場合，例えば，AがX目がけてBを突き飛ばしてきたため，XがBに反撃を加えた場合は，Bの動作が刑法上「行為」と評価できないものであっても，真正の客観的違法論の立場からすれば，Bの動作は不正であって，Bとの関係でもXに正当防衛が認められる。

 (2) **防衛者が第三者の物を利用した場合**　例えば，［事例Ⅱ］Xは，Aが日本刀で切りかかってきたので，とっさに傍らにあったBの竹刀でこれを防いだため，Xに怪我はなかったが，竹刀は使いものにならなくなってしまった，という場合のように，急迫不正の侵害者（A）に対して被侵害者（X）が防衛するため第三者（B）の所有物（竹刀）を利用し，その物を損壊した場合の防衛者の罪責が問題となる。この場合，Xの行為は，Aの不正な侵害に対しやむをえず行った防衛行為であり，第三者Bの所有物はその手段として用いられているのであるから，Bとの関係でも正当防衛を認めてよさそうであるが，本件と先の第一のケースとの間には決定的な相違が認められる。

　たしかに，B自身に不正が認められないという点では両者同じであるが，第1類型におけるBの犬はAによる不正の侵害の手段として使われており，いわば侵害行為を構成する要素であるのに対し，本問におけるBの竹刀は侵害に対する防衛の手段として使われているのであって，防衛行為を構成する要素であると解される。第2類型におけるXの行為は，Aの行為から生ずる現在の危難を避けるために，危難とは無関係な第三者Bの法益を侵害して避難の効果を上げている点

---

[102]　香川達夫「防衛行為と第三者」〔同〕『刑法解釈学の諸問題』（1981年）126頁以下，川端博「防衛行為と第三者の法益の侵害」〔同〕『正当防衛権の再生』（1998年）214頁，森下忠「正当防衛と緊急避難の限界領域」法経学会雑誌（岡山大学）12巻4号（1963年）75頁など。

で，例えば，Aの侵害から免れるためにやむをえず傍らにいたBを突き飛ばして逃げる，という典型的な緊急避難との間に相違は認められない。本件Xの行為は，緊急避難として正当化（ないし免責）されることになるのである（高橋282頁など）[103]。

(3) **防衛行為の結果が第三者に生じた場合**　　例えば，［事例Ⅲ］警察官Xは，Aが短刀で切りかかってきたので，防衛のためやむをえずAに向けてピストルを発射したところ，弾丸はAに当たらず，傍にいたBに当たってBを死亡させてしまった場合のように，正当防衛に際し，たまたま不正の侵害者（A）の傍らにいた第三者（B）を殺傷した場合に行為者（X）の罪責が問題となる。大別すると，①緊急行為性を認める見解（正当防衛説・緊急避難説）と，②否定する見解（違法行為説）とがある。

(a) **正当防衛説**　　右の場合，Xの行為が第三者Bとの関係でも正当防衛となる，とする見解がある。すなわち，防衛行為の本質は，行為が攻撃者に向けられたことであるから，第三者の法益に対する侵害が攻撃者に向けられた防衛行為の構成部分であるかぎりにおいて正当防衛の限界内にある，と説くのである（川端365頁，中野193頁）[104]。しかし，正当防衛が緊急行為として正当化されるのは，防衛行為が反撃行為として不正の攻撃者に向けられ，その者に作用することによって防衛の効果（自己または他人の法益の保全）が得られるからであって，付随的とはいえ防衛効果をもつとは考えられない第三者の正当な利益の侵害をも正当防衛に含めて理解することは妥当でない。

なお，本問は，正当防衛の枠を超えているという点で，過剰防衛に類似した面もあるが，不正の侵害者と同一の客体に向けられる過剰防衛行為は，正当防衛行為の延長線上にあるものとして緊急行為に含めて考えられるが，侵害者と異なる客体（第三者）に結果が発生した本件行為は，正当防衛のカテゴリーの枠をいわば横に逸脱した行為であって，正当防衛行為の延長線上に位置しない第三者との関係では緊急性が認められず，これを緊急行為の一種である過剰防衛と解することはできない。

(b) **緊急避難説**　　Xの行為は，第三者Bとの関係では緊急避難となる，という見解がある（大谷279頁など多数説）。しかし，この説にも問題がある。緊急避難

103　香川・前掲注（102）138頁。なお，川端・前掲注（102）228頁参照。
104　川端・前掲注（102）224頁。

において避難行為者は，危難を忍受するか，それとも第三者の法益を犠牲にするかという二者択一の状況におかれるが，正当防衛により同時に第三者の法益を侵害する場合には，行為者（X）と第三者（B）との間に右の関係を認めることはできない。Ⅲの事例においては，当該第三者（B）の利益を侵害することが自己（X）の利益の保全に結びつかない反面，Bの利益侵害と無関係にXの利益を保全する途があったわけで，XとBとの間には，緊急避難，広く緊急行為にとって本質的な利益衝突の契機が含まれていないのである[105]。そこで，本問を緊急避難と同視しえないことを認めながらも，これを「一般緊急行為」[106]，ないし「準緊急避難」[107]と呼び，刑法37条の適用（準用）を認める見解もあるが，これでは緊急避難概念の独自性を損ない，37条の統一的把握を犠牲にすることになろう。

なお，本件を方法の錯誤の問題として扱い，具体的事実の錯誤について法定的符合説を採った場合（➡371頁），第三者Bへの法益侵害行為を違法と解すると，Bに対する関係で故意犯の成立を認めざるをえなくなるが，この結論を回避するためにBとの関係においても緊急行為性を認めるというのであれば，それは本末転倒した議論というべきであろう。本問においてこのような解決をせざるをえないところに，方法の錯誤における法定的符合説の1つの問題性が露呈しているように思われる。

(c) **違法説**　Xの行為は，少なくともBとの関係においては，違法と解すべきである（高橋283頁など）。本件においては，先の2つのケースとは異なり，Xの行為がそもそも「緊急行為」としての属性を備えているかが問われなければならない。というのは，第1および第2類型の事例では，第三者Bの法益を侵害する行為が直接・間接に行為者Xの法益保全に役立っているのに対し，本件におけるXは，Bの法益侵害を手段として自己の法益を保全したという関係に立たないからである。

もっとも，そのことから直ちにXの罪責が基礎づけられるというものでもない。このような事例の多くは，その事案の情状からいって，通常，故意・過失（とくに前者）が否定され，あるいは第三者の法益を侵害しないことを期待するこ

---

[105] これに対し，例えば，Aの背後にBが人質として囚われており，Aの行為に対する反撃行為が同時にBに危害を及ぼさざるをえない状況にあれば，Xの法益とBの法益は択一関係に立つことになるので，Xの行為はBとの関係で緊急避難となる。
[106] 平場安治「緊急行為の構造」〔同〕『刑法における行為概念の研究』（1961年）167頁以下。

とが不可能ないし困難だからである。問題の解決は、責任論において図られるべきであろう。

7 盗犯等防止法の特則

盗犯等ノ防止及処分ニ関スル法律（盗犯等防止法）は、ⓐ盗犯ないし一定の住居侵入行為を防止する際などの正当防衛に関する特則を設けるとともに（1条）、ⓑ常習強窃盗に対する刑を加重すること（2条〜4条）を規定している。

(1) **盗犯等防止法1条1項**　本条項によれば、①盗犯を防止しまたは盗贓を取還せんとするとき、②兇器を携帯してまたは門戸牆壁等を踰越損壊しもしくは鎖鑰を開いて人の住居または人の看守する邸宅、建造物もしくは船舶に侵入する者を防止せんとするとき、③故なく人の住居または人の看守する邸宅、建造物もしくは船舶に侵入したる者または要求を受けてこれらの場所より退去せざる者を排斥せんとするときの3つの場合に、自己または他人の生命、身体または貞操に対する現在の危険を排除するため犯人を殺傷したときは、刑法36条1項の防衛行為があったものとして、同条の正当防衛の要件を緩和し、その成立範囲を拡張している。

なお、最決平6・6・30（刑集48巻4号21頁）は、盗犯等防止法1条1項の正当防衛が成立するためには、当該行為が同条項の要件を満たすだけではなく、現在の危険を排除する手段として相当性を有することが必要であるとしつつ、ここにいう相当性は刑法36条1項における相当性よりも緩やかなもので足りる、と判示した。問題は、盗犯等防止法1条1項においても緩和されているとはいえ相当性の要件を要求した場合、通説が、正当防衛における相当性の要件が含まれるとした刑法36条1項の「やむを得ずにした」という文言が盗犯等防止法において明文化されていないことをどのように説明すべきか、ということである。この場合、相当性要件は正当防衛の一般的性格ないし正当化原理に求めざるをえず、正当防衛に内在する個人保全の利益および法確証の原理から現在の危険との関係で「著しく不均衡」であってはならず合理的に制限される、と解されることになる[108]。

(2) **盗犯等防止法1条2項**　本条2項によれば、同条1項に規定する前掲①〜③の場合において、自己または他人の生命、身体または貞操に対する現在の危険がなくとも、行為者が恐怖、驚愕、興奮または狼狽によって現場において犯人を殺傷するに至ったときは、これを罰しないものとしている。その趣旨は、一定の心理状態の下で適法行為の期待可能性がないことを理由として責任阻却を認めたものである[109]。

107　森下忠「緊急避難の法的性質」論争刑法74頁。
108　なお、その場合でも同じ正当防衛を規定した刑法36条と盗犯等防止法1条1項とを整合的に解釈するならば、前者における防衛行為の相当性も盗犯等防止法において理解される程度に緩和されたものでよいということになろう。私見の詳細については、「盗犯等防止法1条1項と防衛行為の相当性」『研究』219頁以下、特に226頁以下。

第6節　緊急避難

1　意　　義

　緊急避難とは，自己または他人の生命・身体・自由または財産に対する現在の危難を避けるため，やむをえずにした行為であって，これによって生じた害が避けようとした害の程度を超えないものをいう（37条1項本文）。その法効果は，正当防衛と同様「罰しない」であるが，正当な利益を擁護するため不正な利益を侵害する正当防衛に比べ，第三者の正当な利益を侵害する緊急避難においては，その法的性格は必ずしも明らかではなく（➡2），また，その成立には法益均衡の原則，補充性の原則などの厳格な要件が必要とされている（➡3参照）。

　緊急避難も，正当防衛と同様，緊急行為の一種であるが，正当防衛と緊急避難がそれぞれ固有の歴史において発達した法概念・法制度であり，また，その正当化ないし免責の根拠，個々の成立要件の範囲および限界はそれぞれ独自のものを有している。正当防衛が急迫不正の侵害それ自体に対する反撃行為であるのに対し，緊急避難は，現在の危難（不正な侵害を含む）を避けるため危難の原因とは関係のない第三者の正当な利益を侵害する行為である[110]。正当防衛が「不正対正」の関係に立つ二面構造をもつのに対し（➡185頁），緊急避難が「正対正」の関係に立つ三面構造を取るとされる所以である。

　なお，緊急避難には，一般に，①XがAから受けた現在の危難を第三者Bに転嫁する（A→X〈正〉→B〈正〉），という転嫁型（**攻撃的緊急避難**）のほか，②Aからの危難をXがA自身の利益を害することによってこれを回避する場合のように，危難の由来する側の正当な利益を侵害する反撃・対向型（**防御的緊急避難**）があるとされるが[111]，②の類型も，転嫁の相手方がたまたま正当な危難の発生源と一致する場合と捉えるならば（A→X〈正〉→A〈正〉），ここでも「正対正」の三

---

[109]　本条項が，①誤想防衛に適用されるのか，②過剰防衛に適用されるのか，あるいは③その双方に適用されるのか，については争いがある。詳細については，内藤・中397頁以下。

[110]　なお，不正な利益同士が衝突している場合（「不正対不正」の関係）に問題となるのが，先にみたいわゆる自己のための偶然防衛の場合である（➡202頁）。

[111]　物的違法論（結果無価値論）の見地からは，Aの危難が適法とされるのはきわめてまれなケースであり（通常，Aの危難は不正であって，Aに対するXの行為は正当防衛となる），したがって，実際問題としてXに防御的緊急避難が認められるのは，Aの危難自体が緊急避難行為であって，Xがこれに対し同じく緊急避難をもって対抗するような場合に限られよう。

面構造は維持されていることになる。

2 本　質
1 学　説

　緊急避難の本質，すなわち緊急避難行為を「罰しない」とすることの理論的根拠については，正当防衛と異なるその独自の性格からして，古くから学説が厳しく対立している。大別すると，違法阻却説，責任阻却説，および二分説の3つがある。

　(1) 違法阻却説　　緊急避難を正当防衛と同様，違法阻却（正当化）事由と解する（多数説）。

　(a) 違法阻却の根拠　　この見解は，緊急避難において違法性が阻却される根拠を法文の文言に求めている[112]。まず，①刑法は「他人」のための緊急避難も認めているが，これは責任阻却説からは説明がつかないとする。すなわち，責任阻却説は，法が現在の危難に対し（この立場で）違法行為である緊急避難行為以外の他の適法な行為をすることが期待できないことをその根拠に挙げるが，そうであるとすれば，「他人」に対する現在の危難に対しては，これを放置して第三者の正当な法益を侵害しないこと（違法である緊急避難行為に出ないこと）を法は期待することができるから，緊急避難は自己の法益に対する現在の危難の場合に限られるはずであるが，法はそのようになってはいない，と説く。

　次に，②37条1項は，「法益（害）の均衡性」を緊急避難の要件として掲げているが，この点も責任阻却説からは説明がつかないとする。何故なら，価値の低い法益を保全するために第三者の重大な法益を侵害したとしても，そのような行為に出ないことについて期待可能性がなければ，責任阻却説によるかぎり緊急避難を認めてよいはずである[113]，と主張するのである[114]。

　(b) 問題点　　違法阻却説，特に正当化（違法阻却）の一般原理に関する諸説のうちの優越的利益説（法益衡量説）に基礎をおく違法阻却説に対しては，避難行為によって保全された法益と侵害された法益とが同価値の場合の説明に窮するのではないか，という疑問が提起されている。すなわち，刑法は法益同価値（害が

---

[112] なお，違法阻却説においても，緊急避難規定の要件を欠く行為でありつつ，超法規的に責任が阻却される場合のあることは否定できないが，それは別問題である。
[113] ドイツの免責緊急避難規定（35条）は，法益の均衡を要求していない。

同一）の場合にも緊急避難を認めているが，保全法益の価値が侵害法益の価値より優越する場合に違法阻却を認める優越的利益説の立場では，法益同価値の場合は違法とならざるをえないのではないか，という問題である。例えば，難破した船から投げ出された2人の人間が1人を支える浮力しかない一枚の板を争う，いわゆる**カルネアデスの板**[115]のような場合にも緊急避難が認められているが，人間の生命という法益はすべて同価値であるから優越的利益説ではその説明がつかないのではないか，と批判される。そこから，基本的に違法阻却説に立脚しつつ，法益同価値の場合は例外的に責任阻却として扱う，という二分説が説かれることにもなる（➡(3)(a)①）。

(2) 責任阻却説　この見解は，ⓐ緊急避難は第三者の正当な利益を侵害する違法行為であるが，ⓑ緊急時の行為として期待可能性が存在しないため非難可能性がやみ責任が阻却される，と解している。

(a) 緊急避難を違法と解する理由　責任阻却説が緊急避難行為を違法とする理由として，①緊急避難が正当防衛と異なり第三者の正当な法益を侵害していること，②正当防衛が不正な侵害者と防衛者との二面的な構造をもつのに対し，緊急避難が現在の危難を第三者に転嫁する三面的な構造をもっていることを指摘する（日高379頁以下，同・論争Ⅰ145頁以下）。第1は，緊急避難の相手方（第三者）の権利擁護を重視する個人主義的な理由づけであり，第2の理由は，自己にふりかかった危難を何ら咎められるべきいわれのない第三者に転嫁してまでこれを回避しようとするのは正義に反する，という思想に基づくものである。

しかし，違法の実質に関する諸説のうちの法益侵害説によったとしても，法益の侵害があればすべて違法というわけではなく，最終的には法益の比較衡量を通して違法性の有無が決定されるのであるから，①の理由づけは絶対的なものではないし，②の理由についても，緊急避難に対して緊急避難をもって対抗する場合

---

[114] 広義の違法阻却説には，緊急避難に個人原理と社会功利主義原理との相克を見出し，緊急避難は個人に対する法益侵害という意味で違法であるが，優越的利益が認められる場合は社会侵害性がなく刑罰に値する違法はない，とする**可罰的違法性阻却説**も主張されているが（生田勝義「緊急避難の基本問題」〔同〕『行為原理と刑事違法論』（2002年）273頁以下・特に283頁以下，鈴木優典・重点課題101頁），社会功利主義原理の中核もやはり避難行為者の個人的な利益保全におかれることになろう。

[115] 古代ギリシアの哲学者であるカルネアデス（紀元前214頃 – 前129）が提起した問題であることから，このように呼ばれている。

のように，危険源の主体と避難の相手方が同一の場合もあり，そこに「正対正」の関係が維持されていれば，やはり緊急避難を認めることができるのである。いずれにせよ緊急避難行為が違法であるとして，これに対し常に正当防衛が認められるとするのは妥当でないであろう（山口137頁）。

　(b) 責任阻却の根拠　責任阻却説は，違法阻却説から提起された疑問に対して，次のように答えている。まず，①37条1項が「他人」のための緊急避難を認めていることが期待可能性の観点から説明がつかないという指摘に対しては，他人のための緊急避難であっても期待可能性がない場合がある，と反論する。しかし，緊急避難行為を違法と解する以上，少なくとも他人のためであれば違法とされる緊急避難行為に出ないことを期待できないわけではないし，仮に期待可能性のない場合が認められるとしても，わが国の刑法は「他人」を親族または自己と密接な関係にある者に限っているわけではないから[116]，少なくとも緊急避難一般について責任阻却説を採ることは困難であろう。

　次に，②37条1項が「法益の均衡性」を要件としていることに対しては，危難を転嫁されて法益を侵害される者はまったく謂いわれのない侵害を受けるわけであるから，責任阻却説の立場にあっても，法政策的な観点から法益均衡の原則を要求することは認められる，と反論する（日髙・論争Ⅰ148頁）。しかし，第三者の正当な法益を侵害するから法益の均衡を要求するというのは，違法性の問題であって責任の問題ではなく，責任阻却にとって法益の均衡は過大の要求というべきであろう。

　(3) 二分説　緊急避難には違法性が阻却される場合と，違法ではあるが責任が阻却される場合とがあるとする二分説には，ⓐ違法阻却説から出発するものと，ⓑ責任阻却説から出発するものとがある。

　(a) 違法阻却を基本とする二分説　これにもさらに，緊急避難は原則として違法阻却事由であるが，①法益同価値の場合には例外的に違法であって責任が阻却されると解する立場（量的二分説／鈴木79頁，内藤・中405頁など）と，②生命と生命，身体と身体とが対立する場合に，例外的に違法ではあるが責任が（超法規的に）阻却されると解する立場（質的二分説／山口138-9頁など）とがある。

---

[116] ドイツの免責緊急避難規定（35条）は，救助の対象を自己（避難行為者）の外はこのような関係にある者に限っている。

まず、①**量的二分説**は、保全法益の価値が侵害法益の価値よりも重大である場合は、優越的利益の原理が妥当し避難行為の違法性が阻却されるが、法益が同価値のため優越的利益の原理が妥当しない場合には、緊急避難は違法であって、ただ期待可能性がないために責任が阻却されるにすぎないとする（例えば、中山269頁）。しかし、責任阻却を認める限度では、他人のための緊急避難の説明に窮することになるであろうし、そもそも法益同価値の場合にも、違法阻却とする理論構成は十分可能である。

違法阻却説の根底にある優越的利益説は、たしかに法益同価値の場合、優越する法益は存在しないが、それは法がそのいずれをも優先的に扱ってはならないということを意味しているにすぎず、消極的な形で避難行為を是認しているのである。これはマイナス（優越的法益侵害）がない限り許容するという思想であって、プラス（優越的法益保全）の場合だけではなくゼロ（法益同価値）の場合も違法でない、という趣旨のものである（内田197頁）。優越的利益説の基礎にあってこれを支えている、違法の実質に関する法益侵害説の意義は、すべての法益侵害・危険を違法とするものではなく、保全法益（プラス）に優越する法益の侵害・危険（マイナス）のみを違法とみる見解なのである（➡156頁参照）。

次に、②**質的二分説**は、緊急避難は原則として違法阻却事由であるが、生命・身体という法益は人格の根本要素であって生命と生命、身体と身体は相互に比較しえないから、生命と生命、身体と身体が対立する場合の緊急避難は、例外的に違法であって単に責任阻却が認められるにすぎない、とする[117]。しかし、例えば、前出のカルネアデスの板の事例のように（➡223頁）、生命と生命とが両立不可能な状況で衝突する場合も、第三者の生命を害する行為を違法であるとして、常にこれに対する正当防衛を認めることは疑問であるし（佐伯(仁)184頁以下参照）[118]、身体についてはその侵害に程度を付すことができる以上、相互の比較はなお可能である。現にこの立場の論者も、身体については、当事者の自由な意思決定を制限するほどの重大な健康ないし身体の完全性に対する侵害が存する場合にのみ責任阻却が問題となる、としている[119]。

---

[117] 阿部純二「緊急避難」刑法講座第2巻157頁以下。
[118] 佐伯(仁)189頁は、違法性阻却一元説の立場から生命侵害の場合にも違法性阻却を認めるが、正当防衛論において、生命に対する危険の高い反撃について特別の考慮をすること（同140頁以下）との関係が問題となろう。
[119] 阿部・前掲注（117）158頁以下。

また，仮に生命・身体は自己目的の存在であって，これを手段とすることが許されないから，法の是認の下，謂れなく「他人の犠牲」に供されてはならない（生命・身体の枢要部分の絶対的優越性）ということを根拠に，生命対生命・身体対身体の対抗関係が認められる場合はおよそ比較衡量になじまず，他の法益の場合のように法益同価値の問題に還元されえないとして，違法阻却事由としての緊急避難の成立を否定する場合にも（山口・探究95頁），基本的に違法阻却事由を規定しているとされる刑法37条の中に，例外的とはいえ責任阻却事由の場合を読み込むことは，解釈論としてはかなりの困難を伴う。そこで，生命対生命・身体対身体の対抗関係が認められる場合には，これを超法規的な責任阻却事由として扱うことにならざるをえないであろう（山口139頁）。

　(b) 責任阻却を基本とする二分説　この見解は，緊急避難は原則として責任阻却事由であるが，相対立する法益間に著しい差がある場合には，避難行為を違法として相手方に正当防衛を認めることが明らかな不正義を招くことになるから，例外的に違法性が阻却されると解するのである（井田302頁など）。そして，この立場で，37条1項の「やむを得ずにした」というのは，通説のように補充性の原則を規定したものと解すべきではなく，他の適法行為の期待可能性がない，という趣旨に解すべきであるとする[120]。

　この見解は，例外的な違法阻却のケースが超法規的に認められることになり[121]，法定の緊急避難規定である37条1項の解釈に関するかぎり，責任阻却説とまったく同じ結論である。しかしそれだけに，この見解にも基本的に責任阻却説の問題性が妥当するし，違法阻却のケースを法益間に「著しい」差がある場合に限る根拠も必ずしも明らかではなく，具体的にどの程度の差がある場合を指すのかも不明である。また，「やむを得ずにした」という文言についての独自の解釈についても，同じ文言を規定する正当防衛との関係が問われることになろう。

> **【緊急避難の本質と共犯】**　緊急避難の本質について違法阻却説を採るか責任阻却説を採るかは，緊急避難行為に対する共犯の成否に影響する。まず，①違法阻却説に立てば，緊急避難は適法なのであるから，これに対する共犯は成立しない（ただし間接正犯の可能性はある）。例えば，カルネアデスの板において，一枚の

---

[120] 森下忠『緊急避難の研究』（1960年）228頁以下。
[121] ちなみに，正当化緊急避難について規定しているドイツ刑法34条は，「……保全利益が侵害利益を著しく超えるときは，違法に行為したものではない」としている。

板を取り合っているA・B2人のうちのAに向かって，Bを突き落として死亡させることを教唆するCの行為は，正犯Aの行為が緊急避難として適法である以上，教唆犯を構成しない。また，②可罰的違法阻却事由説の立場でも，避難行為は違法であるとしても可罰性がないのであるから，避難行為（不可罰的違法行為）の共犯も不可罰的違法であって共犯の成立は認められない。他方，③責任阻却説では，避難行為は違法であるから，共犯の従属形式について制限従属性説に立つかぎり，これに対する共犯が成立することになる。前例でいえば，Aの行為が違法である以上，Cの教唆行為も違法であり，Cについてもせいぜい個別的に期待不可能性による責任阻却が認められるにすぎないのである。

2 民法の緊急避難と刑法の緊急避難

以上の考察から明らかなように，緊急避難の本質について基本的には違法阻却説が妥当であるが，緊急避難がはたして正当防衛と同じような意味で適法行為であるのかどうかについては，さらにこれを検討してみる必要がある。それは，正当防衛と緊急避難との関係，および緊急避難の取扱いについて，民法と刑法とで相違が認められるからである[122]。民法上の緊急避難は，危難が物に由来する場合にのみ認められ（720条2項），人の不法行為に由来する場合は，刑法で緊急避難とされるものもすべて正当防衛として扱われている（同1項）。

(1) **危難が人の行為に由来する場合** これには，危難が人のⓐ不法行為に由来する場合と，ⓑ適法行為に由来する場合とがある。

(a) **不法行為に由来する場合** まず，①民法上，人の不法行為に対応する行為はすべて正当防衛と解せられており，不法行為者に対してなされる場合だけではなく，それ以外の第三者に対する行為（転嫁型）も正当防衛に含まれる（720条1項）。例えば，Xが不法行為者（A）の暴行を避けるために第三者（B）の家の垣根を破壊して脱出する場合にも正当防衛が成立するのであって（転嫁型正当防衛），民法720条1項ただし書は，このような場合を想定した規定である。

これに対し，②刑法においては，不法行為に対応する行為が民法720条1項の要件を満たすかぎり適法であるとしても，それが正当防衛となるのは，相手方に対する反撃行為に限られており（36条），不正な侵害に対応する行為であっても，それが第三者に向けられるときは緊急避難が成立するにすぎない（37条1項本文）。ただし，民法上，損害賠償責任を負うのは不法行為者Aであって避難行為者Xではないことから（720条1項ただし書），この場合の緊急避難は，正当防衛と同様，刑法上も完全な適法行為とみるべきである[123]。

---

[122] この問題に関する私見の詳細については，「刑法からみた民法720条」『展開』231頁以下。

(b) **適法行為に由来する場合**　人の適法行為に由来する危難に対応する行為は、民法が第三者への危難転嫁を認めていない以上、民法上不法行為を構成するが、刑法上は、37条1項本文の要件を満たすかぎり緊急避難となる。ただし、この場合の緊急避難は民法との関係から不可罰的違法行為とみるべきであって、第三者Bはこれに対し正当防衛をもって対抗できると解すべきである。このように、緊急避難に関し民法と刑法とで異なった扱いがなされる場合があるのは、法益均衡の要件が維持されているかぎり、刑法がその緊急避難行為について処罰に値するとして介入するのは妥当でない、という法政策的な考慮が働いているからである（内藤・中424-5頁参照）。

　上のように同じく人の行為に由来する危難に対応する緊急避難でありながら、危難が不法行為に由来するか否かによって緊急避難としての性格を異にするのは、形式的には、民法上前者は正当防衛、後者は不法行為という取扱いの違いに由来するのであるが、実質的にみれば、相手方Aの不法行為に由来する危難は避難行為者Xの優越的地位にかんがみ、第三者Bとの関係においてもこれを甘受する義務がないのに対し、適法行為に由来する場合は、無関係な第三者Bに対して危難を転嫁する行為（転嫁型緊急避難）を法が認めていないことによるのである。

　これに対し、刑法学者の中には、転嫁型（攻撃的）緊急避難に伴う損害賠償を適法行為による損失補償的なものとみて、民刑の統一を図ろうとする見方もある（佐伯(仁)182頁、松原173頁など）。この見解は、民法に規定のない刑法上の緊急避難についても民事上の違法性阻却を認めたうえで、被害者（B）はXに対して補償（ないし償金）の請求権を取得する、という法的処理を目指すものであるが、このような考え方に対しては、他者（B）に与えた損害の填補に任じなければならないという面においては、なお不法行為であるとすることもできる、とする民法学者による問題点の指摘がある[124]。刑法的にみても、仮にXの行為を適法行為と解すると、Bはこれに対して正当防衛で対抗することができず、せいぜい緊急避難のみが可能となるが、上の見解によりBの緊急避難も完全な適法行為であるとすると、争い合うXおよびBの行為が共に正当となって、法秩序は無秩序状態を招来することになりかねない。結論とし

---

[123] 佐伯(仁)182頁は、筆者のような見解につき「人（A）の不正な侵害から避難する者（X）に対しては（Bに）正当防衛が認められず、自然の危難から避難する者に対しては正当防衛が認められることになるが、このような区別が意味のあるものとは思われない」とするが（記号は筆者）、前者の場合は民法720条1項により不法行為者（不正な侵害者）に損害賠償請求が可能であるが、後者の場合はそのような事情が認められないのであって、両者の区別には合理的な理由があると思われる。後者のケースで第一次的に危難を引き受けるべきなのは、直接自然の危難を受けた避難者なのであって、避難行為により間接的、二次的に害を被る第三者ではないのである。

[124] 詳細は、幾代 通「民事上の正当防衛・緊急避難と第三者」法学（東北大学）48巻3号30頁以下。そこでは、補償請求の相手方が当該緊急行為によって自己の法益を防衛された受益者であるとすると、民法上では不当利得の返還関係が考えられるが、そうだとすると、例えば、緊急行為者（X）と受益者（C）とが別人である場合に（他人のための緊急避難）、はたして受益者のみを補償支払い義務者とすることでよいか、と問題提起されている。なお、曽根『展開』240頁参照。

ては，やはりXの行為を（不可罰的）違法，Bの行為を適法と解することによって，事態の妥当な決着が図られることになるのである[125]。

(2) 危難が物に由来する場合　これには，避難行為者が，ⓐその物を毀損する場合と，ⓑ物より生じた危難を第三者に転嫁する場合とが考えられる。

(a) 物を害する場合　民法720条2項は，緊急避難を危難が物より生じた場合に限定するとともに，避難行為者がその物を毀損した場合にのみ適法行為として損害賠償の責任を解除している。一方，刑法は，民法上の緊急避難，すなわち対物防衛について，それが正当防衛であるか緊急避難であるかについては争いがあるにせよ（→189頁），これが民法との関係からみても完全な適法行為であることは明らかである。なお，ドイツの学説にならい，緊急避難を，現在の危難を第三者に転嫁する「攻撃的（転嫁型）緊急避難」と，危険源自体を避難行為の対象とする「防御的（反撃・対向型）緊急避難」とに分ける場合，ⓐの類型（物を害する場合）は，防御的緊急避難に属することになるが，この場合，法益侵害は保全法益について予想される侵害を上回るものでもかまわない，とされる（山口・探究105頁参照）。しかし，そのことは，防御的緊急避難とされるものが，実は正当防衛（対物防衛）のカテゴリーに属することを物語るものといえよう。

(b) 第三者を害する場合　民法上，物より生じた危難を第三者に転嫁した場合は不法行為を構成するが（転嫁型〔攻撃的〕緊急避難は認められていない），刑法上は，このような行為もそれが37条1項の要件を満たすかぎり，緊急避難としてその可罰性が否定される。ただし，ここでも民法との関係からみてその違法性は否定しえない（不可罰的違法）。

(3) 可罰的違法阻却の実質的理由　結局，緊急避難は原則として，違法ではあるがその程度が可罰性に達しない不可罰的違法行為（可罰的違法阻却事由）であり，例外的に違法性が阻却される適法行為（正当化事由）ということになる（違法阻却内部の二分説[126]）。すなわち，ⓐ不正な侵害を第三者に転嫁する行為（類型Ⅰ）[127]のみが完全に適法な緊急避難であり（正当化事由），ⓑ人の適法な行為に由来する危難に対する避難行為（類型Ⅱ），および物・自然現象に由来する危難を第三者に転嫁する行為（類型Ⅲ）は，違法ではあるが不可罰の緊急避難となる（可罰的違法阻却事由）。もっとも，刑法上の違法性が否定されるという点ではⓐ・ⓑの間に違いはない。以上みてきたよ

125　その点で，野犬に追われたため他人の家の垣根を壊したという事例につき，佐伯仁志／道垣内弘人『刑法と民法の対話』（2001年）256頁において，道垣内が「無主物たる犬に追われたのは不幸としてあきらめさせることができるが，逃げるためとはいえ他人に垣根を故意に壊された人に対しては，『不幸でしたね』とは言いにくい」とするのは，言い得て妙である。

126　優越的利益の認められる違法阻却と法益同価値の場合における責任阻却に分かったうえ，前者のうち，民法上違法な場合における可罰的違法阻却を認めるもの（違法阻却中心の三分説）として，浅田246-7頁がある。

127　対物防衛を緊急避難と構成する立場（緊急避難説）でも，通常の緊急避難とは異なり完全に適法な行為と解すべきであって，そのかぎりでは正当防衛説との間に違いはない。

うに，緊急避難は不可罰であるものの原則として違法とされもの（不可罰的違法）と，正当とされる場合（適法）とがあるが，問題となるのは，緊急避難の典型例である，第三者の法益を侵害する転嫁型（攻撃的）緊急避難において，刑法上は37条1項本文の要件を満たすかぎりすべて（可罰的）違法性が阻却されるのに対し，民法上は，危難が他人の不法行為に由来する例外的場合（前掲の類型Ⅰ／民法720条1項ただし書）を除いて，原則として違法とされる（不法行為となる）実質的な理由は何か，ということである。これは，転嫁型緊急避難の構造上の特性に由来している[128]。

　緊急避難には，上記のように，①危難に対する対応措置としての防御的（対向型）緊急避難と，②危難を第三者に転化する攻撃的（転嫁型）緊急避難とがあるが，後者において事態は次のような経過をたどる。例えば，AからXに向けられた現在の危難をXがBに転嫁する場合，法益の衝突状況は発生時期を異にする2つの段階において現れる。まず，第1段階ではA－X間に法益衝突状況が生まれ（第1局面），そして，もともとXの法益と衝突していたわけではないBの法益は，Xが自律（自己決定）により危難をBに転嫁しようとした第2段階に至って初めてXの法益との間に衝突状況が生まれることになるのである（第2局面）。第1局面で，まず，①Xが取るべき態度は，受動的にAからの法益侵害を甘受するか，Aに対し防御的緊急避難（Aからの危難が不正であれば正当防衛）を行うことであり（既存の法益衝突の解決），Xはもっぱら被害者としての立場にとどまっている。

　これに対し，②Xが転嫁型緊急避難行為に出て第2局面（第2の法益衝突状況）を作出した場合（新たな法益の巻き込み），Xは，Bとの関係では加害者的立場に立つのであって，Bは，Xにより法益衝突状況に巻き込まれるという手段的地位におかれたことによって自己決定権（自律の利益）も侵害されて，Xに比してBの側に優越的地位が認められ[129]，たとえXの法益とBの法益とが存在的価値（生命・身体・自由・名誉・財産等）の点で均衡を維持しており，その限り均衡の原則を害していない（したがって刑法上の緊急避難とはなる）としても[130]，Xの行為は違法性を帯びることになる[131]。すなわち，Xは，本来第1の局面において問題の解決を図らなければならなかったのであり，第三者Bの意思に反してその法益を害するという第2の局面を意図

128　小田直樹「緊急避難と個人の自律」刑法雑誌34巻3号（1995年）1頁以下参照。
129　Xは，転嫁行為に出ることによって外見上自己決定権を行使しているが，自律の利益は本来他者の自己決定権を害しない限度で認められるのであり，Bを手段的地位に陥れたXの自律の利益に法的保護は与えられない。
130　小田・前掲注（128）10頁は，存在的価値において同等な利益を擁護した攻撃的緊急避難は，刑法37条1項ただし書の「その程度を超えた行為」である，として一種の量的二分説を主張している。
131　X自身の自己決定権の侵害は，Aの侵害（危難）を受けた第1局面においてこそ問題となるが，XとしてはBとの関係でまずもってこの局面において決着を図らなければならない以上，危難の転嫁行為（それ自体Xの自己決定による）によって初めて危難が避けられたという関係には立たないのである。

的に作り出したXの行為は，前掲の類型Iの不正な侵害を第三者に転嫁する場合を別として，不可罰ではあっても法的に許されない行為と言わざるをえないのである。

3 要　件

緊急避難の構造についても，正当防衛の場合と同様これを二分し，前提としての「緊急避難状況」とその内容をなす「緊急避難行為」とに分けることができ，それぞれについて要件を考える必要がある。

1 緊急避難状況

緊急避難が成立するためには，その前提として「自己又は他人の生命，身体，自由又は財産に対する現在の危難」が存在しなければならない。緊急避難状況が存在しないときは，過剰避難にもならない。

(1) 保全法益　　危難の対象とされ，これを保全するために緊急避難をなしうる法益について，法は，正当防衛の場合と異なり個別的にこれを列挙しているが，通説は，貞操や名誉も「身体」または「自由」に準じて保全法益に含まれる，と解している。貞操や名誉は，身体や自由に劣らず重要な個人的法益であり，これに対する危難の受忍を法益主体に強制しえないことから，被告人に有利な類推としてこれを認めることができるのである。

緊急避難の本質との関連で問題となるのは，国家・社会的法益のための緊急避難を認めることができるかということである。まず，①「他人」のためにも緊急避難が認められていることを自説の根拠とする違法阻却説に立ち，しかも社会全体の立場・利益を強調する場合には，社会・国家的法益のための緊急避難を肯定する方向に向かうことになる。しかし，37条1項に明示的に列挙されている法益が個人的法益に限られていることからすれば，違法阻却説に立つとしても，緊急避難は，社会・国家それ自体ではなくこれを構成する個人に危難が及んだ場合に制限されるべきであろう。一方，②責任阻却説の立場では，緊急避難は違法行為なのであるから，社会・国家的法益のための緊急避難に出ないことを法が期待できないとはいえ，正当防衛の場合にもまして否定的に解せられることになろう。なお，③可罰的違法阻却説からしても，緊急避難は不可罰とはいえやはり基本的に違法行為なのであるから，社会・国家的法益のための緊急避難は認められない。

(2) 現在の危難　緊急避難が認められるためには，「現在の危難」が存在しなければならない。

(a) 危　難　ここに「危難」とは，法益の侵害またはその危険をいい，人の行為に由来する場合はもちろん，自然現象・疾病・動物による災害など，その原因のいかんを問わない。危難が人の正当な行為である場合でも緊急避難は可能であるが，危難によって法益を侵害される者が，それを受忍すべき法的地位にある場合には，緊急避難によってこれを回避することは許されない。福岡高判昭38・7・5（下刑集5巻7＝8号647頁）は，合法的な逮捕の危険が差し迫っていることや，法律による裁判権に基づく制裁が科せられることは，現在の「危難」とはいえないとしている。

問題となるのは，例えば，Xは，Yに息子Aを誘拐されて人質に取られ，子供の命と引き換えに強盗することを強要されたため，やむなく銀行強盗を行ったというように，強要されて犯罪行為を行う場合に緊急避難を認めることができるか（**強要による緊急避難**），ということである[132]。①強要者に間接正犯が成立する場合，強要者（Y）と避難行為者（X）との間に不法の一体性が認められるから法の確証が妨げられる，として緊急避難を否定する見解もあるが（松宮159頁参照），②この場合も，Yの意思により犯罪行為を強要されているとはいえ，子供の生命と銀行の財産とが二律背反の関係におかれているとみて，Xの行為は人（Y）の不法行為に由来する適法な緊急避難行為であって，これに対し銀行も緊急避難をもってしか対抗しえないと解すべきであろう（山口141頁）。

(b) 危難の現在性　危難は「現在の」ものでなければならず，過去または将来の危難に対して，緊急避難は認められない。ただし，法益の侵害が現に存在している場合だけではなく，その危険が間近に切迫している場合も含まれる。実質的には，正当防衛の「急迫」と同意義である（改正刑法草案15条1項参照）。

問題となるのは，「現在の危難」と後述の「補充性」（→②(2)）との関係であるが，第三者の法益を侵害することなくいくらでも危難を回避する（避難する）こ

---

[132] 強要による緊急避難は，わが国では，オウム真理教リンチ殺人事件に対する裁判例（東京地判平8・6・26判時1578号39頁）を契機として論議されるようになった。本件では，オウム真理教幹部らに，ある信者を殺さなければ殺すと脅されて同人を殺害した事案につき，生命に対する現在の危難は否定したものの，監禁状態にあったとして身体の自由に対する現在の危難を認めたうえ，補充性・相当性も認めたが，法益の均衡を失しているので過剰避難が成立するとされた。なお，東京高判平24・12・18（判時2212号123頁）参照。

とが可能であった場合は，およそ法益衝突状況が認められず，補充性を論ずるに先立って緊急避難状況を欠くというべきであろう。したがって，この場合は，緊急避難はもとより，緊急状況を前提とする過剰避難も認められないことになる（➡ **6**(1)）。

2 緊急避難行為

緊急避難は，「危難を避けるため，やむを得ずにした行為」でなければならない。

(1) 避難意思　正当防衛における防衛意思と同様，緊急避難においても避難意思の要否が問題となるが，緊急避難の本質との関連でみると，まず，①違法阻却説に立って，しかも主観的違法要素に消極的な立場を採れば避難意思不要説に至る（可罰的違法阻却説でも同様）。これに対し，②責任阻却説に立った場合は，現在の危難に対する認識があって初めて他の適法行為の期待可能性がなくなるのであるから，避難意思必要説を採ることになろう。また，③二分説においても，少なくとも責任阻却事由としての緊急避難に関するかぎり，避難意思の存在は不可欠である。

私見では，ここでも基本的に避難意思は不要である。まず，過失による緊急避難の場合，例えば，歩行中のXが対向してきた車にぶつかりそうになり生命の危険を感じたのでとっさに身をかわしたところ，付近を通行中のAを押し倒してやむをえず傷害を負わせたが，夢中でそのことを認識していなかったという場合，Xに，Aを害することによって現在の危難を避けようとする意思がなかったとしても，緊急避難が認められる。また，現在の危難の認識さえ認められないいわゆる**偶然避難**の場合，例えば，Xが器物損壊の意思でAの寝室の窓に投石し窓ガラスを破壊した場合でも，その結果，偶然にガスによる窒息死の危険状態にあったAの友人Bが死を免れたときも，Xの行為は緊急避難である。

(2) 補充性・必要性　緊急避難は「やむを得ずにした行為」でなければならないが，ここに「やむを得ず」とは，「他にとるべき方法がないこと」を意味する（**補充性の原則**）。緊急避難に補充性が要求されるのは，同じ緊急行為でありながら，不正の侵害に対する反撃である正当防衛（不正対正の関係）と異なり，第三者の正当な利益を侵害する行為（正対正の関係）だからである。したがって，第三者の法益を侵害しないでも他に避難の方法があった場合，緊急避難は許されな

いことになる。もっとも，補充性の原則も，他に絶対に採るべき方法がないことまで要求するものではなく，具体的状況において他に現実に可能な方法がないという程度で足りる。

「やむを得ずにした行為」は，また，危険を避けるために必要最小限度の行為を意味する。正当防衛においては相対的最小限度手段性の意味で「必要性」が要求されたが（➡204頁），緊急避難においてはその特殊性からして，厳格な最小限度手段性が要求されることになる。したがって，より小さな法益侵害で避難が可能であった場合には，この要件を満たさず過剰避難となる。

(3) 相当性・均衡性　最後に，避難行為の「相当性」に関する要件として，緊急避難が成立するためには，避難行為から生じた害が避けようとした害の程度を超えないことが必要である（**均衡性の原則**）。このように，緊急避難の場合，正当防衛と異なり，明文で「害の均衡」の要件が厳格に規定されているのも，「正対正」の関係にある緊急避難の本質からこれを理解することができる。均衡性の判断は，法文が事前の「法益の均衡」ではなく事後的な「害の均衡」として規定していることに照らすと，一般的な価値順位における法益の衡量を中核としつつも，これに付随して保全しようとした法益と侵害した法益双方の量と範囲，保全法益に対する危険の程度，法益侵害の必要性の程度などの具体的事情を考慮して，包括的に行われることを意味している（優越的利益説）。したがって，抽象的な法益の均衡を害していても，付随事情いかんによっては避難行為から生じた害が避けようとした害の程度を超えなかったとして，なお避難が相当とされる場合も考えられよう。避難行為が均衡性（相当性）の原則を破ったときは，過剰避難となる。

ところで，正当化（違法阻却）原理としての優越的利益の原則を基礎として，緊急避難における「害の較量」を問題とする場合，単に保全された法益と侵害された法益との比較較量だけでは問題の解決にはならない場合がある。危難に対する対応措置（攻撃的緊急避難）が想定できない講壇事例として，例えば，Xは高価な晴れ着を着ていたが，急に雨が降ってきて逃げ場がないために，やむなく粗末な服を着ていたBの傘を奪って雨をしのいだ，という事例があるが（雨傘事例），この場合，着物の財産的価値の比較だけでXの行為を緊急避難と評価することはできない。すなわち，傘を持たないXの法益はすでに危難にさらされており，そのかぎりですでにその価値が減退しているのに対し，傘を持つBの法益はXの行

為さえなければ何ら危難にさらされることのない状態におかれた万全な法益なのである。Xの行為は、単にBの法益を侵害しているだけではなく、さもなければ安泰の状態にあったBの利益を危難にさらすという状況に追い込む行為でもある。XはBの財産的法益を侵害したにとどまらず、危難に合わないように備えるという利益（自己決定権）をも侵害したというべきであろう。そして、後者の利益を加味して考えれば、Xの行為は、均衡性の原則を破るものとして（優越的利益の不在）、過剰避難の扱いを受けることになる。防御的（対向型）緊急避難においては、避難行為者Xの法益と危難源Aの法益との存在的価値較量を行なえば足りるが、攻撃的（転嫁型）緊急避難にあっては、危難にさらされていない第三者Bの自己決定権も較量の対象としなければならないのである（以上につき浅田253頁、山中567頁以下。これに対する批判として山口147頁）。

　さらに問題となるのは、複数の人間の生命が同時に存立しえない状況（二律背反の関係）におかれている、いわゆる**危険共同体**の場合である。もっとも、一口に危険共同体といっても、危難と共同体の各構成員との関わり方によって、扱いにも相違が生じてくる。①例えば、2人の登山者が1本のザイルで宙吊りになり、2人の重さでザイルが切れそうになったので、上にいたXがザイルを切ったため下のAが墜落死したという場合（登山者ザイル事例）、AがXの行為を拒否すれば2人とも死亡するという状況にある以上、Aに自己決定権を行使する利益は認められず、Xの行為は緊急避難となろう。これに対し、②例えば、5人が遭難した船で4人分の食糧しかなくなり、4人が餓死を免れるためにYがBを殺害した場合は（海難事故事例）、事情が異なるように思われる。この場合、Bも前例のAとは異なり、4人の1人として生き残る可能性がある以上（5人それぞれに生きる権利がある）、Bの自己決定権の侵害が認められ、Yの行為は可罰的違法性を帯びることになるであろう。

|3|　自招危難

　正当防衛における自招侵害（挑発防衛）と同様、緊急避難の要件に関連して問題となるのは、自ら招いた危難に対しても、緊急避難をすることができるかどうかである。判例には、古く、自動車運転手Xが荷車とすれ違おうとした際、荷車の背後をよく注意せず速度を出しすぎていたため、荷車の陰から現れたAを避けようとして、歩行中のBに衝突してBを死亡させたという事案につき、危難が行

為者の有責行為により招かれたもので、避難行為を社会通念上やむをえないものとして是認できないときは緊急避難とならない、としたものがある（大判大13・12・12刑集3巻867頁）。一方、かつての学説には、①自招危難に対しても緊急避難を認めてよいとする肯定説、②自己の故意・過失によって招いたものは「危難」とはいえないとする否定説、③緊急避難は、故意に招いた危難に対しては許されないが、過失で招いた危難に対しては許される、とする折衷説があった。しかし、一口に自招危難といってもそれには種々の態様のものがあり、形式的に一律に論ずることはできない。④具体的事情を考慮して、当該自招危難に基づく避難行為が実質的にみて緊急避難といえるかどうかという観点から個別的に判断すべきであろう（個別化処理説）。問題となるのは、個別化処理の方法である。

　この点については、大別して、ⓐ緊急避難の成立要件のいずれかに着目することによって問題の解決を図るものと、ⓑ緊急避難に関する一般的な法理を援用することによって問題の解決を図ろうとするものとがある。このうち、ⓐには、招致された危難が避難行為者にとり「現在の危難」と呼べるかを問題とするものや、行為を全体としてみて「やむを得ずにした行為」と言えるかを問題とするものなどがある。また、ⓑには、正当化の一般原理である社会的相当性の観点から緊急避難の成否を決める見解、権利濫用の観点から緊急避難の成否を検討する見解などがあるが、近年有力に唱えられているのは、自招危難についても、挑発防衛（自招侵害）の場合と同様、「原因において違法な行為」の法理を援用し、故意・過失も原因行為について考える見解である（平野・Ⅱ235頁、山口148頁以下）[133]。

　この見解によれば、例えば前掲大判大13・12・12における事案のように、運転手XがA過失によりをひき殺しそうになったので、これを避けるためハンドルを切り、傍にいたBを故意にひいて負傷させた場合、Bをひく以外にAの轢殺(れきさつ)を避ける方法がなかったとすれば、緊急避難としてBに対する傷害罪の責任を問うことはできないが、注意して運転していれば、Aをひくことを避けることができた場合は、Bの負傷に対する過失の責任が問われる、とする[134]。しかし、①自招危難の場合に緊急避難の成立が制約されるのは、危難を第三者（B）に転嫁して自招

---

[133] 山口厚「自招危難について」香川達夫博士古稀祝賀『刑事法学の課題と展望』（1996年）199頁。
[134] 「原因において違法な行為」の法理によって解決できる射程はきわめて狭い、と指摘し、故意による自招の場合は「現在の危難」に当たらず、過失の場合は、過失の程度と保全利益の優越性の程度を考慮して判断するものとして、西田147-8頁。

者（X）自らの法益を保全しようとするからであって，②上記の事例のように，自招危難であっても他人（A）のための危難転嫁行為の場合は，自招行為自体につき道交法上の罪に問うのは別として[135]，Aに危難を受けるべき何らの落ち度もない以上，通常の緊急避難の成立を認めるべきであろう（佐伯（仁）193頁参照）[136]。図式的に言えば，①自ら危難を創出したXの法益とAの法益との衝突には本来の意味での「正対正」の関係が認められないが，②では，BとAとの間の法益衝突になお純粋な形で「正対正」の関係が維持されているのである。

4　緊急避難の事例

(1) 肯定例　判例により緊急避難の成立が認められた事例として，次のようなものがある。①異常な豪雨によって稲作中の水田が冠水し，稲苗が枯死するおそれが生じたため，他人所有の板堰を破壊した事例（大判昭 8・11・30 刑集12巻2160頁），②番犬にかみつかれた自己所有の猟犬を救うため，猟銃を発射して番犬を傷害した事例（大判昭12・11・6　裁判例11巻刑法87頁／➡190頁参照），③自動車運転者が対向車との衝突の危険を感じ，とっさに左に切把して約1メートル左に寄り，多少減速して離合したため，後続車と衝突しその運転者に傷害を負わせた事例（大阪高判昭45・5・1　高刑集23巻2号367頁）などである。

(2) 否定例　判例により緊急避難の成立が認められなかったものとして，次のような事例がある。①産婆のいない山間僻地の部落で，産婆規則による登録を受けない者が産婦の依頼を受け分娩を取り扱ったという事例（大判昭7・3・7 刑集11巻277頁），②工業組合法による統制品の割当生産数量内の製造だけでは著しく生産額を減じ，生計を維持できないとして割当超過生産売却をなしたという事例（大判昭11・2・10 刑集15巻96頁），③列車乗務員が蒸気機関車を牽引してトンネルを通過する際，石炭の質が不良なため，トンネル内における熱気の上昇，有毒ガスの発生のため生命・身体に被害を受けるおそれが常時存在するので，争議行為として二割減車をするのは緊急避難になるか，これを超えて全面的な職場

---

[135] 「自招行為自体が犯罪にあたる場合には，それによって処罰すれば足り，その後の危難回避行為については，緊急避難の要件が充たされるかぎり，それを認めるべきである」とするものとして浅田258頁。
[136] 避難行為が自己のためか他人のためであるかによって取扱いが異なるのは，37条2項（業務上特別の義務）にみられるところである（➡5）。ただし，そこでは単純な法益衝突ではなく法的義務の問題も介在している。

放棄をするのは緊急避難に当たらないとした事例（最判昭28・12・25 刑集 7 巻13号2671頁／**狩勝トンネル事件**），④災害復旧費を不法に取得して腐朽しかかった村橋である吊橋を架けかえる目的で，雪害に見せかけこれをダイナマイトで爆破した事例（最判昭35・2・4 刑集14巻 1 号61頁／**関根橋事件**第 2 次上告審）などである（➡ 6 (1)）。

5 特　　則

緊急避難の規定は，業務上特別の義務がある者には適用されない（37条 2 項）。ここに「業務上特別の義務がある者」とは，警察官・医師・消防士などのように，業務の性質上，一定の危険に身をさらさなければならない法的義務がある者をいう。このような業務上特別義務者が，緊急避難を理由として，その義務に反し第三者に危害を加えるようなことは許されるべきでない，というのがその趣旨である。

しかし，これらの特別義務者には絶対に緊急避難の適用がない，と解されてはならない。まず，①「義務」は，自己の身を危険にさらすべき義務であるから，他人の法益を救うための緊急避難は一般に許容される（警職法 7 条参照）。また，②例えば，消防士が倒壊する建物から自己の生命を保全するために第三者の財産に損害を加えるなど，自己の法益を守るための緊急避難であっても許される場合がないわけではない。立法論的には，問題を含んだ規定である。

6 過剰避難と誤想避難

(1) 過剰避難　　避難行為がその程度を超えたものを「過剰避難」という。過剰避難は可罰的な違法行為であるが，過剰防衛と同様，違法性および責任が減少するため，刑の減軽または免除の可能性が認められている（37条 1 項ただし書）。

問題となるのは，単に必要性および均衡性の原則を害した場合だけでなく，補充性の原則を害した場合も過剰避難が認められるかということである。この点につき，例えば，前掲狩勝トンネル事件に関する最判昭28・12・25（➡ 4 (2)判例③）は，職場放棄を過剰避難とし，最判昭35・2・4（同判例④）は，危険を防止するためには通行制限の強化その他適当な手段・方法を講ずる余地があったとして，緊急避難だけではなく過剰避難も否定した。③判決の事案は，争議行為により当時の国鉄当局に危険転嫁することは必要であったが，三割減車ですむところを，より被害の大きい職場放棄を選択したという意味で，補充性（ないし必要性）

の要件を欠く事例（過剰避難）であるが，④判決のケースは，吊り橋を爆破することなく事前に危険を回避しうる事案であって，未だ法益衝突を内容とする緊急避難状況に至っていなかったとみることができよう（佐伯(仁)198頁参照）。

(2) 誤想避難　現在の危難がないのにあると誤信して避難行為に出た場合が「誤想避難」であり，その程度を超えた場合が**誤想過剰避難**である（➡213頁参照）。

緊急避難の本質との関連で誤想避難の取扱いについてみると，まず，ⓐ違法阻却説に立てば，誤想防衛の場合と同様，誤想避難も正当化事情の錯誤の問題となり，事実の錯誤説と違法性の錯誤説の対立の問題に解消される（➡415頁以下）。これに対し，ⓑ責任阻却説の立場では，誤想避難は期待可能性に関する錯誤の問題となり，その内部で，①多数説が，錯誤が回避不能であれば故意責任の阻却を認め，回避可能な場合には現在の危難が存在すると誤認していたとしても故意責任を認めるのに対し，②少数説は，誤想避難者の認識の内容は通常の緊急避難の場合と同じであることから，実際に現在の危難が存在したために期待可能性がなかった場合と同様に扱っている。責任阻却説に立つのであれば，②説が妥当であろう（➡428頁）。

第7節　法令行為・正当業務行為

1　総　　説

刑法35条は，「法令又は正当な業務による行為は，罰しない」と規定し，その前段において法令行為が，またその後段において正当業務行為が正当化事由であることを明らかにしている。正当防衛・緊急避難が緊急的正当化事由（緊急行為）であるのに対し，法令行為および正当業務行為は，常態的正当化事由（一般的正当行為）である（➡184頁）。

正当防衛を規定した36条，緊急避難を規定した37条は，正当化事由を類型化して規定しており，正当化事由の要件も明確であるが，35条は，その文言自体が包括的かつ非類型的であって，どのような場合に同条が適用されて行為が正当化されるのか，その規定からだけでは判断しにくい。したがって，同条が法令行為・正当業務行為のみを正当化事由として規定していると解するとしても（➡3⑴参照），当該具体的行為が正当かどうかは，正当化の一般原理に照らして法秩序全体の見地から個々的に判断しなければならない。

2 法令行為

(1) 意 義　「法令行為」とは，法律・命令その他の成文法規により権利または義務として認められた行為をいう。法令行為が適法とされるのは，一定の事項について，法令がその保護しようとする法益に一定の要件の下で，その行為により侵害される法益より優越する利益を認めているからである。したがって，仮にある法令による行為が構成要件に該当することを根拠に刑法上の違法性を認めようとすれば，同一の行為がある法令では適法，刑法では違法ということになり，法秩序の統一性が失われてしまう（松宮112頁参照）。

もっとも，法令によって形式的に許容される権利行為であっても，その権利を濫用するときは，保護法益に優越的地位を認めることができず，行為は違法となる。その意味で，行為の適法性は，最終的には法令の形式を超えて，行為の際の具体的事情に基づいて個別的に判断されなければならないのである。

(2) 種 類　法令行為には，次のようなものがある。

(a) 公務員の職務行為　これには，①死刑・自由刑の執行（刑法11条～13条），刑事訴訟法に基づく被疑者・被告人の逮捕・勾留（刑訴法60条・199条），住居へ立ち入っての捜索（同102条）などのように，直接法令に基づいてなす行為と，②上官の職務命令に基づいてなす行為がある。もっとも，上官の違法な命令に対しては，これを拒否すべき義務があり，これに従った下官の行為は違法であって，せいぜい責任が阻却されるにすぎない。

(b) 私人の権利行為　これには，親権者の子に対する懲戒行為（民法822条），校長・教員の学生・生徒・児童に対する懲戒行為（学校教育法11条〔ただし，体罰を加えることは許されない〕），現行犯人の逮捕（刑訴法213条），精神障害者の措置（精神保健福祉法33条・34条），その他，私法上の権利行為（例えば財産権の行使）などが含まれる。

判例には，①親権者の行為について，有形力を用いて母の監護下にある2歳の子を連れ去る略取行為は，別居中の共同親権者である父が行ったとしても，行為態様が粗暴で強引なものであり，監護教育上それが現に必要とされるような特段の事情が認められないかぎり，違法性は阻却されない，としたものがある（最決平17・12・6 刑集59巻10号1901頁）。しかし，被告人の行為は，社会的相当性の範囲内にあり，違法性が阻却される，とする反対意見にもみられるように，「親による子の奪い合いについては，原則として家庭裁判所の福祉的な判断に委ねられる

べきことから，刑事的な介入の適否という視点も踏まえて可罰的違法性の存否を慎重に検討することが求められよう」(松原183頁)。

また，②私人が現行犯逮捕にあたって現行犯人に全治約1週間の傷を負わせたという事案につき，最判昭50・4・3（刑集29巻4号132頁）は，逮捕をしようとした者が現行犯人から抵抗を受けたときは，その際の状況からみて，社会通念上逮捕のために必要かつ相当な限度内の実力を行使することが許されるから，たとえその実力行使が刑罰法令に触れることがあるとしても，刑法35条によって罰せられない，とした。それ自体は異論のないところであるが，現行犯逮捕につき警察官等の公務員にも（➡(a)），同一の基準による判断が可能であるかは一考を要するであろう。

(c) その他個々の法令による行為　まず，①注意的に適法性を明示された行為として，例えば，死体解剖保存法による死体の解剖（2条・7条等），母体保護法による不妊手術（3条以下）・人工妊娠中絶（14条）等がある。これらの行為は，法令によらなくても理論上行為の正当性の認められる場合が多いが，上記の法令は，特に規定を設けてその趣旨を明示するとともに，その方法・範囲などについて技術的な制限をおいてその逸脱を防止しようとしているのである。

また，②政策的に正当と解されている行為として（例えば，地方財源の確保），競馬法による勝馬投票券の売買（7条），自転車競技法による勝車投票券の売買（11条以下），当せん金附証票法による宝くじの売買（4条）などがあり，これらの行為は賭博罪・富くじ罪の構成要件に該当しても正当化される。この点に関しては，賭博罪等の保護法益をどのように解するかにもよるが（『各論』275-6頁），被害法益の点ではいわゆる公営賭博と私人が行う場合とで大きな違いがないにもかかわらず，取扱い上は，前者が全面的に許容され後者が一律に禁止される，という大きな不均衡が生じている。立法論的には，刑法の正当化原理として他者侵害原理を重視する見地から（➡22頁），判断能力のある者の自由な意思決定に基づいた財産喪失行為等（特に単純賭博）を処罰の対象から排除することによって（非犯罪化論），その間のギャップを少しでも埋める努力をすべきであろう（浅田190頁参照）[137]。

(3) 労働争議行為

(a) **意　義**　「争議行為」とは，同盟罷業（ストライキ），怠業（サボタージュ），作業所閉鎖（ロック・アウト）その他労働関係の当事者がその主張を貫徹することを目的として行う行為およびこれに対抗する行為であって，業務の正常な運営を阻害するものをいう（労働関係調整法7条）。労働者側の行う争議行為のうち，ストライキは，それ自体犯罪を構成しないが，上述のように（➡174-5頁），郵政職員のストライキが郵便法上の郵便物不取扱いの罪に問われた例はある。また，ストライキに伴うピケッティングは，威力業務妨害罪（234条）の罪に問われることが多い（判例として，➡(c)）[138]。

(b) **法的性格**　労働争議行為の法的性格については争いがあり，①法令行為説，②正当業務行為説，③社会的相当行為説の3つの立場がある。争議行為は，憲法28条を根拠とし，労働組合法1条2項を通して刑法35条の適用が認められている点で，法令行為の一類型と解すべきであろう（西原・上261頁参照）。

憲法28条は，「勤労者の団結する権利及び団体交渉その他の団体行動をする権利は，これを保障する」と規定し，労働組合法1条2項本文は，これを受けて「刑法第三十五条の規定は，労働組合の団体交渉その他の行為であって前項に掲げる目的を達成するためにした正当なものについて適用があるものとする」と規定している。したがって，争議行為は，刑法に規定された威力業務妨害罪，脅迫罪，強要罪などの構成要件に該当しても，刑法35条により法令行為として正当化されることになるのである。ちなみに，最大判昭24・5・18（刑集3巻6号772頁）は，労働組合法1条2項の刑事免責規定は，同条1項の目的達成のための正当な行為についてのみ本条による免責を認めたものであり，団体交渉等において，犯罪構成要件に該当する行為が行われた場合に常に本条の適用があるとする趣旨ではない，としている。

(c) **要　件**　争議行為の正当性判断の一般的基準は，争議行為によって労働法上の権利を保護するという利益と，侵害されるおそれのある市民法上の権利を保護するという利益のいずれに優越性が認められるか，という観点に求められる

137　むろん近年わが国でも論議されるようになった公営のカジノ賭博設置の是非は，刑法以前の問題である（ちなみに私は反対である）。
138　その他，戦争直後に現れた争議形態として，経営者を排除して労働者自ら生産活動を行う生産管理があるが，判例は，企業者側の私有財産の基幹を揺るがす争議手段である，としてこれを認めなかった（最大判昭25・11・15刑集4巻11号2257頁）。

(最大判昭25・11・15刑集4巻11号2257頁)。

　まず，①争議行為の目的の正当性が要求されるが，ここにいう「目的」は，使用者と対等の立場に立つことにより労働者の地位の向上を図ることをいう。問題となるのは，いわゆる「政治スト」の正当性であるが，純粋の政治ストは別として（これは市民法上の権利として憲法21条の問題である），一定の政治的要求が労働者の経済的地位の向上と関係している場合は，憲法28条の保障を受けると解すべきであろう。

　次に，②争議行為の手段の相当性であるが，この点につき労働組合法1条2項ただし書は「但し，いかなる場合においても，暴力の行使は，労働組合の正当な行為と解釈されてはならない」と規定している。もっとも，「暴力」は暴行より狭い概念と解されており，正当な争議行為を維持するために不可欠と認められる程度の有形力の行使（暴行）は，必要最小限度においてなお正当な争議行為と解せられよう。

　【2つの最高裁判決】　①**国労久留米駅事件**に関する最大判昭48・4・25（刑集27巻3号418頁）は，争議行為に際して行われた犯罪構成要件該当行為について刑法上の違法阻却事由の有無を判断するにあたっては，その行為が争議行為に際して行われたものであるという事実をも含めて，当該行為の具体的状況その他諸般の事情を考慮に入れたうえで，それが法秩序全体の見地から許容されるべきものであるか否かが判定されなければならない，と判示した。「争議行為の際に行われた行為」（争議随伴行為）を争議行為そのものから分離して判断する「久留米駅事件方式」は，「諸般の事情を考慮した法秩序全体の見地」論という一般的な判断基準を提示して，その後の労働刑事事件判例を指導することになった。しかし，争議行為自体と争議随伴行為との区別は必ずしも明確ではなく，また，この基準の実際の適用は，後掲②事件にみられるように，正当化の余地をかなり狭めるものになっている（松原184頁）。

　②**光文社事件**に関する最判昭50・11・25（刑集29巻10号928頁）は，組合のストライキに際し，会社前路上でピケットを張っていた第1組合員Xが，早朝出勤してきた第2組合員Aに対し，会社側警備員の妨害の及ばない所で説得するために，他の組合員5名と共に，Aの腕を取るなどして公道上を約230メートル連行した，という事案につき，「本件逮捕行為は，法秩序全体の見地からこれを見るとき，原判決の判示する動機目的，所為の具体的態様，周囲の客観的状況，その他諸般の事情に照らしても，容認されるべきピケッティングの合理的限界を超えた攻撃的，威圧的行動として評価するほかなく，刑法上の違法性に欠けるところ

はない」と判示した。ピケッティングの正当性の限界につき，判例は，いわゆる「平和的説得」論[139]から「諸般の事情」論に移行したが，本判決は，後者の基準に照らしてもピケを容認しえない，とする制約的論理に立つ判例である。

3　正当業務行為

(1) 意　義　一般社会生活上正当な業務として認められている事務を構成する行為を「正当業務行為」という。刑法35条後段は，正当業務行為について規定しているが，正当業務行為が適法とされるのは，一般に，それが業務行為だからではなく，その業務行為が正当だからである，と解せられている。そこで，業務行為でなくても一般に正当とされる行為であれば，本条後段によって適法化されるのではないか，という疑問が生じてくる。刑法35条後段の適用範囲をめぐる争いがこれである。

①第1説は，刑法35条は刑法が類型化して規定した以外のすべての正当化事由を含むと解するが（大谷251頁，福田170頁など），常態的正当化事由を規定した35条後段に緊急行為を含めることは無理である。そこで，②第2説は，すべての常態的正当化事由を含むと解するが（団藤209頁，藤木195頁など），被害者の承諾は他の一般的正当行為と正当化事由としての性格を異にしており（➡259頁以下参照），この説にも問題がある。さらに，③第3説は，35条後段は正当業務行為のほか社会的相当行為のみを規定するとするが（浅田186頁，佐伯(千)213頁など），「業務」という言葉の制約がある以上，例えば，素人の治療行為を医師の治療行為と共にこれに含めることは困難である。したがって，④35条は法令行為と正当業務行為だけを規定したものと解する第4説が妥当であろう（➡第8節参照）[140]。

(2) 要　件　業務行為が正当業務行為として正当化されるためには，①その業務が一般社会生活上正当と認められ，かつ，②業務を構成する個々の行為も正当とされることが必要である。ここに「業務」とは，社会生活上の地位に基づき反復継続して行われる事務であれば足り，必ずしも経済的な対価を追求する職務である必要はない。

139　ピケッティングが自由競争の自利追求の結果として正当化されるのは，使用者や就労希望者に対して言論による説得という平和的な手段にとどまるかぎりである，とする考え方をいう。
140　改正刑法草案13条は，「法令による行為，正当な業務による行為その他法律上許された行為は，これを罰しない」と規定し，法令行為，正当業務行為を一般的正当構行為の例示として扱っている。

当該業務行為が正当であるかどうかを判断するにあたっては，それぞれの業務において法益保護のために類型化されている一定の行動準則（例えば，プロ・ボクシングのルール）が重要な意味をもつが，限界的な事例においては，その判断に正当化の一般原理が直接に反映されることになる。業務行為は，法令行為と並んで刑法35条に明文化されているが，その性質上，法令行為ほど強力な正当性の推定を受けることはできず，したがって行為が正当化されるためには，原則として相手方の「承諾」を必要とする（内田・概要中165頁参照）。医師の治療行為が業務行為とされながら，患者の承諾が最優先されるのは（➡(3)(a)），この間の事情を物語っている。

　(3) 種　類　　正当業務行為とされる事例には，次のようなものがある。
　(a) 医師の治療行為　　治療行為の正当化根拠[141]は，治療行為によって維持・増進される患者の生命・健康という身体的利益が患者の（推定的）承諾と相まって，その行為によって侵害される患者の身体的利益よりも大きい，という点に求められる（同一主体における利益衡量）。治療行為が業務行為として正当とされるためには，①治療行為が患者の生命・健康を維持するために必要であること（治療目的／医学的適応性），②治療行為が医術の基準に合致してなされること（医学上の準則／医術的正当性），③治療行為の主体が医師であること，④患者の承諾または推定的承諾があること[142]，が必要である。

　問題となるのは，①〜③の要件を満たすものの，④の患者の承諾（推定的承諾）のない治療行為（**専断的治療行為**）を刑法上どのように評価すべきかである。この点については，①〜③要件を重視する**業務権説**と，④要件を重視する**同意説**とで結論が異なることになる[143]。特に，患者が治療方針・内容について自由な自己決定を行うために不可欠な説明（インフォームド・コンセント）がなされなかった場合に問題が増幅される。例えば，治療手段として，ⓐ侵襲により傷痕は残るが早

---

[141] 治療行為，特に外科手術は，健康の維持増進のために行われるものであるから，傷害罪の構成要件に該当しないとする見解も有力であるが（例えば藤木127頁），形式的な構成要件該当性の判断として，治療行為が患者の利益を促進したか（構成要件不該当），むしろ悪化させたか（構成要件該当）という実質的判断をすべきではない（➡264頁）。
[142] 佐伯(仁)232-3頁は，同じ承諾（同意）であっても，被害者の同意が違法阻却の「基礎」であるのに対し，治療行為における患者の同意は，医学の専断を抑制し，違法性阻却を限界づける「柵」であるとして，両者の相違を強調するが，これは，患者の承諾が治療行為にとり重要ではあるが1つの要件にとどまる，という考え方に由来している。
[143] 町野朔『患者の自己決定権と法』（1986年）参照。

く安く済ませるハードな外科手術と、ⓑ時間やお金はかかるが侵襲を伴わないソフトな内科治療が共に可能であって、説明を受ければ患者がⓑを選択した場合、医師が専断的にⓐの治療方針を採択すれば、その選択が医学上の準則に適っており、かつ、手術がそれ自体として成功したとしても、患者の治療選択の権利（④の要件）を欠き違法であって傷害罪を構成すると解すべきであろう（違法ではあるが一般には可罰性を欠く、とするものとして浅田199頁）[144]。

  (b) **プロのスポーツ競技**　ボクシングやレスリングなど、競技のルールを遵守して行われるかぎり、暴行罪等の構成要件に該当しても正当業務行為として違法性が阻却される。ここでも治療行為の場合と同様、①当該スポーツの目的で行われること、②ルールが遵守されていること、③相手方の承諾があること、が必要である。なお、例えばプロ・ボクシングで相手が死亡した場合、上記の要件を満たしているかぎり傷害致死罪の成立は認められないが、死の結果についての予見可能性があれば業務上過失致死罪の成立が考えられる。この場合、相手方はボクシングによる死亡事故の一般的危険性は認識し、これを承知していたとしても、自己自身の死の結果について具体的に承諾を与えているわけではないからである（➡269頁以下）[145]。

  (c) **弁護士の弁護活動**　弁護人が、例えば被告人から自分が真犯人であること、あるいは未発見の証拠の存在を打ち明けられた場合に、それを警察・検察・裁判所に告知したとしても、秘密漏示罪（134条1項）の違法性は阻却される。問題となるのは、反対に、その事実を告知せず法廷で無罪を主張した場合に、弁護人の真実義務との関係で犯人隠避罪（103条）ないし証拠隠滅罪（104条）に問われるかということであるが、これらの行為も基本的には弁護士自治の問題として、弁護士会の懲戒処分に委ねることで足りよう（浅田194頁参照）。ただし、自首しようとした真犯人の決意を阻止し、身代り事件を進行・結審させる行為や（大判昭5・2・7 刑集9巻51頁参照）、積極的に未発見の証拠を入手してこれを破棄するような行為は、弁護人の職責に照らして許されず、それぞれの罪を構成すること

---

[144] なお、いわゆるエホバの証人の輸血拒否に関しては、手術以外に患者を救う途がなく、かつ、輸血をしなければ患者が手術に耐えられず生命を失う、という極限的場合を別として（➡274頁）、患者の意思に反する強制輸血は自己決定権の侵害として違法と解すべきであろう。
[145] これに対し、重大な結果に対する「危険の引受け」があることを前提に、競技のルールを守っているかぎりで類型的に優越的な利益が認められ、35条後段により行為全体が正当化される、とするものとして松原187頁（➡270-1頁）。

になろう。

　なお，最決昭51・3・23（刑集30巻2号229頁／**丸正名誉毀損事件**）は，真犯人の指摘が訴訟外の救援活動に属するもので，弁護目的との関連も著しく間接的であることを理由に，被告人（弁護人）の行為が正当な弁護活動の範囲を超えるとしたが，無罪証拠収集の過程で，真犯人を指摘・公表せざるをえない場合もありうるので，訴訟手続外の活動ということで直ちに弁護活動を違法視することはできないであろう。弁護活動に伴う利益と真犯人とされる者の名誉の保護の利益との具体的な比較衡量が要請される。

　(d) **新聞記者の取材活動**　例えば，新聞記者が報道目的で公務員から職務上秘密とされている事項を聞き出す行為は，秘密の漏示を慫慂（しょうよう）する行為で一般の私人ならば罪に問われるものであっても（国家公務員法111条の秘密漏泄唆し罪），報道の自由，国民の知る権利を充足するための準備活動という面から，正当な取材活動の範囲内にとどまるかぎり罪とならない，と解することができる。問題となるのは，新聞記者による取材源秘匿の倫理慣行と証言拒否権との関連であるが，最大判昭27・8・6（刑集6巻8号974頁／**石井記者事件**）は，証言義務は国民の重大な義務であり，憲法21条は新聞記者に特別の権利を与えたものではない，として証言拒否権を否定した。しかし，ニュース・ソースの秘匿が維持されないとなると，新聞記者の側の取材・報道の自由，国民の知る権利が大きく制約されることになることも確かであって，一定の範囲内で証言拒否権を認めるべきであろう（浅田196頁参照）[146]。

　最決昭53・5・31（刑集32巻3号457頁／**外務省秘密漏洩事件**）は，報道機関が公務員に対し秘密を漏示するよう唆す行為は，それが真に報道の目的から出たものであって，その手段・方法が法秩序全体の精神に照らし社会観念上是認されるかぎりは，実質的に違法性を欠き正当な業務行為であるが，本件被告人の取材行為は，取材対象者の人格の尊厳を著しく蹂躙したものであって，正当な取材活動の範囲を逸脱している，と判示した。しかし，被告人の取材が合意による男女の情交関係を利用したことを理由として違法と評価するのは，まさに法と倫理の混同であり，仮に，これを取材活動が取材対象者の人格権の侵害を伴うかどうかという側面から捉えるとしても，本件で問題とされた国家公務員法111条の保護法益

---

[146] なお，取材源秘匿の倫理慣行と名誉毀損罪における事実証明の在り方が問われた事案として，最判昭30・12・9（刑集9巻13号2633頁）。

が国家秘密の保護にあるとすれば，上の点は，実行行為の違法性ないし可罰性の判断と直接の関係がなく[147]，本決定の基準は，国民の知る権利を実現するための取材の自由の限界を示すものとしてはあいまいにすぎると言わざるをえない[148]。

(e) 宗教活動　憲法上保障されている国民の信教の自由（憲法20条）に奉仕する宗教活動についても，構成要件該当行為（例えば犯人隠避）の違法性が阻却されうる（山口109頁）。裁判例として，教会牧師が学校封鎖を目的として建造物侵入罪等を犯した高校生を蔵匿した行為につき，「具体的牧会活動が目的において相当な範囲にとどまったか否かは，それが専ら自己を頼ってきた個人の魂への配慮としてなされたものであるか否かにって決すべきものであ（る）」としたうえで，犯人蔵匿罪の違法阻却を認めた神戸簡判昭50・2・20（判時768号3頁）がある。

第8節　超法規的正当化事由（広義）

1　総　説

(1) 意　義　現在の通説である実質的違法性論に立脚するかぎり，その裏面である正当化事由もおのずから実質的に考察されることになる。正当化の有無は，あらゆる具体的事情を勘案したうえで決定されるべきものであり，本来類型的な判断基準に親しまない。刑法35条ないし37条において形式的に明文の法規をもって規定された正当化事由も，典型的な場合を一応類型的に規定したにすぎず，そのすべての場合を明文で規定することはおよそ不可能である。そこで，理論上，超法規的正当化事由の存在を認めることが必要となってくる。

超法規的正当化事由は，①広義では，刑法35条ないし37条に法定されていないいっさいの正当化事由を意味する。したがって，緊急的正当化事由（緊急行為）のほか，常態的正当化事由（一般的正当行為）もこれに含まれる。次に，②狭義では，緊急的な超法規的正当化事由のみを意味し，一般的正当行為である社会的相

---

[147] ここでは，国家公務員法違反としての処罰を基礎づけえないはずの「人格の尊厳の蹂躙」が違法性阻却を否定することにより，処罰を基礎づけることになっている，と指摘するものとして山口104頁。
[148] なお，2013年12月に制定された「特定秘密の保護に関する法律」22条2項は，報道等の業務に従事する者の取材行為について，「……著しく不当な方法によるものと認められない限りは，これを正当な業務による行為とするものとする」（傍点筆者）と規定するが，判断者による裁量の余地がきわめて大きいこのような一般条項によっては，取材活動の自由，国民の知る権利を保障するうえで，ほとんど限定の意味をなさないであろう。

当行為と被害者の承諾は除かれる。最後に，③最狭義では，狭義の超法規的正当化事由（緊急行為）のうちから自救行為（事後救済）を除いた事前救済的な性格のものだけをいう。

このうち，被害者の承諾については，これを正当化（違法阻却）事由ではなく構成要件不該当（構成要件該当性阻却）事由として扱う見解，正当化事由であるとしても他のそれとは性格を異にするという見解もあり，また，これには違法論の根幹にかかわる問題が多く含まれているので節を分かって論ずることとし（➡第9節），本節では，その余の社会的相当行為，自救行為および最狭義の超法規的正当化事由についてのみ扱うことにする。

(2) 超法規的正当化事由の理論と可罰的違法性の理論　この2つの理論は，違法性の分野における刑法の超法規的運用という点で共通の基盤に立っているが，両者の関係については複数の理解がある（➡第3節4）。その1つとして，①可罰的違法性の理論は，行為が適法ではないが当該構成要件の予想する可罰的程度の違法性を欠くことを根拠に構成要件該当性そのものを否定する場合を問題とするのに対し，超法規的正当化事由の理論は，構成要件に該当する行為につき超法規的観点から違法性が完全に排除される場合に適用されるとして，両者を対立的に捉える考え方が有力に主張されてきた[149]。

しかし，②可罰的違法性の理論に独立の意義を認める論者も，そこにおいて違法性の実質的把握がなされていることはこれを認めており，その本質において超法規的正当化事由の理論と共通の問題を含んでいることは否定できないところである。可罰的違法性の理論は，超法規的正当化事由の理論の延長上において捉えることができるのであって，その違いは，後者が違法阻却（正当化），すなわち完全な適法性の認められる場合に問題となるのに対し，前者は違法減軽（可罰的違法阻却）にとどまる場合に適用されるという意味で，両者は程度の差にすぎないということができよう（➡178頁以下）。

2　社会的相当行為

(1) 意　義　歴史的に形成された社会生活の秩序の枠内にある行為が社会的相当行為である。行為無価値論の立場では，社会的相当性を逸脱した法益侵害だ

---

[149]　藤木英雄『可罰的違法性の理論』（1967年）3頁以下，同『可罰的違法性』（1975年）131頁以下。

けが違法であるとして，社会的相当行為が広範に認められる傾向にある（福田144頁参照）。しかし，一般に社会的にみて相当な行為とされていることから直ちに当該行為の正当性を認めるべきではなく，正当化のための個別的な判断は，行為時における具体的状況の下で当該行為の有用性・必要性と法益侵害の危険性との比較衡量を中心とする利益衡量によらなければならない。その意味で，社会的相当行為も正当化の一般原理である優越的利益の原理の支配の下におかれているのである。

(2) **事 例**　社会的相当行為の例として，従来，①危険な企業活動，②素人の治療行為，③アマチュア・スポーツ，④大量交通における自由の制限，⑤軽微な財産侵害，⑥危険な実験などが挙げられてきた。しかし，その多くは，他の正当化事由として構成することが可能であり，また，犯罪論における他の法理・概念によって解決されるべきものも多く含まれている。例えば，①および⑥は，「許された危険」の法理（➡364頁）ないし過失犯論に解消され，②ないし④は，被害者の承諾と密接に関連する。また，⑤は，可罰的違法性論ないし構成要件の解釈問題の一場面である。したがって，社会的相当行為が正当化事由として独自の意味をもつ範囲はそれほど広いものではない。

3　自救行為

(1) **意 義**　「自救行為」とは，権利に対する侵害があり，法律上正規の手続による救済を待っていては時機を失して，当該権利の回復が事実上不可能ないしは著しく困難となる場合に，私人が実力によってその救済をはかることをいう（最大判昭24・5・18 裁判集刑10号231頁）。民事法では**自力救済**と呼ばれることが多い。自救行為は，緊急的正当化事由（緊急行為）という点で，正当防衛・緊急避難と同様であるが，超法規的正当化事由の1つであり，しかも侵害行為または危難が去り，ただその侵害された状態が継続している場合に行う事後救済的な性質のものである点で，他の緊急行為とはその性格を異にしている。

日本の刑法は，自救行為について何らの規定も設けていない。また，最高裁判例も，具体的事案の解決としては自救行為による正当化を認めていない。たしかに，訴訟制度その他の権利保護手続が完備した今日の近代法治国家において，私人の自力救済を無制限に認めることはできないが，国による権利保護を待ついとまのない緊急事態の場合にも，私人が自ら正当な権利を回復する道をいっさい閉

ざしてしまうことは妥当でないであろう。

　　【最高裁判例】Xは，自己の所有する店舗を増築する必要上，自己の借地内に突き出ていたA所有家屋の玄関の軒先をAの承諾を得ないで，間口八尺奥行一尺にわたり切り取ったという事案に関し，最判昭30・11・11（刑集9巻12号2438頁）によって支持された原判決は，Xらの自救行為の主張に対し，「仮にこれが所論のようにAの無許可の不法建築であっても，その侵害を排除するため法の救済によらずして自ら実力を用いることは法秩序を破壊し社会の平和を乱し，その弊害たるや甚しく現在の国家形態においては到底認容せらるべき権利保護の方法ではない」としてこれを退けた。しかし，他方で，本件は，未だ法の保護を求めるいとまがなく，かつ即時にこれを為すのでなければ請求権の実現を不可能もしくは著しく困難にするおそれがある場合に該当するとは認められない，と述べて，もしこのような場合に該当すれば自救行為を認めることもありうるともとれる余地を残している。

　(2) **正当化の根拠・要件**　　自救行為には，ⓐそれが正当な権利の救済・実現として正当な利益保護のための行為であるという積極面と，ⓑ過去の権利侵害に対する，私人の実力行使として法的安定性の利益を害する危険が大きいという消極面とがある。行為者の利益が，相手方の利益を含む法的安定性の利益に優越するとき，自救行為は正当化されるのである。

　要件として，①自救行為の客体は「権利」であるが，財産的請求権に限られない。名誉・自由などが侵害された場合にも自救行為は認められる。②現在の侵害に対しては，正当防衛・緊急避難のみが可能であって，事後救済としての自救行為は問題となりえない。したがって，自救行為にいう「侵害」は実害の意味であって，危険を含まない。③自救行為は緊急行為の一種であるから，法律上の正規の手続を待っても権利の回復が可能である場合には，自救行為は許されない。④自救行為は，客観的にみて権利回復の効果をもつものでなければならず，主観的に自力救済の意思があるだけでは，正当化の効果を生じない。最後に，⑤自救行為は，「急迫不正の侵害」がすでに過去のものとなった段階での措置であるから，正当防衛より厳格な要件が必要であるが，「不正対正」の関係が維持されているかぎり，必ずしも緊急避難と同程度の法益均衡性・補充性は必要ないであろう。

4 超法規的正当化事由 (最狭義)

(1) 意 義　最狭義の「超法規的正当化（違法阻却）事由」とは，狭義の超法規的正当化事由（緊急行為）のうちから自救行為（事後救済）を除いた事前救済的なものをいう（➡ 1 (1)）[150]。その多くは，憲法上保障された権利・自由が官憲によって侵害された場合に，それに対する抗議行動・抵抗活動の正当性の問題と関連している[151]。

戦後，現行憲法の下で，思想・表現・集会の自由[152]ないし労働基本権といった，刑法が直接保護客体に掲げていない権利・自由に，憲法を頂点とする法律上の保障が強力に与えられることとなった結果，これらの利益・価値と既存の法律によって保護されている利益・価値とが衝突し合う場面がおびただしく現れるようになった。ところが，このような場合，相互の利益をどのように調整するかにつき伝統的な正当化事由をもってしては何ら解決の道を示しえない事態が生じてきたということも，超法規的正当化事由を認める気運を促したといえる。

(2) 性 格　可罰的違法性の理論と超法規的正当化事由の理論との関係についての考え方の違いを反映して，超法規的正当化事由の性格・要件についても2つの考え方が対立している[153]。

(a) 要件を厳格に解する立場　この立場の裁判例は，超法規的正当化事由の成立要件として，目的の正当性，手段の相当性および法益の均衡性のほか，さらに緊急性ないし補充性を厳格に要求する。例えば，中国からの集団引揚者が舞鶴引揚援護局寮内で帰国者大会を開いていたとき，その内容をメモしていた援護局の職員を被告人らが発見したため，帰国者等の集会・思想・表現の自由等に対してなされた侵害を回復し，かつ，将来における同種の法益侵害を予防する目的で

---

[150] 超法規的正当化事由に関する私見の詳細については，「超法規的違法阻却事由」『正当化の理論』289頁以下。

[151] この種の行為も憲法上の権利行為であることに照らせば，労働争議行為と同様，法定的正当化事由である法令行為の一種とみることもできるが（浅田192頁），労働組合法（1条2項）のような憲法と刑法とを架橋する下位法規が存在しないことから，通常，超法規的正当化（違法阻却）事由として扱われている。

[152] 表現の自由と刑法との関わりについて扱ったものとして，曽根『表現の自由と刑事規制』（1985年），同『現代社会』109頁以下に所収の各論文などがある。

[153] 前出国労久留米駅事件に関する最大判昭48・4・25（刑集27巻3号418頁）で示された「諸般の事情を考慮した法秩序全体の見地」論という一般的な判断基準が（➡243頁），その後の労働刑事事件判例を指導するにとどまらず，刑事違法事件において超法規的な正当化のための包括的な判断枠組としても機能することになった。

抑留・尋問した，という事案（**舞鶴事件**）に関する東京高判昭35・12・27（下刑集2巻11=12号1375頁）がこの立場に立っている。

一方，この立場の学説は，まず，可罰的違法性の理論と超法規的正当化事由の理論とを峻別し，前者に独立の意義を認める立場から，後者はいわゆる緊急行為に限られるべきであるとする。他方，超法規的正当化事由を認めるとしても，それはいずれかの法規上の正当化事由に根拠をおかなければならないとし，その要件も刑法35条ないし37条に準じ，あるいはこれよりも厳格に解しなければならない，と考える。さらに，この見解によれば，超法規的正当化事由が問題とされる事例における被告人の行動は，憲法上の権利・自由に対する侵害を防ぐための行動というよりは，むしろ過去に行われた官憲の行動に対する抗議のための行動という色彩が強いことから，正当防衛というよりは一種の自救行為的性格のものになりやすく，かつ，手段・方法の面で多分に威力的・粗暴的色彩を帯びたものであるから，健全な社会通念上一見して正当な行為と認めがたいことになる，という（➡ 1 (2)）[154]。

(b) **要件を緩和して捉える立場**　この立場の裁判例は，緊急性・補充性を超法規的正当化事由の要件として掲げないか，要件に加えるとしてもその内容を緩やかに解している。例えば，大学構内で行われた学生団体である劇団ポポロの演劇発表会に，警備情報収集のため私服警察官が入場し会の模様を監視中，学生がこれ発見し，逃げ去ろうとしたところを捕えられた警察官の警察手帳を引っ張ってその紐を引きちぎるなどした行為が，暴力行為等処罰法1条1項違反として起訴された事案（**ポポロ事件**）に関する東京高判昭31・5・8（高刑集9巻5号425頁）がある。

また，この立場の学説は，まず，超法規的正当化事由の理論と可罰的違法性の理論との関係について，両者を同質のものと解し，後者を前者の内部に取り込んでゆこうとする。次いで，正当化事由の問題については，法定のそれに囚われることなく広範囲にわたって超法規的に正当化事由を認める傾向を示し，したがってその要件についても正当化の一般原理を基礎としつつ，法定のそれとは異なった独自のものを認めてゆこうとする。そして，ここで問題とされるような事案（公安・労働事件）については，これを官憲・使用者による憲法上の自由権や団体

---

[154]　藤木・前掲注（149）『可罰的違法性』127頁。

行動権などに対する侵害と，これに対する市民・労働者などの権利防衛・権利回復行為の関係として捉え，被告人らの行動は，正当防衛ないしこれに類似した構造をもつものと解するのである[155]。

(3) **要　件**　超法規的正当化事由の性格をどのように捉えるかによって，その要件についての理解もおのずから異なってくる。

(a) **緊急性と補充性**　超法規的正当化事由をきわめて例外的な場合に限って認め，その要件を厳格に要求する第1の立場では，超法規的正当化事由が成立するための前提として，正当防衛および緊急避難と同じような意味での「緊急性」ないし「状況上の相当性」が不可欠の要件とされることになる[156]。また，抽象的・観念的な形態における法益に対する無形的な侵害を排除する方法は，具体的な実在を伴う法益に対する有形的侵害を排除する方法とは異なった形態をとるのが自然であり，したがってみだりに私人の側で実力をふるうのは適当でなく，国家的保護の手段に委ねるのが適当である，として補充性の原則を厳格に要求するのである[157]。

しかし，超法規的正当化事由を認めるということは，行為者の保全しようとする法益およびこれをめぐる行為状況の特異性が，法定の正当化事由によっては救済しえない性格をもつことに起因するのであるから，そのために法定の要件以上に厳格な要件が必要だというのでは，超法規的正当化事由を認めた趣旨が没却されてしまう。また，この種の事案においては，被告人らの行為が「単に攻撃に対する防衛という消極的側面を超えて，社会的価値の創造という側面にもっとプロクシメイトな関係において結びつけられている」ことを想起するとき[158]，必ずしも常に緊急行為としての観点から要件を構成する必要もなくなってくる[159]。したがって，超法規的正当化事由に補充性が要求されるとしても，その内容は法定の

155　佐伯千仭「超法規的違法阻却原因」〔同〕『刑事裁判と人権』(1957年) 312頁以下。
156　八木　胖「超法規的違法阻の要件」法律のひろば15巻1号 (1962年) 28頁。
157　藤木英雄「超法規的違法阻却事由について」警察学論集16巻6号 (1963年) 33頁以下。
158　井上祐司『争議禁止と可罰違法論』(1973年) 35頁。
159　また，超法規的正当化事由に関する事例においてしばしば問題となる思想・表現の自由というような精神的法益は，本来内心的な現象にかかわるものであって，ある思想に対して公権力による消極的な評価が存在するという状態自体が思想の自由にとって本質的なことなのであるから（宮内　裕「『舞鶴事件』二つの判決」判例評論52号 (1962年) 10頁)，仮に超法規的正当化事由において緊急性が要求されるとしても，正当防衛・緊急避難におけるそれとはおのずから性格を異にするといえよう。

緊急行為のそれとは異なったものとして、むしろこれより緩和した形で「当該具体的事情の下では現実に他に可能性がない」という程度の趣旨に解すべきであろう。

(b) その余の要件　目的の正当性，手段の相当性，法益の均衡性が考えられる。まず，①「目的」は正当でなければならないが，それは憲法上の権利・自由が保全されている，という客観的事実の主観的反映を意味するにすぎない。また，②「手段」の相当性については，行為者によって実現された利益が行為によって侵害された利益に優越しているか，という観点から問題となる。さらに，③「法益の均衡」が要求されるが，法益の比較衡量は，法益の一般的価値順位における量だけではなく，具体的事情を考慮して行われなければならない。

第9節　被害者の承諾

1　総　　説

(1) 意　　義　**被害者の承諾**とは，被害者が自己の法益の侵害について承諾を与えることをいう。被害者の同意（広義）ともいう。「欲する者に対しては侵害はない」という法格言に示されるように，被害者の承諾は，古くから犯罪の成立を阻却する事由として論じられてきたが，今日，これを正当化（違法阻却）事由の1つであることを中心に考える通説的見解のほか，そのすべてを構成要件不該当事由（構成要件該当性の問題）と捉える見解も有力に主張されている（➡(2)(d)）。

正当化事由としての被害者の承諾については，大別して2つの考え方がある。その1つは，①個人的法益に対する侵害について被害者の承諾があっても，その承諾によってなされる行為が社会倫理的観点から許容されるか否かが重要であるとし，承諾が行為を正当化するのは社会的に相当な例外的場合である，と解する立場である。この立場は，被害者の承諾に正当化事由としての独立した地位を認めず，行為の社会的相当性を判断するための一要素としての地位しか認めていない（佐伯(仁)104頁参照）。これに対し，第2の見解は，②被害者の承諾に正当化事由としての独立した地位を認め，被害者がその処分可能な利益に対する侵害を承諾すれば，刑法が保護する必要のある法益がなくなり，あるいはそこに自己決定の自由の利益が実現されたとして，被害者の承諾による行為は原則として正当化される，と考える。①説は行為無価値論に，②説は結果無価値論に結びつく考え

方である。

判例は第1の見解に立脚するが，その代表例である最決昭55・11・13（刑集34巻6号396頁）は，過失による事故を装って保険金を騙取する目的で，被害者の承諾を得て，故意に自己の運転する自動車をこれに衝突させることにより負傷させた場合について，承諾は保険金騙取という違法目的のために得られた違法なものであり，傷害行為の違法性を阻却しない，と説いている。学説は，本決定を「行為の反倫理性を理由として違法阻却を否定した判例」として挙げるが[160]，これに対しては，保険金騙取（法益侵害）の危険を違法性判断で考慮することは，直ちに違法判断で反倫理性を理由とした判断と評価することはできない，という見方もある（佐伯（仁）102頁）。しかし，詐欺罪の保護法益は傷害罪の射程を超えており（松宮102頁，山口103頁参照），本決定も，承諾を得た動機・目的の不当性を示すものとして保険金騙取目的を挙げているのであるから，反倫理性を違法評価に関連させる行為無価値論との親近性は否定できないであろう。

(2) **法的効果**　被害者の承諾は，正当化事由として行為の違法性を阻却するだけではなく，刑法上，種々の機能・効果を有している。

(a) **構成要件上意味がない承諾**　例えば，暴行・脅迫を手段として予定していない13歳未満の者に対する強制わいせつ罪（176条後段）・強姦罪（177条後段）のように，構成要件上，被害者の承諾の有無を問わない罪がある。この両罪の場合，13歳未満の者には性的行動について承諾能力がないことが擬制されており，仮に当該児童に現に承諾能力があったとしても，その承諾は無効である。

(b) **減軽事由としての承諾**　例えば，承諾（同意）殺人罪（202条後段）や同意堕胎罪（213条）のように，被害者の承諾が刑の減軽事由として構成要件の要素となっているものがある。この場合，基本類型（殺人罪・不同意堕胎罪）では，承諾の不存在が構成要件要素とされ，減軽類型（同意殺人罪・同意堕胎罪）では，承諾の存在が構成要件要素とされている。

(c) **構成要件不該当事由としての承諾**　例えば，住居侵入罪（130条）や逮捕・監禁罪（220条）のような自由に対する罪の場合，被害者の承諾がないことが構成要件の要素となっているために，承諾があれば構成要件該当性そのものを欠くものがある[161]。なお，住居侵入罪の場合，居住者の承諾に基づく住居への立入

---

[160] 町野朔「刑法の解釈」〔芝原邦爾編〕『刑法の基本判例』（1988年）7頁。他に本判例の研究として，佐藤陽子・刑法の判例40頁など。

りが構成要件に該当しないのは，それが「侵入」に当たらないからであって，違法性（違法阻却）についての注意規定である「正当な理由」があるからではない（→『各論』82頁）[162]。同様に，逮捕・監禁罪についても，承諾があれば犯罪を構成しないのは，最初から逮捕・監禁行為に当たらないからであって，それが「不法」でないからではない。

 (d) **正当化事由としての承諾**　本節で主として問題とする承諾は，正当化事由（違法阻却事由）としての被害者の承諾（**同意**〔狭義〕）である。正当化事由としての承諾（同意）が主として問題となるのは，傷害罪の場合である（→3）。

　なお，正当化事由としての被害者の承諾を否定し，承諾をすべて構成要件該当性阻却事由（構成要件不該当事由）と解する見解（上記(c)と(d)の区別を否定）も有力である（山中209頁以下など）[163]。この見解は，構成要件が単に行為客体を保護しているのではなく，法益自体を保護しているという考えを前提として，正当化（違法阻却）事由で問題になるのは利益衝突状態における葛藤の解決であって優越的利益の原則が妥当するが，承諾により法益が存在しなくなる場合は，構成要件の法益保護機能が欠けるからすでに構成要件該当性がないことになる，と説くのである。

　しかし，法益保護は，刑法全体の機能であり，構成要件に固有のものではない。むしろ，法益といった純粋に価値的・規範的概念は，法益侵害・危険という形で主として違法論により担われるべきものであって，仮に被害者の承諾について「利益（法益）不存在の原則」が妥当するとしても，優越的利益の原則におけると同様に法益に関わる評価を内実としており，体系的に両原則を区別すべき実質的理由は見当たらない（浅田202頁参照）[164]。まして，被害者の承諾についても利

161　構成要件不該当事由としての承諾を，正当化事由としての承諾（同意）と区別して被害者の「**合意**」と呼ぶことがある。

162　同様のことは，秘密漏示罪（134条）にも当てはまり，「秘密」を本人が欲する主観的秘密と解するかぎり（主観説／→『各論』86頁），被害者が漏示を承諾すれば，当該客体はすでに秘密性を失っといってべきであろう。同様に，信書開封罪（133条）についても，被害者（発信者・受信者）が開封を依頼（承諾）すれば，最初から本罪の構成要件に該当しない（これに対し，承諾があれば「正当な理由」があるとして違法阻却事由と解するものに，浅田201頁）。

163　被害者の承諾は，比例原則により諸事情を総合考慮する他の正当化事由と構成要件該当性判断の中間に位置する，とするものとして前田75頁。

164　山口151-2頁は，有効な法益主体の同意（承諾）により，法益がその保護価値を失うのだとすると，構成要件該当性自体が否認されると解することもできるが，法益性の欠如は実質的には違法性阻却原理としての意義を有する，として被害者の同意（承諾）を違法阻却事由の箇所で扱っている。

益衡量の側面を認める本書の立場からは，被害者の承諾に基づく行為も優越的利益の原則の下におかれ，また，構成要件該当性と違法性とを峻別する見地からは，なお，①被害者の承諾のない行為だけが禁止の素材とされている構成要件不該当事由としての承諾（**合意**／上記(c)）と，②禁止の対象ではあるが承諾により違法性が阻却される正当化事由としての承諾（**同意**／上記(d)）との区別が維持されることになる（➡ **2**(2)(d)）[165]。

以下，正当化事由としての承諾（同意）を中心として考察するが，その帰結は，承諾の要件その他において基本的に構成要件不該当事由としての承諾（合意）にも妥当する。

(3) 犯罪の種類　被害者の承諾は，侵害される法益が被害者の処分しうるものでなければならないから，基本的に個人的法益に対する罪についてのみ認められ，国家・社会的法益に対する罪については原則として認められない[166]。もっとも，社会的法益に対する罪については，社会を不特定多数の個人と捉え，社会的法益を公衆の法益，すなわち不特定多数人の人格的，財産的法益の集合体と捉える場合には（『各論』207頁），社会の構成員全員が承諾する事態が想定されれば，その限度で承諾は有効となる。

また，国家・社会的法益に対する罪が同時に個人的法益に対する罪をも含んでいる場合も，そのかぎりで被害者（個人）の承諾は有効である。例えば，国家的法益に対する罪に分類される虚偽告訴等の罪（172条）について，本罪を，①国家機関の適正な機能（国家的法益）を害することによって，個人の権利（個人的法益）を危うくする罪と解し，かつ，②被申告者に誤った処分や不必要な取調べ等の不利益を与えることに本罪の本質を認めるのであれば，被申告者（被害者）が承諾を与えた虚偽申告は，被害者の自己決定権を強調する見地から本罪の成立を否定すべきであろう[167]（『各論』311-2頁）[168]。

なお，社会的法益に対する罪である放火罪の場合，本罪は基本的に公共危険罪

---

[165] 被害者の承諾（狭義の同意）の体系論を扱ったものとして，曽根「『被害者の承諾』と犯罪論体系」『正当化の理論』225頁以下。
[166] これに対し，佐伯（仁）200頁以下は，「被害者」概念を広く捉え，国家・社会の承諾（同意）を観念することも可能であるとし，国家の同意の例として不法入国罪（入管法70条1項）を挙げている。
[167] ただし，判例（例えば，大判大1・12・20刑録18輯1566頁）は，国家的法益侵害の側面を重視して承諾のある行為についても本罪の成立を認めている。

第4章 違 法 論　259

であるから，被害者の承諾は原則として行為の違法性を阻却しないが，例外的に，承諾が行為者の罪責に影響を及ぼす場合がある。まず，①被害者が108条の客体（現住建造物）に対する放火を承諾した場合，現住建造物等放火罪の構成要件には該当するが，違法性の程度は非現住建造物等放火罪（109条）の限度にとどまり，109条を準用することになる。また，②目的物の所有者が承諾した場合，放火罪の財産罪的側面を考慮して自己所有物に対する放火（109条2項・110条2項）として扱われることになる（『各論』216頁）。

2　正当化根拠

(1)「被害者の承諾」の特色　被害者の承諾が正当化事由の1つであるとしても，それは超法規的なものであって法の規定するところではないため，被害者の承諾が違法性を阻却する範囲，承諾が成立するための要件等を考察するにあたっては，まず，被害者の承諾がなぜ違法性を阻却するのか，その根拠が明らかにされなければならない[169]。

正当化事由としての被害者の承諾（同意）は，違法性・適法性の限界に関わる問題であって実質的違法性論の反面としての性格をもち，したがってこの観点からのみ承諾の根拠は探究されなければならない。この点に関するかぎり，その他の正当化事由と何ら異なるところがないはずであるが，特に法益論的アプローチを採る者により，被害者の承諾が他の正当化事由とは別個の正当化原理に基づいていると解されてきたこともあって[170]，学説上一般に，被害者の承諾は違法阻却論の内部で体系的に特別の地位が与えられてきた。例えば，一般の正当化事由は利益衡量（優越的利益）の原則に導かれるが，被害者の承諾の場合は，①承諾により利益が放棄されて保護されるべき利益がなくなること（**保護利益不存在の原則**

---

[168] 旧強制執行妨害罪（旧96条の2）について，その保護法益は，①強制執行の機能の保護という国家的法益のほか，②債権者の債権の保護という個人的法益にも求められ，しかも強制執行が債権実行のための手段であることから，従来，②を中心とした理解がなされてきたが，2011年に改正された強制執行妨害目的財産損壊等罪（現96条の2）において，旧規定の「強制執行を免れる目的」が「強制執行を妨害する目的」に改められたことなどから，国家的法益に対する罪としての性格が強まった結果，重点が①に移ったものとみることができる（『各論』292頁）。
[169] 被害者の承諾の正当化根拠に関する私見として，「『被害者の承諾』と正当化の原理」『正当化の理論』105頁以下。
[170] これに対し，いわゆる規範論的アプローチにあっては，被害者の承諾の正当化根拠も，①承諾に基づく行為が正当な目的のための相当な手段であること（目的説），②社会的に相当な行為であること（社会的相当性説）など，他の正当化事由と同様の一般原理に求められている。

＝利益放棄説），②侵害された法益の保護を放棄することによって刑法によってこれを保護する必要がなくなること（**法益の要保護性不存在の原則＝法的保護放棄説**／西田187頁など）などに求められてきたのである[171]。

ところで，「利益の放棄」ないし「法的保護の放棄」が私的自治の領域に属するものとして国家がこれに干渉しないというのは，そうすることがまさに国家ないし法の任務に合致すると考えられるからである。そこで，近年，人間の自由な自己実現の確保ということを法の任務に掲げて，被害者の承諾の正当化根拠を，憲法13条の「個人の尊重」に基礎をおく「**自律の原理**」（自己決定の自由が実現されること）に求める見解が有力になりつつある[172]。

(2) 自己決定の自由と被害者の承諾

(a) **刑法の機能との関係**　刑法は，法益保護の任務を有しているが，それは，法益が人間の自由な自己実現という目的達成のために不可欠な客体であり，そのための必要条件と解されるからである。その意味で，法益は，それが人間の自己実現に役立つかぎりでのみ，法によって保護されるに値するのであって，その反面，法益の保護が個人の自由の実現にとって桎梏と感ぜられるに至れば，これを法によって保護する必要もなくなってくる。この場合，法益主体による法益の自由な処分可能性，その意味で個人の「自己決定の自由」を尊重することこそが人間の自己実現に資することになるのである。もっとも，この自律の原理も，正当化の一般原理に関する見解いかんにより，その理解に相違がみられる。

(b) **規範論的アプローチ**　被害者の承諾における正当化の根拠を，承諾に基づく行為が国家によって承認された共同生活の目的達成のための相当な手段であることに求める目的説，およびそれが歴史的に形成された社会生活秩序によって許容されていることに求める社会的相当性説の立場では，個人の自己決定の自由は被害者の承諾においてほとんどその意義をもちえない。これらの見解は，個人的法益について被害者の承諾があっても，その承諾によってなされる行為が社会倫理的観点から許容されるか否かが重要であるとし，承諾が行為を正当化するのは，社会的に相当な例外的場合である，と解しているからである。

目的説および社会的相当性説によれば，例えば，やくざが「組に迷惑をかけた」として仲間に指を詰めてもらう場合のように，たとえ被害者の承諾があったとしても，その承諾によってなされる行為（傷害）が社会倫理的観点から許容されない（社会的に相当でない）場合は正当化されないことになる。それはまた，前出最決昭55・11・

---

[171] この議論は，被害者の承諾が刑法35条後段に含まれるか，という問題とも関連している（➡244頁）。
[172] 憲法とのかかわりで自己決定の自由について論じたものとして，曽根「自己決定の自由──憲法と刑法の交錯──」『展開』71頁以下。

13の考え方でもある（➡256頁）。しかし、このような結論は、被害者の承諾の基礎にある「個人の尊重」（個人の自由な自己決定権の尊重）という思想（憲法13条）とは相容れないであろう。

(c) **法益論的アプローチ**　まず、①法益主体である被害者自身が自由な自己決定によりその処分可能な法益を放棄した結果として、保護されるべき法益がなくなること（保護法益不存在の原則）に被害者の承諾の正当化根拠を求める利益放棄説の立場を徹底すると、法益主体が自己の法益に対する侵害を承諾すれば、法益の種類いかんを問わず、行為はすべて正当化されるということになるはずである。ところが、刑法は、例えば承諾に基づく殺人を処罰の対象としており（202条後段）、また、死の危険を伴うような同意傷害を適法と解することにも疑問がある。そこで、利益放棄説は、このような疑問に応えるために、生命・身体については国家・社会も法益主体であり、被害者が侵害に承諾を与えても保護されるべき法益はなくならないと解することになるが、従来、純粋な個人的法益とみられてきた生命・身体が同時に国家・社会的法益でもあるとするのは、個人的法益に対する国家・社会の過剰な介入を認める国家主義的、超個人主義的思考方法であって妥当でないであろう。

次に、②被害者の承諾について、法益主体が自らその処分可能な法益における生活利益を放棄したことにより、侵害された法益を刑法によって保護する必要がなくなること（法益の要保護性不存在の原則）に正当化の根拠を求める法的保護放棄説においても、利益放棄について個人の自己決定の自由を尊重しようとする思想が承認されている（内藤・中588頁）。そして、承諾殺人については、それが被害者の承諾による法益侵害行為によって個人の自己決定の自由が回復不可能になるような場合であって、この場合にまで法益の要保護性がなくなると解することは、個人の自己決定の自由を尊重しようとする基本思想と調和しがたい、とするのである。たしかに承諾殺人の場合、生命が失われることによってその後の観念的な自己決定の自由の可能性は失われることになるが、承諾と裏腹をなす行為時における現実の自己決定の自由は、承諾殺人においても何ら毀損されていないどころか、むしろ実現されていると解することも可能である[173]。

(d) **私　見**　承諾に基づく行為が正当化されるのは、承諾によって実現された自己決定の自由という利益が、行為によって侵害された法益に優越することを根拠としている。被害者の承諾においては、同一人格である被害者の内部で利益衡量が行われるところにその特色があるが、優越的利益の原理が支配しているという点では、他の正当化事由と基本的に異なるところはないのである。被害者の承諾による行為は、法益客体（法益の事実的基礎）を侵害することによって構成要件に該当し、かつ、被害者の一方の個別具体的な実体的法益（例えば身体の不可侵性）を侵害し、他方の一般抽

---

[173] また、「同意殺人の可罰性は、端的にパターナリズムの見地から法益主体の処分権が制限される」とも説かれるが（松原118頁。なお、同122頁）、その帰結に至るプロセスは必ずしも明らかでない。

象的な手続的法益（自己決定の自由）を実現することによって違法性の問題となると同時に，両者の比較衡量が正当化の有無・程度を決定すると解することができる。したがって，侵害法益が自己決定の自由の利益に優越するときは，承諾にもかかわらず行為は違法となる。承諾殺人が被害者の承諾にもかかわらず違法とされるのは，それが自己決定の自由の実現によっても補いえないほど重大な生命（自己決定権行使の基盤でもある）という法益の侵害を伴うからである。また，承諾に基づく通常の傷害の違法性は阻却されるにもかかわらず，生命の危険を伴う傷害の場合に承諾があっても違法性が阻却されないのも同様の理由に基づいている（平野・Ⅱ254頁参照）。

　これに対し，各犯罪類型の予定する保護法益と，これに対する処分権（自己決定権）の行使の利益とを区別して論ずることには根強い批判があるが（佐伯(仁)205-6頁など），この2つの利益は共に刑法上の違法評価にあたって重要な意義を有するもののその法的性格は異なっている。例えば，承諾殺人罪は，①殺人に向けての被害者の「自由な意思決定（自己決定）」の実現（＝承諾）と，②殺害行為による「生命の喪失」（＝殺人）という2つの要素から構成されているが，これを憲法論的観点から説明すると，①の「自己決定」は，憲法13条前段の「個人の尊重」条項に由来し，本罪の形式的，手続的側面を表しているのに対し，②の殺人行為によって失われる「生命の尊重」の価値は，同13条後段の「生命に対する権利」（生命追求権）に淵源をもち，「生命の喪失」は殺人の実質的，実体的側面を表している。実体的利益である生命と手続的利益である自己決定権は，「承諾殺人」において矛盾・衝突する関係に立つが，「人間の尊厳」の理念に基礎をおき，生命（および重大な身体的利益）以外の権利・自由に優越する地位にある「生命の尊重」の要請が「自己決定権」の価値に優位することから，（消極的）パターナリズムの原理が働いて（➡20頁），承諾殺人は違法との評価を受けることになるのである[174]。

3　同意傷害

(1) 傷害罪と被害者の承諾　被害者の承諾に基づく傷害行為も傷害罪を構成するか，が問題となる。学説は分かれており，①第1説は，承諾があっても社会的に相当でない傷害行為は違法であるとし（社会的相当性説／大塚・刑法概説（各論）〔第3版増補版〕29頁，福田・全訂刑法各論〔第3版増補〕152頁など），②第2説は，承諾を得て身体の枢要部分に対する回復不可能な永続的損傷をもたらす行為は違法であるとし（重傷害説／佐伯(仁)224頁，内藤・中588頁，松原126-7頁），③第3説は，死の危険がないかぎり承諾に基づく傷害行為はすべて適法であるとする（生命危険説／高橋313頁，中山・刑法各論47頁，平野・Ⅱ254頁など）。そして，④第4説は，内臓摘

---

[174] 仮に，この2つの利益を表裏一体のものとみて同一視するならば，人に「死ぬ権利」を肯定して承諾殺人は適法行為となり，これを犯罪とする刑法202条は憲法13条前段の「個人の尊重」原理に違反する違憲の規定ということになるであろう。なお，刑法202条の基本思想に関する私見の詳細については，「自己決定の自由と自殺関与罪」『展開』101頁以下。

出・手足の切断といった重大な傷害であっても，その種の自傷行為が不可罰であるのと同様に，有効な承諾があれば違法性が阻却される，とする（不可罰説／浅田206頁。なお前田245頁）。

　被害者の承諾の正当化根拠について自己決定権の行使を重視する立場からは（➡ 2 (2)），個人的法益である身体的利益の放棄を内容とする同意傷害は，原則として適法であると解すべきであり，③説（ないし②説）が妥当である。したがって，輸血のための血液採取はもとより，やくざの指詰めも，それが被害者の任意かつ真意な意思に出たものであるかぎり適法である。ただ，同意殺人が被害者の承諾にもかかわらず違法とされていることからも明らかなように，傷害行為によって害された身体的利益の程度が自己決定の自由の利益に優越するときは（死の危険がある場合)[175]，同意傷害も違法となる[176]。なお，④説は，傷害の場合，同意殺人罪（202条後段）の規定をもつ殺人と異なり，傷害罪の減軽類型である同意傷害罪の規定が存在しないことからするとそれなりの説得性をもつが，同意傷害と自傷行為をパラレルに捉える点については，自己の手による自殺が不可罰（的違法）であっても他人の手にかかる自殺関与行為が可罰的（違法）であることに照らすと，やはり両者を同一視することはできないであろう[177]。

　判例に目を転ずると，自動車事故を装って保険金を詐取する目的で，同意した被害者に故意に自己の運転する自動車を衝突させ負傷させた場合について，傷害行為の違法性を阻却しない，とした前出の最決昭55・11・13（➡256頁）は，①説の立場に立っているが，この結論は，事実上，財産的利益侵害の準備行為（不可罰である詐欺の予備）を身体犯である傷害罪に取り込んで処罰するものであって妥当でない（佐伯（仁）225頁以下参照）。そこで，この帰結を回避するためには，やはり生命に影響を与えない程度の軽い傷害について承諾が得られた場合には，行為の目的が違法であるとしてもなお承諾自体は有効であって傷害罪は成立しない，と解すべきである。なお，傷害（致死）罪には，故意が暴行にとどまる場合（暴行致傷（致死）罪）も含まれるが，例えば，性交中やいわゆるＳＭプレイ中に相手方の首を絞めて死亡させた事例につき，多くの裁判例は，承諾が無効であるとして傷害（致死）罪の成立を認めている（例えば，大阪高判昭40・6・7 下刑集7巻6号1166頁）。しかし，暴行の点につき有効な承諾があれば，(重）過失致（死）傷罪の成立にとどめるべきであろう（浅田204頁）。

---

[175] 重傷害説についても，自己決定権を考慮に入れてもなお身体的利益の維持が優越して承諾が無効となると解する余地はあるであろう。

[176] 承諾不処罰の根拠に関する「法益の（要保護性の）不存在」の原則から，「法益主体の自律性を補完するために，その当座の意思に反してその身体を保護することは，法益侵害説の意図に反するものではな（い）」とも説明されるが（松原126頁），承諾の有効性を前提とするならば（同121頁参照），「当座の意思」も個人の自律の発露として尊重されるべきであろう（曽根・前掲注(172)『展開』91頁以下）。

[177] もっとも，同意傷害を同意殺人より重く処罰すべきではないから，傷害罪（204条）の成立を認める場合であっても，刑の上限は202条の「7年以下の懲役」にとどめるべきであろう（高橋313頁注47，西田189頁）。

(2) 同意傷害の体系的地位　被害者の承諾の（正当化）根拠について法益（要保護性）不存在の原則に立脚し，かつ，行為が構成要件に該当するのは保護の必要がある法益が存在する場合に限られる，と解する見地からは，同意傷害についてもすべて傷害罪の構成要件該当性が否定されることになる（山中211頁など）。これは，傷害罪（204条）の構成要件も，自由に対する罪や窃盗罪，殺人罪等の構成要件と同様に，被害者の承諾のない場合だけを内容としていると解するものであるが，（死の危険のある）重大な傷害については承諾があっても正当化（違法性阻却）を認めない立場からは，傷害罪の構成要件は承諾の有無を問わないと解すべきであり，承諾に基づく傷害行為についてもやはり構成要件該当性を認めたうえで，違法論において傷害の程度・性質と自己決定権の行使との較量によって傷害罪の成否を決すべきであろう。

　なお，患者の承諾に基づく治療行為（手術行為）についてのみ例外的に傷害罪の構成要件該当性を否定する見解も考えられるが，傷害罪の構成要件は一般の傷害行為と治療行為とを区別するものではなく，また，治療行為も個別具体的な諸事情を勘案してその正当性が判断されるのであるから，体系的地位に関し，一般の同意傷害との間に差異を設けることはできないであろう。患者の承諾に基づく治療行為についても，やはり傷害罪の構成要件該当性を認めるべきであって，問題の解決は違法論で図られることになる。

4　要　　件

(1) 承諾の主体　被害者の承諾は，承諾の内容と意味を理解しうる者（承諾能力のある者）による承諾でなければならず，承諾能力のない者による承諾は無効である。例えば，承諾殺人罪（202条）における「承諾」は，意思決定能力を有する者の任意かつ真意に出たものであることを要するから，無理心中の場合，幼児等承諾能力のない被害者の承諾は無効であって，殺人罪が成立する（5歳11月の被害者につき，大判昭9・8・27刑集13巻1086頁）。

　承諾は，侵害される法益の保持者である被害者の自己決定権に基礎をおいていることから，本来的に被害者自身によって行われなければならず，代理人が本人の意思を代理して与えた承諾は原則として無効である。もっとも，親が教育的見地から子供の財産を処分したり（財産罪関係），治療や転地療法に同意したりする（人身犯罪関係）ことが認められるように，監護権や法的代理権を根拠として承諾（同意）の代行に正当化が認められる場合はありえよう（佐伯(仁)212頁，山口154頁等参照）。

(2) 承諾の有効性　被害者の承諾は，被害者の任意かつ真実の意思に出たものでなければならないから，承諾能力があっても瑕疵ある意思に基づく承諾は無

効である。

　(a) **暴行・脅迫による承諾**　　承諾は，自由な意思決定に基づくものでなければならないから，被害者の自由な意思決定を失わせる程度の暴行・脅迫を加えて得られた承諾は無効である。問題となるのは，意思の抑圧がどの程度認められる場合に承諾が無効となるかであるが，最決平16・1・20（刑集58巻1号1頁）は，極度に畏怖して服従していた被害者に対して暴行・脅迫を交えつつ，命じられた行為以外の行為を選択することができない精神状態に陥らせていたとき，被害者に自らを死亡させる現実的危険性の高い行為を強いる行為は殺人罪の実行行為に当たる，として殺人（未遂）罪の成立を肯定している。「承諾（同意）する以外に選択の余地がない程度にまで意思が抑圧された場合に承諾は無効」となる，ということであろう（山口160頁）。なお，このように被害者の無効な承諾に伴う行為を利用して被害者の法益を侵害する行為は，被害者の行為を利用した間接正犯を構成する（➡533頁）。

　(b) **欺罔による錯誤に基づく承諾**　　承諾の内容と意味に錯誤がある者のした承諾も無効である。例えば，住居侵入罪（130条）における承諾（合意）は，住居権者の任意かつ真意に出たものでなければならないから，立ち入ること自体について錯誤がある場合の承諾は無効である。ただし，錯誤に基づく承諾であっても，錯誤が単に動機に関するものであれば，その承諾はなお有効である。

　有効性の限界が問題となるケースとして，例えば，①偽装心中がある。すなわち，追死の意思がないのに追死するかのように装って相手の承諾を得，これを自殺させる行為の場合について，最判昭33・11・21（刑集12巻15号3519頁）は，承諾が無効であるとして殺人罪の成立を認めている。しかし，被害者は自殺すること自体については何ら誤認しておらず，ただその動機・縁由について錯誤があったにすぎないのであるから，自殺関与罪であって殺人罪ではない（『各論』13頁以下参照）。また，②最大判昭24・7・22（刑集3巻8号1363頁）は，強盗の意思で「今晩は」と言い，家人が「お入り」と応えたのに応じて住居に入った事案につき，承諾を無効とみて住居侵入罪の成立を認めたが，これも疑問である。

　これらの場合，承諾が有効であるのは，仮に錯誤の内容が真実であったとしても（①では相手に現に追死の意思があったとしても，また，②では相手が強盗でないとしても），法的にみてなお被害者に承諾を与えない自由が存在するからである。したがって，以上とは異なり，例えば，適法な捜索令状を装って偽の令状を示し，

住居に居住者の承諾を得て立ち入った場合は，仮に錯誤の内容が事実であれば，立入りは法令行為であって被害者は立入りを認めない自由が否定されることになるので，このような欺罔・錯誤に基づく承諾は，不自由なものであって真意に出たものとはいえず無効である（山口159頁，同・探究83頁参照）。

承諾の有効性に関して参考になるのが，欺罔によって得られた承諾は，それが「法益関係的錯誤」に基づく場合だけ無効である，とする考え方である（**法益関係的錯誤説**）。この見解の根拠は，「ある構成要件と無関係な利益についての欺罔行為を，被害者の承諾を無効にすることを通じて当該構成要件で処罰するならば，……実質的には当該法益を錯誤が関係する別の法益に変換することになるか，あるいは，欺罔から自由であるという意思活動の自由一般を保護することになってしまう」点に求められている[178]。したがって，偽装心中や住居への立入りについて動機に錯誤があるにすぎない場合，その承諾は法益に関係しない錯誤として有効であるが，例えば，末期がんで余命いくばくもないと騙されて自殺幇助に同意した場合は，法益関係的錯誤であるとしてその承諾は無効とされる（佐伯（仁）219頁）[179]。しかし，後者の場合も，家族に見守られて苦しくとも残されたわずかの時間を生き抜くという選択の途はあったわけで，法益関係的錯誤を理由に直ちに承諾を無効とすることはできないであろう[180]。

結局，Ⓐ仮に欺罔に基づく錯誤の内容が真実であるとすれば，被害者に承諾を与えない自由が存在しなくなる（承諾せざるをえなくなる）場合の承諾は無効[181]，これに対し，Ⓑ仮に錯誤の内容が真実であったとしても，承諾を与えない自由がなお存在する場合の承諾は有効と解すべきであろう（**意思自由喪失説**）。

---

178 佐伯仁志「被害者の錯誤について」神戸法学年報1号（1985年）59頁。
179 法益主体自身にとって自己決定に十分な情報が与えられているかどうかが重要であって，その情報が法益関係的であるか否かは，自己決定にとって必ずしも決定的ではない，とするものとして井田・理論構造199頁。これに対し，「法益侵害の有無を中心に考えた場合，その法益に関連する情報に錯誤がなければ，その法益の処分という範囲においては当該自己決定は基本的に有効である」，とするものとして若尾岳志・重点課題73-4頁。
180 反対に，法益関係的錯誤はないが，緊急状態を仮装することによって得られた承諾の場合（林171頁以下），あるいは，例えば臓器を提供しないと子供が死亡すると騙して，子供の命を救うための臓器移植を親に同意させた場合（佐伯（仁）220頁）は，強制に準ずる状況での不自由な承諾であるから例外的に無効とすべきではないか，という指摘もなされている。これに対し，この場合も法益関係的錯誤であるから承諾は無効とする見解として西田194頁。
181 林172頁は，同意（承諾）が不自由な場合とは，ある法益を処分しなければ失われるという錯誤に陥っている別の利益が，被害者本人の価値観においてあまりに重大であるために，その法益を処分せざるをえないと判断した場合だとする（主観的自由意思喪失的錯誤説）。

(3) **承諾の時期**　承諾は行為時に存在していなければならず，事後的になされた承諾は無効である。もっとも，被害者の承諾にあっては，被害者の自己決定権の行使が決定的な意味をもつのであるから，行為の開始（実行の着手）時点では承諾がなくても，結果発生時までに承諾が与えられれば，その限度で承諾は有効である。例えば，離隔犯である毒物託送事例において，行為者Xが宅配業者にA宛ての毒入り饅頭の発送を依頼した時点では承諾がなくても，これを受け取ったAが毒入りに気づいたが自殺意思をもってこれを食して死亡した場合，Xは殺人の故意で自殺幇助（202条）の結果を実現したのであるから，両罪の重なり合う202条の罪の限度で刑事責任に問われることになる[182]。

なお，承諾はいつでも撤回できるが，例えば，Aが各駅停車に乗るつもりでうっかり特急電車に乗ってしまい，途中で気づいて特急の停車駅でない駅に停車するよう車掌Xに求めたが，Xがこれに応じなかったとしてもXに監禁罪の成立は認められない。この場合，Aの承諾によらない自由の拘束の不利益よりも，特急のダイヤ通りの運行に伴う多くの乗客および鉄道体の利益の方が優越するからである。したがって，例えば，Aが重大な急病のため最寄りの駅に臨時停車するのは，その利益関係が逆転するからであって，それにもかかわらず停車を拒否するとすればXに監禁罪の成立が認められよう。

(4) **承諾の対象**　構成要件該当事実のすべてが承諾の対象になるが，承諾の本質が自己の法益に対する被害者の処分権（自己決定権）の行使にあることにかんがみると，その重点は法益侵害結果におかれることになる。したがって，法益侵害の一般的危険性のある行為（実行行為）を承諾していても，実際に被害者自身の身に降りかかる具体的な侵害結果の発生自体を承諾していない場合は，結果を含む行為全体が正当化されることにはならない（➡ 5）。

また，承諾は，これをなした被害者が具体的に予定した範囲に限って有効であり，したがって，例えば，被害者宅の玄関への立入りのみを認められていた行為者が居間にまで入り込んだ場合，その行為は承諾の範囲を超え違法である。

(5) **承諾の外部的表示とその認識**　被害者の承諾による正当化が認められるためには，ⓐ被害者が承諾意思を外部に表示する必要があるかどうか，また，ⓑ

---

[182]　ただし，毒入り饅頭がA宅に配送された時点ですでに殺人結果発生の危険が現実化した（未遂結果が発生した）とみられる場合には，その時点で殺人未遂罪が成立し，Aが毒入り饅頭を食したのは未遂行為後の事情ということになろう。

行為者が被害者の承諾を認識している必要があるか否か，という問題がある。

(a) **外部的表示の要否**　①**意思表示説**は，承諾に基づく行為が正当化されるためには承諾が外部的に表示されることが必要である，と解し，②**意思方向説**は，承諾は被害者の内心の意思として存在すれば足り，必ずしも外部に表示される必要はない，と解している。被害者の承諾の正当化根拠を，被害者の自己決定権の行使に求める立場からは，被害者の内心において自己決定の自由が保障されていれば足りるから，意思方向説が妥当だということになる。もっとも，意思表示説を採っても，外部的な表示が明示的であると黙示的であるとを問わないのであれば，両説の結論上の差異はほとんどないであろう（内藤・中594頁参照）。

(b) **承諾の認識の要否**　意思表示の要否に関連して，被害者の承諾の効果を認めるために，行為者が承諾の事実を認識していることが必要であるか否かについても，争いがある。①承諾の外部的表示の要否に関する意思表示説が，行為者に承諾の認識を要求するのに対し（**認識必要説**）[183]，②意思方向説は，承諾の存在の認識を不要と解する（**認識不要説**）。認識必要説を採れば，被害者の意思表示の有無にかかわらず行為者が承諾を認識していなかったときは既遂犯が成立することになり，認識不要説を採れば，その場合にも未遂犯の可能性は別として，少なくとも既遂犯は成立しないことになる。

承諾により構成要件該当性を欠く合意の場合を例に取ると，例えば，行為者が窃盗に際して被害者の承諾を認識していなかった場合，認識必要説によれば窃盗既遂が成立するのに対し，認識不要説によれば不可罰ないしはせいぜい窃盗未遂が成立するにとどまる。このうち，窃盗未遂説（例えば，西田192頁）は，故意を窃盗未遂の主観的違法要素と解することを前提とし，承諾の認識のない行為自体に財産権侵害の一般的危険性があることを根拠とするものであるが，窃盗未遂の処罰根拠を被害者の意思に反する財産権侵害の具体的危険に求める立場からは，被害者の承諾が客観的に存在する以上，行為者がその事実を認識していなくても被害者の意思に反する財産権侵害の具体的危険が発生したとはいえず，不能犯の一種として不可罰と解すべきであろう[184]（➡490頁参照）。

183　意思表示説を採れば，認識必要説・不要説のいずれの可能性もありうる，とするものとして山中214頁。
184　もっとも，違法性を阻却する同意には承諾の認識が必要であるが，構成要件阻却の合意の場合は承諾が客観的に存在すれば足りる，と解するのであれば，本文の例では認識不要説と同一の結論になる。

なお，承諾殺人罪（202条後段）のように承諾による違法減軽類型のある犯罪の場合，例えば，承諾があるのにそれを知らずに殺害したとき，認識必要説によれば殺人既遂が成立するが，認識不要説によれば少なくとも殺人既遂は成立しないことになる。問題となるのは，後者の立場で，それが，殺人の故意で承諾殺人の結果に終わったとして殺人未遂となるのか，それとも最初から承諾殺人罪にとどまるのかということであるが，殺人未遂の成立を認めるのは，承諾殺人罪に承諾の認識が必要と解するからであって，ここでも認識不要説を前提とするかぎり，客観的に存在する被害者の承諾意思を考慮して承諾殺人罪の成立を認めるべきであろう[185]。

5 被害者による危険の引受け

(1) **問題の所在**　近年に至り，特に過失犯における被害者の承諾との関係で「**危険の引受け**」ということが言われるようになった[186]。これは，法益の主体（過失犯の被害者）が事前に一定の危険を認識したにもかかわらず，あえて自らをその危険にさらしたところ，不幸にも行為者の行為から結果の発生した場合を指している。例えば，未舗装の路面を自動車で走行し，所要時間を競うダートトライアルの練習中に，初心者である被告人がダートトライアル歴7年の同乗者（被害者）を死亡させた事案について，千葉地判平7・12・13（判時1565号144頁）は，被告人の運転方法および被害者の死亡結果は被害者が引き受けていた危険の現実化というべき事態である，として業務上過失致死罪（当時）の成立を否定した。

(2) **危険の引受けと被害者の承諾**　被害者が危険を引き受けたということは，行為者の行為によって危険が自らの身に降りかかることに承諾を与えたと解せられ，したがって危険行為に伴って必然的に生じた結果についても行為者の罪責を問えないのではないかと考えられたことから，従来，「危険の引受け」は「被害者の承諾」論の内部で扱われてきた。しかし，過失犯における危険の引受けを「被害者の承諾」の法理によって説明しようとする場合，たしかに被害者が行為の危険性については認識・認容してこれに承諾を与えていたが，結果の発生自体を意図していたわけではなく，そこまで承諾が及んでいなかったという点を法的にどのように評価するか，ということが問題となる。

この点，①承諾の対象が「行為」で足りるとする見解は，人的違法論に立脚して，過失犯における違法性の基礎を社会生活上必要な注意を怠った注意義務違反の行為に

---

[185] 本文の例とは反対に，被害者が承諾していると誤認してこれを殺害した場合は，承諾殺人の故意で殺人の結果を実現しているから，刑法38条2項により承諾殺人罪が成立する。
[186] 本テーマに関する私見の詳細として，「過失犯における危険の引受け」『研究』151頁以下。

求め（行為無価値論），過失犯の不法はひとえに注意義務違反の存在および正当化事由の不存在によって基礎づけられ，結果は処罰条件にすぎないと解する。したがって，危険の引受けの場合も，承諾は注意義務違反の行為に向けられていれば足り，被害者の承諾によって行為の違法性は阻却されるとするのである（**行為説**）。しかし，②過失犯（過失致死傷罪）は結果犯であって，過失犯の違法の実体は結果にこそあると解するのであれば（結果無価値論），承諾の対象はむしろ（行為と共に）結果に向けられていなければならない。したがって，危険の引受けにおいては，承諾が行為にのみ向けられているため，行為無価値は止揚するが結果無価値を止揚せず，承諾があっても結果を含む行為全体の違法性は阻却されないことになるのである（**結果説**）。

（刑）法が最終的に否認しているのは，法益が失われた状態（結果）であって，そのような事態をもたらす行為そのものではない。行為が違法とされるのも，それが法益侵害の可能性（危険性）を備えているからであって，行為を禁止すること自体が（刑）法の自己目的であるわけではない。また，被害者にとっても関心があるのは，自己の法益が保全されることになるのか，それとも侵害されてしまうのかということであって，行為者が注意義務に違反していたか否かということではない。そして，「危険の引受け」の場合は，本来の「被害者の承諾」の場合と異なり，被害者は現実には結果が発生しないと考えているから危険を引受けたのであって（いわば被害者側の認識ある過失），仮に結果が確実に発生することを被害者が認識していたとするなら，危険を引き受けることもなく，したがって行為に承諾を与えることもなかったという事情が認められるのである。違法性が阻却されるための承諾の対象は，やはり「行為」自体では足りず，「結果」（を含む行為全体）でなければならない[187]。

(3) 危険の引受けと許された危険の法理　被害者の承諾が（構成要件的）結果をその対象とするのに対し，危険の引受けにおいては，危険行為自体が対象となることから，被害者の承諾に代わるものとして「許された危険」の法理が援用されることがある（山口170-1頁・230-1頁）。すなわち，危険の引受けが認められる場合には，危険な行為の遂行自体が許されることになり（許された危険），いったんそれを許した以上，危険な行為の遂行のために行為者にとってもはや回避しえない結果が発生した場合に責任を問うことは，行為の遂行を許したことと矛盾するから，発生した結果について責任は問えない，とする。つまり，危険の引受けの事例においては，被害者の意思に基づいて危険な行為の遂行が許されることを前提として，客観的または主観的に回避できない結果の発生を理由として行為者に刑事責任を問えないことから，結局，過失犯の成立要件である注意義務違反が否定されることになる，とするのである。

---

[187] なお，基本的に結果説に立ちつつ，危険の引受けの場合も，被害者は危険行為に対する承諾によって同時に結果をも甘受したのであり，被害者の承諾は結果にまで及んでいるとする見解もあるが（林175頁），これは，被害者が結果の発生をいわば「故意的に」引き受けている本来の意味での「被害者の承諾」と，結果の発生についてはこれを「過失的に」引き受けているにすぎない「危険の引受け」とを混同するものであろう。

この場合，危険の引受けに基づく行為によるといえども法益侵害結果の惹起はなお客観的に違法であるが，主観的な過失責任が否定されるというのであれば妥当である。しかし，被害者が引き受けたのは危険な行為に限られ，侵害結果まで引き受けたわけではないから，危険行為は許されても侵害結果は許されないというべきであろう。行為者としては，許された危険行為の遂行に際しては，結果が発生しないように注意を尽くすべきであって，結果が発生してしまった以上，かかる事態は法の容認しないところである。論者は，結果回避可能性がないことを前提として結果回避義務違反を否定するが，およそ客観的な結果回避可能性のない行為であれば，被害者にとっても，それは「危険の引受け」ではなく「侵害の引受け」ともいうべき事態となるが，その場合でも行為者としてはその行為に出ないことにより結果回避の可能性はあったというべきである（引受け過失）。そして，結果回避可能性がないのにあると誤信したのであれば，客観的な違法性ではなく主観的な過失責任の問題として処理すべきであろう。

(4) **危険の引受けと自己答責性原則**　　従来の正当化論（違法阻却論）では危険の引受けの不可罰性を基礎づけえないということから，近年，「被害者の自己答責性」の思想に基づく自己危殆化論のアプローチが有力になりつつある。これは，被害者が自己の積極的態度によって一定の事象においてイニシアティブを取ったのであれば，行為の危険性と発生した結果は被害者自身の答責領域に帰属されるべきであって，行為者は発生した結果に対して罪責を負わない，というものである。被害者による危険の引受けを，違法論を超えたところで「自己答責性の原則」によって説明しようとする見解は，危険の引受けにおいては行為者も被害者も結果の発生を望んでおらず，むしろ結果の不発生が信じられ期待されていることを指摘する。

「自己答責性の原則」の考え方は，刑法は法益の保持をその第一目標とする社会的な制度であるが，法益の保持は単に「他人によって干渉・侵害されない」ということでのみ示されるものではなく，法益主体（被害者）もまた法益保持のために固有の責任を負っている，という前提から出発する。そして，危険の引受けを含む問題状況の本質的特徴を，危険行為の実行と結果の発生に対して行為者と被害者が過失的に「共働」したことに求めたうえで，被害者が自己の答責的態度によって事象におけるイニシアティブを取ったのであれば，行為の危険性と発生した結果は「正犯的」に被害者自身の答責領域に帰属されるべきなのであり，行為者はせいぜい「共犯的」に事象に加わったとみなされるべきだ，と解するのである[188]。

自己答責性論にみられる基本的発想は，行為者と被害者（法益主体）を対等の資格で対置させたうえで，法益侵害結果をそのいずれの答責領域に帰属させるべきであるかというものであるが，侵害結果に対する被害者の自己答責性が問題となるとしても，それはせいぜい行為者の罪責に対する評価に反映されるかぎりであって，刑法的

---

[188] 塩谷毅「自己危殆化への関与と合意による他者危殆化について（4・完）」立命館法学251号91-2頁（同『被害者の承諾と自己答責性』（2004年）312頁以下所収）。

にみた場合，被害者の自己答責性自体が独立した意義をもつわけではないであろう。刑法の分野では，「他人によって干渉・侵害されない」ということとの関連でのみ被害者の法益が保護されれば足りるのであって，法益主体（被害者）も法益保持のために固有の責任を負っていると解することは，国家による市民生活への過度の介入を是認することにもつながりかねない。

　また，「危険の引受け」に関しては，「被害者の承諾」によって可罰性の排除されない行為が，何故，同じく「個人の自由」を基礎とする「自己答責性」の原則によって不可罰とされるのか，という問題もある。「危険の引受け」の場合，法益侵害に直接結び付く危険行為は全面的に行為者に委ねられているのであって[189]，特に生命侵害の場合は，被害者が「侵害」結果まで引き受けていても（同意を与えていても）行為は可罰的なのであるから（同意殺人罪），いわんや「危険」行為の引受けにとどまっている（危険にしか同意を与えていない）場合は，当然可罰的違法性を帯びると考えざるをえない。そして，少なくとも物的違法論の立場からすれば，故意犯における帰結（可罰性）は当然に過失犯にも及ぶことになるから，「被害者の承諾」の正当化根拠を自己決定の自由（自己決定権）に求めるかぎり（➡261頁），被害者の承諾と自己答責性の原則との間に基本思想のうえでの違いはなく，「被害者の承諾」の法理によって基礎づけえないものは，同様に「自己答責性」の原則によっても基礎づけえないことになると思われる。危険の引受けは，主観的な過失責任論において解決すべき課題であろう。

6　推定的承諾

(1) 意　義　「推定的承諾」とは，被害者が現実に承諾を与えてはいないが，もし承諾権者が事態を認識していたならば承諾を与えたであろう，と推定される場合をいう。推定的承諾は，被害者が事態を認識しえない場合に補充的に認められる正当化事由であるから，現実の承諾が得られる場合はそれによるべきである。

(2) 正当化根拠　これには，ⓐ現実の承諾がなくても被害者の個人的意思方向に合致するかどうかを問題とし，現実の承諾の延長線上にその根拠を考えようとする見解（法益衡量説・優越的利益説／内藤・中613頁以下，平野・Ⅱ255頁以下，山口168頁以下など）と，ⓑ事態に対する客観的合理的判断を強調する見解（目的説・社会的相当性説／大谷258頁など）[190]とがある（なお，大塚422頁参照）。推定的承諾は，本

---

[189] 広く自己答責性が問題となるケースには，Ⓐ行為者が被害者の行為に関与するにすぎない「自己危殆化」の場合（例えば自殺関与）と，Ⓑ被害者の合意に基づく「他者危殆化」の場合（例えば同意殺人）とがあるが，両者の区別基準は「行為の主たる担い手は誰か」という点に求められており，過失犯における「危険の引受け」は，行為の主たる担い手が行為者であることからⒷの類型に属している。

来，承諾権者が現実を認識していれば承諾したであろう，という場合を意味するのであるから，この場合も第三者の合理的意思ではなく，被害者の（推定された）自己決定権行使の内実を尊重する@説をもって妥当と解すべきであろう[191]。

問題となるのは，行為時の事前判断では被害者の意思に合致していた高度の蓋然性が認められたが，事後に行為者の意思に反していたことが判明した場合の取扱いである。この場合，行為時の合理的判断に依拠する⑥説によれば，当然に行為は正当化されるが，@説にも，「許された危険の法理」の援用により，このような場合は法益主体の意思に反するかもしれないという危険を冒すことが許される，とする見方がある（例えば，内藤・中620頁）。しかし，被害者の意思に合致していたことと意思に合致する蓋然性が高度であったことは別の事柄であり，被害者の意思に合致すると誤信したことにつき過失がなかったという事情は，正当化事情の錯誤として錯誤論（責任論）において処理すべき問題であろう（山口169頁参照）。その意味で，推定的承諾も，被害者の承諾の一態様（行為時に法益主体の意思が判明していない被害者の承諾）とみることができる。

(3) **種　類**　　承諾が推定される事例としては，次のようなものがある。

(a) **被害者の利益のための行為**　　この場合は，利益衝突が被害者自身の内部で生じているので，正当化の認められる範囲は広い。例えば，①居住者不在の家の破損した水道管をふさぐために無断で他人の住居に立ち入る行為（水道管事例），②医者が意識不明の重傷者の手術を行う場合（無意識患者手術事例）[192]などがこれに当たる（**事務管理型**）。もっとも，正当化根拠に関する上記@説の立場からすれば（➡(2)），①事例の場合，通常人ならば承諾するような場合であっても，当該「被害者」が日ごろ住居への他人の立入りを極度に嫌っていたのであれば，

190　団藤222頁は，推定的承諾はもとより被害者の承諾さえも，被害者の主観の問題ではなく，法の理念そのものの問題である，とする。
191　浅田212頁は，推定的承諾（同意）について，①現実の承諾がない以上，法益侵害が明らかであって正当化することはできないとするが，現実の承諾の不存在は必ずしも被害者の意思に反することと同じではなく，また，②この問題の処理を錯誤等の責任に委ねようとするが，推定的承諾は，必ずしも行為者が承諾がないのに承諾があると誤信した場合に限られるものでもないであろう。
192　佐伯(仁)227-8頁は，②の無意識患者救命事例は「治療行為の事例であるから，一般の推定的同意とは別個に扱うのが適当である」とする。たしかに治療行為は，通常，正当業務行為（35条後段）の1つと考えられるが（➡245頁），治療行為にとって患者の意思が最優先されることを考えると，無意識患者の手術事例を「推定的承諾」の一例として扱うことは必ずしも不当とまではいえないであろう。

推定的承諾は認められないであろう。これに対し，②事例については，保護法益として生命が問題とされていることから，被害者が輸血を拒否する信仰の持主であって，事態を認識していても手術に承諾を与えなかったであろう場合であるとしても（エホバの証人），輸血以外に生命救助の方法がないとすれば，生命維持の利益が優先して（推定された）自己決定の利益（輸血拒否）は後退するというべきであろう。

(b) 行為者または第三者の利益のための行為　①友人宅への無断の住居立入りや，②友人の自転車の無断借用などの例が考えられる（**権利侵害型**）。この場合，被害者は一方的に損害を受けるので，事務管理型に比べて正当化の範囲は限定的なものとなる。

(4) 錯　誤　問題となるのは，行為時に承諾権者の承諾が得られないため推定的承諾に基づいて法益侵害行為を行ったが，行為後に被害者の意思と合致していなかったことが判明した場合の扱いである。例えば，前掲水道管事例において，Xは，承諾権者Aが所在不明なため推定的承諾に基づきやむなくA宅に立ち入ったが，後日，Aが事態を認識していても立入りを拒否したであろうことが判明した場合である。この場合，推定的承諾の正当化根拠に関するⓑの立場からは（➡(2)），Xの行為が一般人の合理的意思に基づく行為としてなお正当化されるが，ⓐの立場からは，Xの行為はやはり違法であって，被害者の個人的意思方向に合致すると錯誤したことが回避不能な場合に責任を阻却すると解すべきであろう（山口169頁）。これに対し，この立場からも「許された危険」の法理を援用し（内藤・中620頁など），あるいは推定的承諾と被害者の承諾が別個の根拠に基づく別個の違法阻却事由である（佐伯(仁)228頁）[193]，としてXの行為を正当と解する見解もあるが，その結論は，判断基準を合理的人間ではなく法益主体（被害者）その人におく前提と相容れないであろう。

7　安楽死と尊厳死

安楽死と尊厳死（両者を併せて**臨死介助**（Selbsthilfe）という）は，共に末期状態

---

[193] なお，佐伯(仁)229頁は，事前の蓋然性判断による違法性阻却が認められる例として，誤認逮捕や患者の状態が悪化した治療行為を挙げるが，それらは刑事手続法ないし医師法レベルでは適法であるとしても，実体刑法の問題としては（不可罰であるとしても）違法といわざるをえないであろう。

の患者に対する治療行為の限界が問題となり，しかも患者の自己決定権を重視する立場からは，安楽死および尊厳死の問題にとって，患者（および近親者）の意思（承諾）が刑法上の観点からも決定的な意味をもつ，という点で共通の基盤の上に立っている[194]。そこで，以下では安楽死と尊厳死の双方について，患者の承諾の観点を中心としてこれをみてゆくことにしよう。

1 安楽死

(1) 意　義　被害者の承諾と関連して安楽死が問題となる。「安楽死」（オイタナジー）とは，ⓐ広義では，死期の切迫している患者の堪えがたい肉体的苦痛を緩和・除去して安らかに死を迎えさせることをいい，ⓑ狭義では，生命短縮を手段とすることによって自然の死期に先立って患者を死亡させる**積極的安楽死**（殺害型安楽死）を指す。

(2) 種　類　広義の安楽死には，①積極的安楽死のほか，②生命短縮を伴わない**純粋安楽死**，③生命短縮の危険を伴う**間接的安楽死**（治療型安楽死），④不作為による**消極的安楽死**がある。純粋安楽死は治療行為として適法であり，間接的安楽死も適法な治療行為としての要件を備えるかぎり違法性が阻却される。また，消極的安楽死において，治療の継続が患者の死苦を長引かせるにすぎない場合，医師に作為義務は認められずこれも適法となる。以下，刑法で問題となる積極的安楽死についてみてゆくことにする。

(3) 法的性格　積極的安楽死について，①適法説（違法阻却説）と，②違法説（責任阻却説）の対立がある。適法説は，その根拠として，人道主義・患者の自己決定権などを挙げる。たしかに，安楽死の場合，自己決定の自由という利益と相まって，患者の堪えがたい苦痛の緩和・除去という利益が救助の可能性のない生命という利益と拮抗している状況が存在することは否定できないが，生命は何ものにも代えがたい利益と考えられること，患者の承諾・嘱託も死苦の極限状況にある弱い立場の病者によってなされることを考えると，積極的安楽死の違法性はなお残ると言わざるをえない。責任論において解決すべき問題であろう（浅田214頁など）。

(4) 要　件　安楽死の要件を提示した 2 つの著名な裁判例がある。

(a) 名古屋安楽死事件　名古屋高判昭37・12・22（高刑集15巻 9 号674頁）は，安楽死が違法性を阻却するための要件として，①現代医学上の不治の病に冒され，死が目前に迫っていること，②苦痛が何人も真にこれを見るに忍びないほど甚だしいこと，③もっぱら死苦の緩和の目的でなされること，④病者の意識が明瞭で意思を表明しうるときはその真摯な嘱託または承諾のあること，⑤医師によることを本則とし，

---

[194] 現に，尊厳死を安楽死の延長上において捉える立場もあり，1976年に設立された「日本安楽死協会」が1983年に「日本尊厳死協会」と改められたのは，その象徴的出来事である。

これによりえない場合にはそれを首肯するに足りる特別な事情があること，⑥方法が倫理的に認容しうること，の6つを挙げている。

以上の要件のうち，③については，生命の短縮を予想するものであってはならない，と解することから，これによって積極的安楽死を否定したものと解する見方もあり[195]，⑤の要件についても，これによると事実上積極的安楽死の可能性が否定されることになる，という指摘もある。また，⑥の要件については，安楽死行為を見る第三者などにも残酷感を与えないものであることが必要である，とする見方がある一方で，はたして倫理的に認容しうる「殺し方」というものがあるかは疑わしい，という疑問も提起されている。いずれにしても，法律上の要件として倫理を持ち出すことには，法と倫理の混同という基本的問題がある。安楽死を容認するのであれば，安楽死が死苦の緩和を本質としていることからみて，安楽死の方法として患者をもっとも苦痛が少ないように死に至らせる方法であれば足りる，と解すべきであろう。

(b) **東海大学安楽死事件**　先の名古屋高判の事件を初めとして，それまで裁判所で争われた安楽死事件はいずれも患者の家族等の手によるものであったが，本件は，医師の手による最初の「安楽死」事件として法廷に持ち込まれたことから，裁判所の判断が注目されていた。横浜地判平7・3・28（判時1530号28頁）は，医師による末期患者に対する致死行為が積極的安楽死として許容されるための要件として，①患者が耐えがたい肉体的苦痛に苦しんでいること，②患者は死が避けられず，その死期が迫っていること，③患者の肉体的苦痛を除去・緩和するために方法を尽くし他に代替手段がないこと，④生命の短縮を承諾する患者の明示の意思表示があることを挙げた。

本判決は，名古屋高判の掲げた6要件のうち⑤および⑥の要件をはずし，新たに③の補充性の要件を加えたほか，名古屋高判ではあいまいであった「死苦」を肉体的苦痛に限ることを明言した点が注目される。しかし，自己決定の観点からすると，何よりも重要な変更は，④の要件であって，名古屋高判では，病者が意思を表明できない場合には，本人の嘱託・承諾（同意）がなくても安楽死が可能であるような表現振りであったのに対し，「患者の意思」を明示の意思表示に限った点は大きな前進である[196]。横浜地判が③・④といった厳しい要件を掲げるに至った背景としては，医療技術の進歩等（ペイン・クリニック）によって，従来であれば積極的安楽死としてしか解消しえないとされた苦痛の多くが，少なくとも刑法上の問題を生じない消極的安楽死によって解消しうるようになったことが考えられる。いずれにせよ，積極的安楽死の法的性格について適法説（違法阻却説）に立つとしても，その要件をきわめて厳格に解する場合には，違法説（責任阻却説）との結論上の差は紙一重であろう。

---

[195] 刑法理論的にみると，「死苦の緩和の目的」が客観的傾向ではなく行為者の内心の動機を意味するとすれば，本来客観的であるべき違法阻却の要件としては問題の存するところである。

[196] 安楽死および尊厳死について，自己決定権との関連で論じたものとして，曽根「臨死介助と自己決定権——日本において安楽死は可能か——」『現代社会』267頁以下。

2 尊厳死

安楽死との関係において，尊厳死の刑法上の取扱いが問題となる。

(1) 意　義　「尊厳死」とは，ⓐ狭義では，回復の見込みのない末期状態の患者に対して生命維持治療を中止し，人間らしい厳かな死を迎えさせることをいうが，ⓑ広義では，不可逆的な意識喪失状態に陥った，いわゆる植物状態患者に対する特別な治療措置の停止を含む。尊厳死は，末期の患者に対する治療行為の限界が問題となるという点では安楽死と共通の基盤に立っているが，安楽死と異なり，患者の堪えがたい苦痛の緩和・除去を伴わないという点で患者自身の利益は必ずしも明らかでない。また，尊厳死においても患者の意思（嘱託・承諾）が決定的な意味をもつにもかかわらず，患者に意識がないためにその意思を知ることがきわめて困難であるという矛盾した状況が現出している。

(2) 刑法上の取扱い　患者の状況に応じて，取扱いに相違が認められる。

(a) 患者に意識回復の可能性がない場合　植物状態患者に対して生命維持治療を中止する行為（広義の尊厳死）は，これを認めるべきではない。（刑）法の世界においては，生命に人間としての尊厳が備わっているかどうかという「生命の質」を問題とすべきではなく，いかなる生命であれ人間自体の尊厳が問題とされなければならないのである。

(b) 患者に生命救助の可能性がない場合　生命救助の可能性のない末期状態の患者に対して生命維持治療を中止する行為（狭義の尊厳死）の刑法的評価については，見解が分かれているが，これもやはり認めるべきではないであろう。死が目前に迫っているとはいえ，苦痛を感じていない患者の生命に優越する利益を見い出しがたいこと，患者の承諾についてもその完全に自由な意思決定に基づくものとは言いがたいことなどから，生命維持治療の中止を適法とみることは妥当でないと思われる。

(3) 要　件　東海大学安楽死事件に関する，前掲の横浜地裁判決（→①(4)(b)）は，傍論ではあるが尊厳死（治療行為の中止）の要件についても触れている。本判決は，まず，治療行為中止の根拠として，ⓐ患者の自己決定権の理論とⓑ医師の治療義務の限界を指摘したうえで，治療行為の中止が許容されるための要件として，①患者の自己決定権は死ぬ権利を認めたものではないから，患者が治癒不可能な病気に冒されて回復の見込みがなく，死が避けられない末期状態にあることが必要である，②治療行為を中止する時点で，治療行為の中止を求める患者の意思表示が存在しなければならないが，中止検討段階で患者の明確な意思表示が存在しないときには，事前の文書（リビング・ウィル）あるいは口頭による意思表示，ないし家族の意思表示から患者の意思を推定することが許される，③治療行為の対象となる措置は，疾病を治療するための治療措置，および生命維持のための治療措置など，そのすべてに及ぶが，どのような措置を何時どの時点で中止するかは，（当該措置が）医学的にもはや無意味であるとの適正さを判断し，自然の死を迎えさせるという目的に沿って決定されるべきである，の3つを挙げる。

①の要件は，治療の中止が由来する自己決定権が患者の「死ぬ権利」を認めたものではなく，死の迎え方についての選択権を認めたものにすぎない，という理解を根拠としているが，この点については学説も一般に好意的である。たしかに「死ぬ権利」と治療拒否権は本来別個の概念であるが，生命維持治療の中止が死に直結する場合には，治療の中止は単に死に至る過程の選択を超えて，死そのものの選択を意味することになる。したがって，死自体の選択を否定するのであれば，治療中止の時点は「末期状態」というだけでは足りず，安楽死の場合と同様，「死期の切迫性」が要求されることになろう。また，②の要件については，治療行為中止時の患者の現実の意思を問題にするかにみえて，その実，事前の意思表示ないし家族の意思でこれに代替させているとの疑いが残る。③の要件については，栄養・水分の補給といった基本的看護に属するとみられる措置の中止も認めているが，レスピレーターの取り外しなど，直接生命を支えている措置の中止を承認する以上，論理的には一貫した態度といえよう[197]。

---

[197] 治療中止が争点となったその後の事件としては，医師である被告人が気管支喘息の重積発作で低酸素脳損傷となりこん睡状態が続いていた被害者に対し，気道確保のために挿入されていた気管内チューブを抜管し，筋弛緩剤を静脈注射して窒息死させた事案（川崎協同病院事件）がある。これに対し，最決平21・12・7（刑集63巻11号1899頁）は，脳波等の検査が実施されていないことなどから，回復可能性や余命についての的確な判断を下せる状況になく，また，回復をあきらめた家族からの要請も病状等について適切な情報を与えられた上でなされたものでなかったなどの本件事情の下では，法律上許容される治療中止には当たらない，と判示した。

第5章 責任論

第1節 責任の概念

1 意義

責任（有責性）とは，行為者が違法な行為をしたことに対する法の立場からの非難ないしその可能性をいう。行為が構成要件に該当し，かつ違法であっても，それが有責になされたのでなければ犯罪とはならない。責任（有責性）は，構成要件該当性・違法性に次いで行為を犯罪とするための第3の属性であり，また，犯罪概念の第4の要素である[1]。

なお，犯罪に対する法効果は刑罰であるから，刑法上の責任は単なる倫理的な観点における道義的責任ではなく，違法な行為について行為者を刑罰という手段を用いて規範的な観点から法的に非難できる，という法的責任（可罰的責任）を意味する（➡3，5参照）。

2 責任主義

(1) 意義 違法行為を犯したことにつき行為者を非難しうる場合でなければ刑罰を科しえない，とする近代刑法の基本原則が**責任主義**である[2]。「責任なければ刑罰なし」という標語によって示される。責任主義は犯罪の成立を限定する原理であって，「消極的責任主義」とも呼ばれる（これに対し，責任があれば必ずそれに応じた刑罰を科すべきであるとする思想を「積極的責任主義」と呼ぶこともある）[3]。責任主義は，犯罪抑止（犯罪の抑制と防止）のみならず応報という刑罰制度の一般

---

[1] 行為が法の立場から非難可能であるという否定的価値判断，非難可能性という属性それ自体を「有責性」といい，有責と評価された実体を「責任」と呼んで区別することもある（➡292頁／違法論における「違法性」―「不法」とほぼ同様の関係に立つ）。また，責任が行為者に帰せられることを（主観的）「帰責」という。

[2] 刑罰の正当化根拠との関連で，責任主義の根拠について論ずるものとして，松原芳博「刑法と哲学――刑罰の正当化根拠をめぐって――」『法と哲学』創刊第1号（2015年）76頁以下。

的目的としてではなく，そのような目的追求を，正義・公正・個人の自由という，より普遍的な価値によって制約する原理として位置づけられる[4]。責任主義刑法には，危険であっても責任のない行為（者）を刑罰から解放することにより，行為（者）の社会的危険の実効的な防止という観点から一定の限界があることは否定しがたいが，刑事司法制度において責任観念を除去することの"社会的危険"の方がはるかに大きいと考えられているのである[5]。

責任は，1にみたように法的な非難可能性を意味するが，近代刑法においては特に主観的責任および個人的責任がその内容とされている。**主観的責任**は，客観的責任ないし結果的責任に対応する概念であって，客観的な法益侵害・危険の結果が発生しただけでは行為者を処罰しえず，行為者に責任能力と故意・過失（心理的責任）が備わり，かつ，違法性の意識の可能性，適法行為の期待可能性（規範的責任）がある場合にのみ，行為者を非難可能なものとして処罰しうる，とする思想である。また，**個人的責任**は，団体的責任（連座[6]・縁座）に対応し，行為者は自己の行った個人的行為についてのみ非難されるべきであって，一定の団体に属することを理由に他人の犯罪について処罰されてはならない，とする思想である。以上の説明から明らかなように，責任主義は，近代社会における個人尊重の思想とともに発展し，近代刑法における個人の権利・自由の保障原理の1つとなったのである。

(2) 発現形態　責任主義には，次の3つの発現形態があるとされている。

(a) **行為責任主義**　第1に，行為者は責任のない「行為」について刑を科せられない。まず，①犯罪が成立するためには行為者に故意，または少なくとも過失が必要であり（**過失責任主義**），無過失の行為は処罰されない（38条1項参照）。なお，両罰規定に基づく業務主体の処罰につき，判例は，かつてこれを行政取締目的に基づく他人（従業者）の違反行為による無過失責任（転嫁責任）であるとしていたが（大判昭17・7・24刑集21巻319頁），その後見解を改め，その処罰は業務

3　責任主義は，「法の支配」ないし「合法性」という，現代法システム存立に不可欠なその内在的な道徳的原理として位置づけられるべきである，とするものとして田中成明『現代法理学』（2011年）256-8頁。

4　H. L. A. Hart, Punishment and Pesponsibility, 1968, pp.21-4, 177-85.

5　田中・前掲注（3）259頁。

6　刑罰法規ではないが，公職選挙法には連座制を認める規定がある。すなわち，選挙運動の責任者（総括主宰者，出納責任者等）が買収等の一定の選挙犯罪により有罪判決を受けた場合に，立候補者の当選を無効とし，その者の立候補が5年間禁止・制限される（251条の2）。

主体としての独自の選任監督上の過失責任に基づくもので，業務主体が過失のないことを立証すれば処罰されない，と解するに至っている（最判昭32・11・27刑集11巻12号3113頁／➡128頁参照）。

次に，②何らかの故意があっても，行為者が主観的に認識した事実よりも重大な事実が現に発生した場合，その重大な事実について行為者は重く処罰されてはならない（38条2項）。これを事実の錯誤というが（➡第5節），これも第1の意味での責任主義の現れといえよう。また，③故意犯が成立するためには，犯罪事実の認識のほかに違法性の意識ないしその可能性が必要である。けだし，違法性の意識の可能性すらない場合には，法は，行為者が事実認識に基づいて適法な態度をとることを期待することができず，違法行為に出たことを非難しえないからである（➡第6節）。

(b) 結果的加重犯と責任主義　第2に，行為者は責任のない「結果」について刑を加重されない。これは，結果的加重犯に関する原則であるが，判例は，基本行為と重い結果との間に条件説的な意味での因果関係があれば足り，行為者がおよそその結果を予見しえなくても重い結果について責任を問いうる，としている（➡134-5頁）。しかし，責任主義の観点からは，結果的加重犯の成立のために因果関係のほか，(主観的)予見可能性ないし過失を必要とすると解すべきである。

なお，結果的加重犯の刑が重い理由を，基本犯に内包されている重い結果を発生させる危険が結果へ実現することに求めたうえで，「過失を要求しなくとも，……危険の現実化という客観的帰属関係が認められ，その危険性についての認識がある場合には，責任主義の要請は間接的に充足されている」とする見方もあるが（高橋239頁），例えば，傷害行為には一般に死亡に至る危険性があるものもあると認識していたとしても，自己の行う傷害行為から被害者が死亡することは予見しえなかったということもありうるから，やはり当該死亡結果についての過失ないし（主観的）予見可能性を必要と解すべきであろう[7]。

(c) 量刑における責任主義　第3に，**行為者の危険性**は，それだけでは刑の加重原因とならない。上の(a)(b)の原則が犯罪論の帰責における責任主義を内容とするのに対し，この原則は，刑の適用に関して論ぜられる。**刑の量定**（量刑）に

---

[7] 改正刑法草案22条は，「……結果を予見することが不能であったときは，加重犯として処断することはできない」と規定することによって，不徹底さを残しながら責任主義の方向に一定の前進を示している。

おいて行為者の責任と危険性の関係をどのように解するかが問題となるが，行為者の危険性に基づく一般予防および特別予防目的を理由として，責任の程度を超えて刑を量定することは許されない。そのかぎりで，刑罰は責任の量を限度としなければならないのである。

【刑の適用の一般基準】 改正刑法草案48条は，「①刑は，犯人の責任に応じて量定しなければならない。②刑の適用にあたっては，犯人の年齢，性格，経歴及び環境，犯罪の動機，方法，結果及び社会的影響，犯罪後における犯人の態度その他の事情を考慮し，犯罪の抑制及び犯人の改善更生に役立つことを目的としなければならない。③（省略）」と規定し，「責任に応じた量刑という原則を第一次的なものとして第1項に規定し，刑事政策的な要請を補充的なものとして第2項に規定することとなった」[8]と説明されている。しかし，草案の量刑における責任主義は，責任に幅を認め「責任に応じて」量刑されれば足りるものであって，責任に刑罰限定機能を認めるものではなく（1項），また，処罰拡大の方向にも刑事政策上の予防目的による影響を受ける性格のものであって（2項），刑罰が過去になされた行為に対する非難の程度を限度とする，という本来の意味での（消極的）責任主義の基本理念を逸脱する危険性を秘めている（浅田279頁以下など参照）[9]。

(3) 責任主義と予防目的 刑法上の責任論・刑罰論においては，犯罪予防のためであれば直ちに刑罰を適用してよいか，それとも行為者に責任が認められなければ刑罰権を行使してはならないか，という形で刑法による介入の限界が問題とされる。

過去の行為に対する規範的非難を内容とする責任と，刑事政策目的である将来の犯罪の予防とは，本来別個の概念である。もとより，責任と予防は共に刑罰権発動の前提・根拠としてまったく無関係というわけではないが，それはせいぜい，責任のないところに刑罰を科してみても予防目的は達せられない，という限りにおいてである。反対に，責任があれば予防効果が認められるともいえないし，いわんや予防効果が期待できるから責任を認めてよい，とは到底いえないはずである。責任主義は，責任が刑罰の前提であり，限度であるとすることによって，過度の犯罪予防目的追求に対して限界を設定することを要請するが（➡(2)

---

[8] 法務省『法制審議会 改正刑法草案 附 説明書』（1974年）133頁。
[9] 澤登俊雄「刑の適用」〔平場安治／平野龍一編〕『刑法改正の研究 1 概論・総則』（1972年）250頁以下参照。

(c))。他方で、予防の必要性が少ないかおよそ認められないときは、責任が認められても刑は責任の量を下回り、あるいはまったく科せられないことになる。その意味で、責任主義と予防目的とは、それぞれに固有の原理により相互に抑制作用を営んでいる[10]。「自由と責任による刑罰の限定は、犯罪予防目的からする功利主義的な科刑の要求を、功利主義的考慮とは矛盾・対立する原理によって遮断することを意味」（井田・理論構造225頁）し、「応報刑論を基調とする考え方からは、責任と予防とは別原理となり、それらは融合することなく区別して考えなければならない」（岡上雅美・重点課題115頁）[11]のである。

ところが、これとは異なり、近年、特にドイツにおいて刑事政策的な犯罪予防の見地から責任概念を刑罰目的論的に再構成しようとする目的合理的な考察方法が有力になりつつある。この**予防論的責任論**とも呼ぶべき考え方は、行為者の立場におかれた平均的な国民であれば適法な態度をとることができた、という「一般的他行為可能性」を想定し、平均人に他行為可能であれば、行為者にも「適法な態度をとることができたはずだ」として、そこに非難の契機を求め、責任が刑罰の上限を画するとしつつ、これを予防目的（統合予防・規範的予防目的／➡27頁以下参照）によって補充しようとする（規範的応答可能性説／ロクシン）。さらに、この方向を徹底して、一般的他行為可能性の概念自体、内容空虚であるとしてこれを排斥し、非難可能性に代えて予防目的によって責任を基礎づけようとして、刑罰の目的は法的誠実の訓育にある、とする**積極的一般予防論**も主張されている（機能的責任概念／ヤコブス）。しかし、予防論的責任論においては、責任概念の中に生の形で刑事制裁の必要性という政策判断が持ち込まれることによって、責任主義が人権保障の砦として果たしてきた国家刑罰権行使の制約原理としての役割を放棄せざるをえなくなるであろう。

また、日本においても、責任を過去の行為に対する非難（可能性）に求めるのではなく、犯罪の防止という展望的な実質的観点から理解しようとする**実質的責任論**が有力に主張されている（堀内87-8頁）[12]。行為者の立場に平均的一般人を代置する見解によれば、非難の内容は、一般人は他に行為をすることが可能であっ

---

[10] この問題に関する私見の詳細については、「刑法における責任と予防」〔奥島孝康／田中成明編〕『法学の根底にあるもの』（1997年）375頁以下。
[11] 岡上雅美「刑罰正当論から見た責任概念および意思の自由」刑法雑誌46巻2号258頁以下参照。
[12] 堀内捷三「責任論の課題」現代的展開Ⅰ171頁以下。

たから，行為者も他に行為することができたはずであり，そのように行為すべきであった，ということになるが，それでは行為者個人の責任を基礎づけるに十分でないから，責任は，非難に代わり予防目的に基礎をおかなければならないとしたうえで，責任と刑罰は均衡しなければならないとして，比例原理（均衡の原則）が予防の必要性を規制する，と説く。しかし，非難を前提としない予防の必要性は，危険性を基礎におく保安処分の根拠とはなりえても，責任を前提とする刑罰を基礎づけることはできないであろう[13]。

3 責任の本質

刑事責任の本質に関しては，大別して，①過去の行為に対する非難としての責任を基礎におく**回顧的責任論**と，②将来の犯罪予防を視野に入れる**展望的責任論**の２つの方向がみられる。

(1) 伝統的対立　責任論における学派の対立として，従来，責任の本質をめぐり，古典学派，特に後期古典学派の道義的責任論と，近代学派の社会的責任論の相克ということが言われてきた（➡64頁以下参照）。

(a) 道義的責任論（回顧的責任論・その１）　この見解によれば[14]，責任とは，行為者が主観的に道義的な規範意識に従って適法な行為を選択することができ，かつ，その選択に従って行動することが可能であったのに，自由意思によって違法な行為を選択したことについて，行為者を道義的に非難できることを意味する。責任判断の主体である国家が道義実現の担い手として，責任判断の客体である個人に対して道義的優越性をもつ，と解するところにこの立場の特色がある。道義的責任論においては，責任は社会保全の利益に道義的基礎を与えるものとして，国家刑罰権を制約するよりも，これを正当化する方向に傾きやすい。

かつての道義的責任論は，意思自由論（**非決定論**）を前提として，犯罪を，他の人間活動と同様，無原因の自由という意味で完全に自由な意思決定の所産と解していた。しかし，その後の道義的責任論は，自ら決定する意思の自由という考え方を維持しつつも，犯罪学の知見を取り入れて，行為に対する素質と環境の影

---

[13] 責任を一般予防で置き換える主張や，責任原理を比例原理で置き換える主張に疑問を提起するものとして，浅田279頁。
[14] 道義的責任論は，ドイツにおいて（後期）古典学派のビンディング，ビルクマイヤー，ベーリング，M. E. マイヤーらによって主張され，日本ではその影響の下に大場茂馬，小野清一郎らによって展開された。

響をも承認するに至っている。「決定されつつ決定する」という**相対的非決定論**（相対的意思自由論）の考え方がこれである。この見解は，基本的に妥当と考えられるが，刑法上の責任に道義的非難の要素を残している点になお疑問が残されている（➡(2)）[15]。倫理的（道義的）責任は，本来，個人が自己の良心に対して負うべきものであって，刑法の問題とはなりえないと解されるからである。

(b) **社会的責任論**（展望的責任論・その1）　この学説によれば[16]，責任とは，反社会的性格に基づく社会的危険性をもっている者が，社会を防衛する手段として刑罰を科されるべき法律上の地位を意味する。意思の自由を否定し，犯罪を行為者の素質と環境の因果的所産とみる宿命論的な**決定論**が議論の前提とされている。したがって，そこにいう「責任」には，意思決定の自由を前提とする「非難」の要素は含まれておらず，責任の大小は，もっぱら犯人の将来における犯罪反覆の危険性の大小に基づいて決定されることになる。刑罰も，この立場では，社会保全のための合理的な社会的処置だとされ，結局，保安処分一元論に道を開くことになるのである。しかし，社会の保全に重点をおくあまり責任から過去の行為に対する非難の契機を排除する社会的責任論は，国家刑罰権の過度の干渉へと導く危険があり（浅田271頁参照），人権保障の観点からみて問題があるとされて過去の学説となった。

(2) **今日的状況**　責任の本質的理解に関してもまた，今日，古典学派と近代学派の間で歩み寄りがみられるところであるが，この対立は各自の基本的な刑法観の違いを背景とするものだけに，それが解消され統一化されるという性格のものではない。

(a) **法的責任論**（回顧的責任論・その2）　まず，古典学派からは，責任においてもその道義的性格を払拭し，刑法における責任は，あくまでも刑罰という手段による法の立場からの非難可能性を意味することになる（内藤・上112頁）。このように刑法上の責任は法の立場からする非難であるから，社会倫理上の道義的非難と常に一致するわけではない。例えば，13歳の少年による違法行為も道義的に

---

[15] 非決定論を前提とする相対的応報刑論につき，「この立場は，因果法則に服さない部分を認める点でなお非科学的であるし，この法則に服さない部分について責任を問うなら，責任非難と犯罪予防とは完全に切り離され，それぞれ相反関係に立つものとなってしまう」とするものとして，松原198頁。

[16] 社会的責任論は，ヨーロッパにおいて近代学派のフェリー，リストらによって主張され，日本ではその影響の下に牧野英一らによって展開された。

は非難可能であるが,刑法上の責任はない(41条)。反対に,確信犯人の例のように,社会倫理的義務感から行為したものであるため道義的には非難することができなくても,法的にはなお非難可能であってこれを処罰の対象とすることができる場合もあるのである。法的責任論は,刑罰という手段で非難できるとき,すなわち処罰に値する責任があるときに刑法上の責任がある,という意味では**可罰的責任論**である(➡292- 3 頁)。

　法的責任論は,人間の意思も無原因ではありえず,法則による支配を受けることを認める点で,形而上学的な無限定の自由を認める従来の道義的責任論と袂を分かち,そのかぎりでは社会的責任論に接近する。しかし,自己決定の自由を前提とする他行為の可能性が行為者に留保されることによって初めて責任非難が可能となると解する点では,むしろ道義的責任論と軌を一にしている。責任を過去の犯罪行為に対する非難と解することによってのみ,犯罪予防目的追求を意図する国家刑罰権の行使に限界を設定することが可能となるのである(浅田271- 2 頁)。責任主義が,人間の自己決定権の行使としての自発的な行為に対する責任非難として,人間を他の人々の利益のために利用することを禁じる正義の要請であることをここに再思する必要がある。本書は法的責任論の立場に立つ。

　道義的責任論と法的責任論は,責任の基礎を,犯罪者の過去の行為に対する非難可能性という意味での「行為責任」(回顧的責任)に求めるかぎりで,共に「行為責任論」に立脚している(➡ 4⑴)。また,国家刑罰権の行使は,国家と個人の緊張関係を前提として,犯罪予防目的を実現しうる場合であっても行為者に責任が欠ければ倫理的に正当化されない,と解する点でも同一の思想的基盤に立っている。しかし,道義的責任論が個人の生活利益に還元しえない国家的道義を刑罰基礎づけの方向で責任判断の基礎におくのに対し,法的責任論は,倫理を問題にする場合にも,これを刑罰限定的に社会生活の中で相互にかつ平等に保障すべきものとしての「個人の尊厳」に求めている(内藤・下Ⅰ744頁)。そこには,国家主義的倫理観と個人主義的倫理観との相克がみられるのである。

　(b) 社会規範的責任論(展望的責任論・その 2)　　近代学派からも,社会的責任論は社会的道義的責任論であるとして,規範的責任概念を採用する見解が現れたが(木村(亀)324頁),その後さらに,責任には自由の契機が不可欠であるということから,法則的な行為にも責任非難がありうるとする見解が主張されるようになった[17]。**やわらかな決定論**と呼ばれるものがこれである。この理論によれ

ば，人間が自由であるか否かは，決定されているか否かの点に求められるのではなく，何によって決定されているかの問題であり，自己自身の「意味の層あるいは規範心理の層」によって決定されているとき人間は「自由」である，とする[18]。そして，刑法では，この人格の層に作用する刑罰によって決定されうることが「自由」なのであるとし，行為がこの意味での人格に相当であればあるほど責任が重い，と主張する。この立場で，刑罰は，人間の意思のもつ法則性を利用して，将来，ふたたび犯罪が行われないように「条件づけ」を行おうとするものにほかならないから，犯罪的な動機をもつ可能性の強い性格であれば，それだけ重い刑罰が妥当だということになり，ここに責任と予防目的とが論理的に結合されることになるのである[19]。

　この見解は，宿命論的なかたい決定論に代わって，自由論と両立する決定論を展開することにより，非決定論と同様に自由の契機を認める責任論であり，社会的責任論と区別して「社会規範的責任論」とも呼ばれるが，ここにいう「自由」は，意思が強制を受けないという意味での自由（外部からの自由）であって，行為の選択可能性（他行為可能性）を意味する自由（内部からの自由）を認めていない点では，かたい決定論との間に違いはない。しかし，すでに過去に行われた違法行為について，他の適法行為の可能性がなかった（規範心理の層によって違法行為へと決定されていた）にもかかわらず，これを「けしからん」として非難することは不可能であって，責任を非難として捉える以上，かりに消極的な形をとるにしても（他行為の可能性がないから責任がない），自己決定の自由という意味での意思の自由はこれを承認せざるをえないであろう[20]。

　この理論の意図する「刑罰の効果が期待されるから責任がある」という展望的な責任概念が前提とする功利主義的刑罰論の基礎にあるのは，人間行為を社会的に期待された一定の方向へと法則的（因果的）に動機づける要因として（刑）法を捉える思想，すなわち，（刑）法と人間行為の相互関係を法則性（因果性）のカ

---

[17]　平野龍一「意思の自由と刑事責任」〔同〕『刑法の基礎』（1966年）3頁以下。
[18]　松原199頁は，「ここにいう責任は，外部的強制や精神疾患等の生理学的な要因から自由に自らの規範意識に基づいて決意したという意味での自由意思を前提とする」と説く。
[19]　一般予防・特別予防を根拠としつつ，罪刑の均衡をも要求する抑止刑論は，もともとこの立場から主張された刑罰論である（➡26頁）。
[20]　意思の自由はもっぱら規範的観点により決せられる，として自然的因果法則と意思の自由との両立可能性を認めるものとして，岡上雅美・重点課題111-2頁。

テゴリーで捉え，法を，人間行為を法則的（因果的）に規定する「刺激の体系」と考える立場である。たしかに，犯罪意思を伴わない行為あるいは自己制御の外にある違法（法益侵害）行為に対しては，事前の科刑による刺激（条件づけ）が期待できないことから，刑の犯罪抑止力（威嚇力）が意味をなさないことになるはずであるが，事後的な抑止効果の面を強調すると，このような責任のない行為に対しても刑を科すことにより，社会の他の構成員への犯罪抑止力（威嚇力）が増大し，また，当の行為者の将来に対しても強い抑止力（威嚇力）を生じ，これにより将来の有責な違法行為を抑止することは十分考えられてくる。すなわち，論者が立論の基礎におく功利主義の立場からすると，無責な行為に対しても将来の行為に対する関係で刑罰の効果が期待されることから，責任原理が刑罰控制の機能を果たしえないことになり，その意味で，責任の観念を社会的功利性の思想によって基礎づけることは不可能であると思われる[21]。

4　責任の基礎・対象

(1) 基本的対立　責任の本質をめぐる道義的責任論（ないし法的責任論）と社会（規範）的責任論の対立は，責任の基礎・対象を何に求めるかという点に関して，行為責任論と性格（論的）責任論の対立となって現れる。

(a) 行為責任論　責任が，意思の自由によって違法な行為を選択したこと（自発的行為）に対して行為者に加えられる非難であるとした場合，それは個々の違法行為を責任非難の基礎におくという意味で，「行為責任」あるいは「個別行為責任」と呼ばれる（行為刑法）。それはまた，個々の違法行為に向けられた行為者の意思に対する責任という意味で**意思責任**とも呼ばれる。犯罪は，行為に限られ，責任（有責性）も構成要件該当性，違法性と並んで行為に対する評価であることを考えれば，責任の基礎は，外部的行為についての個別的な意思活動に求められなければならない。その意味で，行為責任論は，今日でもまた基本的に妥当する責任論である。

もっとも，同じ行為責任論であっても，①道義的責任論が，非難の対象である違法行為を反道義的（反社会倫理的）行為と解する立場（行為無価値論）を前提としているのに対し，②法的責任論は，非難の対象を法益侵害・危険のある行為とし

---

[21] 小林 公『法哲学』（2009年）367頁参照。

て捉える立場（結果無価値論）を前提としているという相違がある。しかし，他行為可能性としての行為選択の自由を認め，適法行為を選択できたのに違法行為を選択して行為に出たことを刑罰という手段を用いて非難するという点で，両者の間に本質的違いはない（内藤・上111-2頁）。

(b) **性格責任論**　社会的責任論の採る責任対象論であって，人間の意思は素質と環境によって決定されており，犯罪を犯したことについて行為者を非難することはできない，とする見地から，個々の行為とその意思は，行為者の犯罪的性格の危険性（悪性）の徴憑にすぎないとして（**犯罪徴表説**），その独立の意義を否定し，犯人の「危険な性格」に社会からの防衛処分を講ぜられるべき基礎を見い出そうとするのが性格責任論である（行為者刑法）。

性格責任論に対しては，行為者の性格そのものを直視する結果，行為者の主体性を認めず，責任における非難の意味を排斥する結果となっている，との批判が提起されている（大塚440頁）。また，性格責任論には，犯罪予防目的の無限定の追求に対して歯止めとしての限界設定が理論構造の中に存在しないため，社会防衛論と結合して，非難可能性としての責任の限度を超える，社会防衛そのもののための保安刑ないし保安処分を正当化することとなった。さらに，性格責任論は，行為者の反社会的性格という主観的なものを犯罪の基礎としていることにより主観主義犯罪論と結合し，犯罪徴表説の思考と相まって未遂犯論・共犯論等において刑罰権の早期介入をもたらすことになる。その意味で，性格責任論は，個人の権利・自由にとって重大な危険性をもっているのである（内藤・下Ⅰ746-7頁）。

(2) **折衷的見解**　今日，行為責任と性格責任を統合する試みもなされている。

(a) **人格責任論**　基本的には行為責任論の立場を採りながら，行為者の主体的な人格に着眼して，当の行為だけでなく，その背後にある人格にも責任の基礎を求めようとする見解がこれである（団藤257頁以下）。人格責任論によれば，責任は，①第1次的には行為責任であり，まず行為者の人格の主体的現実化としての行為に着眼することを要するが，②行為の背後には，素質と環境とに制約されつつも，行為者の主体的努力によって形成されてきた人格が存在するのであり，かような人格形成における人格態度に対しても行為者を非難しうるのであって，そこに第2次的に**人格形成責任**を考えることができる。そして，行為責任と人格形成責任とが合一されたものを全体として「人格責任」と呼ぶべきものとするの

である。人格責任論は，もともと常習犯人の刑の加重を根拠づけるために主張されたものであり（例えば，刑法186条1項の常習賭博罪），危険な人格を有責に形成したことの責任を問題にするものであった。すなわち，常習犯の場合，違法性の意識は鈍麻しているが，その鈍麻するに至った人格形成過程に非難を加えることが加重理由だとされるのである[22]。

人格責任論が責任非難の基礎として行為主体である行為者のパーソナリティ（主体性）に着目した点は多とすべきであるが，他方で，この理論に対しては，人格形成過程についてその者の責めに帰せられる部分とそうでない部分とを区別することはおよそ不可能であり，また，仮にこの区別が可能であるとしても，潜在的な人格体系を問題とし，行為以前の人格形成過程にまで刑罰による非難を及ぼすことは，個人の生活に対する刑罰による過度の干渉ともなる[23]。そもそも行為を離れて行為者の人格形成過程にまで責任を及ぼそうとするのは，行為責任主義の原則に反するだけでなく，結論的に過度に重い責任が正当化されることになる，といった批判が可能であろう。人格形成責任は，第2次的にも刑事責任の基礎におかれるべきではなく，せいぜい行為責任を評価する際の判断資料として扱われるべきものでなければならない。

(b) 実質的行為責任論（性格論的責任論）　行為に現れた限度で行為者の人格ないし環境を考慮して責任の軽重を捉える考え方を「実質的行為責任」と呼び（平野・Ⅰ61-2頁），行為の人格相当性を基礎とした性格論的責任の考え方が，実質的行為責任論として主張されている。これは，社会規範的責任論（➡3(2)(b)）の基礎にある考え方であり，行為責任の思想を維持しつつも，責任の実体を，規範に反する行為をするような人格の持主であるという点に求めようとするものであって，行為が人格相当なものであればあるほど責任が重いと解する立場である。そして，常習犯の刑の加重根拠について，この理論は，習慣によって反対動機さえ生じなかった場合には，行為は人格相当であるからそれだけ重い刑が妥当する，と説明するのである。

---

[22] 人格責任論の立場から，常習性は「行為者の属性」であると解されているが，行為者の性格・人格自体を責任非難の対象として行為者類型を認めることには，行為主義の原則からみて疑問がある。行為責任論の見地からは，常習性は「行為の属性」であり，例えば，同じ態様の賭博行為が反復して行われたとき，一括して1個の常習賭博行為となる（集合犯）と解すべきであろう（平野・Ⅰ108頁）。

[23] 平野・前掲注(17) 43頁以下。

性格論的責任論に対しては，現在ある人格に対する非難が可能であるかという疑問や，刑罰の効果があるから責任があるとするのはあまりに権威主義的な発想ではないか（西原・下449頁参照），という批判が提起されている。たしかに，性格論的責任概念を基礎におく実質的行為責任論は，人格や環境を，行為に現れた限度で考慮して行為責任の軽重を考えようとするのであって，行為以前の人格形成過程そのものを責任非難の対象とする人格形成責任を認めるものではない点で，人格責任論とは異なっている。しかし，犯罪的な動機をもつ可能性の強い人格ならば，それだけ重い刑罰が妥当するということは，行為責任よりは，人格（性格）の危険性に向けられた理論であるということになる。また，社会的非難（刑罰）が将来への条件づけにとどまるかぎり，その非難は，適法行為をするよう意思決定しえたこと（他行為可能性）に対する本来の非難とは相容れないであろう（内藤・下Ⅰ756-8頁）。

5　責任の内容・構造

責任の内容をどのように解するかについて，学説史上，心理的責任論から規範的責任論への移行が認められる。もっともこの展開は，学説の対立というよりも，責任判断の構造に対する理解の深化に伴って生じたものである。

(1) 心理的責任論　犯罪を客観的要素と主観的要素とに分け，前者を違法性に，後者を責任に属させるという伝統的な犯罪論体系の見地から，責任の実体を，外部的な違法行為に対する行為者の心理的な関係として捉えたのが心理的責任論である。これは，行為者に責任能力のほかに，違法行為の現実的認識を内容とする故意か，その可能性を要素とする過失のいずれかが具備されれば直ちに責任を問いうる，とする考え方である。19世紀から20世紀の初頭にかけて支配的であった見解で，故意および過失は，2つの責任形式ないし責任の種類と考えられた（形式的責任論）。

しかし，故意・過失という心理的要素があれば何故責任を問いうるのか，ということは必ずしも明らかではない。まず，過失については，すでに古くから，単に犯罪事実を認識・予見していないという心理状態自体が責任の内容をなすのではなく，そのような事実を予見すべきであり，かつ予見しえたのに，不注意により（注意義務に違反して）予見しなかったという義務違反の要素が過失責任を構成することが意識されていた。また，故意についても，単なる事実の認識ではな

く，事実の認識がある以上その事実の違法性を意識し，それに基づいて当の違法行為を思いとどまるべきであった，という規範的側面の存在することが次第に意識されるようになった。違法論におけると同様，責任論においても，犯罪事実の認識ないしその可能性があれば足りるとする形式的把握から，その実質を問う方向が模索されるようになったのである。

(2) 規範的責任論　この学説は，責任の実体を規範的な非難可能性として捉え，故意・過失を統合する概念として，行為者に適法行為の期待可能性（広義）が認められることが必要である，と解する（**実質的責任論**）。したがって，たとえ行為者に故意・過失という心理的事実があっても，行為の際の具体的事情にかんがみて，行為者にその違法行為を避けて他の適法行為に出ることを期待することが不可能な場合には，これを非難することができないということになる。規範的責任論は，その中核的概念である**期待可能性の理論**が20世紀初頭のドイツにおいて発展したことに伴って（フランク，ゴールドシュミット，フロイデンタール，E・シュミットなど），一般化し普及していったのである。

　ところで，規範的責任論は，従来，ⓐ責任評価の対象としての故意・過失（心理的要素）と，ⓑこれに対する否定的な価値判断としての期待可能性ないし非難可能性（規範的要素）とを分離したうえ，その両者を責任要素と解してきたのであるが（そのかぎりで，心理的責任論と規範的責任論とは排他的関係に立つものではない），目的的行為論はこの考え方をさらに徹底させて，責任をもっぱらⓑの評価的側面から捉え，心理的要素である故意・過失を責任から放逐してこれを構成要件ないし違法の要素と解し，規範的要素のみを責任に含ませたのであった。しかし，責任を単なる評価として限定的に捉える方向は，責任の内容を空虚なものとする行きすぎた規範主義の思想であって，評価される対象としての心理的事実の側面を軽視するものと言わざるをえないであろう。責任概念は，規範的非難の対象となる心理的事実（主観的事実）と，これに対する規範的な非難それ自体（有責性の評価）との複合的構造をもつものとして理解されなければならない（浅田272頁，山口183頁参照）[24]。

　規範的責任論は今日通説的地位を占めているが，規範的に非難可能なすべての

---

[24] この点は，基本的に，不法概念が，違法評価の対象となる物理的事実（客観的事実）と，これに対する「法的に許されない」とする違法評価それ自体（違法性）とから構成されていることと対応する（➡注1）。

違法行為が処罰の対象となるわけではない。刑法上の（可罰的）責任があるといえるためには，行為者の非難性が特に刑罰という強力な手段を必要とするほどに強く，しかもその刑罰を受けるに適するような性質のものであることが必要である（佐伯(千)232頁）。例えば，直系血族，配偶者および同居の親族の間において窃盗を行った場合，刑が免除されるが（244条1項），これは，親族間においても窃盗を行わないことを期待することが不可能ではなく，そのかぎりで規範的責任が認められるとしても，親族間では行為動機に対する反対動機が弱く，窃盗を行わないことの期待が著しく困難であることから責任の減少を認めて「免除」の程度まで可罰的責任を否定したもの，と解することができる。**可罰的責任**は，このように規範的責任を限定する方向で機能すべきであって，処罰の必要性という政策目的のために，規範的には非難しえないのに可罰的責任を認めるようなことがあってはならない[25]。

6 責任の要素

責任要素は，行為者が一般に刑事責任を負担するに足りるだけの能力をもつことを意味する「責任能力」と，行為者が個々の具体的状況のもとで責任を負担するための条件を意味する「責任条件」とから構成されている。

1 責任能力

法規範の論理構造と機能に関連していえば，違法は，客観的な評価規範としての法規範に違反することであるが，責任は，具体的な行為者に対する命令規範（決定規範）としての法規範に違反することである。こうして，法規範の命令機能が問題となる責任論においては，まず規範の名宛人（行為者）がその命令・禁止の意味を理解して意思を決定する能力をもつことが必要であって，これが責任能力である（➡第2節）。

2 責任条件

(1) 総説　責任条件とは，行為者が責任を負担するための条件をいう。責任条件は，①心理的要素である（責任）故意または（責任）過失と，②規範的要

---

[25] 刑法上の責任を予防目的の観点から再構成しようとする社会規範的責任論を可罰的責任論と呼ぶこともあるが，その見解の問題性については，➡287-8頁。

素である違法性の意識の可能性および期待可能性とから成る。責任を基礎づけるためには、行為者が違法行為についてこれを認識し（故意）、または認識しえた（過失）という心理的な関係の存在することが必要であるが、それだけでは不十分であり、さらにその行為が違法であることを意識することが可能であり、かつ、その行為者に適法行為の期待可能性があるにもかかわらず違法行為が行われた場合に初めて非難可能性としての責任を基礎づけることができるのである[26]。

(2) 責任故意 広い意味で「責任故意」（「責任要素としての故意」ともいう）と呼ぶ場合には、①構成要件に該当する事実（構成要件該当事実）の認識（構成要件的故意）、および②それ以外の事実で行為の違法性を基礎づける事実（違法事実）の認識（狭義の責任故意）が含まれる。（➡第3節）。したがって、構成要件的故意は、構成要件要素であると同時に責任要素でもある。

(a) **機　能**　責任故意は、これが行為者の内心に存在した場合に初めて行為者は規範の問題に直面し、自己の行為が法的に許されるか否かを判断することが可能になる、という機能を有している。これを**故意の提訴機能**と呼ぶ。この機能は、通常、構成要件的故意によって果たされるが、例えば誤想防衛のように、構成要件的故意があっても違法事実の認識が完備していない（急迫不正の侵害があると誤認している）場合は、故意の提訴機能が果たされないことになる。

(b) **構成要素**　責任故意（広義）があるといえるためには、まず、(i)責任故意の一部として、構成要件該当事実の認識を意味する構成要件的故意（➡131頁）が必要である。次いで、(ii)責任故意固有の要件として、構成要件該当事実以外の違法事実の認識が要求されるが、これには、ⓐ積極的に違法性を基礎づける事実と、ⓑその不存在が違法性を基礎づける消極的事実とがある。

まず、ⓐ積極的事実は、例えば、①抽象的危険犯において（抽象的）危険の発生を独自の違法要素と解した場合、その「危険の発生」は責任故意の対象となる。したがって、例えば周囲に引火すべき物が何もないと思って平原の一軒の小屋を焼損したが、実は付近に人家があったという場合（109条1項）、放火罪の構成要件的故意は具備するが、違法事実である「公共の危険」の認識を欠くため、建造物損壊罪の責任しか問いえないことになる。また、②表現犯、例えば偽証罪

---

[26] ⓐ故意・過失を「法益関係的責任要素」ないし「原則責任要素」と呼び、ⓑ違法性の意識の可能性・期待可能性に合わせて責任能力を「規範関係的責任要素」ないし「例外的責任要素（責任阻却事由）」と呼ぶものとして、林45・231頁。

において，証人の陳述が客観的真実に反することを独立の違法要素と解した場合，偽証罪が成立するためには，自己の記憶に反する陳述の認識（構成要件的故意）のほかに，証人は自己の陳述が「客観的真実に反すること」をも認識する必要がある[27]。さらに，③窃盗罪などの領得罪において，本権説に立ちつつ不法領得の意思を故意に解消しようとする場合（『各論』122頁），領得の事実は，違法要素として責任故意の対象に位置づけられることになる。

次に，ⓑ消極的事実は，正当防衛などの正当化事由を基礎づける事実が存在しないのに存在すると誤信した場合（例えば誤想防衛），責任故意は阻却される（➡420頁以下）。すなわち，正当化事由を基礎づける事実（正当化事情）は，消極的な形で責任故意の対象となっているのである。

(3) **責任過失**　不注意により，犯罪事実（構成要件該当事実または違法事実）を認識しないことをいう。「責任要素としての過失」ともいう（➡第4節）。

(a) **機　能**　責任過失は，①犯罪事実を認識しないことによって責任故意から区別され，②その不認識が注意義務違反に基づくものであることによって無過失（無責）から区別される。

(b) **要　件**　責任過失が認められるためには，まず，(i)責任故意と区別するための消極的要件として，事実の不認識が要求される。すなわち，①構成要件的故意が存在しないか（➡131頁以下参照），②これが存在するとしても，構成要件該当事実以外の違法事実の認識が欠ける場合，責任故意が否定される。②には，ⓐ積極的事実（例えば，抽象的危険犯における「危険」）の不認識，およびⓑ消極的事実（例えば，誤想防衛における「急迫不正の侵害」）の誤認がある。

次いで，(ii)無過失と区別するための積極的要件として，注意義務（結果予見義務）に違反していることが要求される。ここでは，行為者の注意能力を基準とした（主観的）予見可能性が注意義務の前提となる。

(4) **違法性の意識の可能性**　自己の行為が法的に許されないことを意識する可能性をいう。行為者に故意・過失があっても，違法性の意識の可能性がなければ，刑事責任を問われない。もっとも，判例の主流は違法性の意識不要説に立

---

[27] 偽証罪における「虚偽の陳述」の意義については，これを証人の主観的記憶に反することと解する主観説と，客観的真実に反することと解する客観説とが対立しているが，前者を構成要件要素，後者を違法要素と解すべきであろう（➡161-2頁）。したがって，偽証罪について故意があるとするためには，自己の記憶に反する陳述の認識（構成要件的故意）と客観的真実に合致しないことの認識（責任故意）がともに必要である（『各論』308頁）。

ち，故意犯につき，事実の認識があれば違法行為を避けることが期待でき，あるいはそこに行為者の反社会的性格が認められるから，必ずしも違法性の意識ないしその可能性は必要でない，としている（➡395-6頁）。これに対し，学説は，一般に，犯罪（故意犯）の成立には違法性の意識ないし少なくともその可能性が必要である，としている。違法性の意識ないしその可能性がなければ，違法行為をやめ適法な態度をとるという反対動機の形成可能性がなく，したがって違法行為を行ったことにつき行為者を法的に非難することができないから，責任主義の見地からみて違法性の意識（の可能性）必要説が妥当である（➡第6節）。

【故意と違法性の意識】 故意責任を認めるためには，犯罪事実の認識（事実的故意）のほかに違法性を意識すること（ないしその可能性）が必要であるが，故意と違法性の意識（の可能性）の関係をどのように解するかについて見解が対立している。①違法性の意識を故意の要素と解し，違法性の意識（の可能性）がなければ故意を阻却すると解する立場が**故意説**であり，②違法性の意識の可能性を故意とは別個独立の責任要素であるとし，違法性を意識しないことに相当の理由があれば（故意ではなく）責任を阻却する，と解する立場が**責任説**である。

　故意説は，事実の認識と違法性の意識とを共に故意の要素と解しているが，事実の認識が「事実」という違法判断の「対象」の認識を意味するのに対し，違法性の意識は「違法性」という違法「判断」自体の意識をいうのであって，その性格を異にしている。責任要素としての事実的故意は，違法性の意識を徴憑するものとして犯罪構成事実を認識しているという心理的事実を指し，責任判断の客体の一部をいうのに対し，違法性の意識においては，事実の認識（事実的故意）と異なり，単なる心理的な違法の認識が問題となるのではなく，犯罪的意思決定に抵抗する規範的な意識が問題とされている。故意と違法性の意識は，このようにその把握の仕方を異にするのであるから，違法性の意識を心理的活動形式としての故意の要素と解することは適当でなく，両者は別個のものとして把握する責任説が妥当である（福田平『刑法の基礎知識』165-6頁）。また，違法性の意識の可能性は，故意および過失に共通する責任要素であって（大谷339頁），故意責任に固有の問題ではない。なお，責任説は，通常，事実的故意を違法要素と解するが，本書は事実的故意をも責任要素（その基本部分は同時に主観的構成要件要素）と解するので（➡320-1頁），これを**修正責任説**と呼ぶことにする。

(5)　**期待可能性**　規範的責任論（➡292頁）の中核をなす概念であって，当該状況のもとで行為者が違法行為をやめ適法行為に出ることを期待しうることをいう。反対動機による違法行為の抑止を可能ならしめるような外部的・客観的状況

が「期待可能性を基礎づける事実」である。規範的責任論は，違法行為をしないという期待に反したことによる非難を刑法上の責任と考えるものであるが，特殊な外部的事情が存在しているため，反対動機が存在してもその違法行為をせざるをえないような心理的圧迫が外部から加えられるときは，反対動機による抑止が期待できないことから，違法行為に出たことに対する責任非難がやむことになる。このような特殊な外部的事情が期待可能性を失わせる事情である。反面において，そのような特殊な事情が存在しないこと（これを「付随事情の正常性」という）が責任要素となっている（➡第8節）。

第2節　責任能力

1　総　説
1　意義および本質
　違法行為をなしたことにつき，行為者に責任を負わせるためには，まず，行為者が刑事責任を負担することができるだけの能力を備えていなければならない。これを**責任能力**という。責任無能力者の行為は，構成要件に該当し，違法であっても犯罪とはならない。

（1）**本　質**　　責任能力の本質に関して，これを，ⓐ「有責行為能力」（犯罪能力）と解する立場と，ⓑ「刑罰能力」（受刑能力＝刑罰適応性）と解する立場とが対立している。

（a）**有責行為能力説**　　これは，元来，道義的責任論の立場から主張されたもので，責任能力を自由な意思決定能力，したがって違法行為を避け適法行為を選択しうる能力と解する見解である。一般に，「違法性を弁識し（弁識能力），かつ，その弁識に従って行動する能力（制御能力）」と説かれているものがこれである。

（b）**刑罰能力説**　　これは，社会的責任論の立場からする責任能力論であって，社会的に危険な人格の持主であることからする負担，したがってその危険性を除去するために刑の目的を達しうべき能力と解される。社会的責任論は，自由な意思決定に基づく適法行為選択の可能性を認めないから，すでになされた過去の行為を非難するということは意味をもちえず，責任能力ももっぱら将来科されるであろう刑罰との関係で，その適応性があるかどうか，という観点から判断されることになる。

(c) **考　察**　責任の本質が，違法行為に対する法的な非難可能性と解せられる以上，基本的には有責行為能力説に正しい核心が含まれている。すなわち，責任能力は，行為にあたって法規範としての意思決定規範の命令・禁止の内容を認識・理解し，かつ，その認識・理解に従って意思を決定し行動しうる能力であり，決定規範の名宛人となりうる適格である（内藤・下 I 795頁）。しかし，刑法上の非難が「刑罰」という手段を科すことによってなされるものである以上（可罰的責任），**刑罰適応性**をまったく無視して責任能力を論ずることも妥当でない。そして，通常，有責行為能力者は，また同時に刑罰適応性をも有しているのである。なお，ここでいう刑罰適応性は，行為の時に要求されるものであって，その行為が刑罰を科すのに適したものかどうか，という観点から問題となる（平野・II 280頁）。

(2) **規範的責任能力と可罰的責任能力**　責任能力は，法規範の観点から行為の違法性を弁識し，かつその弁識に従って行動する能力という意味で，「規範的責任能力」であるが，規範的責任能力の性質と程度が刑法上処罰するに値する程ではないと判断される場合には，「可罰的責任能力」が否定されることになる。例えば，13歳の少年が窃盗を行っても処罰されないのは（41条），仮に規範的意味での責任能力が認められたとしても，14歳未満の者に刑罰を科すことは，その者の将来にとって悪い結果をもたらすという刑事政策的考慮が働き，そこに刑罰を科すに相応しい責任の質・量が認められないからである（浅田288頁，佐伯（千）240頁以下参照）。

(3) **責任能力の存在時期**　責任能力は，実行行為の開始時に存在すれば足り，実行行為が開始された後に責任無能力または限定責任能力に陥った場合であっても，責任は否定されない。例えば，①東京高判昭54・5・15（判時937号123頁）は，犯行の途中で興奮により情動性朦朧状態に陥り，心神耗弱の状態で人を殺害したという事案について，ⓐ責任能力のある段階で行われた行為の重大性，ⓑ同様の加害行為の反復継続性，ⓒ限定責任能力の自招性を根拠として，刑法39条2項の適用を排除した。

また，②長崎地判平4・1・14（判時1415号142頁／傷害致死被告事件）[28]も，実行行為の途中で心神耗弱状態に陥った場合について，同一の機会に同一の意思の発

28　本判決の評釈として，曽根・判例評論405号（判例時報1430号）48頁。

動により実行行為が継続的あるいは断続的に行われた場合において（上記ⓑ），犯行開始時において責任能力に問題はなかったが，犯行を開始した後にさらに自ら飲酒を継続したために，その実行行為の途中において複雑酩酊となり，心神耗弱の状態に陥ったときは（同ⓒ），被告人に対し非難可能性の減弱を認め，その刑を必要的に減軽すべき実質的根拠があるとは言いがたい，と判示して39条2項の適用を排除した。しかし，①判決の事案とは異なり，致命傷を与えるという犯行の中核的な行為が心神耗弱状態で行われ，責任能力のある段階での実行行為が必ずしも重大とはみられない本件においては（同ⓐ），実行行為の開始時に死亡結果発生の予見可能性を認めることは困難であり，致命傷を与えた時点での心神耗弱状態に着目して39条2項を適用する余地があったと思われる。

2 責任能力の体系的地位

(1) **学　説**　責任能力については，責任論内部でその体系的地位をめぐり，それが責任の「前提」なのか，責任の「要素」なのか，ということも争われている。

(a) **責任前提説**　これは，責任能力を個々の行為から離れて一般的に判断しうる「行為者」の属性と解する説であって，この立場では，責任能力は責任を負担しうる一般的能力を意味し，したがって，責任能力は故意・過失などの責任条件に先立って判断されることになる（浅田282頁，大谷316頁，川端420頁など）。責任前提説は，責任能力のもつ事実的側面と規範的側面のうち（→2②(2)参照），前者，すなわち責任能力の生物学的要素を強調する考え方と結びついて主張されている。行為者の人格に病的変性が認められれば，弁識能力や制御能力といった心理学的要素を問題にするまでもなく直ちに責任能力を欠き，責任が否定される，と考えるのである。

責任前提説の問題性は，それが（個別）行為責任論の考え方と調和するか，という点にある。責任の有無・程度は当該行為について考えるべきであるとし，また，責任能力の本質について第1次的に有責行為能力としての側面を考慮する立場からは，責任能力は相対的にせよ当該行為から独立した責任の前提であると考えることは困難であろう。責任前提説を徹底するとき，性格責任論に至るおそれもある。

(b) 責任要素説　これは，責任能力を個々の行為ごとに個別的に判断される「行為」の属性と解する見解であって，この立場では，責任能力は故意・過失などの責任条件と並ぶ責任要素の1つということになる（多数説）。したがって，故意・過失を責任能力に先立って判断することも可能となる。責任要素説は，責任能力の規範的側面（心理学的要素）を強調する考え方と結びつき，責任条件のうちの規範的要素（違法性の意識の可能性・期待可能性）と一体となって責任非難を基礎づけている，と考えるのである。

　責任前提説でも責任要素説でも，責任能力がなければ責任非難が生じないという点では同じであるが，責任能力をも規範心理的に捉える責任要素説が責任能力の規範的側面を重視する場合，責任能力と違法性の意識の可能性との区別はかなり微妙なものとなる[29]。その結果，責任能力を違法性の意識に解消させることになれば，それは責任能力論の過度の規範化として批判される（中山337頁）。そこで，この場合，責任要素説も，精神障害を原因とする責任無能力とそれ以外の原因による違法性の意識の不可能性という形で（西原・下456頁），責任能力の基礎を事実的側面に求めざるをえなくなるであろう。行為責任論の見地から責任要素説を採るとしても，責任能力の判断基準については，生物学的要素に第1次的意義を認め，心理学的要素には生物学的要素を当該行為と関連づけるかぎりで第2次的意義を認めるにとどめるべきである（内藤・下Ⅰ800頁）。

(2) 部分的責任能力　責任能力の体系的地位に関連して，同一人物につきある犯罪については責任能力が否定されるが，他の犯罪については肯定される，ということが認められるかどうかが争われている。部分的責任能力を認める立場からは，例えば，好訴妄想を有するパラノイア患者は，虚偽告訴等の罪（172条）などについては責任無能力であっても，その他の犯罪については一般に責任能力を認めることができる，とされている。

　責任能力を行為者の一般的な属性と考える責任前提説からは，原則として部分的責任能力は否定される（大谷321-2頁など）。これに反し，責任要素説は，当該違法行為について個別的な有責行為能力を問う立場であるから，部分的責任能力を肯定する方向に赴く（井田370頁，林319頁など）。たしかに，行為責任主義の見地

---

[29]　これに対し，責任前提説に立てば，責任能力は責任の前提，違法性の意識の可能性は責任の条件という形で両者は明確に区別される。この場合，事実的要素（生物学的要素）と規範的要素との間に混交のおそれはない。

から，部分的責任能力という考え方を完全に否定することはできない。現に，覚せい剤中毒性精神障害による妄想に基づき被害者を殺害した事案につき，①殺害行為時に心神喪失状態にあったとして，殺人罪についてはその成立を否定したが，②本件けん銃等の所持に関する判断能力は通常人と異なるところはない，としてけん銃所持等の罪についてはその成立を認めた下級審裁判例もある（京都地舞鶴支判昭51・12・8 判時958号135頁）。しかし，人間の人格の統一性という観点からは，責任能力を分解して孤立的に扱うことには極力慎重でなければならないであろう（平野・Ⅱ288-9頁）。

2 責任無能力と限定責任能力
1 意　義

刑法は，責任能力が何であるかを積極的に定義することなく，消極的な形で責任能力を欠く場合（責任無能力）と責任能力が低い場合（限定責任能力）とを規定している。心神喪失・心神耗弱（39条）および刑事未成年（41条）に関する規定がこれである。以上を基に定義すれば，**責任無能力**とは，精神障害または刑事未成年のいずれかが原因となって，違法性を弁識しまたはその弁識に従って行動する能力を欠くことをいい，**限定責任能力**とは，その能力の著しく減弱していることをいう。

なお，1995年の刑法改正前の旧40条は，「瘖唖者ノ行為ハ之ヲ罰セス又ハ其刑ヲ減軽ス」と規定して，いんあ者を責任無能力者ないし限定責任能力者として扱っていた。ここに「いんあ者」とは，先天的にまたは幼児期から聴能と語能を欠如する者をいい，旧法は，精神的発育の困難さを理由にその完全な責任能力を否定していたのである。しかし，聾唖教育の発達した今日，いんあ者に対し常に責任能力の欠如または減退を認めることにより差別を助長するなどの疑念が提起され，旧40条は削除されることになった。

2 心神喪失者と心神耗弱者

（1）意　義　刑法39条1項は，「心神喪失者の行為は，罰しない」と規定し，同2項は，「心神耗弱者の行為は，その刑を減軽する」と規定して，心神喪失者を責任無能力者，心神耗弱者を限定責任能力者として扱っている。判例によれば，ここに**心神喪失者**とは，精神の障害により事物の理非善悪を弁識する能力が

なく，またはその弁識に従って行動する能力のない者をいい，**心神耗弱者**とは，精神の障害がまだ右のような能力を欠如する程度には達していないが，その能力が著しく減退した者をいう，と解されている（大判昭6・12・3 刑集10巻682頁／なお，改正刑法草案16条参照）。もっとも，法的責任論の立場からは，倫理的色彩のある「理非善悪」の弁識ではなく，「違法性」の弁識を問題とすべきであろう[30]。

(2) 判断基準 心神喪失（心神耗弱）は，ⓐ精神障害という生物学的要素（事実的要素）と，ⓑ弁識能力・制御能力という心理学的要素（規範的要素）[31]とから構成されている。このように両要素を要求する見解は，いずれか一方を基準として掲げる①**生物学的方法**（前者のみ）[32] および②**心理学的方法**（後者のみ）に対して，③**混合的方法**と呼ばれる。心神喪失という概念が規範的要素を含むのは，それが自然科学上の用語ではなく，法律上の用語であることによるのである。

(a) 生物学的要素 精神保健及び精神障害者福祉に関する法律は，**精神の障害**として，精神病，知的障害，精神病質，その他の精神疾患を挙げている（5条）。①**精神病**は，ⓐ統合失調症，そううつ病など内因性のもの（脳の病変が証明されていない）と，ⓑアルコール中毒（中毒性精神病），てんかんなど外因性のもの（脳の病変が証明されている）とに分かれる。心神喪失の認められる場合が多いが，判例は，例えば統合失調症に罹患していることから直ちに心神喪失と判断しているわけではなく，犯行が幻覚妄想等により直接支配されていたかどうかを問題としている（最決平21・12・8 刑集63巻11号2829頁）。これに反し，②**知的障害**の多くは，心神耗弱にとどまる。問題となるのは，③性格の異常を意味する**精神病質**であるが，判例は，社会的適応性を欠くものの是非の弁識能力はあるとし，原則としてこれを完全な責任能力者として扱っている（限定責任能力を認めたものとして，大阪高判昭27・5・15 高刑集5巻5号812頁）。その他，④酩酊および激情（情動）など精神の一時的異常に基づく**意識障害**が問題となるが，そのうち病的なものか重

---

[30] 2003年に制定された心神喪失者等医療観察法は，重大な他害行為（殺人・放火・強盗・強姦・強制わいせつ・傷害）のいずれかに当たる行為を行った心神喪失者・心神耗弱者について，特別の強制的医療制度（社会復帰を促進するためこの法律による医療を受けさせる必要がある時に強制入院を認める）を規定している。

[31] 是非弁識・行動制御能力を「その行為に関する規範が提示する行為理由を理解し，その理由に基づいて自らの行為の妥当性について推論して行為を決定し，その決定に従って行為する能力」と解するものとして，佐伯（仁）321頁。

[32] 1954年にアメリカ合衆国コロンビア特別区におけるダラム判決で確立した「ダラム・ルール」が著名である。

篤なものに限って「精神の障害」に取り入れられることになる（大谷323-4頁）。

　なお，判例は，被告人が心神喪失・心神耗弱であるかどうかは法律判断であって，もっぱら裁判所に委ねられるべき問題であるのみならず，その前提となる生物学的要素等の事実的要素についても，究極的には裁判所の評価に委ねられるべきであるとし（最決昭58・9・13 判時1100号156頁），また，責任能力の判定に関し，それが法律判断であることから，もっぱら裁判所が被告人の犯行当時の病状，犯行前の生活状態，犯行の動機・態様等を総合して判断すべきであるとして（最決昭59・7・3 刑集38巻8号2783頁，最決平21・12・8 刑集63巻11号2829頁），さまざまな要素を考慮に入れる総合評価を試みている。しかし，鑑定と法律的判断との間に一定の慣例（コンヴェンション）を設けることの当否は別としても[33]，法的判断（刑罰による予防効果）を重視するあまり，心理的要素を過度に強調して専門家による精神鑑定を軽視するようなことがあってはならない。近時の判例も，「専門家たる精神医学者の意見が鑑定等として証拠となっている場合には，鑑定人の公正さや能力に疑いが生じたり，鑑定の前提条件に問題があったりするなど，これを採用し得ない合理的事情が認められるのでない限り，その意見を十分に尊重して認定すべき」としている（最判平20・4・25刑集62巻5号1559頁）[34]。

　(b) 心理学的要素　この要素は，さらに，①行為の違法性を弁識する能力（**弁識能力**）と，②その弁識に従って行動する能力（**制御能力**）とに分かれる。①は知的な判断能力を意味し，②は情意的側面に関する行動能力を意味する。心理学的要素，とくに制御能力はこれを経験的に把握し，その存否を判定することが困難であることから心理学的要素を排除し，あるいはこれを限定的に認めてゆこうとする見解もある。例えば，19世紀中葉以降，英米で支配的となった「**マクノートン・ルール**」は，制御能力を排除し，弁識能力につき「精神障害の理由による抗弁の成立には，行為時に，被告人が精神の疾患のために自己の行為の性質を知らないほど，またはそれを知っていたとしても行為の反倫理性を知らなかったほど理性の欠けた状態にあったことが証明されなければならない」としてい

---

[33]　「生物学的要件が認められる場合には心理学的要件の存在が事実上推定されるという関係を認めるべきであろう」とするものとして浅田284頁。

[34]　なお，本件差戻し控訴審（東京高判平21・5・25 判時2049号150頁）は，責任能力につき「共同社会に身を置く以上，その秩序維持という観点からも，共同社会あるいは一般人の納得性を考えて，規範的に捉えるべきものである」と述べているが，この点につき懸念を表明するものとして松原204頁。

る。しかし，心神の知的側面（弁識能力）のみで非難可能性を十分に根拠づけることは不可能であり，これのみを重視して意思的側面（制御能力）を無視するのは適当でないであろう（浅田286頁）。

③ 刑事未成年者

刑法41条は，「14歳に満たない者の行為は，罰しない」と規定し，14歳未満の者を絶対的責任無能力者として扱っている。これは，刑法が，14歳未満の者について，行為の弁識能力または制御能力が一般的に未熟であることを考慮したためである。

> 【少年法の特則】　刑法上，14歳以上の者は責任能力者とされているが，少年の健全育成を目的に掲げる少年法は，少年が成長期にあることを考慮して特例を定めている。①懲役・禁錮の言渡しを受けた16歳未満の少年に対しては，16歳に達するまでの間，少年院においてその刑を執行することができる（56条3項）[35]。なお，②20歳未満の者（少年）に対しては，家庭裁判所の決定により，保護観察，児童自立支援施設または児童養護施設収容，少年院収容その他の保護処分を科すことができ（24条），また，③犯罪時に18歳未満の者に死刑をもって処断すべき場合は，無期刑を科し（51条1項），無期刑をもって処断すべき場合は，有期の懲役・禁錮（10年以上20年以下）を科すことができる（同2項）。

3 原因において自由な行為

① 問題の所在

行為責任論を前提とするかぎり，責任能力は犯罪行為の時に存在していなければならない。これを「**（実行）行為と責任の同時存在の原則**」というが，これはまた責任主義の要請でもある。問題となるのは，例えば，大量に飲酒して心神喪失状態に陥り，そのような状態で人を殺傷したが，そのことにつき事前に故意または過失があった場合のように，犯罪行為の時には責任能力がないが，無能力状態に陥ったことについて行為者に責任がある場合をどのように扱うべきか，ということである。

---

[35] かつては16歳未満の者について，いわゆる逆送（検察官送致）が認められておらず，刑事責任年齢に達しても刑罰が科されることはなかったが，少年法の改正（2001年施行）により，逆送可能年齢が引き下げられ，14, 15歳でも現に刑罰の対象となることになった。

この場合，責任無能力状態での人の殺傷という現実の結果惹起行為（以下，結果行為という）に犯罪性を認めるとすれば，行為者は責任能力のある状態で行った行為およびその結果についてのみ責任を問われる（行為と責任の同時存在の原則），とする責任主義の原則に反するのではないか，という疑問が生ずる。そうであるからといって，責任能力の存在する段階における原因設定行為（以下，原因行為という），例えば飲酒行為を犯罪行為と解することには，罪刑法定主義上の疑義がある。しかし，他方，このような場合を処罰せよ，という社会的要請にも無視しえないものがあるのである。

責任無能力あるいは限定責任能力の状態で違法行為を行うことにつき事前に故意または過失のある場合に，当該行為につき完全な責任を問いうるための理論を**「原因において自由な行為」**（actio libera in causa／以下，「原自行為」という）の法理と呼んでいる。

2 学　　説

「原自行為」の理論を認める通説と否認する異説とに大別され，前者はさらに，その内部で理論構成をめぐって見解の対立がみられる。

　(1) **否定説**　「原自行為」については，その可罰性を否定する見解も有力である[36]。すなわち，近代刑法の基本原則である責任主義と罪刑法定主義の要請を厳格に維持するかぎり，「原自行為」の可罰性を基礎づけることはできず，結果行為の時点で責任能力が低下している以上，39条（心神喪失・心神耗弱）を適用すべきであって処罰を断念すべきである（限定責任能力のときは刑の必要的減軽），と主張する（**39条適用説**／浅田293- 4 頁）。そして，「原自行為」を否定したとしても，重大な処罰の間隙が生ずるわけではない，とする。すなわち，まず，故意の作為犯については，自分が無能力状態になってしまう以上，「原自行為」としてそれを実行すること自体およそ不可能であるとし，また，不作為犯事例については，結果行為に実行の着手時期を求めつつ，責任能力のある原因行為に実行行為性が認められる，とするのである。

　　否定説が，近代刑法の2つの基本原則を最大限に尊重しようとする姿勢は高く評価できる。しかし，「原自行為」を認める肯定説が罪刑法定主義・責任主義とまったく相容れないのか再考してみる必要があると同時に（➡(2)〜(5)），必ずしも処罰の間隙が生ずるわけではない，とする否定説の主張にも疑問の余地がある。まず，作為犯については，規範的な責任無能力状態に陥ることは，直ちに事実上の行為能力の喪失を意味

---

[36] 平川宗信「原因において自由な行為」現代刑法講座第 2 巻277頁以下など。

することにはならず，行為はなお可能であろうし，また，不作為犯について，実行の着手と実行行為とを切り離して考え，「実行行為の開始」を意味する実行の着手以前に実行行為を認めることは疑問であって，原因行為に実行行為性を認めるのであれば，実行の着手もやはり原因行為の開始時に求めるべきであろう。

そこで，今日，以下にみるように「原自行為」の処罰を基礎づけるべく，さまざまな試みがなされているのである。

(2) **結果行為説（肯定説・その１）** この見解は，行為と責任の同時存在の原則を修正し，39条の適用を例外的に否定する立場であって，**責任モデル**（同時存在の原則緩和説＝**例外モデル**）とも呼ばれる。結果行為説は，結果行為が実行行為であるとして実行の着手時期を結果行為の開始時点に求めるとともに，責任能力は必ずしも実行行為時に存在する必要はなく，原因行為時に存在していれば足りると解している[37]。そこで，結果行為説に立った場合は，実行行為（結果行為）の時点で行為者に完全な責任能力が失われていることから，責任主義（同時存在の原則）の要請をいかに実現するかが最大の課題となる。その点，この見解は，今日の通説である規範的責任論の内容を非難可能性（有責性）という責任の評価の問題として理解し，責任非難は実行行為に向けられなければならないが，実行行為時に責任能力が存在しなくてもこれを非難可能であれば規範的責任を問いうると解し，責任能力が原因行為時に存在すれば結果行為を実現した行為者を非難しうるとするのであるが，問題はその理由をどのように説明するかということである。

(a) **意思実現説** その１つの試みとして，実行行為と責任との同時存在に代えて「行為」と責任との同時存在の原則を掲げ，行為は１つの意思の実現過程であるから，行為の開始時における最終的意思決定が結果発生に至る一連の行為の全体に貫かれている場合には，その最終的意思決定の際に責任能力がありさえすれば，現実の実行行為（結果行為）の際に責任能力が失われていても完全な責任を問いうる，とする見解が主張されている（西原・下462-3頁）[38]。この見解は，責任判断が意思決定規範としての法の立場からする否定的価値判断であることを前提として，意思決定能力を意味する責任能力は，行為をなすよう意思決定をする際に要求されるとし（意思決定能力説），かつ，刑法上の行為を１個の意思の実現過程と理解して，ある違法行為についての責任能力は，その違法行為を含むところの行為全体の開始時にあればよい，とするのである。

意思決定能力説は，意思決定時に責任能力が存在すれば，それ以降の行為全体についてそれが１つの意思決定に貫かれているかぎり責任を問うことができるとするので

---

[37] 本説は，後記の原因行為説（間接正犯類似説）では困難とされた，自己の限定責任能力状態を利用する「原自行為」が認められることも，その論拠の１つとしている。
[38] 西原春夫「責任能力の存在時期」〔同〕『犯罪実行行為論』（1998年）150頁以下，「原因において自由な行為についての再論」同書168頁以下。

あるが，最終的意思決定の時点が唯一の基準となることから，予備行為あるいはそれ以前の行為にさかのぼる意思決定に対する非難を可能とする点で可罰性を拡大しすぎる，との指摘がある（内藤・下Ⅰ878頁）[39]。また，犯罪行為は，原則として基本的構成要件に該当する行為（実行行為）に限られると同時に，責任概念は単に評価に尽きるものではなく，評価の対象・基礎をその内容とすることから，実行行為以前の行為に責任能力が備わっていれば実行行為を非難しうるか，という問題もある。すなわち，責任評価の基礎・対象として，故意・過失（責任条件）が実行行為時に存在しなければならないと同様に，責任能力もやはり実行行為時に存在しなければならないのではないか，ということである[40]。

　(b)　**事前的非難説**　　この見解は，後記の構成要件モデル（原因行為説）が，責任能力の消滅により規範的障害が取り除かれて犯意の撤回を困難にする点に原因行為の危険性を求めるのに対し，結果行為時の責任無能力者は，規範に従った意思決定ができないというにすぎず，責任能力の消滅が積極的な危険増加要因とはいえないという見地から，責任無能力の招致は，結果を避けえない状況を自ら設定したという方向でもっぱら非難可能性の問題として考慮する理論構成を提示する。そして，禁止の錯誤（違法性の錯誤）を参考に，実行行為（結果行為）時に違法性の意識がなくても，それ以前の事情を考慮して違法性の意識の可能性があれば責任非難が可能であることを応用して，実行行為時以前の責任能力に基づいて実行行為に対する責任非難を行うことを可能と考えるのである[41]。

　本説の最大の特色は，本来，行為者の責任を問うためには責任能力自体が行為時に現に存在していなければならない，と解せられて来たのに対し，禁止の錯誤とのアナロジーにおいて「責任能力の可能性」があれば実際には責任能力が失われていても責任非難が可能である，と解した点にある。しかし，規範的性格の強い禁止の錯誤の回避可能性の考え方を，生物学的要素を事実的基礎とする責任能力の不存在の事例に及ぼすことができるか，という基本的な疑問が残る[42]。違法性の意識の可能性（禁止の錯誤の回避可能性）は，行為時に存在する責任能力を前提として初めて判断可能な評価であって，この問題と，そもそも行為時にその存在が否定される責任能力についてその可能性を問うこととは議論のレベルが異なるというべきであろう。また，責任無

---

[39]　例外モデル（意思実現説）の問題点は，「最終的意思決定」をどこまで過去にさかのぼってよいのかが不明な点にある，とするものとして佐伯(仁)326頁。

[40]　さらに，意思実現説では「原自行為」の法理をもっぱら責任論プロパーの問題と考え，その限定を主観面による絞りにのみ頼ることになるため，この立場を徹底すると，犯罪への意思決定がなされていれば，例えば，ジュースを飲もうと思って誤って酒を飲んでしまい，当初の意思のままに犯罪を実現した場合にも犯罪が成立することになってしまう，という疑念も提起されている（山口・探究198頁参照）。

[41]　本説は，故意の存在時点をめぐっていくつかの見解に分かれるが，この点については，宮崎英生・重点課題133頁以下参照。

[42]　町野朔「『原因において自由な行為』の整理・整頓」松尾浩也先生古稀祝賀論文集 上巻（1998年）348頁以下。

能力を避けなかったことに対する事前の非難は、結果行為が故意で行われた場合であっても、直ちに故意責任を基礎づけることが困難であることから[43]、完全な故意責任を問えるのは原因行為時に故意がある場合に限られることになるが、そうだとすると、責任要素は挙げて原因行為に求められることになり、「実行行為と責任の同時存在の原則」は根底から覆されることにもなろう（宮崎・重点課題134頁参照）。

(3) **原因行為説（肯定説・その2）** 原因行為を処罰（問責）の対象と解する原因行為説は、構成要件の厳格性を緩和する立場であって、原因行為を構成要件に該当する行為と解することから、**構成要件モデル**（構成要件緩和説）とも呼ばれる。原因行為説は、その内部において理論構成に変遷がみられる。

(a) **間接正犯類似説** 最初に登場した見解は、責任と同時に存在すべき行為を「実行行為」と解して責任主義の原則を厳守する反面、構成要件の厳格性を緩和して原因行為を実行行為と解すると同時に、そこに未遂処罰の基礎をも求めようとする（この立場で、結果行為は因果の流れに解消される）。この見解は、「原自行為」を、自己の責任能力のない状態を道具として利用する点で間接正犯に類似するものと理解し（団藤161頁以下、福田196頁以下など）、間接正犯において責任のない道具を利用する行為が実行行為と解されるのと同様の意味で、原因行為を実行行為と解するのである。

間接正犯類似説の特色は、まず、①ここでいう「実行行為」が単なる因果関係の起点としてのそれにとどまるものではなく、未遂犯としての処罰（結果発生の具体的危険）を基礎づけるに足る未遂行為と解する点にみることができる（内藤・下Ⅰ871頁以下、山口・探究190頁参照）。しかし、その結果として、例えば、酩酊状態に陥ると人を殺傷する性癖のある者が殺害の意思で飲酒を開始すれば、酔いつぶれて眠り込んでしまっても殺人未遂罪が成立することになるが、それではあまりに早い段階で未遂犯の成立を認めることになってしまい妥当でない。

そこで、間接正犯類似説は、②原因行為に可罰性が認められるだけの実行行為としての「定型性」が認められない場合には、「原自行為」の可罰性は否定される、と主張することになる。例えば、行為の定型性の弱い過失犯や不作為犯の場合は、原因行為に実行行為性を認めやすいが、故意の作為犯については原因行為が可罰的行為としての定型性を欠き、これを実行行為とみることが困難な場合が多い、とするのである（団藤162-3頁）。しかし、故意の作為犯に「原自行為」の法理を認めないとすると、逆に、計画通り結果行為が行われて結果が発生した場合に不当に処罰を免れさせてしまう、という不都合が生ずることになる。間接正犯類似説は、原因行為である実行行為を可罰的な未遂行為と表裏の関係にある行為と解したため、問題の解決にとって困難な状況に陥らざるをえなかったのである。責任と同時に存在すべき実行行為（原因行為）は、問責の対象として、また相当因果関係の起点として法益侵害の一般的危険

---

[43] 平場安治「酩酊と刑事責任」刑法講座第3巻65-6頁。

性をもつ行為であれば足り，必ずしもそれ自体が未遂処罰を基礎づけるに必要な具体的危険性を具備する行為（未遂行為）である必要はないのである。

　また，③間接正犯類似説が責任能力と実行行為の同時存在の原則を強調するのは，責任能力を，単に意思決定能力にすぎないものではなく，（行動）制御能力と解するからである。すなわち，この見解は，責任能力が実行行為に対する事前のコントロールの問題ではなく同時的コントロールの問題である，と主張することによって，犯罪の実行を中止しようとすれば中止が可能であるにもかかわらず，あえてこれを遂行した点に本来の責任非難が認められることの根拠を求めるのである[44]。しかし，同時的コントロールの可能性は実行行為の開始時点にあれば足り，実行行為終了まで完全な責任能力が備わっていることは必要でない。間接正犯類似説の考え方を徹底すれば，実行行為の途中から責任無能力または限定責任能力の状態に陥ったときも，その時点以降は犯罪の実行を中止しようとしても中止ができないか困難となり，既遂ないし重い結果について完全な責任を問うことができなくなるであろう（➡316頁）。

　さらに，④間接正犯において，限定責任能力者は単純な道具とはいえないことから，これを利用する行為を間接正犯と解することができないのと同様，間接正犯類似説においては，自己を限定責任能力状態に陥れたにすぎない場合も，やはり自己を単純な道具にするものとはいえないから，その原因行為を実行行為とみることはできないことになる（例えば団藤162頁。ただし大塚153頁／➡(b)）。しかし，自己の限定責任能力状態を利用したときは「原自行為」の法理を適用しえないとする結論は，責任無能力状態になれば右の法理が適用されて完全な責任を問われることと対比すると均衡を欠く結果になる。そこで，基本的に間接正犯類似説に立ちつつ，自己の限定責任能力状態を利用した場合を，間接正犯における「（身分なき）故意ある道具の利用」のアナロジーで説明する見解（修正説）が登場する（大塚168頁）。しかし，修正説には，規範的障害となりうる「身分なき故意ある道具」を利用する行為を間接正犯と解することに疑問があるほか（➡530頁），仮にこれを認めるとしても，自己の限定責任能力状態を利用する「原自行為」と「身分なき故意ある道具」を利用する間接正犯とを同一視する根拠は必ずしも明らかではない[45]。

　(b) **正犯行為説**　　この見解は，原因行為を問責の対象とするが，結果発生の具体的危険が生じて未遂犯としての処罰が可能となるのは，結果行為であるのでこれを「実行行為」と解し，これと区別する意味で結果に対する相当因果関係の起点となる原因行為を「正犯行為」と呼ぶのである[46]。そして，結果の「相当な」原因となった原因行為を問責（処罰）の対象としつつ，原因行為の「危険性」に着目してこれと結果行為・結果との相当因果関係を要求し（因果連関），また，故意・過失の内容を分析して

44　団藤重光「みずから招いた精神障害」植松正博士還暦祝賀『刑法と科学・法律編』（1971年）241頁。
45　限定責任能力者の行為を利用した間接正犯はおよそ認められないのであるから，間接正犯類似説の立場を一貫させるなら，自己の限定責任能力状態を利用した場合には刑を減軽するほかない，とするものとして内藤・下Ⅰ871頁。

原因行為と結果行為との間に責任連関を認めうるかぎりにおいて,「原自行為」の可罰性を基礎づけることができる,と主張するのである[47]。間接正犯類似説の「定型性」,「未遂行為としての実行行為」という限定の論理に代えて,「相当性」,「危険性」を限定の論理とするところにこの立場の特色がある。

　正犯行為説は,まず,①原因行為と結果行為・結果との間の相当因果関係を判断するにあたって,原因行為について法益侵害の一定程度の（相当の）危険性を認めるためには,原則として,飲酒・薬物使用等をすると身体・生命等を侵害する危険な行動に出る習癖の存在などの特別の状況が必要であるとし,また,原因行為と結果行為・結果との間の時間的・場所的近接性が必要である,とする。問題は,結果行為という客観的にみてそれ自体独立した行為が存在するにもかかわらず,何故,原因行為について構成要件該当結果との間の因果連関を肯定しうるか,ということであるが,この点については,結果行為時に故意が認められるとしても,その時点においては心神喪失状態であるから,結果行為自体について責任を問うことはできず,したがって「遡及禁止」による遮断効は働かない,と説かれている（山口・探究197-8頁）。結果行為時に責任無能力であることは,それが規範的障害として機能しないということであって,規範的障害の除去に向けた原因行為の危険性を高める要因であると同時に,その危険が結果へと実現したことを強くうかがわせる事情と解することができよう。

　次に,この立場では,②完全な責任能力の存在する原因行為時に故意・過失があり,その故意・過失がそのまま結果行為に実現されたことが責任評価の対象となるから,故意犯が成立するか過失犯が成立するかは,原因行為が故意によるものであるか過失によるものであるかによって決まることになる。そして,故意の内容としては,ⓐ原因行為が結果行為・結果を惹起する危険性をもつことの認識,ⓑその危険性の結果行為・結果への相当な実現の認識,ⓒ発生する結果行為・結果の認識が必要である,とする[48]。問題となるのは,原因行為にいかなる意味で,いかなる要件の下で故意を認めることができるか,ということであるが,例えば前例のように（➡注40）,ジュースを飲もうと思って誤って酒を飲んでしまったような場合には,ジュースを飲む段階では,行為者は原因行為の危険性を認識しておらず,後の故意による殺人行為を留保していることから,殺人という構成要件該当事実についての故意が認められないため,故意の殺人罪の成立は否定されることになる。そして,心神喪失状態における自己の故意行為は責任のない行為であり,それによって「遡及禁止」の遮断的効果は生じないから,そのかぎりで,原因行為に故意を認めるためには,自己の結果行為

---

46 平野龍一「正犯と実行」〔同〕『犯罪論の諸問題（上）総論』(1981年) 129頁,町野・前掲注(42) 339頁以下,山口厚「原因において自由な行為——遡及禁止論の立場から——」現代刑事法20号31頁以下。

47 山口厚「『原因において自由な行為』について」団藤重光博士古稀祝賀論文集第2巻（1984年）164頁以下。

48 山口・前掲注(47) 177頁。

が心神喪失状態で行われることを認識・予見していたことが必要である（二重の故意），とするのである（山口・探究198-9頁）。

　ところで，③正犯行為説は，実行の着手を未遂行為としての実行行為，すなわち責任能力が失われた結果行為の開始に求めることから，結果行為説の場合と同様，同時存在の原則をどのように説明するかが問題となる。この点，この見解は，同時存在の原則が責任主義の要請であるという場合，この「責任主義」を，責任能力，故意・過失の存在する時点で行われた，法益侵害の危険性のある違法行為（正犯行為）から発生した相当因果関係のある結果についてしか責任を問うことはできない，との原理という意味で理解し，この意味での責任主義の要請，すなわち行為と責任の同時存在の原則に反しないかぎりで「原自行為」の可罰性を肯定しうる，とする。したがって，法益侵害・危険と相当因果関係のある行為（原因行為＝正犯行為）の時点で責任能力および故意・過失があれば，その故意・過失がそのまま法益侵害行為（結果行為）に実現されたとき，そのことについて完全な故意・過失の責任非難をなしうる，と解するのである（内藤・下Ⅰ884頁）。

　正犯行為説の問題点は，単独正犯であることが自明な「原自行為」の理論において実行行為と区別した形で「正犯行為」概念を用い（ざるをえなかっ）た点にある。「正犯」は，たしかに論理的に「共犯」に先行する概念であるとしても，実際上は，共犯論において，複数犯である「共犯」と対をなす概念としての機能を果たしてきたのであって，正犯以外の何ものでもない「原自行為」において，実行行為と区別された「正犯行為」の概念を用いることは，議論を混迷に導くことになろう。そもそも，「実行行為とは，未遂結果と相当因果関係を有する行為と規定すれば足りる」のであって（西田289頁），原因行為はまさにこの意味での実行行為としての属性を備えているのである。論者は，結果発生の具体的危険を備えていなければ未遂犯として処罰しえず，そのような危険が内在する行為を実行行為と解しているのであるが，その意味での危険は，「未遂犯としての結果」を意味し，既遂における最終結果と同様，実行行為から導かれれば足り，何ら実行行為自体に内在している必要はないのである。

　(c) **実行行為説（間接正犯説）**　そこから，原因行為が実行行為であるとし，「原自行為」を自己の責任能力低下状態を利用した間接正犯そのものとして構成する見解が現れる。実行行為説は，原因行為が実行行為であって処罰の対象であるが，正犯行為説と同様，実行の着手時期は結果行為の時点にあり，原因行為は結果行為の時点で実行行為性を有するに至る，と説明する（西田289頁）。この説明には不透明な部分が残るが，原因行為の開始によって実行行為が仮定的，潜在的に立ち現れ，結果行為の開始（実行の着手）によって，原因行為の実行行為性が最終的に確定され，可罰性を帯びるに至るということであろう（山中666-7頁参照）。しかし，このような説明にもやはり疑問が残る。

　実行行為説の最大の問題は[49]，本来，実行行為の開始を意味する実行の着手時期を結果行為の開始時に求めた点にある。結果行為は，たしかに未遂犯処罰の基礎となる

未遂行為ではあるが，その開始は，犯罪結果の原因となった原因行為（実行行為）の結果として捉えるべきであって，実行行為の開始を意味する「実行の着手」から区別されなければならない（結局は水泡に帰したものの，正犯行為説の苦心も本来そこにあったはずである）。近年，未遂犯も単に行為を処罰するものではなく，法益侵害の(具体的)危険という一種の「結果」を処罰するものであるという理解が有力になりつつあるが（→461頁），「原自行為」における「結果行為」は，既遂犯にとっては「行為」であるが，未遂犯にとってはまさに「結果」そのものである。行為者が結果行為を開始したということは，未遂犯における結果が発生したということであって，犯罪の実行に着手したということではない。「実行の着手」とは，法益侵害の一般的危険性のある行為，その意味で（相当）因果関係の起点となる行為を開始することを意味するのであって，「原自行為」の場合には，責任能力の失われている状態で行われる結果行為が規範的障害となりえず（遡及禁止効が働かない），したがってこのような具体的危険結果を惹起する原因行為に実行行為としての危険性が肯定され，原因行為を開始した時点ですでに実行の着手が認められるのである。

(4) **併用説（肯定説・その3）**　問題となる事案に即して可能かつ適切なモデル（構成要件モデルまたは責任モデル）を採用し，それに基づいて「原自行為」の可罰性を肯定することは可能だとする見解がこれである（山口258頁以下）。すなわち，故意犯の「原自行為」についてみれば，結果行為に構成要件的結果惹起の故意が認められる場合とそうでない場合とに分け，異なったモデルを適用しようとする。

まず，ⓐ結果行為が非故意の事例については，構成要件モデルを適用し，この場合，結果行為が非故意行為であるから，原因行為による結果行為を介した構成要件的結果の支配を認めることができ，したがって原因行為に構成要件的結果惹起についての正犯性（実行行為性）を肯定することができる，とする。そして，この事案類型においては，責任能力の喪失・減弱は重要ではなく，故意の喪失が重要であるとして，いわば「原因において故意のある行為」としての可罰性が問題となる，とするのである。これに対し，ⓑ結果行為が故意行為の事例については，責任モデルが適用され，この場合は，結果行為が故意行為であることから，それ自体が行為者自身の行為として実行行為と解され，それに対する責任非難の可能性が探求されることになる。そして，非難を可能とする行為は，責任能力を喪失・減弱させる原因行為に求められ，原因行為時の故意が結果行為時にまで一貫し，結果行為がその現実化とみられる場合に故意非難が可能となるのであって，かかる責任モデルは，構成要件的結果惹起についての責任の低下を事前の非難可能性により代替・補填することにより完全な責任を問うことを承認するものである，という（**責任補填説**）。

併用説の最大の特色は，結果行為に故意がある場合とない場合とで理論構成を異にする点にあるが，それを可能としているのは，心神喪失（および耗弱）についての独

49　その他，自己自身の行為を道具として利用する犯罪形態を，本来他人を道具として利用する「間接正犯」として捉えた点にも問題がある（「原自行為」は，直接正犯の一形態とみるべきである）。

自の理解である。すなわち，心神喪失状態であっても必ずしも意思能力が失われるわけではなく，そこに故意，その意味である種の答責性を肯定する余地を認めるのである。そして，かかる立論の根拠として，責任無能力者である刑事未成年者を正犯とする共犯の可能性（逆に言えば，被利用者が刑事未成年であることだけで間接正犯が成立するものではないこと），および広く共犯の従属性の理解として制限従属性説が挙げられる（山口255- 6頁）。しかし，刑事未成年者は，責任無能力者であっても自己の行為（例えば窃盗）について違法性の意識があって規範的障害（遡及禁止効が働く）となりうるのに対し，心神喪失者は違法性の意識（の可能性）がなく文字通りの責任無能力者であって規範的障害たりえない（遡及禁止効が働かない）と解すべきであろう[50]。また，制限従属性説は，共犯が成立するためには少なくとも正犯行為が構成要件に該当し違法でなければならない，とする原理であって，正犯が構成要件に該当する違法行為を行なえば常に共犯が成立する，ことを意味するものではない。正犯が構成要件に該当する違法行為を行なった場合も，正犯（直接実行者）に規範的障害が認められなければ，背後者はやはり間接正犯となるのである。

　この見解が，上記ⓑの結果行為が故意の事例を想定し，これに責任モデルをあてはめて説明しようとするのは，責任無能力者の行為に対する共犯の可能性とのアナロジーを考慮に入れるからであるが，刑事未成年者に対する共犯はありえても，心神喪失者に対する共犯は考えられないのであって，両者はその前提を異にしているというべきであろう。心神喪失者が（責任）故意の存在により規範の問題に直面するとは考えられないのであって[51]，仮にそこに事実的故意を想定しうるとしても，それは行為者の規範的意識と結びつく規範的障害とはなりえず，遡及禁止効は働かないとみるべきである（せいぜい間接正犯における「故意ある道具の利用」に相当するものにとどまる）。この立場にあっては，上記ⓑの結果行為が故意行為の事例において破綻をきたしているように思われる。

(5) 私　見　　結果行為・結果へ至る危険性を内在させた原因行為を実行行為と捉え，したがって実行の着手時期を実行行為である原因行為の開始時に求めるが，これを処罰するためには，少なくとも実行行為の結果として結果行為が開始されて既遂結果発生の危険が具体化・現実化すること（未遂結果の発生）が不可欠である。「原自行為」については，①実行行為に当たる原因行為に責任を認め，②その結果である結果行為に法益侵害の危険の発生（可罰的違法性）を認めることによって，これを通常の犯罪の場合と同様の刑責に問うことができると考えら

50　山口257頁は，結果行為（実行行為）時に違法性の意識の可能性が認められる，と解しているようであるが，それは原因行為を視野に入れるからであって，心神喪失状態の結果行為時に限ってみれば違法性の意識はもとよりその可能性さえ認められないであろう。
51　山口185頁は，構成要件的故意概念を否定し，故意を責任要素，責任の形式と捉えている。

れる[52]。

(a) 実行の着手時期　結果行為時における責任無能力状態（あるいは限定責任能力状態）は規範的障害となりえず（あるいは規範的障害性が減退し），また，原因行為が結果惹起へと至る危険性を有し，その危険性が現に結果行為へと実現したとみられる場合には，原因行為自体がすでに法益侵害の一般的危険性をもった行為（実行行為）であるといえるであろう。もっとも，原因行為（例えば飲酒行為）自体は法益侵害の危険と直結する性質のものではないから，原因行為が結果行為と結びつく実行行為といえるためには，①例えば，飲酒をすると暴行等の行為に出る危険な習癖が存在するといった特別な事情が必要であり（内藤・下 I 881頁），また，②現実の法益侵害行為である結果行為時には責任能力が欠如しているにもかかわらず行為者に完全な責任を問うためには，原因行為と結果行為との間に時間的・場所的近接性が要求される。

問題となるのは，原因行為を実行行為と解した場合の実質的内容であるが，これは必ずしも原因行為自体が可罰的違法性を帯びた行為である必要はない。実行行為と責任との同時存在の原則の意義が，責任能力（および結果惹起についての故意・過失）の存在する時点で行われた行為から発生した相当因果関係のある犯罪結果（法益侵害・危険）についてしか行為者に責任を問いえない，ということに求められる以上，法益侵害・危険と相当因果関係のある違法行為（原因行為）の時点で責任能力および故意・過失があれば，その時点での故意・過失の内容がそのまま法益侵害行為（結果行為＝未遂犯における危険結果）に結びついたときは，結果行為時に責任能力が失われていても，発生した犯罪結果について完全な故意・過失の責任非難をなしうる。実行行為の開始時に責任能力が備わっていれば，その後に責任能力が失われても犯罪事実に対する責任非難は失われないのである。

(b) 危険の現実化　しかし，行為が可罰的違法行為として処罰の対象となるためには，行為者が犯罪の実行に着手しただけでは足りず，法益侵害の具体的危険が発生することが必要である。通常の場合は，犯罪の実行に着手すれば，直ちに具体的危険が発生するが，常にそうだというわけではない。形式的に犯罪の実

---

[52] 酒酔い運転のような挙動犯についても，法益侵害・危険の結果無価値をその処罰根拠と解する見地から，①飲酒行為（原因行為）を問責の対象としてそこに実行の着手を認め，②運転行為（結果行為）を開始して挙動犯としての結果が発生したものとして本罪の成立を認めることができよう（松原306頁参照）。ただし，未遂を処罰しない挙動犯にあっては，結果行為を開始することによって直ちに既遂となる（➡124頁参照）。

行に着手しても,未だ現実に具体的危険が発生しない段階では,未遂犯としても処罰の対象とならないのである。実行の着手以後の行為（原因行為）は法益を侵害する一般的な危険性のある行為であって,そのかぎりで違法な実行行為であるとしても,その危険が具体化しない以上は可罰的違法性のある行為とはいえない。人の殺害を意図して凶器を準備し自己を心神喪失に陥れるために飲酒する行為（原因行為）は,ある種の危険をもった違法行為であって,そこに実行行為性を認めることができるとしても,それが可罰性を帯びるためには,実際に被害者に切りかかるという結果行為を開始することによって,法益侵害の危険が具体化（現実化）することが必要なのである。

(c) **故意・過失**　原因行為が実行行為と解されるのは,それが自らを責任無能力（ないし限定責任能力）という規範的障害のない（ないしその程度の低い）,したがって自己の行動をコントロールできない（困難な）状態の下で法益侵害結果を実現する（結果行為に出る）という危険な状況を作り出す行為だからである。すなわち,「原自行為」において原因行為が問責の対象とされる実質的根拠は,結果行為（危険の現実化）が原因行為により招来された心神喪失または心神耗弱状態の下で行われた,という事情に見出されるのであるから,原因行為の時点でそのような事情の予見がないかぎり故意を欠き,せいぜい予見可能性があることを前提として過失犯が認められるにすぎないことになる[53]（井田456頁,佐伯(仁)329頁,山口・探究187頁以下など）[54]。例えば,殺害行為に出る前に単に景気づけのために酒を飲んだところ,飲み過ぎて不覚にも心神喪失・耗弱状態に陥り,そのような状態で人を殺害した場合は,そのような精神状態で結果行為を行う認識を欠き,故意が認められないのである。したがって,「原自行為」おいて故意が認められるためには,既遂結果の予見のほか,原因行為が実行行為としての危険性を備えることの認識が必要であるが,そのためには心神喪失・心神耗弱状態[55]で結果行

---

[53] 古川伸彦〔西田ほか編〕・注釈刑法第1巻（2010年）632-3頁。
[54] 西田262・284-5頁は,過失犯について「原自行為」は問題とならないとするが（丸山 治・百選Ⅰ77頁参照）,結果行為の時点では責任能力がなくても,実行行為とされる原因行為時に責任能力があれば完全な責任を問いうる,という点で故意犯との間に違いはなく,行為の客観面において故意犯と過失犯との間に構造上の相違がないとする見地からは,過失犯についても「原自行為」の法理を適用すべきであろう。
[55] なお,心神喪失・心神耗弱は法律上の概念であるから,そのあてはめの認識を要するわけではなく（これは違法性の意識の問題である）,この法的評価を基礎づける事情の認識（いわゆる意味の認識）で足りるのは,もとより当然である。

為に出る（危険が現実化する）ことの予見も必要ということになる（いわゆる「二重の故意」）[56]。

なお，行為者の責任を問うためには実行行為の開始時に故意・過失と共に責任能力が存在すれば足り，したがって原因行為が問責の対象と捉えられることから，原因行為の開始時に責任能力が認められれば，実行行為開始後（結果行為＝未遂結果）の時点で心神喪失（責任無能力）に陥ったか心神耗弱（限定責任能力）にとどまっていたかは，行為者の罪責に影響を及ぼさないことになる。

③ 判　例

判例に現れた事案には，①原因行為の前にすでに結果行為をする意思がある場合（意思が連続している場合）と，②原因行為によって初めて結果行為意思が作り出された場合（意思が不連続の場合）とがある。

(1) 意思が連続している場合　例えば，責任無能力（または限定責任能力）状態で人を殺そうと決意した者が勢いをつけるため飲酒し，計画通り相手を殺害したが，殺人行為のときには酩酊のため心神喪失（または心神耗弱）状態にあったというような例がこれに当たる（**連続型**）。この場合には，結果惹起の勢いをつけるために飲酒行為（原因行為）をしているのであるから，実行行為（原因行為）の相当な危険性と，その危険性の認識を比較的認めやすい（内藤・下Ⅰ889頁以下）。

①最決昭43・2・27（刑集22巻2号67頁）は，自動車を運転してバーに立ち寄り，飲み終われば酔って再び自動車を運転することを認識しながら，ビールを20本ぐらい飲み，その結果，心神耗弱状態で自動車を運転したという事案につき，「酒酔い運転の行為当時に飲酒酩酊により心神耗弱の状態にあったとしても，飲酒の際酒酔い運転の意思が認められる場合には，刑法39条2項を適用して刑の減軽をすべきではない」として，酒酔い運転の罪につき完全な責任能力を認めた。本判例は，「原自行為」の法理が自己の限定責任能力の状態を利用したときにも適用されることを認めた点に意味があるだけではなく，原因行為（飲酒行為）以前にすでに結果行為（運転行為）をする意思があった典型的なケースに関するものとしても意味がある。なお，本判例は「飲酒の際酒酔い運転の意思が認められる場合には」と判示することによって，飲酒酩酊による心神耗弱状態で初めて運転の意思を生じた場合には，「原自行為」の法理が適用されないことを示唆している（評釈として，南由介・刑法の判例158頁など）。

---

[56] もっとも，それは「原自行為」の場合のみ例外的に故意の要件を厳しくするという意味ではなく，「原自行為」の構造に即して，一般的な故意の理解から導かれる帰結である（古川・前掲注(53) 633頁）。

その他，故意犯の成立を認めたものとして，②旧麻薬取締法 4 条 4 号（麻薬中毒のため自制心を失うこと等を禁止）に関し，「右自制心を失った行為の当時には被告人に責任能力がなくとも，麻薬を連続して使用する際被告人に責任能力があり，且つ麻薬の連続使用により麻薬中毒症状に陥ることについての認識（未必の認識）があれば，いわゆる原因において自由な行為として，処罰することを得るのである」とした最決昭28・12・24（刑集 7 巻13号2646頁）。③継続した違法な薬物の使用・所持の途中で心神喪失・心神耗弱状態に陥った場合について，刑法39条の適用を排除した大阪高判昭56・9・30（高刑集34巻 3 号385頁）等がある。

(2) 意思が不連続の場合　　原因行為以前に結果行為意思が存在しない場合には，原因行為（実行行為）と結果行為・結果との間に相当因果関係が認められないことが多く，また相当因果関係が認められても，原因行為時に故意を認定しえないことが多い（**中断型**）。意思不連続の場合については，判例のほとんども過失犯の成立を認めたものである。

まず，(a)過失犯の成立を認めた，①大審院時代の判例として，授乳中熟睡した母親が乳房で嬰児を圧死させた事案につき過失致死罪の成立を認めた，大判昭 2・10・16（刑集 6 巻413頁）がある。また，②最高裁判例として，過失犯の成立を認めた代表的なものである最大判昭26・1・17（刑集 5 巻 1 号20頁）は，Ｘが飲食店の調理場で女給Ａよりすげなくされたので酔余Ａを殴打したところ，居合わせたＢらに制止されて憤慨し，とっさに傍らにあった肉切り包丁でＢを刺し殺したという事案につき，多量に飲酒すると病的酩酊に陥り，心神喪失状態で他人に犯罪の害悪を及ぼす危険のある素質を有する者は，常にその原因となる飲酒を抑止・制限する等，危険の発生を予防する注意義務があるから，心神喪失時の殺人行為であっても，それが，自己の前記素質を自覚する者が前記注意義務を怠って犯したものであるときは，過失致死の罪責を免れない，と判示した。本件は，原因行為（飲酒行為）によって過失により結果行為（傷害行為）意思が形成された事案であるが，その原因行為の危険性を示すために，多量に飲酒するときは病的酩酊に陥り，その状態で他人に犯罪の害悪を及ぼす危険のある素質の存在を指摘し，過失致死罪成立の要件として右の危険な素質の自覚の存在を認定している。

次に，(b)下級審判決には，故意犯の成立を認めたものもある。③名古屋高判昭31・4・19（高刑集 9 巻 5 号411頁）は，薬物注射による症候性精神病に基づく心神喪失の状態で他人に暴行・傷害を加え死亡させた場合でも，注射をすれば精神異常をきたして幻覚妄想を起こし，他人に暴行を加えるかもしれないと認識しつつあえてこれを容認して注射をした結果，前示行為に及んだ場合は傷害致死罪が成立し，39条 1 項は適用されない，と判示した。しかし，飲酒・薬物注射行為（原因行為）自体には，生命・身体に対する侵害の危険性が認められないから，このような原因行為を実行行為と解するためには，前掲②昭和26年の最高裁大法廷判決が示したように，飲酒・薬物

注射をすると暴行等の行為に出る危険な習癖の存在のような特別の事情の認定が必要である。したがってまた，故意を認定するためには，行為者に自己の危険な習癖等を自覚していたことが必要になろう（内藤・下Ⅰ888頁）。

④大阪地判昭51・3・4（判時822号109頁）は，飲酒すればその誘惑から自己規制が困難となるにもかかわらず，午後5時過ぎから8時頃まで酒を飲み，その結果病的酩酊に陥り，同夜遅く牛刀を携えて，市内を徘徊中，翌午前1時頃に凶器を示して暴行脅迫を加えた事案につき，示凶器暴行脅迫罪（暴力行為等処罰法1条）の成立を認めた。しかし，本件では原因行為から結果行為に至るまで約5時間が経過し，その間市中を徘徊していたという事情もあり，全体を一連の行為として捉え原因行為時の暴行脅迫の未必の故意が結果行為に実現したといえるか，また，牛刀を持ち出した時点ではすでに病的酩酊に陥っていて責任能力が欠如していたことから，はたしてそれ以前の飲酒時に示凶器の未必的認識を認めることができるか，疑問の存するところである。

第3節　故　　意

1　意　　義

刑法38条1項は，「罪を犯す意思がない行為は，罰しない」と規定するが，この「罪を犯す意思」が故意である。**故意**とは，犯罪事実の認識（広義）をいう（事実的故意）。故意に，①構成要件該当事実の認識を意味する「構成要件的故意」（→131頁）と，②これと共に，構成要件該当事実以外の違法事実の認識を意味する「責任（要素としての）故意（狭義）」（→294頁）があることは，すでにみたとおりである（→第1節6②(2)）。責任論において「故意」と呼ぶ場合は，①を含む②の広い意味での「責任故意」を指している。以下，特に断らないかぎり，「故意」をこの広い意味で用いることとする。

2　故意の体系的地位

(1) 問題の所在　　故意の犯罪論体系上の地位については，これを，ⓐ違法性（および構成要件）の要素と解する立場（違法要素説）と，ⓑ責任（および構成要件）の要素と解する立場（責任要素説）とが対立している。この対立は，故意の違法性基礎づけ機能を認めるか否かにかかっているが，この問題は，①犯罪の実体構造論と②犯罪の認定論の双方においてその意義をもつと解されている。すなわち，故意を違法要素と解すべきかどうかは，①故意行為とその他の行為（過失行為・無過失行為）とで違法性の有無・程度に違いがあるか（犯罪構造論），また，②

故意を考慮しなくても犯罪，特に未遂犯の違法性を認定しうるか（犯罪認定論）の２点にどのように答えるかに依拠しているのである。ⓐ第１点を肯定し第２点を否定するのが違法要素説であり，ⓑその反対が責任要素説である。②については，主観的違法要素の問題としてすでに述べたところであるので（➡162頁），ここでは①の問題を中心に考えてみることにする。

(2) **学　説**　ⓐ違法性の実質を法益の侵害・危険に求める見解を批判し，行為無価値に法益の侵害・危険から独立した意義を認める行為無価値論の立場からすれば，故意は違法要素と認められ（併せて責任要素とする見解もある[57]），他方，ⓑ違法性の実質をもっぱら法益の侵害・危険に求める結果無価値論の立場からすれば，故意は，法益の侵害・危険に還元しえないものとして責任要素（そして責任類型としての構成要件要素）と解されることになる。

(a) **違法要素説**　未遂犯の故意が主観的違法要素ならば（➡322-3頁），既遂犯の故意も主観的違法要素でなければならない，とする見解が人的違法論を基礎におく目的的行為論の台頭と共に主張され，現在も，有力な学説として広い支持を得ている。もっとも，故意が違法性加重機能を営む理由については，この説の内部においても若干異なったニュアンスで語られている。

まず，①故意を法益の侵害に還元させて考えない立場では，故意犯は過失犯および無過失の行為に比べて社会的相当性からの逸脱の程度が高い，と解されている（福田86頁注（一））。例えば，殺人と過失致死は，共に人の死という結果を惹起（同一の法益を侵害）する行為であるが，その法益侵害の態様，すなわち社会的相当性からの逸脱の程度が類型的に異なる，とするのである。しかし，この説明は立法段階における一般的考慮としては一応理解できるとしても，個別事案の違法評価の段階において法益侵害・危険から切り離された行為者の意思を強調するならば，一種の主観的違法論に帰着することになってしまう。たしかに，殺人と過失致死は同一の法益を侵害しているが，それだからこそ両者の違法性は同一なのであって，これとは独立に主観的要素が行為の違法性に影響を及ぼすというのは，主観主義犯罪論そのものであろう。仮に違法要素説に立つとしても，故意に法益侵害・危険自体の程度を高める機能があるか否か，という観点から考察を進

---

[57] 例えば，故意は，一方で，行為のコントロールおよび行為の意味づけとして行為規範違反の要素，したがって違法要素であり，他方で，行為者の責任に属する意思形成過程の結果として責任要素でもある，とするものとして高橋167頁。

めるべきである。

　そこで次に，②故意を法益侵害の問題に還元して論ずる立場は，故意行為は非故意の行為より結果発生の確実度が高いから，法益侵害の危険が大きく，したがってまた違法性が重い，として故意に違法性加重機能を認めている[58]。たしかに，例えばピストルによる殺人と，ピストルを掃除していた際に過ってこれを暴発させ付近にいた人を死に致した場合とを比べてみると，故意行為の方が一般に結果発生の蓋然性は高いといえるであろう。しかし，狙いがそれて殺人が未遂に終った場合にも，なお故意犯を重く処罰する理由を故意行為のもつ一般的な法益侵害の高度の蓋然性に求めることはできない。他方で，ピストルの暴発により現に人が死亡しているわけであるから，事後的にみれば，後者の過失（既遂）行為の方が前者の殺人未遂行為より客観的に法益侵害の危険性が高かったわけである。処罰の違いは，やはり故意「責任」と過失「責任」の差に求めるべきである。また，殺人が既遂となった場合にも，主観的な故意がそのままの形で無媒介に結果に作用するのではなく，法益侵害の客観的危険性を伴う「行為」を介して結果に作用するものであることを確認する必要がある。違法判断の対象となるのは，故意「行為」であって，故意それ自体ではないのである[59]。

　(b) 責任要素説　　伝統的な違法論（結果無価値論）にあっては，①いっさい主観的違法要素を認めない立場はもとより，②狭義の主観的違法要素を認める立場においても，故意を（一般的）主観的違法要素と構成することには批判的である。それは，目的犯における目的のような狭義の主観的違法要素は，客観的構成要件の外にはみ出て，行為の法益侵害性に新しい何物かを付け加えているのに対し（超過的内心傾向），故意（少なくとも既遂犯のそれ）は客観的構成要件の外にはみ出るものではなく，それの主観面における反映にすぎないもので客観と主観とが対応関係に立ち，行為の法益侵害性に新しい何物をも付加するものではないからである。このような従来の通説的理解によれば，故意はもっぱら責任要素と解されてきた。

　責任要素説に対しては，既遂の場合，故意をもっぱら責任要素と解することは過失犯と比べて不均衡が生ずる，という批判が加えられている。すなわち，過失

---

[58]　中義勝「主観的不法要素について」〔同〕『刑法上の諸問題』(1991年) 153頁以下。
[59]　中山研一「故意は主観的違法要素か―中教授の批判にお答えする―」〔同〕『刑法の論争問題』(1991年) 1頁以下。

犯の場合，客観的注意義務違反が過失犯の違法性の存否を決するものとされていることから，法益侵害の結果が発生しても，客観的注意義務違反がないかぎり単なる事故とされ，行為者の主観的注意義務違反（責任）が問題とされることはないのに，故意犯の場合に，法益侵害の結果が発生した以上，その遂行態様をまったく無視してよいとするのは「不均衡な操作」だ，というのである（川端181頁）。しかし，仮に過失犯に客観的注意義務違反という側面を認めるとしても[60]，これを違法要素と解さなければならない必然性はなく，例えば，責任類型としての構成要件要素と解することによって，客観的注意義務違反のない行為も過失構成要件に該当しないが違法ではある，として故意犯との均衡を維持することは十分可能であろう。故意が違法要素でないと同様，過失も違法要素でないのである（➡334頁以下）。

　違法要素説が「故意は責任の要素ではない」と解するのは，責任を行為者に対する「非難可能性」という規範的評価に尽きると考えるからである[61]。しかし，そこには，実体を伴った責任それ自体と責任評価との混同がみられ，正しい見方とはいえない。責任評価（有責性）は行為者の（主観的）態度に対する評価であって，行為者以外の判断者の精神的作用であるが，これに反し，責任の実体は行為者の（内部的）態度の特性であり，行為者自身の内に存在しなければならない。責任自体は，これに対する評価から独立して存在するのであって，違法論において，評価（違法性）とその対象（違法性を基礎づける事実）とが区別されるように，責任論においても評価（有責性）とその対象とは区別されなければならない。故意は，責任の評価ではないが，責任評価の対象として責任の要素である（➡292頁注24）。

(c) **修正責任要素説**　基本的には責任要素説に立ちながら，未遂犯については例外的に故意を違法要素と解する見解がある（平野・II 314頁）。その根拠は，未遂犯も目的犯と同様な構造をもつものであって，その故意（既遂結果実現の認識・意思）は各観的事実（未遂の事実）を超えて違法性を基礎づける超過的内心傾

---

[60]　本来，人の不注意（注意義務違反）という内心の主観的要素を客観的義務と構成するのは形容矛盾であり，せいぜい行為者に対する一般人を基準とするものとして，「一般的注意義務」とでも呼ぶべきものであろう。

[61]　井田154頁は，「違法行為への意思決定に対する非難可能性という意味での責任は，故意犯と過失犯とで共通であり，故意責任と過失責任の区別は存在しない」とするが，不法と責任をリンクさせて考える論者の立場からすれば，少なくとも故意行為への意思決定に対する責任非難と過失行為への意思決定に対する責任非難との間に程度の違いは認められよう。

向を示しているので，未遂犯にあっては故意が違法性基礎づけ・加重機能を果たしており，また，認定論的観点から未遂犯では故意を考慮に入れなければ行為のもつ法益侵害の客観的危険性を判断しえない，とする点に求められている（➡162頁）。

　未遂犯において故意を主観的違法要素と構成する意味が，①結果の発生している既遂犯とは異なり，結果の発生していない未遂犯においては客観的事実だけで「違法性」の有無・程度を判断できないという趣旨であるとすれば，これに対しては次のように応えることができよう。すなわち，未遂犯における違法の実体が行為自体ではなく，行為の結果としての法益侵害の具体的（現実的）危険に求められるとすれば（➡464頁），「危険」の有無によって未遂犯の違法性を判断すれば足り，未遂犯においても故意を違法要素と解する必要はないことになる。また，修正説の主張は，未遂犯の場合，そもそもその「危険性」の程度自体，故意を考慮して初めて可能となる，とする趣旨とも考えられるが，例えば生命侵害との関係で，殺人未遂行為の危険性（軽傷・無傷）が傷害行為や過失致死傷行為の危険性（重傷）より常に高いとはいえない以上，未遂犯における故意が行為の危険性に正確に反映されているということにはならないであろう。

　また，そうではなく，②修正責任要素説が未遂犯においては故意を考慮しないとそもそも「犯罪」の有無・種類を特定しえない，とする趣旨であるとすれば，それは実は既遂犯の場合でも同様なのであって，未遂犯固有の問題ではない。例えば，前掲の猪事例において（➡162頁），Aと猪が接近している状況でXが猟銃を発射し，仮に弾丸がAに命中したとしても，猪を狙った弾丸がそれてAに当たることも十分考えられる以上，それだけでXに殺人罪の成立を認めるわけにはいかない。ここでも，犯罪の認定にあたり故意を援用することが考えられるが，それは主観的な責任ないし主観的構成要件の問題であって，客観的な違法性の問題ではない[62]。犯罪類型の特定は，違法性だけではなく，構成要件および責任を考慮することによって初めて可能となるのである。修正責任要素説に対しては，違法要素説の側から「故意の『内容』それ自体にはまったく違いがないにもかか

---

[62] 西田213頁は，故意ではなく，例えば，引き金を引こうとする「行為意思」が主観的違法要素であるとする。たしかに，行為意思は行為の要素であって責任評価の対象とはなりうるが（➡96頁），違法要素となるのはあくまでも引き金を引くという外部的行動自体であって，その意思ではないであろう。

わらず，結果発生の有無によって故意に対する法的『評価』が異なるのは，いかにも奇妙である」との批判が寄せられ，未遂犯において故意が違法要素であれば既遂犯においても同様である，としているが（川端179頁）[63]，むしろ反対に，既遂犯の場合と同様に，未遂犯の故意も責任（類型としての構成要件）要素であると解することによって，故意の法的性質に関する既遂・未遂の整合性を図るべきであろう。

3 要　件

「犯罪事実の認識（広義）」が故意であるが，以下，分説する。

I 犯罪事実

故意の認識対象は「犯罪事実」であって，これには，①構成要件に該当する事実，および②それ以外の事実で行為の違法性を基礎づける事実が含まれる。「構成要件該当事実」および「違法性を基礎づける事実」（違法事実）については，それぞれ➡131頁および➡294-5頁参照。ここでは，特に故意の対象との関連で議論のある構成要件該当事実の若干についてみておくことにしよう。

(a) **実行行為**　　故意があるといえるためには，構成要件該当事実の中心的要素である実行行為の認識は当然必要である。ただ，事例によっては，実行行為の認識があったかどうか疑問の生ずる場合もある。最決平16・3・22（刑集58巻3号187頁／**クロロホルム事件**）は，被告人Xが被害者Aにクロロホルムを嗅がせて失神させたうえ（第1行為），その失神状態を利用して自動車ごと海中に転落させて溺死させようとしたが（第2行為），死因が溺死であるかクロロホルム摂取に基づく呼吸停止等であったか判明しなかった事案について，クロロホルムを吸引させて失神させた上自動車ごと海中に転落させるという一連の殺人行為に着手して，その目的を遂げたのであるから，認識と異なり第1行為により死亡していたとしても，殺人の故意に欠けるところはない，とした。

たしかに，本件の場合，Aが第1行為により死亡していたとすれば（その場

---

[63] 「この批判は，違法性とか責任という犯罪論上の概念を，机や本と同じ実体と考える誤解に基づいている」とし，「違法性や責任の概念は，ある事態が犯罪の認定にとってどのような機能を持っているかを示すためのもの」とする反論も試みられているが（佐伯(仁)108頁），違法性や責任も単に犯罪認定のための手段であるにとどまらず，その前提として犯罪の属性・要素としての実体を伴った存在であって，その点では「机や本」と異なるところはないはずである。

合，第2行為は殺人の実行行為でない），第1行為に実行行為性を認めることはできるが，最高裁も明確に認定しているように，Xが「第1行為によりAが死亡する可能性があるとの認識を有していなかった」以上，その時点ではXに殺害の計画があったとしても実行行為性（殺人行為）の認識はなかったというべきである。

(b) **行為の客体**　近年の最高裁は，比較的広く故意の成立を認めるようになっている。特に，客体の属性との関係で，法的規制・処罰が複雑多岐にわたる薬物犯罪については，行為者がどこまで当該客体を特定して認識している必要があるかが問題となる。最決平2・2・9（判時1341号157頁）は，覚せい剤取締法違反事件につき，被告人が本件物件を密輸入して所持していた際に，覚せい剤を含む身体に有害で違法な薬物類であるとの認識を有していれば，覚せい剤かもしれないしその他の身体に有害で違法な薬物かもしれないとの認識があったことに帰するから，覚せい剤輸入罪，同所持罪の故意に欠けるところはない，とした。

たしかに，行為者が当該客体を覚せい剤取締法の規制対象とする違法有害薬物（覚せい剤）であると確定的に認識している必要はなく（それは違法性の意識の問題である），覚せい剤もそれに含まれる以上，（依存性のある）身体に有害な違法薬物との認識があれば，一種の概括的故意（ヘルマンの概括的故意／内田・概要(上)242頁）として客体の認識に欠けるところはない。しかし，そのためには少なくとも行為者の認識において，当該有害薬物が覚せい剤であることを排除していないことが必要であって（井田・理論構造70頁参照），被告人が覚せい剤以外の何か別の違法な有害薬物と考えていた場合は，故意が認められないであろう。

(c) **因果関係**　近年，結果犯について，故意非難にとって重要なのは結果の認識であって，具体的な因果関係の認識は不要である，とする見解が有力に主張されている（佐伯(仁)273頁・302頁，前田176頁など）。特に結果無価値論にあって，主観的にも結果が認識の対象として重要であることはいうまでもないが，具体性の程度にはよるものの少なくとも相当因果関係を構成する基本的部分の認識もやはり必要であろう。

一方で，故意の主たる内容を構成要件該当事実の認識と解し，他方で，結果犯において実行行為と構成要件的結果とを結びつける（相当）因果関係を構成要件要素と解する以上，因果関係を故意の対象から排除することは，責任主義の潜脱と評さざるをえない（井田183頁，同・理論構造66頁参照）。反対に，因果関係が故意の対象でないとするならば，因果関係は構成要件要素としての地位を失い，既遂

犯にとっての客観的処罰条件的扱いに甘んずることになる。この問題は，因果関係の錯誤の取扱いにおいて現実的意味をもつことになる（➡369頁）。

2　認　識（広義）

犯罪事実の表象（狭義の認識）および犯罪事実実現の意欲をいう。このように，故意には，①認識（狭義）的側面と②意思的側面とがあるが，そのいずれを重視するかについては見解の対立がある。

(1) 本　質　　故意の本質について，かつて，①故意のもつ認識的側面を強調し，故意の成立には犯罪事実の認識（狭義）があれば足りるとする**表象説**（認識主義）と，②意思的側面を強調し，犯罪事実の実現を希望する場合が故意であるとする**意思説**（希望主義）との対立があった。もとより，表象説も事実の認識自体を故意と解しているのではなく，認識に基づいて行為に出る決意を抱いたことを故意と解しており，意思説も，犯罪事実実現の意思を抱くにあたっては，当然に事実の認識を前提としているのであって[64]，両説の間で結論にそれほど大きな違いがあるわけではない。

両説は，故意と過失の限界事例，特にいわゆる未必の故意（未必的故意）と認識ある過失との区別の基準をめぐって争われた。ここに**未必の故意**とは，犯罪事実の認識が不確定である不確定的故意のうち，行為者にとって結果の発生そのものが不確定なものをいい（➡4①(2)(c)），**認識ある過失**とは，行為者がいったんは結果の発生を予見しながらも，後に不注意によりこれを打ち消した場合をいう（➡358頁）。

(2) 故意と過失の区別　　故意と過失，殊に両者の境を接するとされる未必の故意と認識ある過失の区別については，故意の本質に関する理解の相違に応じて，さまざまな見解の対立がみられる。

(a) 蓋然性説と認容説　　①表象説に由来する「**蓋然性説**」は，行為者が結果発生の蓋然性を高いものと表象したときは故意，低いものと表象したときは過失とする見解であり（前田160頁参照）[65]，②意思説に由来する「**認容説**」は，犯罪事

---

[64]　事実認識を離れて，例えば，単に被害者に死んでほしいと望むのは「願望」であって，故意の内実としての「意思」ではない。
[65]　蓋然性説を出発点としつつ，反対動機となりうるような蓋然性の認識の有無によって故意と過失を区別するものとして，浅田305頁。

実を可能なものとして認識したうえで，その実現を認容していた場合が故意，認容のない場合が過失とする見解である[66]。ここに「認容」とは，犯罪事実の実現を積極的に意欲はしないが，実現しても「よい」「かまわない」と結果発生を是認し（積極的認容），あるいは，結果が発生しても「仕方がない」「やむをえない」というように消極的に甘受して（消極的認容），あえて犯罪を行おうとする心理的態度をいう。

　結果発生の蓋然性が高いものと表象しつつ行為に出たときは，通常，行為者に犯罪事実実現の認容が認められるから，結論において，両説に大差があるわけではない。ただ，蓋然性説に対しては，故意のもつ意思的側面を無視しており，また蓋然性という基準は漠然としすぎている（蓋然性と単なる可能性との区別が困難である）という批判が提起されている[67]。特に，結果発生の可能性が低いと認識しても，その低い可能性に賭けて結果を意図していた場合は，故意を認めるべきである[68]，という批判がなされ，次の動機説を生み出す1つの契機となった。一方，認容説は，反対に，故意のもつ認識面を軽視しており，また，情緒的判断を強調するあまり[69]，「意に介さない」「無関心」のような消極的認容を故意に含めることによって，結果発生の可能性を認識しつつ行為に出た場合は常に認容が認められることになり，認容が未必の故意と認識ある過失とを区別する機能を果たしえなくなる，という問題性を残している。

　(b) 動機説　そこから，近時，上の蓋然性説と認容説とを総合しようとする意図の下に新たな見解が提案されている。行為者の認識が行為の動機形成過程に与える影響を重視する動機説がこれである。ここでは，犯罪事実の認識が意思決定（行為の動機）へと結びついているか否かが，故意と過失を分かつ分水嶺と解されることになる。

66　蓋然性説は，「確知」を故意のプロトタイプとみて，これをどこまで緩和できるかを問題とするものであり，認容説は，「意図」を故意のプロトタイプとみて，これをどこまで緩和できるかを問題とするものである，とするものとして松原211頁。
67　蓋然性説に対しては，さらに，「故意と過失とは程度の差ではなく，質的な差があるべきだ」との指摘もなされるが（平野・Ⅰ187頁），蓋然性説も結果発生の客観的蓋然性自体を問題にしているのではなく，行為者が，蓋然性が高いと表象したか否かを問題としているのである（佐伯（仁）240頁参照）。
68　もとより，いくら結果の発生を意欲しており，また，客観的には結果発生の可能性があったとしても，行為者が主観的に結果発生の可能性がないと考えていた場合，故意は認められない。
69　故意を違法要素と捉える立場からは，情緒的要素の有無によって非難の程度が異なってくる，とする理解を採るのが困難である，とするものとして佐伯(仁)243頁。

動機説は，まず，Ⓐ故意の本質を，「犯罪事実の認識」を行為を思いとどまる動機としないで行為に出たことに求め，犯罪事実の認識が不確定的であっても，その認識が否定されず行為の動機となっているときは「故意」が認められる，とする[70]。これには，①犯罪事実の認識が行為への動機と積極的に結び付いている場合と，②消極的に結び付いている場合とがある。①例えば，遠方にいる人に向けてピストルを発射する場合のように，行為者が必ずしも結果発生の可能性が高いとは考えなかったが，結果の発生を強く意図して行為に出た場合は〔事例Ⅰ〕，結果発生の可能性の認識がなお行為の決意と結び付いているとみることができるから（積極的結びつき），未必の故意が認められる[71]。また，②例えば，雑踏の中を自動車で疾走する場合のように，人を死傷に致す高度の蓋然性があることを認識しながら，その認識を反対動機とせず運転を継続して事故を起こした場合は〔事例Ⅱ〕，認識が消極的とはいえ行為動機と結び付いておりやはり故意が認められる[72]。

　これに対し，Ⓑ「認識ある過失」の場合，行為者がいったんは結果の発生を認識するが，最終的には結果発生の認識が否定され，認識は行為動機となっていないのである。例えば，事例Ⅱにおいて，人を死傷に致す高度の蓋然性があることを認識しながら，結局は自己の運転技量を信じ，結果を回避することができると考えて運転を継続したときは，結果発生の高度の蓋然性の認識が行為の決意と結び付いていないから，認識ある過失にとどまることになる。

　(c) **実現意思説**　　動機説と同様，故意の認識的要素と意思的要素との相関関係を考慮に入れつつ，構成要件該当事実が全体として意思的実現の対象に取り込まれたかどうかを故意の統一的基準とする見解も近年有力である（井田165頁，川端196頁，高橋175頁，野村171頁，山口199頁，山中317頁等参照）。これに対しては，「実現意思に取り込まれたか否か」を判断する基準は必ずしも明らかではないとの指摘があることから（佐伯(仁)247頁以下），基準の明確化に向けて，認識事実の

---

[70] 「動機説は，犯罪事実の認識が反対動機となり得るほど現実的で具体的だったときに故意を認める」と説くものとして，専田泰孝・重点課題140頁。
[71] 未必の故意があるというためには，低い結果発生の可能性の認識では足りず，結果発生の蓋然性の認識を必要と解したうえで，その認識を反対動機としなかったことを必要とする「修正された動機説」を主張するものとして西田219頁。
[72] この場合には，「行為者が当該犯罪事実を意識的に選択したといえる関係が必要であろう」とするものとして松原212頁。

実現可能性の程度，計画を実現する意思の存否と程度など，実現意思の下位規範が挙げられている（高橋175-6頁）。

(3) 判例と未必の故意　判例は，故意を認める場合にしばしば「敢て」という文言を用いており，古く大審院判例には，故意の内容として，犯意ある行為とは，自己の意思活動による罪となるべき事実の発生またはそのおそれを予見しつつ，その意思活動を敢てする決意の実行をいう，としたものがある（大判大11・5・6刑集1巻255頁）。また，リーディング・ケースともいうべき最判昭23・3・16（刑集2巻3号227頁）は，被告人が衣類を買い受けるときに，客体が盗品（贓物）かもしれないと思っていたという事案につき，盗品等有償譲受罪（贓物故買罪）の故意が成立するためには，「或いは贓物であるかも知れないと思いながらしかも敢てこれを買い受ける意思（いわゆる未必の故意）があれば足りる」としている。この「敢て」という文言の理解については，学説によりさまざまな説明が試みられている。

まず，①蓋然性説によれば，意思的要素が故意の成否に影響することを認めつつ，その場合には，一定程度以上の結果発生の可能性を認識していることが前提となる，と説かれる（前田161頁）。ここでは，行為者が結果発生の蓋然性を高いものと表象したのであるから，本来であればそのような行為に出るべきでないのに「敢て」当該行為に及んだ，と解せられることになる。また，②認容説の立場からは，この「敢て」を認容の意味に理解し，判例は認容説に立つものとする（大塚184頁／「認容」と明言する裁判例として福岡高判昭45・5・16判時621号106頁）。これに対し，③動機説の立場からは，まず，ⓐ行為者が必ずしも結果発生の可能性が高いとは考えなかったが，結果の発生を意図して行為に出た場合については，その可能性の低い結果発生に賭けて「敢て」行為への意思決定をしたと解せられ，反対に，ⓑ結果発生の可能性が高いと考えた場合は，蓋然性説の説くように，「敢て」これを反対動機とせず当該行為へと決意したと理解することになろう。

4　種　類
1　確定的故意と不確定的故意
故意には，犯罪事実の認識が確定的な場合と不確定的な場合とがある。

(1) 確定的故意　犯罪事実（結果）の認識が確定的な場合をいう。なお，ⓐ行為者が犯罪事実の発生を意欲している「意図」と，ⓑ犯罪事実の発生を確実なも

のとして認識している「確知」が共に確定的故意と説明されることもあるが（平野・Ⅰ188頁。なお，松原210頁），いずれも故意の典型であるとしても，意思の強度と認識の程度とはレベルを異にする問題だとすると，ⓐの「意図」には，結果の発生を強く意欲（希望）してはいるが，結果の発生が確実とは考えなかったという心理状態（不確定的故意）も含まれるであろう。

　犯罪遂行の意思は確定的であるが，その遂行を一定の条件にかからせている場合を**条件付き故意**といい，共犯（共謀共同正犯）において，正犯（共同者）により実行行為を遂行させようとする意思は確定しているが，正犯（共同者）による実行行為の遂行が一定の条件にかかっていることがあり，そのような場合に故意の成否が問題となる。最決昭56・12・21（刑集35巻9号911頁）は，謀議された計画内容によれば殺害を一定の事態の発生にかからせていたとしても，そのような計画を遂行する意思が確定的であれば，結果の認容はあり故意が成立する，としている（類似判例として，最判昭59・3・6 刑集38巻5号1961頁）。

　(2) 不確定的故意　　犯罪事実（結果）の認識が不確定な場合をいう。これには，次の3つのものがある。

　(a) **択一的故意**　　例えば，相並んで立っているA・B2人のうちどちらかに命中させることを意図して，殺意を抱いてこれに向け発砲する場合のように，結果の実現は確実であるが，客体の択一的な場合をいう。この場合，故意の個数が問題となるが（➡378-9頁），行為者において，弾丸がA・Bいずれにも命中する可能性を認識しこれを引き受けている以上，両者に対する関係で故意が認められよう（故意は2個）。したがって，弾丸がAに命中し死亡した場合は，Aに対する関係で殺人既遂，Bに対する関係で殺人未遂ということになる。

　(b) **概括的故意**　　例えば，殺意をもって群集に向け散弾銃を発砲する場合のように，結果の実現は確実であるが，客体の概括的な場合をいう。この例では，射程内にいる群衆を構成するすべての者に対する関係で故意が認められる。したがって，例えば，意外にも行為者の背後にいた群衆外の者が銃声によりショック死したような場合は，その者との関係では過失致死ということになろう。

　(c) **未必的故意**　　例えば，人を傷つけてもかまわないと考えながら，人の混雑している通りを自動車で疾走する場合のように，結果の発生そのものが不確定な場合をいう（認識ある過失との区別について，➡ 3 ②(2)参照）。

2 事前の故意と事後の故意

故意は，通常，行為の開始時から終了時まで存続し続けるが，場合によっては，①当初有していた故意が行為の途中で失われる場合もあれば（事前の故意），反対に，②行為の開始時には存在しなかった故意が行為の過程で生ずる場合もある（事後の故意）。

(1) 事前の故意　例えば，銃の弾丸が命中し，すでに死亡したものと思って川の中に捨てたところ，被害者はまだ生きており，大量に水を飲んで死亡した場合のように，当初予定していた行為（第1行為）により特定の故意犯をすでになしとげたと誤信したが，実はまだ犯罪事実は発生しておらず，さらに別個の行為（第2行為）をしたときに初めて当初の認識した事実が実現した場合をいう（**遅すぎた構成要件の実現**）。事前の故意の取扱いについては争いがある。

(a) ヴェーバーの概括的故意　これは，第1行為と第2行為を一連の行為として捉え，行為者の当初有していた故意が発生した結果にまで概括的に及ぶというものである。しかし，第2の行為の際にはすでに当初の故意は失われており，発生した結果についてまで故意責任を問うことはできない。

(b) 因果関係の錯誤として扱う立場　これは，第2の行為を因果関係の一部として捉え，その間の因果経過が相当因果関係の範囲内にあれば故意の既遂犯を認めることができるとするものであるか（例えば，西田227頁など）。しかし，行為者が当初から第2の行為を予定していた場合は別として，因果関係およびその錯誤（→369頁）は，行為者自身の行為としてはそれが1個の場合に（一罪の内部で）問題となるのである。したがって，本問のように，行為者の新たな意図的行為が介入するかぎり，第2行為は独立に評価されなければならないのであって，発生した結果は第2行為に帰属し，これを第1行為に帰属させることはできず，第1行為につき因果関係の錯誤論を援用することもできない（浅田318頁参照）。

大判大12・4・30（刑集2巻378頁）は，被告人が殺意をもって被害者の首を紐で絞めたところ，動かなくなったので死亡したものと思い，犯行の発覚を防ぐ目的で被害者を海岸に運び放置したため，砂末を吸収して死亡したという事案につき，殺害の目的をもってなした被告人の行為と被害者の死との間に原因—結果の関係があることを認めるのが相当である，として殺人既遂の成立を認めたが，上に述べた趣旨に照らし疑問である。

(c) 行為の個数を問題にする立場　少なくとも第2行為が当初から予定され

ていない以上，第1行為と第2行為とを区別し，第1の行為については故意の未遂，第2の行為については過失の既遂を認め，両者を併合罪と解するものである（斎藤(信)134頁，中山364頁，野村199頁など）[73]。本説が妥当である。

なお，第1行為時に第2行為を予定していた場合は故意既遂犯を認めてよい，とする見解もあるが（井田185頁，高橋185-6頁，内藤・下Ⅰ963頁），その場合でも，第2行為時の認識は死体遺棄の故意であって，2個の一連の行為によって殺意を実現しようとする場合（いずれの行為から結果が発生しても殺人既遂）とは区別すべきであろう。

(2) 事後の故意　例えば，外科医が手術をし，後になって故意を生じ，以後何らの処置を講ずることなくそのまま患者を放置したというように，当初は故意なしに特定の行為をし，後になって初めて故意が生じ，その後事態を自然の推移に放置した場合をいう。不作為犯が問題となる（➡第3編第1章）。

なお，行為者が犯罪計画を実現しようとして2つの行為を予定し，第2行為により結果を発生させようとしたところ，意外にも第1行為によって結果が発生してしまった場合（**早すぎた構成要件の実現**），故意既遂犯が成立するか，が問題となる。例えば，妻Xが夫Aを殺そうと考えて毒入りの食物を冷蔵庫にしまっておき（第1行為），Aが帰宅後夕食に出そうとしたところ（第2行為），帰宅したAが冷蔵庫から自分で取り出して食べ死亡したという場合，Xの罪責が問題となる。この場合，客観的には，毒入り食物を冷蔵庫にしまう行為に殺人の実行行為性を認めることができるが，主観的にみるとその時点ではXには殺人の計画のほか殺人予備の認識・意思しかなく，殺人の実行（の着手）の認識・意思はない。ただ，殺人の危険性についての認識可能性は認められるから，Xには殺人予備罪と過失致死罪が成立する（浅田376-7頁，西田228頁，松原292頁など）[74]。

判例として，前掲最決平16・3・22は，クロロホルム事件において（➡323頁），第1行為は第2行為に密接な行為であって，被害者を失神させた時点で殺人の実行の着手が認められ，また，被告人の認識とは異なり，第2行為の前の時点で被害者が第1行為によりすでに死亡していたとしても，殺人の故意に欠ける

---

[73] 場合によっては，包括一罪ないし牽連犯とすべきであろう，とするものとして浅田319頁。
[74] もっとも，多数説は，行為者が実行に着手してそれ以降に結果が生じた場合について，行為者が既遂結果惹起のために必要と考えていた第2行為を行わなくても，既遂犯の成立を認めている（大谷174頁，前田175頁，山口216-7頁など）。

ところはなく殺人既遂が成立する，とした[75]。たしかに，第1行為により被害者が死亡した可能性がある以上，純客観的にみればそこに殺人既遂の事実が認められるが[76]，本件においても第1行為の時点では行為者に殺人行為の認識はなく，せいぜいその認識可能性（ないし傷害の認識）のほかは殺人予備の認識しかないのであるから，やはり殺人予備と（重）過失致死（ないし傷害致死）の罪責にとどめるべきであろう。なお，故意を，①構成要件的結果の認識（既遂故意）と②実行行為の性質の認識（未遂故意・予備故意）に分け，本件においては，未遂の故意で既遂結果が発生したのであるから，38条2項により殺人未遂罪と重過失致死罪の観念的競合になる，とする見解もあるが（高橋179-180頁）[77]，構成要件的結果の認識をもって実行に着手したが，既遂に至らなかった場合が未遂であることにかんがみると，「未遂故意」の概念を認めることには疑問が残る[78]（➡472-3頁）。

　以上とは異なり，行為者の認識としても実行の着手は認められるが，実行行為が終了する前に（着手未遂），行為者の意図とは異なった事情が原因となって結果が発生した場合については，未遂を超えて既遂の成立まで認める見解もある。例えば，Xが殺意をもって拳銃をAに向け引き金に指を掛けたところで拳銃が暴発してAが死亡したという事案（松原292頁の事例）について，実行行為（着手未遂に当たる行為）から結果が発生し，その間には因果経過の錯誤があるにすぎないので殺人既遂が成立するというものである。しかし，Xとしては，拳銃の引き金を引くこと（実行行為の終了＝第2行為）によってAを殺害しようとしていたのであって，引き金に指を掛けること（実行の着手＝第1行為）でAが死亡すると考えていたわけではない。したがって，本件では実行の着手が認められ，かつ，既遂結果発生の具体的危険が生じているから殺人未遂（および過失致死）とはなるが，実行行為（第2行為）に代わる拳銃の暴発については故意を欠き，殺人既遂の故

---

[75] 他の裁判例として，横浜地判昭58・7・20（判時1108号138頁／➡472頁）は，放火しようとしてガソリンを散布したが，ガソリンに火をつける前に煙草を吸おうとしてライターで火をつけたところ，ガソリンに引火して爆発したという事案につき，ガソリンの散布行為自体で実行の着手があるとし，放火既遂罪の成立を認めた。しかし，仮にガソリンの散布行為が実行行為であるとしても，行為者はその認識がないのであるから，放火予備と（重）失火の成立にとどめるべきであろう。
[76] 本件の場合，「疑わしきは被告人の利益に」の原則によれば，主観的要件（故意）との関係で，第1行為により被害者が死亡した，との認定の方が被告人の利益に適っている（第2行為により死亡したのであれば，通常の殺人である）。
[77] 他に，殺人未遂と過失致死を認めるものとして，林249頁。
[78] 実行の着手と未遂の故意を肯定しながら，既遂の故意のみを否定することは理論的に不可能である，とするものとして西田229頁。

意責任は認められないであろう。また，仮に拳銃の暴発を因果経過の一部と捉えたとしても，それは，拳銃を撃つ（引き金を引く）ことによる殺害を意図していたXにとり因果関係の本質的部分に関わる錯誤であって，やはり故意は結果にまで及んでいないのである（松原292-4頁参照）。

第4節 過　　失

1 意　　義

　過失とは，不注意により（＝注意義務に違反して），犯罪事実を認識・予見しないことをいう。注意を尽くせば予見できたにもかかわらず（予見可能性），注意を怠ったために犯罪事実を認識・予見しなかった場合が過失である。その意味で，「過失（犯罪事実の認識・予見可能性）は，故意（犯罪事実の認識・予見）の可能性」であって，過失の内容は，故意の理解いかんによって規定されることになる（山口186頁・234頁）。今日，リスク社会の到来により，道路交通事犯を初めとする過失犯の犯罪件数全体に占める割合は飛躍的に増大し，犯罪現象としては必ずしも例外的なものとみることができなくなっている。しかし，38条1項の故意犯処罰の原則から明らかなように，刑法上の責任が本来，犯罪事実を認識しながらあえて規範的要請を無視して法益侵害行為に出たことに対する強い法的非難に向けられる以上，注意義務を尽くすことによって初めて事実を認識し規範の問題に直面することが可能となる過失犯は，故意犯に比し間接的な責任が問われるにすぎないのであって，軽い非難に値する例外的な犯罪態様であることを弁えておかなければならない。

　刑法38条1項は，故意に基づかない行為は処罰しないのを原則としているが，同ただし書は，「法律に特別の規定がある場合は，この限りでない」と規定し，例外的に過失犯も処罰しうることを定めている。問題となるのは，「法律に特別の規定」の文言との関連で，特に行政刑罰法規の場合に，過失犯処罰の明文の規定がない場合でも条文の趣旨・目的からみてなおこれを処罰しうるか，ということである。判例（最判昭37・5・4 刑集16巻5号510頁）は，古物営業法における記帳義務違反罪につき，同法29条で処罰する「同法第17条の規定に違反した者」とは，その取り締まる事柄の本質に鑑み，故意に所定の記帳をしなかった者ばかりでなく，過失により記帳しなかった者をも包含する法意である，として過失犯の

成立を認めた。しかし，38条1項が明白に故意犯処罰の原則を規定している以上，法文に表れない立法趣旨等による明文なき過失犯処罰を「法律に特別の規定がある場合」に含めて考えることは困難であり，罪刑法定主義の観点から問題を残している（高橋207頁注3，松原256頁ほか）[79]。

2 旧過失論と新過失論

(1) **過失犯の構造**　過失犯の犯罪としての構造および過失概念の内容について，今日，旧過失論と新過失論との間に見解の対立がみられるが，その根底には，違法論における結果無価値論と行為無価値論の争いが横たわっている[80]。

(a) **旧過失論**　伝統的な過失論は，法益侵害という結果から出発し（結果無価値論），客観的因果関係と主観的予見可能性を概念用具として，過失犯の構造を解明しようとする。この立場は古典的な犯罪論体系に立脚して，過失犯も行為の客観面を評価する構成要件該当性・違法性の段階では故意犯との間に本質的な違いはなく，主観面を問題とする責任の段階で初めて，故意とは異なる過失の内容を（結果）予見可能性（犯罪事実の認識可能性）によって説明すればよい，と説くのである。旧過失論の採る犯罪論体系は，違法と責任の判断対象を客観的な行為と主観的な行為者とに分けるものであるから，行為者の主観的予見可能性を前提とする過失は当然に責任の要素と考えられたのである。

旧過失論は，過失概念についてこれを故意とパラレルに捉え，故意が犯罪事実の認識・結果の予見であるのに対し，過失は，意思の緊張を欠いたために犯罪事実・結果を認識・予見しなかったこと，すなわち注意すれば認識・予見できたという意味で，認識可能性・予見可能性（以下，単に予見可能性という）を過失の本質と捉えるのである。ここでは，**予見可能性**が過失の前提をなすとともに，それに基づく予見義務の違反が過失を構成する，という図式が考えられている。旧過失論の特色は，故意行為と過失行為との間で客観的な「行為」自体に関しては完全に共通であると解し（過失と過失行為との分離），過失による「行為」を違法要

---

[79] 刑法犯についても，名誉毀損罪（230条）における真実性の証明に関する刑法230条の2を38条1項ただし書にいう「特別の規定」に当たると解したうえで，事実を虚偽だと認識しなかったことについて過失が認められる場合にも，名誉毀損罪で処罰しうるとする見解もあるが（西田典之『刑法各論』〔第6版・2012年〕119頁），やはり明文の文言なしに故意犯と過失犯を同一の条文に読み込むことは困難であろう。
[80] 過失犯の構造に関する私見の詳細については，「過失犯の構造」『実行・危険・錯誤』55頁以下。

素，行為に付された「過失」は責任要素と解した点に求められよう（内藤・下Ⅰ1105頁以下，中山378頁，堀内121頁，町野255頁以下，松原257頁，松宮210頁など）。

(b) **新過失論**　これに対し，客観面でも故意犯と過失犯の間に相違があると説いて，過失犯に故意犯とは異質な実行行為が存在すると主張し，旧過失論を批判して登場したのが新過失論である。新過失論の特色は，過失犯にとって本質的なことが法益侵害といった結果無価値ではなく，結果防止のための社会生活上必要な注意を怠った結果回避義務（客観的注意義務）違反（行為無価値）にあるとして，過失犯の本質を結果の面からではなく，まず行為の面から把握しようとするところにある。この理論によれば，過失犯の実行行為は，社会生活上要求される注意を守らないで，結果回避のための適切な措置をとらなかった行為，すなわち客観的な注意を怠った落度のある行為と解されている。

その意味で，この立場では**客観的注意義務違反**（結果回避義務違反）が過失の内容をなすことになる。しかも，新過失論の採る犯罪論体系は，違法と責任の区別を判断基準の客観性と主観性，すなわち一般人と行為者に求めるものであるから（➡158頁参照），一般人を基準とする客観的な注意義務違反を内容とする以上，過失は違法要素となりうるし，また，そうでなければならないのである[81]。そして，過失判断の視点も，当該行為に客観的に要求されている注意を払っているかどうかに求められることから（過失と過失行為の一体化），過失，すなわち客観的注意の欠如は，過失犯における実行行為の概念要素と解されることになるのである（大谷182頁以下，川端206頁以下，佐久間142頁，西原・上196頁以下，福田125頁など）。

(c) **検　討**　以上，要約すれば，旧過失論は，責任論において予見可能性を中核とする主観的過失を問題にし，新過失論は，違法論において結果回避義務違反を内容とする客観的過失を問うものといえよう。

新過失論は，違法論における行為無価値論の立場から過失を違法要素と解する結果，無過失行為は適法となるが，そうであるとすると，無過失行為が法益侵害の重大な危険性を備えていても，これに対しては正当防衛が許されないということになる。例えば，自動車の運転手Ｘが交差点を青信号で直進しようとしたとこ

---

[81]　「過失犯の構成要件は，すべて，過失すなわち注意義務違反という規範的要素を含むのであって，構成要件該当性を確定するためには，注意義務を尽くしたかどうかという違法性の判断が論理的にも時間的にも先行しなければならない」とするものとして，西原「構成要件の価値的性格」・前掲注（38）86頁。

ろ，歩行者Aが自己の対面する赤信号を無視して横断歩道に立ち入ろうとしたためXの車にはねられそうになった場合，Xに客観的な注意義務違反が否定されてXの行為が無過失な適法行為ということになると，これに対しては急迫な侵害であっても不正ではないことから正当防衛ができないということになる。しかし，この場合，交差点に居合わせた者にXに対する関係で緊急避難しか許されないとするのは，実態に見合った解決法とはいえないであろう。特にこのような緊急状況において重要な意味をもつのは，行為者が一般に結果回避のために社会生活上必要とされる注意（交通信号の遵守）を守っていたかどうかではなく[82]，当該行為が他者の法益侵害の具体的危険性を有していたかどうかなのである[83]。

結論として，旧過失論が，①過失犯の客観面，すなわち過失「行為」の点について故意犯（故意「行為」）との間に本質的な違いがないこと，②過失自体は主観的なものであって責任要素であるとし，その内容を予見可能性によって説明したことは，理論的に正しい方向を示していると思われる。その意味で，私見は基本的に旧過失論に与するが，次の2点において，旧過失論にはなお不十分なものが残されていたといえよう。

まず，①旧過失論は構成要件的過失（構成要件要素としての過失）の概念を認めないが，構成要件の段階ですでに過失犯を，一方において故意犯（故意構成要件）と区別し，他方において無過失の場合（構成要件をもたない）から区別するうえで，構成要件的過失は構成要件の不可欠の要素と考えられる（➡132頁）[84]。また，②旧過失論は，発生した結果を出発点とし，これと相当因果関係を有する不注意な心理状態を想定することによって過失犯を構成したのであるが，客観面で故意犯との間に本質的な違いがないとしても，過失犯も犯罪である以上，実行行為を初めとする過失犯の客観的側面を独立に論ずることにはなお意義があると思われ

---

[82] 旧過失論の立場からすれば，本件でXがAをはね飛ばした場合，客観的注意義務を尽くしていたとしても，Xに結果発生の主観的予見可能性が認められるかぎり過失犯が成立する。

[83] 二元的行為無価値論は，違法要素として規範的一般予防の見地からする行為無価値と応報の観点からする結果無価値とを共に要求するが，過失結果犯の場合，無過失行為を適法と解すると結果（法益侵害・危険）の違法性が無視され，他方，結果無価値を考慮すると過失を違法要素と解した意義が失われてしまい，結局，「応報的処罰の要請と規範による行動コントロールの要請とが悲劇的に分裂する」（井田・理論構造126頁）ことにならないであろうか。

[84] 過失が構成要件要素ではなく責任要素にすぎないと解すると，過失による器物損壊行為を教唆する者も，構成要件に該当する違法行為を教唆したものとして，現在の通説である制限従属性説に従うかぎり（➡555頁），不可罰の過失器物損壊行為に対する故意の教唆犯が成立することになり，妥当でない（西田74頁）。

る（**修正旧過失論**／西田261頁，林（幹）281頁，平野・Ⅰ193頁，前田296頁など）。過失犯の構造に関する私見の概要は次のとおりである。

(d) **私　見**　(i)過失犯の客観面における構造は，基本的に故意犯の場合と同じである。まず，①（客観的）構成要件の段階では，一般に結果発生の可能性がある実行行為（一般的危険行為）と構成要件的結果との間に（客観的）相当因果関係の存在が要求される。次に，②違法性の段階では，実行行為が実質的にも許されない具体的な危険を備えていなければならない（➡5②参照）。ただ，結果の発生が要求される過失既遂犯・侵害犯においては，因果関係が認められる以上危険自体の程度は問題とならないから，違法論においては，当該行為が正当化の一般原理に照らし実質的にみて許容されるか（許された危険），否かが問われることになる。

(ii)故意犯と異なる過失犯の構造上の特色は，その主観面において現れる。まず，①主観的構成要件要素として，構成要件的過失が要求される。これは，構成要件該当事実についての認識可能性，特に構成要件的結果の予見可能性を前提として認定される。これに対し，②責任の段階で要求される責任（要素としての）過失（➡342頁以下）は，上の構成要件的過失に加えて，構成要件該当事実以外の違法事実についての認識可能性・予見可能性を前提として判断される。したがって，構成要件的故意が認められる場合であっても，その余の違法事実について予見可能性しか認められない場合は，過失犯として扱われることになる。例えば，急迫不正の侵害について誤認のある誤想防衛等，正当化事情に関する錯誤がそれである（➡420頁以下）。また，構成要件的故意・過失のいずれかが認められる場合でも，責任過失が否定される場合は不可罰となる。例えば，誤想防衛事例において，急迫不正の侵害が存在すると誤認したことにつき過失が認められなければ，相手方を殺傷することの認識・予見ないしその可能性が認められても不可罰となる[85]。

(2) **過失行為の実体**　旧過失論と新過失論では，過失犯の客観面（過失行為）に関し，その違法の実体についての捉え方が異なっている。

---

[85] なお，旧著『刑法総論』（第4版）171頁では，構成要件的過失と責任過失との区別について，過失の認定が一般的予見可能性を基準とするか個別的予見可能性を基準とするかの相違に求めたが，構成要件的故意については，責任故意と同様に行為者自身の認識を問題とすることから，過失も故意とパラレルに考えて（松原257頁参照），今回見解を改めることとした。

(a) **旧過失論**　発生した結果を出発点とし，これと相当因果関係を有する不注意な心理状態を考えることによって過失犯を構成しようとした旧過失論において，結果は，行為者の内心の心理状態である「過失」それ自体によって惹起されるものと考えられており，過失「行為」（過失犯の実行行為）の側面はほとんど看過され，その内容に関心が払われるということもなかった。故意・過失を客観的な行為の属性ではなく主観的な行為者の属性と捉える旧過失論にあっては，故意行為と過失行為との間に本質的な違いはないと考えられたのであった。ここに，新しい過失論，つまり不注意な「態度」のうちに過失犯の無価値性の本質を求め，したがって過失を責任ではなく，違法性（ないし構成要件該当性）に関係するものとして捉える理論の台頭する機縁があったのである[86]。

　(b) **新過失論**　過失犯も犯罪である以上，故意犯と同様，刑法的評価の対象として行為を予定しなければならないから，新過失論が過失「行為」の存在を浮き彫りにした意義は評価できるが，問題は，新過失論が刑法的評価の対象である行為を的確に捉えているかということである。例えば，Xは，指定最高速度時速40キロメートルの生活道路を時速60キロメートルで車を運転し，そのため道路に飛び出してきた幼児Aをはねて死亡させた，という事例（制限速度違反事例）について考えてみることにしよう。

　この場合，刑法的評価の対象となるXの行為は，時速60キロメートルの高速度で車を運転したことによりAをはねて死亡させた，という作為と考えられる（作為犯構成）。ところが，新過失論にあっては，時速40キロメートルに減速しなかったという不作為が「40キロメートルで走行する」という基準行為から逸脱した落ち度のある行為である，としてこれを直接違法評価の対象と考えている（基準行為説＝不作為犯構成）。しかし，基準行為からの逸脱性（時速40キロに減速しないという不作為）は，60キロ走行の危険性を判断する資料にはなりえても，それ自体を過失犯の実行行為とみることはできない（平野・Ⅰ193-4頁）。刑法は，ただ事故を起こす危険のある運転行為をXに禁止しているだけであって，Xが速度制限を守って車の運転をしようが，いっさい運転行為をしまいが，刑法にとってはどちらでもよいことなのである[87]。その意味で，時速60キロという危険な速度で運転した作為を結果の発生と因果関係に立つ実行行為と解さなければならない。

86　西原春夫「過失犯の構造」現代刑法講座　第3巻3頁以下。

新過失論に対しては,「してはならない行為をしたか,という問題から,なにがなされねばならなかったか,なされたことは避けられるべきであったか,という問題にすりかえられている」という批判が提起されている[88]。一般的にみて基準行為に合致する行為であっても,当該具体的状況において法益侵害の現実の危険性のある行為は禁止されるべきであるし,反対に,基準行為から逸脱する行為であっても,その結果として具体的危険を発生させたのでなければ,逸脱自体の違法性が問われるのは別として(例えば,道路交通法上の安全運転義務違反),過失犯との関係では当該行為はなお許容されているとみるべきなのである。

(c) 修正旧過失論　　基本的には旧過失論によりながら,行為の危険性に実行行為性の根拠を求める修正旧過失論は,新過失論のように客観的な注意とか基準行為という規範的・評価的概念を用いて過失の構成要件該当性を判断すると,構成要件のもつ罪刑法定主義的機能が弱まるので,結果発生の「実質的で許されない危険」をもった行為を過失認定の基準とすべきである,と主張する。すなわち,この見解によれば,過失行為は「結果発生の『実質的で許されない危険』をもった行為」であり,この過失行為のもつ危険性は「結果の客観的予見可能性」を意味している(平野・Ⅰ194頁)。そして,犯罪論体系上の問題として,実質的危険という概念は,それがなくても違法な場合がありうるから固有の意味での違法要素ではなく,違法行為「類型」としての構成要件要素と考えられるが,行為者の認識をも問題とせざるをえないという点で,責任要素である主観的な本人の予見可能性という要素の有無を判断する場合の一つのプロセスにすぎない,とするのである[89]。

修正旧過失論が伝統的な過失論と新しい過失論のそれぞれの難点の克服を目指している点は多とすべきであるが,外部的・客観的な行為の危険という概念に,本来,人の内心・主観にかかわる予見可能性という意味をもたせることが可能か,という疑問が残されよう。客観的予見可能性,したがってこれを前提とする客観的過失といっても,それは一般人の立場からみてそうだというだけのことで

87　速度制限の遵守は,道路交通法にとっては重大な関心事であるからその違反は同法(118条1項1号,22条1項)により処罰されるが,過失運転致死傷罪(現在,自動車の運転により人を死傷させる行為等の処罰に関する法律5条)の趣旨は,過失運転行為による結果発生の回避(結果の不発生)自体におかれているのである。
88　木村静子「過失犯における行為の危険性」成蹊法学12号(1978年)106頁。
89　平野龍一「過失についての二,三の問題」井上正治博士還暦祝賀『刑事法学の諸相(下)』(1983年)298頁以下。

あって，その内容が外部的であるという意味で客観的であるわけではないから，客観的予見可能性・客観的過失を客観的構成要件ないし違法の要素とみることは適当でないと思われる。一般人の観点からにせよ，予見可能性を過失行為の危険性の前提とし，客観的予見義務違反を違法要素と解することになれば，「過失犯の違法性の主観的色彩を濃厚にし，それこそ，客観的違法性論と主観的違法性論の差を紙一重にしてしまうおそれがある」[90]との批判を受けざるをえなくなる。責任ないし責任類型としての主観的構成要件要素である過失（予見可能性）と，違法ないし違法類型としての客観的構成要件要素である危険「行為」とは区別されなければならないであろう（同旨，前田・基礎286-7頁）。

(d) 私　見　故意犯において実行行為とは，形式的には刑法各本条の基本的構成要件に該当する行為をいい，実質的には法益侵害の一般的危険性をもった行為をいうが，過失犯における実行行為についても基本的にはこのような理解が妥当する。例えば，XがAの死亡を意図してAに飛行機への搭乗を勧めたところ，その飛行機がたまたま事故のため墜落してAが死亡したという場合，搭乗をすすめる行為は航空機の事故率からみておよそ法益侵害の一般的危険性のある行為，その意味で殺人の実行行為とはいえないのと同様に，殺意のない場合もXの行為は過失犯の実行行為とはいえないのである。過失犯において実行行為を論ずる意義は，およそ法益侵害の一般的危険性のない行為についてその過失の有無を論ずるまでもなく，最初から過失犯の構成要件に該当しないものとしてこれを考慮の外におく点にあり，客観的な違法（類型としての）構成要件が故意犯・過失犯に共通のものである以上，実行行為の機能につき故意犯との間に本質的な違いは認められないのである。

過失行為が認められるためには，過失の実行行為と結果発生との間には時間的隔たりがあってもよいが（西田262頁），これも故意犯の場合と同様である。最決昭54・11・19（刑集33巻7号728頁／有楽サウナ事件）は，サウナ風呂の製作ミスから1年後に火災が発生した場合にも業務上失火罪の成立を認めたが，これは，例えば故意に1年後に発火するような時限装置付きの器具を被害者宅に設置する行為が，やはり放火罪を構成するのと同じである。ただ，未遂が処罰されない過失犯にあっては，既遂結果が発生して初めて行為が可罰性を獲得するのに対し，未遂

---

[90] 板倉宏「違法性における行為無価値論と結果無価値論」論争刑法29-30頁。

が処罰される故意犯においては，発火の危険が切迫した（未遂犯としての結果が発生した）時点で既に行為が可罰性を帯びるという相違があるにすぎず，いずれについても実行行為自体が当罰性を備えているわけではなく，行為のもつ法益侵害の一般的危険性が結果発生に切迫した段階で初めて行為は当罰性を帯びることになるのである。

(3) **過失不作為犯**　新過失論にあっては，一定の行為を命じた客観的注意義務に違反すること，すなわち一定の基準行為を取らなかったこと，その意味で一種の不作為が過失犯の実行行為であると解されることから，過失犯について不作為犯的構造をもつものと理解する傾向がみられる（➡(2)(b)）。これに対し，旧過失論は，過失犯の実行行為を故意犯のそれと同様に考えることから，故意犯において作為犯が原則であるのと同様に，過失犯においても不作為犯は例外的な犯行態様と考えられている。しかし，故意犯で不作為犯と考えられる行為態様が過失によりなされた場合は，やはり過失不作為犯として構成されることになる。例えば，殺意を抱いて溺れている子供を救助しない親の態度が不作為の殺人を構成するというのであれば，溺れている子供を他人の子どもと誤認して死ぬことを容認しつつ救助しなかった親の態度は，不作為による過失致死行為を構成することになる。過失不作為犯においても，行為者が保障人的地位に立ち，作為義務を負っていることが要件となるのである（➡455頁）。

　過失不作為犯の事例は，後出のいわゆる管理・監督過失の場合にみられるところであるが（➡5①(3)），判例上，これに類似した事例として問題となったものに，国の行政官（厚生省〔当時〕生物製剤課長）の地位にある者が行政上適切な対応を取らなかった不作為に刑事責任が問えるか，が争点となった**薬害エイズ事件**における厚生省ルートの事案がある。医薬品による被害発生の防止については，第一次的には製薬会社や処方する医師の責任であり，厚生省は第二次的，後見的な立場にあるとも解せられ，国および被告人の監督権限の不発動が問責される理由が問われることになる。この点，最決平20・3・3（刑集62巻4号56頁）は，薬品による危害発生を防止するため，厚生大臣が薬事法上付与された各種の強制的な監督権限を行使することが許容される前提となるべき重大な危険の存在が認められる場合には，刑事法上も，本件薬品の製造，使用や安全確保に係る薬務行政を担当する者には，社会生活上，製薬会社等に対し薬品による危害発生の防止措置を採るよう促すべき注意義務が生ずる，と判示して業務上過失致死罪の成立を

認めた。

　本決定は，本件が過失事犯であることから「注意義務」の語を用いているが[91]，実質的には，過失不作為犯における「作為義務」の趣旨で使用されているものと理解される。問題となるのは，かかる作為義務（薬品による危害発生の防止措置を採るよう促すべき義務）を発生させた実質的根拠（被告人が保障人的地位におかれた理由）は何か，ということであるが，本件では「生物製剤課長は非加熱製剤を物理的には占有していないし，被害者を保護していたわけでもないが，国が承認を与えた非加熱製剤につき，実務を掌る行政官は，承認後もその安全性を確保するために調査や情報収集を行う等，安全管理事務を引き受けており，一般国民が非加熱製剤の安全性の確保を国に依存しているという実態から，なお排他的支配の存在を認めることができる」[92]と考えられる。また，本件の場合，製造企業（ミドリ十字ルート）や医師（帝京大学病院ルート）にも過失責任が問われているが，国が承認を与えた血液製剤しか市場に出回らないシステムが採られており，血液製剤政策が他の医薬品に比して国の主導に負うところが大であったこと等の特殊事情に照らすと，「救助しようとする者が他にいないという状況から製造企業や医師らの存在もまた排他性を否定する妨げとならない」[93]とも解されている。

3　要　件
1　過失概念の構成要素

　過失は，①一方において，犯罪事実の認識がないこと（消極的要件）によって事実の認識を意味する故意から区別され，②他方では，不注意（注意義務違反）の要素（積極的要件）によって注意義務を尽くしている無過失から区別される。

(1) 犯罪事実の不認識　過失の第1の要件であって，意思の緊張を怠る結果生ずる過失の心理的側面を表している。過失には，「認識なき過失」と「認識ある過失」があるが（➡ 4(1)），後者においても，行為者は結果発生の可能性を認識したにすぎないのであって，最終的には当該事案における結果発生の認識を打ち消して行為に出ていることに注意する必要がある（➡359頁）。その意味で，故意

---

[91] 判例が過失不作為犯について作為義務の代わりに注意義務を問題としてきたことに懸念を表明するものとして，松原261頁。
[92] 北川佳世子「判批」刑事法ジャーナル14号（2009年）73頁以下・78頁。
[93] 北川佳世子「与薬・調剤と過失」〔中山研一／甲斐克則編〕『新版 医療事故の刑事判例』（2010年）187頁以下・198頁。他に本決定の研究として，古川伸彦・刑法の判例138頁以下など。

と過失の究極の区別基準も，結局は，事実認識の有無に求められることになるのである（認識説）[94]。

過失犯において，認識可能性は認められるが，現に認識されていない犯罪事実（予見可能性の対象）の範囲が問題となる。実際には，行為の客体および因果関係（因果経過）について議論されるが（具体例については，➡3(2)），行為の客体は発生する結果の基体として，因果経過は結果を行為に帰属させるプロセスとして，いずれも故意においてその認識・予見が要求されると同様，過失においてはその（具体的）認識・予見可能性が要求されることになる[95]。

(2) **不注意**　過失の第2の要件であって，過失の規範的側面を表す**注意義務違反**をその内容としている。注意義務は，①例えば，道路交通法70条（安全運転の義務）に基づく義務のように，法令に基づいて発生するほか，②一般的社会規範に基づいて発生する。注意義務の根拠は，新過失論にとって基準行為を設定するうえで特に重要な意味をもっている。各種の行政取締規則がこれであるが，規則違反が常に過失を基礎づけるものではないことに注意を要する。例えば，速度制限に違反する運転行為であって道路交通法に違反しているとしても，およそ事故（結果）の発生が予見不可能な場合には，刑法上の過失が認められないことになる（➡338-9頁）。

2　注意義務の内容

注意義務に違反して犯罪事実を認識しないこと，結果を予見しないことが過失であるから，注意義務が過失概念の中核的要素であることは否定しえない。ところが，注意義務の内容をどのようなものとして理解するかについては，過失犯の構造に関する見解の対立を反映して（➡2(1)），①旧過失論は，意思を緊張させることによって結果の発生を予見すべき主観的義務と解し（結果予見義務説）[96]，②新過失論は，一定の結果回避措置をとるべき客観的義務と解している（結果回避義務説）。なお，③新過失論には，結果予見義務と結果回避義務の双方を考慮する見解もある（混合説）。

---

[94] 動機説も，認識が行為の動機と結び付いているか否かを問題としているのであって（➡326頁），広い意味では認識説の1つとみることができよう。
[95] これに対し，過失責任を認めるために必要なのは結果の認識可能性であって，具体的な因果経過の認識可能性は不要である，とするものとして佐伯(仁)302頁。

(1) 結果予見義務説　　旧過失論の採る見解である。

(a) 考え方　　旧過失論は、過失認定の基礎におかれる実質的な注意義務の内容としては、予見可能性を前提とした結果予見義務を予定し、過失の形式的な犯罪論体系上の地位の問題については、これを責任要素（あるいはそれと同時に主観的構成要件要素）として、故意と並ぶ責任条件ないし責任形式と解している（責任要素説）。結果予見義務説は、行為者が犯罪事実を予見することができたにもかかわらず、意識の緊張を欠いたためにこれを予見せず、結果予見義務に違反して漫然と行為に出て結果を発生させたことが刑法上の非難に値する、と考えるのである。そして、旧過失論の採る古典的な犯罪論体系は、違法と責任の区別を、それぞれの判断対象が客観的な行為か主観的な行為者かによって分けるものであるから、行為者の予見可能性を前提とする過失は、それが予見義務違反という当為にかかわるものであるとしても、違法ではなく責任の要素と考えられることになるのである。

(b) 批判と反論　　結果予見義務説に対しては、新過失論の側から次のような批判が提起されている。まず、①「認識ある過失」すなわち結果発生の可能性を認識しつつこれを否定するという形態の過失の場合、予見義務は尽くされているから、予見義務は認識ある過失を含む過失全体についての注意義務の内容としてはふさわしくない、との指摘がある[97]。しかし、先にみたように（→①(1)）、認識ある過失の場合も、いったんは結果の発生を予見しながら（その点では、不注意により最初からおよそ結果発生の予見のない認識なき過失と区別される）、結局は不注意によりこれを打ち消しているのであって、必ずしも結果予見義務を尽くしているとは言い切れない。認識ある過失も、結果発生の可能性を認識してはいるが、当該状況における具体的な結果の発生それ自体を認識しなかったという点では、認識なき過失と異なるところはないのである[98]。

次に、②結果予見義務説に立つ旧過失論が、過失犯について、行為の客観面を評価する構成要件該当性・違法性の段階では故意犯との間に本質的な違いはな

---

[96] 山口228頁以下は、旧過失論の立場から、結果予見義務違反を責任要素、結果回避義務違反を構成要件該当性の要件とするが、後者の義務違反は（基本的に）故意犯と共通の構成要件的結果惹起を内容とするというのであるから、この見解も過失固有の義務内容としては結果予見義務説に立脚するものといえよう。
[97] 大塚 仁「過失犯の構造」〔同〕『刑法論集 (1)』(1976年) 225-6頁、西原・前掲注 (86) 15頁。
[98] 真鍋 毅「認識ある過失と認識なき過失」〔同〕『現代刑事責任論序説』(1983年) 328頁以下参照。

く，因果関係が肯定されれば足りるとしていることに対しては，「法律上客観的に要求される注意を払っても，なおかつ結果の発生が回避しえないものであったとすれば，それによって生じた法益侵害の結果を違法と評価することは許されないはずである」との批判が提起されている（大谷182頁）。しかし，旧過失論の前提とする結果無価値論の立場からすれば，法益を侵害する行為は，他に優越すべき利益が存在しないかぎり，無過失（偶然や不可抗力）であっても違法ではあるのである。むしろ，無過失であれば他人の正当な法益を侵害していても適法であり，これに対しては正当防衛が許されないとすることの方が問題であろう。

　もっとも，③結果予見義務が注意義務の内容であるとしても，予見義務違反が直ちに過失責任を基礎づけるものではないことに注意しなければならない。過失が故意と並んで責任非難の対象となるのは，注意義務（結果予見義務）を尽くせば結果を予見することができ，結果を予見すれば行為の違法性を意識することが可能となって反対動機を形成することができ，その結果として違法行為を思いとどまることが可能となるにもかかわらず，不注意によりそのような態度に出なかったからである。したがって，結果予見義務が刑法上意味をもつのは，それが反対動機形成のための第1ステップであることによるのであって，それ自体で独立した意味をもっているわけではない（山口・探究161頁参照）。

(2) 結果回避義務説　　新過失論の採る見解である。

(a) 考え方　　新過失論は，結果回避義務（あるいはそれと同時に結果予見義務）を注意義務の内容と解し，犯罪論体系上の問題としては，過失を違法要素（それと同時に客観的・主観的構成要件要素）であると解している（違法要素説）。ここにいう結果回避義務は，注意義務の内容を結果の段階から行為の段階に繰り上げたものであって，行為の段階で結果回避のために必要な措置をとるべき義務を意味している。新過失論は，社会生活上の必要な注意を守らないで結果回避のための適切な措置をとらなかった行為，すなわち客観的な注意を守らない落ち度のある行為が過失犯の実行行為である，と解することから，特定の結果を回避すべき適切な措置をとるべき外部的義務，つまり客観的な結果回避義務が注意義務の内容をなすことになる。しかも，新過失論の採る犯罪論体系は，違法と責任の区別のための基準を義務（当為）と可能，ないし一般人と行為者とに求めるものであるから，その意味でも，一般人の立場からする義務違反を内容とする過失は違法要素となりうるし，またそうでなければならないのである。

(b) **問題点**　結果回避義務説には，以下のような根本的な疑問がある。客観的性格をもつ結果回避義務は，もともと結果の発生を予定するすべての犯罪（結果犯），したがって故意犯，殊に不作為犯にも要求される一般的義務であって，注意義務の内容を結果回避義務と解すると，不作為犯における作為義務との間に区別がなくなり，過失犯固有の義務として結果回避義務を論ずる意義が失われてしまう（過失犯の客観的側面は常に不作為犯であるとするものとして，野村176頁）。過失犯についても，不作為犯においては作為義務としての結果回避義務を問題にする余地があるが（その場合でも故意犯と区別して論ずる意義は疑わしい），過失作為犯の場合は，不作為義務がすべての人に向けられた義務であることから，結果回避義務は故意犯の場合と同様独自の意味をもたないことになる。

また，注意義務の内容としての結果回避義務を，純粋に外部的な結果回避措置をとるべき義務と解すると，本来，意識の緊張を意味する「注意」という主観的側面に関連する用語例から逸脱してしまう。そこで，新過失論の内部に，基本的には結果回避義務説に立ちつつ，義務の内容を「結果回避措置をとるよう配慮すべき義務」というように，結果回避義務を主観面における義務として構成する見解が現れることになった（西原・上198頁）。ただし，その場合でも，結果予見義務説があくまでも予見の対象として「結果」を目指しているのとは異なり，注意義務が結果の段階ではなく行為の段階において，結果「回避措置」との関連で理解されていることに注意する必要がある。

ところで，過失犯において結果回避義務という言葉が用いられるとき，それは，当該行為が実質的な危険性をもった行為であることを示すためであるか，あるいは結果回避義務の違反が行為者の予見義務不履行の徴憑を意味しているにすぎない場合が多い[99]。先にみたように（→ **2**(2)(b)），時速40キロに減速すべきであるにもかかわらず，60キロで走行したため路地から飛び出してきた子供を轢いてしまったという場合，時速40キロに減速すべきであるという結果回避義務は，60キロで走行することが人をひく危険のある行為であることを意味するか（平野・Ⅰ193-4頁），あるいは40キロで走行していれば子供の飛び出しを事前に発見し，傷害・死の結果を予見することができたということを意味しているのであって，結果回避義務自体に意味があるとは考えられないのである。

---

[99] 町野 朔「過失犯」〔町野ほか編〕『考える刑法』（1986年）200-1頁。

3 予見可能性（注意義務の前提・その1）

予見可能性が過失の前提であることについては，学説上争いがない。結果の予見可能性のないところに，結果を「予見すべきであった」（結果予見義務説）とか，予見しえたところに従って結果を「回避すべきであった」（結果回避義務説）という非難の契機が生まれないからである。問題は，過失認定における予見可能性の役割，その程度・内容，予見可能性判断の対象にある。

(1) 予見可能性の程度・内容　過失認定において予見可能性の役割をどのように解するかに応じて，見解の対立がみられる。

(a) 具体的予見可能性説　結果を違法要素と解し，結果に対する予見可能性を過失論の中心に据える結果予見義務説によれば，〔予見可能性→予見義務（注意義務）〕という図式が認められることから，予見可能性と過失との結び付きはきわめて緊密となる。したがって，予見可能性の内容は豊かに，その程度は高度のものとなり，過失の成立が認められるためには，因果系列の細部にわたって予見可能であることは必要でないとしても，発生した結果について相当程度具体的にこれを予見することが可能であること（結果を予見することがそれほど困難でないこと）が必要になる。そして，結果回避義務説に立脚する新過失論も，少なくとも従来は，予見可能性の程度として，行為から結果に至る具体的予見可能性を考えてきた。結果回避義務説にあっては，予見可能性は単に結果回避措置を選択・特定するための基準を提供するという機能をもつにすぎないとしても，結果の具体的予見可能性を前提としなければ，どのような結果回避措置をとればよいかを決定することができない，と考えられたからである。

もっとも，予見可能性の内容については，旧過失論と新過失論との間に考え方の違いがみられる。①過失を故意と並ぶ責任の形式ないし種類（責任要素）と構成する旧過失論は，予見可能性についても，行為者自身が精神を緊張させれば結果の発生を予見することができたというように，これを主観的に理解しているのに対し（主観的予見可能性），②予見可能性を社会生活上必要な注意，すなわち外部的な結果回避措置を要求する場合の前提条件（違法要素）と解する新過失論は，当然のことながら一般人を基準とする客観的予見可能性を問題とすることになる。なお，上述のように（➡ 2(2)(c)），旧過失論の中からも，予見可能性の内容を客観化し，これを過失行為の危険性に結び付けて考える見解が現れるに至っている（修正旧過失論）。「この過失行為のもつ危険性は，結果の客観的予見可能性

といってもよい。危険性がある場合には、一般の人であれば、結果の発生を予見できたはずだからである」とするのがそれであるが（平野・Ⅰ194頁）、新過失論が客観的予見可能性を結果回避義務の前提と解しているのに対し、この見解は結果予見義務の前提と解している点で、なお旧過失論に属するものといえよう。

(b) 危惧感説 新過失論の中から、さらに、公害・薬害等の未知の危険の問題と関連して、結果の予見可能性を問題にしながらも、その程度は結果防止措置の負担を命ずるのが合理的だと思われる程度の危惧感・不安感といったもので足りる、とする見解が登場するに至った（新・新過失論）。危惧感説は、「予見可能というためには、結果発生にいたる具体的因果経過の予見までは必要でなく、一般人ならばすくなくともその種の結果の発生がありうるとして、具体的に危惧感をいだく程度のものであれば足りる」とする（藤木240頁。他に、板倉256頁など）[100]。そして、危惧感があれば、その危惧感を払拭するための結果回避措置をとるべき義務が生じ、その義務に違反した行為を過失行為と解するのである[101]。

しかし、この立場は、結果に対する具体的予見可能性を不要と解することによって、刑事過失の成立範囲を無限定にし、不当に拡大するものであって責任主義の見地からみて妥当でないであろう。もっとも、結果回避義務を基軸として過失論を展開する新過失論においては、予見可能性が直ちに過失を基礎づけるということはなく、予見可能性と発生した結果との結び付きが希薄なものとならざるをえないことから、従来の新過失論にもその性質上予見可能性の程度について危惧感で足りるとする可能性が内在していたといえる。結果回避義務は、落ち度のある「行為」、社会生活上必要な注意を怠った「行為」として行為無価値論的に構成され、規範的・政策的要請と直結しうるものであったのである（内藤・下Ⅰ1109頁。なお、山口・探究159-160頁参照）。危惧感説の問題性は、危惧感を契機として結果発生の具体的予見可能性へと至ることなく、これを直截に結果回避義務へと結びつけた点にあるといえよう。

---

[100] 危惧感説は、法人や人格のない団体などの組織体活動を全体的に捉え、組織体の中のどの個人が可罰的行為をしたかを具体的に特定できなくても組織体の処罰を認めようとする「企業組織体責任論」と連動して主張され（板倉94頁以下）、また、過失は生活関係の実態に即して捉えられるべきであるとする「生活関係別過失概念」も主張されている（板倉252頁）。
[101] 「結果の具体的予見可能性がなくとも過失犯の行為規範違反を肯定できる場合が考えられる危惧感説の基本的な考え方は十分に理由のあるものと評価できる」とするものとして高橋212頁（なお「抽象的予見可能性」という名称が相応しいとする）。

(2) **予見可能性の対象**　過失結果犯について予見可能性があるといえるためには，ⓐ結果自体の予見可能性と，ⓑ行為と結果との間の因果経過の予見可能性が共に認められなければならない。

(a) **結果の予見可能性**　故意犯において結果の認識（予見）が要求されるのと同様に，過失犯においては，結果の詳細な態様まで精確に予見可能であることは必要でないとしても，結果が具体的に発生すること自体については予見可能でなければならない。通説は，このように予見可能性の対象を発生した結果自体に求めるが，学説によっては，それではあまりに抽象的にすぎる，として結果発生の「原因となった事実」（中間項）を予見可能性の対象とするものがある（西原・上198頁以下）。例えば，子供の道路への飛び出しによる自動車事故の場合には，子供の死傷という結果ではなく，その原因となった「飛び出し」が予見可能性の対象となる，とするのである。

予見可能性の対象として結果発生に代わるものとしての原因事実の設定は，結果の予見可能性を直接吟味することが困難な場合に意味をもつが，原因事実から結果が生ずる蓋然性が低い場合には，原因事実の予見可能性が認められても必ずしも発生した結果自体について予見可能性が認められることにはならないであろう。反対に，現に生じた結果の予見が容易な場合には，これを原因事実の予見可能性に代替させる必要はないであろう（前田221頁）。いずれにせよ，原因事実（中間項）の予見可能性は，因果経過の予見可能性（➡(b)）に解消することができ，それとは別にやはり結果自体の予見可能性も要求すべきではなかろうか[102]。

(b) **因果経過の予見可能性**　具体的予見可能性説を採る場合には，行為と結果との間の「因果関係の本質的（基本的）部分」についても予見可能であることが必要である[103]。ここに「因果関係の本質的部分」とは，その事実が認識可能であれば，その事実を介して発生した当該結果に対する予見可能性も肯定できるような予兆・契機・経験的事実などをいう。故意犯において，因果関係についての認識・予見を欠くために（因果関係の錯誤），客観的に因果関係が存在していても未遂の限度でしか故意責任を問われない場合があるのと同様，過失犯において

---

[102] 前田221頁は，因果経過の予見可能性は不要であるとしつつ，「この中間項は，その予見があれば，一般人ならば……結果の認識が十分に可能なものでなければならない。そのことを前提として初めて，中間項の予見可能性を結果の予見可能性に置き換えることができる」とする。

[103] これに対し，結果の予見可能性がありながら現に生じた因果経過を予見しえなかったとして責任非難を否定することは不合理である，とするものとして前田220頁。

も，因果関係が存在しているにもかかわらず，その予見可能性が認められないために発生した結果について責任を問われないことがある。例えば，自転車を誤って歩行者に接触させこれを転倒させたところ，傷害自体はそれほど重大ではなかったが，行為者が認識しえない被害者の特異体質が原因となって死亡してしまったという場合，客観的相当因果関係説の立場からは被害者の死について因果関係が認められるが，行為者が因果関係の本質的部分である被害者の特異体質を認識しえなかったときは，傷害の限度でしか過失責任を問いえないことになるのである。

結果の予見可能性に加えて因果経過の予見可能性が要求されるのは，結果自体については予見可能性が認められても，およそ行為者が予見しえない経過をたどって結果が発生した場合にまで行為者に過失責任を問いえないからである。もとより，故意において因果関係の微細な部分についての予見が不必要であったのと同様，過失においてもその非本質的部分を含む因果経過の詳細についての予見可能性は必要でない。また，過失行為が結果に直結するような単純な事故の場合，他に因果経過を左右する本質的事実がないからといって予見可能性が不要とされるわけではない。

(3) 予見可能性（注意義務）の基準　誰の能力を基準として予見可能性の有無を判断すべきか，という問題に関して，従来，①社会的責任論に立脚する**客観説**は一般人の注意能力を基準とし，②道義的責任論に立脚する**主観説**は行為者本人の注意能力を基準としてきたが，この点については，③意思の緊張による一定の事項への意識の集中を意味する「注意」と，その結果である「予見」とを分けて，前者については一般人を基準とし，後者については行為者を基準とすべきであろう（**能力区別説**）。すなわち，ⓐ意思を緊張させ意識を集中する努力そのものは，一般人に可能な程度のものがすべての人に同じように要求されることになるが，ⓑ同じ程度に意識を集中しても，その人の身体的条件（例えば視力）・知識・経験・認識能力のいかんによって認識範囲に広狭の差を生ずることは避けられないから，その点は各人ごとに考えられることになるのである（中野52頁以下）[104]。

したがって，ⓐ例えば，軽率な者が一般人に要求される程度の「注意」を欠いているために結果の発生を予見しなかったとしても，一般人に要求される程度の「注意」を尽くしていれば結果を予見しえた以上，過失は認められることになる。これに対し，ⓑこの意味での注意を尽くさなかった者が仮に注意を尽くして

いたとしても，行為者の能力いかんによって「予見可能性」が認められない場合には，過失が否定されることになる。例えば，自動車を運転中，突発的なめまい・発作により事故を起こしたときは，めまい・発作のため結果を予見しえなかった以上，過失責任を問うことはできないのである。

　もっとも，結果発生時に注意能力を欠く場合であっても，その原因となる行為にさかのぼって不注意の責任を問うことができる場合がある（**引受け過失**）。例えば，近視でありながら不注意にも眼鏡をかけ忘れ，事故を発生させた自動車運転手のように，危険が現実化した時点では注意能力を欠いていても，事前に前方注視義務の前提となるべき事実につき注意能力がある場合，発生した結果について運転開始時に予見可能性があったものとして過失を認定しうる（原因において注意能力ある行為）。同様に，例えば車の運転中，飲酒酩酊のため通行人をはねて死亡させた時点では，責任能力（注意能力）を欠き適切な回避行為を期待できない場合でも，責任能力（注意能力）のある時点で飲酒して車の運転を開始する行為自体が過失行為であって刑事責任に問われることになる。

(4) 判例と予見可能性　　判例は，予見可能性の程度・内容およびその対象をどのようにみているのであろうか。

　　(a) **一般的傾向**　　下級審には危惧感説に立つ裁判例も散見されるが，判例も基本的には具体的予見可能性説に立脚している。危惧感説を採用した，**森永ドライミルク事件**の差戻し審判決（徳島地判昭48・11・28 刑裁月報5巻11号1473頁）は，「予見可能性は具体的な因果関係を見とおすことの可能性である必要はなく，何事かは特定できないが，ある程度の危険が絶無であるとして無視するわけにはゆかないという程度の危惧感であれば足りる」と判示した。これに対し，具体的予見可能性説を代表するとされる裁判例である，**北大電気メス事件**に関する札幌高判昭51・3・18（高刑集29巻1号78頁）は，危惧感説を排除しつつ，「結果発生の予見とは，……特定の構成要件的結果及びその結果の発生に至る因果関係の基本的部分の予見を意味するものと解すべきである」と判示したが，具体的事案の解決としては，かなり予測の困難な事実についてその予見可能性を肯定したのであった[105]。

　　予見可能性の「程度」に関する判例については，行為時に解明されていない未知の危険であっても，漠然とした不安感を抱くべき兆候があれば，それを除去する結果回避義務が課されることになる，という意味での危惧感説を否定しつつ，旧過失論の具

---

[104] 行為者の規範心理的能力については，法の期待する「誠実な市民」のそれが標準とされ，その他の知的能力・身体的能力・知識などは行為者を標準とすべきである，とする見解もこれと同趣旨であろう（井田217頁，佐伯(仁)296頁，西田270頁，林292頁，松原280-1頁，松宮217頁以下参照）。

体的予見可能性説とは異なり，発生の確率が低いこと自体では予見可能性は否定されない，という意味で，高度の予見可能性は必要ないと考えている，との分析・評価がなされている（佐伯（仁）305-6頁）。具体的予見可能性説に立脚するかぎり，客体・結果・因果経過等の犯罪事実について具体的に認識・予見可能でなければならないが，判例は，これをかなり抽象化して認める傾向にあるといえよう。

　(b) **具体的客体の認識可能性**　問題となるのは，結果の具体的予見可能性を要求した場合，過失犯の成立を認めるために，行為当時，その上に結果が発生することになる当該「客体」の存在についても認識していること，または認識可能であったことが必要か，ということである。最決平1・3・14（刑集43巻3号262頁）は，普通貨物自動車を運転していた被告人が運転を誤り，後部荷台に同乗していたAおよびBを死亡するに至らせ，さらに助手席に同乗していたCに対して傷害を負わせたが，被告人は自車の後部荷台にAおよびBが乗車している事実を認識していなかったという事案に対し，本件におけるような「無謀ともいうべき自動車運転をすれば人の死傷を伴ういかなる事故を惹起するかもしれないことは，当然認識しえたものというべきであるから，たとえ被告人が自車の後部荷台に前記両名が乗車している事実を認識していなかったとしても，右両名に関する業務上過失致死罪の成立を妨げない」と判示した。

　本決定は，AおよびBの存在を認識していなくても両名に対する過失犯が成立するとしたが，その趣旨が，認識の可能性がなくても結果の予見可能性を認めうるというものであれば問題である。もっとも，事実の錯誤論において法定的符合説を採る場合には，方法の錯誤において結果の発生した客体の存在について認識がない場合にも故意が認められるのであるから（→第5節3），過失犯についてもそれとパラレルに考えるならば，A・Bの存在について認識可能性がなかったとしても両名に対する関係で過失を認めうるということになるであろう。しかし，その帰結は，結論において危惧感説を採る場合と異なることはなく，具体的予見可能性説とは相容れないことになる（内藤・下Ⅰ1119頁）。過失における具体的予見可能性説は，事実の錯誤論における具体的符合説によって初めてこれをよく理解することができるのであって，過失犯の成立が認められるためには，結果の発生した当該客体の存在についての認識可能性，したがって当該客体に対する具体的結果発生の予見可能性が存在しなければならないであろう（なお，山口・探究169頁以下）[106]。

　(c) **因果経過の予見可能性**　最決平12・12・20（刑集54巻9号1095頁／**生駒トンネル事件**）は，トンネル内の高圧ケーブル接続工事の際，アースをしなかったというミスにより，誘起電流が大地に放流されずにケーブル分岐接続器の内部に漏電して炭化

---

[105] これに対し，具体的予見可能性説を採って過失を否定した裁判例として，強い雨で路面が濡れていた道路を高速走行中にハイドロプレーニング現象によるスリップ事故が起きた事案について，本件当時，自動車運転者一般に本件のような極度にすべり易い事態までの予見可能性はなかった，とした大阪高判昭51・5・25（刑裁月報8巻4＝5号253頁）がある。

[106] 本件に対する私見の詳細については，「過失犯と事実の錯誤」『実行・危険・錯誤』75頁以下。

導電路を形成し，電流が長期間にわたり流れ続けたことにより火災が発生した場合について，「炭化導電路が形成されるという経過を具体的に予見することはできなかったとしても，右誘起電流が大地に流されずに本来流れるべきでない部分に長期間にわたり流れ続けることによって火災の発生に至る可能性があることを予見することはできた」とした。ここでは，予見可能性の対象となる因果経過の基本的部分としてかなり抽象的なものが捉えられており，判例は具体的予見可能性説に立つと解されているものの，その実態はきわめて危惧感説に近く，少なくとも因果経過の予見可能性に関するかぎりは，具体的な因果経過の認識（予見）可能性不要説に近いものであることに注意する必要がある。

　また，最決平21・12・7（刑集63巻11号2641頁／**明石砂浜陥没事件**）は，人工の砂浜において，砂層内に発生していた空洞上を移動中の被害者が，その重みで同空洞が崩壊して発生した陥没孔に転落し生き埋めになり死亡した事故について砂浜等を管理していた者らの過失責任が問われた事案に関し，「被告人らは，本件事故現場を含む東側突堤沿いの砂浜において，防砂板の破損による砂の吸い出しにより陥没が発生する可能性があることを予見することはできた」として，本件事故発生の予見可能性を認めた（なお，本決定には，被告人らの予見可能性を否定した反対意見が付されている）。本決定の支持した原判決が，因果関係の基本的部分を抽象的に捉えて予見可能性を肯定したのに対し，一審判決は，人の生命・身体に対する危害が惹起される陥没等が発生することの予見可能性を否定しており，そこには因果関係の基本的部分の捉え方に大きな違いがみられる（高橋214頁注19）。

　(d) **予見可能性と結果回避義務**　判例の過失論が学説の旧過失論・新過失論とどのような関係に立つかは，1個の問題である。この点で興味深い裁判例が**薬害エイズ事件帝京大学病院ルート**に関する東京地判平13・3・28（判時1763号17頁）である。事案は，血友病患者Ａが止血治療のため医師Ｘ（被告人）の治療方針により投与された非加熱製剤がHIV（エイズウイルス）に汚染されていたため，ＡはHIVに感染し，エイズを発症して死亡した，というものである。これに対し裁判所は，被告人には，エイズによる血友病患者の死亡という結果発生について低い程度の予見可能性があったとしたうえで，結果回避義務違反の点について，非加熱製剤を投与することによる「治療上の効能，効果」と予見することが可能であった「エイズの危険性」との比較衡量等が問題となるところ，「刑事責任を問われるのは，通常の血友病専門医が本件当時の被告人の立場に置かれれば，およそそのような判断はしないはずであるのに，利益に比して危険の大きい医療行為を選択してしまったような場合である」が，本件はそれに当たらない，として被告人を無罪とした。

　本判決の判断構造は，予見可能性の程度を前提として被告人に結果回避義務違反があったか否かを評価するものであって，新過失論に親近性があるとみられるが[107]，問題は，本判決のいう「予見可能性」の意味内容である。判決は，予見可能性の程度が低いことから直ちに刑事責任や結果回避義務違反が否定される，と言っているわけ

ではなく，予見可能性の低い「エイズの危険性」が非加熱製剤を投与することによる「治療上の効能，効果」に劣後することにより，利益に比して危険の大きいとはいえない治療行為を選択したのであるから（被告人の立場に置かれた通常の血友病専門医が判断基準とされる[108]，結果回避義務違反が否定される，というのである。「ここでいう予見可能性判断は，違法評価としての行為時の危険性判断であり，理論上は責任評価としての過失の判断と区別される」[109]性格のものである。これは，たしかに過失を違法要素と捉える行為無価値論（新過失論）の立場からすれば1つの考え方であるが，違法性を事後的，客観的に捉える結果無価値論（旧過失論）の立場からすれば，患者がHIVに汚染された非加熱製剤の投与を受けてHIVに感染し，エイズを発症して死亡した以上，行為の違法性自体は否定しえないものと思われる[110]。

　したがって，被告人の刑事責任を否定するのであれば，それは，被告人に結果発生の低度の予見可能性しかなかったことから，責任要素としての主観的過失を否定するという構成をとるべきであろう。なお，具体的予見可能性説にあっても，HIV感染率，エイズ発症率が低くても死亡率がきわめて高ければ全体的に考察して予見可能性を肯定する立場もあるが[111]，行為当時，エイズ発症者が高率で死亡する予見可能性があっても，因果経過の基本的部分であるエイズ発症率自体が低いとみられていた場合には，総体的にみて患者が死亡する高度の具体的予見可能性は否定されることになるであろう[112]。

④ 結果回避可能性（注意義務の前提・その2）

　行為者の行為に結果予見可能性が認められるが，仮に予見義務を尽くしていたとしても何らかの事情でやはり行為者の行為から同一の結果が発生した（結果回避可能性がない）場合は，行為者に過失責任を問うことはできない。過失犯において結果回避可能性が否定される場合には，①結果予見可能性がないために結果回避可能性が否定される場合と，②予見可能性はあるが結果回避可能性が否定さ

107　井田　良「薬害エイズ帝京大学病院事件第一審判決をめぐって」〔同〕『変革の時代における理論刑法学』（2007年）159頁以下，172頁。
108　血友病治療の権威であり，厚生省にも深く関与していた被告人を一般の血友病専門医と同列に扱うことには批判も多いが，「被告人の立場」というのが被告人と同様の知識・情報を得た血友病専門医の趣旨であれば必ずしも不当とはいえないであろう（北川佳世子「薬害エイズ3判決における刑事過失論」法学教室258号（2002年）46頁参照）。
109　北川佳世子・百選Ⅰ113頁，同・前掲注（108）44頁以下参照。
110　結果無価値論においても，治療行為の法理等により被告人の行為を適法視する余地もないわけではないが，HIVに汚染されていることを認識しつつ非加熱製剤を投与する行為（故意行為）が違法である以上，この立場で認識がなかったからといって同一の行為を適法とすることはできない。
111　前田雅英「国民の安全を守る義務と許された危険」研修615号（1999年）3頁。
112　大塚裕史「判批」法学教室257号（2002年）138頁，北川・前掲注（108）46頁。

れる場合とがあるが，ここで問題にするのは②の場合である（①は，予見可能性の問題として扱えば足りる）。

（1）判　例　従来，このような場合について，判例は，条件（因果）関係がないとして因果関係を否定していた。①例えば，古く大判昭4・4・11（法律新聞3006号15頁／**京踏切事件**）は，列車の運転手Xが前方注視を怠り，踏切にいた幼児Aに気づかずこれを轢死させた事案につき，仮にXが前方を注視しAに気づいて警笛を鳴らし，非常制動の措置を取ったとしても，列車の時速と踏切までの距離などからみてA轢死の結果を防止することができなかった，としてXが必要とされた措置を取らなかったこと（前方不注視）とA轢死との間の因果関係を否定した[113]。しかし，本件においてXの列車運転行為（前方不注視の有無を問わない）がなければA轢死の結果は発生しなかったのであるから，因果関係を否定することは困難であり，むしろ，現場に近接した予見可能な時点では結果回避可能性が認められないことを理由に，反対に，現場から遠い結果回避可能な時点では結果の予見可能性が認められないことを理由に，いずれの時点においてもXの過失責任を否定すべきであったように思われる（内藤・下Ⅰ1141頁）。

また，②最近の最高裁判例には，黄色の点滅信号なのに徐行義務を怠り交差点に進入したところ，赤色点滅信号を無視し一時停止を行わず，制限時速を40キロもオーバーして時速70キロメートルで交差点に進入した車両と衝突し，同乗者を死亡させたという事案に関し，たとえ徐行義務を遵守していたとしても結果回避可能性があったとは認められない，として無罪を言い渡したものがある（最判平15・1・24判時1806号157頁）。もっとも，本判決は，結果回避可能性がないから因果関係がないとしたのか過失がないとしたのかは必ずしも明らかでない[114]。

（2）事　例　結果回避可能性をめぐって，それが，①因果関係（条件関係）の問題か（因果関係説），②過失の問題か（過失説）が争われるケースとして，行動準則としての客観的注意義務に違反する行為から結果が発生したが，仮に行動準則を遵守していたとしても結果が発生したような場合がある。例えば，医師Xが

---

[113] 「Aの死との関係でXには行為性が認められないから，過失致死罪の構成要件に該当しない」とするものとして，松原263頁。
[114] 本件については，たとえ自分の方に道交法違反があったとしても，赤色点滅信号を無視し猛スピードで進入してくる自動車があることについては具体的予見可能性がない，として過失犯の成立を否定すべきであった，とする見方もある（西田272頁，大塚裕史「過失犯における結果回避可能性と予見可能性」神戸法学雑誌54巻4号27頁）。

行為当時の医療水準からは患者Aに甲液（ノボカイン）を注射すべきであったが，誤って乙液（コカイン）を注射してしまったために，薬の副作用により患者が死亡したが，たとえ甲液（ノボカイン）を注射していたとしても特異体質による副作用で死亡していた，という場合のXの罪責を考えるうえで問題となる。

この場合，①因果関係説は，Xが当時考えられていた甲液（ノボカイン）を注射してもAは死亡したのであるから，Xの乙液（コカイン）注射行為とA死亡との間には因果関係がない，としてXの罪責を否認する[115]。このような考え方は，従来，新過失論の立場から主張されてきたが，近年では，旧過失論からも主張されるに至っている（松原264頁，山口230頁等）。しかし，Xが最初から甲液（ノボカイン）を注射してAが死亡した場合，過失が否定されるとしても，その行為がなければ結果は発生せず，また，因果性の判断に際し他に付け加えるべき事情も存在せず（違法とされる乙液（コカイン）の注射を付け加えることは考えられない），条件関係が肯定されるのであるから，行為当時承認されていない乙液（コカイン）を注射した場合に因果性が否定されるとするのは妥当でないであろう。また，因果関係説には，その理論構成と共に結論にも疑問がある。

②過失説によれば，ⓐ本件については，まず，Xの注射行為がなければAが薬の副作用により死亡することはなかったのであるから条件関係はあり，また，行為当時容認されていなかった乙液（コカイン）を注射すれば患者が死亡することはありうることであって，相当因果関係も肯定される。次に，医師Xは，注意すれば注射液が甲液（ノボカイン）ではなく乙液（コカイン）であることは分かり，容認されていない乙液（コカイン）を注射すれば結果が発生することにつき予見可能性が認められ，しかも，そのことに気づけば乙液（コカイン）を注射しなかったはずであるから結果回避可能性も肯定されて過失責任に問われることになる。これに対し，ⓑ仮に最初から行為当時認められていた甲液（ノボカイン）を注射した場合は，客観的にみて甲液（ノボカイン）も危険な副作用を伴う以上，（客観的）相当因果関係は否定されないものの，当時の医療水準を前提とすると甲

---

[115] 高橋217頁以下は，結果回避可能性を，ⓐ行為時に行為者にとり必要な結果回避措置をとる可能性があったかどうかという義務の履行可能性を問う事前的結果回避可能性と，ⓑ結果回避措置をとる義務の履行が法益保護のために有効であったかどうかという意味での事後的結果回避可能性とに分かったうえ，本事例では，ⓐ事前的結果回避可能性が認められ過失（結果回避義務違反）が肯定されるが，ⓑ事後的結果回避可能性が認められず因果関係（結果の義務違反への客観的帰属）は否定される，と説く。

液（ノボカイン）の副作用に対する結果の予見可能性が否定され，したがって甲液（ノボカイン）を注射しないことによる結果回避可能性も否定されて，過失説によっても過失犯は成立しないことになるのである[116]。

5 信頼の原則

(1) **意義と判例**　「信頼の原則」とは，行為者がある行為をなすにあたって，被害者あるいは第三者が適切な行動をとることを信頼するのが相当な場合には，たといその被害者あるいは第三者の不適切な行動によって結果が発生したとしても，それに対しては責任を負わない，とする原則をいう（西原・上203頁）。

信頼の原則は，実務において，従来，ともすると結果責任を認める傾向に陥りがちであった過失認定に一定の枠をはめることによって，被告人に実体面での適正な刑事司法の運用を保障するという任務を帯びて登場した法原理である。わが国においては，昭和30年代以降の交通事情の変化に伴って刑事交通事故判例の中で取り上げられてきたものであり，道路交通の分野では，昭和41年12月20日の最高裁判決（刑集20巻10号1212頁）以来，最高裁判所が意識的に採用するところとなった。判例は，その後，行為者の側に交通法規の違反があった場合にもなお信頼の原則を適用するなど（例えば，最判昭42・10・13 刑集21巻8号1097頁），その適用範囲を拡大する方向に向かったが，近年では，類似の事案につき，その適用にブレーキがかかりつつある（松原277頁）。

例えば，黄色の点滅信号ないし左右の見通しのきかない交差点で徐行義務を怠り交差点に進入したところ（道交法42条違反），赤色点滅信号なのに一時停止せずに交差点に進入した車両と衝突し死傷事故を起こしたという事案に関し，かつての最判昭48・5・22（刑集27巻5号1077頁）が，特段の事情がないかぎり相手方運転者が「右信号に従い一時停止およびこれに伴なう事故回避のために適切な行動をするものとして信頼して運転すれば足り」るとして，業務上の注意義務を否定したのに対し，前掲最判平15・1・24（➡ 4 (1)）は，結果回避可能性の欠如を理由に無罪の結論を導いたものの，信頼の原則を適用することなく注意義務の存在それ自体についてはこれを認めたのである。

---

[116] 前掲の制限速度違反事例（➡338頁）において，仮に制限速度の時速40km で走行していたとしてもAの轢死は避けられなかったであろうという場合についても，同様の問題がある。

(2) 過失犯の構造と信頼の原則　　過失概念の内部における信頼の原則の位置づけについて、注意義務の内容との関係で実質的な対立がある。学説は、①予見可能性自体を限定する方向で機能させる立場（内藤・下Ⅱ1147頁以下、西田275頁、平野・Ⅰ197頁、松宮222頁など）と、②予見可能性とは別個に注意義務を制限する機能を認める立場（大塚207頁、大谷193頁、高橋225頁、藤木249頁など）とに大別される。おおむね、予見可能性を中核として過失概念を構築していく伝統的過失論は前者、結果回避義務を基礎として過失の有無を論定する新過失論は後者の見解に与するものといえよう。

信頼の原則の過失概念における位置づけをめぐる対立は、結局、予見可能性にどの程度の内容を盛り込むかにかかっている。①説が、予見可能性が程度を付しうる概念であることを前提とし、ある程度高度の予見可能性を考慮するのに対して、②説は、予見可能性の理解として単なる結果発生の危惧感、不安感で足りると解する見地から、信頼の原則の適用による結果回避義務の免除に問題の解決を委ねようとしたものと解せられる。しかし、予見可能なものは予見すべきであることを考えると、予見可能性があるにもかかわらず注意義務がないとすべきではない。信頼の原則は、過失の一般的（客観的）予見可能性という抽象的な判断基準を具体化するための思考上の基準を提供するものとして、①説が妥当であろう。

(3) 信頼の原則と組織上の過失　　従来、信頼の原則は、主として道路交通事故の分野でその意義が認められてきたが、この原則は、企業活動、チーム医療等によって危険な業務を遂行するにあたり、その業務関与者が共同作業を分担し、相互に各人の適正な結果防止措置を信頼することが相当である場合にも適用可能である。ただ、その際、業務の性格、業務分担の確立の度合い、業務分担者の専門上の能力等を考慮すると、事実上、他人の適切な行動を信頼するのが相当でない場合が多く見受けられ、他の分野では適用可能な範囲はそれほど広くないといえよう。なお、管理・監督過失と信頼の原則については、➡5①(3)。

4　種　類

(1) 認識ある過失と認識なき過失　　「認識ある過失」とは、いったん結果の発生を予見しながらも、不注意により、後になってこれを打ち消したものをいい、「認識なき過失」とは、不注意により、最初からまったく結果発生の予見がない

ものをいう。「認識ある過失」においても、認識が行為動機となっていない点では「認識なき過失」との間に違いはない（➡342・344頁）。

(2) 業務上過失と通常過失　「業務上過失」とは、一定の業務に従事するに際して課せられる注意義務に違反するものをいい、業務者という一定の身分を有する者のみによってなされる。これに対し、それ以外の一般人（非身分者）によってなされるのが「通常過失」である。現行法は、業務上過失犯として、業務上失火罪（117条の2前段）、業務上過失往来危険罪（129条2項）および業務上過失致死傷罪（211条前段）[117]を規定し、通常の過失犯より重く処罰している。

業務上過失犯の加重処罰根拠については、見解が分かれている。①判例（例えば、最判昭26・6・7刑集5巻7号1236頁）は、業務者に特別高度の注意義務が課されていることにその根拠があるとし、一部の有力説もこれを支持している。しかし、一般的な法的義務である「人を死傷に致してはならない」「火を失してはならない」という注意義務の程度は、同一の客観的事情の下ではすべての者にとって同一であるべきであるから、業務者であるか一般通常人であるかによって要求される注意義務の程度に差異を設けるべきいわれはない。むしろ、②社会生活上あるいは法令により容認されてそのような業務に携わる者に対しては、通常人には行いえない特別な権利が排他的に付与されているというその特殊な地位との関係により、注意義務を尽くすことに対する期待が一般人に比べていっそう強いという観点から、義務に違反した場合には責任非難が高められる、と解すべきである。「業務者」は、責任加重身分である。

(3) 重過失と軽過失　「重過失」とは、注意義務違反の程度の高いものをいい[118]、その比較的軽微なものを「軽過失」（単純過失）という。現行法は、重過失犯として、重失火罪（117条の2後段）[119]と重過失致死傷罪（211条後段）を規定し、軽い単純過失犯より重く、業務上の過失犯と同じ法定刑で処罰している。問題は、

---

[117] なお、自動車の運転上必要な注意を怠り、よって人を死傷させる行為は、従来、業務上過失致死傷罪として扱われてきたが、現在では、自動車の運転により人を死傷させる行為等の処罰に関する法律（2014年5月20日施行）5条（法定刑の上限は懲役7年）により、刑法211条前段（同懲役5年）より重く処罰されている。

[118] 東京高判昭57・8・10（刑裁月報14巻7＝8号603頁）は、重大な過失とは、注意義務違反の程度が著しいものをいい、発生した結果の重大性、結果発生の可能性が大であったことは必ずしも必要でないとして、重過失が結果ではなく過失自体の重大さによるものであることを明言している。

[119] 盛夏晴天の日、ガソリンがさかんに揮発する給油場内のガソリン缶の近くで、当然なすべき火気取扱い上の注意を怠りライターに点火し火を失した者は、重過失失火の刑責を免れない、としたものとして最判昭23・6・8（裁判集刑2号329頁）。

注意義務違反の程度が高い「重過失」とはどのような場合を指すか，ということである。この点，①新過失論によれば，結果回避措置の履行が容易であるにもかかわらずこれを怠った結果回避義務違反の程度が高い場合が重過失であり，②旧過失論によれば，わずかな注意を払えば結果の発生が予見可能であったにもかかわらず，そのような注意を怠ったために結果を予見しなかった場合が重過失ということになる。

なお，業務上過失と重過失との関係に関連して，業務上の過失ではあるがその程度が軽い場合に（**業務上の軽過失**），①注意義務違反の程度が低いから軽い単純過失なのか，それとも②業務上の過失であるから重い業務上過失なのか，が争われている。現行法の解釈論として業務上過失犯に独自の存在意義を認めようとするのであれば，業務上の軽過失も業務上過失の1つとして扱う②の業務上過失説を支持すべきであろう。業務上の軽過失を業務上過失犯として単純過失より重く処罰しうるところに業務上過失の独自の意義があるというべきである。もっとも，立法論的にみれば，重過失犯の規定が存在する今日，なお刑事政策的色彩の濃い業務上過失犯の規定を存続することには疑問が残る。

5 過失犯の諸問題
① 過失の併存

これには，①1人の行為者の複数の過失が段階的に連なって結果の発生に至る場合（段階的過失）と，②複数の行為者の過失が競合して結果の発生に至る場合（過失の競合）とがある。

(1) 段階的過失　過失犯の場合も，故意犯におけると同様，法益侵害の一般的危険性ある行為が実行行為であって，故意犯との間に実質的な違いはない。ただ，過失犯の定型性は，故意犯の定型性と比べて緩やかに捉えられており，一般に過失行為の具体的内容は法文に明示されていないので，その認定には往々にして困難を伴う。

特に，法益侵害の危険性のある行為が段階的に積み重なって結果の発生に至った場合（段階的過失），例えば，酒酔い運転をした自動車運転手がアルコールの影響により前方注視を怠って交通事故を起こした場合に，どの時点の行為を過失犯の実行行為とみるべきかが問題となる。この点，①最終的な危険行為のみを実行行為と解する見解（**直近過失説＝直近過失一個論**／浅田345頁，大谷196頁，川端230頁な

ど）もあるが[120]，②段階的過失は 1 人の行為者に過失が競合する場合であり（➡(2)参照），また，最終行為の時点では注意能力が欠如する場合も考えられるから，結果発生と相当因果関係にあるすべての危険行為を実行行為と解すべきであろう（**過失併存説**／大塚169頁（注41），高橋231頁，西原・上201頁，福田134頁（注13），松原260頁，山口232頁など）[121]。もっとも，実行行為が可罰的違法性を帯びるのは，法益侵害の具体的危険が発生した時点以降に限られ，すべての実行行為が可罰的違法行為となるわけではない（➡314-5 頁参照）[122]。

　(2) 過失の競合　結果の発生に対して数人の過失が併存する場合を「過失の競合」という。刑法上の過失には，民法の不法行為におけるような過失相殺という観念は認められないが（特に行為者と被害者の**対向型過失競合**の場合），複数の行為者の過失が競合した場合に（**並行型過失競合**），一方の過失が他方の過失に一定の影響を及ぼすことがある。並行型の過失の競合には，①各人の過失行為がそれぞれ独立に結果発生の危険を含み，他方の過失行為がなくても結果が発生する「併存的競合」，②一方の過失だけで結果は発生するが，他方に過失がなければ結果の発生を防止しうる関係に立つ「重畳的競合」，③各人の過失行為がそれだけでは結果発生の危険を含まないが，他人の過失行為と相まって結果発生の危険が生じるという関係に立つ「累積的競合」がある。

　過失の競合については，過失犯についても共犯（過失共同正犯）の成立を認めるか，これを否定し過失同時犯として扱うかによって結論が左右される（➡583頁）。①の**併存的競合**の場合は，過失共同正犯を認めなくても同時犯として各自の過失責任を問えるが，②の**重畳的競合**，③の**累積的競合**の場合は，必ずしも常に同時犯の成立が認められるわけではない。過失共同正犯を否定する立場からは，適用の限界を留保しつつ，協同作業における役割分担に応じた「信頼の原則」の適用場面として，過失の競合の問題を捉えることになろう（高橋236頁）。医療事故に関する判例として，最決平19・3・26（刑集61巻 2 号131頁／患者取違え事件）は，医療行為において患者の同一性を確認することは，医療関係者の基本的

---

[120] 前田213頁は，いくつかの考えられる危険な行為を全体として把握した上で，主要な，実質的危険性をもった 1 個の過失行為を認定すべきである，とする。
[121] いずれかの説によって一律に判断するのは妥当でない，とするものとして西田263頁。
[122] 具体的危険の発生を実行行為の概念要素と解するときは，直近の過失行為だけが実行行為となり，直近過失一個論が採られることになる（浅田345頁）。

な注意義務であるから、病院として患者の同一性確認についての組織的なシステムや役割分担の取決めが欠如していた本件においては、手術関与者において他の者が確認を行っていると信頼して自ら確認する必要がないと判断することは許されず、各人の職責や持ち場に応じ、重畳的に、それぞれが責任をもって患者の同一性を確認する義務がある、と判示している。

(3) 監督過失と管理過失　過失の競合のうち、特に問題となるのは上下間の重畳的競合の場合であって、例えば、ホテル火災における経営責任者の過失と現場従業員の過失のように、競合する過失行為者の間に業務その他の社会生活上の関係から、監督者－被監督者という主従関係がみられる場合である。この場合、監督者の過失は、被監督者の過失行為についてその監督義務を尽さなかったことに認められるのであり、これを**監督過失**（監督責任）という。監督過失の領域では、例えば、消防法上の防火管理責任に関する義務のように、行政取締法規上の義務（これを**安全体制確立義務**という）が問題となることが多い。しかし、この義務違反により死傷の結果が発生したからといって、直ちに不作為による業務上過失致死傷罪が成立するわけではない。不真正不作為犯を基礎づける刑法上の作為義務は、作為の場合と同程度に不作為の違法性を基礎づけるに足りる強度の義務でなければならない（➡447頁参照）。また、監督過失が常に不作為犯の問題となるものでないことにも注意する必要がある。

監督過失における注意義務は、自己の行為によって被監督者の過失行為が引き起こされ、犯罪的結果を生ずることについての予見可能性を前提としているところにその特色がある。例えば、ホテル火災による死傷事故の場合には、死傷の結果のほか、これと結びついた火災の発生およびその際の従業員の不適切な行動等が結果に至る因果経過として予見可能でなければならない。監督過失についても**信頼の原則**を適用する余地はあるが、監督者にはその立場上被監督者との関係において高度の注意義務が課せられていると考えられ、信頼の原則の適用にはおのずから一定の制約がある（➡358頁参照）。判例として、例えば、最判昭63・10・27（刑集42巻8号1109頁）は、工場において原料の液体塩素の受入れ作業に従事していた未熟練技術員が過失により塩素ガスを放出させて起こした事故（日本アエロジル工場塩素ガス流出事件）について、「安全教育又は指示を徹底しておきさえすれば、通常、熟練技術員らの側においてこれを順守するものと信頼することが許される」として、信頼の原則を適用する余地を肯定したが、製造課長と班の責任者

に，右安全教育の徹底・指示を怠ったまま漫然未熟練技術員を受入れ担当の班に配置した，として業務上過失致死傷罪の成立を認めた[123]。

監督過失（狭義）が従業員等，被監督者の（過失）行為を媒介とする間接的な過失であるのに対し（間接防止型），管理者等による物的設備・機構，人的体制等の不備自体が結果発生に直結するような直接的な過失を**管理過失**という（直接介入型）。例えば，ホテル経営者がスプリンクラー・防火シャッター等の設備を設置しなかったり，従業員の防災・避難誘導訓練を行わなかったために，火災事故から死傷の結果が発生したような場合がこれである。管理過失も，監督的地位にある者の過失責任という意味では，広義の監督過失に含まれる。

【火災事例と管理・監督過失】❶最決平2・11・16（刑集44巻8号744頁／川治プリンスホテル火災事件）は，「宿泊施設を設け，昼夜を問わず不特定多数の人に宿泊の利便を提供する旅館・ホテルにおいては，火災の危険を常にはらんでいる上，被告人は，同ホテルの防火防災対策が人的にも物的にも不備であることを認識していたのであるから，いったん火災が起これば，発見の遅れ，初期消火の失敗等により本格的な火災に発展し，建物の構造，避難経路等に不案内の宿泊客等に死傷の危険の及ぶ恐れがあることはこれを容易に予見できたものというべきである」としているが（条件付き予見可能性），「いったん火災が起これば」と述べるのみで，出火自体の予見可能性を要求していない点に疑問がある[124]。

❷最決平5・11・25（刑集47巻9号242頁／ホテルニュージャパン火災事件）は，代表取締役である被告人には，①スプリンクラー設備または代替防火区画の設置など，防火管理者たる支配人の権限に属さない措置については被告人自身がこれを行うと共に，②消防計画の作成，消防訓練，その他の防火防災対策の確立など，防火管理業務については同支配人において適切にこれを遂行するよう同人を指揮監督すべき義務がある，として安全体制確立義務を強調した。本決定においても，当該火災の発生についての具体的予見可能性については触れられておらず，行政取締法規である消防法違反の説明にはなっていても，過失の説明にはなっていない，との疑問が残る[125]。

---

[123] また，最決平17・11・15（刑集59巻9号1558頁）は，大学付属病院の耳鼻咽喉科に所属し患者の主治医の立場にある医師Xが抗がん剤の投与計画の立案を誤り，抗がん剤を過剰投与するなどして患者を死亡させた場合において，治療方針等の最終的な決定権を有する同科長のYには，Xらの抗がん剤の副作用に関する知識を確かめ，的確に対応できるように事前に指導するとともに，発現した副作用を直ちに報告するよう具体的に指示すべき注意義務等を怠った過失がある，と判示した。

[124] これを「いったん定式」と呼び，「この論理は，危惧感説と紙一重」とするものとして，甲斐克則『責任原理と過失犯論』（2005年）119頁。

これに対し、新過失論からは、従来の危惧感説の問題性を認めながらも、「ここでは、万が一の事態に対処することが要求される形の結果回避義務が問題となっていることから、それを課すための前提として要求される予見可能性の程度はかなり低いものであってもよいと考えてはじめて、過失処罰の要件としての予見可能性は肯定される」として判例が支持されるが（井田209頁）、旧過失論からも、結果発生の確率の低さは具体的予見可能性を左右するものではない、としたうえで、この場合は、いったん火災が発生した場合の結果の予見可能性が問題なのであるから、出火原因そのものについての予見可能性までは不要とする、との主張がみられる（西田277-8頁。同旨、佐伯（仁）306頁）。

しかし、火災による死亡事故の場合、管理者・監督者に消防法違反の事実とその故意は認められるが、それだけで業務上過失致死傷罪の過失が基礎づけられることはない。特に、「火災の発生」は、因果関係の基本的部分の最たるものであって、過失が認められるためには、火災が発生することの予見可能性と、それによって死傷者が出ることの予見可能性が共に必要である。万一火災が発生した場合に大惨事になることが予見可能であったとしても、火災の発生それ自体について具体的予見可能性が認められなければ過失は認められないのである（浅田353頁）[126]。管理・監督過失、特に管理過失における火災事故判例は、結果の重大性に囚われるあまり、かなり軽度の予見可能性しか認められないケースについても過失を認める傾向にあるとの印象を拭いきれない（山口244-5頁参照）。

② 過失犯における正当化事由

過失犯には故意犯と異なる特有の正当化事由が存在するのか、また、正当化事由自体は共通であるとしても故意犯の場合とは異なった考慮が必要となるか、といった点が問題となる。

(1) **許された危険**　　過失犯固有の正当化事由ないし過失犯成立の限定原理として「許された危険」ということがいわれる（内藤・中625頁以下参照）[127]。これは、例えば危険な企業活動、高速度交通機関、医療行為などのように、社会生活上不可避的に法益侵害の危険を伴う行為について、その社会的有用性を根拠に、法益侵害の結果が発生したとしても一定の範囲で許容するという考え方である。

---

[125] 同様の火災事例として、7階にキャバレーがあり、6階以下をデパートとするビルの3階寝具売り場から出火し、キャバレーの客や従業員が多数死傷した千日デパートビル火災事件に関する最決平2・11・29（刑集44巻8号871頁）等がある。
[126] 浅田・同頁は、管理・監督過失は、この点を軽視する点で、危惧感説に立つか結果責任を認めるのに近い、と厳しく指摘する。
[127] 許された危険を、客観的帰属論における「許されざる危険創出」を否定する原理として捉えるときは（山中379頁）、故意犯と過失犯に共通の構成要件該当性阻却事由ということになろう。

一般的正当行為としての社会的相当行為（➡249頁）の一種である。

　許された危険の法理には，2つの考え方がある（前田291頁参照）。その1は，①許された危険による正当化の限界を，行為が落度なく行われたかどうか，社会的に相当かどうかという基準によって画そうとするもので，その主張を過失論全般に及ぼして新過失論の論拠とするところにその特色がある。この見解は，道路交通法，消防法等の行政取締法規が「国家があらかじめ範型となる一定の事例類型を想定した上で，そこにおける危険と有用性の較量の帰結を示したものと理解することができる」ことから，行政取締法規を許された危険（注意義務）の判断基準とする（佐伯(仁)309-310頁参照）。しかし，行政取締法規を遵守していたとしても，行為がなされる具体的状況において，法益侵害（人の殺傷）の現実的危険が発生すれば当該行為は禁止されるべきであって，その点につき具体的予見可能性が認められれば過失犯の成立を肯定すべきであるし，反対に，行政取締法規に違反する行動であっても，法益侵害の現実的危険が発生しなければ行政取締法規違反の違法性が認められるとしても，刑法上の違法性は否定され，また，現実的危険が発生したとしてもそのことにつき具体的予見可能性が認められなければ，過失犯の成立が否定されるべきである（➡339頁）。

　そこで，第2の見解は，②許された危険による正当化の限界を，行為時における行為の有用性・必要性と法益侵害の危険性との利益衡量を基準として画そうとするもので，①の見解のように，許された危険の法理に違法論一般を再構成する契機となるような大きな意義を認めることはしない[128]。結果無価値論の立場からは，②の方向が採られることになる。許された危険の法理を適用するに際しては，個々の具体的な犯罪行為について，行為の有用性・必要性と行為の危険性とが個別具体的に検討されなければならない。その意味で，許された危険の法理によって正当化を認めうる範囲は，医療行為などの一部の例外を別とすれば，実際上かなり限られたものとなろう。むしろ，「許された危険」の法理は，自動車交通など社会生活上有用な諸活動について，それが大量観察上不可避的に法益侵害の危険を伴うとしてもこれを一般的に容認するための説明概念にすぎず，例えば，実際に自動車事故を起こした個々の行為について，当該行為の適法・違法を

---

[128] これに対し，行為無価値を結果無価値の前提として捉え，その意味を「許されない程度に危険であること」と理解するものとして林35頁以下。同書は，犯罪論の随所において「許された危険の法理」に大きな役割を認めている。

判断するための具体的基準としての実践的機能は持ち合わせていないというべきである[129]。

(2) 緊急避難　過失緊急避難の一般例としては，例えば，歩行中のＸが対向してきた車にぶつかりそうになり生命の危険を感じたのでとっさに身をかわしたところ，付近を通行中のＡを押し倒してやむをえず傷害を負わせたが，夢中でそのことを認識していなかった，といったケースが考えられる。この場合，過失犯と緊急避難の関係に関して，ⓐ特に緊急避難における避難意思の要否との関連で，理論上，過失犯にも緊急避難が認められるか[130]（➡233頁），ということと，ⓑ過失犯の構造論との関連で，過失犯についておよそ緊急避難を論ずる意義ないし必要性（実益）があるか，ということが問題となるが，以下，今日主要な争点とされているⓑについて見てみることにしよう。

緊急避難を正当化（可罰的違法阻却）事由と捉えた場合，犯罪論体系の問題として，①過失を責任要素と解する旧過失論の立場では，緊急避難の肯否は，違法論において過失の認定に先立って判断されるのであり[131]，過失犯においても緊急避難を論ずる意義は当然に認められることになる。これに対し，②過失を違法要素と解する新過失論の立場では，特に過失の内容を結果回避義務違反と捉える場合，過失の認定と緊急避難における「やむを得ずにした」，つまり「他にとるべき方法がなかった」（結果回避の可能性がなかった）という補充性の原則が表裏の関係に立つことになり，同じ違法判断において過失の認定とは別に緊急避難の判断をする必要がなくなるのではないか，という疑問が生じてくる。そして，現に，緊急状態にある過失事犯については，注意義務違反という過失要件の有無で可罰性を判断すべきであって，過失犯に緊急避難を適用する余地はないとか，端的に過失の存否を問えば足りる，とする見解（過失犯説）もみられるのである[132]。

しかし，結論として述べれば，緊急状況における過失犯の成否については，過

129　なお，故意犯において，結果発生の認識があっても，優越的利益を保全するための行為が正当化されるように，過失犯において結果の具体的予見可能性があっても，その行為が現に他のより大きな具体的法益を保全するために行われた場合には正当化されることになる（西田264頁）。
130　①避難意思不要説ないし避難意思を緩和した形で捉える立場では緊急避難が肯定され，②避難意思を避難の目的・動機と厳格に解する避難意思必要説からは否定されることになる。
131　構成要件的過失を認める場合には，構成要件で主観的過失が認定された後に客観的違法論で緊急避難が判断されることになり，いずれにせよ両者の重なり合いは認められない。
132　この問題についての私見の詳細は，判例の紹介・分析を含めて，「過失交通事犯と緊急避難」『展開』213頁以下。

失の認定と緊急避難の存否の判断とを区別し，後者についても過失の成否とは別に常に判断を必要と解すべきであろう。まず，過失の本質を結果の予見可能性と捉え，過失犯の注意義務の内容を結果予見義務と構成する旧過失論にあっては，主観的な過失の認定と客観的な緊急避難の存否の判断との間には当然に乖離が生じてくるし，また，注意義務の内容を結果回避義務と捉える新過失論にあっても，その前提となる結果回避可能性は危難の存在を不可欠の要素としておらず，必ずしも緊急避難における補充性の原則とは意味を同じくしていないのである。判断の順序は犯罪論体系により異なるが，過失犯の成立は，緊急避難が否定され，かつ，過失が認められて初めて肯定されるのである。

(3) 危険の引受け　過失犯における「危険の引受け」とは，法益の主体（過失犯の被害者）が事前に一定の危険を認識したにもかかわらず，あえて自らをその危険にさらしたところ，不幸にも行為者の行為から結果が発生してしまった場合をいう。その特色は，被害者が危険な「行為」は引き受けているが，そこから生ずる侵害の「結果」まで引き受けたわけではない，という点にある。したがって，被害者が危険自体は引き受けていたとしても発生した結果についてこれを正当と解することはできず，「危険の引受け」は，主観的な過失責任論によって解決すべき問題と考えるが，これと異なる見解については，➡269頁以下参照。

第5節　事実の錯誤

1　意　義

錯誤とは，行為者の主観的に認識した内容と客観的実在（事態）とが一致しないことをいうが，このうち**事実の錯誤**とは，行為者が認識した犯罪事実と現に発生した客観的な犯罪事実とが一致しない場合をいう。事実の錯誤論では，どの範囲で事実の錯誤として故意の阻却を認めるかが問題となる。「裏返された故意論」と呼ばれるのはそのためである。

なお，事実の認識に欠けるところはないが，自己の行為が違法であるのに違法でないと誤信した場合が「違法性の錯誤」である（➡第6節 3）。したがって，事実を誤認したために自己の行為が違法でないと誤信した場合は，違法性の錯誤ではなく事実の錯誤として扱われる。

広義で事実の錯誤という場合，まず，①例えば，野獣なのに人間だと思って殺

意をもってこれに発砲する場合のように，犯罪事実が存在しないのに存在すると誤認する場合をいう（**積極的錯誤**）。不能犯が問題となる（➡第3編第2章第3節）。

次に，②犯罪事実が存在するのに存在しないと誤認する場合をいい（**消極的錯誤**），過失犯が問題となる（➡第4節）。これには，例えば，ⓐ人なのに野獣だと思って猟銃を発射する場合のように，構成要件該当事実が存在するのに存在しないと誤信したために構成要件的故意を阻却する事実の錯誤と，ⓑ構成要件該当事実の認識はあって構成要件的故意は認められるが，その余の違法事実について誤認があるため責任要素としての故意（責任故意）を阻却する事実の錯誤とがある。責任故意を阻却する事実の錯誤の1つは，正当化事情の錯誤であって，誤想防衛など，正当化事由の前提事実に関する錯誤がこれである。正当化事情の錯誤を違法性の錯誤と解する見解もあるので，詳細は，第7節4で論ずる。その2は，違法性を積極的に基礎づける事実の錯誤であって，例えば，偽証罪（169条）において，陳述内容が客観的真実に反することを違法要素と解した場合（➡295頁），証人が，証言が自己の記憶に反する陳述であることは認識していたが，客観的にも真実に反する事実を，記憶が誤りで客観的には真実に反しておらず国家の審判作用を害するおそれはないと誤信していた場合，証人に偽証罪の構成要件的故意は存在するが責任故意が欠けるため，偽証罪は成立しない（過失による偽証は不可罰）。

しかし，③通常「事実の錯誤」と呼ばれるのは，一定の犯罪事実を他の犯罪事実と誤認する場合をいう（**狭義の事実の錯誤**）。本節で扱う錯誤はこの意味での錯誤である（以下，単に「事実の錯誤」という）。事実の錯誤につき，刑法は38条2項で単に「重い罪に当たるべき行為をしたのに，行為の時にその重い罪に当たることとなる事実を知らなかった者は，その重い罪によって処断することはできない」と規定するにとどまり，その取扱いを一切解釈に委ねている。事実の錯誤の基本は，行為者が主観的に認識した構成要件該当事実と現に発生した客観的な構成要件該当事実が一致しない場合であって，「構成要件的錯誤」とも呼ばれる[133]。

---

[133] 構成要件的錯誤においては，構成要件的故意が阻却されるか否かが問題となるから，厳密には（主観的）構成要件該当性の問題であるが，構成要件的故意が阻却されれば同時に責任故意も阻却されることになるので（➡294頁参照），便宜本章で扱うことにする。

2 種　類

事実の錯誤（構成要件的錯誤）は，次のように分類することができる。

(1) 構成要件の範囲による分類　錯誤が，同一構成要件内のものか，別個の構成要件にまたがるものかによって，次の2つに分けられる。ⓐ例えば，Aを殺害するつもりでBを殺害してしまった場合のように，同一構成要件内の事実に誤認のある場合を**具体的事実の錯誤**といい，「同一構成要件内の錯誤」とも呼ばれる（➡ 3）。これに対し，ⓑ例えば，物を壊すつもりで人を殺害してしまった場合のように，別個の構成要件に属する事実の間に誤認のある場合を**抽象的事実の錯誤**といい，「異なった構成要件間の錯誤」とも呼ばれる（➡ 4）。

(2) 構成要件要素による分類　事実の錯誤はまた，構成要件のどの要素に錯誤が生じたかによって，次の3つに分けられる。

(a) **客体の錯誤**　例えば，BをAと誤認して殺害してしまった場合のように，侵害行為は認識どおりの客体に向けられたが，その客体が違っていた場合をいう。「Aだと思ったから殺害した」というのは動機の錯誤にすぎず，具体的事実の錯誤であって，故意を阻却しない。これに対し，AをAの飼い犬と誤認して殺害した場合は，抽象的事実の錯誤であって，客体の錯誤についても故意（殺意）が阻却されるかどうかについて見解の対立がある。

(b) **方法の錯誤**　例えば，Aを殺害しようとして発射した弾丸が意外のBに命中してこれを殺害してしまった場合のように，狙った客体とは違った客体に結果の生じた場合をいい，「打撃の錯誤」ともいう。客体の錯誤と異なり，客体の個数に関しても錯誤が生じている点に方法の錯誤の特色がある。具体的事実の錯誤についても，故意の阻却が認められるかどうかについて見解の対立がある（➡ 3）。

(c) **因果関係の錯誤**　例えば，Xが殺意をもちAの心臓を狙って銃を発射したところ，弾丸は急所を外れAに軽傷を負わせたにとどまったが，Aが血友病を患っていたため出血が止まらず死亡してしまったという場合のように（血友病事例），認識事実と発生事実とは一致するが，ただ行為者の予見しない因果関係の経路をたどって発生事実が生じた場合をいう。なお，因果関係の錯誤にあっては，およそ故意が阻却されるのではなく，故意が結果にまで及んでいないため既遂犯としての故意責任が否定されるにとどまり，故意未遂犯は成立することに注意する必要がある。もとより，例えば，飛行機に爆弾が仕掛けられていることを

知らずに，事故による死亡を願ってAに飛行機への搭乗を勧める行為のように，実行行為性の認識すら欠ける場合は，飛行機の爆発によりAが死亡したとしても未遂にさえならない。

因果関係の錯誤について，通説は，相当因果関係の範囲内の錯誤であればおよそ故意を阻却しないとして故意既遂犯の成立を認めているが，それは，因果関係論において折衷的相当因果関係説を採って因果関係の範囲に絞りをかけると同時に，錯誤論において法定的符合説（➡3①(2)）を採って故意の符合を広く認めるからである。しかし，客観的な因果関係の問題と主観的な故意の問題とを区別すべきであるとする立場からは，相当因果関係が肯定される場合であっても，なお既遂犯の故意責任を否定する余地を認めるべきであろう[134]。例えば，前掲の血友病事例において，客観的相当因果関係説に立って考えると，Xの行為とAの死亡結果との間に因果関係が認められるが（➡140頁），XがAの血友病を認識していないかぎり，因果関係の錯誤としてXは殺人未遂の限度でしか故意責任を問われないことになる（井田・理論構造66頁，内藤・下Ⅰ958頁）。

3 具体的事実の錯誤
① 学説
方法の錯誤について，具体的符合説と法定的符合説とが対立している。

(1) 具体的符合説（具体的法定符合説） 行為者の認識した事実と現に発生した事実とが具体的に一致しないかぎり故意を阻却する，と考える学説である。したがって，ⓐ客体の錯誤の場合は，認識事実と発生事実とが具体的に一致しているから故意を阻却しないが，ⓑ方法の錯誤の場合は，認識事実と発生事実とが具体的に一致していないから故意を阻却することになる。殺人罪を例にとると，ⓐ客体の錯誤の場合は，「その人」（A）を狙って発射した弾丸が狙い通り「その人」（B）に命中してこれを殺害しているから，「その人」においてAとBとが重なり合い故意を阻却しないが，ⓑ方法の錯誤の場合は，「その人」（A）を狙った弾丸が外れて意外の「あの人」（B）に命中してこれを殺害しているから，AとBと

---

[134] なお，西田227頁は，経験的相当性説の立場から（➡140頁・注67），客観的に相当因果関係があり，主観的にも相当因果関係（刀で切りつけて殺害すること）を認識している以上，認識事実と実現事実は構成要件的に符合するから故意は阻却されることなく殺人既遂が肯定される，とするが，この帰結は，具体的事実の錯誤において法定的符合説を採るか，あるいは因果関係をおよそ故意の対象としないことによって初めて可能であろう。

の重なり合いは認められず故意を阻却する,と解するのである。したがって,具体的符合説にあっては,その錯誤が客体の錯誤であるか方法の錯誤であるかは,重要な問題となる。

　もっとも,具体的符合説も構成要件的評価を無視するわけではなく,故意の内容は構成要件該当事実の認識であり(構成要件的故意),構成要件上重要な事実についての錯誤のみ故意を阻却する(構成要件的錯誤),と解している(他に違法性を基礎づける事実の錯誤)。ただ,法定的符合説とは異なり,故意の存否は構成要件該当事実ごとに個別に問題とされなければならず,また,その結論は他の構成要件該当事実のいかんによって影響を受けない,と解するところにその特色がある。あくまでも,「構成要件該当事実の認識」が存在するか否かが,構成要件該当事実ごとに問題とされなければならない,と解するのである(山口・探究120頁以下)。具体的符合説も,構成要件を基準にして故意の有無を判断しているので,そのかぎりでは「法定的符合説」であるが(平野・Ⅰ175頁など),法益主体の個別性・具体性を構成要件上特に重要な事実としてその錯誤につき故意の阻却を認めることから「具体的法定符合説」と呼ばれることもある(山口204頁)。

　(2) 法定的符合説(抽象的法定符合説)　　行為者の認識した事実と現に発生した事実とが法定的に罪質を同じくするかぎり故意を阻却しないが,罪質を異にするときは故意を阻却する,とする学説である。したがって,①同一構成要件内の事実に誤認のある具体的事実の錯誤の場合は,罪質を同じくするから客体の錯誤はもとより方法の錯誤であっても故意を阻却しないが,②別個の構成要件に属する事実の間に誤認のある抽象的事実の錯誤の場合は,通常,罪質を異にするから故意を阻却することになる。

　法定的符合説の最大の論拠は,構成要件が抽象的類型的に規定されており,例えば殺人罪(199条)の場合,その構成要件は「(およそ)人を殺すこと」であって,禁止規範の内容は「(およそ)人を殺すな」と理解され,したがって,Aを殺害しようとしてピストルの狙いをつけたXは「人を殺すな」という規範に直面しているにもかかわらず,規範の要請を振り切って引き金を引いたところ弾丸がそれて付近にいた意外のBに命中したとしても(→②(2)),「人を殺すな」という規範に違反して人を殺したのであるから故意を認めてよい,とする点にある(その問題点につき,→③(2)(a))。法定的符合説は,構成要件該当事実を構成要件要素のレベルで抽象的に捉えるにとどまらず,それに該当する事実の個別性・具体性

(例えば，行為者の狙った客体が「その人（A）」であるか「あの人（B）」であるか)をいっさい排除することから「抽象的法定符合説」とも呼ばれる（山口203頁）。

2 事例の検討

冒頭に，検討の対象となる方法の錯誤に関する事例を列挙することにしよう。

> 〔事例Ⅰ〕XはAを殺害しようとしてピストルを発射したが，弾丸は意外にも傍にいたBに命中してこれを死に致した（方法の錯誤の典型例）。
> 〔事例Ⅱ〕事例Ⅰにおいて，弾丸はAに命中するとともにBにも命中し，A・B共死亡した（併発事実の事例）。
> 〔事例Ⅲ〕事例Ⅰにおいて，弾丸はAの腕をかすめて傍にいた意外のBに命中した。Bは死亡したが，Aは負傷したにとどまった。
> 〔事例Ⅳ〕事例Ⅰにおいて，弾丸は，AとBの中間を通り抜けた。
> 〔事例Ⅴ〕事例Ⅰにおいて，Bのほか同じくAの傍らにいた意外のCにも命中し，B・C共死亡した。

(1) 具体的符合説による解決　この見解による場合，故意は狙った客体（事例におけるA）にのみ認められ，意外の客体（B・C）との関係では予見可能性があることを前提として（以下，同じ）過失が認められるにすぎないから，事例の処理は比較的単純である。

まず，方法の錯誤の典型例である〔事例Ⅰ〕の場合，Aに対する関係で殺人未遂，Bに対する関係で過失致死の観念的競合である。次に，いわゆる「併発事実」に関する〔事例Ⅱ〕の場合，Aに対する関係で殺人既遂，Bに対する関係で過失致死となる。さらに，〔事例Ⅲ〕の場合，事例Ⅰの場合と同様，Aに対する殺人未遂とBに対する関係で過失致死が成立する。また，〔事例Ⅳ〕の場合は，Aに対する殺人未遂のみが成立する。最後に，〔事例Ⅴ〕については，Aに対する殺人未遂と，B・Cに対する過失致死が成立する。

(2) 法定的符合説による解決　法定的符合説には，1個の故意で数個の犯罪を実現した場合について，ⓐ故意の個数を問題にし1個の故意犯の成立のみを認める**一故意犯説**と，ⓑ故意の個数を問わず実現した複数の故意犯の成立を認める**数故意犯説**とがある。

(a) **一故意犯説による扱い**　いずれかの客体につき，1個の故意犯の成立が認められる。

〔事例Ⅰ〕の場合，一故意犯説は，Aに対する故意のBへの転用を認めてBに対する殺人既遂を認めるが，Aに対する関係では，当初Aに向けられていた故意をBに転用した以上，すでに故意は存在しないから不可罰であるとする（残るのは過失であるが，過失未遂は処罰されない）。

〔事例Ⅱ〕について，一故意犯説は，Aに対する関係で殺人既遂を認めるが，Bに対する関係では，当初のAに対する故意が実現した以上，錯誤論を適用する余地はなく，過失が存在することを前提として過失致死の成立を認め（大塚192頁），結論的には具体的符合説と一致することになる。しかし，意外のBに結果が発生した以上，本件を錯誤の問題でないと言い切れるかは疑問である。

〔事例Ⅲ〕については，一故意犯説の内部でさらに見解が分かれている。①第1説は，Aを負傷させたという事実をBに対する殺人既遂の中に含めて理解し，Bに対する殺人既遂の罪責のみを認める（福田121頁）。しかし，当初狙っていたAの負傷という事実を不問に付すのは，Aの身体という重大な法益の侵害を独立に評価していない点で疑問があるし，また，同じく1人を殺害し1人を負傷させた場合であるにもかかわらず，Aが死亡しBが負傷した場合に殺人と過失致傷になること[135]との間に不均衡が生ずる。

②第2説は，Bに対する関係で殺人既遂を認め，Aに対する関係では，Bに対して故意を転用してしまったことから故意を認めることができず，過失致傷罪が成立し，両罪は観念的競合となるとする（大塚・基本問題249頁）。しかし，Xが狙っていた客体であるAに対する関係で過失犯というのはいかにも不自然である。この見解が，Bに対する関係で認められたはずの行為者の過失を基礎としてAに対する過失犯を認定するのであれば（大塚・基本問題250頁），いわばBに対する過失をAに転用するものであって余りにも技巧的であり，またBに対する本来の過失の有無を問わないというのであれば過失責任主義の原則に反することになろう。さらに，前例においてAが重傷を負い，その後死亡した場合には，今度はAに対する殺人既遂とBに対する過失致死ということになって，故意の内容が変化してしまうという問題もある（前田・基礎263頁）。故意の有無は，行為のときの

---

[135] 福田 平「方法の錯誤に関する覚書」井上正治博士還暦祝賀『刑事法学の諸相（上）』(1981年) 227頁（同『刑法解釈学の主要問題』(1990年) 86頁以下所収）。

事実として判定できるものでなければならないであろう[136]。

③第3説は，弾丸がXの当初予定していた客体であるAに当たってこれを負傷させた以上，殺意がAにつき完全に燃焼し切っていて残るかけらはなく，そこに錯誤の存在する余地はないとして，具体的符合説と同一の結論（Aに対する殺人未遂，Bに対する過失致死）に達する[137]。しかし，XはAに対する殺人既遂の故意を抱いていたのであって，未遂の段階では燃焼は不完全であり，もし，殺意の実行という点に故意の燃焼を求めるのであれば，殺人未遂の概念が無傷・負傷を問わないものである以上，事例ⅠのAが無傷の場合にも殺人未遂を認めるべきであろう。

〔事例Ⅴ〕についても，一故意犯説の内部で見解が分かれている。①第1説は，B・Cどちらに対する殺人既遂かを特定しないという立場であるが，殺人罪において客体を特定することは，訴因を特定するうえでも有罪判決の理由である罪となるべき事実を書くうえでも不可欠であって，この見解は実務における実際上の処理に窮する。そこで，②第2説は，B・Cのうち早く死んだ方に故意犯を認めるのであるが，どちらが先に死んだか分からない場合や同時に死亡した場合に問題が生じてこよう。

(b) 数故意犯説による扱い　　結果の発生した客体の数だけの故意既遂犯，また，結果の発生する可能性のあった客体の数に見合う故意未遂犯の成立を認める。

〔事例Ⅰ〕の場合，Bに対する関係で殺人既遂を認めると同時に，Aに対する関係で殺人未遂を認めるが，Xは，A1人を殺すという1個の故意しかなかったにもかかわらず2個の故意犯の成立を認めるのは，責任主義の見地から疑問が残るところである。

〔事例Ⅱ〕の場合，当初の故意が実現したAに対する関係で殺人既遂を認めると同時に，意外のBに対する関係でも殺人既遂を認める。ここでも，1個の故意しかないにもかかわらず2個の故意犯の成立を認めるのであるが，学説はその根拠を，刑法が観念的競合を科刑上の一罪としているのは，1罪の意思をもってした場合にも数罪の成立を認める趣旨を含むものである，という点に求めている

---

[136] 平野龍一「具体的法定符合説について」〔同〕『犯罪論の諸問題（上）総論』刑事法研究第2巻Ⅰ（1981年）73頁参照。
[137] 下村康正『刑法総論の現代的諸問題』（1979年）129頁。

(団藤304-5頁)[138]。判例も，この場合，殺人2罪の成立を認めている（大判昭8・8・30刑集12巻1445頁）。判例はさらに未遂の場合にもこの考え方を推し及ぼし，Aを殺して強盗する目的でAを狙って銃を発射し，Aを傷つけるとともに付近にいた通行人Bをも傷つけた事案につき，2個の強盗殺人未遂罪の成立を認めた（最判昭53・7・28刑集32巻5号1068頁）。

しかし，方法の錯誤論においてはそもそも成立する故意犯の個数（1個か2個か）が問われているのであるから，その際に，数個の犯罪が成立することを当然の前提にしてその科刑上の取扱いを問う観念的競合の趣旨を援用することは妥当でない。たしかに，Xが1発の弾丸でA・Bを共に殺害する意思をもっていた場合は，2個の殺人の観念的競合が認められるが，本件ではAのみを殺害する意思しかもっていなかったのであって，両事例を同列に扱うことはできない[139]。本件のような確定的故意の場合（故意の個数も確定している）と概括的故意の場合（故意の個数も不確定である）とは，やはり故意の個数の点からも区別されなければならない。

〔事例Ⅳ〕の場合，この立場では理論上2個の殺人未遂を認めざるをえなくなる。さらに，C・D・E……等にも弾丸が当たる可能性があったとすると，その数だけ殺人未遂を認めるというのが数故意犯説の論理的帰結となるはずである。しかし，それは余りにも行為者の認識と遊離した評価であって責任主義に反しよう。

3 各説の問題点

具体的符合説および法定的符合説がそれぞれ抱える問題点を挙げ，その当否を考えてみることにしよう。

(1) 具体的符合説の問題点　法定的符合説の側から次の2点が指摘されている。

138　中野次雄「方法の錯誤といわゆる故意の個数」団藤重光博士古稀祝賀論文集第2巻（1984年）210頁以下参照。

139　そこから，数故意犯説に立ちつつ，「方法の錯誤の場合は，一人を殺す故意しかなかったのであるから，たとえ二人を死に致したとしても，故意責任の面では，その責任の量に対応して，一人を殺したものとしての刑以上の刑を量定することは許されない。つまり，この場合は，観念的競合であることによる刑の制約の上にさらに責任による量刑の制約が加わるのであって，それによってはじめて責任主義が全うされる」（中野・前掲注(138)216頁）との説明もなされるが（同旨，高橋194頁），これは事実上一故意犯説と異ならず，複数の故意犯の成立は名目的意義をもつにすぎなくなろう。

(a) **客体の錯誤と方法の錯誤の区別**　具体的符合説は，先にみたように（➡︎①(1)），客体の錯誤の場合と方法の錯誤の場合とで異なった取扱いをするのであるが，これに対しては，この2つの錯誤の区別は必ずしも明確ではなく錯誤論の実際の適用にあたって困難をきたす，という批判が提起されている。例えば，XがAを脅迫しようとしてA宅へ電話をかけたところ電話回線の故障で誤ってB宅の電話に接続してしまい，BをAだと思って脅迫した場合，客体の錯誤であるか方法の錯誤であるか明確でないというのである。しかし，この場合，電話をかけること（電話回線の接続）自体は脅迫行為ではなく，電話口に出たBをAと誤信して脅迫したのであるから，客体の錯誤であって方法の錯誤ではない。

　問題となるのは，例えば，XがAを殺害しようとして，Aの車にエンジンをかければ爆発するような装置を仕掛けておいたところ，Aの妻Bがその車を運転しようとして爆発しBが死亡したという場合のように（自動車爆破事例），行為の作用時に行為者が攻撃客体（B）を現認していない場合である。この場合，行為の開始時にXが認識していた客体（A）と実際に結果の発生した客体（B）とが食い違っているのであるから方法の錯誤のようにもみえるが（浅田314頁，佐伯(仁)261頁，西田226頁，松原222頁など），行為が客体に作用する時点を基準として考えると，XがAの車に爆発装置を仕掛けるつもりで誤って隣に駐車していたBの車に爆発装置を仕掛けた場合と同様，車のエンジンをかけるのがAだと考えていたらBであった，ということで客体の錯誤とみることができよう（山口210頁，山中347頁など）。本件も「その人」（エンジンをかける人）を狙って「その人」を殺害したとみることができるのである[140]。

(b) **客体が人以外の場合と方法の錯誤**　具体的符合説は，客体が「物」や非個人的法益の場合に問題の解決に困難をきたすと指摘される。

(i) **客体が「物」の場合**　具体的符合説を採った場合の第2の問題点として挙げられるのは，行為者が意図した行為の未遂処罰規定がなく，また発生した結果の過失処罰規定がない場合に処罰の間隙が生ずる，ということである。例えば，Xが甲物を損壊しようとして誤って乙物を損壊したような場合，具体的符合

140　西田226頁は，自動車爆破事例においてXがA以外の人（B）が乗ることはないと思っていた場合，Bに対する危険の認識がないから故意を認めるべきでないとするが，そうだとすると，典型的な客体の錯誤の場合も，Xがその人はA以外の人（B）ではありえないと考えていれば，Bに対する故意が否定されることにならないであろうか。

説によると，甲物に対しては器物損壊の未遂，乙物に対しては過失器物損壊となるが，刑法は器物損壊について未遂処罰も過失処罰も認めていないから，器物損壊の意思をもって現実に他人の器物を損壊しているにもかかわらず無罪とせざるをえないが，この点が不合理とされるのである（西原・上224頁）。

　この場合，器物損壊未遂も過失器物損壊も不可罰とするのが法の趣旨であるから，むしろ無罪とすべきであるとの反論も考えられないわけではないが，例えば，甲物も乙物も同一人であるAが所持していたような場合に不可罰とするのはやはり妥当でないであろう。ところで，方法の錯誤について客体が「人」の場合に，具体的符合説が故意の阻却を認め，また故意の個数を問題としたのは，客体の個性に着目したからであった。とすれば，客体の個性があまり問題とならない「物」の場合は，故意を認めてもよいという可能性も出てくる。そこで，①人の生命・身体のようにその価値が重大で個性が重視されるべき法益の場合には具体的符合説に立った解決により，反対に，②器物のように価値がそれほど重大でなく個性もあまり問題とならない法益の場合には法定的符合説に立った解決を図る，「法益による二分説」が主張されることになる[141]。しかし，客体の属性の相違によって基準を変えること（二重の基準）は理論的一貫性という点からみて好ましくないであろう。

　思うに，「物」の場合，客体の個性がそれほど問題とならないとしても，それは占有者である被害者が同一の範囲内に限られるべきである。このことは，法益の一身専属性を故意阻却のメルクマールにかからせる思想とも一致する。例えば，Aの右脚を狙って発射した弾丸が意外にも左脚に当たった場合に故意の阻却を否定するのは，客体が右脚であるか左脚であるかということが法的にみて重要な意味をもたないからである。その人（A）の身体を狙ってその人（A）に傷害を負わせた以上，傷害の故意を阻却する余地はない（傷害事例）。同様に，客体が「物」の場合において，XがAの所持する甲物を狙って同じくAの所持する乙物を損壊した場合には，その人（A）の（占有）物を狙ってその人（A）の（占有）物を損壊したのであるから，器物損壊罪の成立を認めることができる（器物損壊事例／西田225頁参照）[142]。しかし，Xの狙いがはずれて付近にいたBの所持する物を損壊した場合には，故意の阻却を認めるべきである。この場合，Aの物との関

---

[141]　能勢弘之「事実の錯誤」現代刑法講座第2巻327頁以下。

係では未遂であり，Bの物との関係ではせいぜい過失にすぎず不可罰である。この場合にまでXの行為を処罰するために故意を認めるのは，法定的符合説の論理であって具体的符合説のそれではない。

(ii) **社会的法益の場合**　放火罪のような社会的法益に対する罪の場合，「被害者」（法益主体）は個人の集合体としての社会全体（不特定多数の個人）と考えられるから，例えば，XがA宅を放火するつもりで火炎びんを投げつけたが誤って隣のB宅に投げ込まれ火災が発生したという場合，現住建造物等放火罪の既遂となる[143]。この場合，個人的法益に対する罪のように，A宅に対する放火の未遂とB宅に対する失火とみるべきではない。公共の安全に対して共通の関心を抱く社会を単位として考えるかぎり，放火罪の故意の認定にあたり客体が現住建造物であるか否か（客体の属性）は重要な違いであるが，現住建造物内部での客体の個性（A宅かB宅か）は重視されないので，現住建造物放火の故意で現住建造物を焼損し，その地域住民に公共の危険をもたらした以上現住建造物放火罪の成立を認めることができる。

(c) **具体的符合説と故意の個数**　故意の個数は，具体的符合説においても問題となることがある。例えば，Xが横に並んで立っているA・B2人のうちどちらかに命中させることを意図してこれに向け発砲する，いわゆる択一的故意の場合がその一例である。この場合，XはA・Bいずれか1人を殺す意思しかなかったにもかかわらず，命中しなかった客体との関係でも殺人（未遂）を認めざるをえず，結局，殺人既遂と殺人未遂の2罪を認めることになるのではないか，という疑問である（山口・探究126-7頁参照）。

この場合に，「1人しか殺すつもりがない」ということから，故意犯の成立を1個に限定しようとすると，法定的符合説の一故意犯説が陥ったのと同じ困難な問題に直面することになる。結論的には，択一的故意の場合も2個の故意犯の成立を認めるべきであるが，問題となるのは，この場合，故意も2個か，それとも

---

[142] これに対し，財産犯の保護法益を「個別財産」と解するかぎり，甲物と乙物は別個の財物として独立に保護され，その侵害は別個の犯罪事実を構成するから，故意の符合は否定すべきとするものとして，松原222頁。また，構成要件上の客体の同一性を基準とする見地から，傷害事例では故意を認め，器物損壊事例では故意を否定する見解もあるが（浅田313頁），その間の違いは必ずしも明らかではない。

[143] 西田典之「共犯の錯誤について」団藤重光博士古稀祝賀論文集第3巻（1984年）100頁（同『共犯理論の展開』（2010年）302頁以下所収）。

故意は1個か，ということである。たしかに，行為者は「1人しか殺す意思がなかった」という点を重視すれば，故意は1個のようにみえるが，択一的故意の場合，行為者は弾丸がいずれの客体に命中することをも認識し，これを引き受けているのであって，Aに対する関係でもBに対する関係でも殺意（故意）を有しているのであり，故意はむしろ2個と解すべきであろう。ここで，「1人しか殺すつもりがない」というのは，故意ではなくいわば犯罪の動機・目的がどちらか1人の殺害ということであり，Xには，択一的にせよ，Aに対する故意もBに対する故意も認められるのである[144]。同様に，群集に向けて銃を発射するという概括的故意の事例において，銃弾が1人を殺傷する能力しかなく，行為者もそのことを認識していたとしても，故意は複数であって，死亡した客体との関係で殺人が成立するほか，弾丸が命中する可能性のあった客体との関係で数個の故意犯（未遂）が成立するのである[145]。

(2) **法定的符合説の問題点**　具体的符合説の側から，以下の2点が指摘される。

(a) **故意の事実的基礎**　法定的符合説の最大の問題点は，故意を「転用」する理論的根拠が必ずしも明確ではなく，そこに政策的故意が認められているのではないか，ということにある。法定的符合説は，殺人罪の構成要件の予定する「人」（A）を殺害しようとして「人」（B）を殺害したのであるからBに対する関係でも故意犯の成立を認めてよいとするが，同じ「人」ではあっても，Xが認識していたのはあくまでもAであってBではないのであるから，Bに対する関係でも故意犯の成立を認めるのは故意の擬制といわざるをえない。法定的符合説は，故意のもつ評価的（規範的）側面を過大視する一方で，その事実的側面を軽視し

---

[144]　したがって，A・Bが2人共死亡した場合は，2個の殺人既遂が成立する。これに対し，意外のCをも殺害してしまった場合は，Cに対する関係では過失致死である。この場合，数故意犯説に立つ法定的符合説は，Cに対する関係でも殺人罪の成立を認めるが，故意が2つしかないのに3個の故意犯の成立を認めるのは妥当でない。

[145]　これに対し，行為者が客体の存在を規認していない場合は，1人しか殺す意思がない者にそもそも複数の故意犯の成立を認めることは困難である。例えば，使用中の個室トイレに入っている1人を殺害しようとして爆弾を投げ込んだところ，AとBが入っていたため2人が死亡したような場合である（松原219頁の事例）。この場合，トイレ内の人として概括的故意を認めることはできず，他方，故意の対象としてA・Bのうち一方を選び出す基準も存在しないので，結局，刑法38条2項により重い罪（2個の殺人罪）によって処断することができない以上，対象を特定することなく1個の殺人罪として扱わざるをえないであろう（松原220頁は，2個の殺人罪の成立を認めつつ，量刑で1人を殺す意思しかなかったことを考慮するという方法が比較的難が少ないとする）。

ているきらいがある。構成要件的故意についていえば，それは，現に構成要件に該当した実在する事実の認識をいうのであって，単に構成要件に規定されている抽象的な事実の認識を意味するわけではない。だからこそ，現に発生した事実について，それが行為者の犯罪意思決定に基づくものとして故意責任を問うことが可能となるのである。

ところで，故意，中でも確定的故意は，行為者の内心に何物にも媒介されることなく突如として確定したものとして生じてくるわけではなく，その存否・程度は客観的な行為客体によって規制されるから，故意の内容はきわめて具体的・個性的なものとなる。故意の故意たる所以は，単に観念的に「人を殺す」意思ということにあるのではなく，故意が社会的・法的実在として意味をもつのは，ほかならぬ「その人を殺す意思」だからである。故意は，たしかに評価的側面ももつが，それも評価の対象による事実的制約を免れず，故意の個数と呼ばれるものも，故意の具体的内容によって決定されざるをえないのである。殺人の故意が1個であるというのも，「そのひとりの人を殺す」意思があるから1個といえるのであって，およそ「人ひとりを殺す」意思があるからではない（➡(b)）。狙った客体との関連で意味をもつ故意を，結果の発生した意外の客体に振り向けることには無理がある。故意の一人歩きは，認めるべきでないであろう。

もとより，故意のもつ事実的側面が重要であるとしても，構成要件的評価以前の前法的・自然的事実が直ちに重要性を獲得するわけではない（山口・探究122頁）。〔事例Ⅰ〕（➡372頁）において，故意の事実的基礎が重要な意味をもつのは，「Aの殺害を遂げなかった」という現実の構成要件該当事実と，「Bの殺害」というこれも現実の構成要件該当事実とが別個に存在しており，この「2つの客体（被害法益）」の相違が構成要件的評価のうえで重要だからである（山口・探究119頁）。故意の内容として「何を認識していなければならないか」という問題は，それぞれの事実に対する客観的な構成要件的評価との関連で決まってくるのであって，殺人罪において「発生した結果について行為者に故意責任を問いうるか」という点に関しては，「XがA・Bいずれを殺そうとしていたか」，「A・Bいずれの客体に結果が発生したか」は，刑法上重要な意味をもつのである。

(b) **法定的符合説と故意の個数**　責任主義の見地から結論的に一故意犯説を支持しうるとして，はたして法定的符合説がそもそも理論上故意の個数を問題としうる見解かどうかをさらに考えてみる必要がある。

例えば，〔事例Ⅰ〕において，法定的符合説がBに対する故意犯の成立を認める論拠として，次のような説明がなされている。すなわち，同じ構成要件（殺人）の範囲内で具体的な事実について錯誤があっても，同じ構成要件的評価を受ける事実（Aの殺害）を表象していたのであるから，行為者が発生した事実（Bの殺害）についての規範の問題（人を殺してよいか）を与えられていた点に変わりはなく，したがって発生した事実について故意の成立は阻却されないとし（団藤298頁），あるいは，規範的責任論からすれば，故意責任の中核は違法性の意識にあるのであって，（事実的）故意は，違法性の意識の発生源であるが故に（故意の提訴機能），行為者が自己の行為によってAを死に致すことを予見していたとすれば，彼はその行為が違法であることを意識できる状態におかれたわけで，そこに故意責任を問う理由があるとする[146]。ここでは，故意の評価的（規範的）側面が強調され，いずれの論者も違法性の意識を故意の要素とするいわゆる故意説に立っていることが特徴的である（前田・基礎271頁参照）。

　ところで，故意の個数というのは故意責任の「量」の問題であるが，上に述べた法定的符合説の論拠は故意責任の「質」を問うものであり，そのことからも，法定的符合説にとっては客体の数，したがって故意の個数は重要でなく，故意責任を認めるためには「人を殺す意思」で十分であることが明らかとなる。また，仮に故意の内容としてこれを「１人を殺すこと」の認識と考えた場合にも，故意を評価の問題と考える以上，行為者の行為が１個の故意構成要件にのみ該当するわけではない。法定的符合説が，「殺そうとしたのはその人（A）かあの人（B）か」という客体の個性を捨象してしまった以上，事実の構成要件へのあてはめの段階では，個性を捨象された個々の構成要件事実ごとに故意犯の成否を個別に判断すべきなのである。例えば，併発事実に関する〔事例Ⅱ〕の場合において，A（その人）もB（あの人）もそれぞれ１人の人である以上，Aの殺害もBの殺害も１人の人を殺す意思で１人の人を殺した行為であって，２個の殺人（故意犯）を認めるべきである。故意の対象をおよそ「人」として抽象化する法定的符合説の論理に，故意の対象を特定する基準が内在していない以上（松原218-9頁），法定的符合説において，故意の個数を問題にすることは理論上不可能であり，この立場の理論的一貫性という点では数故意犯説に採るべきものがある。

---

[146]　中野・前掲注（138）206頁。

4 抽象的事実の錯誤
1 学説

　事実の錯誤（構成要件的錯誤）のうち，別個の構成要件に属する事実の間に誤認のある場合が「抽象的事実の錯誤」（異なった構成要件間の錯誤）である。刑法38条2項は，行為者が軽い罪を犯す意思で重い罪を犯した場合に，重い罪で処罰できないことを定めているが，それは重い罪が成立してただ軽い罪の刑の限度で処罰するという趣旨なのか，それとも初めから軽い罪のみが成立する趣旨であるのか問題であり，また，反対に重い罪を犯す意思で軽い罪を実現した場合や，認識した犯罪事実と実現した犯罪事実の法定刑が同一の場合について，刑法は語るところがない。そこで，これらの点をめぐって法定的符合説（および具体的符合説）と抽象的符合説とが対立することになる。

　(1) **法定的符合説**　法定的符合説は，行為者の認識した事実と現に発生した事実とが法定的に罪質を同じくするかぎり故意を阻却しないが，罪質を異にするときは故意を阻却する，という学説である。したがって，抽象的事実の錯誤について，それが罪質の異なる構成要件間の錯誤の場合は故意を阻却するが，構成要件は異なっていても罪質を同じくする場合には故意が認められることになる。もっとも，その場合，どの範囲で法定的符合を認めるかについては，法定的符合説内部でさらに見解が分かれており，構成要件的符合説，罪質符合説，および不法・責任符合説の3つが主張されている。

　(a) **構成要件的符合説**　この見解は，異なる構成要件間の錯誤である抽象的事実の錯誤について原則として故意の符合を否定するが，認識した構成要件該当事実と実現した構成要件該当事実との間で構成要件上の重なり合いが認められる限度で故意犯の成立を肯定する。

　まず，①構成要件の重なり合いを厳格に捉える**形式説**（形式的構成要件的符合説）は，例えば窃盗と強盗，傷害と殺人のように，異なる構成要件が基本類型と加重減軽類型の関係にあるとみられるため，刑罰法規が法条競合の関係（特別関係・補充関係）に立つ場合にのみ構成要件の符合を認め（浅田323頁，香川268頁），それ以外の場合は，例えば，公文書の有形偽造（偽造公文書の作成／155条）と無形偽造（虚偽公文書の作成／156条）のように罪質を同じくするときにも構成要件的符合を認めない。また，薬物犯罪については，目的物が異なる法令により条文上麻薬（コカイン等），覚せい剤と特定されているので構成要件の重なり合いは存在せ

ず，麻薬（コカイン）所持の意思で覚せい剤所持を実現したときは，前者の罪の未遂と後者の罪の過失（不可罰）を認める（松宮192頁）[147]。故意を構成要件該当事実の認識と解し，（客観的）構成要件のもつ故意規制機能（➡111頁），その意味で故意の構成要件関連性を重視する見地からは，基本的に妥当な見解である[148]。

形式説に対しては，これを徹底すると，例えば，①同じく暴行・脅迫を手段とする奪取罪でありながら，被害者の瑕疵ある意思に基づいて財物・利益を提供させる恐喝（249条）と被害者の意思に基づかないで財物・利益を強取する強盗（236条），また，②共に暴行・脅迫など特定の手段が要求されない単純な領得（取得）罪でありながら，被害者の占有を侵害する窃盗（235条）と占有侵害を伴わない遺失物横領（254条）との間にも符合が認められないことになり，故意の認められる範囲が狭くなりすぎるという指摘がある。たしかに，①においては，財物・利益を瑕疵はあるにせよ「被害者の意思に基づいて取得する場合」と「被害者の意思に反して取得する場合」とで相違し，また，②においては，「被害者の占有する財物」と「その占有を離れた財物」とで相違して，構成要件が相互に排他的な外観を呈している。しかし，①については，被害者の意思に反している点で強盗罪を恐喝罪の加重類型として[149]，②については，所有権侵害に加えて占有侵害をも伴う点で窃盗罪を遺失物横領罪の加重類型として捉えることができよう（浅田324頁注56，西田235頁。なお，専田泰孝・重点課題146-7頁参照）。

これに対し，②構成要件の定立を立法技術上の問題と捉え，かつ，単なる故意論を超えて積極的に事実の錯誤論の必要性を強調する**実質説**（実質的構成要件的符合説）は，構成要件が実質的に重なり合う範囲で符合を認め，その際，実質的な重なり合いを認める基準として，罪質の同一性を考慮する。そして，構成要件が異質な法益侵害行為を類型化したものであることから，実質説は，罪質の同一性を判断する具体的基準として保護法益と法益侵害行為（および客体）の共通性を考慮し，恐喝と強盗，窃盗と遺失物横領の間ではもとより，例えば，公文書の有

---

[147] これに対し，同じ麻薬及び向精神薬取締法2条により「麻薬」として規定されているヘロイン（ジアセチルモルヒネ／別表第一16号）の輸入（64条1項）とコカイン（別表第一13号）の輸入（65条1項1号）との間には構成要件的符合を認めることができよう。
[148] 旧版（『刑法総論』（第4版・2008年）187頁）では，実質的構成要件的符合説を採っていたが，今回これを改める。
[149] なお，財産罪類型間の錯誤の多くは，各財産罪の構成要件の解釈の誤りであって，違法性の錯誤として扱われるケースであろう。

形偽造と無形偽造,麻薬の輸入と覚せい剤の輸入等との間にも構成要件の符合を認めるのである(内藤・下Ⅰ981頁以下など)。最近の判例は,この実質説に立っているものと思われる(➡③)。しかし,結論上の具体的妥当性の当否は別として,本来,形式的性格を有する構成要件概念をここまで実質化することが,はたして「構成要件の符合」の名に値するかどうか,構成要件のもつ故意規制機能を害することになるのではないかについて疑問の余地がある[150]。

(b) 罪質符合説　この説は,構成要件の枠を超えて行為者の認識した事実と現に発生した事実とが罪質を同じくするかぎり故意を阻却しないが,罪質を異にするときは故意を阻却する,と考える。ここでは,故意が構成要件ごとに厳格に類型化されることなく,緩く罪質同一という限度で類型化されていればよい,と解されている。罪質符合説の論者は,例えば,(単純)遺棄と死体遺棄との間にも「人を捨てる」という意味で符合を認めるが(西原・上227頁),両者は,構成要件はもとより法益も異なっているのであって,行為の外形的な類似性のみを基にして罪質の符合を認めることは適当でないであろう(内藤・下Ⅰ979頁)。この説に立脚する場合にも,その前提としてやはり構成要件的観点を無視することはできないと思われる。

(c) 不法・責任符合説　この説は,ヘロインを覚せい剤と誤認して輸入した,という後掲最決昭54・3・27(➡③判例①)の事案について,ヘロインと覚せい剤とは物質が異なるにもかかわらず,(実質的)構成要件的符合説がヘロイン輸入罪と覚せい剤輸入罪の構成要件の符合を認めるのは構成要件概念の自殺行為である,としてこれを批判する。そして,わが国の刑法はドイツ刑法とは異なり,故意の内容として構成要件該当事実の認識を要求していないとして,構成要件のもつ故意規制機能を否定し,構成要件該当事実の認識がなくても,行為を犯罪たらしめている事実,すなわち不法・責任事実の認識があれば故意が認められるという前提に立って,抽象的事実の錯誤の場合,各構成要件の不法・責任内容において符合が認められる範囲で故意犯の成立を肯定しようとする[151]。もっと

---

[150] 認識した事実と発生した事実とを共に包摂する「共通構成要件」を設定した上で,その範囲内での重なり合いを認める見解もあるが(松原228頁,山口222頁など),これは,故意を認めてよい場合に共通構成要件を設定するもので結論を述べているにすぎず,また,その限界が必ずしも明らかでない共通構成要件を安易に認めることは解釈による立法に途を開くもので,罪刑法定主義上の疑義がある。

[151] 町野朔「法定的符合について(上・下)」警察研究54巻4・5号(1983年)3頁以下。

も，不法・責任符合説は，構成要件的符合説を批判しつつ，故意概念に修正を加えることによって，殊に判例の採る実質説と同様の結論に達しているのである。

不法・責任符合説に対しては，認識の内容が任意に設定可能な不明確なものにならないためには，構成要件該当事実の認識があって初めて不法・責任の認識が可能となる，という指摘がなされている（内藤・下Ⅰ980頁）。構成要件概念のもつ主な役割は，罪刑法定主義的機能であり，そのことは構成要件を厳格に捉える不法・責任符合説が特に強調するところであるが，この構成要件の果たすべき罪刑法定主義機能と表裏の関係にあるのが，責任論における故意規制機能（故意の構成要件的関連性）である。したがって，不法・責任符合説のように，構成要件該当事実の認識が故意の内容でないということになると，構成要件論における罪刑法定主義的機能が主観的な責任の面から掘り崩されてしまうおそれも否定できない（山口・探究147頁参照）。

(2) 抽象的符合説　行為者の認識した事実と現に発生した事実とが罪質を同じくしない場合でも必ずしも故意を阻却しない，とする学説をいう。したがって，例えば器物損壊の故意で人を死に致したような場合にも，なおいずれかの故意（既遂）犯を認めることになる。抽象的符合説にもさまざまな見解があるが，以下，次の2つの類型について，各説を見てみることにしよう。

　Ⓐ軽い甲罪（器物損壊）の故意で，重い乙罪の事実を実現した（人を死に致した）場合。
　Ⓑ重い乙罪(殺人)の故意で，軽い甲罪の事実を実現した（器物を損壊した）場合。

(a) 牧野説　この見解は，故意一般，行為一般を抽象化して結び付け，認識事実と発生事実のうち，軽い方に故意を認める。まず，Ⓐ類型については，軽い甲罪の既遂（器物損壊罪）と重い乙罪の過失（過失致死罪）との観念的競合を認め，反対に，Ⓑ類型については，重い乙罪の未遂（殺人未遂罪）と軽い甲罪の既遂（器物損壊罪）とを合一し，いずれか重い方の刑でもって処断すべきものとする（牧野・下巻573頁以下）。牧野説の特色は，抽象的事実の錯誤における刑の不均衡を是正するという見地から，Ⓐ類型については，認識事実につき結果が発生していなくても既遂の成立を認め，Ⓑ類型については，発生事実につき認識がなくても故意犯の成立を認める点にある。

しかし，結果が発生していなくても既遂犯として処罰するのは罪刑法定主義の

原則と抵触するし（Ⓐ類型），認識がない事実について故意犯の成立を認めるのは責任主義の原則に反する（Ⓑ類型）。発生事実につき故意犯の成立を認めるためには，少なくとも認識事実と発生事実との間に罪質の同一性が存在することが必要である。

(b) **宮本説**　この見解は，故意の抽象化を徹底させて発生事実について常に故意の既遂を認め，38条2項の制限内で択一的に重い方の刑で処断する（宮本166頁以下）。すなわち，Ⓐ類型については，軽い甲罪（器物損壊罪）の未遂と重い乙罪の過失（過失致死罪）と重い乙罪の既遂（殺人罪）の3命題を想定し，殺人罪を器物損壊罪の刑の限度内で処断する。これに対し，Ⓑ類型については，重い乙罪の未遂（殺人未遂罪）と軽い甲罪の過失（過失器物損壊罪）と軽い甲罪の既遂（器物損壊罪）の3命題を想定し，殺人未遂罪で処断する[152]。しかし，Ⓐ類型について，「物」の認識しかない者に対しては，「人を殺すな」という規範は作用しえないのであって，構成要件の故意規制機能を認め，かつ構成要件的故意の存在を肯定する立場からは，器物損壊の意思しかない者に殺人罪の成立を認めることは，刑を器物損壊罪の限度にとどめるとはいえ責任主義に反すると言わざるをえない。

なお，抽象的符合説の中にあって，いわゆる厳格故意説の立場から（→397頁)），行為者は，ともかく違法な事実を認識し，自己の行為が許されないことを意識しているにもかかわらず違法な行為に出ているのであるから，その違法な行為をしないことの期待，したがってこれをしたことに対する責任非難はその類型においてまさしく故意責任のそれでなければならない，との主張もなされている（中野120-1頁）。しかし，ここでは量的な差のみが問われる違法性の意識の問題に先立って，質的，類型的に異なる犯罪事実の認識（事実的故意）が問題とされていることに注意する必要があろう。

(c) **草野説**　この見解は，基本的に法定的符合説から出発しつつ，認識事実について未遂処罰規定がなくてもその未遂を認めるところにその特色がある。すなわち，まずⒶ類型の場合につき，軽い甲罪（器物損壊罪）の未遂と重い乙罪の

---

[152] これと類似の見解として，錯誤論の使命を刑の不均衡の是正に求める見地から，結果の抽象化を排除して故意の抽象化を推し進める一方，観念的競合を排除して合一的評価を取り入れ，1個の重い罪だけで処罰することとし，事案に適切な処断刑を算出して解釈上刑の不均衡を解決しようとする合一的評価説がある（植松280頁以下。なお，日髙義博「抽象的事実の錯誤と適条」〔同〕『刑法における錯誤論の新展開』（1991年）36頁以下）。

過失(過失致死罪)との観念的競合とし、Ⓑ類型の場合については、重い乙罪(殺人罪)の未遂と軽い甲罪の過失(過失器物損壊罪/不可罰)との観念的競合とする(草野94頁以下、齊藤(金)194頁)。草野説は、Ⓐ類型において未遂犯処罰規定がない場合にも未遂犯の成立を認め、Ⓑ類型についても、重い乙罪(例えば、傷害罪)の未遂を罰する明文のない場合にも、やはり乙罪の未遂を認めることによって結論の具体的妥当性を図ろうとする(ただし、その責任を軽い甲事実に対する故意犯(器物損壊罪)の刑の限度にとどめるべきであるとする)。

草野説の特色は、刑法44条(未遂罪)の意義につき、その趣旨は全然無害なる未遂を処罰するには明文を要するというだけの意味であって、Ⓐ類型の場合には、(人の死という害悪を発生させているのだから、明文の規定がなくても)器物損壊罪(の未遂)の成立を認めうる、とする点にある(草野94頁)。「この解釈論は、他の抽象的符合説の行う故意の完全な抽象化、および既遂概念の拡張を避けながら法定的符合説の欠陥を修正している点ですぐれたものを持っている」とも評されるが(西原198頁)、刑法44条の解釈については、やはり罪刑法定主義上の疑義を払拭することができないであろう。

2 事例の検討

(1) 罪質を異にする場合の取扱い　意図した犯罪と発生した犯罪とが罪質を異にする場合は、前者の未遂犯と後者の過失犯の観念的競合となる。以下、Ⓐ軽い甲罪の故意をもって重い乙罪の事実を実現した場合を第Ⅰ類型、反対に、Ⓑ重い乙罪の故意をもって軽い甲罪の事実を実現した場合を第Ⅱ類型として、各種の事例を検討してみることにしよう。

(a) 器物損壊罪と殺人罪　Ⓐ器物損壊の故意で殺人の事実を実現した場合(第Ⅰ類型)、Ⓑ殺人の故意で器物損壊の結果を実現した場合(第Ⅱ類型)が問題となる。

第Ⅰ類型として、まず、①例えば、XがAの飼い犬を狙って発砲したが、犬を連れていたA自身に命中しAが死亡してしまった、という方法の錯誤の場合、器物損壊の未遂は不可罰であるから、結局Xには(重)過失致死罪のみが成立する。この場合、抽象的符合説の論者は、器物損壊の故意で器物損壊の事実を実現した場合にさえその刑は懲役3年に値するのに(261条)、それより重い人命を落とした場合にわずかに過失致死罪(210条)として50万円以下の罰金に処せられる

にすぎないのは均衡を失する，と批判する。しかし，方法の錯誤について具体的符合説を採るときは，仮に（占有者を異にする）別の器物（Bの犬）を損壊しても過失器物損壊罪として不可罰となるのであるから（➡377頁参照），別段刑の不均衡という問題は生じない。たしかに，別の器物が同一の占有に属するときは器物損壊罪が成立することになるが（例えば，Aが抱いていた猫を殺害してしまった場合），Aが死亡したという上のケースでは，Xはいやしくも器物損壊の犯罪意思を有しているのであるから，Aの死との関係では通常重過失致死罪（211条後段により最高懲役5年）が成立すると考えられ，やはり刑の不均衡は生じない。

次に，②例えば，Xが夜間Aの彫像を狙って発砲したが，XがAの彫像だと思ったのは実はAその人であった，という客体の錯誤の場合，器物損壊は不能未遂（不可罰）であり，結局この場合もXには（重）過失致死罪のみが成立する。この場合，まずXの認識した事実についてみると，客体（Aの彫像）が客観的には存在しなかったのであるから，不能犯論において客観的危険説を採るかぎり（➡484頁），器物損壊に関してXの行為は当然に不可罰である（なお，具体的危険説ないし抽象的危険説を採って未遂の可能性を認めるとしても，器物損壊の未遂は不可罰なのであるから結論は同じである）。これに対し，牧野説は，器物損壊罪の成立を認めるが，器物損壊罪の構成要件該当性判断に際し，発生した重い犯罪結果（Aの死）を考慮すべきではないし，また，宮本説は殺人罪の成立を認めるが，Aの死を法的に評価するにあたって，当初Xの有していた犯罪意思（器物損壊の故意）を考慮すべきではないのである。

第Ⅱ類型として，まず，①例えば，XがAを狙って銃を発射したら，意外にもAが連れていた犬に命中した，という方法の錯誤の場合，過失器物損壊は不可罰なので，結局Xには殺人未遂罪が成立する。この場合，抽象的符合説は，器物損壊罪の成立も肯定するが，それは故意の擬制を認めるものであって不当であり，また器物損壊の認定に際し，重い犯罪意思（A殺害の故意）を考慮すべきではないのである。

次に，②XがAであると思い殺意をもって発砲したら実はAの彫像であった，という客体の錯誤の場合，殺人の点は不能未遂として不可罰であり，また器物損壊の点は過失によるものでやはり不可罰であって（Aの着衣の損壊の認識は別である），結局Xは無罪となる。けだし，Xの認識事実との関係でいえば，不能犯論における客観的危険説によるかぎり，客体（A）が存在しない以上殺人未遂の成

立する余地はなく（ただし具体的危険説ないし抽象的危険説では殺人未遂の可能性がある），また，発生事実（彫像の損壊）との関係でいえば，殺人の故意は器物損壊の結果に及んでいないから器物損壊罪も成立しないのである。これに対し，抽象的符合説はこの場合にも器物損壊罪の成立を認めるが，それはやはり故意を擬制するものであって，責任主義の原則に反することになろう。

(b) **死体遺棄罪と保護責任者遺棄罪**　Ⓐ死体遺棄（190条）の故意で保護責任者遺棄（218条）の結果が実現した場合（第Ⅰ類型），反対に，Ⓑ保護責任者遺棄の故意で死体遺棄の結果が実現した場合（第Ⅱ類型）に故意犯の成否が問題となる。

第Ⅰ類型として，Xは子供Aが死亡していると誤認し死体遺棄の故意で遺棄したところ，Aはまだ生きており保護責任者遺棄の結果が発生したという客体の錯誤の場合，死体遺棄の点は不能未遂であり，また保護責任者遺棄の点も過失によるものであるから，過失犯処罰規定がない以上，結局Xは不可罰となる。この場合，まず死体遺棄については，客観的危険説によるかぎり，客体（死体）が存在しないのであるから当然不可罰である。この結論に対し，抽象的符合説の論者は，死体遺棄の意思で保護責任者遺棄罪より軽い死体遺棄罪の事実を実現したときに処罰されるのと対比して不合理であると主張するが（植松287頁），死体遺棄の未遂も過失保護責任者遺棄も処罰しないことに立法上の合理性が認められる以上，必ずしも不合理な結論とはいえないであろう。抽象的符合説は死体遺棄罪の成立を肯定するが，死体と生体との間に客体としての共通性を認めるべきではないし，また死体遺棄の故意は保護責任者遺棄の結果に及んでいないから，保護責任者遺棄罪の成立を認めることもできないのである。

第Ⅱ類型として，反対に，保護責任者遺棄の故意で死体遺棄の結果を発生させた場合も，保護責任者遺棄罪は不能未遂として不可罰であり，死体遺棄の点も過失によるものとしてやはり不可罰である。前者につき，不能犯論において具体的危険説ないし抽象的危険説を採っても，保護責任者遺棄罪は未遂を処罰しないからやはり不可罰である。また，保護責任者遺棄の故意は死体遺棄の結果に及んでいないから，死体遺棄罪も成立しないのである。もとより，XにAが死んでいるかもしれないという未必の認識があれば，話は別である。

(2) 罪質を同じくする場合の取扱い　認識事実と発生事実とが罪質を同じくする場合には，原則として構成要件の重なり合う範囲で故意犯の成立が認められる。

(a) **遺失物横領罪と窃盗罪**　Ⓐ遺失物横領の故意で窃盗の事実を実現した場合（第Ⅰ類型），反対に，Ⓑ窃盗の故意で遺失物横領の結果を実現した場合（第Ⅱ類型）にいずれかの財産犯が成立するか，が問題となる。

　第Ⅰ類型として，例えば，Xは，駅の切符売り場にあったカメラを遺失物だと思い持ち去ったが，そのカメラは付近にいたAの所持するものであった，という事例のように，遺失物横領の故意で窃盗の結果を生じさせた場合は，軽い遺失物横領罪が成立する。遺失物横領罪は，他人の占有侵害を伴わないで他人の所有権を侵害するという意味で領得罪の基本類型であり，遺失物横領の故意がその限度で窃盗の結果（所有権侵害）に及んでいるとみることができるのである。

　第Ⅱ類型として，前例において，反対にXはカメラを付近にいたAの所持する物であると思い窃盗の意思で持ち去ったが，実は，置き忘れてその場を立ち去ったBの物であったという場合にも軽い遺失物横領罪が成立する。この場合，遺失物横領の限度において窃盗（所有権侵害）の故意が実現されていると解されるからである。

　(b) **承諾殺人罪と殺人罪**　Ⓐ承諾殺人（202条後段）の故意で殺人（199条）の結果が実現した場合（第1類型），反対に，Ⓑ殺人の故意で承諾殺人の結果が実現した場合に，両罪の関係が問題となる。

　第1類型として，例えば，XはAが承諾していると考えこれを殺害したところ，現実には承諾がなかったという場合は，軽い202条後段の承諾殺人罪が成立する。両罪の保護法益は共通しており，故意による生命の侵害という点で構成要件が重なり合っていることから，罪質の同一性が肯定され，XにはAの承諾があると考えている分，故意（責任）の減少が認められるのである。

　第Ⅱ類型として，反対に，XはAが内心で承諾を与えていることを知らずにこれを殺害したというように，殺人の意思で承諾殺人の結果を生じさせた場合には，被害者の承諾の問題についてこれをどのように理解するかによって結論が変わってくる。第1に，被害者の承諾が有効であるためには，承諾が外部に表示されることを必要とする見解（意思表示説）を採れば，行為者に承諾（承諾殺人にあっては違法減少要素）の認識が要求されるので，Aの承諾を認識していないXには殺人罪が成立することになる。しかし，承諾の法的効果は被害者の自己決定の自由に基礎をおいていると考えられるから（➡268頁），承諾が外部に表示されることは必ずしも必要でないと解すべきである。

したがって，承諾は被害者の内心の意思として存在すれば足りるとする第2の見解（意思方向説）が妥当であり，行為者が承諾を認識することは必要でないから，少なくともXに殺人既遂が成立することはない。ただ，その内部で見解の対立がみられる。まず，①承諾によって法益性が軽くなるから殺人の結果無価値は減少するが，行為時を基点として考えると殺意および殺人行為の一般的危険性という行為無価値は残るから，殺人未遂罪が成立するとする見解がある。しかし，行為時にすでに客観的には承諾が存在し，また承諾があることによって殺人罪としての危険が失われる以上，殺人未遂罪という帰結は，少なくとも違法論における結果無価値論，不能犯論における客観的危険説の立場とは調和しない。そこで，②承諾の認識不要説に立ち，かつ承諾殺人を殺人の違法減少類型と解する場合には，本件Xの行為は最初から承諾殺人罪の構成要件にしか該当しないことになる。

3 判例の動向

判例は，構成要件の実質的な重なり合いの範囲で故意を認める実質的構成要件的符合説を採っている。

(1) 法定刑が異なる場合の取扱い 判例は，構成要件が実質的に重なり合う限度で，認識事実と発生事実のうち軽い方の罪の成立を認めている。

まず，①**最決昭54・3・27**（刑集33巻2号140頁）は，被告人がタイ国で購入した麻薬であるヘロイン約90グラムを覚せい剤と誤認して日本国内に持ち込んだ際，通関手続として旅券検査を受けるにあたり，麻薬を所持していた事実を秘匿して虚偽の申告をし，もって税関長の許可を受けないで麻薬を輸入したという**関税法違反事件**に関し，覚せい剤を無許可で輸入する罪と輸入禁制品である麻薬を輸入する罪の構成要件の重なり合う限度で軽い前者の罪が成立する，と判示した。ここでは，覚せい剤の無許可輸入罪も禁制品である麻薬輸入罪も，共に通関手続を履行しない貨物の密輸入という点で共通していると考えられている。そして，認識した犯罪（覚せい剤を無許可で輸入する罪）と実現した犯罪（輸入禁制品である麻薬を輸入する罪）の間に重なり合いが認められる場合について，前者よりも後者の法定刑が重い場合は，認識した軽い犯罪が成立することを明らかにしたのである。

また，②**最決昭61・6・9**（刑集40巻4号269頁）は，軽い麻薬（コカイン）所持

罪の意思で重い覚せい剤所持の事実を実現した事案に関し，覚せい剤を麻薬と誤認して所持していた場合，成立する犯罪は麻薬所持罪であるが，処罰の対象とされているのは覚せい剤を所持した行為であるから，この場合の没収は覚せい剤取締法41条の6によるべきであるとした。それは，没収が保安処分的性格をもつことから客観的基準によるべきであると解したことによるのである。

　このように，最高裁は，軽い甲罪（覚せい剤無許可輸入罪〔①事件〕・麻薬（コカイン）所持罪〔②事件〕）を犯す意思で重い乙罪（麻薬輸入罪〔①事件〕・覚せい剤所持罪〔②事件〕）を実現した場合については，両罪の構成要件が重なり合う限度で軽い甲罪が成立するとしている。したがって，最高裁が，①事件において客体・行為態様を異にする構成要件（覚せい剤の無許可輸入と禁制品である麻薬の輸入）の間に符合を認め，②事件において，適用法令を異にする異なる薬物（麻薬と覚せい剤）の所持について符合を認めていることから，形式的構成要件的符合説を採用していないことは明らかであり，また，右の場合に重い乙罪の成立を認め，ただ科刑のみを軽い甲罪とする抽象的符合説の考え方を採っていないことも明らかである[153]。なお，②事件において，最高裁は，犯罪として成立していない重い覚せい剤所持罪に関する法律（覚せい剤取締法）によって没収を行っているが，没収が付加刑であることを考慮するなら，覚せい剤取締法適用の是非はともかく，少なくとも成立する犯罪である麻薬所持罪に関する麻薬取締法も合わせて適用すべきであろう（内藤・下Ⅰ1002-3頁）。

　(2) 法定刑が同じ場合の取扱い　　判例は，この場合，認識事実ではなく発生事実について故意犯の成立を認めている。③前掲最決昭54・3・27（➡(1)判例①）は，覚せい剤と誤認して麻薬を輸入したという（旧）**麻薬取締法違反事件**に関し，被告人は覚せい剤輸入罪（覚せい剤取締法）を犯す意思で麻薬輸入罪に当たる事実を実現したことになるが，この場合，両罪の構成要件は実質的に重なり合っているものとみるのが相当であるから，麻薬を覚せい剤と誤認した錯誤は，麻薬輸入罪の罪についての故意を阻却するものではない，とした[154]。本件では，同一の法定刑を規定した2つの犯罪につき，法益・行為態様の共通性のほか，麻薬と

---

[153] ①の昭和54年決定により，従来，犯罪と刑の分離を認めるとして批判のあった，実現した重い犯罪の成立を認め刑だけを軽い犯罪の限度にとどめる，という下級審裁判例の多くが採っていた処理が否定されることになった。なお，②の昭和61年決定の研究として，一原亜貴子・刑法の判例107頁。

覚せい剤の性質・作用，外観，および取締の目的・方式といった目的物の共通性を考慮して，構成要件の実質的な重なり合いを認めている。そして，認識した犯罪（覚せい剤輸入罪）と実現した犯罪（麻薬輸入罪）の法定刑が同一の場合には，後者の犯罪について故意が認められ，同罪が成立することを明らかにしたのである。

このように，認識した甲罪と実現した乙罪の法定刑が同一の場合について，最高裁は，客観的に実現された乙罪（麻薬輸入罪）の成立を認めている。しかし，このような扱いは，行為者が認識していなかった麻薬輸入罪の成立を認める点で，抽象的符合説と同様，行為者の認識内容（覚せい剤輸入罪）から離れて故意を抽象化しすぎており，また法定刑に軽重のある(1)の場合に行為者の認識していた罪（〔覚せい剤〕無許可輸入罪〔①事件〕・麻薬所持罪〔②事件〕）が成立することとの間に矛盾が生ずることになる。したがって結論としては，判例の立場において，行為者の認識内容に対応して甲罪（覚せい剤輸入罪）の成立を認めるべきであろう[155]。

第6節　違法性の意識と違法性の錯誤

1　総　説

(1) 意　義　**違法性の意識**とは，自己の行為が法的に許されないことを意識することをいい，本書の立場によれば，刑事責任を問うために「違法性の意識」自体は必要でないとしても，「違法性の意識の可能性」は必要である（➡398-9頁）。また，犯罪事実の認識に欠けるところはないが，自己の行為が違法であるのに違法でないと誤信することが**違法性の錯誤**であって，「法律の錯誤」ないし「禁止の錯誤」ともいう。行為者が違法性の錯誤により違法性を意識しなかったことにつき，違法性の意識の可能性もなければ刑事責任に問われない。

刑法38条3項は，「法律を知らなかったとしても，そのことによって，罪を犯

---

[154] これに対し，形式的構成要件的符合説の立場からは，立法者は，麻薬と覚せい剤についてあえて別個の法律において規定したのであって，覚せい剤輸入罪と麻薬輸入罪との間に構成要件的符合は認められないことになる（浅田323頁。同旨，松宮192頁）。
[155] なお，共犯者の一方が認識していた犯罪事実（公文書無形偽造教唆）と他の共犯者が実現した犯罪事実（公文書有形偽造教唆）の法定刑が同じ場合について，最判昭23・10・23（刑集2巻11号1386頁／➡639頁参照）。

す意思がなかったとすることはできない。ただし，情状により，その刑を減軽することができる」と規定するが，その意味については，後述のように見解が分かれている。ちなみに，改正刑法草案21条は，第1項に現行刑法38条3項と同趣旨の規定をおいたほか，第2項において「自己の行為が法律上許されないものであることを知らないで犯した者は，そのことについて相当の理由があるときは，これを罰しない」と規定して，違法性を意識しなかったことについて相当の理由があれば（違法性の意識の可能性がなければ）故意犯は成立しない，とする「相当理由説」に立つことを明らかにしている。

(2) **違法性の意識・錯誤における「違法性」の意義**　「違法性」の意識というのも，行為の違法性を意識することをいうのであるから，その意義も，基本的には犯罪成立の一要件である「違法性」と同じであるが（➡第4章第1節），違法性の意識固有の問題としては，当該違法行為を行ったことについて行為者を法的に非難することができるか，という観点から「違法性」の意味内容が明らかにされなければならない。学説は，意識の対象となる「違法性」を，行為が，①「前法律的規範に違反すること」と解する立場，②「法律上または法的に許されないこと」と解する立場（多数説），③刑法によって処罰されるという「可罰的刑法違反」と解する立場[156]，の3つに分かれている。

まず，①の見解については，違法性の意識が法的非難可能性という意味での法的責任を基礎づけるために要求されることからすると，その内容では不十分である。次に，②の見解であるが，違法性の意識が行為者に反対動機を形成させるためのものであることからすれば，この見解にも一理あるが，刑法上の責任が違法な行為に対する単なる規範的非難ではなく，行為者を刑罰という手段を用いて刑法的に非難できること（可罰的非難）を意味すると解し，したがって処罰に値する責任があるときに初めて刑法上の責任があるとする見地からは（可罰的責任論），③の見解が妥当であろう。

問題となるのは，③説に立った場合，法定刑に関する錯誤をどのように解するべきかである。判例として，被告人らは，腐朽によって車馬の往来が危険となった村有の吊橋について村当局に再三その掛替えを要請したが，実現の見込みがないので，雪害によって落橋したように装い災害補償金の交付を受けようと考え，

---

[156] 町野 朔「『違法性』の認識について」上智法学論集24巻3号（1981年）214頁以下．

共謀のうえダイナマイト15本を使用して右吊橋を爆破損壊したという事実について，原判決が，被告人らは重刑を科している「爆発物取締罰則第1条を知らなかったもの」として，刑法38条3項ただし書を適用し刑を減軽したのに対し，最判昭32・10・18（刑集11巻10号2663頁／**関根橋事件**第1次上告審）は，「自己の行為に適用される具体的な刑罰法令の規定ないし法定刑の寛厳の程度を知らなかったとしても，その行為の違法であることを意識している場合は」38条3項ただし書は適用されない，として原判決を破棄・差し戻した。上記③説に立つ以上，法定刑の錯誤も違法性の錯誤になりうるのであって，本件においては原判決の結論の方が妥当だという見方もあるが（内藤・下Ⅰ1034頁），被告人らが「罰金ぐらいで済むもの」と考えていたとしても，少なくとも「可罰的刑法違反」の意識はあったというべきであろう[157]。

2 違法性の意識
1 論　点

違法性の意識をめぐる問題点は，次の3つに大別される。第1は，①犯罪（故意犯）の成立に違法性の意識が必要かどうかという問題であり，ここではⓐ判例の基調とする「違法性の意識不要説」と，ⓑ通説の採る「違法性の意識必要説」が対立する（➡②）。第2は，②違法性の意識が必要であるとした場合，違法性を現に意識していることが必要か，それとも違法性の意識の可能性で足りるかという問題であり，ここでは，ⓐ故意の要件として違法性の意識そのものを要求する「厳格故意説」と，ⓑ違法性の意識の可能性で足りるとする「可能性説」とが対立している（➡③）。第3は，違法性の意識の可能性で足りるとした場合，それが故意の要素（故意説）か故意とは別個の責任の要素（責任説）かが問題となり，ⓐ厳格故意説と同様，故意の要素と解する「制限故意説」と，ⓑ故意とは別個独立の責任の要素であると解する「責任説」が対立することになる（➡④）。

2 違法性の意識が必要か否か
(1) 違法性の意識不要説　　判例は，基本的に，故意犯の成立には犯罪事実の認識をもって足り，「違法性の意識」は不要であるとする立場から，違法性の錯

---

[157] 「責任の有無・程度は，その前提である不法・違法性に関連させるべきなのであって，刑罰の有無・程度に関連させてはならない」とするものとして，林312頁。

誤は故意の成否には何ら関係しない，と解している（大判昭 8・6・29 刑集12巻1001頁，最判昭32・10・18 刑集11巻10号2663頁 など）。そしてこの結論は，それ自体が反社会的行為とされる自然犯についてのみならず，法律に規定されることによって初めて犯罪となる法定犯についても維持されているのである（例えば，最判昭26・11・15 刑集 5 巻12号2354頁）。しかし，少なくとも違法性を意識しなかったことについて相当の理由がある場合，すなわち違法性の意識の可能性がない場合にも，故意犯の成立を認めることは責任主義に反するであろう。そこで，その後の裁判例には，故意犯の成立に何らかの形で違法性の意識を考慮に入れる判例が現れるに至っている（➡ 3 ）。

(2) 実質的故意概念を採る立場　学説はこれまでほぼ一致して，判例の採る違法性の意識不要説の立場を責任主義に反するとして批判してきた。ところが，近年に至り，事実的故意概念を実質化することにより，違法性の意識を独立の要件として掲げることに疑問を示す見解が主張されるようになった（前田157頁以下・172頁以下，同・基礎243頁以下）。すなわち，通説は事実的故意の内容を形式的に構成要件該当事実の認識として捉えたうえ，これとは別に違法性の意識ないしその可能性を要求するが，この新しい見解は，事実的故意を実質的にみて「一般人ならばその罪の違法性の意識を持ち得る犯罪事実の認識」と把握したうえで，故意犯の成立にはこのような意味での事実の認識があれば足り，あえてそれ以外に違法性の意識ないしその可能性を必要としない，と説く。そして，「判例は故意の成否のところで『違法性の意識の可能性』を取り込んでいる」とし（前田・5版237頁），かかる理解に立って，違法性の錯誤（法律の錯誤）に関して判例が採用してきた「法律の錯誤は故意の成否や責任の阻却に影響しない」という処理方式は原則として妥当である，とするのである[158]。

たしかに，行為者が「その事実を認識すれば行為の違法性を意識しうる」ような事実を認識している場合には，自己の行為について違法性の意識をも備えているのが通常であろう。しかし，論者自身認めるように，例えば，事実は完全に認

---

[158] 前田178-9頁は，一般人ならば通常わいせつだと思う絵を，行為者はわいせつではないと思った場合，行為者本人が「誰もこの絵をわいせつと思うはずはない」と認識した場合には，故意責任は問いえず，「このような絵は通常わいせつだと考えられている」という認識をもっていれば故意が存在するというが，「一般人がどう考えるか」は，事実の認識を内容とする故意の対象ではなく（行為者は，一般人がどう考えるかを考えながら犯罪行為に出るわけではない），実質的故意説によっても，これは裁判官が判断すべきことであろう。

識しているが，法律家の助言により「許される」と誤信し，しかも誤信したことが無理からぬ場合のように，違法性の意識の可能性がなかったとみるべきケースがあることも否定できない（後掲百円紙幣模造事件（➡405頁）における少なくともXの第2行為については，違法性の意識の可能性を否定する余地がある）。論者は，「違法性の意識の可能性を欠く事情の中には『故意』の中に包含しきれない部分が生じ得る」として，このようなケースを期待可能性論に解消しようとするが（前田171頁，同・基礎245頁以下），固有の意味での期待可能性の思想は，違法性の意識の可能性が認められる場合についてもなお特殊な事情の存在のために行為者の責任を否定する場合があることを認める理論であって，違法性の意識の可能性がない場合を期待可能性論に包摂して考えるのは適当でないであろう。

　なるほど，故意，殊に責任故意は，それが認められて初めて行為者は自己の行為が法的に許されるか否かを判断することが可能となる，という意味でいわゆる提訴機能を果たしており，直接的な反対動機の形成可能性が期待される点で，予見義務を尽くしたうえでの間接的な反対動機形成可能性しか期待できない過失より重大な責任が認められる。しかし，「犯罪事実の認識」を意味する故意犯内部における責任の程度の違いは，認識された不法（犯罪事実）の大小であり，故意にあっては，ⓐ犯罪事実を認識していたかどうかに先立って，ⓑまずどのような犯罪事実を認識していたかが問われるべきである以上[159]，故意をもっぱら反対動機の形成可能性を基礎づける要素と解する実質的故意論は，故意概念の理解として一面的にすぎるであろう。（事実的）故意は，やはり反対動機の形成可能そのものを意味する違法性の意識の可能性とは別に位置づけられなければならないのである（北川佳世子・重点課題157頁参照）[160]。

③ 「違法性の意識」か「違法性の意識の可能性」か

(1) 厳格故意説とその問題点　現実の違法性の意識を故意の要素と解する厳格故意説の基本的な考え方は，行為者が現に違法性を意識していることによって初めて，そのような行為に出ないことの反対動機を形成することが可能となるの

---

[159]　故意は罪刑法定主義の主観面における保障も意味する，とするものとして佐伯仁志・最前線102頁，髙山佳奈子『故意と違法性の意識』（1999年）215頁など。

[160]　「故意の実質化は，意味の認識によってもたらされるのであり，故意と違法性の意識とはまったく別ものである」とするものとして，高橋361頁。

であるから，それにもかかわらず違法行為を行った場合に重い故意責任が生ずる，と解するものである（浅田326頁，内田244頁，岡野178頁，齊藤（金）172頁，中山372頁など）。したがって，行為者が現に違法性を意識しておらず，単に違法性の意識の可能性があるにすぎない場合，この立場では過失責任しか認められないことになるのである。なお，厳格故意説は，違法性の錯誤につき違法性の意識がないとして故意の阻却を認めるが，その後の取り扱いについては，その内部でさらに見解が分かれている。その内容と問題点については，➡3②(3)(a)。

厳格故意説の最大の特色は，現実の違法性の意識を故意責任の要件と解することによって，違法性の意識の可能性があるにとどまる場合との間に責任の質的相違を認める点にある。たしかに，事実的故意については，行為者が事実を認識している場合には直ちに規範の問題に直面することから重い故意責任を基礎づけるのに対し，事実を認識する可能性があるにとどまる場合には間接的に規範に違反しているにすぎず，軽い過失責任にしか問いえないのであって，現実の認識と単なる認識可能性との間には質的相違が認められる。しかし，これとは異なり，違法性の意識にあっては，現実には違法性を意識していないが意識する可能性があった場合も反対動機の形成可能性が認められるのであって，違法性について現実の意識がある場合とその可能性があるにすぎない場合との間には量的差異しか存在しないのである。その点で，この両者の間にも質的相違を認める厳格故意説には理論上の難点が認められる（➡(2)）。

また，厳格故意説に内在する実際上の問題として，次の点も指摘されている。まず，何度も同種の犯罪を繰り返す常習犯人の場合，規範意識が鈍磨しているために，厳格故意説の考え方を徹底すると責任を軽くしなければならなくなってしまう。また，「かっ」となりやすい気質をもった者が前後の見境もなく殺傷などの罪を犯す激情犯人の場合，違法性の意識をもちながらそれを押し切ってあえて行為に出たというような状況が存在しないため，この立場では故意が否定されてしまうという不都合がある（西原・下466頁）。さらに，それ自体は倫理的に無色な行為であって，法律により定められることによって初めて犯罪とされる法定犯の場合，厳格に違法性の意識を要求すると，多くの場合に法の意図した行政取締目的を達成しえなくなるのではないか，という問題もある。

(2) 可能性説の考え方　故意犯が成立するには，行為者が違法性を現実に意識していることは必要でなくその可能性があれば足りる，とする可能性説を基礎

づけている基本思想は，非難可能性を内容とする責任が認められるためには，行為者が自己の行おうとする行為が実質的に違法であると意識することが可能であり，これを意識すれば適法行為に出るように決意することが期待できた場合でなければならないが，それで充分である，というものである。可能性説の特色は，次の点にみられる。ⓐ事実の認識については，それが認められる故意（事実的故意）と認識（予見）の可能性があるにすぎない過失との間に質的相違を認めるのに対し，ⓑ違法性の意識については，それがあれば当然に故意犯が成立するが，現実に違法性を意識していなくてもその可能性があれば，事実の認識があることを条件としてやはり故意犯が成立するとして，その間に量的な相違しか認めないのである[161]。

そこで，責任非難の観点から事実的故意と違法性の意識の違いについて考えてみると，まず，ⓐ事実的故意について，そこでは責任非難の最初の契機として行為のときに表現された行為者の心理的態度が問題となり，実際に事実を認識している場合と，事実を認識する可能性があっても実際には認識していない場合とで質的な差が存在することになる。例えば，客体が人であることを認識して銃を発射しようとする者は，直接「人を殺すな」という規範の問題に直面するのに対し，人を野獣であると誤認して銃を発射しようとする者に対しては，まず「注意して客体が人であることを認識せよ」という命令が発せられ，その後において初めて「人を殺すな」という規範が向けられることになるのである。

これに対し，ⓑ違法性の意識は責任非難の直接の基盤となるものであって，そこでは単に違法性の意識という心理的事実そのものとしてではなく，犯罪的意思決定に抵抗する規範的な意識として，反対動機の形成が可能であったかどうかについて問題となるのである。したがって，違法性を現実に意識している場合はもとより，現実には違法性を意識していないが意識する可能性があった場合も同じように反対動機の形成可能性が認められるのであって，違法性について現実の意識がある場合とその可能性があるにすぎない場合との間には量的差異しか存在しないのである。反対動機の形成可能性という観点からすると，故意犯の成立に現実の違法性の意識は必要でなく，違法性の意識の可能性があれば足りるということになる[162]。本書は，基本的に可能性説に立つ。

---

[161] 福田 平『違法性の錯誤』（1960年）204頁以下。

4 責任要素としての違法性の意識の可能性

違法性の意識不要説に立たないかぎり，違法性の意識の可能性があれば故意責任が認められるかどうかは別として，違法性の意識の可能性すらなければ故意責任が否定される，という点で結論の一致がみられる。そこで，「違法性の意識の可能性」が責任論において果たすべき役割について，さらに考察を進めることにしよう。

(1) 違法性の意識の可能性の判断基準　問題となるのは，どのような事情が認められれば違法性の意識の「可能性」があったといえるか，ということである。違法性の意識の可能性は，それがあれば行為者を適法行為へと動機づけることが可能となること，すなわち反対動機の形成可能性を意味しているから，可能性判断の一般的基準は，具体的状況のもとで行為者に自己の行為が違法であるか否かを検討する機会が与えられており，その結果として，国家が行為者に違法性を意識することによって反対動機を形成することが期待できたか否かに求められることになる。したがって，犯罪事実の認識があったとしても，行為者に違法性の有無を検討する機会が与えられておらず，違法性を意識することが行為者に期待できない場合には，違法性の意識の可能性がなく，反対動機形成の可能性もなかったことになるのである（内藤・下Ⅰ1036頁以下参照）。

この点に関連して，従来，違法性の意識の可能性を法に無関心な態度に対する責任非難の問題だと理解する見地から，法令遵守を義務づけられた市民には事前に法令を十分調査してから行為に出る義務があり，これを怠ること（法令調査義務違反）が責任非難に値する，と説明されることもあった。しかし，このような考え方は，法令情報の提供に関わる国家の態度を措いて行為者の法令調査にのみ着目する点で問題があり[163]，むしろ今日，法に従った動機づけのための合理的条件が行為者に与えられていなかったため違法性の意識の可能性がなかったときは行為者を非難しえない，という形で，違法性の意識の要件に自由保障の意義を認める見解が有力化しつつある[164]。ここでは，違法性の意識の可能性が，これを期

---

[162] 「行為者の動機づけの可能性は，生物学的な面では責任能力によって，付随事情の面では期待可能性によって，法情報の面では違法性の意識の可能性によって保障される」とするものとして，松原241頁。

[163] 違法性の意識の可能性を単に「事前」の法令調査義務違反と把握するのは，個別行為責任の原則に反する，とするものとして石井徹哉「責任判断としての違法性の意識の可能性」早稲田法学会誌44巻60頁以下。

待する国家の側の事情と期待される個人の側の事情との緊張関係の中で決定されるという関係が前提とされている。すなわち、国家は法を国民に周知徹底させ、また法の解釈について正確な情報を国民に示す任務を有しているのであるから、かりに国家がこの任務を怠り、あるいは最初の見解を翻して処罰するようなことがあれば、それは許されないことになるのである（北川佳世子・重点課題160頁参照）。

なお、違法性の意識の可能性を判断するにあたっては、具体的に行為者が違法性の意識を欠くに至った事情ごとにこれをみる必要があるが、その点については、➡3 ①。

(2)「違法性の意識の可能性」は故意の要素か責任の要素か 故意犯の成立には違法性の意識の可能性があれば足りるとする可能性説にも、違法性の意識の可能性の構成方法をめぐって見解の対立がある。

(a) 制限故意説とその問題点 違法性の意識の可能性を故意の要素と解する制限故意説は、行為者が現に違法性を意識している場合はもとより、現実には違法性を意識していなくてもその可能性があれば故意を認め、違法性の意識の可能性がなければ故意の阻却を認める（江家144頁、団藤316頁以下、藤木215頁など／なお、本説による38条3項の解釈については、➡3②(3)(b)）。制限故意説は、同じ可能性説であっても、後記の責任説が違法性の意識の可能性の不存在を超法規的責任阻却事由として説明せざるをえないのに対し、違法性の意識の可能性が欠ける場合に「罪を犯す意思がない」として38条1項により「罰しない」とされ、不可罰性についての現行法上の条文上の根拠を提示しうる、という実践的な長所を有している（北川・重点課題158-9頁参照）。しかし、理論的にみた場合、制限故意説に対しては、次のような批判が可能であろう。

第1は、この見解が違法性の意識の「可能性」という過失的要素を故意概念に導入することによって、故意と過失の混同という事態をもたらしたということである。第2に、違法性の意識の可能性は、それがなければ過失責任をも問いえないことから過失犯の成立にとっても不可欠な要素であるべきであって、これを故意概念から排除し過失犯にも共通の要素として再構成する必要がある。第3に、故意（および過失）は単に責任の条件であるにすぎず、責任の種類・形式ではな

---

164 髙山・前掲注（159）345頁以下。

いのであるから,「故意責任」としてあえて違法性の意識の可能性を故意概念に押し込める必要はないともいえる。最後に,制限故意説では同じく故意の要素でありながら,事実の過失（結果の予見可能性）は故意を阻却するのに対し,違法性の過失（違法性の意識の可能性）は故意を阻却しないということになり,両者を区別して取り扱う根拠が必ずしも明らかでない,という問題もある。

(b) 責任説の考え方　違法性の意識の可能性を故意とは別個独立の責任要素と解する責任説は,故意説全般（特に厳格故意説）および制限故意説に対する疑問から出発している（川端450頁,西原・下477頁,野村304頁,平野・Ⅱ263頁以下,福田209頁,山中700頁など）。まず,①責任判断の客体（対象）として,犯罪構成事実を認識しているという心理的事実そのものが問題となる「事実の認識」（事実的故意）にあっては,たしかに現実の認識（予見）とその可能性（予見可能性）との間に質的相違が認められるが,これに対して,犯罪的意思決定に抵抗する規範的意識が反対動機の形成可能性として問題となる「違法性の意識」にあっては,現実の意識とその可能性との間には量的相違しか認められないのであって,後者にも質的相違を認める点に厳格故意説の問題性が認められた（➡ ③(1)）。また,②「違法性の意識の可能性」は,責任主義を徹底する以上,過失責任にも不可欠な要件であって（結果の予見可能性〔事実的過失〕があっても,その点につき違法性の意識の可能性がなければ過失責任にも問いえない）,これを故意責任に固有の要素として故意概念に包摂する制限故意説にも問題がある。したがって,違法性の意識の可能性は,故意概念から切り離して,過失責任にも共通の独立した責任の要件として構成する必要があるのである[165]。

3　違法性の錯誤
1　違法性の錯誤の態様

　事実の認識に欠けるところはないが,自己の行為が違法であるのに違法でないと誤信した場合が「違法性の錯誤」であるが,これは,行為者が違法性の錯誤に陥るに至った事情により,次の2つの場合に分けられる。

　(1) 法の不知　自己の行為を刑法上禁止している法規そのものの存在を知らないために,違法かどうかの問題をまったく意識することなく,自己の行為は法

---

[165] 福田・前掲注（161）193頁。

的に許されていると誤信した場合である。特に行政犯（法定犯）を規定した行政取締法規において問題となることが多い。伝統的に，「法の不知は宥恕せず」とされてきたが，国民の自由保障の見地からは，国家が行為者の法令の不知を非難できない事情があれば，違法性の意識の可能性は否定されなければならず，その際の判断の目安は，行為者が法情報に接する機会を国家がどの程度提供・保障していたかによることになる（北川・重点課題161頁）。まず，①法情報に接する機会が与えられて法律が一般の人にとって知りうる状態になっているときは，違法性の意識が認められるのが通常であるが，②特別の事情があるため法情報に接する機会がなく，行為者が法律を知ることができないような場合には，例外的に違法性の意識の欠如について相当な理由があったと認められることになる。このようなケースに当たる場合としては，例えば，短期滞在の外国人が日本の行政刑罰法規に違反した場合や，一定の地域の特殊事情により制定された特定の地方自治体の条例による罰則に他の地方自治体の住民が違反した場合などが考えられる（西田246頁）。

　判例は，違法性の意識不要説の見地から（最判昭25・11・28 刑集 4 巻12号2463頁），法令の不知については厳しく対応し，例えば，関東大震災による交通の途絶という事情の下で勅令（暴利取締令）の発布を知らなかったという事例を有罪にしたものもあるが（大判大13・8・5 刑集 3 巻611頁），本件のように，行為者が刑罰法規の存在を知りえない特別な状況にある場合には，違法性の意識の可能性は否定されるべきであろう。「法の不知」の事案で違法性の意識の可能性が認められるためには，自己の行為が違法ではないかという疑いを抱かせる「契機」が必要であり，そのような「契機」が与えられている場合には，必要に応じて調査し公的機関等に照会することが求められるが，調査・照会義務違反自体が責任非難の根拠をなすものでない以上，積極的に調査・照会することが求められるのは，現に未必の違法性の意識が存在する場合か，「熟慮」によって違法性の意識に至りうる場合に限られよう（松原250-1頁）。

　（2）あてはめの錯誤　法規の存在自体は知っていたが，自己の行為を刑法上禁止している法規の解釈を誤り，その結果，自己の行為は法的に許されていると誤信した場合をいう。「包摂の錯誤」ともいう。違法かどうかの問題を意識的に検討した結果，違法でないと思った場合である。あてはめの錯誤については，誤った判断の原因となった情報源に対する信頼の相当性が問題になる。まず，①

変更前の判例を信頼して，刑罰法規の解釈を誤り自己の行為が法的に許されていると誤信した場合は，仮に遡及的判例変更を認めるとしても（➡41頁），原則として違法性の意識の可能性は否定すべきである。次に，②官庁等公的機関の見解に対する信頼に基づくあてはめの錯誤の場合は，通常それ以上に行為の適法・違法を検討する機会はないのであるから，違法性の意識の可能性は認められない。以上に対し，③弁護士等私人の意見に対する信頼に基づいたあてはめの錯誤の場合については，原則として違法性の意識の可能性が認められ，自己の行為が法律上許されていると誤信するのが無理もないとみられるような例外的な場合に限って錯誤の相当性を認めるのが一般的理解である。しかし，情報源が形式的に公的機関か否かに意味があるわけではないとすれば，この場合も，具体的事情に基づいて実質的に信頼の相当性を判断すべきであろう（北川・重点課題161頁）。

2 違法性の錯誤の取扱い

違法性の錯誤の取扱いおよび38条3項の理解については，違法性の意識への対応いかんにより，結論は区々に分かれる。

(1) 判　例　伝統的に，違法性の錯誤は故意犯の成否に影響しない，という立場であったが，近年の判例には新たな動きもみられる[166]。

(a) 違法性の意識不要説　判例が基本的にこの立場を採っていることは，すでに述べたところであるが（➡2 2 (1)），この見解によれば，違法性の錯誤は故意（責任）の成否には何ら関係しないということになる。そして，38条3項は，違法性の錯誤は故意を阻却しない旨を規定したもので，ただし書は，違法性の錯誤によって違法性の意識がなかった場合故意を阻却しないが，特に宥恕すべき事由があるときに刑を減軽しうる旨を規定したものである，と解する（最判昭32・10・18 刑集11巻10号2663頁）。違法性の意識不要説は，違法性の錯誤のため違法性を意識しなかったことにつき過失がない場合であっても故意責任を問いうるとするものであり，責任主義の見地から疑問がある[167]。

---

[166] 大審院時代に，違法性の錯誤につき相当の理由があれば故意が阻却されるとした裁判例があり（大判昭7・8・4 刑集11巻1153頁など），また，戦後の下級審判決には，違法性の錯誤を顧慮するものが少なからず見受けられる。例えば，東京高判昭44・9・17（高刑集22巻4号595頁／黒い雪事件）は，被告人らは映倫審査の通過により，本件映画の上映は刑法上のわいせつ性を帯びるものであるなどとは全く予想せず，社会的に是認され法律上許容されたものと信ずるにつき相当の理由があり，わいせつ物陳列罪の故意を欠くものといわなければならない，と判示した。

第5章 責任論　405

(b) 近時の判例　近年の最高裁判例には，事実の認識があることから直ちに故意犯の成立を認めることなく，違法性の意識を欠いたことについて相当の理由があるとはいえないということを根拠に故意犯の成立を認め，したがって将来，違法性の錯誤につき相当の理由のある事例が出てくれば，故意責任を否定する余地があることを含みとして残しているものも現れている。

(i) 羽田空港ビルデモ事件　最判昭53・6・29（刑集32巻4号967頁）は，羽田空港ビルで行われた無許可デモにつき，原判決（東京高判昭51・6・1　高刑集29巻2号301頁）が本件被告人に違法性の意識が欠けていたことを前提としつつ，それが相当の理由に基づく違法性の錯誤であることを根拠に無罪を言い渡したのに対し，判例違反の点に触れることなく，被告人には違法性の意識があったのではないか，として事実誤認を理由にこれを破棄した。従来，判例が採ってきた違法性の意識不要説の立場からすれば，被告人に犯罪事実の認識が認められる以上直ちに有罪を認定しえたはずであり，それにもかかわらず違法性の意識の有無を問題にしたということは，将来，違法性の意識が認められない事案について，判例変更の可能性を留保したものとみることができる。

(ii) 百円紙幣模造事件　Xが百円紙幣に紛らわしい外観を有する飲食店のサービス券を作成する際，事前に警察官から紙幣と紛らわしいものとならないような具体的な助言を受けたにもかかわらず，この助言を重大視せず，楽観して紙幣に紛らわしいサービス券を作成したが（第1行為），作成した券を警察署に持参したところ，格別の注意も受けず，かえって警察官が同僚らにこの券を配ってくれたためますます安心し，さらにほぼ同様のサービス券を作成した（第2行為）という事案について，最決昭62・7・16（刑集41巻5号237頁）は，原判決が，本件被告人Xが違法性の意識を欠いたことに相当の理由がないと判断して有罪を言い渡したのに対し，職権により「相当の理由」の有無について詳細に判断し，行為の違法性の意識を欠くにつき相当の理由はない，として原判決を維持した。

本件においても，Xには真貨と「紛らわしい外観」のものを作成する認識（意味の認識）はあるので，事実の認識が認められるから，従来の判例の立場からすれば原判決の有罪の結論だけを是認すれば足りたのに，そのようにしなかったということは，将来，違法性の錯誤に関し相当の理由が認められる事案（違法性の

167　なお，故意の成立に，一般人ならば違法性の意識を持ちうるだけの事実の認識が要求されているならば，判例の考え方は不合理ではない，とする見解（前田170頁）については，➡2②(2)。

意識不要説と相当理由説とで結論が異なる場合）について，判例変更の可能性を留保したものといえる。ただし，本件の具体的解決としては，警察官のアドバイスを無視した第1行為についてはともかく，警察官による格別の注意を受けなかった第2行為については，当時の警察官の態度と相まってXの違法性の意識は打ち消されたものとみられ，責任は阻却されるべきであって，事後的にXの責任を問うことは，国家の対応として一貫しないものがあろう（北川・重点課題162頁）[168]。

　(2) 自然犯法定犯区別説　自然犯については違法性の意識は必要でないが法定犯については必要であるとする見解は，違法性の錯誤は自然犯においては故意を阻却しないが法定犯においては故意を阻却する，と解する（牧野・下589頁以下）。そして，38条3項の解釈に関してはこれを自然犯についての規定であるとするが，本項の解釈としては技巧的にすぎよう。

　(3) 故意説　違法性の意識（の可能性）を故意の要素と解することから，38条3項本文の「法律」を文字通り「法規」の意味に解するが，違法性の意識はなかったもののその可能性があった場合の取扱いについて，厳格故意説と制限故意説とで異なったものとなる。

　(a) 厳格故意説　現実の違法性の意識を故意の要件であると解する厳格故意説によれば，違法性の錯誤は故意を阻却することになるが，その後の取扱いに関して，①違法性の過失を過失犯として処罰するという説（過失説／浅田329頁以下など）と，②故意に準じて取り扱うという説（準故意説／草野89頁，齊藤(金)180-1頁，宮本147頁）とに分かれる。

　まず，①**過失説**は，違法性を意識しなかったことについて行為者に過失（違法性の過失）がある場合に過失犯の成立を認める。そして，38条3項の解釈について，本文は，故意の成立に個々の法規を認識する必要がない趣旨の規定であるとし，ただし書は，違法性の意識があっても，刑罰法規を知らないために違法性の程度について認識が困難な場合の規定である，と解している。しかし，違法性の過失を事実の認識がない本来の過失（事実的過失）と同等に扱うことは概念上の混乱をもたらすだけではなく，この説によると，違法性の過失があっても過失犯処罰規定がない場合には不可罰ということになるが，それは政策的欠陥ではないか，という指摘も可能であろう。また，「法規を知らなくても故意がないとはい

---

[168] 本決定については，専田泰孝・刑法の判例120頁以下，曽根「判批」『実行・危険・錯誤』87頁以下。

えない」とする38条3項本文の解釈については，余りにも当然すぎる，という疑問もある。

これに対し，②**準故意説**は，違法性の過失を故意に準じて取り扱おうとするものであって，38条3項本文は，違法性の不知についての過失責任を明らかにする規定で，38条1項ただし書にいう「法律に特別の規定がある場合」に当たり，なお「情状によりその刑を減軽することができる」としたものである，と解している。しかし，準故意説は，違法性に関する過失とはいえ，この立場で本来過失犯であるものが何故故意犯と同様に扱われるのか，その理論的根拠は必ずしも明らかではなく，また，違法性を意識しないことにつき過失（違法性の意識の可能性）があるとはいえ，違法性の意識のないものを故意犯として扱うということは，実質的には後記の制限故意説ないし責任説と同じ帰結であり（松原239頁注2）[169]，故意に違法性の意識を要求する厳格故意説の本来の主張と相容れないのではないか，という疑問もある（西原・下476頁）。

(b) **制限故意説**　故意の成立には違法性の意識の可能性で足りるとする制限故意説によれば，違法性の意識を欠いても違法性の錯誤が回避可能である場合には，故意を阻却しないことになる。そして，38条3項の解釈として，その本文については厳格故意説（過失説）と同様，法の不知が故意の成立を妨げないことを規定したものであると解したうえで[170]，ただし書については，違法性の意識の可能性があっても違法性を意識することが困難であるために違法性の意識を欠くときは非難可能性が減少することを明らかにしたものである，と解している（団藤311頁以下）。この説の実際上の結論は妥当であるが，上述のように（→401頁以下），違法性の意識の可能性を故意の要素と解する点に疑問がある。

(4) **責任説**　違法性の意識の可能性を故意とは区別された別個独立の責任要素と解する責任説によれば，違法性の錯誤は故意の成立とは無関係であるが，①その錯誤が回避不能の場合，すなわち違法性の意識を欠くに至ったことについて相当の理由の存するときは，責任を阻却する。これに反し，②錯誤が回避可能な場合，すなわち違法性の意識を欠いたことにつき相当の理由がないときは，現実

---

[169] 結論の共通性に着目して，準故意説を制限故意説の1つに数えるものとして，前田167頁。
[170] もっとも，厳格故意説とは異なり制限故意説にあっては，違法性の意識がなくてもその可能性があれば故意を認めるのであるから，38条3項本文の「法律」を「違法性」と解することが可能であり，その場合には，厳格故意説による同条項の解釈に向けられた批判を回避することができよう（北川・重点課題159頁）。

に違法性の意識がなくても責任は阻却されず，単にこれを軽減しうるにすぎない。

責任説の立場で，①刑法38条3項本文は，違法性の錯誤は故意の存在と関係がない旨を明らかにしたものであり，ただ，ⓐ錯誤が回避可能な場合には，故意責任が認められるが，ⓑその錯誤が回避不能の場合には，故意があっても責任が阻却される，と解される。そして，②同項ただし書は，違法性の錯誤の結果，違法性の意識を欠いた場合は違法性の意識のある場合よりも非難可能性が少ないから，錯誤が回避可能であってもその刑を減軽しうる旨を明らかにしたものである。すなわち，刑の減軽は任意的であって，「情状により」というのは，違法性の意識の可能性がある場合について，ⓐ違法性の意識が容易に可能なとき（違法性の意識があった場合と同様，通常の刑が科される）と，ⓑ可能性はあるが困難なとき（宥恕すべき事由があるとき）とがあり，ⓑの場合について刑の減軽が認められる趣旨と解される。

第7節　事実の錯誤と違法性の錯誤の区別

1　区別の基準

事実の錯誤は，それが構成要件該当事実の誤認であれ，それ以外の違法性を基礎づける事実の誤認であれ，故意を阻却し（前者は構成要件的故意，後者は責任故意），過失犯として処罰される可能性が残されるにすぎないが，違法性の錯誤は，いわゆる厳格故意説を別とすれば，必ずしも故意を阻却しない。ここに，事実の錯誤と違法性の錯誤とを区別することが必要となってくる。

(a) 実質的基準　問題となるのは，過失責任と区別される故意責任の本質に照らして，どのような事実の誤認について故意の阻却を認めるのが相当か，ということである（西原・下470頁以下）。故意には違法性の意識の提訴機能が認められ（➡294頁），また，故意の成立には，構成要件の外形的事実の認識があるだけでは足りず，意味の認識が必要であるが（➡131頁），この観点からすれば，「違法性の意識を直接喚起できる程度の事実の認識」があるときに意味の認識が認められることになる。したがって，ⓐ外形的事実の認識が欠ける場合はもとより，これが認められても意味の認識を欠き，法律が違法性の意識への直接的な期待が可能になるよう犯罪事実の認識を完成させるべきだとの期待しかできない場合は，故意

の阻却を認めてよい場合であって「事実の錯誤」であり、これに反し、ⓑ意味の認識が認められることから、直接違法性の意識およびそれに基づく違法行為の避止を期待できるような場合は、故意の阻却を認めるべきではなく「違法性の錯誤」として扱われることになる[171]。

　また、「その事実を認識した一般人ならば、当然その行為が法によって禁止されたものである旨の意識を喚起されることが可能であるといえるか否かによって、区別すべきである」（藤木219頁）、というのも同趣旨であろう。すなわち、ⓐその事実を認識しただけでは、違法性の意識を喚起しえない場合は事実の錯誤、ⓑその事実を認識すれば、違法性の意識を喚起しうる場合が違法性の錯誤ということになる。問題となるのは、どのような事実を認識すれば違法性の意識を喚起しうるか、ということであるが、法益侵害説の見地からは、法益侵害性を基礎づける事実ないしその属性（社会的意味）の認識ということになろう（松原245頁参照）。これに対し、法益侵害性の認識それ自体は、違法性の意識の問題である。

(b) 形式的基準　①通説は、錯誤の対象がおよそ事実的側面に関するものであるかどうかによって事実の錯誤と違法性の錯誤とを区別している（**単純事実説**）。すなわち、およそ事実に関する錯誤はすべて事実の錯誤であり、その他の評価に関する錯誤のみが違法性の錯誤である、と解する。これに対し、②厳格責任説の論者は、事実の錯誤をいわゆる構成要件的錯誤に限定し、構成要件該当事実の誤認のみを事実の錯誤と解し、犯罪概念要素としての「違法性」に関する錯誤は、評価に関する誤信はもとより、事実についての誤認であってもこれをすべて違法性の錯誤と解するのである（**構成要件的事実説**）。

　本書は、違法性の意識の可能性を故意とは別個独立の責任要素と解するかぎりで責任説に従うが、「違法性」に関する錯誤であっても、例えば、正当化事情の錯誤のように（→4）、それが事実的側面の誤認に基づく場合は違法性の意識を直接には喚起しえず、これを事実の錯誤と解するので、単純事実説を採ることになる（**制限責任説**）。

---

[171] これに対し、故意と違法性の意識の異質性を強調する有力説は、「刑法が着目する属性の認識」を意味の認識と解し、各構成要件の解釈を通じて判明した「属性」の認識に至ったか否かによって、事実の錯誤と違法性の錯誤が区別されることになる（髙山・前掲注（159）184頁以下）。たしかに、「属性」の認識を欠けば故意は認められないが、ここでは故意と過失との区別（裏からいえば違法性の意識との関係）が問われているのであるから、故意概念の構成要素のうち、認識の「対象」ではなく、すべての故意犯に共通の対象の「認識」自体を問題とすべきであろう。

2 規範的構成要件要素の錯誤

(1) 問題の所在　上述のように（➡131頁），規範的構成要件要素について（構成要件的）故意があるとするためには，その物体の認識のほかに意味の認識が必要であるが，事実の構成要件へのあてはめの認識は違法性の意識の問題であって，事実認識の問題ではないとされている。しかし，意味の認識もそれ自体ある種の評価的側面を含むものであるだけに，違法性の意識との区別は必ずしも容易ではない。規範的構成要件要素における事実の錯誤と違法性の錯誤との区別の問題を，①わいせつ物頒布等の罪（175条1項）における文書の「わいせつ性」と，②公務執行妨害罪（95条1項）における職務行為の「適法性」（「職務行為」は，一般に「適法な」ものであって初めて刑法的保護に値すると解せられている）について考えてみることにしよう。

(2) 問題の解決　議論の出発点となるのは，言うまでもなく，構成要件的故意の対象は構成要件該当「事実」そのものである，ということであって，文書の「わいせつ性」，職務行為の「適法性」それ自体は，直接刑法的評価に関係する要素であって構成要件的故意の対象ではなく，その誤認は違法性の錯誤となる。したがって，構成要件的故意の対象となるのは，わいせつ性，適法性を基礎づけている前提「事実」だけであって，その誤認が（構成要件的）事実の錯誤ということになるのである（二分説）。

(a) **事実の錯誤の場合**　①わいせつ物頒布等の罪について，まず，ⓘ例えば文盲のため文字が読めない場合のように，文章の客観的存在の認識すらない場合には，むろん構成要件的故意を欠く。また，ⅱその文章を読むことができても，文章のもつ好色性が社会に受け容れられる程度のものと考えていた場合には意味の認識を欠き，やはり事実の錯誤であって構成要件的故意は認められない。②公務執行妨害罪について，例えば逮捕状による逮捕に際して，行為者が，ⓘ公務員が逮捕状を呈示したのを見ていなかったために，逮捕状の呈示のない違法な逮捕であると誤信した場合は，職務行為の適法性を基礎づける前提事実の誤認であって事実の錯誤である。また，ⅱ逮捕状が呈示されたのは見たが，刑事訴訟法の規定の解釈を誤り，公訴事実の要旨の告知がないから違法な逮捕と誤信した場合も，「法律的事実の錯誤」であって故意を阻却する（➡3(1)）。

(b) **違法性の錯誤の場合**　①わいせつ物頒布等の罪について，行為者が，その文書は社会一般に受け容れられない程度に卑わいな文書ではあるが，刑法

(175条)で頒布等が禁止されている「わいせつ文書」とまでは考えなかったという場合は，文書の文学的意味の認識のある単なるあてはめの錯誤（違法性の錯誤）であって，構成要件的故意に欠けるところはない。②公務執行妨害罪について，前例において（➡(a)②），行為者が，逮捕状が呈示されたのは見たが，刑法の解釈を誤り自分は無実だからその逮捕行為は違法だと誤解したために違法な職務と誤信した場合は，違法性の錯誤であって故意を阻却しない[172]。

3 行政法上の禁止事項に関する錯誤

(1) 問題の所在　行政犯（法定犯）は，刑事犯（自然犯）と異なり，その行為自体では反社会性，反規範違反性をもつわけではなく，実定法規の命令・禁止によって初めて行為が違法となるので，（構成要件的）故意の成立にとっても，はたして物理的な事実の認識だけで足りるのか，むしろ具体的な禁止の認識そのものも必要なのではないか，ということが問題となる。この点については，故意には意味の認識が含まれるとする見地から（➡ 2(1)），刑罰法規以外の法令や行政処分について誤解した結果，自己の行為は許されると誤信した「法律的事実の錯誤」の場合は，刑法的には意味の認識を欠くとして問題の解決を図るべきである（浅田327頁／➡ 2(2)(a)）。判例に現れた事案に即して考えてみることにしよう。

(2) たぬき・むじな事件　禁猟獣である「たぬき」を禁猟獣でない「むじな」と誤認して捕獲した事件につき，大判大14・6・9（刑集4巻378頁）は，禁猟獣たる「たぬき」に当たる獣を，被告人の地方において「十文字むじな」と通称し，被告人も「十文字むじな」は「たぬき」とは別物と思ってこれを捕獲したのだから，禁猟獣たる「たぬき」を捕獲する故意を欠く，とした。この場合，被告人は，ⓐ禁猟獣の「たぬき」である「むじな」を「むじな」と知って捕獲しているのであるから，その意味での客体の認識はあるが，ⓑ自己の捕獲する客体を禁猟獣の「たぬき」ではなく，禁猟獣でない「むじな」と考えていたのであった。

右の事案について学説は，判例と同様，事実の錯誤と解する見解と，違法性の錯誤と解する見解とに分かれている。①違法性の錯誤説は，上のⓐの点を重視して，故意の内容は禁猟獣とされている動物自体の認識で足りると解し，被告人は

---

[172] これに対し，たとえ評価を誤ったとしても，それによって違法な職務行為であると誤信した以上，規範的構成要件について意味の認識が欠ける場合なのであるから，故意は認められない，とするものとして浅田327-8頁。

「たぬき」を例えば「くま」と誤認したわけではないから，事実の認識に欠けるところはないとするのである。これに対し，②事実の錯誤説は，上の⑥の点を強調し，被告人は，客体について物体（たぬきによく似た動物）の認識はあるが意味の認識を欠くから故意を阻却する，と解するのである。思うに，広義のあてはめの錯誤には2つのものがあり，まず，Ⓐある事実を法的概念，禁止規定へ直接あてはめる際の錯誤は，本来のあてはめの錯誤であって故意を阻却しないが（違法性の錯誤），Ⓑある事実の社会的意味を誤解した結果，すでに事実的概念へのあてはめに際して錯誤が生じた場合は，まだ違法性の意識への直接的な期待が可能になるまで犯罪事実の認識が完成していないから，事実の錯誤であって故意を阻却するのである（西原・下471頁）。本件において，被告人は積極的に「むじな」が「たぬき」とは別物と考えていたのであるから，まさにⒷの場合に当たるといえよう（松原247頁）[173]。

なお，判例には，たぬき・むじな事件と類似の事案につき，これを違法性の錯誤と解したものがある。被告人は，捕獲した動物が禁猟獣でない「もま」と考えていたが，実はそれは禁猟獣である「むささび」であった，という事案に関し（むささび・もま事件），大判大13・4・25（刑集3巻364頁）は，禁猟獣の「むささび」を禁猟獣でない他の動物と観念するのは事実の錯誤で故意を阻却するが，「むささび」と俗称「もま」とが同一物であることを知らないでこれを捕獲したにすぎない場合は，禁猟獣たる「むささび」，すなわち「もま」を「もま」と知りつつ捕獲したのだから，法律の錯誤（違法性の錯誤）にすぎない，とした。被告人において，「もま」が「むささび」とは別物であるとする積極的な誤認がなかったとすれば，「むささび」の未必的な意味の認識を認めることができよう[174]。

(3) その他の判例　①「メチル（アルコール）」が禁止されている「メタノール」であることを知らず，これを飲用に供する目的で所持し，譲渡した事案について，最大判昭23・7・14（刑集2巻8号889頁）は，「仮令『メチルアルコール』が

---

[173] これに対し，たぬき・むじな事件についても，客体である動物が稀少性のある動物であるという認識があれば意味の認識として十分であって故意を肯定しうる，とするものとして西田250頁（同旨，団藤322頁・注20，山口191頁など）。

[174] ①判例と同様，たぬき・むじな事件を事実の錯誤，むささび・もま事件を違法性の錯誤と解するものとして，内田258頁，大谷166頁，高橋172-3頁，前田181頁注45，山中724-5頁など。これに対し，②むささび・もま事件についても，被告人に「客体が禁猟獣に該当するという意味の認識」が欠けており事実の錯誤である，とするものとして浅田329頁，西原・下471頁など。

法律上その所持又は譲渡を禁ぜられている『メタノール』と同一のものであることを知らなかったとしても，それは単なる法律の不知に過ぎないのであって，犯罪構成に必要な事実の認識に何等缺くるところがないから，犯意があったものと認むるに妨げない」と判示した。たしかに，故意を認めるのに客体の正式な名称（メタノール）の認識は必要ないとしても，飲用すると身体に有害な液体は多数あるのであるから（最判昭24・2・22 刑集3巻2号206頁 参照），当時，巷に「メチル」として流通していた飲料が，少なくとも一定の属性を備えたアルコール性の飲料（メタノール）であることに結びつく事実の認識は必要であろう（前田182頁）。

②最判昭26・8・17（刑集5巻9号1789頁）は，被告人が警察規則を誤解した結果，鑑札をつけていない犬はたとえ他人の飼い犬であっても直ちに無主犬とみなされるものと信じ，これを撲殺したときは，その犬が他人の飼い犬であることを知っていたとしても，他人の所有に属することについての事実認識を欠如していたものとして被告人に故意を認めることはできない，とし，③最判平1・7・18（刑集43巻7号752頁）は，会社代表者が県知事に提出した，実父から会社に営業許可申請者を変更する旨の公衆浴場営業許可申請事項変更届が受理された旨の連絡を受けたため，会社に対する営業許可があったと認識して営業を続けていたときは，公衆浴場法8条1号の無許可営業罪における無許可営業の故意は認められない，とした。②については，鑑札をつけていない犬は他人の所有に属していても殺してよい，と誤信したのであれば違法性の錯誤であるが，本件では，鑑札をつけていない犬を無主犬と誤認していたのであるから意味の認識を欠く事実の錯誤であり，③についても，書類が受理されれば営業許可がなくても営業してよい，と誤信したのであれば違法性の錯誤であるが，営業許可があったと誤認したのであるから事実の錯誤に当たり，いずれも妥当な結論といえよう[175]。

最近の判例として，④普通自動車免許しか有しない者が，座席が合計15人分設

---

[175] その他に故意の阻却を認めたものとして，法華寺寺院規則が失効したものと誤信した結果，その規則によらずに行われた決議に基づき，寺院登記簿に所属宗派・教義を変更させた行為が公正証書原本不実記載罪に問われた事件で，「本件の変更登記事項がたとえ虚偽不実であっても，被告人はその認識を欠いたことにおいて刑法157条1項の罪の構成要素たる事実の錯誤を生じたもの」であるとした最判昭26・7・10（刑集5巻8号1411頁）などがある。これに反し，製材業者が木切れを利用してぶらんこ等の遊戯具を製造した行為が物品税法の無申告製造罪に問われた事件につき故意を認めた最判昭34・2・27（刑集13巻2号250頁）に対しては，政府に申告する義務があるとは考えもしなかった行為者を無申告罪の故意犯で処罰することに疑問が示されている（浅田328頁，内藤・下Ⅰ1069頁以下，平野・Ⅱ268頁以下（違法性の錯誤であるが相当の理由があるとする），松原246頁など）。

けられていたが6人分の座席を取り外して使用していたマイクロバス（大型自動車）を運転していたという事案に関し，最決平18・2・27（刑集60巻2号253頁）は，上司から人を乗せなければ運転しても大丈夫である旨を聞き，また，自動車検査証に大型であることを示す定員15人以上と記載され，ナンバープレートも2ナンバーであったが，自動車の種別欄に「普通」（道路運送車両法上の区別）と記載されているのを見たこと等から，普通自動車免許で運転することが許されると思い込み運転したとしても，「本件車両の席の状況を認識しながらこれを普通自動車免許で運転した被告人には，無免許運転の故意を認めることができる」と判示した。本件では，マイクロバスの座席の一部が取り外されていたとしても，大型自動車の外形的特徴は認識されており，故意を認めることは可能であろう。しかも，上司の言辞等は信頼の根拠として必ずしも十分でないこと等に照らすと，違法性の錯誤に相当の理由があったとするのも難しいと思われる（西田253-4頁，前田183頁）[176]。

4 正当化事情の錯誤

1 問題の所在

(1) 意 義 正当化事情の錯誤は，正当化事由の錯誤の1つである。**正当化事由の錯誤**とは，正当化事由が存在しないのに存在すると誤信し，その結果，自己の行為は許されると誤信した場合をいう。

正当化事由の錯誤には，①例えば，正当防衛において，急迫でなくても不正な侵害であれば防衛行為ができる，と誤信した場合のように，正当化事由の要件を誤解した結果，ある事実を法的概念である正当化事由にあてはめる際に生じた錯誤と，②ここで問題にする**正当化事情の錯誤**，例えば，急迫不正の侵害が存在しないのに存在すると誤認した誤想防衛の場合のように，正当化事由を基礎づける前提事実の誤認とがある[177]。①の正当化事由そのものの錯誤が違法性の錯誤であ

---

[176] その他，追い越し禁止等，一定の区域内で一定の行為を禁止する法令について，判例には，禁止区域であることの認識がなければ故意を否定するものが多いが（例えば，古く禁漁区域であることの認識を必要としたものとして，大判大3・12・24刑録20輯2615頁　など），この場合，禁止されていること自体は違法性の意識の問題，これに対し，禁止されている（ことを基礎づける）事実（例えば，追い越し禁止区域の道路状況，禁止標識の設置等）は故意の対象と解すべきであろう（西田252頁）。

[177] 正当化事情の錯誤に関する私見の詳細については，「正当化事情の錯誤」『実行・危険・錯誤』97頁以下。

ることについては争いがないが、②の正当化事情の錯誤については、それが事実の錯誤なのか違法性の錯誤なのかが争われている。

(2) 特 色 　正当化事情の錯誤は、ⓐ正当化事由の前提「事実」に関する錯誤であるという点で、構成要件該当事実の錯誤（構成要件的錯誤／例えば、人を野獣と誤認して銃を発射する行為）に近似するが、ⓑ犯罪論体系上「構成要件」ではなく「違法性」に関係する錯誤であるという点では、違法性の錯誤に接近する。すなわち、正当化事情の錯誤は、ⓐ行為者の依拠した事態が現に存在するならば（例えば、急迫不正の侵害が実際に存在する場合）、自己の行為の正・不正に関する行為者の認識が法秩序のそれと一致しているという点で構成要件的錯誤と同じであるが（認識内容の野獣を撃つ行為も急迫不正の侵害者に反撃する行為も法の認めるところである）、他方、ⓑ構成要件的錯誤の場合、行為者は構成要件該当事実を認識していないため事実上完全に無知であるのに対し、正当化事情の錯誤の場合は、自己の行為が構成要件を充足することを認識しているため、行為者に正当化事由の引受けを確認すべき手掛かりが与えられているという違いが認められる。このように、正当化事情の錯誤は、構成要件的錯誤および違法性の錯誤の双方と類似点および相違点を有しているところにその特色がある。「第三の錯誤」と呼ばれる所以である。

　正当化事情の錯誤のこのような特異な性格に照らし、その取扱いをめぐって学説は厳しく対立することになる。①事実の錯誤と解する立場（事実の錯誤説）が、故意の阻却を認め、正当化事情を誤認しなかったことについて過失がある場合に過失犯が成立するにすぎないと説くのに対し、②違法性の錯誤と解する立場（違法性の錯誤説）は、通常故意の阻却を認めず、ただ情状により故意犯の刑が減軽されうるにすぎない（38条3項参照）、と説くのである。

2　正当化事情の錯誤の取扱い

(1) 違法性の錯誤と解する立場 　違法性の錯誤説にも、違法性の錯誤の取扱いの相違を反映して見解の対立が認められるが（➡第6節3）、ここでは、現在有力に主張されている厳格責任説に立脚する違法性の錯誤（禁止の錯誤）説を取り上げることにしよう。

　(a) 厳格責任説とその問題点　この見解は、故意を構成要件に該当する事実の認識（構成要件的故意）に限定する立場から、正当化事情の錯誤を違法性の錯誤（禁止の錯

誤）に含めて考え，これは故意の成否と無関係である，と主張する。正当化事情の錯誤を正当化事由の要件に関する錯誤と同一視するところに厳格責任説の特色がある。厳格責任説の論者は，構成要件該当性と違法性とが犯罪要素としてもつ機能の違いを強調し，犯罪論体系の構成要件と違法とに対応させて錯誤論を構築しようとするのである。しかし，この見解には疑問がある。なるほど，構成要件が類型的に「行為が一定の型に当てはまるかどうか」を判別する機能をもつのに対し，正当化事由が非類型的に全法秩序の観点から構成要件該当行為の許容性を判断する機能をもつという点において，構成要件と正当化事由とは異なっているが，行為者が未だ規範の問題に直面していない（故意の提訴機能が働かない）という点では，正当化事由の内容たる事実に誤認があった場合も，構成要件該当事実について誤認があった場合と同様である。

　このような指摘に対し，厳格責任説は，正当化事情の錯誤の場合，行為者は構成要件該当の法益侵害を認識・予見してこれを実現したものであって，すでに自己の行為が禁じられているかどうかの問題に直面している，と応えている（福田212頁）。積極的な禁止構成要件に該当する事実の認識さえあれば，行為者はそれによって直ちに違法評価の問題に直面し，これに正しい答えを与えて違法行為を思いとどまることができるから，構成要件的故意もそれだけで行為者に違法性の意識を喚起させる提訴機能をもちうる，とするのである。

　たしかに，構成要件的故意は行為者の規範意識に違法性を徴憑すべき刑法的重要性を提訴するものではあるが，常に直接違法性の意識を喚起するに十分なものであるわけではない[178]。真に不法の意識を直接的に喚起するための前提的表象は，正当化事情の不存在をも確定したそれ，すなわち行為者の全表象内容を前提にしたうえで（例えば，急迫不正の侵害が存在しないとの認識を含めて），もしそれが実現したならば客観的に評価して不法とされるような表象でなければならない（中90-1頁参照）。したがって，構成要件該当事実を認識していても正当化事由の前提事実を誤認した場合は，責任非難の前提として，直接的に不法の意識を可能ならしめるような故意を認めることはできないことになる。この場合，行為者にはせいぜい正当化事由の事実的前提が現実に存在しているか否かを注意深く検討すべき機会が与えられているにすぎないのである。

(b) 正当化事情の錯誤と違法評価　厳格責任説が，構成要件該当事実の認識さえあれば行為者は規範の問題に直面するというのは，そのよって立つ理論的基盤である人的違法論と無関係ではない。人的違法論は，行為者の目標設定，心構え，義務等の行為者関係的な人的要素が，生じるかもしれない法益侵害と共に行為の不法を決定すると解する理論であって，違法の客観的要素としては被害者側の法益「侵害」しか考慮されていない。そこには，違法性の確定に際して行為によって保全されるべき法益を考慮に入れ，侵害法益と保全法益との比較衡量を試みるという契機は存在しない。したがって，行為者としては違法性を基礎づける事実のうち，構成要件該当事実すなわ

---

[178]　中 義勝『誤想防衛論』（1971年）268-9頁。

ち法益侵害事実さえ認識すれば，あとはすべて主観的ないし規範的要素として，当該法益侵害行為が社会的に相当であるか，正当な目的達成のための相当な手段といえるかという見地から違法判断の資料となるにすぎないから，事実的故意の対象として法益侵害以外の事実を認識する必要はない，ということになるのである。

しかし，違法性を決定する客観的要素は法益侵害に尽きるものではなく，違法性は行為者側の保全法益との「比較衡量」をまって初めて確定されるのであるから（優越的利益説），「法益侵害を基礎づける事実」を認識するだけでは，行為者は未だ違法性の問題に直面しているとはいえない。自己の行為が侵害法益に優越する法益を保全すると考えている（誤認している）者には，違法性判断のための資料が十分に与えられているとはいえないのである。自己の行為が構成要件に該当していることは認識しているが，同時に正当化事情も存在すると誤認している者は，法の注意要請に基づく注意の欠缺ないし過失の態度に対する非難にさらされること（過失責任）はあっても，積極的に法に敵対する心情についての非難にさらされること（故意責任）はない。というのは，その場合，行為者は行為に際して原理的に立法者が意図したのと同じ価値表象によって導かれているからである。このような状況においては，行為者の抱いた構成要件的故意は，法秩序の価値決定に対する反抗の表出とはいえないのである。

以上から明らかなように，構成要件該当性を基礎づける事実と正当化事由を基礎づける事実とは，行為が違法であるかどうかという問題の決定にとって同様の事実的意味をもっており，そのかぎりで，両者の間にどのような質的区別も存在しないのである。構成要件について，構成要件に該当すべき事実と構成要件該当性それ自体とを区別し，前者に関する錯誤を事実の錯誤，後者に関する錯誤を違法性の錯誤（あてはめの錯誤）と解するのと同様，正当化事由についても，これを基礎づける前提事実に関する錯誤は事実の錯誤であって，正当化事由それ自体（要件＝評価）に関する錯誤のみを違法性の錯誤と解さなければならない。事実の錯誤と違法性の錯誤は，構成要件と正当化事由（違法性）という犯罪論体系に対応するものではなく，それぞれの犯罪概念要素がもつ事実面と評価面とに対応しているのである。

(2) 事実の錯誤と解する立場　正当化事情の錯誤に関する事実の錯誤説にも，その理論構成をめぐっていくつかの考え方がある。これには，大別して，①「構成要件的故意」の概念を認める立場と（➡(c)(d)），②これを否認する立場（➡(a)(b)）とがある。

(a) **事実の錯誤・法律の錯誤の分類に依拠する見解**　正当化事情の錯誤を事実の錯誤と解する見解の第1は，構成要件的故意の概念を否定し，それが事実に関する錯誤であることを根拠に直ちに責任要素としての故意の阻却を認めようとする。この立場は，故意があるといえるためには行為者が違法性を基礎づけるすべての事実についての認識を有したことが必要であるとしたうえで，正当化事情の錯誤の故意犯性を否定するのである。その特色は，ローマ法以来の伝統である事実の錯誤・法律の錯誤の名

称を用い、その認識の対象となる事実を構成要件該当事実から違法性を基礎づけるその他の事実（正当化事情）にまで伸長し、構成要件的錯誤と正当化事情の誤認とをまったく対等に扱うことによって問題の解決を図ろうとした点にあるといえよう。事実の錯誤・法律の錯誤の分類を前提とする見解が戦後ドイツでその力を失ったのに対し、わが国で依然として多数説としての地位を占めている背景には、ドイツ刑法がその17条で禁止の錯誤を規定し、16条において構成要件該当事実に関する錯誤（構成要件的錯誤）を明文化しているのに対し、わが刑法は38条3項が法律の錯誤について規定し、同条2項が事実の錯誤の一部の場合について一般的に規定していることから、法律の錯誤と対をなす事実の錯誤を観念しやすいという事情があるのである。

　たしかに、この見解は、正当化事情の錯誤の場合に故意犯の成立を認めるべきではない、という本質直観において優れたものがある。また、構成要件的錯誤も正当化事情の誤認も最終的に責任故意を阻却するという点において違いがあるわけではない。しかし、この見解に対しては、体系的考慮が不十分であって、形式論理的にはなお適確な理論づけを与えているとは称しがたい、という批判が提起される[179]。すなわち、この立場では、正当化事情の錯誤が犯罪論体系上どのように位置づけられるべきかが十分考慮されているとはいえず、それが構成要件的錯誤に対してもつ独自の意義が等閑視されているのである。両者は共に事実の錯誤であるとしても、構成要件的錯誤が犯罪類型ごとに当該結果に対する（構成要件的）故意を阻却するのに対し、正当化事情の錯誤の場合は、横断的におよそ行為全般につき故意犯としての責任を排除するという違いが認められるのである[180]。犯罪論の体系として、構成要件・違法・責任という3分類（あるいは行為を含めて4分類）を維持しようとするなら、同じく事実に関する誤認（事実の錯誤）であっても、それが構成要件該当事実に関する誤認であるか違法事実（裏返しとしての正当化事情）に関する誤認であるかを区別することになお意義がある。正当化事情の錯誤が何ら構成要件的故意の存在を害するわけではなく、もっぱら責任要素としての故意を左右するという理論構成は（➡(d)参照）、このような考慮によって初めて可能となるであろう。

　(b) 責任構成要件要素の理論　　近時、正当化事情の錯誤の問題を適切に処理するという見地から、構成要件的故意の概念を否定しつつも、故意を構成要件要素とする責任構成要件の概念を認め、犯罪の成否を〔違法構成要件→違法阻却→責任構成要件→責任阻却〕の順で判断する見解（西田72頁以下、松原51頁・231頁以下）が有力に主張されている。この見解によれば、誤想防衛は、違法構成要件に該当し、違法阻却も認められないから違法行為ということになるが、行為者は違法性を基礎づける事実を認識していない（急迫不正の侵害が存在すると誤認している）から、故意の責任構成要件に該当せず、錯誤に陥った点に過失が認められれば過失の責任構成要件に該当する、と説くのである[181]。

---

[179]　佐久間修『刑法における事実の錯誤』（1987年）245頁。
[180]　佐久間・前掲注（179）137頁。

たしかに，この見解は，正当化事情の錯誤の取扱いについて，その違法性および過失犯性を矛盾なく理論的一貫性を維持しつつ説明することに成功しているが，すでに述べたように（➡116頁），その基本的な構成要件概念の理解および犯罪論の体系構成の在り方に重大な疑念が含まれおり，これを採ることはできない。理論的関心を惹きつけてやまない，ある意味では理論刑法学の白眉ともいうべき正当化事情の錯誤の取扱いであるが，所詮犯罪論の片隅に位置するこのテーマの処理のために大きな代償を払ってまで犯罪論体系全体を揺り動かすことには方法論上の疑問が残るのである（この点では次の消極的構成要件の理論も同じ）。

(c) **消極的構成要件要素の理論**　この理論は，正当化事由を消極的要素，つまりそれが存在することによって構成要件該当性を失わせる要素として構成要件に属させるものであって，正当化事情に錯誤があった場合に端的に構成要件的故意の阻却を認める。つまり消極的構成要件要素の理論は，1個の構成要件が積極的に違法性を基礎づける要素と消極的に違法性を否定する要素（の不存在）から成り立っていると解し，したがって構成要件的故意があるとするためには，積極的構成要件要素の認識と共に消極的構成要件要素の不存在の認識が必要である，と主張する。それゆえ，この立場では，正当化事情の錯誤，すなわち消極的構成要件要素が存在しないのに存在すると誤認した場合も，誤って積極的構成要件要素の認識を欠いた場合と同様，構成要件の錯誤であって構成要件的故意を阻却することになるのである。

消極的構成要件要素の理論が登場した背景には，一方で，正当化事情の錯誤に故意の阻却を認めるべきであり，他方，故意犯と過失犯とはそれぞれ構成要件的故意・構成要件的過失によって導かれ，違法性・責任といった他の犯罪要素はこの下に系列化されなければならない，という思想がある。すなわち，積極的に違法性を基礎づける要素のみを構成要件要素と解する通説によると，行為者に構成要件的故意が備わっているため故意犯の構成要件該当性が認められるにもかかわらず，正当化事情の錯誤について過失がある場合に過失犯が成立することになるのは矛盾ではないか，という問題意識が働いている。消極的構成要件要素の理論の提唱者によれば，責任非難の対象としての構成要件的故意は，その表示内容から少なくとも違法性の意識を直接可能にするという提訴機能を具備しなければならないが，例えば誤想防衛の場合，通説の理解する構成要件的故意の概念からは，真に正当防衛状況が存在しているか否かを注意深く確認すべしという提訴機能が導かれるとしても，直接自己の行為の違法性を意識すべき手掛かりは与えられていない，と批判するのである（中90-1頁）[182]。

181　この見解は，構成要件的故意概念を否定するが，責任構成要件要素としての故意を認めるのであるから，これを「構成要件的故意」と呼ぶかどうかは言葉の問題にすぎず，しかも，正当化事情の錯誤の場合にも，（違法）構成要件該当事実の錯誤の場合と同様，（責任）構成要件要素としての故意を欠くのであるから，両錯誤を同視する点で，その実態は限りなく次の消極的構成要件要素の理論に近いものがある。

182　中・前掲注（178）284-5頁。

（積極的）構成要件該当事実と正当化事情の不存在を認識して初めて，行為者は自己の行為が法的に許されているかどうかを判断することが可能となるという意味で，消極的構成要件要素の理論が正当化事情の錯誤を事実の錯誤と解し，これに故意阻却の効果を認めたことは積極的に評価できるところである。しかし，この理論に対しては犯罪論の体系構成上の疑問があるが，この点はすでに触れたところであるので（➡113-4頁），ここでは以下の点の言及にとどめる。すなわち，消極的構成要件要素の理論は，構成要件的故意に違法性の意識の提訴機能をもたせるが，私見によれば，構成要件的故意は本来構成要件レベルで犯罪個別化機能を指向するものであって，違法性の意識の提訴機能は責任要素としての故意（責任故意）がこれを引き受けるべきである。正当化事情に誤認がある場合には，構成要件の犯罪個別化機能を備える構成要件的故意が認められるとしても，違法性の意識の直接的喚起機能を備える責任故意は否定されるのである。そのような意味で，構成要件的故意を具備していたとしても，したがって行為が故意構成要件に該当するとしても，責任故意を欠くときは過失犯として扱われるという理論構成を模索してみることも必要であろう（➡(d)）。

　(d) **独自の錯誤説**　この見解は，正当化事情の錯誤が事実の錯誤の典型である構成要件的錯誤とも異なり，また違法性の錯誤であることが明らかな正当化事由の要件に関する錯誤とも異なることから，構成要件的錯誤にも違法性の錯誤にも属さない**第三の錯誤**，その意味で独自の錯誤である，と説くものである。すなわち，独自の錯誤説は，正当化事情の錯誤の場合，行為者は構成要件に該当すべき事実を認識しているので構成要件的故意は阻却されないが，かといって事実認識に欠けるところのない違法性の錯誤でもなく，正当化事由の前提となるべき事実についての誤認があるので責任要素としての故意（責任故意）が阻却され，過失があれば過失犯としてのみ処罰されうる，と解する見解である（大塚465頁，佐久間295頁，高橋293頁）。

　独自の錯誤説は，故意および過失の概念が広狭二義を有しており，故意・過失は，狭い意味では単に構成要件の実現に関係し，広い意味では行為全体を覆う形で関係している，とする。そして，広義の故意・過失を責任の要素と解する立場から，正当化事情の錯誤においては故意責任の拒否に至る，とするのである。すなわち，構成要件を故意に実現したが，仮に存在すれば自己の行為を正当化するであろう事情を誤認した者は，問題とされている生活実態を過失により誤認したのであるから，この者に対しては単に過失の非難だけが許される。彼は，責任評価の点では，正当化事情を誤認することなく故意に構成要件を実現した者より，構成要件をただ過失により実現した行為者にはるかに接近している，と説かれる。その意味で，独自の錯誤説も，正当化事情の錯誤を違法性の錯誤ではなく，事実の錯誤の一種と解しているのである。

　正当化事情に誤認がある場合，構成要件的故意の形成へと導いた行為者の動機は，法的心情の欠如ではなく，事態の不注意な検討に基づいている。この場合，少なくとも行為者の心理には行為の正当性判断のための事実的資料がすべて出揃ってはいないのであるから，法共同体の価値表象からの背反が欠如することになる。ここでは，構

成要件的故意が故意責任の認められる通常の事例とは異なった独特の仕方で形成されたものである以上（例えば，殺されると思ったからこそ先に相手を殺そうとした），構成要件的故意の存在を根拠として故意犯の処罰を基礎づけることができないのである。

独自の錯誤説に対しては，次のような批判が寄せられている。すなわち，この説が構成要件的故意の存在を認め，かつ故意犯の構成要件該当性を肯定しながら，正当化事情に錯誤があるとはいえこれを過失犯として扱うのは擬制である，とするのである。しかし，故意と過失の究極的な区別の基準を，違法性の意識を喚起させるためのすべての事情を認識しているか否かに求める立場からすれば，責任要素としての故意・過失こそが本来の故意・過失概念であって，構成要件的故意・過失はその部分的要素でしかない。構成要件的過失のみを過失と解する立場を取らないかぎり，擬制という批判は当たらない。

また，構成要件的故意が認められるにもかかわらず故意責任を否定するのは矛盾である，との批判も妥当しない。構成要件該当事実の認識があることによって構成要件の段階で形式的に推定された故意が，正当化事情の誤認を理由に責任の段階で実質的に否定されることも十分に考えられるのである。そして，このような理論構成が可能であるとすれば，構成要件該当性の段階でいったん存在するとされた構成要件的故意が，正当化事情の錯誤によって事後的に否定された後，あらためて過失構成要件の成否を問題にするという過程をたどること（いわゆるブーメラン現象[183]）も必要でなくなる（高橋168頁・293頁参照）[184]。刑法38条1項にいう「罪を犯す意思」とは，構成要件該当事実の認識にとどまらず，違法性を基礎づけるいっさいの事実の認識を意味すると解することができるのである。

さらに，独自の錯誤説によると，犯罪個別化のために観念された構成要件的故意・過失の犯罪個別化機能が失われてしまい，また，構成要件段階と責任段階で罪名が異なることには看過しえない問題がある，とする常套的批判もある（例えば，松原232頁）。しかし，構成要件的故意・過失といっても，それは，構成要件に該当する事実の認識があったか，不注意によりそれを認識しなかったか，という違いがあるだけであって，それ以上の意味はない。たしかに，構成要件的故意が認められれば，それは通常故意犯であり，構成要件的故意が認められなければ故意犯は成立しない。また，構成要件的過失があれば通常過失犯であり（しかし正当化事情があると誤認したことに過失がなければ不可罰），構成要件的過失さえなければおよそ犯罪は成立しない。その限度では，構成要件的故意・過失に犯罪個別化機能は認められる。しかし，構成要件的故意が認められるからといって常に故意犯となるわけではないし，また，正当化

---

[183] 川端　博『正当化事情の錯誤』（1988年）24頁参照。
[184] 西田74頁は，独自の錯誤説によると，いったん殺人罪などの構成要件的故意を認めたうえで，責任故意を否定することにより，再度，過失致死罪の成否を検討するといういわゆるブーメラン現象に陥るとするが（出直し／松原231頁参照），独自の錯誤説は，正当化事情の錯誤の場合，構成要件的にはあくまでも故意構成要件に該当すると解しているのであって，責任故意が否定されたからといって，改めて過失致死罪の構成要件該当性を問題とするわけではない。

事情があると誤認したことに過失がなければそもそも犯罪は成立しないのである。構成要件段階では罪名は浮動的であり，責任段階で初めて確定するのである。構成要件的故意・過失の下に，犯罪が故意犯と過失犯に整序される，という認識は改められなければならない。

故意犯が成立するためには，①構成要件該当事実の認識と②違法事実の認識が共に必要であって，いずれか一方の認識が欠けた場合，故意犯は成立しない。①が構成要件的故意であり，①と②を合わせたものが責任要素としての故意である。正当化事情の錯誤の場合，構成要件的故意は具備しており，故意犯の構成要件に該当するが，違法事実の認識がなく責任要素としての故意を欠くため故意犯として処罰することができず，過失犯として扱われるのである。

したがって，過失犯には 2 通りのものがあることになる。その 1 は，構成要件該当事実の認識を欠く結果として責任故意をも欠くに至る本来の過失犯であり，その 2 は，構成要件該当事実はこれを認識しているが，正当化事情に誤認があるため違法性を基礎づける事実の認識を欠く場合である。例えば，過失致死罪に関する刑法210条の規定は，人の殺害について認識がない場合だけではなく，人を殺害することの認識はあるが，それは正当防衛のためであると誤認し，その誤認したことに過失がある場合をも合わせ規定していると解される。人を野獣と誤認して殺害する者も（過失構成要件），誤想防衛により人を殺害する者も（故意構成要件），「過失により人を死亡させた者」なのである。条文それ自体と抽象的な観念像である構成要件とは区別して考えなければならない。

第 8 節　期待可能性

1　総　　説

(1) 規範的責任論と期待可能性　心理的責任論と異なり，責任の内容を規範的に捉える規範的責任論にあっては，行為者に責任能力および故意・過失が備わり，違法性の意識の可能性が認められても，行為の際の具体的事情を考慮して行為者にその違法行為を避けて適法な態度をとることが期待できない場合には，行為者の責任を問いえないことになる。というのは，規範的責任論が責任の実体を規範的な非難可能性として捉え，故意・過失を統合する概念として，行為者に適法行為の期待可能性が認められることを要求するからである（➡第 1 節 **5**(2)）。規範的責任論の創唱者であるフランクが，責任能力および故意・過失と並ぶ第 3 の責任要素として，反対動機による違法行為の抑止を可能とする「付随事情の正常性」を挙げたのはそのためである。

1897年のいわゆる**手綱がらみ（暴れ馬）事件**[185]に関するドイツ帝国裁判所の判例を契機として提唱され，20世紀初頭のドイツにおいて発展した期待可能性の思想こそが，規範的責任論が心理的責任論に取って代わった学説史的動因として機能したのである。当該行為状況の下で特殊な外部的事情が存在しているため，反対動機が存在しても行為者がその違法行為をせざるをえないような心理的圧迫が加えられたときは，反対動機による違法行為の抑止を期待できないことから，違法行為に出たことに対する責任非難がやむことになる。このような特殊な事情が，期待可能性を失わせる事情なのである。

(2) **期待可能性の体系的地位**　期待可能性が責任論の問題であることは一般に承認されているが，これを原則として違法論に位置づけようとする見解もある。また，責任の問題と解する場合にも，期待可能性が他の責任要素とどのような関係に立つかについては，その内部で見解が分かれている。

(a) **違法要素として構成する立場**　期待可能性の犯罪論体系上の位置について，平均人一般に対して期待できない場合（一般的期待可能性不存在）は違法論の問題であり，ただ，当該行為者に対してのみ適法行為を期待しえない，きわめて例外的な場合にのみ責任阻却事由としての期待可能性不存在が認められる，とする見解がある（内田230・252頁）。すなわち，期待可能性の不存在の大部分は緊急避難ないし義務の衝突に解消されうるものであり，例外的に，行為者の特異な体験などが責任無能力・故意不存在などを招来することなしに，あえて適法行為を選択させなかったような場合に責任の問題となる，とするのである。違法と責任の区別の基準を一般人に対する当為と行為者個人にとっての可能に対応させる，修正された客観的違法論の立場からすれば（→158頁），上の見解に論理的一貫性も認められようが[186]，少なくとも行為者にとっての他行為（適法行為）可能性を前提として非難可能性を基礎づける規範的責任論（行為者標準説／→3(3)）の見地からは，やはり期待可能性は責任論に位置づけられなければならないであろう。

(b) **故意・過失の要素として構成する立場**（責任要素説・その1）　この見解によ

---

[185] 辻馬車の御者である被告人が，尻尾を手綱にからめて制御を困難にするという癖を有する馬を使わないように雇主に頼んだが，雇主は事情を知りつつ御者に使用を命じ，逆らえば解雇の危険があったため，やむなくその馬を使っていたところ，案の定，その癖が原因で通行人を負傷させたという事件。

[186] その点で，違法判断（当為）の限界を一般人の可能な範囲に求める修正客観的違法論（多数説）が，期待可能性の問題をすべて責任論に位置づけているのは不可解である。

れば（団藤324・347頁），期待可能性がない場合には故意・過失自体が存在しないことになる。しかし，故意・過失においては，犯罪事実の認識ないしその可能性という形で行為者の事実的な心理状態が問題となるのに対し，期待可能性にあっては，違法行為に代えて適法な態度をとることが期待できるか，という形で違法性の意識の可能性と同様に，責任非難に直結する責任の規範的側面が問題となるのであるから，期待可能性を故意・過失の構成要素とみることはできない。しかも，期待可能性は，違法性の意識の可能性があっても適法な態度をとることが不可能な場合に初めてその存在が否定されることになるのであるから，期待可能性の問題は，違法性の意識の可能性を当然の前提にしているといってよい。したがって，違法性の意識の可能性を故意とは別個独立の責任要素と解する責任説の立場から（➡402頁），期待可能性を故意・過失の要素と構成することはおよそ不可能である。

 (c) **独立の責任要素として構成する立場**（責任要素説・その2） 事実的性格の故意・過失と規範的性質を帯びる期待可能性とが責任論における把握の仕方を異にするものである以上，期待可能性の有無は，故意・過失自体の成否には影響しないことになる。なお，この立場の内部で，①積極的に期待可能性が存在することを責任要素と解する見解（例えば，大塚478頁）と，②消極的に期待可能性が存在しないことを責任阻却事由と解する見解（例えば，浅田357頁，中山389頁）とが対立している。両説の間に実質的な相違はみられないが，社会生活上の通常の事態では適法行為の期待可能性が認められるのであって（付随事情の正常性），故意・過失，さらに違法性の意識の可能性が認められるにもかかわらず，期待可能性が存在しないことはきわめて例外的な事態であることを考えれば，②説が妥当であろう。

2 期待可能性と責任阻却事由

責任は，①もともと実質的・非類型的判断であるから，期待不可能性も本来超法規的な性格のものであるが（超法規的責任阻却事由），②刑罰法規により法定化，類型化されているものもある（法定的責任阻却事由）。

 (1) 法定的責任阻却事由 これには，ⓐ期待可能性が完全に欠如するためおよそ非難のやむ本来の責任阻却事由（狭義）と，ⓑ期待可能性がまったくないわけではないが，期待することが困難なため非難の程度が軽減する責任減少事由と

がある。

(a) **責任阻却事由（狭義）**　例えば，①犯人蔵匿等の罪（103条）において，犯人または逃走者自身の蔵匿・隠避行為（自己蔵匿・隠避）が不可罰とされているのは，自己蔵匿・隠避行為に出ないことを法が期待できないからである。また，②証拠隠滅罪（104条）は，「他人の」刑事事件に関する証拠を隠滅等した場合だけを処罰しているが，これは，法が犯人に自己の刑事事件に関する証拠を隠滅等しないことを期待することができないことを前提とする趣旨である。さらに，③盗犯等防止法1条2項の規定する，恐怖・驚愕・興奮または狼狽による殺傷の免責も，所定の状況において恐怖等の異常な心理状態のため適法行為の期待可能性が否認される場合を責任阻却事由として定めたものである。

(b) **責任減少事由**　この場合は，刑法により刑の減軽または免除が認められている。例えば，①過剰防衛（36条2項）・過剰避難（37条1項ただし書）は，違法減少の側面も持ち合わせているが（➡208, 238頁），急迫不正の侵害，現在の危難という緊急状況の中で，行為者が恐怖・驚愕等の異常な心理状態に陥っていることに由来する責任減少の面は期待可能性の減少として理解することができる。また，②任意的または必要的「刑の免除」を規定している犯人蔵匿罪および証拠隠滅罪に関する親族間の特例（105条），通説により刑罰（人的処罰）阻却事由を規定したとされる親族相盗例（244条1項）も同様の趣旨で理解することができる。さらに，③刑の減免までは認めていないが，裁判の執行により拘禁された者自身による逃走罪（自己逃走罪＝97条／1年以下の懲役），偽造通貨収得後の知情行使罪（152条／偽変造通貨の額面価格の3倍以下の罰金又は科料）が比較的軽い刑を規定しているのは，やはり期待可能性の減少を考慮したものといえよう。

(2) 超法規的責任阻却事由　通説は，明文の規定がない場合も期待可能性の欠如による超法規的責任阻却事由を認めているが，期待可能性の理論が，本来，法の予定しない特異な事態のもとにおける違法行為についてこれを刑事罰から解放する理論であることから，その後，超法規的責任阻却事由を否定しあるいはこれを限定的に認めてゆこうとする見解が現れるに至った（木村(亀)329頁）。それは，期待不可能性を超法規的責任阻却事由とすることが刑法のもつ規制的機能を弱体化し，刑法的秩序を弛緩する，という考慮が働いたためである。

しかし，法規が責任阻却を認めうる場合をすべて規定するということは実際上不可能であり，法規に規定がない場合でも，具体的な事情を考慮すると期待可能

性がないため責任阻却が認められる余地を安全弁として残しておく必要がある（内藤・下Ⅰ1189頁以下）。もとより，超法規的責任阻却事由の濫用は許されるところではないが，違法論における超法規的正当化事由の場合と同様，実質的評価をせざるをえない責任論において被告人に有利な方向で作用する超法規的責任阻却事由はやはりその存在を認めなければならないのである。

3　期待可能性の判定基準

期待可能性を判定するに際に，誰を基準として判断するかについては，見解が分かれている。

(1) 国家標準説　国家が当該行為事情の下において行為者に適法な態度をとることが期待できる場合に期待可能性を認めようとする見解である。国家標準説は，他の見解とは異なる視点に立ち，期待可能性の判定が期待する主体（国家）の側のなす判断であると把握したうえで，そのための基準は，行為者がその下で違法行為を行うに至ったところの行為事情の類型的把握により得られるべきである，と解する（類型的行為事情標準説）。

国家標準説は，期待可能性がもともと行為者に対する国家の側からの期待を意味していることから，その判定主体が国家であることを示したという点は正しい。また，国家標準説も類型的とはいえ行為事情をも考慮に入れているのであって，そのかぎりで，この見解がトートロジーに陥っている，という批判は必ずしも当たらないであろう。しかし，この見解では，期待する側の国家の立場が強調されるあまり，判定の対象として期待される行為者の能力や具体的行為事情に対する配慮が十分でなくなるおそれがある。また，国家標準説は，例えば，自己逃走罪（97条）の可罰性は自説によってしか基礎づけられないとするが，自己逃走行為も特別な事情が存在する場合（例えば，刑務所の火災）には超法規的に期待可能性の不存在が認められるのであって，常に可罰性を帯びるものではないことに注意する必要がある。

(2) 平均人標準説　当該行為事情の下において一般的な平均人であればこれに対し適法行為を期待しうるかを標準とすべきである，とする見解である。その根拠として，刑法は社会の一般人に対する規範であるから，期待可能性の有無は社会の一般人を標準として定めるのが妥当である，ということが考えられている。

しかし，期待可能性の理論を責任の問題として捉える以上（➡1(2)），刑法における責任非難が行為者に対する個別的，一身的な非難を意味し，したがって行為者にとって可能なことを限度とするものであるかぎり，平均人標準説が一般人に期待できれば行為者に期待できない場合でも有責であるとするのは，責任の本質に照らし妥当でない。また，一般人（平均人）という概念は曖昧であり，これによっては期待可能性の有無を明確に判断できないのではないか，という問題もある。そこで，一般人を特定するために，具体的な行為事情として行為者の年齢・性別・職業などを考慮するとすれば，それはすでに本来の平均人標準説の考え方から逸脱していると言わざるをえないであろう。

(3) 行為者標準説　当該行為事情の下において当該行為者個人の通常の能力に照らして他の適法な態度をとることが期待できたかを標準とすべきである，とする見解である（団藤329頁[187]）。したがって，一般人には期待が可能でも行為者に期待が不可能なときは，責任非難を加えることができない，と主張される。行為者本人の可能性が責任非難の限界を画する，という責任概念の本質に照らし，基本的に妥当な見解である。

行為者標準説に対しては，違法行為をしたこと自体が行為者にとって適法な態度をとることができなかったことを意味するから，「すべてを理解することはすべてを許すこと」につながり，この見解によれば責任非難がおよそ不可能になる，という批判が加えられている。そこで，行為者標準説の側からもその基準に修正を加え，行為者本人の年齢・性別・職業・経歴等によって構成された，行為者本人が属する類型人が標準となる，という見解も主張されるに至っている（内藤・下Ⅰ1207頁以下参照）。しかし，行為者本人が属する類型人を問題にするとしても，それは行為者個人の期待可能性を実証科学的に証明することが困難である，という犯罪認定に際しての立証上の問題に由来するのであって，実体法的にはあくまでも当該行為者が適法な態度をとることが可能であったかが問われなければならないであろう。ただ，「期待」というものが期待する側と期待される側との関係をいい，また，期待可能性も程度を付しうる概念であるという観点からすれば，期待可能性の有無・程度は国家と行為者との緊張関係において決定されるということになるであろう（平野・Ⅱ278頁）[188]。

---

[187] ただし，その上限は通常人の標準によって画されるべきである，とする。

4 期待可能性の錯誤

行為者に対して適法行為を期待しえないような外部的事実の誤認が期待可能性の錯誤であって，これには積極的錯誤と消極的錯誤の2つがある。

(1) 積極的錯誤　行為者に対して適法行為を期待しえないような外部的事実が存在しないにもかかわらず，行為者が，それが存在すると誤認した場合をいう。期待不可能性による責任阻却が，外部的行為の行為者の内心への反映を理由とするものであることに照らすと，この場合も，実際に適法行為を期待しえない外部的事実が存在しこれが行為者の内心へ反映された場合と同様に責任が阻却される（浅田361頁）。例えば，親族相盗例（244条）の法的性格を責任減少事由と解した場合（➡ 2(1)(b)），第三者の物を親族の物と誤信してこれを窃取すれば，窃盗罪（235条）としての責任が否定され，実際に親族の物を窃取した場合と同様，親族相盗例の適用（準用）を受けることになる。

なお，期待可能性の評価自体に関する誤信は，その錯誤が避けられなかった場合にかぎり責任が阻却されるにすぎない。

(2) 消極的錯誤　適法行為を期待しえないような外部的事実が存在するにもかかわらず，それが存在しないと誤認した場合をいう。例えば，親族の物を第三者の物と誤認してこれを窃取した場合である。期待可能性は，行為者の意思決定過程を前提にするということから，外部的事実が行為者の主観に反映されないかぎり責任は阻却されないとも考えられるが，期待可能性を客観的責任要素（または推定的責任要素）と解する場合には，消極的錯誤においても責任を否定すべきである[189]。前例で言えば，客体が客観的に親族の物であったことだけで期待可能性がないとみなし，親族相盗例の規定を適用することも許されるであろう（反証を許さない責任阻却事由）。また，期待可能性の不存在が構成要件化されている場合，例えば，証拠隠滅等罪（104条）で，自己の刑事事件に関する証拠を他人の刑事事件に関する証拠と誤認した場合，客体の欠缺として不能未遂の成否が問われることになる[190]。

---

[188] 各説は相互に矛盾するものではなくレベルを異にしつつ妥当する，とするものとして浅田359頁。
[189] 規範的責任はあるが可罰的責任がない，とするものとして浅田361頁。
[190] 親族相盗のケースについても，親族相盗を窃盗罪の減軽構成要件と解した場合は，重い罪（窃盗罪）を犯す意思で軽い罪（親族相盗罪）を犯したことになるから，構成要件の重なり合う範囲でやはり軽い親族相盗の罪が成立することになる。

5 判例と期待可能性

わが国の判例は、時に判文中に「期待可能性」の文言を使用しているが、明確にこの理論を肯定または否定する判断を示しているとはいえない（最判昭33・7・10刑集12巻11号2471頁／東芝川岸工場失業保険法違反事件）。

(1) 大審院判例　この時期の判例として特筆に値するものに、大判昭8・11・21（刑集12巻2072頁／**第五柏島丸事件**）がある。事案は、定員の5倍の乗客を乗せて航行中の第五柏島丸が転覆し、多数の死傷者を出したとして、船長である被告人が業務上過失往来危険罪（129条2項）および業務上過失致死傷罪（211条）に問われたというものである。これに対し裁判所は、通勤客が船員の制止を聞かず先を争って乗船したという当時の通勤事情、定員に対する乗客数の取締りに寛大すぎた警察官の態度、被告人の再三の注意も聞き入れず、多数の乗客を搭載させていた船主の態度等にかんがみると、被告人が定員超過のまま出航したことには無理がない点もあり、これに厳罰を科すのは問題があるとして罰金刑を言い渡した。この判決は、期待可能性の欠如により責任阻却を認めたものではないが、量刑において期待可能性の減少を理由に軽い刑を言い渡しているのであって、わが国における期待可能性の理論の先駆的役割を果たした[191]。

(2) 最高裁判例　最高裁は、期待可能性がないことを理由に正面から無罪を言い渡したことはないが、反対に、期待可能性の欠如を理由に超法規的責任阻却事由を認める見解を排斥しているわけでもなく[192]、少なくとも一般論としては、期待可能性の不存在が超法規的責任阻却事由であることを認めている。三友炭鉱事件に関する最判昭31・12・11（刑集10巻12号1605頁）は、原判決が期待可能性のない場合に成法上の法的根拠を明示していないのは理由不備の違法がある、とする検察官の上告論旨に対して、期待可能性の理論は刑法上の明文に基づくものではなく、超法規的責任阻却事由と解すべきである、と判示したのである[193]。また、前掲最判昭33・7・10は、原判決が期待可能性のないことを理由に無罪としたの

---

[191] 被告人が自己の刑事被告事件につき他人を教唆して虚偽の証言をさせたときは偽証教唆罪が成立する、とした大判昭11・11・21（刑集15巻1501頁）は、傍論ながら、被告人が自ら偽証するときは期待可能性がないから責任が阻却されると説示して、現実の法解釈の中に期待可能性の考え方を用いている。

[192] 最判昭33・9・12（判時163号5頁／肥料公団業務上横領事件）は、期待可能性がないという理由で無罪とした原判決を留保なく維持している。

[193] ただし、実際には被告人の行為の違法性の不存在を理由として無罪とした（➡173頁）。

は従来の判例に反する，という検察官の上告に対して，従来の判例は「いまだ期待可能性の理論を肯定又は否定する判断を示したものとは認められない」から判例違反ではない，としたのであった[194]。

---

[194] もっとも，本件の場合は犯罪の構成要件を欠くとして原審の無罪判決を維持している。

第3編

犯罪の態様

序章総説

　犯罪は，1人の人間が（単独犯），作為により（作為犯），1つの罪を（1罪），完成させること（既遂犯）を基本とし，前編においては，このような事象を念頭において犯罪の一般的な成立要件について考察してきた。しかし，現実の犯罪態様は千差万別であって，犯人が複数のこともあれば（共犯／➡第3章），犯罪が不作為により行われることもあり（不作為犯／➡第1章），また，複数の犯罪がなされることもあれば（数罪／➡第4章），犯罪が未完に終わることもある（未遂犯／➡第2章）。そこで，本編では，このような各種の犯罪形態についてこれを個別に考察することにする。

　本書のように，「犯罪の態様」として独立の項目を立てることには，必ずしも共通の理解があるわけではない。むしろ一般の『刑法総論』では，「犯罪論」の中で，本書で「犯罪の成立要件」（第2編）として掲げた行為・構成要件（該当性）・違法・責任と並列的に未遂犯・共犯・罪数等[1]について説明がなされている。しかし，それらの著書も，犯罪論内部の大きな区分として独立の編別を行わないものの，個々の項目の論述の順序としては，基本的に本書と同様の配列がなされており，各著者の意図としては犯罪論が大きな2つのまとまりから構成されていることを意識しているとみることができる。

　一方，本書と同様に，形式的に犯罪論を大きく2つに編別している体系書の代表的なものは，いわゆる「構成要件論」に立脚し，「構成要件の修正形式」（小野179頁以下，大谷358頁以下）[2]，「修正された犯罪類型」（林342頁以下）ないし「刑罰拡張原因」（瀧川幸辰・刑法講義（1931年）142頁以下）[3]として未遂犯と共犯を説明するものである。しかし，本書で「犯罪態様」と呼ばれるものは，抽象的な観念像で

---

[1] 不作為犯については，特に不真正不作為犯の場合，作為犯と同一の構成要件に該当することもあって，犯罪成立要件としての構成要件（該当性）の内部（➡第2編第3章）で説明されるのが通常である。

[2] 未遂犯および共犯を「修正された構成要件該当性」として構成要件論内部で論ずるものとして，大塚234頁以下など，未遂（犯）を（客観的）構成要件に含ませるものとして，前田142頁以下などがある。

ある構成要件の枠（規範の側面における静的態様）を超え，犯罪のすべての成立要件を踏まえて発現する現実の行為態様を示し，不作為犯論や罪数論を含む動態的な性格のものであることから（西原・上291頁以下），第3編各章に示される分類を採用することとした[4]。

---

[3] 平野・Ⅱ307頁以下は，「犯罪の成立を拡張する事由」として未遂犯と共犯を挙げ，西田63・65頁も，刑法各則の犯罪が原則として単独犯既遂類型を規定しているのに対し，刑法総則では未遂犯規定（43条・44条）および共犯規定（60条～65条）によって犯罪の成立範囲が拡張されている，と説明する。

[4] 本書と同様の体裁を採るものとして，岡野239頁以下（ただし特定の名称を用いない），齊藤（金）201頁以下（「犯罪の発現形態」と呼ぶ），西原・上285頁以下（「違法行為の態様」と呼び，これを違法行為の静態と動態に分けたうえ，未遂犯・共犯等を後者に含ませる），藤木255頁以下（「犯罪遂行の形態」と呼び，未遂犯と共犯のみを含める）などがある。なお，宮本174頁以下は，犯罪の態様として，未遂犯を「段階的類型」，共犯を「方法的類型」，罪数を「数量的類型」と呼ぶ（佐伯（千）287頁以下参照）。

第1章　不作為犯論

1　作為犯と不作為犯

(1) 意　義　行為には作為と不作為とがあるが（➡97頁），作為によって犯される犯罪を**作為犯**といい，不作為によって犯される犯罪を**不作為犯**という。作為犯と不作為犯とは，現実に行われた行為の態様によって区別される（西原・上296頁以下）。行為態様が作為か不作為かの区別は必ずしも容易ではないが，通常のケースでは，結果の発生に対しいずれが決定的な要因となったかにより区別される。例えば，歩行者Aが急に車の直前に飛び出してきたため運転者Xが慌ててブレーキと間違えてアクセルを踏み込み，Aをひき殺してしまった場合，ⓐ状況に若干の余裕があり，アクセルを踏みさえしなければ期待されたブレーキを踏む行為をしなくても結果が発生しなかった場合は，アクセルを踏んだことが結果を惹き起こした作為犯であり，ⓑ反対に，状況が切迫していて，ブレーキを踏まなければアクセルを踏まなかったとしても結果が発生してしまったという場合は，期待されたブレーキを踏む行為をしないことが結果発生の主因となった不作為犯ということになろう。

　本書の定義とは異なり，「刑法が作為の形式で規定している犯罪が作為犯であり，不作為の形式で規定している犯罪が不作為犯である」と定義し，例えば刑法199条の殺人罪は，「人を殺す」という作為の形式で規定されているから作為犯である，とする見解もある。しかし，後述のように（➡(2)(b)），殺人は不作為によっても犯されるのであるから，199条自体を作為犯の規定とみることはできない。むしろ，199条は，論理的には作為の場合と不作為の場合とを均等に含んだ結果犯の規定とみるべきである。同様に，218条後段の不保護罪の規定も，不保護の状態が作為によっても実現される可能性がある以上（➡(2)(a)），それ自体を不作為犯とみることはできない。

　いずれの理解に立つとしても，作為犯が原則として処罰されるのに対し，不作為犯は例外的にのみ処罰されるが，その理由についてはさまざまのことが考えられる。まず，作為による法益侵害が処罰される作為犯の場合は，法益を侵害する

特定の作為のみが禁止され，あとは何をしても自由であるから，行為者の自由の制約はわずかであり，作為による法益侵害の禁止＝行動の自由の制約が当然正当化されるのに対し，不作為による法益侵害が処罰される不作為犯の場合は，特定の作為が刑罰の威嚇をもって強制される結果として，その間，他のすべての行動に出ることが禁止されるから，行為者の自由の制約の度合いは作為犯の場合よりもはるかに大きいものとなり，不作為犯を犯罪として処罰するのはよほどの場合に限られることになる（勝亦藤彦・重点課題40頁など）。

　また，この点とも関連して，作為犯における作為は，あえてその作為に出さえしなければ適法な態度と評価されるのであって，法が特に国民に重い負担を強いるものではないのに対し，不作為犯において要求される作為は，それを履行して初めて適法と評価されるのであって，国民に多大のエネルギーを要求するという性格のものである。したがって，作為犯における不作為義務は，誰に対しても要求される一般的・原則的義務であるのに対し，不作為犯における作為義務は，特定の者に対してのみ要求される個別的・例外的義務であるという違いもある。作為犯・不作為犯処罰の原則・例外関係は，このような事情を背景としていると考えられよう。

　(2) 種　類　刑法規範には，「……するな」という禁令（禁止規範）と，「……せよ」という命令（命令規範）とがあるが，そのいずれの規範に違反するかによって，作為犯と不作為犯はそれぞれさらに２つに分かれる。

　(a) 作為犯　これには禁令に違反する場合だけではなく，命令に違反する場合もある。例えば，①射殺することにより「人を殺すな」という規範（199条）に違反する場合のように，作為によって禁令に違反する犯罪が**真正作為犯**であり，②第三者によって病人の前に置かれた食事を保護責任者が取って食べてしまうことにより「病者等を保護せよ」という規範（218条後段）に違反する場合のように，作為によって命令に違反する犯罪が**不真正作為犯**[1]である。

　以上の理解とは異なり，不真正作為犯の概念を否定し，この場合も（真正）不作為犯であるとする見解もある（西原・上296頁）。作為とは，一定の身体運動を標準としてこれに合致する態度をいうが，例えば不保護罪にとっては，保護するという身体運動が標準となるから，病人の食事を取り去ってしまうというのはこ

---

[1] 「作為（食事を取り去る）による不作為犯（保護しない）」と呼ばれることもあるが，上に述べたように（➡(1)）適切な表現ではない。

れに合致しない態度であって不作為である，というのがその理由である。しかし，保護するというのは一定の状態の惹起を意味するのであって，それ自体は身体運動でないし，また，病人の生存にとって重要な意味をもつ食物の奪取を，乳児に授乳しない母親がその間に行う身体運動（この場合は不作為）と同視するのは適当でないであろう。ⓐ最初から病人に食事を与えない場合と，ⓑ病人に与えられた食事を途中で取り去ってしまう場合とでは，行為態様のもつ社会的意味が異なるのである。ⓐの場合は，被害者（病人）が危険な状態に向かうのを放置するのであるから不作為であるが，ⓑは，安全な状態に置かれている被害者（病人）を危険な状態に陥れるのであるから作為である[2]。

なお，例えば，溺れているAに向かってYにより救助のため投げられた浮き輪をAがつかむ直前に手繰り寄せるXの行為は，作為である。たしかに，AとYの関係で，YがAを容易に救助することができる状態で身近にある浮き輪を投げ渡さない行為は，Aが危険に向かう状態を放置するのであるから不作為であるが（Yに救助義務があれば不作為犯となる），いったんYが浮き輪を投げつけ確実に救助される可能性が生じた以上（**救助の因果関係**），Aは危険を脱して安全な方向に向かったのであるから，その浮き輪を手繰り寄せて再度危険な状態に陥れるXの態度（救助の因果関係の遮断）は，作為である。したがって，XにAを救助すべき義務（作為義務）がなくても犯罪（殺意があれば殺人罪）の成立が認められる（浅田161頁参照）。

(b) **不作為犯**　　不作為犯にも命令に違反する場合だけではなく，禁令に違反する場合もある。例えば，①要求を受けてその場所から退去しないことにより「要求を受けたらその場所から退去せよ」という規範に違反する場合のように（130条後段），不作為によって命令に違反する場合が**真正不作為犯**であり，②母親が乳児に授乳しないことにより「人を殺すな」という規範に違反する場合のように，不作為によって禁令に違反する犯罪が**不真正不作為犯**である。

これに対し，学説の多くは，刑法が不作為の形式で規定している犯罪が真正不作為犯であり，作為の形式で規定されている犯罪を不作為で犯す場合（「不作為に

---

[2] この問題は，終末期医療においても，医師が患者から生命維持装置を取り外す行為が作為か不作為か問われるが，最初から装置を取り付けない行為は不作為であるのに対し，いったん取り付けた装置を外す行為はやはり作為とみるべきであろう（これに対し，「この場合も不作為と解して，患者の治療拒否により作為義務＝生命維持義務が解除され，正当化が導かれる」とするものとして，甲斐克則『尊厳死と刑法』（2004年）2頁）。

よる作為犯」と呼ばれる）が不真正不作為犯であると解している。しかし，真正不作為犯は必ずしも不作為の形式で規定されているとは限らないし，不真正不作為犯に至ってはむしろ作為・不作為を問わず一定の結果の惹起が禁止されているとみることができる。例えば，一般に真正不作為犯と解されている不保護罪の規定（218条後段）は，「保護されている」という，法の立場からみて望ましい状態の惹起を命じているのであり（したがって作為によって違反することも可能である＝不真正作為犯），また，不真正不作為犯が問題となる殺人罪の規定（199条）は，「人の死」という，法の否認する状態を故意に惹起することを禁止しているのであって，199条自体が作為犯に関する規定であるわけではない。

　不真正不作為犯を不作為による作為犯と解した場合は，不作為について規定していない作為犯の条文で不作為犯を処罰することになるから，不真正不作為犯の処罰を内容とするドイツ刑法13条（不作為による犯行）のような総則規定をもたない日本の刑法では，当然に罪刑法定主義違反の疑念が生ずることになる。例えば，199条が作為犯に関する規定であると解すると，母親が乳児に授乳せず殺害する行為を殺人罪（199条）で処罰することは，罪刑法定主義違反ということになろう。しかし，不真正不作為犯に関わる条文は犯罪結果を発生させることを禁止しているのであって，論理的には行為態様として作為・不作為の双方を予定していると解する場合には，（作為義務違反の）不作為も当初から禁止の対象となり，およそ罪刑法定主義上の疑義は生じないことになる。

　ところで，真正不作為犯においては，例えば不退去罪（130条後段）における「要求を受けてその場所から退去すべき義務」のように，遵守すべき作為義務の内容が法文に明示されているのでその成立要件について疑問の生ずる余地はないが，不真正不作為犯においては，例えば殺人罪における「人を殺すな」という規範のように，結果犯を内容とする禁令が前提とされるため，刑法が作為義務（例えば母親が乳児に授乳すべき義務）について何らの規定も設けていない場合に（開かれた構成要件），命令から導かれる作為義務違反を問題にしなければならないという困難さがある。その意味で，不真正不作為犯は，作為義務を命ずる命令規範に違反することによって，結果の惹起を禁止する禁令に違反する犯罪という複合的構造をもっている。不真正不作為犯の作為義務をめぐって議論が錯綜するのはそのためである（➡ 5）。

2　不真正不作為犯の作為義務と犯罪論体系

作為義務違反の犯罪論体系上の位置づけについては，不真正不作為犯における構成要件該当性と違法性との関係の問題に関連して，見解が分かれている。作為義務違反が構成要件の要素であるか，それとも違法性の要素であるかという問題がこれである。

(1) **違法性説**　かつての有力説は，不真正不作為犯の問題性がもっぱら違法性にあると解してきた（牧野・上425頁以下など）。それによると，不真正不作為犯の問題の要点は作為義務違反にあるが，不真正不作為犯の構成要件は作為義務を示していないから，作為義務を構成要件該当性の段階で論ずることはできず，違法論で初めて作為義務違反の不作為を違法な不作為として問題とすることができる，と解している。この立場では，結果との間に因果関係のあるすべての不作為が不真正不作為犯の構成要件に該当するため，構成要件該当性は違法性を徴憑せず，したがって不真正不作為犯の構成要件においては，作為犯（および真正不作為犯）の場合とは異なり，違法性の推定機能が論理的にはもちろん，事実上も働かないことになる。

しかし，違法性説に対しては，不真正不作為犯の要点が類型的な構成要件該当性にあるという立場からは，溺れている子供を助けない隣人の例において，はたして，救助しないという不作為に出なければ（救助するという作為に出ていれば），溺死しなかったというように，結果との間に因果関係のある不作為がすべて作為による実行行為と同視しうるか，という疑問が提示されることになる。

(2) **構成要件該当性説**　この見解は，不真正不作為犯の問題の要点は構成要件該当性にあると解し，作為義務違反の不作為のみが構成要件に該当すると解するものである。もっとも，構成要件該当性説には，その理論構成をめぐって，さらに次の2つの考え方がある。

(a) **違法判断先行説**　第1は，不真正不作為犯の問題性が構成要件該当性にあることを認めつつも，不真正不作為犯においては「開かれた構成要件」が問題となるということから，作為犯の場合とは異なり，構成要件該当性を判断するためには，その違法性が当の構成要件の予想する程度・態様のものであることを明らかにすることを要し，その限度において違法性が同時に問題とされなければならないとする見解である（団藤147頁）。しかし，この立場では，結局，不真正不作為犯にあっては，〔違法性→構成要件該当性〕の順序で犯罪の認定がなされることになり，〔構成要件該当性→違法性〕という犯罪の統一的認定を破るという問題性を残している。

(b) **保障人説**　構成要件該当性説の第2は，いわゆる保障人説の採るところであって，不真正不作為犯における作為義務を，結果が発生しないように法的に保障すべき地位にある者（保障人）にのみ課せられる義務と捉えたうえ，結果を惹起したすべての不作為が構成要件に該当するのではなく，保障人的義務を負う者の不作為であって初めて構成要件に該当する，と説く。そして，構成要件的結果の発生を防止すべき法

律上の義務を**保障人的義務**（作為義務），その義務を負っている者を**保障人**，保障人としての地位を**保障人的地位**と呼ぶのである。

　保障人説は，従来，不真正不作為犯がもっぱら違法性の問題と解されてきたのに対し，これがまず構成要件該当性の問題であることを明らかにするとともに，不真正不作為犯を作為犯と同様に取り扱う根拠を示した点で，その学説史的意義を認めることができる[3]。しかし，従来の保障人説が，構成要件の中に保障人的義務違反という実質的違法判断を導入したことによって，構成要件の規範化，価値化をもたらし，その結果，構成要件の明確性が失われるに至ったことは批判されなければならない。

　(3) **二分説**　保障人説の中にあって，その後，不真正不作為犯の構成要件該当性と違法性とを区別し，保障人的義務（作為義務）の発生を基礎づけている「保障人的地位」のみを構成要件要素と解し，保障人的義務（作為義務）違反自体は違法要素である，とする見解が有力に主張されるようになった（川端237・241頁，福田94頁（注2）など）。例えば，保障人的地位に立つ親が子供に食事を与えない行為は不保護罪の構成要件に該当するとしても，それが懲戒権の行使の範囲内であれば，保障人の義務違反（違法性）を認めることはできないとするのである。

　二分説に対しては，構成要件要素説の立場から，保障人的地位と保障人的義務とを区別することは実際上困難であり，また，保障人的地位だけでは構成要件の違法推定機能が十分に働かないという批判が加えられている（大塚151頁。なお，前田・基礎68-9頁参照）[4]。たしかに，保障人的地位と保障人的義務とを区別することが常に容易だとはいえないが，上にみたように，作為義務の発生を基礎づけている前提事実と作為義務の違反それ自体とを区別することがまったく不可能とはいえないであろう。また，構成要件該当性は価値に関係しているとはいえ類型的な事実判断であって，構成要件に論理的な意味での違法性推定機能まで認めるべきではないとする見地からは，不真正不作為犯においても，構成要件該当性と違法性との関係は形式─実質の関係とみるべきであって，両者を区別するうえからも，むしろ保障人的地位と保障人的義務とを区別することに一定の合理性が認められよう。さらに，作為義務の錯誤に関する二分説の考え方は，保障人的地位を認識しながら良心・法感情が鈍いため自己の保障

---

[3]　近時，保障人的地位との関係で作為義務（保障人的義務）を，ⓐ法益との関係で当該法益を保護する地位に立つ者の義務である法益保護義務と，ⓑ他人の法益を侵害するおそれのある危険源を適切に管理する地位にある者の義務である危険源監視義務に分ける見解（機能的二分説＝義務二分論）が一般的になっているが（➡5①(2)），ⓑの危険源監視義務も危険源によって法益が侵害されることを防止する義務という意味では，ⓐの法益保護義務に還元されよう（佐伯(仁)86頁）。

[4]　西原・上305頁は，「保障人としての地位という概念にしても，どのような人が保障人としての地位に立つかという判断は，結局どのような人に刑法上の作為義務があるかの判断と同じく規範的なものであ（る）」として，保障人的地位（作為義務を基礎づける根拠）と作為義務（保障人的義務）自体とを区別することなく，違法類型論を徹底する立場から，構成要件該当性判断にあたり違法性（作為義務違反）判断が不可欠であるとしている（ただし，作為義務そのものに関する違法性の錯誤と保障人的地位に関する事実の錯誤との区別は認める）。

人的義務を意識しない者も故意犯として処罰しうるのであって（違法性の錯誤），妥当な方向を示している（➡ 6 ①）。

3 不真正不作為犯の成立要件

不真正不作為犯は，（真正）作為犯と同一の構成要件に該当するのであるから，そのためには不作為による犯罪の実現が作為による構成要件の実現と同視しうるもの（構成要件的等価値性），すなわち当該不作為が作為と同価値のものと評価されなければならない（これを「作為と不作為の等置問題」という）[5]。作為との同価値性を認定するためには，不真正不作為犯の成立要件として，以下の要件を具備することが必要である。

(1) 因果関係　まず，不真正不作為犯が結果犯であることから，作為結果犯の場合と同様，不作為とこれにより発生した結果との間に，「不作為がなければ（社会的に期待された作為を行っていれば）結果は発生しなかった」という条件関係があることを前提として（➡104頁），さらに，保障人的地位にある者の不作為（実行行為）と結果との間に**相当因果関係**が存在しなければならない。

(2) 作為義務　次に，不作為が作為と同価値であるといえるために，行為者が結果発生防止に向けて保障人的地位に立ち，その者に結果の発生を防止すべき法律上の作為義務（保障人的義務）が存在しなければならない。例えば，溺れている子供を容易に救助しうる場合であっても，その子供を救助すべき法的義務のない他人（保障人的地位に立たない）の不作為（不救助）は，その結果，子供が死亡したとしても作為の場合（例えば，撲殺）と同価値とはいえないのである。作為義務をめぐる問題は，不真正不作為犯論の中心的論点を構成しているので，後に項を分かって詳論する（➡ 5，6）。

(3) 作為可能性　不真正不作為犯が成立するためには，不作為が構成要件に該当するだけでは足りず，その不作為はさらに違法でもなければならない。行為者は，保障人的地位にあるだけでは十分でなく，現実に発生した作為義務（保障人的義務）に具体的に違反していることが必要である。この点で，特に考慮すべ

---

[5]　改正刑法草案12条は，「罪となるべき事実の発生を防止する責任を負う者が，その発生を防止することができたにもかかわらず，ことさらにこれを防止しないことによってその事実を発生させたときは，作為によって罪となるべき事実を生ぜしめた者と同じである。」と規定して，同価値性が不真正不作為犯問題の核心であることを明らかにしている。

き事情が「作為による結果回避の可能性」である[6]。行為者が結果回避のための保障人的地位にあっても、現実に結果を回避することが不可能な場合には、その不作為は違法でない。例えば、親が海で溺れている自分の子供を救助しなかったとしても、その親が泳ぐことができず（作為能力）、また、泳ぐことができたとしても台風の余波等のため救助できず、他にとるべき方法もなければ（狭義の作為可能性）、その不救助（不作為）は違法でなく、不作為犯は成立しない[7]。

このように、作為可能性がなければ結果回避の可能性もないのであるが、反対に、作為可能性があっても結果回避可能性が否定される場合がある。例えば、親に救助行為（作為）に出る能力・可能性はあるが、子供が長時間溺れて溺死寸前の状態にあり、救助して手当てを施しても助からない状況における不救助の扱いである。この場合は、不作為（不救助）と結果（溺死）との因果関係（条件関係）が否定され（浅田153頁／➡(1)）、行為者の不作為は未遂犯（ないし不能犯）として扱われることになる。

4 不真正不作為犯に関する判例

不真正不作為犯の判例は、放火罪に関するものと殺人罪に関するものとに比較的多く見られる。

(1) 放火罪に関する判例 これには、作為による放火との同価値性をめぐり、ⓐ行為者の動機・目的として「既発の火力（危険）を利用する意思」を重視するもの（大審院判例）と、ⓑ行為者による先行行為（危険創出行為）を重視するもの（最高裁判例）とがある。

(a) 動機・目的を重視するもの 不作為による放火罪に関する大審院判例として、次の2つのものが有名である。いずれも、管理者的地位に基づく結果防止義務、作為可能性（消火の容易性）に加えて、家屋への引火の危険に際し、行為者が一定の**利用意思**を有している場合に放火行為が認められている。

まず、①大判大7・12・18（刑録24輯1558頁）は、被告人が喧嘩により養父を殺害した後、喧嘩の際に養父が投げた燃木尻の火が藁に飛散して燃え上がったのを認めながら、養父の死体も焼損すれば罪跡をくらますことができると考え、そのまま放置して住宅および物置を焼損したという事案について、自己の行為以外の原因で刑法108条

---

[6] 不真正不作為犯における作為義務が結果犯において結果の発生を防止（回避）すべき義務であると理解されるのであれば（➡1）、作為義務に対応する作為可能性の内容自体すでに、（作為による）結果（発生の）回避可能性をその中に含んでいる。

[7] なお、この結果回避の可能性は、作為義務違反の前提としての客観的可能性を意味するから、行為者の主観的な責任能力と無関係であることは、もとより当然である。

第 1 章　不作為犯論　　443

以下に記述する物件が発火した場合に、これを消火する法律上の義務を有し（管理者の防止義務）、かつ容易に消火をなしうるその物件の所有者・占有者が「既発の火力を利用する意思」（罪跡を隠滅する目的）で鎮火の手段を講じなかったときは、この不作為も法律（旧法）にいう「火を放つ」行為に当たる、とした。

　次に、②大判昭13・3・11（刑集17巻237頁）は、火災保険に付した一人住まいの自宅で（支配領域性）、神棚に立てたろうそくが神符の方に傾いていることを認識しながら危険防止措置を取らず、かえって、もし火事になれば保険金が取れると考え、そのまま外出したため家屋が燃焼したという事案について、故意的でない原因によって自己の家屋が燃焼する恐れがある場合に、これを防止せず、「既発の危険を利用する意思」（保険金詐取の目的）で外出することは、作為による放火と同一である、とした。

　(b) **先行行為を重視するもの**　　大審院判例とは異なり、不作為による放火罪の成立を認めた次の最高裁判例は、「既発の危険（火力）を利用する意思」を強調していない。すなわち、③最判昭33・9・9（刑集12巻13号2882頁）は、営業所の建物内で残業中の会社員が両足の間に火鉢を置いたまま居眠りをし、火鉢から落ちた炭火により書類・木机等が燃えているのを発見しながら、自己の失策の発覚を恐れて逃走したという事案に関し、自己の過失によって物件が燃焼するのを目撃しながら、その結果建物が焼損するのを認容する意思をもってあえて必要かつ容易な消火措置を取らなかった不作為は放火に当たる、とした。本判決は、大審院判例の事案のように、管理者的地位に基づき作為義務が発生する場合は、利用意思があって初めて放火行為が認められるが、本件のように、自己の重大な過失による先行行為が認められる場合には、「認容意思」（未必の故意）があれば足りる、と解したものと考えられる（吉田敏雄・百選Ⅰ13頁）。たしかに、本判決が先行行為と共に消火の容易性を重視して、行為者の主観的意図を強調しなかった点は是とすべきであるが、本件では他に宿直員がいたという事情もあり、はたして管理者的地位にいるとはいえない残業社員に支配領域性を認めることができたかについては疑問も提起されよう（内藤・上236頁）。

　(2) **殺人罪に関する判例**　　これには、ⓐ行為者と被害者との間に既存の保護関係が存在する場合（第Ⅰ類型）と、ⓑ行為者による危険創出の先行行為によって初めて被害者との間に一定の関係が形成される場合（第Ⅱ類型）とがある（鎮目征樹・百選Ⅰ14-5頁）。

　(a) **保護関係が存在する場合**　　生活実態を伴う保護関係が存在する第Ⅰ類型の判例では、不作為前後で被害者がおかれた安全性の程度に大きな落差が認められることから、不作為自体に強度の危険性が認定され、作為義務違反が認められることが多い。

　大審院時代の判例として、①大判大4・2・10（刑録21輯90頁）は、法律または契約による養育義務者が、もらい受けて養育した幼児（6月未満）の生存に必要な食物を与えず死亡させたときは、殺人罪を構成する、とした。本判決は、作為義務の根拠として、被告人が法律・契約により「養育の義務を負う者」であることを挙げているが、養育契約に基づく事実上の引受けもあり、また、引受け行為によって生活実態を

伴う保護関係も存在しており，被害者の生命の維持が被告人の手中に委ねられている，という意味で排他的支配関係（支配領域性）も認められる。本件は，不作為による殺人の典型的なケースであったといえよう。

近年の裁判例としては，②3歳の幼児に飲食物を与えず餓死させた事例について，被告人に不作為による殺人を認めた，東京高判平19・1・29（高裁速報平成19年107頁）がある。本件では，被告人が被害者と同居していたという実態はあり，事実上の保護関係が認められるものの，法律上の身分関係がない（被告人が被害児の実父でもなく，被害児の母親と婚姻しているわけでもなかった），という点でその関係は必ずしも強固のものではなかったが，被害児を救命するための行動に出ることのできる者が被害者の母親（被告人と同居）を除くと被告人しかいない，といった密室的な環境の中での不作為による殺人事件であることから，規範的な保護関係の欠如を共同的ではあるが排他的支配性・依存性の強さで補完するという考え方が採られている[8]。

　(b) **先行行為により特定の関係が形成される場合**　　最高裁の時代になってからは，このタイプ（第Ⅱ類型）のものが散見されるようになった。この類型の裁判例では，行為者と被害者の間に既存の保護関係が存在しないことから，これに代わるものとして，ⅰ危険創出の先行行為によって行為者-被害者間に一定の関係が形成されたことを判断の出発点に据えつつ，加えて，ⅱ他者による救助を期待しにくいという意味での依存関係や保護の引受け等が認められて，初めて不作為の作為との同視性が肯定されている（鎮目・前掲15頁）。

例えば，③東京地判昭40・9・30（下刑集7巻9号1828頁）は，過失により重傷を負わせた被害者をいったんは救護のために自車に乗せたが，最寄りの病院に搬送中，事故の発覚を恐れて救護意思を放棄し，遺棄して逃走するつもりで走行するうちに死亡させたというひき逃げの事案について，不作為による殺人罪の成立を認めた。本判決は，過失による先行行為と，病院に送ろうとして自車に乗せたという引受け行為およびそれに伴う事実上の排他的支配（支配領域性）を考慮したものであるが，類似の事案について保護責任者遺棄罪（218条）の成立にとどめた最高裁判例（最判昭34・7・2刑集13巻8号1163頁）との関連性が問題となるであろう。

また，④東京地八王子支判昭57・12・22（判タ494号142頁）は，店の経営者である被告人らが，自宅に住まわせていた従業員に重篤な傷害を負わせたが，被害者に適切な救護措置を講じることなく放置し，死亡させたという事案に関し，先行行為のほか，被告人と被害者との間の支配従属関係，受傷後の引受け関係ないし支配領域性，治療を受けさせることの容易性等を根拠に法的作為義務を肯定し，不作為による殺人罪の実行行為性を認めた。

さらに，最近の最高裁判例として，⑤最決平17・7・4（刑集59巻6号403頁／

---

[8] 他に，このタイプの裁判例として，便槽内に乳児を出産した母がそのまま放置し窒息死させた事例（福岡地久留米支判昭46・3・8 判タ264号403頁），1歳8か月の長女に対し2か月以上にわたり十分な飲食物を与えず餓死させた事例（大阪高判平13・6・21 判タ1085号292頁）などがある。

シャクティ治療事件）は，重篤な患者の親族から患者に対する「シャクティ治療」（手の平で患者の患部をたたいてエネルギーを患者に通すことにより自己治癒力を高める独自の治療）を依頼された者が，入院中の患者を病院からホテルへ運び出させたうえ，未必的殺意をもって，患者の生命を維持するために必要な医療措置を受けさせないまま放置して死亡させた場合について，不作為による殺人罪の成立を認めた。本決定は，作為義務を基礎づける具体的事情として，ⓘ「自己の責めに帰すべき事由により患者の生命に具体的な危険を生じさせたこと」（危険を創出する先行行為）を挙げつつ，ⓘⓘ「被告人を信奉する患者の親族から，重篤な患者に対する手当てを全面的にゆだねられた立場にあったこと」（依存関係・保護の引受け）を指摘している（渡辺卓也・刑法の判例24頁参照）。

本件については，機能的二分説により（➡ 5 [1](2)），ⓘ病院からの連れ出しという先行の危険創出行為に基づいて作為義務（危険源管理義務）が生じるとともに，ⓘⓘ家族（共犯者）から治療を頼まれたという機能的保護関係に基づいて作為義務（法益保護義務）が生じ，ホテルでの不保護行為につき不作為による殺人罪の成立が肯定された，とも説かれているが（高橋160頁），2つの作為義務が生じたとの印象を与える叙述はミス・リーディングのきらいがある。この場合，先行の危険創出行為および治療の依頼に基づき被害者の生命を保持すべき（1つの）保護義務（作為義務）が生じたとみるべきであろう（佐伯(仁)97頁参照）。この類型に属する事案については，ⓘの側面とⓘⓘの側面との間に相補関係が認められ，両者相まって全体的に作為義務を基礎づけているといえよう。

5　作為義務の発生根拠および作為との同価値性
[1]　作為義務の発生根拠とその限界

不真正不作為犯における作為義務がどのような根拠に基づいて発生し，また，その限界はどこに求められるか，についてこれまで様々な観点から議論が展開されてきた。

(1) 作為義務の発生根拠　　作為義務は，従来，法令，法律行為・事務管理，一般規範（条理）の3つの根拠から発生すると考えられてきた（**形式的三分説**＝多元説）。

作為義務は，まず，ⓐ例えば，民法820条の規定する親権者の子に対する監護・教育義務のように，**法令**に基づいて発生する。次に，ⓑ例えば，①病院における看護師は，**契約**に基づいて患者を看護すべき義務を負い，②委任によらず病人の保護を始めた者は，**事務管理**者として病人の保護を継続すべき義務を負う。さらに，ⓒ刑法上の作為義務が条理，慣習などの**一般規範（条理）**から生ずるこ

とがある。これには，例えば，①交通事故を起こした運転手による被害者救助義務のような先行行為に基づく防止義務，②抵当権付き不動産の売却に際してその旨を告知すべき義務のような信義誠実上の告知義務，③自己の管理する建物が他人の法益を侵害する危険のある場合にその結果発生を防止すべき義務のような管理者の防止義務，④雇主が病気にかかった雇人を保護すべき義務のような慣習上の保護義務等がある。

　このように作為義務の発生根拠として3つの形式的根拠を挙げることについては，今日，作為義務に違反する不作為が作為による場合と同視される実質的根拠こそが問題の核心である，として疑問も提起されている（例えば，佐伯(仁)84頁以下）。たしかに，例えば，他人の子供を引き取った者が子供に食事を与えず死亡させたが，他人との間に養子縁組も契約も成立していない場合のように，形式的根拠以外の理由に基づいて作為義務が発生すると解するとなると，最初から実質的根拠だけを挙げれば足りるともいえるが，形式的根拠として一般規範（条理）も考えられるのであれば，法令・契約に基づかないほとんどの作為義務がこれに包摂されるし，その反面で，実質的根拠の限界が必ずしも明確でないことを考えると（➡②），作為義務の大枠を画する上で形式的根拠を挙げることにはなおそれなりの意味があると思われる。

　(2) 作為義務二分論　他方，作為義務の形式的把握に努めながら，作為義務をその発生根拠に従って分類するのではなく，社会的期待の観点から保障人的義務の機能に着目してこれを分類する試みもなされている。すなわち，ⓐ直接的に危険状態にある当該法益を保護すべき関係に立つ場合の作為義務（「法益保護型」の義務類型）と，ⓑ間接的に法益を危険にさらす危険源を管理・監督すべき義務が認められる場合の作為義務（「危険源管理型」の義務類型）に分け，その内部でさらに各類型に応じた個別の作為義務の整序がなされている（**機能的二分説**／高橋156頁以下，山中244頁以下など）。たしかに，作為義務発生根拠の多様性は認めざるをえず，それを整理する意味でこの分類にも一定の意義が認められるとしても[9]，ⓑの危険源管理義務も間接的とはいえ究極において法益保護のために機能するものである以上，ⓐの法益保護義務との間に本質的な違いを認めることは困難であり，また，最終的な問題は，それぞれの作為義務違反の不作為がはたして

---

[9]　この分類には，不作為犯における正犯と共犯の区別に関して機能的意義をもたせるという働きも認められている（➡526頁）。

すべて作為による構成要件の実現と同価値といえるか，ということにかかっているのであって，機能的分類自体に整理上の意義以上の意義があるとは考えにくい。

(3) **作為義務の限定**　形式的三分説は，上記3つの根拠に基づいて刑法上の作為義務が発生すると解し，また，機能的二分説は，社会において一定の役割を担う者に対する社会的期待の在り様に応じて刑法上の作為義務を分類・整理しているが，不真正不作為犯を基礎づける作為義務は，単に道徳上の義務，社会生活上の義務では足りず，一定の強さをもった法律上の義務でなければならない。例えば，一般規範に基づく作為義務は，緊急救助義務にみられるように[10]，通常，道徳上の義務にとどまっており，それが刑法上の作為義務となるためには，さらに一定の強度が要求されることになるのである。しかも，不真正不作為犯における作為義務が刑法上の作為義務である以上，それは，特定の構成要件との関係においてその結果発生の防止を義務づけるものでなければならず，その意味で，作為義務の発生根拠（保障人的地位）をめぐる問題は，究極的には構成要件の解釈問題に帰着するということができる（内藤・上232頁）。

不真正不作為犯における作為義務が「結果」の発生を防止すべき義務でなければないのは，不真正不作為犯が一定の「結果」を生じさせることを禁止する結果犯だからである。結果犯の行為態様は，通常，作為と不作為とを論理的には同等の資格で含んでいるのであるから，不真正不作為犯における作為義務は，当該作為義務に違反した不作為を作為により結果を発生させた場合と同等に評価しうるものでなければならない。したがって，規範の内容が単に作為を命ずる挙動犯にとどまる場合，その義務は真正不作為犯における作為義務であって，不真正不作為犯におけるそれではないことになる。例えば，軽犯罪法1条8号の規定する，火事等の際に公務員から援助を求められた場合にこれに応ずる義務に違反する行為は，軽犯罪法上の不援助罪（真正不作為犯）を構成することはあっても，直ちに結果犯である刑法上の放火罪（不真正不作為犯）を構成するわけではない。また，同様に，道路交通法72条1項前段・同117条の救護義務違反罪も真正不作為犯であって，救護義務に違反した不救護が刑法上の殺人罪ないし保護責任者遺棄罪に直結するということはないのである。

---

[10]　ドイツ刑法は，一般的な緊急救助義務規定（323条 c）をおくが，その刑は「1年以下の自由刑又は罰金」と低く設定されている。

2 作為との同価値性

問題となるのは、どのような場合に作為義務違反の不作為を同一構成要件における作為により結果を発生させた場合と同視しうるか、ということである（**構成要件的等価値性**）[11]。この点については、基本的に3つの方向が考えられている。①「行為」（不作為）の違法性を強調する立場、②「結果」の違法性を強調する立場、および③多元的、総合的に捉える立場である。

(1) 行為無価値論的アプローチ

これにも、ⓐ行為者の主観（動機・目的＝利用意思）を重視する見解と、ⓑ客観的な先行行為を重視する見解とがある。

(a) 動機・目的説

この見解は、作為義務違反の認定にあたって、行為者の主観的意思や人格態度、特に犯行動機（既発の危険を利用する意思）を重視するものである（主観説）。上述のように、戦前の大審院判例は、不作為による放火罪の成立を認めるにあたって、被告人に「既発の火力を利用する意思」が存在することを強調していたが（→ 4(1)(a)）、これらの判例に触発されて、学説には、不真正不作為犯にあっては単なる未必の故意では足りず、その成立には「既発の状態を利用するか、すくなくとも意図的に放置したこと」が必要である、として行為者の主観面から不真正不作為犯の成立範囲を限定しようとする見解が現れるに至った（藤木134頁以下）。この立場で、改正刑法草案12条の「ことさらに」罪となるべき事実の発生を防止しないというのは、「法に敵対する意思力をもって」の意義に解されることになる（→注5）。

作為との同価値性を考慮するに際して、行為者の主観面を重視することが不真正不作為犯の成立に限定的役割を果たす場合のあることは否定できない。しかし、他面、悪しき意図・動機を強調することが、作為犯に比した場合の客観面の不足分を主観面で補うという作用を営むことによって、反対に作為義務の範囲を拡大する恐れがないとはいえない（中山254頁参照）。また、そもそも行為者の動機・内心にまで立ち入って不真正不作為犯の（客観的）構成要件該当性ないし違法性判断をすることは、主観主義犯罪論に傾斜し、心情刑法に陥る恐れなしとはしないであろう。

(b) 先行行為説

行為自体の違法性を強調する第2の立場は、客観的な先行行為を重視し、作為犯における作為には原因力があるが、不作為犯は既存の因果の流れを利用するにすぎないから、不作為犯が作為犯と構成要件的に等価値（同価値）であるためには、「不作為者が当該不作為をなす以前に、法益侵害に向かう因果の流れを自ら設定している場合でなければならない」[12]とする（日高151頁以下）。そして、この立場は、法的作為義務の判断と構成要件的等価値性の判断を峻別し、前者の法的作為義務については形式的根拠に従ったうえで、後者の構成要件的等価値性の判断にあたって

---

[11] 作為義務の発生根拠を形式的に捉える場合には、これとは別に構成要件的等価値性が要求されることになるが、これを実質的に捉えるならば、等価値性要件はその中に含まれることになる、とするものとして林158頁。

[12] 日髙義博『不真正不作為犯の理論』（第2版・1983年）148頁以下。

は，不作為者の原因設定を決する要因であり，起因の主体と評しうる実体を形成するものとして，不作為者の故意・過失に基づく先行行為が必要である，と主張するのである[13]。

　先行行為（危険創出行為）を重視する見解に対しては，それでは不真正不作為犯の成立範囲が一方で広がりすぎ，他方で狭くなりすぎるという批判が提起されている。すなわち，①この見解によれば，自己の故意・過失行為によって結果に対する原因を設定したものはすべて作為義務を負うから，過失犯や結果の加重犯は，事後に結果防止の可能性と結果発生の認識が生ずれば，それだけで直ちに不作為による故意犯に転化してしまうことになるし，他方，②例えば，善意で病人の保護を引き受けた場合のように，結果発生への危険を生じさせる原因設定行為が存在しない場合には不作為犯の成立が否定されることになってしまう，とするのである（西田典之「不作為犯論」現代的展開Ⅰ87頁以下）。

　先行行為説が（故意・過失に基づく）先行行為によって法益侵害の危険を創出・増加させたことに構成要件的等価値性を認めたことは一つの見識であるが，これをすべての不真正不作為犯に要求することには疑問が残る。この見解の核心，したがってその問題点は，不作為犯を作為犯に引き付けて理論構成をしようとするあまり，その重点が不作為以前の先行行為によって作為と不作為の存在構造上の溝を埋めることにおかれた点にある。しかし，そもそも社会的に期待された作為をしないことが不作為なのであるから，その意味では，（不真正）不作為犯には作為犯とは異なった独自の論理が求められるべきであって，不真正不作為犯に常に先行行為として作為的なものを要求する必要はないであろう。少なくとも不真正不作為犯が結果犯であることからすれば，作為による結果発生の場合と同様，発生した結果を客観的に行為者の不作為それ自体に帰責させることができるか，との視点からの考察が不可避である[14]。

　(2) 結果無価値論的アプローチ　　作為との同価値性を目指す第2の方向は，放置すれば侵害結果へと向かう法益の保護が事実上特定の不作為者（保障人）に委ねられている場合，つまり結果防止のための緊密な関係が不作為者との間に認められる場合にのみ，結果を防止しないという不作為が作為によって結果を発生させた場合と同視しうると解している。

　(a) 事実上の引受け説　　この見解は，刑法上の作為義務の倫理化を防止するために，行為無価値論と親和性をもつ「不作為者と被害者の人的関係」という規範的要素を排斥し，結果無価値論を徹底して「不作為者と法益との密着性」という事実的関係を重視し，事実上の引受け行為を作為義務の実質的・一元的根拠とする。まず考えら

---

[13] 日髙義博〔判例研究〕「作為犯か不作為犯か」専修ロージャーナル4号（2009年）159頁。
[14] 近年，保障人的地位の発生根拠の問題として，一元的に先行行為の一種である「危険創出」を要求する見解が有力に主張されている。例えば，島田聡一郎「不作為犯」法学教室263号116頁以下は，行為者が@「物理的危険創出行為を行った場合」，ないしⓑ「法益・危険源に対する意識的引受行為を行った場合」に危険創出を肯定し，保障人的地位を認めている。

れるのは，例えば，傷病者の看護や病院への移送などを引き受けた場合のように，当該法益の保護（結果の不発生）が具体的に不作為者に依存しているという事実関係が認められる場合（**具体的依存性説**）[15]，すなわち不作為者が結果の発生を現実に防止しうるような作為を事実上「引き受け」ている場合である（堀内60頁）[16]。また，母親が赤子に授乳しないという不作為により餓死させるという事例も，母親が授乳を引き受けていると解することにより，この類型に含ませることができよう。このように，事前に行為者の作為によって保護状態が維持されている状況における不作為は，比較的容易に作為との同価値性が認められることになる[17]。

しかし，一面において，例えば，母親が家出した後に赤子と父親が家に残された場合，それまで父親が母親に任せっきりでおよそ赤子の面倒を見ていなかったとしても，父親には赤子を保護すべき作為義務が発生することから明らかなように，保護の引受け行為による事実上の保護状態における不作為だけが作為と同価値になるというわけではないし（山口・探究40頁以下），他面，いったん被保護者を引き取って保護を開始すると直ちに事後の作為義務が認められるとなると，最初から被保護者の保護を引き受けることなく放置した場合に作為義務が発生しないこととの均衡を欠くことにもなる（佐伯（仁）88頁）。また，事実上の引受け説を含めて，多かれ少なかれ事実的，存在論的見地から作為義務の実質的根拠を探求する見解に共通の問題であるが，事実から規範が直接に生ずるものではない以上，規範的要素を払拭した「事実上の引受け行為」の概念から，規範的な作為義務がいかにして基礎づけられるのか，という方法論上の理論的論証性の課題も残されている[18]。

(b) **排他的支配領域性説** 不作為が作為と構成要件的に同価値であるためには，不作為者がすでに発生している因果の流れを自己の掌中に収めることが必要であるとし，そのような場合として，①例えば，自動車でひいた被害者を車中に運び入れたときのように，自己の意思に基づいて排他的支配を設定した場合（排他的支配の獲得）だけではなく，②例えば，火の不始末のため自己の家から出火するおそれがある場合のように，家屋の所有者・占有者について自己の支配管理する場所に関し「支配領域性」が認められる場合にも，不作為者が因果経過を具体的・現実的に支配していたという意味で，結果不防止の不作為に作為との同価値性が肯定されることになる（西田125-6頁）[19]。もっとも，②のケースは，支配意思に基づかず因果経過を支配する場合であって，支配意思に代わるものとして規範的要素が要求されることになるが，その

---

15 具体的依存性の要件として，ⓐ法益の維持・存続を図る行為（引受け行為）の開始・存在，ⓑ引受け行為の反復・継続性，ⓒ法益に対する排他性の確保が要求されている。
16 堀内捷三『不作為犯論』（1978年）249頁以下，同「不作為犯論」現代刑法講座第1巻308頁以下。
17 基本的に事実上の引受け説によりつつ，その主要な判断基準として，ⓐ個人的法益の場合は，被害者の法益について配慮すべき地位にあること，ⓑ公共的・国家的法益については，結果発生の有無が行為者の支配領域内にあること，を挙げるものとして浅田159頁。
18 山中敬一「不作為犯論の体系的再構成」刑法雑誌36巻1号（1996年）92頁。
19 西田・現代的展開Ⅰ89頁以下。

際に規範的要素として考慮されるものは，「親子，建物の所有者・賃借人・管理者のように，その身分関係，社会的地位に基づき社会生活上継続的に保護・管理義務を負う場合」に限定されている[20]。

本説は，結果へと至る因果の設定を内容とする作為と，因果経過の放置を意味する不作為との対比に着目した因果論的構成の試みであるが，これに対しては次のような指摘・批判がある。まず，先行行為に基づく作為義務をいっさい排除することに対する疑問が提起される（佐伯(仁)89頁）。例えば，①で挙げた例は，自己の意思により排他的支配を設定したという一種の先行行為により，他者による救助の可能性を排除する危険を創出・維持したという観点から，作為との同価値性が肯定されると説くことも可能であろう（山口・探究42頁参照）。次に，②において，保障人的地位を認めるための規範的要素として挙げられている特別の関係（社会継続的な保護関係）と，伝統的な形式的三分説による根拠（法令・契約等）との差異は必ずしも明らかではなく，また，規範的要素により補われるとしても支配領域性は，必ずしも特定の犯罪における因果経過の支配に直結するものではないであろう（山中243頁）[21]。

(c) **結果原因支配説**　この見解は，前説が結果に至る因果経過の支配を要求するのに対し，作為犯もそうであるように因果経過を最後まで支配すること（排他的支配）は不要であるとして，結果へ向かう危険の原因の支配，すなわち結果回避についての引受け・依存の関係があれば足りる，とする（山口88頁以下，同・新判例43-4頁）[22]。そして，法益侵害の有無は，法益に向けられた危険の程度とそれに対する法益側の防御の程度により左右されるから，結果原因の支配は，①危険源の支配と②法益の脆弱性の支配に分けられる，とする。このうち，①には，危険な装置・事業を運営する場合や管理・監督過失の事例が含まれるとし[23]，②の例としては，親や監護権を引き受けた者の子供に対する保護義務が挙げられ，また，法益の脆弱性の支配に関しては法益保護の引受けがあったかが重要な判断基準となることから，交通事故の被害者を支配下においている場合の救助義務等が挙げられている[24]。

同様の理解は，不作為者の保障人的地位は，「他者による保全事象の可能性を排除または減少させ，法益の危険過程を持続・進展させる事情」を不作為時に形成する原因

---

[20]　ただし，規範的要素のみによって結果に対する支配的地位を認めることには否定的である（西田・現代的展開Ⅰ90-2頁）。
[21]　他に，同時犯の可能性を前提として，「排他的支配は保障人的地位＝作為義務の必須の要件ではない」とする指摘もあるが（山口・新判例41頁），同時犯以外の一般のケースについて，排他的支配は，作為義務の不可欠ではないとしても有力な根拠となりうるであろう。
[22]　山口厚「不真正不作為犯に関する覚書」小林充先生・佐藤文哉先生古稀祝賀刑事裁判論集　上巻（2006年）22頁以下，特に30頁以下。
[23]　先行行為については，危険創出・増加のおそれがある操作を行っている段階では危険源の支配に基づく作為義務を肯定しうるとしても，先行行為自体を理由として結果原因の支配を肯定することはできない，とする（山口91-2頁）。
[24]　本説も，「先行行為により危険を創出・増加した事例については，それ自体を理由として，結果原因の支配を肯定することはできない」として，先行行為説に批判的である（山口・新判例44頁）。

の支配が，不作為者のイニシアティブによるものとして帰責されることに基づくものと解する，としたうえで，こうした支配の帰責性は，特に，「自ら危険に対処しえない脆弱性を内在する法益主体との密接な保護関係」または「潜在的な危険源の管理・監視」を担う社会的分業・役割を自由の行使の引替えとして受容していたとみられる場合に肯定される，とする見解に表れている（勝亦・重点課題50-1頁）[25]。

　結果原因支配説に対しては，どのような場合に「結果原因」を「支配」したといえるのかについての一般的基準が提示されていないため，法益保護義務と危険源監視義務との義務二分論に回帰するだけに終わりかねない，という指摘がある（西田125頁）。本説は，作為義務の根拠・要件を確定するにあたり，単に規範を援用するのではなく，作為による結果惹起との同価値性を担保すべき事実的基礎の意義を強調するが，結果原因を事実的に支配する者すべてに作為義務が認められるというのでないとすれば，その限界をいかに画すべきか，その際には規範的視点も不可欠となるのではないか，という疑問が残されているように思われる。

　(3) 総合的アプローチ　①以上の諸説が，作為義務の発生根拠である保障人的地位の要件について一元的な基準を設定しようとする見解であるのに対し（限定説），②すでに，結果原因支配説にその萌芽がみられるところであるが，近時，保障人的地位の要件は，不作為による結果惹起を作為による結果惹起と構成要件的に同視しうるかという構成要件解釈の問題であるとして，作為義務の発生根拠を具体的な犯罪現象に応じて個別的に捉えようとする見解も主張されてきている（多元説）。

　(a) 排他的支配・危険創出説　近年，危険の創出・増加と危険源・保護客体支配の両面から，作為義務を基礎づけようとする立場が有力に主張されるようになった。この見解は，作為と不作為の同価値性を担保するための要件として，まず，①不作為の場合にも作為と同様に結果の発生を支配している必要があるために，因果的支配の観点から「排他的支配」を要求し，次いで，②偶然に排他的支配を有してしまった場合を排除するために，自由保障の観点から「危険創出」（危険の創出・増加）を要求し，両要件の重なり合った範囲で作為義務の発生を認めようとする（佐伯(仁)89頁以下）。この立場は，刑法上の作為義務の実質的な発生根拠に関する1つの到達点を示すものではあるが，この見解にも問題がないわけではない。

　まず，第2要件の危険創出の点であるが，これは，作為と価値的に同視しうる作為義務違反の不作為の認定にとって，必ずしも常に不作為に先行する不可欠の要件と解すべきではなかろう。例えば，それまで子供を養育してきた親が，ある時点以降殺意を抱いて子供に食事を与えずこれを餓死させた場合（餓死事例），子供の生存が親に依存して排他的支配が形成されている現実がある以上，不作為に先行する危険創出の事態がなくても，作為（例えば，絞殺）により子供を殺害した場合と同様，殺人罪の成立を認めるべきである。むろん，食事を与えないという不作為により死の危険を創出

---

[25] 作為義務は，「危険源または法益に対する排他的支配を自ら設定した場合」に生じる，とするものとして林156-8頁。

しているが，それは作為義務を基礎づける根拠としての先行行為による危険創出ではなく，作為犯における作為に由来する危険の創出と同様，まさに問責の対象としての不作為自体に由来する危険の創出であって，その点において子供を餓死させた当該不作為は，作為により子供を殺害した場合と同等の評価を受けるのである[26]。ここで，不作為の可罰性は，さもなければ安全な状態におかれていた（食事を与えて養育してきた）子供に食事を与えない不作為によってこれを死の危険に追いやったという点に求められるべきであって，その点は，安全な状態におかれている子供を絞殺行為によって死の危険に追いやる作為のケースと同じである。

これに対し，例えば，川で溺れかかっている子供Aを発見した親Xが殺意を抱いてこれを救助せずAが溺死した例のように（溺死事例），不作為（不救助）以前に客体に死の危険が現出している場合は，事情が異なるように思われる。このケースにおける不救助は，当該不作為によって初めて死の危険が作り出されたわけではなく，不作為自体に直ちに作為による場合と価値的に同視しうる当罰的危険性を認めることは困難であろう。したがって，この場合に殺人罪としての可罰性を認めるためには，上の餓死事例のように，Aの生死がひとえにXの態度にかかっている場合（具体的依存性），すなわちAが溺れている現場で他に人がいないなど，XにAの生存に対する排他的支配が認められる場合に限られることになる。もっとも，付近に他に人がいたとしても，彼らがAの親Xに救助を期待して傍観を決め込んでいるような状況であれば，やはりXに排他的支配を認めてよいであろう（松原91頁）。いずれにせよ，このケースについても不作為に先行する危険の創出は，不真正不作為犯の成立にとり不可欠の要件ではないと思われる（➡474頁）。

なお，溺死事例において，他人Yのみが現場に居合わせて排他的支配が認められても刑法上の作為義務は発生しないが，親であるXの場合との差異はやはり法令等，形式的な作為義務の発生根拠の有無に求めざるをえないであろう。したがって，例外的にYに作為義務が認められる場合があるとすれば，それは，YがAを遊ばせるため川に連れ出し，Yの不注意でAが溺れかかったのに殺意を抱いて救助しなかった場合のように，危険創出行為（形式的根拠の1つとしての先行行為）と意識的な排他的支配の設定が共に認められる場合に限られるであろう。

(b) **私 見**　以上の考察から導かれる帰結は，作為義務の発生根拠および作為との同価値性（構成要件的等価値性）に関する究極の問題は，形式的根拠か実質的根拠か，また，後者であるとしてその原理的基準は何か，ということではなく，当該不作為が作為により構成要件を実現した場合と同視しうるか，という点にあるのであって，その判断にあたっては各事例の特性に従って既述の根拠が総合的に考慮に入れられなければならない[27]。一元的な実質的根拠論が多元的な形式的三分説の硬直性を補うという側面は否定できないが（井田140頁，同・理論構造41頁以下参照），もっぱら

---

[26] 山口・前掲注（22）26頁・34頁。

具体的な社会現象としての事実に基礎をおく実質的根拠の独り歩きを認めることは，法律上の形式的保障原則を掘り崩すおそれがあり，法的安定性の見地から規範的性格を有する形式的根拠（法令・契約等）をむげに排斥することがあってはならないと思われる[28]。いずれにせよ，一元的な根拠によって，すべての事例を統一的に矛盾なく説明するのは基本的に不可能を強いる結果となろう。

6 作為義務をめぐる諸問題

1 作為義務の錯誤

上記の作為義務の体系的位置をめぐる争いは（➡ 2），その錯誤の取扱いについて結論の相違をもたらすことになる。行為者に作為義務が発生しているにもかかわらず，発生していないと誤信して結果防止措置をとらなかった場合，その錯誤が事実の錯誤（構成要件的錯誤）であるか違法性の錯誤（禁止の錯誤）であるかが争われているのである。

(1) 違法性の錯誤説　作為義務（違反）を違法性の問題と捉える違法性説において，自分には作為義務が発生していないと誤信して作為に出ないことは，法的に命令されている行為を命令されていないと考え，そのため自己の不作為の態度が許されていると誤信するものであって，違法性の錯誤と解せられることになる。違法性説は，作為義務の錯誤を常に違法性の錯誤であると解し，錯誤が回避不能であれば（錯誤に陥ったことにつき相当の理由があれば）責任が阻却されるが，回避可能であれば故意責任が認められる，とする。しかし，作為義務の発生を基礎づけている前提事実（保障人的地位）に関する誤認は，やはり事実の錯誤と解すべきであって，例えば，溺れている自分の子を他人の子と誤認して救助行為に出なかった者は，自己の不作為の法的評価に関する誤信に先立ってその事実的前提自体に既に錯誤が生じているのであり，行為者は未だ規範の問題に直面しているとはいえないであろう。

(2) 事実の錯誤説（構成要件的錯誤説）　保障人説に代表される構成要件該当性

---

[27]　高橋156頁以下は，「作為義務のそれぞれの発生根拠は，相互排他的ではなく，いずれが比較的安定的かということにすぎない」とし，そこから，保障人的義務の「機能」に従って分類を行うことが妥当であるとして作為義務二分論を導くが，その判断資料は，法令等の形式的要素と排他性・支配性等の実質的要素とから構成される，としている。

[28]　もっぱら条理を除外した規範的根拠を常に必要条件として作為義務の根拠を明確に画そうとするものとして，髙山佳奈子「不真正不作為犯」〔山口　厚編著〕『クローズアップ　刑法総論』（2003年）67頁以下。

説は，作為義務の錯誤を構成要件要素に関する事実の錯誤として扱い（大塚200-1頁，大谷166頁など），その錯誤は常に故意を阻却すると解するが，作為義務違反の評価面にのみ関わる誤信はやはり違法性の錯誤と解すべきであろう。例えば，海水浴場で自分の子が溺れているのを認めたが，近くに監視人がいたので自分には救助義務がないと誤信したような場合は，作為義務の発生を根拠づける事情（保障人的地位）については誤認がなく，ただその法的評価を誤り，許されていない不作為を許されていると誤信したにすぎないから違法性の錯誤である。

(3) **二分説** 保障人的地位と保障人的義務とに分けて考える二分説は，作為義務の錯誤に関して，保障人的地位に関する誤認は事実の錯誤であるが，保障人的義務に関する錯誤は違法性の錯誤であると解することになる。したがって，例えば，ⓐ溺れている自分の子を他人の子と誤認した結果救助義務がないと誤信した場合は事実の錯誤であって故意を阻却するが，ⓑ自分の子であることは認識したが近くに監視人がいたため救助義務がないと誤信した場合は違法性の錯誤であって，必ずしも故意を阻却しないことになる。

2 義務の衝突

(1) **意 義** 不作為犯固有の正当化事由として，「義務の衝突」と呼ばれるものがある[29]。義務の衝突とは，例えば，親のXが離れた場所で同時に溺れている2人の子供A・Bの一方しか救助することができない（Aを救助しようとすればその間にBが溺死し，また逆も成り立つ）場合のように，両立しえない複数の義務の履行が同時に要求されているが，一方の義務を履行するためには他方の義務の履行を怠る以外に方法のない場合をいう。

ところで，ⓐ上の場合の義務はいずれも作為義務であるが（狭義の「義務の衝突」），ⓑ広義では，作為義務と不作為義務が衝突する場合にも義務の衝突が認められる。例えば，溺れている自分の子供Aを救助するためには第三者Bの法益を侵害せざるをえない場合のように，作為義務と不作為義務とが対立する**義務緊急避難**において，①Bの法益を作為により侵害することによってAを救助する行為は緊急避難であるが，②Bの法益を侵害すべきでないという不作為義務を履行し

---

[29] 義務の衝突に関するわが国の文献としては，勝亦藤彦「違法阻却事由としての義務衝突とその類型に関する考察(1)〜(4)完」早大法研論集74号・75号（1995年），77号・78号（1996年）以降の一連の論策がある。

たためにAを救助すべき作為義務に違反してAを見殺しにした場合には,「危難の転嫁」という事実が認められないから緊急避難ではなく,義務の衝突（広義）の一種として扱われることになる。通常の緊急避難においては,いかなる義務に違反することもなく法益に対する危難を忍受することによって法益衝突に決着をつけることができるが,義務緊急避難にあっては,危難を忍受する場合にも何らかの義務（前例でいえばAを救助すべき作為義務）に違反せざるをえないのである。

(2) 法的性質 義務の衝突の法的性質をどのようにみるかについては,見解が分かれている。まず,①緊急避難説は,義務の衝突は緊急状況における法益衝突の一場面であって,緊急避難の一種であると解している。しかし,上にみたように,緊急避難の場合は,危難に直面した者は法益に対する危難を忍受することによって法益衝突に決着をつけることもできるが,義務の衝突の場合はそのような可能性がなく,行為者は少なくともいずれか一方の義務に違反せざるをえないのである（内藤・中642頁）。次に,②法令行為説は,義務の衝突における行為が法律上の義務の履行として行われることから,義務の衝突を法令行為の一種と解している。しかし,義務の衝突における「義務」は必ずしも成文法規上の義務には限られないし,また,そこにおける行為は緊急性を帯びた行為であって,法令行為のような日常生活の常態における行為とはその性格を異にしている。

したがって,結局,③義務の衝突を不作為犯における独自の正当化事由と解する立場が妥当だということになる。まず,ⓐ作為義務と作為義務とが衝突する場合については,これを他の既定の正当化事由に組み入れることは不可能であり,また,ⓑ義務緊急避難において作為義務と不作為義務の衝突が認められる場合も,行為者が作為義務に違反している場合には,「義務の衝突」の一場面として不作為犯独自の正当化事由とみることができるのである。

(3) 取扱い 衝突する義務の価値に応じてその取扱いは異なってくる。まず,①価値に差がある場合は,より高い価値をもった義務を履行した場合,より低い価値の義務に違反してなされた不作為は正当化され,逆の場合,責任阻却の余地はあるとしてもその不作為は違法となる。次に,②衝突する義務が同価値の場合,いずれか一方の義務を履行すれば怠られた他の不作為は正当化され,どちらの義務をも履行しなかった場合に初めて不作為は違法となる。けだし,法は,不可能なことを義務づけることができないからである。

第2章 未遂犯論

第1節 犯罪の発展段階

1 総説

　行為者が犯罪意思を抱いてから犯罪結果が発生するに至るまで，犯罪は時間的順序を追って生成発展していく。それは，侵害犯についてみれば，法益侵害の危険が結果発生に向けて次第に高まっていく，危険の実現過程とみることができる。結果犯についていえば，行為者は，犯罪の実現に向けて，まずその準備行為をし，次いで犯罪の実行に着手して実行行為が行われ，実行の終了とともに因果関係が進行し，最終的に結果が発生するという経過をたどる。準備行為には「予備」（➡3）と「陰謀」（➡4）があり，実行に着手し（侵害の）危険は発生したが，（侵害）結果の発生しなかった場合が「未遂」であり，（侵害）結果の発生した場合が「既遂」である（➡2）。

2 既遂犯と未遂犯

(1) **既遂犯**　形式的には，構成要件を充足する行為を既遂犯と呼び，実質的には，法益を侵害した行為（侵害犯の場合），または法益侵害の危険を惹起した行為（危険犯の場合）が既遂犯である。既遂といえるためには，ⓐ結果犯においては，結果の発生が必要であり，ⓑ未遂が処罰される挙動犯においては（例えば，住居侵入罪〔130条〕），実行行為が完全に行われることが必要である（西原・上313頁）。

(2) **未遂犯**　広義において，未遂犯とは，犯罪の実行に着手し，これを遂げない一切の場合をいい，狭義の未遂犯（障害未遂）のほか，中止犯（中止未遂）を含む。結果が発生していない点で，既遂犯に比べ違法性の減少が認められるが，未遂犯（狭義）・中止犯いずれについても結果発生の可能性（法益侵害の危険性）が存在することが必要である（違法行為）。中止犯は，自己の意思により犯罪の実行

を止めることによって責任減少が認められる点において，狭義の未遂犯から区別される（➡493頁）。これに対し，最広義の未遂犯には，結果発生の可能性（危険性）すら存在しない不能犯（不能未遂＝適法行為）も含まれる（➡478頁）。

なお，未遂には，犯罪の実行に着手したが実行行為の終了しなかった**着手未遂**（未了未遂）と，実行行為は終了したが結果の発生しなかった**実行未遂**（終了未遂・欠効犯）とがあるが，刑法典はこの区別を重要視していない。

3 予 備

(1) **意 義** 犯罪意思を実現するためにする（物理的）準備行為であって，まだ実行の着手に至らないものをいう。刑法は，内乱罪（78条），外患誘致罪・外患援助罪（88条），私戦予備罪（93条），放火罪（113条），通貨偽造準備罪（153条），支払用カード電磁的記録不正作出準備罪（163条の4），殺人罪（201条），身の代金拐取罪（228条の3），強盗罪（237条）の9か条において予備を処罰している。

(2) **特色・構造** 未遂と予備は「実行の着手」の有無によって区別される。行為者が実行に着手すれば，予備罪は基本犯（未遂犯・既遂犯）に吸収される。予備罪処罰は，例外（既遂結果不発生）中の例外（実行の着手も不要）であり，また，予備行為は，一般にその性質上無定型・無限定であり，その態様も複雑・多様であることから，刑法の厳格解釈が特に要請される領域である。

予備罪の構造については，2通りの理解がある。その1は，①これを行為無価値論的に把握するものであって，予備罪を一種の挙動犯・即時犯として理解し，予備行為に着手すれば予備罪としては直ちに既遂に達すると解するもので，この立場では，予備罪の成立にその後に予定されている基本犯の実行の着手の可能性を問わない。これに対し，その2は，②これを結果無価値論的に把握し，予備罪が成立するためには，ⓐ予備行為に着手したものの，ⓑ基本犯の実行の着手に至らなかったことのほか，ⓒ実行の着手（未遂犯）に至る危険の発生（予備罪としての結果）を要求するものである（浅田366頁以下参照）。したがって，この立場によれば，予備行為に着手したが実行の着手の危険を発生させなかった場合は，「予備罪の未遂」として不可罰ということになる。予備罪に対する厳格解釈の要請を重視する見地からは，②説が妥当であろう。

(3) 種　類　　予備には，大別して下記の2種類のものがある。予備罪は，そのいずれの類型に属するかにより，予備の中止（➡511頁），予備の共犯（➡641頁）等において異なった扱いを受ける可能性がある。

(a) 基本類型　　第1は，例えば殺人予備のように，後に特定の犯罪の実行が予定されている，非独立罪としての通常の予備罪である。その特色は，①基本犯の実行を目的とする非独立罪（目的犯）であることと，②一般に行為の内容が特定されていないこと（基本的・包括的予備罪）である（第Ⅰ類型）。

(b) 特別類型　　第2は，基本的予備罪の2つの特徴のうちのいずれかを欠くものであって，本来の意味での予備罪ではない。その1は，①行為の内容は不特定であるが，それ自体が一個の基本犯である独立罪としての予備罪であって（第Ⅱ類型），私戦予備罪（93条）がこれに当たる（私戦自体は犯罪とされていない）。

その2は，②通貨偽造準備罪（153条）および支払用カード電磁的記録不正作出準備罪（163条の4）のように，基本犯の実行を目的としているという意味で非独立罪であるが，行為内容が特定されている予備罪である（第Ⅲ類型）。

4　陰　謀

2人以上の者が一定の犯罪を実行することにつき謀議することを陰謀という。予備が物的な準備行為であるのに対し，陰謀は心理的な準備行為であり，通常，予備行為に先行する犯罪の発展段階を指す。刑法は，内乱罪（78条），外患罪（88条），私戦陰謀罪（93条）の3か条で陰謀を処罰している。

なお，現行刑法では，英米法の共謀罪（コンスピラシー）のような共同謀議それ自体を処罰する法制度は採用されていないが[1]，2003年の第156国会に，2000年12月に国連で採択された国際越境組織犯罪防止条約の批准に向けて，「犯罪の国際化及び組織化に対処するための刑法等の一部を改正する法律案」が上程され，組織犯罪処罰法に共謀罪の規定を追加することが提案された。仮に，条約の締結にあたり共謀罪の立法が避けがたいとしても，思想の処罰につながるという危惧を払拭するためにも，共謀者の間での合意を促進する「外部的行為」を要求するなど，限定的な立法に心がけるべきであろう（浅田367頁）。

1　国家公務員法（110条1項17号），地方公務員法（61条4号）は，違法な争議行為の「共謀」等を独立に処罰する規定をおいている。

第2節　未　遂　犯（障害未遂）

1　意　義

未遂犯（狭義）（以下，単に「未遂犯」という）とは，犯罪の実行に着手したが，意外の障害によりこれを遂げない場合をいう。既遂に至らなかった原因が意外の障害にあることから，その原因が自己の意思による中止行為に求められる中止未遂（中止犯）に対して（➡第4節），「障害未遂」ともいう。

刑法43条本文は，「犯罪の実行に着手してこれを遂げなかった者は，その刑を減軽することができる」と規定し，減軽の可能性を認めつつも（任意的減軽），未遂犯の可罰性を明らかにしている。未遂犯は，刑法各本条に未遂犯処罰の規定がある場合にのみ処罰される（44条），という意味では例外的な犯罪形態であるが，予備罪とは異なり，ほとんどの重大犯罪は未遂が処罰されている。なお，既述のように，刑法は，実行行為の終了していない着手未遂（未了未遂）と実行行為が終了した実行未遂（終了未遂）との間で，取扱い上の区別を設けていない。

2　未遂犯の処罰根拠
1　学　説

未遂犯が（既遂）結果の発生（侵害犯にあっては法益侵害）を伴わないにもかかわらず，可罰的とされることの理由づけについては，主観主義犯罪論と客観主義犯罪論の対立を反映し，大別して2つの考え方がある。

（1）**主観的未遂論**　外部に現れた客観的な行為を行為者の主観的意思の危険性の徴憑(ちょうひょう)にすぎないと捉える主観主義刑法学（徴憑説）は，未遂犯においては，たしかに法益侵害の結果は発生していないが，行為者の犯罪意思が実行行為に表現されている，として未遂犯の処罰根拠を行為者の意思ないし計画の危険性，ひいては行為者の反社会的性格に基づく犯罪反復の危険性に求めている（牧野・下623頁，宮本180頁など）。主観的未遂論は，戦後，主観主義犯罪論の後退に伴い，今日ほとんどその姿を消すに至ったが，客観主義犯罪論における行為無価値論に立脚する未遂論の中に，現在でもなおその姿を垣間見ることができる（➡(2)(a)）。

（2）**客観的未遂論**　外部に現れた客観的な行為自体が科刑の基礎として現実

的意味をもつと考える客観主義刑法学は，未遂犯の処罰根拠を結果発生の客観的危険に求めることになる。もっとも，客観的未遂論は，客観主義犯罪論内部の違法観の違いに応じて，さらに次の2つの見解に分かれる。

(a) **行為無価値論の立場**　この見解は，結果発生の危険を，法益侵害の一般的可能性を意味する「行為の危険性」と理解し，危険の有無は行為についての判断であって[2]，結果発生の確実な行為（実行行為）が行われれば直ちに未遂犯としての処罰が可能となる，と解している（**危険行為説**）。この立場の特色は，行為の危険性判断に際し，主観的違法要素としての故意一般にとどまらず，故意を超えた行為者の主観面（犯罪計画）をも考慮に入れる点にある。違法を，行為の客観的危険と主観的意思の統合として二元的に把握する折衷主義的見解であるが（具体的危険説／➡481頁），未遂犯の行為無価値性について行為者の「意思の危険」を強調する場合には，限りなく主観的未遂論に接近することになろう。

(b) **結果無価値論の立場**　この見解は，法益侵害の具体的（現実的）危険の発生を未遂犯の処罰根拠と解するものである（客観的危険説／➡484頁）。この立場の特色は，侵害結果発生の危険を「結果としての危険」として把握し，侵害結果発生の切迫した時点で初めて未遂犯としての処罰が可能となる，と解する点にある（**危険結果説**）。なお，この見解には，①危険判断の1つの要素として，未遂犯の故意を主観的違法要素と解する立場と，②故意を含めて客観的危険から一切の主観を排除する立場とがある（➡162頁以下）。

ところで，現行法上，既遂処罰が原則であるが（44条参照），未遂を処罰する場合には既遂と同様に処罰することが可能であること（任意的減軽／43条本文）を考えると，可罰未遂の成立範囲は，既遂に近似している場合に限定されるべきであって，行為が開始されただけでは足りず，それが客体に対する作用領域に入って，既遂結果発生の危険（未遂結果）が生じた場合に初めて処罰が可能となると解すべきである。この観点からすると，未遂犯の処罰根拠についても結果無価値論的把握が支持されることになる。その意味で，未遂犯も既遂犯と同様[3]，ある種の結果を処罰する結果犯であり，ただ既遂犯との差は，侵害犯の場合，侵害結

---

[2] 例えば，違法であるのは法益を侵害するような行為であって法益侵害そのものではない，とする西原・上321頁は，未遂犯の処罰根拠を法益侵害に対する「行為」の客観的危険性に求めている。

[3] 「（具体的・抽象的）危険犯」の未遂をも視野に入れて考えると，既遂結果を処罰するのが既遂犯であり，既遂結果発生の危険（未遂結果）を処罰するのが未遂犯である。

果を処罰するのか（既遂犯），危険結果を処罰するのか（未遂犯），という結果の内容の違いに求められることになる[4]。

2 未遂犯における危険概念——実行の着手論と不能犯論

(1) 従来の見解 実行の着手論（465頁以下）と不能犯論（478頁以下）の関係について，従来，両者は表裏の関係にあり，実行の着手が認められる場合が可罰未遂であり，不能犯は実行の着手が認められない不可罰の場合である，と説明されてきた。ただ，その内部で未遂犯の処罰根拠の問題に関連して，法益侵害の危険を「行為の危険性」と解する立場（危険行為説）と，「結果としての危険」と解する立場（危険結果説）とが対立してきた（➡474-7頁）。

① 危険行為説は，行為無価値論に立脚する未遂犯論であって，「行為」について法益侵害の危険性が認められるときに実行の着手を肯定し（例えば，大塚270頁以下），認められない場合を不能犯と解するのである。ここでは，未遂犯は一種の「行為犯」（挙動犯）と捉えられ，既遂犯が「結果」を処罰するのに対し，未遂犯は「行為」を処罰するものと解せられている。これに対し，②結果無価値論に立つ危険結果説は，未遂犯も一種の結果犯と解し，現に法益侵害の具体的危険（未遂犯における結果）が発生して未遂犯としての処罰が可能となり，同時に，「実行の着手」もその時点で初めて認められることになる，と解するのである。

(2) 私見 たしかに，通常，実行の着手の問題と不能犯（法益侵害の具体的危険の不発生）の問題とは表裏の関係に立ち，また，そのいずれにおいても法益侵害の危険の有無が議論されるが，その内容は異なっている。すなわち，ⓐ実行の着手論にあっては，実行行為のもつ行為の属性としての法益侵害の一般的危険性（行為の危険性）が問題となり，ⓑ不能犯論にあっては，行為の結果としての法益侵害の現実的危険（結果としての危険）が問われるのである。上記の未遂犯における処罰根拠が直接問題となるのは，このⓑの場面であって，それが肯定された場合が可罰的な未遂犯（障害未遂）であって，否定された場合が不可罰な不能犯（不能未遂）である。

実行の着手が「行為の危険性」の問題であり，不能犯が「結果としての危険」

---

[4] これに対し，危険犯の場合は，危険結果（侵害の危険）を処罰するのが既遂犯であり，危険結果発生の可能性（危険の危険）を処罰するのが未遂犯ということになる。

の問題であると解するときは，両者にズレが生ずる場合が認められてくる。すなわち，当該行為につき法益侵害の一般的危険性が認められて，実行の着手は肯定されるものの，当該客体との関係において法益侵害の現実的危険が発生しなかった場合は，不能犯であって不可罰とされるのである。ここから，未遂犯の積極的要件として，実行の着手のほかに具体的危険の発生が要求されることになる（➡③(3)）[5]。未遂犯は，まず，ⓐ実行の着手によって実行行為が開始されて，それの認められない予備行為から区別され，次いで，ⓑ具体的危険の発生によって可罰的とされて未遂犯が成立し，それの認められない不可罰の不能犯から区別されるのである（➡477-8頁）。

③ 未遂犯の成立要件

未遂犯における危険概念を二様に捉えることを前提とすると，未遂犯の成立要件は次のように構成される。結論を先に述べれば，未遂犯（障害未遂）は，①「実行の着手」によって予備罪から区別され，②「結果の不発生」によって既遂犯から区別され，そして③「具体的危険の発生」によって不可罰の不能犯（不能未遂）から区別される。以下，これを概観する（詳細については，➡465頁以下，478頁以下）。

(1) 実行の着手　未遂犯が成立するためには，行為者がまず犯罪の実行に着手することが必要である。「実行の着手」によって，以後の行為は法益侵害の一般的危険性を備えた実行行為と捉えられ，未遂が予備から区別されることになる（実行の着手に関する詳細については，➡**3**）。実行の着手論にあっては，行為自体の危険性が問題となる。

なお，実行の着手と予備罪との関係につき，通常，実行の着手が認められれば予備罪はこれに吸収され独立に評価されることはないが，実行の着手があっても法益侵害の具体的危険が発生しなかったため未遂犯が成立しないときは（不能未遂），予備罪に対する評価が復活すると考えられる[6]。それは，例えば殺人予備行為に引き続いて殺人の実行に着手し殺人行為が行われた場合，殺人の実行行為の

---

[5] 詳細については，曽根「未遂犯における不法──実行の着手論と不能犯論の関係──」『研究』231頁以下。なお，名和鐵郎「未遂犯の理論」本書前掲74頁注（22）110頁以下参照。

[6] この意味での予備を，通常の予備（事前予備）に対し「実行予備」と称するものとして，鈴木189頁，高橋374頁。

ほかに依然として殺人予備行為が存在しているのであって，殺人が実行されたからといって，殺人予備が犯罪でなくなるわけではないからである（平野・Ⅱ410頁参照）。

(2) 結果の不発生　未遂犯が成立するためには，犯罪の実行に着手し，「未だこれを遂げない」ことが必要である。「未だこれを遂げない」とは，意外の障害によって（基本的）構成要件を充足しないことをいう（障害未遂）。結果（法益侵害）の不発生によって，未遂は既遂から区別される[7]。

結果の不発生には，2つの場合が考えられる。ⓐ犯罪の実行に着手したが実行行為が終了しなかったために結果が発生しなかった場合（着手未遂）と，ⓑ実行行為は終了したが意外の障害により結果の発生しなかった場合（実行未遂）である。結果を客観的処罰条件と解する一元的行為無価値論や着手未遂における故意を主観的違法要素と解する見解にあっては，両者の区別が重要な意味をもつが，刑法は着手未遂と実行未遂の区別を重視していない（➡458頁）。ただし，中止犯にあっては，着手中止と実行中止の間でその後の中止行為の扱いに差異が認められている（➡503頁）。

(3) 具体的危険の発生　実行に着手したが，既遂結果の発生しなかったすべての場合が可罰的な未遂犯となるわけではない。未遂犯の処罰根拠を危険結果に求める以上，未遂犯が成立するためには，実行の着手に加えて，侵害結果の不発生という消極的要件のほか，法益侵害の「具体的（現実的）危険[8]の発生」という積極的要件を備えることが必要である[9]。具体的危険は，未遂犯における結果無価値（結果としての危険）を意味するのであって，未遂犯も単なる行為無価値に尽きるものではなく，結果無価値を処罰するものであることに注意する必要がある。

もっとも，通常の犯罪の場合は，行為者が犯罪の実行に着手すれば直ちに法益侵害の危険が切迫し，同時に具体的（現実的）危険が発生するから，未遂犯の成

---

[7] 既遂時期が問題とされた事例として，日本の領海内に薬物を搬入した段階で検挙された事案につき，最決平13・11・14（刑集55巻6号763頁）は，覚せい剤取締法41条の覚せい剤輸入罪は，船舶から領土への陸揚げの時点で既遂に達する，と判示した。

[8] ここで「具体的危険」というのは，侵害犯の未遂を想定した用語法であり，具体的危険犯の未遂と統一的に理解するのであれば，「現実的危険」（既遂結果発生の危険）の語の方が紛れはない（➡注3）。

[9] 未遂構成要件は，法益侵害の具体的危険という「未遂結果」を不文の構成要件要素として含んでいる，と説くものとして松原289頁。

立要件として独立に「具体的危険の発生」を掲げる実益に乏しい。しかし，形式的に実行に着手する行為があっても，およそ法益侵害の具体的危険が発生しない場合（不能犯），実行の着手と具体的危険の発生との間に時間的・場所的懸隔がある犯罪態様の場合（原因において自由な行為／➡304頁，離隔犯，間接正犯／➡527頁）においては，この要件を掲げることに意味があるのである（➡477-8頁）。

3 実行の着手
1 学 説
　実行の着手時期をめぐる学説には，大別して主観説，客観説，折衷説の3つがある。

(1) 主観説　　主観的未遂論（➡2 1(1)）の論理的帰結であって，①犯意の成立がその遂行的行為によって確定的に認められること（牧野254頁），あるいは，②犯意の飛躍的表動（宮本178頁）をもって実行の着手と解する立場がこれである。主観説も，実定法（43条）の要請を受けて客観的行為の開始という側面を考慮に入れるが，そこでは意思の危険性の徴憑としての意味しか認められていない。

　主観説は，社会防衛に重点をおくあまり，一般に着手時期が早まる傾向にあり，個人の自由保障の見地から問題を残している。例えば，保険金詐取目的の放火の場合，放火の時点で犯意の飛躍的表動があったものとして詐欺罪の実行の着手を認めることになりかねず，また，犯罪の手段である暴行または脅迫を開始することが実行の着手である強盗罪の場合も，主観説によれば，強盗の目的で凶器を携えて住居に侵入した時点で既に，強盗の犯意がその遂行的行為によって確定的に認められるため，強盗の実行の着手が肯定されることになってしまう。

(2) 客観説　　結果発生の客観的危険に未遂犯の処罰根拠を求める客観的未遂論（➡2 1(2)）からの帰結であるが，これには，形式的客観説と実質的客観説とがある。

(a) 形式的客観説　　この見解は，構成要件を基準として形式的に実行の着手時期を定めようとするものであって，①犯罪構成事実を実現する意思をもってその実行を開始することが実行の着手であるとし（小野182頁），また，②定型的に基本的構成要件に該当する行為の少なくとも一部が行われたことが必要であり，かつ，それで充分である（定型説／団藤355頁），とする（形式的行為説）。なお，③形式的客観説の中には，この説によると実行の着手時期が遅くなりすぎる，とい

う批判を考慮して，構成要件該当行為と密接する行為の開始にまで実行の着手を広げて考える見解もある（**密接行為説**）。判例が窃盗罪の実行の着手について，財物に対する事実上の支配を侵すについて「密接なる行為」をなせば着手が認められる（例えば，大判昭9・10・19／➡②），としているのはこれと同趣旨である。

　もともと「実行の着手」は，「実行行為がいつ開始されたか」という構成要件該当性の問題であるから，この説の採る基準自体必ずしも誤りとはいえないが，これに対しては，問いをもって問いに答えるに等しくトートロジーである，との批判が寄せられている。また，全体的考察に立脚する定型説（上記②）は，「それじたいが構成要件的特徴を示さなくても，全体としてみて定型的に構成要件の内容をなすと解される行為であれば，これを実行の着手と解してさしつかえない」（団藤355頁注（四））としており（拡張的構成要件説），定型性判断の基準いかんによっては，実行の着手の認定をきわめて評価的，不明確なものとするおそれがある。さらに，密接行為説は，構成要件を基準としつつ，実行行為を構成要件該当行為以外に求めざるをえないという矛盾を来し，また，密接行為（実行行為）とそれ以前の行為の区別基準をいかに画するか，という問題に逢着することになろう（西原・上325頁）。

　(b) 実質的客観（危険）説　　この見解は，形式的な実行行為の内実に着目し，法益侵害の現実的危険性が認められた時点を基準として実行の着手時期を決定しようとし，危険が現実化したか否かによって未遂と予備とを区別する（例えば，平野・Ⅱ313頁）。実質的客観説は，構成要件該当行為（実行行為）の開始という形式的制約を前提としつつも，その実質を明らかにしようとするものであって，基本的に妥当な方向を示しているが，その内容は必ずしも一義的に明らかであるとはいえない。

　実質的客観（危険）説には，構成要件上の形式的基準を離れて，これとは独立に実質的危険の観点から実行の着手を定めようとする見解もあるが，これでは判断基準の明確性を損なうことになろう。実質的危険は，あくまでも形式的基準の内実を明らかにするものとして理解されなければならない。特に，構成要件が手段となる行為を特定している場合は（例えば，強姦罪における暴行・脅迫），その行為が開始されなければ，いくら法益侵害の危険が切迫したからといってその罪の実行に着手したことにはならない（西田305-6頁）。これに対して，「構成要件に規定された手段が実行されることは，既遂の要件ではあっても未遂の要件ではな

い」とする見解もある（佐伯(仁)347頁，山口269頁）。しかし，既遂と未遂の違いは，最終結果が発生したか否か，すなわちその結果が侵害結果（既遂）であるか，危険結果（未遂）であるかによるのであって，実行行為，したがって実行の着手時期に相違があるわけではない。構成要件要素のすべてを備える場合が既遂で，そのいずれか1つでも欠ければ未遂というわけではないのである。実行の着手（未遂犯）論にとっても，構成要件的制約を無視することは許されないと言わなければならない[10]。

さらに，実質的客観説にとって不可欠な危険概念を明確にするためには，まず，ⓐ行為の危険性判断の資料として，①実行の着手の判断にあたり行為者の意思内容，特に故意を考慮すべきか，それとも②外形的行為および外部的事情のみを危険判断の資料とすべきか（➡3），また，ⓑ法益侵害の危険の内容について，これを①「行為の危険性」と解するべきであるか，それとも②「結果としての危険」と解するべきであるか（➡5），これらの問題をさらに検討してみる必要がある。

(3) **折衷説**　行為者の犯罪計画全体に照らし法益侵害の危険が切迫したことをもって実行の着手と解する折衷説にも（西原・上323頁）[11]，性格の異なるいくつかの考え方がある。①主観説から出発する**主観的客観説**は，行為者の全体的企図を基礎として，当該構成要件の保護客体に対して直接危殆化に至るところの行為の中に犯罪的意思が明確に表現されたときに実行の着手を認め（木村(亀)345頁），②客観的見地に立つ**個別的客観説**は，行為者の犯罪計画によれば，直接に犯罪構成要件の実現を開始することが実行の着手であるとする（ヴェルツェル）。なお，③実行の「着手」を「行為者の犯罪計画上構成要件行為の直前に位置する行為」の開始と把握する見解（**直前行為説**[12]）は，形式的客観説を前提とする折衷説に位置づけることができよう。

折衷説は，主観面において故意を超えて行為者の具体的犯罪計画をも着手時期

---

[10] 「実行行為があり，かつ，結果発生の実質的危険が発生した場合にのみ，可罰的な未遂犯が成立し，いずれかが欠ければ未遂犯は成立しない（**実質的・形式的客観説**）」とするものとして浅田371頁。また，(修正された) 形式的客観説（密接行為説）と実質的客観説とは，相互補完的ないし相互限定的に機能する，とするものとして松原288頁。

[11] 折衷説であっても，被害者領域への「危険の切迫性」を強調する場合には（切迫性説），「結果としての危険」が問題となり，「結果発生の確実性（自動性）」が認められた時点で既に実行の着手が肯定される」という確実性説（行為の危険性説）から一線が画されることになろう。

[12] 塩見 淳「実行の着手について（三）完」法学論叢121巻6号（1987年）16頁。

判断の基礎においていることから，危険判断を不明確にし，客観的であるべき危険を主観的な行為者の意思の危険性に近づける恐れがある。まず，①主観的客観説は，法益侵害の危険性という形で行為の客観的危険も考慮に入れているが，犯罪意思の表現が評価の対象とされており，主観説の基本的観点が維持されている点で疑問がある。また，②個別的客観説も，故意を超えた所為計画という，法益侵害ないし危険に直接的には何物をも加えない主観的事情を違法判断の基礎においている点に疑問を残している。さらに，③直前行為説は，実行の着手時期を構成要件該当行為の直前行為の開始にまで遡らせることによって，密接行為説と同様の問題を抱え込むことになる。仮に，行為の危険性を判断する際に行為者の意思を考慮しなければならない場合があるとしても，それはせいぜい故意を限度とすべきであろう。

2 判例

　実行の着手に関する判例の基本的立場は，実質的客観（危険）説ないし折衷説と考えられている。例えば，住居侵入窃盗につき，判例はいわゆる物色説に立ち，他人の住家に侵入しようとしただけで窃盗の着手は認められないが，財物の占有移転行為（窃取行為）の開始は不要であって，占有侵害に密接する行為の開始をもって足りると解している。例えば，大判昭9・10・19（刑集13巻1473頁）は，窃盗の目的で他人の家宅に侵入し，金品物色のため箪笥に近づくなどの財物に対する事実上の支配を侵すについて密接な行為をした場合は，窃盗に着手したものである，とする。さらに，実行の着手の認定にあたって行為者の犯罪計画を重視し，密接行為の幅をかなり広く捉えるものもある（最決昭40・3・9 ➡3(2)(a)）。

　また，強姦罪について，最決昭45・7・28（刑集24巻7号585頁）は，強姦の意思で抵抗する被害者をダンプカーの運転席に引きずり込んだ際に傷害を負わせ，そこから約5.8キロメートル離れた地点に移動後，運転席内で姦淫したという事案に関し，引きずり込もうとした段階ですでに強姦に至る客観的危険性がある，として実行の着手を認めた（強姦致傷）。しかし，仮に引きずり込む行為がその後に姦淫のための暴行・脅迫を要しない程度に強度のものであれば（本件の場合は疑わしいが），その時点で形式的に強姦の実行の着手を認めることはできるとしても，その段階では強姦の未遂犯として処罰するだけの法益（性的自由）侵害の具体的危険が生じたとはいえないであろう[13]。

一方，法益侵害の実質的危険を比較的厳格に捉える判例もある。例えば，最判平20・3・4（裁判集刑293号685頁）は，外国で船に積み込んだ覚せい剤を本邦近海で海上に投下し，これを小型船で回収して陸揚げする方法で密輸入しようとしたが，悪天候などの理由で投下した覚せい剤を発見・回収できなかったという事案について，「小型船舶の回収担当者が覚せい剤をその実力的支配に置いていないばかりか，その可能性にも乏しく，覚せい剤が陸揚げされる客観的な危険性が発生したとはいえないから，本件各輸入罪の実行の着手があったものとは解されない」との判断を示した。このように，判例には実行の着手の認定に若干のばらつきがみられるが，それは，ⓐ実行の着手の判断に際して行為者の意思をどの範囲でどの程度考慮するか，また，ⓑ危険の内容（危険行為か危険結果か）・程度をどのように捉えるか，具体的事例により判断が区々に分かれることによるものであろう。

③　実行の着手と行為者の意思

(1) **違法（危険）判断の対象と資料**　　実行の着手時期の認定に際し，行為者の意思内容がどのような意味をもつかが問題となるが，これには大別して2つの考え方がある。その1つは，行為者の意思を違法判断の「対象」とする純主観説および主観的客観説の立場で，ここでは行為者の悪性が未遂犯の違法性判断の基礎におかれる。他の1つは，行為の客観的危険性を判断するための「資料」として行為者の意思を援用するものであって，実質的客観説および個別的客観説の採るところである。

　思うに，実行の着手の判断に際して客観的な行為を超えて行為者の内心をも判断対象とすることは，客観的な構成要件該当性判断の範囲を逸脱することになるから，仮に行為者の意思内容を問題にするとしても，それは判断資料の限度にとどめなければならない。そこで問題となるのは，行為の危険性を判断する資料としてでも行為者の意思を援用すべきかどうか，援用すべきであるとしてその内容はどのようなものであるべきか，ということである。以下では，行為の危険性判断にとって，ⓐ行為者の所為計画，およびⓑ未遂犯の故意が不可欠なものであるかどうか，考察することにしよう[14]。

13　本件において，引きずり込もうとした時点での傷害は，傷害罪ないし逮捕監禁致傷罪として評価すれば足りる，とするものとして浅田374頁。

(2) 行為者の所為計画

(a) 判　例　Xは，窃盗の目的で，深夜，電気器具商A方の店舗内に侵入した。懐中電灯を使用して店内を照らしてみると，電気器具類が積んであったが，なるべくならば現金を盗みたいと思い，その店舗内東側隅のタバコ売場へ行きかけた。そのときXは，外出先から帰ってきたAに発見され，逮捕を免れるため持っていたナイフでAを突き刺して死亡させた，という事案に関し，最決昭40・3・9（刑集19巻2号69頁）は，タバコ売場へ近づく行為はいわゆる物色行為に該当しないとしても，被告人の意図する金銭窃盗にきわめて密接な行為であって，窃盗の実行の着手が認められる，とした。Xの客観的行為としては，タバコ売場へ「行きかけた」事実があるにすぎないにもかかわらず，裁判所が実行の着手を認めたのは，行為者の「なるべくならば現金を盗みたい」という所為計画を考慮したからである。しかし，現金の占有に対する直接的な危険がおよそ存在しないにもかかわらず，従来の判例が認めてきた密接行為の幅を広げてまで実行の着手を認めたのは疑問である。タバコ売場へ「行きかける」行為には，窃盗罪の実行行為（窃取行為）に要求される法益（現金に対する占有）侵害の一般的危険性は未だ存在しない。Xの行為は予備の段階にとどまっているとみるべきであろう。

(b) 学　説　行為の危険性判断にあたり所為計画をも考慮に入れる見解は，実行の着手時期に関する折衷説（および実質的客観説の一部）から説かれており，犯罪の具体的な形態での行為者の所為計画全体を考慮しなければ行為の危険性を判断することはできないとして，犯罪の故意のみならずその所為計画も主観的違法要素である，と解するのである[15]。この見解に対しては，実行の着手に当たるかどうかは（修正された）構成要件に該当するかどうかの類型的判断であるから，このような判断になじまない所為計画は，実行の着手の認定に際しての判断資料から除外しなくてはならない，とする指摘がある（大谷366頁）。

　また，本説が主観的計画までも考慮に入れて危険判断を行うことに対しては，危険判断を不明確に主観化するとともに，未遂処罰時期を早めすぎることになる，という批判も提起されている（内藤・下Ⅱ1227頁）。この批判に対しては，行為者の計画によれば法益の危殆化に自己の行為が介在することが予定されているときは，法益の危殆化はなお間接的であって切迫性に欠け，実行の着手は否定されるとの反論がなされ，他所で強姦する目的で女性をダンプカーに引き込んだという，前掲の最決昭45・7・28（➡②）の事案について，その段階では強姦の実行の着手が否定されることになる，としている[16]。しかし，その結論は支持しうるとしても，それは当該行為が客観

14　内山良雄「未遂犯における危険判断と故意」西原春夫先生古稀祝賀論文集（1998年）第1巻447頁以下参照。
15　野村　稔『未遂犯の研究』（1984年）299頁。
16　野村・前掲注（15）302頁。

的にみて未だ法益侵害の一般的危険性を有しているとは評価しえないからであって，行為の危険性の認定にあたって，行為者意思，特に犯罪計画を考慮した場合に，危険判断が不安定なものとなることは避けられないように思われる[17]。現に，同じく所為計画を考慮する立場から，行為者が後の法益侵害行為を行おうとする意思を有している場合にはそうでない場合よりも法益侵害の危険性が高まるとし，右の事案についてダンプカーへ引き込んだ時点ですでに強姦の実行の着手が認められる，とも説かれているのである（山口・探究208-9頁）[18]。

　(3) 未遂犯の故意　行為の危険性判断にあたり所為計画は考慮に入れないとしても，例えば，行為者がピストルを人に向けて狙いをつけている場合（ピストル事例），行為者の故意（殺人か傷害か）は考慮しなければならない，とする見解は有力である。これは，実行の着手時期に関する実質的客観説（さらに形式的客観説）に立つ論者の多くが採る立場であって[19]，未遂犯における故意を違法要素と解するものであるが，これには2通りの意味がある。

　1つは，ⓐ故意ないし行為意思いかんによって，行為者のまったく同一の行動（人に向けてピストルの狙いをつける）に危険性の違いが生ずるというものである。しかし，殺意があっても未遂に終わる場合（殺人未遂）もあれば，傷害の故意しかなくても被害者が死亡する場合（傷害致死）もある。この場合の危険は後者の方が重大であることから明らかなように，危険は行為の在り様によって決まってくるのであって，故意自体が行為の危険性を左右することはありえない。そこで，故意に代えて行為意思（引金を引く意思）を考慮することも考えられるが，行為者に引金を引く意思がなくても，ピストルという殺傷能力の高い武器を人に向け引金に指をかけた段階で，人の生命・身体等に対して危険な事態は生じているといえる（内山良雄・重点課題189頁）。法益侵害の危険性を基礎づけているのは，故意（または行為意思）に基づく「行為（ないし挙動）」それ自体であって，故意（または行為意思）そのものではない。行為の危険性の程度という意味では，故意の内容，行為意思の有無によって差は生じてこないのである。

---

[17] 着手未遂の段階での危険を認定するためには，行為者の次なる動作に出ようとする「行為意思」を考慮することが必要となる，としつつ，複数の行為意思の組み合わせを意味する行為「計画」については，かなり不確かなものであって，これを根拠に危険を積極的に基礎づけることには慎重さを要する，とするものとして松原289-290頁。

[18] 佐伯(仁)345頁は，行為者の計画も危険性判断において考慮されるべきであるとしたうえで，強姦目的で被害者を車に引きずり込む場合であっても，①車の中ですぐに強姦しようと思っている場合，②近くの人のいない場所に連れて行って強姦しようと思っている場合，③別の場所に連れて行って監禁し，翌日強姦しようと思っている場合で，被害者が強姦される危険の程度に違いがあるとするが，まず，判断すべきは，被害者を車に引きずり込む行為が客観的にみて強姦の手段としての暴行・脅迫と評価できるかであり，次いで，これが肯定された場合に行為者にその時点で強姦の故意が認められるかが判断されるべきであろう（計画にとどまる場合，故意は認められない）。

[19] 実質的客観説のうち純客観説（例えば，中山411頁以下）は，実行の着手の認定に際して，故意が判断の基礎におかれる必要性を否定する。

第2に、ⓑ故意のもつ犯罪類別機能に着目し、危険性の程度は同じであるとしても、未遂犯においては結果が発生していないのであるから、故意を考慮しなければ行為者が犯罪の実行に着手したのかどうか、またどの犯罪の実行に着手したのかを判別できない、とも主張される。上記のピストル事例についてみれば、外部的な行為だけでは、それが犯罪行為なのかそれとも単なる冗談なのか分からないし、また犯罪行為であるとして、それが殺人行為か傷害行為か、それとも脅迫行為かを判断することはできない、とする（平野・Ⅱ314頁）。たしかに、行為者の主観を顧慮することなしには、犯罪の有無・種類の判別が不可能な場合もないわけではないであろうが（例えば、女性を殴打して失神させた場合、それが強盗の手段なのか強姦の手段なのかが直ちに明らかになるわけではない）、そのような故意のもつ犯罪類別・個別化機能は、責任要素としての故意、ないしは（責任類型としての）主観的構成要件要素としての故意が果たすべき機能であって（前田・基礎96-7頁参照）、ここでも法益侵害の危険に直結しない故意を（主観的）違法要素と構成する必要はないであろう（➡162頁）。

(4) **早すぎた構成要件の実現**　犯罪実現の意図を有していたが、行為者が実行行為として予定していた行為（第2行為）に出る前の行為（第1行為）によって結果が発生してしまった場合の実行の着手時期が問題となる。代表的な判例について見てみることにしよう。

❶放火罪の実行の着手に関し、放火しようとして室内にガソリンを散布したが、決心がつかないまま時間が経ち、心を落ち着けるためにタバコを吸おうとしてライターで火をつけたところ（第1行為）、ガソリンへの点火行為（第2行為）に出る前に、揮発していたガソリンに引火して爆発したという事案につき、ガソリンの散布自体ですでに実行の着手があるとし、放火の既遂を認めた下級審判決がある（横浜地判昭58・7・20判時1108号138頁）。しかし、この事案において、ガソリン散布は放火の予備にとどまっており、たしかにライターでタバコに火をつけた時点で客観的にみれば実行の着手が認められるが（第1行為）、その時点での主観面は、被告人に放火の意図・目的があっても故意にまで至っておらず（被告人はガソリンに直接点火する放火行為〔実行行為＝第2行為〕を予定していた）、結論としては、放火予備と（重）失火として処罰すべきものであろう[20]。

❷複数行為における実行の着手が問題となった、**クロロホルム事件**に関する前掲最決平16・3・22（刑集58巻3号187頁／➡323頁）は、①第1行為（クロロホルム吸引行為）が第2行為（海中転落行為）を確実かつ容易に行うために必要不可欠なものであったこと、②第1行為に成功した場合、それ以降の犯罪計画を遂行する上で障害となるような特段の事情が存在しなかったこと、③第1行為と第2行為との間が時間的場所的に近接していること（3つの基準）を指摘し[21]、第1行為は第2行為に密接な

---

[20] 実質的・形式的客観説の立場から、ガソリン散布行為に既遂に至る具体的危険の存在を認めつつ、条文に照らし「火」が登場する前に放火の着手を認めることは適切でない、とするものとして浅田375頁。

行為であって，被害者を失神させた時点で殺人の実行の着手が認められ，また，被告人の認識とは異なり，第2行為の前の時点で被害者が第1行為によりすでに死亡していたとしても，殺人の故意に欠けるところはなく殺人既遂が成立する，とした。本決定は，第1行為の時点で既に殺人の故意があることを前提として，第1行為に実行の着手が認められるか否かに議論を集中しているが，すでにみたように，本件においては，客観的にみれば，第1行為により被害者が死亡していた（可能性が強い）のであるから，当然に実行の着手が認められ，ただ，主観的には第1行為の時点で犯罪意思を有していたとしても殺人行為の認識はなく，せいぜいその認識可能性（ないし傷害の認識）のほかは殺人予備の認識しかないのであるから，殺人予備と（重）過失致死（ないし傷害致死）の罪責にとどめるべき事案であったと思われる（浅田377頁参照）。

これに対し，未遂犯の実行行為と既遂犯の実行行為とは異なるとし，クロロホルム事件における第1行為は未遂犯の実行行為であって既遂犯の実行行為ではなく，未遂犯の故意はあっても既遂犯の故意はないから殺人未遂罪と（重）過失致死罪になる，とする見解もある（林（幹）249頁，山口215頁以下）。しかし，未遂と既遂とで実行行為が異なるとし，それに伴って故意にも異同を認めることには疑問がある。未遂犯とは，既遂に至らせる故意をもって実行に着手したが未遂にとどまった場合をいうのであって，既遂結果の有無を別として，実行行為および故意の点で未遂犯と既遂犯との間に相違は認められないからである。

4 犯罪態様と実行の着手

犯罪の態様によっては，実行の着手につき特別の考察を必要とするものがある。

(1) **結合犯** 例えば，盗取の手段として暴行・脅迫を予定する強盗罪のように，独立しても犯罪（暴行罪・脅迫罪）となる一定の手段を要件とする犯罪を「結合犯」というが，この場合は，手段である行為（暴行・脅迫）の開始が本罪（強盗罪）の実行の着手である[22]。なお，前掲最決昭45・7・28（➡468頁）は，強姦の意思で被害者をダンプカーの運転席に引きずり込もうとした段階で強姦罪の実行の着手を認めたが，そこから約5.8キロメートル離れた地点で姦淫行為が行われた本件では，引きずり込もうとした時点で既に強姦罪の手段としての暴行が行われたとみることは困難であろう。

---

[21] この3基準を採用したその後の下級審判例として，名古屋高判平19・2・16（判夕1247号342頁）がある。本決定に対する研究として，松原芳博・刑法の判例172頁以下。
[22] 佐伯(仁)347頁は，「構成要件に規定された手段が実行されることは，既遂の要件ではあっても未遂の要件ではない，と解することは可能であろう」とするが，その問題点として，➡467頁参照。

(2) 不作為犯　作為義務が発生し，かつ事態を放置すれば法益侵害の危険が一般に認められるにもかかわらず，期待された当該作為に出なかったときに実行の着手が認められる。なお，不真正不作為犯における作為義務は，ⓐ例えば，他に救助者のいない状況で子供が溺れているのを見たその親の場合のように（溺死事例），法益侵害の危険がすでに発生しており，行為者の作為があれば直ちにその危険を回避しうる場合は（危険先行），その時点で発生し，〔（具体的）危険→作為義務→不作為（実行の着手）→未遂犯〕という経過をたどる。

これに対し，ⓑ例えば，乳児に授乳しない母親のように，行為者の作為がないと法益侵害の危険が発生する場合は（餓死事例），作為義務（授乳義務）はすでに事前に潜在的に発生している（作為義務先行），と考えられる（西原・上328頁参照）。したがって，このケースでは，母親が殺意をもって第1回目の授乳をしないことにより殺人の実行の着手が認められるが，未遂犯として処罰されるためには，乳児の健康が害されたため死の具体的危険が生じたことが必要であり，〔作為義務→不作為（実行の着手）→（具体的）危険→未遂犯〕という経過をたどることになる（➡452-3頁）。

(3) 離隔犯　例えば，毒物を郵送して受取人を殺害しようとする場合，私見によれば，日本の郵便事情に照らすと，発送時点で品物が相手に到達することがほぼ確実に見込まれる以上，その時点で実行の着手が認められ実行行為も終了して，後は郵送という因果の流れに委ねられることになる。ただ，結果発生の危険が現実化するのは，品物が相手方に到達し手渡される時点であるので，その段階で初めて未遂犯としての処罰が可能となる。

これに対し，「実行の着手」を単に行為の発展段階を画する概念と捉える立場では，発送行為が実行行為であるが，相手方に到達し食用に供しようとした時点ではじめて実行の着手が認められ，それ以降が未遂犯となる（例えば，浅田375頁）。しかし，未遂犯の処罰時期に関する結論は妥当であるとしても，この見解には実行の着手前に実行行為を認めるという難点がある（➡476-7頁）。

5　実行の着手時期と未遂犯の処罰時期

両者の関係をどのようにみるかについては，争いがある。

(1) 一体説——従来の見解　従来，実行の着手時期の問題と未遂犯の最終的な処罰時期の問題とは表裏の関係にあり，その実質は同一のものと解されてきた。すなわ

ち，実行の着手が認められれば，法益侵害の危険が発生したものとして直ちに未遂犯として処罰が可能となり，反対に，法益侵害の危険が発生しない場合には，未遂犯として処罰されないのはもとより，そもそも実行の着手が認められず，したがって実行行為も存在しない，と解されてきたのである。

(a) **確実性説**　「行為の危険性」を問題とする危険行為説は，「結果発生の確実性（蓋然性）・自動性」が認められた時点が実行の着手時期であると解し（確実性説[23]），実行の着手が認められるために，必ずしも法益侵害の危険が現実化して結果発生の危険が切迫することは必要でなく，その可能性が確実となったとみられる段階で既に実行の着手を認めてよい，とするのである。特に，離隔犯のように行為の開始時点と結果の発生時点とが時間的にも場所的にも隔たっている場合（➡474頁），例えば，殺人目的で毒物を郵送する場合も，確実性説によれば，我が国の郵便事情を前提とするかぎり，託送行為時に既に結果の発生は確実となり実行の着手が認められることになる（発送主義）。また，行為者の行為後に第三者の行為が予定されている間接正犯の場合（➡534頁），行為者が道具（第三者）に働きかける利用行為の開始時点で既に実行の着手を認めてよいとされる（利用者説）。確実性説は，実行の着手はあくまで行為者の行為の中に求められなければならないとする見地から，行為の属性としての行為自体の危険性に既遂結果発生の危険を求めるのである。

実行の着手は，実行行為がいつ開始されたかの問題であり，それが行為について論ぜられるべきものである以上，未遂犯の最終的な処罰時期から概念的に区別された着手時期の問題と解するべきであって，実行の着手に関し確実性説は基本的に妥当な方向を示しているように思われる。しかし，この見解にも問題がないわけではない。

それは，確実性説が実行の着手によって直ちに未遂犯としての処罰も可能になると解した点である。たしかに，通常の犯罪の場合，当該行為について法益侵害が確実となった時点で同時に法益侵害の現実的危険も発生するから，実行の着手が認められたということは取りも直さず未遂犯としての処罰が可能になったことを意味するが，離隔犯のように，行為の開始時点と結果の発生時点とが時間的にも場所的にも隔たっている犯罪については，実行の着手によって直ちに未遂犯としての処罰が可能となる程度に危険が現実化したとはいえないのである。また，利用行為後に被利用者による直接の法益侵害行為が予定されている間接正犯の場合，規範的障害が存在しないことにより結果の発生がいかに確実であろうとも，物理的（時間的）観点からすれば利用行為が開始されただけでは未だ処罰を基礎づけるだけの法益侵害の具体的危険が発生した（切迫した）とはいえず，したがってこの場合には，被利用者の行為の開始をまって初めて利用行為は可罰性を獲得することになるのである。未遂犯の成否を利用行為に求める利用者説の問題性は，利用行為の開始に実行の着手を求めた点にあるのではなく，利用行為の開始によって直ちに未遂犯として処罰に値する可罰的違法性が生ず

---

[23] 中 義勝「間接正犯と不作為犯の実行着手」〔同〕『刑法上の諸問題』（1991年）221頁以下。

る，と解した点にあるといえる（➡534頁）。

　(b) **切迫性説**　「結果としての危険」を問題とする危険結果説は，結果無価値論の見地から，行為の「結果」として，当該法益についてその侵害の具体的危険が現実に発生した時点で実行の着手を認めると同時に，そのような危険が発生しなかった場合を不可罰の不能犯と解する。危険結果説は，危険の具体化を，被害者領域への危険の侵入という事実に着目して捉え，実行の着手時期を既遂結果発生の切迫した時点に求めるのである（切迫性説）[24]。切迫性説に立てば，上述の離隔犯の場合，毒物が被害者宅に到達した時点で結果の発生が切迫し，その時点で初めて実行の着手を認めることになり（到達主義），また間接正犯については，被利用者の行為について実行の着手が認められることになる（被利用者説）。しかし，毒物郵送事例において，行為者の行為は毒物を郵便に託するということに尽きているのであって，その後の事態は単なる因果の流れにすぎず，はたして行為者のあずかり知らぬところで犯罪行為（実行行為）の開始を意味する実行の着手を認めてよいか，という疑問が生ずる。そこで，この疑問を解消するために，切迫性説は実行の着手について次の2つの構成方法のいずれかを目指すことになる。

　第1は，行為者が実際に開始した当初の行為（先行行為）を作為による予備行為と解すると共に，先行行為によって結果発生の危険を生ぜしめた以上，行為者にはその危険を取り除くための作為義務が発生すると解し，結果発生の具体的危険が発生した後の「事態」を不作為による実行行為と構成するものである（**不作為犯的構成**／西原・上300頁）。例えば，傷害の意思で落とし穴に被害者を落として負傷させたという場合，穴を掘るという作為は予備行為であり，その後，被害者が落とし穴に落ちて負傷するにまかせたという不作為が傷害の実行行為であると解するのである。この見解は，実行の着手以後の行為を実行行為と解する点では妥当であるが，実行行為を不作為に求める点に問題を残している。というのは，この場合の不作為は先行行為（作為）の単なる必然的結果にすぎないと考えられるし，そもそも故意をもって行為を開始した者に対し，その行為を行うべきでないという不作為義務違反を超えて，発生した危険を除去すべきであるという作為義務を課すことは，二重の義務違反を認めることになるからである。

　そこで，第2の方向は，実行の着手を単に行為の「段階を画する」概念と捉えたうえで，行為者の行為が開始された後，結果発生の危険が切迫した段階で初めて実行の着手を認めようとする（**段階的構成**＝結果説／前田104頁など）[25]。この見解の特色は，未遂犯にとっては実行の着手のみが本質的であるとし，実行の着手を実行行為から切り離して構成する点にあるが，そうなると，この立場で実行行為がどのように理解されているかが問題となる。もし，実行行為開始後に具体的危険が発生した段階で実行の着手を認めるとすると，実行行為を実行の着手以後の行為と解する従来の用語

---

[24] 中山研一「間接正犯の実行の着手」〔同〕『刑法の論争問題』（1991年）81頁以下。
[25] 平野龍一「正犯と実行」〔同〕『犯罪論の諸問題（上）総論』（1981年）130頁。

例から大きく逸脱することになり[26]，実行の着手が予備行為と実行行為とを分かつ機能を果たしえなくなる。そこで，実行行為概念は未遂犯にとって不要であるとし，これを未遂犯概念から放逐するということも考えられるが，そうなると，「犯罪は行為である」という行為主義の原則に抵触することになりかねず，また，実行行為が犯罪論における基本概念であるだけに，解釈論上の他の問題への影響が余りにも大きすぎる。

実行の着手は，実行行為がいつ開始されたかの問題であり，それはまた行為者自身の行為について考えられなければならないが，切迫性説は，自己の行為の終了後に実行の着手を求め（到達主義／離隔犯の場合），あるいは他人の行為に実行の着手を求めている点で（被利用者説／間接正犯の場合）妥当でないと思われる。もっとも，切迫性説が未遂犯の処罰時期を既遂結果発生が切迫した時点（具体的危険が発生した時点）に求めたことは正しかった。法益の侵害が確実視される行為を行ったとしても，侵害の具体的な危険が発生しないかぎり未遂犯としても処罰する必要性に乏しいからである。しかし，切迫性説は，結果の要素である「具体的危険の発生」の条文上の根拠を，行為の要素について規定した43条本文の「犯罪の実行に着手して」に求めたため，そこに無理が生じたのであった。そこで，未遂犯の処罰時期自体に関する切迫性説の帰結を実行の着手概念と結び付けることができないとすれば，問題の解決は，実行の着手時期と未遂犯の処罰時期とを切り離して考察する方向で図られることになる。

(2) **分離説**——「行為の危険性」と「結果としての危険」を区別する立場　以上の論述から明らかなように，ⓐ実行の着手時期の問題としては危険行為説（実質的行為説／大塚171頁，福田229頁など）の採る確実性説が妥当であるが，ⓑ未遂犯の処罰時期の問題については，危険結果説の採る切迫性説が妥当である。しかし，法益侵害の確実性・自動性が問われる実行の着手と，法益侵害結果の切迫性ないし具体的危険の発生が問題となる未遂犯の処罰時期とが論理的にみて別個の問題だということになると，この両者を区別して論ずることが不可避となってくる。「行為の危険性」にかかわる実行の着手論と「結果としての危険」が問題となる未遂犯の処罰時期に関する議論とを対置させて論ずる立場（以下「区別説」という）がこれである（離隔犯につき，山口・探究211頁）。

ところで，区別説を採る場合の理論構成として考えられる第1のものは，①行為の危険性を刑法43条の「犯罪の実行に着手して」の基準と解し，結果としての危険を同条の「これを遂げなかった」の基準と解するものである。未遂犯の成立要件の1つとして，実行の着手の問題から区別された具体的危険の発生（結果としての危険）を要求し，かつ，その明文上の根拠を必要とするかぎり，それは「これを遂げなかった」という文言に求めざるをえなくなる。すなわち，この考え方では，「これを遂げなかった」というのは，単に「既遂結果が発生しなかった」すべての場合を意味するのではなく，「**具体的危険は発生したが既遂結果は発生しなかった**」，という意味に限定的に

---

[26] 「着手」とは，文字通り「手をつけること，とりかかること」を意味し（広辞苑・第6版），例えば「研究に着手する」という場合，研究を開始する前にすでに研究がなされているとは考えない。

解するのである（鈴木189頁，高橋385-6頁参照）。この方向が行為の危険性と結果としての危険とを区別し，後者についても条文上の基礎を与えようとしたことは特筆に値するが，結果としての危険を「これを遂げなかった」に含めて理解しようとすることには無理があると思われる。43条は明示的には単に犯罪を遂げなかったこと，すなわち既遂結果が発生しなかったことを規定しているだけであって，実行には着手したが「具体的危険が発生しなかったために既遂結果が発生しなかった」場合を排除しているとは考えられないからである。

そこで，②「行為の危険性」が刑法43条の「犯罪の実行に着手して」という要件に関わる問題であるのに対し，「結果としての危険」は未遂犯の処罰時期に関する問題として，43条に直接規定のない未遂犯の構成要素と解する方向が考えられてくる。すなわち，刑法43条は，未遂犯の構成要素として実行の着手（行為の危険性）と既遂結果の不発生のみを規定し，第3の要件である具体的危険の発生（結果としての危険）は未遂犯の不文の成立要件と解するのである。43条が「具体的危険の発生」を明文化しなかったのは，実行の着手があれば通常同時に具体的危険も発生するからであり，したがって，実行に着手したにもかかわらず具体的危険の発生しないことが例外的事情であることを考えると，理論構成としては「具体的危険の不発生」を消極的に未遂犯成立阻却事由と構成することが可能であろう[27]。

危険概念は，実行の着手時期についても未遂犯の処罰時期についても問題とされるが，犯罪論体系上の違いを反映して，その性格は異なっている。ⓐ実行の着手論における危険は（形式的な構成要件該当性が問題となる），実行行為を予備行為から分かつ基準として，実行行為のもつ法益侵害の「一般的」危険性を意味し，ここでの危険概念は「行為」の要素と解される。これに対し，ⓑ処罰時期の問題においては（実質的な違法性が問題となる），未遂犯として処罰に値する「具体的」危険が現実に発生したかどうかが問題となるのであって，ここでは危険は「結果」の要素と解されるのである。

第3節　不　能　犯

1　意　義

不能犯とは，行為者としては犯罪の実行に着手したつもりであったが，結果の発生が不能であるためこれを遂げえない場合であって，未遂犯として処罰しえないものをいい，「不能未遂」ともいう。不能犯は，結果の不発生という点では最

---

[27] 体系論として，「具体的危険の発生」を不文の構成要件要素と理解する余地もあるが（松原289頁／➡注9），その例外的性格に照らすと，未遂犯の構成要件を「実行の着手」と「既遂結果の不発生」に限定した上で，「具体的危険の不発生」を未遂犯固有の違法阻却事由と構成するのが適当であろう。

広義の未遂犯の一種であるが，その原因がそもそも結果発生の具体的「危険」がおよそ生じないことに求められる点で，危険が生じたにもかかわらず何らかの事情で結果が発生しなかった未遂犯（狭義）とは異なる[28]。不能犯は，仮に行為時の事前判断により実行の着手（行為の危険性）が肯定されたとしても，事後判断により危険結果の発生（結果としての危険）が認められないために，未遂犯としても処罰されることはない。

なお，不能犯については，「事実の錯誤」が，行為者としては犯罪を行ったつもりがないのに実際には犯罪を行ってしまった場合をいうのに対し，反対に，犯罪を行ったつもりであったのに実際には犯罪を行っていなかった場合が「不能犯」である（事実の錯誤の裏返し），として両者は表裏の関係において捉えられることがある（齊藤(金)221頁参照）[29]。

2 学 説

不能犯学説は，未遂犯の処罰根拠（➡第2節2）の問題と関連して区々に分かれている。主観的未遂論によるものと客観的未遂論によるものとに大別される。**設例**〔Xは，白い粉末状の砂糖を毒薬と誤信し，殺意をもってこれをAに投与した〕によって，各説の特徴を明らかにすることにしよう（なお，下記の表は，設例に関する各説の帰結であるが，類型Iは，Xが白い粉末を砂糖と認識していた場合である）。

表 不能犯学説　　　　　　　　　　　　　　　　（○＝未遂犯　×＝不能犯）

類型＼学説	主観主義的見解		客観主義的見解	
	（純）主観説	抽象的危険説	具体的危険説	客観的危険説
I 砂糖でも殺せると思った	○	×	×	×
II 一般人は砂糖と分かった	○	○	×	×
III 一般人も毒薬と思った	○	○	○	×

---

[28] 改正刑法草案25条は，「行為が，その性質上，結果を発生させることのおよそ不能なものであったときは，未遂犯としてはこれを罰しない。」としている。
[29] これに対し，姦通が犯罪を構成すると信じつつこれを行った場合のように，自己の行為が（刑法上）違法でないのに違法であると誤信した場合を**幻覚犯**（錯覚犯）と呼び，これを，違法であるのに違法でないと誤信する「違法性の錯誤」と対比させることがある。

1 主観主義的見解

危険判断の基礎を行為者の認識した事情に求めるのが，主観的未遂論に立脚する不能犯論である。主観主義的見解には，①危険判断の基準をも行為者本人の立場に求める（純）主観説と，②判断基準については一般人の立場に求める抽象的危険説とがある。

(1) 主観説　行為者に犯意があり，かつその犯意を実現しようとする行為がある以上，そこに「行為者の危険性」を基礎として未遂犯の成立を認める学説である。この立場では，迷信犯は別として，原則として不能犯の成立は認められない。設例Xの行為は，砂糖であることを認識し，しかも砂糖で人が殺せると考えていた場合（類型Ⅰ）にも未遂犯となる。主観説は，未遂犯の処罰根拠を行為者の意思の危険性という主観的事情に求める見解であって（行為者無価値論），危険判断の基準についても行為者本人の主観的見地とすることから，一般人の観点からみた客観的な意味での結果発生の「危険」を問題にする余地はない。

(2) 抽象的危険説　行為当時において行為者が認識していた主観的事情に照らし，一般人が抽象的に結果発生の危険を感ずる場合を未遂犯，そうでない場合を不能犯とする学説である（齊藤(金)221頁，牧野・下665頁など）[30]。抽象的危険説によれば，設例のXの行為は，一般人であれば砂糖であると認識しえた場合（類型Ⅱ）も未遂犯であるが，Xが砂糖であると知りつつ，砂糖でも人が殺せると考えていた場合（類型Ⅰ）は，この説でも不能犯である。抽象的危険説は，判断基準を一般人に求めるとはいえ，行為の危険性を行為時の事前判断によって行い，しかもその際，もっぱら行為者の認識内容のみを判断基底においていることから，実際には行為の危険性よりも行為者の危険性に比重がおかれている点にその特色がある。「主観的危険説」とも呼ばれる所以である。その結果，類型Ⅰを別とすれば，先の主観説との間に実際上の結論の違いはほとんど存在しないことになる。

この立場の根底にあるのは，人的不法論を基礎として，主観的違法要素を全面的に認める徹底した主観的行為無価値論の考え方である。違法の本質について行

---

[30] 齊藤(金)221頁注2は，不能犯論を事実の錯誤論と対比させる見地から，「事実性に関する錯誤につき抽象的符合説を採る以上，不能犯論につき抽象的危険説を採ること勿論である」とする。これは，両説とも「構成要件の理論と異なり，構成要件という枠を乗り越えて事を論ずるの点において〔共通の〕特色がある」と考えるからである（齊藤金作『松陵随筆』（1964年）53頁）。

為無価値一元論を採る場合には（➡168頁），不能犯論において主観的危険説を採ることが論理的に一貫した帰結といえるが，未遂犯の処罰根拠を法益侵害の具体的危険の発生に求め（客観的未遂論），その危険を結果としての危険と解する立場からは，主観的未遂論を基礎におく抽象的危険説は採りえないことになる。

2 客観主義的見解

客観的未遂論に立脚する不能犯論である。客観主義的見解には，①判断の基礎を，行為当時一般人が認識していた（認識しえた）事情にまで広げて考えるもの（具体的危険説）と，②行為当時一般人も認識しえず，行為後に初めて判明した事情であっても，行為時に存在したすべての客観的な事情を判断の基礎におくもの（客観的危険説）とがある。

(1) 具体的危険説

(a) 考え方 この見解は，未遂犯の処罰根拠に関する客観的未遂論のうち，危険概念について「行為の危険性」を問題にし，行為当時において一般人が認識しえた事情および行為者が特に認識していた事情を基礎として，一般人の見地に立って具体的に結果発生の危険を感ずる場合を未遂犯，そうでない場合を不能犯と解している（多数説）[31]。違法性を行為規範違反と捉える見地から，行為時の事前判断に依拠する点は先の抽象的危険説と同じであるが（行為無価値論），設例において一般人も白い粉末が砂糖であることを認識しえず毒薬と思っていたときは未遂犯となるが（類型Ⅲ），一般人であればそれが砂糖と認識しえた場合には不能犯となる（類型Ⅱ），というように一般人の認識しえた事情をも考慮に入れる点に抽象的危険説との違いが見受けられる（客観的行為無価値論）[32]。

ところで，「具体的危険」説という名称は，具体的な事案に即して行為の危険性判断を行うとするところから付けられたものであるが，実際には危険判断に際して「事実の抽象化」がかなり広範囲にわたって行われている。それは，行為時に一般人の認識しえた事情を基礎として事前の危険判断を行っているからであっ

---

[31] 具体的危険説の考え方を「法的安全感を害するか」という観点から社会心理学的に転換したものとして**印象説**がある。

[32] いわゆる**定型説**も，そこでいう「定型性」が，判断基準・資料について客観的真実ではなく外見上の事実として捉えられ，かつ，その判断が科学的見地ではなく一般人の社会通念に依拠しており，しかも，危険の有無が行為時の事前判断によりなされていることからすると（団藤171頁），実際の適用では具体的危険説と同じことになると思われる。

て、いわゆる《死体に対する殺人》については（➡3⑴(a)），行為時に客体が生体でありえた可能性を問題とし，《空ピストルによる殺人》の例では（➡3⑵(b)），ピストルに弾丸が入っていた可能性を問題とし，それらが肯定された場合には，生体に対する殺人，弾丸が装塡されたピストルによる殺人にまで事実が抽象化されて危険判断が行われるのである。その意味で，「具体的危険」説という名称には問題があるといえよう（内藤・下Ⅱ1258-9頁）。

(b) 問題点　具体的危険説に対する疑問の最たるものは，危険の判断方法としての事前判断にある。行為時の事前判断によるかぎり，一般人にも認識しえなかった事情については危険性判断にとっていかに本質的な事実（設例で言えば，白い粉末が無害の砂糖であったこと）であってもすべて判断基底から排除されてしまう結果，結論において抽象的危険説との間にそれほどの違いが認められないことになる。すなわち，行為当時客観的に実在した事実を一般人も認識しえなかった場合は，行為者の認識したところに従って行為の危険性を判断せざるをえないが，そうなると結論的には抽象的危険説と同じになって，結局は行為者の意思の危険性，計画の危険性の処罰に途を開くことになるのではないか，という疑問が生じてくる。例えば，夜間誰もが人間と見間違うほどに精巧に出来た人形に向かって銃を発射する行為を殺人未遂とするのは，結局は，人を殺害しようとする行為者の意思の危険性を処罰するものと言わざるをえないであろう。

また，反対に，事前判断によると，本来危険であるはずの行為を不能犯の中に取り込んでしまう可能性もある。例えば，Ｙが砂糖で人を殺そうと思い，大量の砂糖を重症糖尿病患者Ｂに摂取させたが辛くも一命を取り留めたという事例において，行為当時一般人はもとより行為者ＹもＢの病気を知りえなかったときは，具体的危険説によると健康人への砂糖の投与の危険性が問題となり，結局不能犯として不可罰ということになる。しかし，仮に故意の観点から不可罰という結論を支持するとしても，本件Ｙの行為はやはり法益侵害の具体的危険のある行為と言わざるをえず，これを危険の認められない不能犯と解することはできない。もとより，ＹがＢの病気の事実を知っていれば，具体的危険説によっても未遂犯ということになるが，行為者の認識の有無によって危険が発生したり発生しなかったりすることになるのは妥当でないであろう（山口・探究215頁）。具体的危険説において，行為者が特に認識していた事情を考慮する趣旨が，一般人の事実誤認を排除して行為者の認識していた客観的実在を要求することにあるのであれば，最

初から事後判断により得られた客観的事実を判断基底におけば足りるのである[33]。

  (c) **具体的危険説の修正**　　具体的危険説は，自説の抱える結論上の不備を補うために，さまざまな修正を試みている。例えば，①部分的に事後判断を取り入れることによって事前判断による結論を修正したり（平野・法学セミナー139号（1967年）49頁），②事前判断によりつつも行為者の主観を排除して行為およびその外部的事情により行為の危険性を判断するのがそれである[34]。このうち，①の修正説は客観的危険説に向かって一歩を踏み出すものであるが，事前判断による場合と事後判断による場合との限界が問題となろう。また，②説については，行為者の主観を排除すると，一般人が行為時において客観的実在を認識しえなかった場合に不当な結論に至る。例えば，一般人は被害者が重度の糖尿病患者であることを知りえなかったが，行為者がその事実を知ってこれに大量の砂糖を飲ませた場合，行為者の認識事実（被害者が重度の糖尿病患者であること）を除いて考えると，具体的危険説の基準からは不能犯となってしまうからである（前田・基礎79頁参照）。その他の修正説としては，③不能犯論においていわゆる事実の欠缺の理論を併用する見解，および④違法論の中に法益の侵害・危険に還元しえない義務違反的要素を持ち込む見解がある。

  まず，③**事実の欠缺論**（構成要件欠缺の理論）は，犯罪の主体・客体・手段・行為状況など，構成要件要素のうちそれを欠けばその構成要件的定型性が失われるような本質的要素を欠く場合には構成要件該当性が認められないとする理論である。これを不能犯論に適用した場合には，結果の不発生が構成要件に該当する事実の欠缺に由来する場合を不能犯，そうでなく因果関係に属する要素が欠けた場合を未遂犯とすることになり（**法律的不能説**），前掲設例Xの行為は，手段の面で殺人罪の構成要件的定型性を欠き不能犯となる（**類型Ⅲ**）。本来の具体的危険説に従った場合，例えば，自己の所有物に対する《窃取》行為についても，行為当時

---

[33] 井田411-2頁は，「一般通常人が知ることのできない特殊な事態（たとえば，誰かがその砂糖壺の中に毒薬を混入したという事実）を行為者が特に知っていた場合は，それが真実である限り判断の基礎とする」というが，それ自体正当な命題（判断の基礎とされるのは，行為者が特に知っていたからではなく，それが客観的な真実だからであるが）も，井田が妥当とする「一般通常人が危険と感じない行為まで禁止する必要はないと考えるときは，行為時における一般通常人の認識可能性を基準とする具体的危険説」からは説明することができないであろう。
[34] 大沼邦弘「未遂犯の実質的処罰根拠」上智法学論集18巻1号（1974年）111頁以下。

その物が一般人の目からも他人の所有物とみられていた場合には，窃盗罪の未遂が成立することになるが[35]，事実の欠缺論による場合は，客体の欠缺として不可罰ということになる。論者は，この場合には，本来的に犯罪を実現する危険性が含まれていないことを理由として挙げるが，それは事後判断によるからであって，事前判断による具体的危険説からは導きえない帰結である。また，同じ客体の欠缺でありながら，空ポケットへのスリの例においては窃盗未遂を認め，自己所有物の場合に不能未遂とするのは論理が一貫しないというべきであろう[36]。

さらに，基本的に具体的危険説の立場に拠りつつ，主体の欠缺について事実の欠缺論を併用してこれを不可罰とする見解（例えば，団藤165頁）にも問題がある。けだし，法益侵害の危険性という観点からは，主体の欠缺と客体の欠缺とを区別する理由がないからである。事実の欠缺論には，客観的な事後判断の契機が存在しており，事前判断を特徴とする具体的危険説の発想および方式とは本来異質なものであって（中山425頁），両者を併用することにはそもそも無理があるのである。そこで，④身分犯については，法益侵害性のほかに**義務違反性**を問題にする見解が現れることになる。この見解は，身分犯の違法要素は法益侵害の危険性と義務違反性の両者に求めるべきであり，主体の欠缺の場合には，法益侵害の危険性は肯定されるが，義務違反性が否定されることにより未遂犯は成立しない，と解するのである[37]。具体的危険説の立場から主体の欠缺の場合を不可罰とするためには，このような理論構成を採らざるをえないであろうが，そこには違法ひいては犯罪の本質を義務侵害とみる義務違反説の残滓がみられる。

(2) **客観的危険説**（事実的不能説）

(a) **考え方**　未遂犯の処罰根拠について「結果としての危険」を問題にする「客観的危険説」は，行為当時に存在したすべての客観的事情を判断基底において，（科学的）一般人の立場から結果発生の危険を感ずる場合を未遂犯，感じない場合を不能犯と解している[38]。設例Xの行為は，例えば，砂糖が薬品会社の戸棚

---

[35] 野村 稔「不能犯と事実の欠缺」刑法基本講座第4巻15頁。
[36] この点で事実の欠缺の理論はすでに破綻しており，「この〔事実の欠缺の〕概念を不能犯論で用いることは必ずしも妥当ではない」とするものとして，齊藤(金)218頁。
[37] 野村・前掲注(35)15頁。
[38] 客観的危険説を徹底させる見解として，行為の因果系列とは別の因果系列（救助的因果系列）の偶然の介入によって結果が発生しなかった場合以外はすべて不能犯と解する見解もあるが（宗岡嗣郎『客観的未遂論の基本構造』(1990年)263頁以下），この立場では，銃口がそれていたために弾丸が外れたという未遂の典型例も不能犯ということになる。

に置いてあった場合のように，たとえ行為当時一般人も砂糖を毒薬と誤信する状況にあったとしても（類型Ⅲ），手段の絶対不能の場合に当たり不能犯となる。この見解の特色は，危険判断に際し，行為当時に行為者はもとより一般人も認識しえなかった事情についても，事後判断によりその事情の存在が判明した以上，行為時に存在したすべての事情を考慮する点にある[39]。客観的危険説は，結果の発生が不能な場合を絶対不能と相対不能とに2分し，前者を不能犯，後者を未遂犯とする「絶対不能・相対不能説」（判例[40]／➡3）と基本的に同じ考え方である。違法の本質について法益侵害説に立ち，違法論における危険判断は，事後的に純客観的になされるべきであるとする見地からは，妥当な見解である（浅田383頁）。

　客観的危険説と他説とのもっとも大きな違いは，危険の判断方法としての事後判断にある。したがって，行為後に判明した事情であっても，行為時に存在した事情がすべて危険判断の基礎におかれる結果，危険性の判断基底は，具体的危険説の説くように，行為時に一般人が認識しえた事情および行為者が特に認識していた事情に限られないことになる。例えば，《死体に対する殺人》においては（➡3(1)(a)），行為当時，行為者および一般人が客体を生体であると考えていたとしても，危険判断の基礎におかれる客体は死体であるし，《空ピストルによる殺人》の事例では（➡3(2)(b)），行為時に弾丸が装填されていた可能性がどれほど高くても，判断基底におかれる手段は弾丸の装填されていないピストルなのである。

　(b) 問題点　客観的危険説，特に絶対不能・相対不能の基準に向けられる批判は，その区別が不明確であるというものである。例えば，致死量に達しない毒物で人を殺そうとして果たせなかった場合，およそ毒物で人を殺すことが可能かどうかを問題とすれば相対不能となるし（未遂犯），致死量に達しない毒物で人を殺すことが可能かどうかを問題とすれば絶対不能になる（不能犯），というのである（その他，1個の弾丸しか装填されていない6連発銃の引金を1回引く行為もこの類型

39　なお，客観的危険説においても，例えば，弓矢を放ったが，突風により矢の方向がそれ客体に命中しなかった場合のように，行為時にいったん結果発生の危険が生じた以上，その後の事情によって危険が消滅したとしても未遂犯の成立が妨げられないのはもとより当然である。

40　ただし，判例が「結果発生の危険が絶対にないとはいえない」場合が相対不能であって未遂犯であるとするのは，未遂犯の処罰根拠を法益侵害の具体的（現実的）危険に求める見地からは，危険性の程度判断の基準としては低すぎる。やはり未遂犯の成立にはある程度高度の危険を要求すべきであろう（佐伯(仁)351頁）。

に当たろう)。たしかに，危険性の量・程度が問題となる事例においては，未遂犯と不能犯との限界が一義的に明らかになるというわけにはいかないが，それは危険概念が程度を付しうる段階的概念であることに伴う必然的な帰結であって，必ずしも客観的危険説固有の問題とはいえないであろう。反対に，危険の質・存否が問題となる事例においては，客観的危険説の基準はきわめて明瞭であると思われる。例えば，《死体に対する殺人》が客体の絶対不能のケースであることは争いえないところであるし，《空ピストルによる殺人》が手段の絶対不能のケースであることも明らかである。むしろ，危険判断の基礎を最終的に一般人の認識内容に求めざるをえない具体的危険説の方が区別基準の不明確性ははるかに大きいと言わざるをえない。

次に，客観的危険説に対する常とう的批判は，事後判断によりすべての客観的事情を基礎として科学的法則により危険判断を行う場合にはおよそ未遂犯はありえず，既遂結果が発生しない以上はすべて不能犯となる，というものである。例えば，前述の致死量に達しない毒物の投与の場合，被害者の健康状態，用いられた毒の成分・分量などすべての事情を考慮し，しかもこれに科学的な物理法則を適用して判断すれば，そこに危険性が存在する余地はない，というのである。この批判に応える道は2つあるように思われる。1つは，①危険判断の基礎におかれる行為時の事実を抽象化する方向であり，他の1つは，②行為後の不確定的要素に基づいて行為の危険性を判断する方向である。

(c) 客観的危険説の修正

(i) 仮定的蓋然性説　　第1の方向は，客観的危険説を出発点としつつ，事実を純客観的に判断することを回避し，まず，①結果が発生しなかった原因を解明し，事実がいかなるものであったら，結果の発生がありえたかを科学的に明らかにしたうえで，次に，②こうした結果惹起をもたらすべき仮定的事実が存在することがどの程度ありえたかを問題とし，相当程度の可能性が認められる場合（そのような事実が十分ありえたと考えられる場合）に，このような事実を判断基底において危険性を判断しようとするものである（仮定的事実の存在可能性説／高橋389頁，西田310頁，松原311頁，山口276頁，同・探究216-7頁)[41]。そして，具体的危険説との違いは，「仮定的事実の存在可能性」の判断を「事前的」ではなく「事後的」

---

[41] 山口厚『危険犯の研究』(1982年) 165頁以下。

に行い，これを科学的判断の枠内に収める点に求められている。もっとも，この立場でも，客体の不能については，存在することのありえた客体に対する危険にまで具体的危険の範囲は拡大されるべきではないということから，具体的被害法益に対する「現実的な」危殆化を要求するという限定的基準を併用する必要があるとし，もっぱら手段の不能の事例についてのみ事実の抽象化を認めて，ありえた仮定的手段を前提として危険判断を試みている。例えば，空ピストル事例において，そのピストルが警察官から奪取したものであるときは，実弾が込められていることが十分にありえたとして具体的危険の発生が肯定されている（空ピストル事例／西田311頁）。

しかし，この修正は客観的危険説にとってはあまりにも重大であって，行為時の「ありえた手段」を問題にすることは，結果的にせよ事前判断に依拠する具体的危険説に限りなく接近することになる[42]。不能犯では，具体的な事実の経過に即して「結果不発生の経験的通常性」が問われるとする見地から，警察官が装着しているピストルの引金を引く行為から結果が発生しないことは通常ありえない，として空ピストルの場合にも未遂犯の成立を認めることは，行為者が現に行った行為（空ピストルの引金を引く行為）ではなく，実際には行わなかった行為（弾丸が装填されているピストルの発射）について刑事責任を問うものであって，正面から行為主義・侵害原理に抵触することになる。また，「客体の不能の場合は仮定的な危険が現実的でなく，方法の不能の場合には現実的であるとする理由は，明らかでない」という指摘も無視しえない（佐伯(仁)352頁）。そこで，事後判断に徹底するというのであれば，方法の不能についても客体の不能の場合と同様，行為者が現に採用した具体的手段による現実的な危殆化を問題とすべきであろう。

(ii) 私　見　最初に確認しておかなければならないのは，危険の有無・程度が事後判断によるとしても，その判断は行為時における当該行為について行われるものでなければならないということである。この点は，客観的危険説においても事情は同じである。これに反し，行為後の事情を含めて結果不発生に至ったすべての過程を考慮に入れるならば，それこそ既遂に至らないすべての未遂が危険の発生しなかったものとして不能未遂ということにならざるをえないであろう。

---

[42]　中山研一「不能犯の論争問題」・前掲注（24）162頁。

したがって，まず，ⓐ行為時の事情に関しては，客観的危険説に立つ以上，事後的に判明した事情を含めすべての客観的事実を基礎においたうえで危険判断（法益侵害の事実的可能性を内容とする判断）がなされなければならない。例えば，警察官から奪取したピストルの引金を引く行為は，いくら弾丸が装填されていた蓋然性が認められるとしても空ピストルの発射行為として不能犯となる。これに対し，ⓑ行為後の事情に関しては，それが行為時にありうるものと考えられるかぎり危険判断の基礎におかれることになる[43]。例えば，ピストルの銃口がずれていたために命中しなかった場合，これが不能犯ではなく未遂犯とされるのは，「拳銃を構えた当初から狙いがずれていたことが判明したとしても，その後の事象経過において介入してくる可能性のある不確定要素（実弾発射の衝撃や強風による弾道の修正，相手方が移動することによる弾道内への進入等）が存在する以上，なお危険を論じる余地は十分ある」からである[44]（内山・重点課題200頁参照）。

不能犯論における危険概念は，このような行為後の不確定要素に依拠しているのであって，そこに（科学的）一般人を基準とする危険判断の意味がある。危険概念が，純粋に科学的な物理法則とは異なり，本来的にある種の価値的・評価的要素を含んでいるのは，このように行為後の不確定な事情を考慮に入れた法的・規範的評価を問題とせざるをえないことによるのである[45]。図式的にいえば，行為時の危険判断の基底には純粋に物理的な事実がおかれるのに対し，行為後の仮定的事情を踏まえた危険判断自体（判断基準）は科学法則に依拠しつつも規範的評価を帯びざるをえないのである[46]。結局，Ⓐ行為時における行為者および一般人の誤信（例えば，銃口が客体に向いているとの誤認）がなくても，したがって客観的・物理的な事態（銃口がずれているピストルの発射）を前提としても法的・規範的に危険と評価される場合が未遂犯，反対に，Ⓑ誤信（例えば，ピストルに弾丸が装填されているとの誤認）がなければ，したがって客観的に物理的な事態（空ピスト

---

[43] 行為後の事情について，経験則上ありうる事実（不確定要素）として，これを行為時に現に存在した客観的事情と共に判断基底として設定することは，相当因果関係における危険判断においてもみられたところであるが，因果関係論においては，「現に発生した」行為後の事情が行為時に予測可能であったかを問題とするのに対し，不能犯論では，「現に存在しなかった」事情の存在可能性を問うているのであり（実際に存在すれば既遂となる），その方向性に両者の違いがみられる。

[44] 内山・前掲注（14）460頁以下。

[45] これに対し「実在的危険概念」を採るものとして，宗岡・前掲注（38）18頁以下。

[46] 刑法において自然科学の知見に基づいて規範的評価が行われることは，例えば，精神医学者による精神鑑定に基づいて裁判官が規範的な責任能力の判断を行うことにも見られるところである（➡303頁）。

ル）を前提とすれば，規範的にも危険と評価しえない場合が不能犯ということになる。

3 態　様

今日，学説がもっとも厳しく対立している具体的危険説と客観的危険説に焦点を当てて，各態様の不能犯事例における両説の解決法を示すことにしよう。

(1) 客体の不能　　現実には客体が存在しない場合に問題となる。
(a) 人身犯罪の場合

〔設例1〕YはAを殺そうとしてピストルを発射し3発命中させたが，この発射音を聞いたXは，Yに応援加勢するため，とどめを刺すつもりでAの腹部等を日本刀で突き刺した。ところが，鑑定の結果，AはYの行為によってすでに死亡していたことが判明した。

本設例は，広島高判昭36・7・10（高刑集14巻5号310頁）の事案を基にしたものであるが，①裁判所は具体的危険説を採用し，「一般人も亦当時その死亡を知り得なかったであろうこと，従ってまた被告人Xの前記のような加害行為によりAが死亡するであろうとの危険を感ずるであろうことはいづれも極めて当然」で，「行為の性質上結果発生の危険がないとは云えない」として，未遂犯の成立を認めた。この場合，たしかにXの攻撃は，事前的にみれば殺人の一般的危険性をもった行為とは言いうるが，②事後的にみれば行為時にAはすでに死亡しており，生命侵害の危険が現実には発生しなかったのであるから，客観的危険説によれば，殺人未遂の成立は否定されることになる。

〔設例2〕Xは，夜間，寝具の状態からみてAがベッドに寝ていると思ってこれに向けてピストルを発射したが，Aが外出中であったため目的を果たせなかった。

本件において，①寝具等の状況が就寝中の外観を呈し，一般人もそのように受け取るのが無理もないような場合には，具体的危険説によれば，殺人未遂の成立を認めることになる。行為時の事前判断によれば，客体は存在したことになるからである。これに対し，②事後判断による客観的危険説によれば，客体は現実には存在しなかったのであるから法益侵害の危険は発生せず，不能犯となる。ただ

し、Aがツインの隣のベッドに寝ていたような場合には、客観的危険説によっても未遂犯が成立する余地があるが、それは空ベッドを狙った弾丸がAに当たる危険性があるからであって、具体的危険説のいうように、Aが空ベッドに寝ていた可能性があると考えるからではない。

(b) 財産犯の場合

〔設例3〕 Xは、車内で通勤途上のAの財布をすろうとして上着の右ポケットに手を突っ込んだが、財布が左のポケットに入っていたため目的を果たせなかった。

本件において、①通勤途上の者が財布を持っていることが通常の事態である以上、具体的危険説によれば、設例と異なりAがおよそ財布を持ち合わせていなかった場合も含めて窃盗未遂が成立する（判例として、大判大3・7・24刑録20輯1546頁）。しかし、②設例においては、客観的危険説によっても、窃盗未遂の成立する余地がある。というのは、窃盗罪の行為態様が財物の占有侵害に求められる以上、Xの行為によって、Aの直接的支配下にある財布の占有侵害に対する危険性が発生したと考えられるからである。これに反して、Aがおよそ財布を持ち合わせていなかった場合は、事実上の占有侵害の危険性がなく客観的危険説によれば不能犯となる。財産犯（奪取罪＝占有移転罪）の場合、客体の存否については攻撃の対象としての被害者の占有の有無が基準となる。

(2) 方法の不能　採られた手段が結果の発生に適していない場合に問題となる[47]。

(a) 手段として使う物を錯誤によって取り違えた場合　2の冒頭の設例（➡479頁）の類型Ⅲに当たるケースである。

〔設例4〕 Xは、Aを殺害しようと思い薬品会社の戸棚から毒薬の入ったびんを取り出そうとして、誤って隣にあった無毒のびんを取り出してAに飲ませた。

47　例えば、着弾距離外にいる人に向けて銃を発射する場合のように、客体の不能と方法の不能との区別は必ずしも常に明らかというわけではないが（浅田380-1頁参照）、事実の錯誤において具体的符合説を採った場合の客体の錯誤と方法の錯誤の区別とは異なり、不能犯にあっては、一部の学説を別とすれば、両者の不能の間で取扱いに差異は生じないので、この区別にはそれほどの重要性はない。

この場合，①びんの取り違えは，このような状況の下では相当な理由のある錯誤といえるから，具体的危険説の立場では，結果発生の危険を認める余地がある。しかし，現実には無毒の物を飲ませたにすぎないにもかかわらず，行為者はもちろん，一般人も毒薬と誤認することは無理もないという理由で未遂犯とするのは適当でない。②本件は，従来から手段の絶対不能とされてきた場合であり，客観的危険説によればもとより不能犯となる。

(b) **手段の作用について錯誤がある場合**　手段として用いられた物の作用について錯誤があった場合で，手段として用いた物そのものは外形的に危険であるが，物理的，現実的には不能の事例をいう。

〔設例5〕　Xは，勤務中の警察官からピストルを奪取して，人に向けて引金を引いたが，たまたま実弾が装填されていなかったため発射しなかった。

本設例は，福岡高判昭28・11・10（高刑判特26号58頁）の事案であるが，①裁判所は，具体的危険説を採り，事前判断に立脚して殺人未遂の成立を認めた。「制服を着用した警察官が勤務中，右腰に着装している拳銃には，常時たまが装てんされているべきものであることは一般社会に認められていることである」というのがその理由である。これに対し，②事後判断に立脚する客観的危険説によれば，空ピストルの発射という事実が判断基底におかれるから不能犯となる。

(c) **手段のもつ効果について錯誤があった場合**　前掲(a)・(b)が手段自体何らの危険性をもたない絶対不能の事例であったのに対し，この場合には，ⓐ絶対不能（不能犯）の事例（大判大6・9・10刑録23輯999頁／**硫黄殺人事件**）のほか，ⓑ手段自体ある種の危険を含む相対不能（未遂犯）の事例がある。前者は危険の存否・質にかかわる問題であり，後者は危険の程度・量にかかわる問題であるともいえる。

〔設例6〕　Xは，Aの静脈内に空気を注射し空気栓塞をおこさせてこれを殺害することを計画し，注射器でAの両腕の静脈内に一回ずつ合計30ccないし40ccの空気を注射したのであるが，致死量に至らなかったため殺害の目的を遂げなかった。

本設例は，最判昭37・3・23（刑集16巻3号305頁）の事案であるが，最高裁は

絶対不能・相対不能の公式を採用し,「被注射者の身体的条件その他の事情の如何によっては 死の結果発生の危険が絶対にないとはいえない」という理由で殺人未遂の成立を認めた。不能犯論においては，科学的・物理的事情を基礎としつつも，危険性という評価的判断が不可避である以上，危険の程度・量が問われている本件においては，空気の量自体が致死量に達していなくても，その余の不確定要素を考慮に入れると生命侵害の現実的危険が発生したと評価できる程度のものである場合には，客観的危険説の立場からも相対不能として未遂犯が認められることになる。これに対し，空気の量がきわめて微量の場合は，不確定要素を考慮しても危険は認められず不能犯となる。

(3) **主体の不能**　ここでは，身分者でないのに身分者であると誤信して，実行行為に当たる行為をした場合，身分犯の未遂が成立するか，ということが問題となる。例えば，背任罪（247条）において，非事務者が自己を事務者と誤信し背任行為に及んだ場合，①客観的危険説によれば，本問は主体の絶対不能の場合であるから当然不能犯となるが，問題は具体的危険説によった場合である。②具体的危険説も本問の場合は一般に不能犯の成立を認めているが[48]，身分の範囲について学説上争いの激しい背任罪においては，一般人も行為者と同様の錯誤に陥ることは必ずしも稀有の事例とはいえないから，具体的危険説の立場から不能犯とする結論を維持することはきわめて困難である（➡2②(1)(c)）。したがって，それにもかかわらずこの立場でこれを不可罰とするためには，身分犯を義務侵害罪（義務犯）的なものと捉えて，危険概念以外の要素を考慮に入れざるをえないであろう（➡484頁)[49]。

第4節　中　止　犯

1　総　説

(1) **意　義**　**中止犯**とは，犯罪の実行に着手したが，自己の意思によって犯罪を中止することをいい，「中止未遂（任意未遂）」ともいう。刑法43条ただし書は，「自己の意思により犯罪を中止したときは，その刑を減軽し，又は免除する」

---

[48] これは，具体的危険説も，主体の不能を実質的に結果発生の具体的危険のない場合というよりも，形式的に事実の欠缺の典型的な場合であって当然に不能犯となる，と解するからであろう。
[49] 野村・前掲注（15）375-6頁。

と規定して，刑の必要的減免を認めている[50]。中止犯については，これを未遂犯として処罰しないという立法例[51]もあるが，わが刑法は，中止犯を可罰的未遂犯の一種と解し，必要的にせよその刑を減軽または免除するにとどめている。

(2) 構　造　中止犯（中止未遂）の構造上の特色は，未遂犯（障害未遂）との対比においてこれをよく理解することができる。

まず，ⓐ未遂犯と中止犯の共通点は，犯罪の実行に着手し，かつ，客観的にみて法益侵害の具体的危険を生じさせたことによって違法となるが（その点で，形式的に実行に着手しても危険が発生せず，したがって適法行為である不能犯〔不能未遂〕と異なる），侵害結果が発生しなかった点で既遂犯と対比して違法性の減少が認められる，ということである。中止犯が広義の未遂犯とされるのはそのためである。次に，ⓑ両者の相違点は，結果不発生の原因が未遂犯の場合には意外の障害によるのに対し，中止犯の場合には自己の意思に基づく中止行為によっている（中止の任意性），ということに求められる。すなわち，未遂犯と対比した場合の中止犯の特異性は，結果不発生の原因が任意の中止によったものであるという一点に集約されているのである（「任意未遂」と呼ばれる所以である）。

したがって，中止犯において違法性の減少が認められるとしても，それは既遂犯との対比においていえることであって，未遂犯の違法性がさらに減少するものではないことに注意する必要がある。物的違法論に立脚するかぎり，法益侵害の現実的危険が生じた以上，違法性の程度に関して中止犯を未遂犯から区別する理由はないのである。これに対し，責任の面は，中止犯における結果不発生の原因が自己の意思に基づく中止行為によっている点で，意外の障害による未遂犯よりも減少しているとみることができる（責任減少説／➡2②(2)）。

2　中止犯の法的性格

未遂犯（障害未遂）の場合には，刑が任意的に減軽されるにとどまるのに対し，同じく結果発生の危険が生じているにもかかわらず，中止犯（中止未遂）の

---

[50] 改正刑法草案24条は，①「自己の意思によって，犯罪の実行を中止し，又は結果の発生を防止したため，これを遂げなかった者は，その刑を減軽し，又は免除する」，②「行為者が結果の発生を防止するに足りる努力をしたときは，結果の発生しなかったことが他の事情による場合であっても，前項と同じである」と規定している。
[51] ドイツ刑法24条1項1文は，「任意に，行為の以後の遂行を放棄し，又はその既遂に達するのを妨げた者は，未遂を理由としては罰せられない」と規定している。

場合には刑が必要的に減軽または免除される。そこで、結果不発生の原因が自己の意思によるか（中止犯）意外の障害によるか（未遂犯）によって、何故取扱いを異にするのか、すなわち中止犯における刑の必要的減免の根拠をどのように解すべきかが問題となる。学説には、大別して、中止犯の法的性格（本質）を、①刑事政策的理由に求めるもの（刑事政策説）、②犯罪論上の法的評価に求めるもの（法律説）、および③両者の併用を認めるもの（併用説）の3がある。

1 刑事政策説

(1) 基本的考え方　刑事政策説は、犯罪成立要件（犯罪論体系）による中止犯の法的性質論の問題を離れて、中止犯における刑の必要的減免の実質的根拠を明らかにしようとする[52]。この見解は、「後戻りのための黄金の橋」（リスト）という標語に端的に示されるように、必要的減免の規定は、実行に着手した者についても最後の瞬間まで中止を期待し奨励する趣旨だと説明する。これは、中止犯も未遂犯の成立要件（違法・責任など）をすべて具備することによって、いったん成立した未遂犯を事後に中止行為によって覆滅させることはできないが（この点が次の法律説の採れない理由とされる）、任意に中止した場合には、そのことに対する褒賞として刑を減免することが結果発生の防止に役立つ、という考え方である。

刑の減軽・免除が有罪判決の一種であることから、中止犯の規定を刑罰減軽・免除事由と解する刑事政策説は、実定法の建前と調和するといえるし、中止犯に特別の恩典（刑の必要的減免）が与えられていることの根拠を説明するものとして、必ずしも誤りとはいえない。また、中止犯の法効果を一身上の刑罰減免事由と解することによって、その一身専属的性格を無理なく説明できる、という利点ももっている。少なくとも、立法者が中止犯規定の定立に際して政策的考慮を働かせたことは否定できないであろう。中止犯の場合、未遂犯（障害未遂）とは異なり、既遂結果の発生を阻止する障害が存在しないのであるから、これに代わるものとして法が行為者の中止行為に期待し、そのために「褒賞」を与えることによってこれを奨励しようとする政策決定に出ることは十分に考えられるところである。

---

[52] 刑事政策説を、①法律説に対置される本来の見解のほか、②中止行為者にそれ相応の報奨を与えるべきだとする報奨説、③中止により予防目的を追求する必要性が減るため刑の減免が妥当する、という刑罰目的説の3に分かって説明するものとして、二本柳誠・重点課題202-3頁。

(2) **犯罪論との関係**　政策説を基礎づけている最大の根拠は，中止犯の規定が通常の犯罪論の枠内では説明できない，という消極的理由にある（佐伯（仁）355頁）。すなわち，実行行為に着手することで未遂犯は成立しており，その行為に対する違法評価や責任評価が事後的に変更を受けるということは考えられない，とするのである（山口279頁）[53]。ここでは，障害未遂と中止未遂とが違法・責任の程度，したがってその犯罪性において相違がないとみられているのであるが，ここに根本的な疑問が認められる。たしかに，実行行為に着手したこと（そして法益侵害の危険が発生したこと）によって，広義の未遂犯の可能性は生ずるが，その時点では，それが障害未遂にとどまるか，中止未遂となるかは未確定であるし，既遂の可能性さえ残されているのである。したがって，既遂結果の不発生が確認された時点で，当該行為が広義の未遂犯であることが確定し，そして，既遂結果の不発生が意外の障害によることが明らかになれば障害未遂であり，それが任意の中止行為によることが認定されて初めて中止犯であることが確定することになるのである[54]。

したがって，中止犯の刑法的評価も，〔①実行の着手（→危険の発生）→②任意の中止→③既遂結果の不発生〕の全体を通してなされなければならず，未遂犯（狭義）と区別される中止犯の特質（法的性格）は，まさに②の点に集約されているといえる。中止犯の成立要件が未遂犯と異なって説明されるのも，犯罪性の点において両者に相違があるからであって，これを政策的にのみ説明することはできない。政策説の論者も，中止犯を「裏返し（逆向き）の構成要件」と捉えて，中止構成要件の客観面を違法減少と呼び，主観面を責任減少で説明するが（ただし，ここでいう違法・責任は通常の意味でのそれとは異なる，とする／佐伯（仁）359頁），中止犯に表・裏２つの構成要件が存在するわけではなく，強いて言えば，１つの構成要件に違法減少の面（ただし既遂との関係）と責任減少の面（障害未遂との関係）が内在しているのである。

政策説には，実行の着手後の事態を行為後の事情と捉える傾向があるが，違法

---

[53] 犯罪論体系に「可罰性（阻却・減少）」という第４のカテゴリーを設けたうえ，中止犯にあっては，実行行為によって惹起された具体的危険を消滅させるという違法性関連的な可罰性が減少する，としてこれを「可罰性」の減少事由と位置づけるものとして（可罰性減少説），高橋397頁。
[54] 「実行の着手後，法益侵害の発生前の『浮動状態』において自ら法益侵害を回避した場合には，法益侵害に向けられた実行行為と侵害回避に向けられた中止行為とを総合して全体としての未遂犯の違法と責任が減少すると考えるべきであろう」とするものとして，松原320頁。

評価に関してはいったん法益侵害の危険が現に発生したことによって広義の未遂犯の成立が認められるとしても（その時点では，責任を含めて未遂犯と中止犯の犯罪性に違いはない），その危険が障害の存在により解消されて結果の不発生に至った場合は未遂犯（障害未遂）であり，任意の中止行為によって危険が解消され結果が発生しなかった場合が中止犯（中止未遂）である。「一旦発生した法益侵害の危険が解消される」という違法の実態において，未遂犯と中止犯との間に違いはなく，違いは，もっぱらそれが障害によるか自己の意思によるかにあるのであって，そこに中止犯固有の法的性格（責任減少）が認められるのである。したがって，中止犯の法的性格は，実行の着手および危険の発生によって固定化するのではなく，その後の中止行為に対する評価を経て初めて確定するのである。

(3) 問題点　そのほか，刑事政策説には，次にみるようないくつかの疑問点がある。

まず，①当然のことながら，政策的考慮だけでは中止犯の法的効果を理論的に十分説明しえないという憾みがある（内田271頁以下参照）。中止犯の規定が行為者に結果発生の阻止を要請することによって，法益の保全を図ろうとする趣旨のものであることは否定できないが，それは，方向性は異なるものの，一般の刑罰規定において，行為者および国民一般に対し結果の発生に至る行為を禁圧することによって法益の保護を図ろうとするのと同じである（山口・探究224-5頁参照）。そして，通常の犯罪については，そのような政策目的が犯罪の実質（違法・責任）に照らして説明されているのであるから，中止犯における刑事政策の根拠も，違法または責任のいずれか（またはその双方）の犯罪要素に還元して論ずべきである。もっとも，刑事政策的考慮は，結果発生阻止に向けての行為者に対する事前の要請をその本質としているから，これを違法要素に還元する場合は，行為時を基準とした事前的な義務違反を内容とする行為無価値論的なものとならざるをえないであろう[55]。

また，②中止犯に関する刑法の規定を知らない一般国民に対しては，その効果を期待しえないという問題もある。刑事政策説にとっては，犯罪者を含め国民が中止犯の法効果を知っているということが不可欠の前提であるため，そこに擬制的要素が入り込まざるをえないという難点があるのである[56]。さらに，③例えば

---

[55] 中止犯の刑の必要的減免の根拠を犯罪中止義務ないし結果発生防止義務の履行に求めるものとして，野村358頁，同・前掲注（15）453頁。

ドイツ刑法が，中止犯は（未遂犯としては）不可罰であるとしているのとは異なり，わが刑法が必要的とはいえ刑の減軽または免除にとどめていることから，これによってはたして十分な犯罪防止効果をあげることができるか，ということも問題となる。最後に，④刑事政策説に従った場合，犯罪論的評価と科刑とが切り離されることになるため，刑の減軽と免除の区別の理論的基準をどこにおくのかということも疑問として残る。犯罪論上の（違法・責任）評価を離れて刑の減軽と免除を区別することはできないのである。

2 法律説

中止犯の刑の必要的減免の根拠を行為自体の法的性質に求め，中止犯の本質を犯罪の成立要件に還元して論じようとする立場である。法律説として，従来，違法減少説と責任減少説が展開されてきたが，近年，両者を統合する違法・責任減少説も有力に主張されている。

(1) 違法減少説 この見解は，行為者が反規範的意思（故意）を放棄し，合規範的意思を中止行為という形で外界に表動させたことによる違法性の減少に必要的減免の根拠を求める。未遂犯における故意を主観的違法要素と解する立場からの帰結である。もっとも，違法減少説にも2つの立場があり，1つは，①未遂犯の故意はもとより既遂犯における故意も主観的違法要素と解する行為無価値論からのアプローチであって，中止犯の本質を必ずしも法益侵害の客観的危険性の減少に直結させないものであり（西原・上332頁以下），他の1つは，②未遂犯の故意のみが主観的違法要素であると解する結果無価値論からのアプローチであって，任意の中止による結果発生の客観的危険の減少を中止犯の特徴と解するものである（平野・Ⅱ333頁）。前者の立場は，任意な中止行為（故意の放棄）によって人的違法（反規範的態度）を減少させ，後者の立場は物的違法（法益侵害の危険）を減少させ，と説くのである。

中止犯においても未遂犯と同様，何らかの事情により侵害結果が発生しないことから，この見解にいう「違法の減少」が結果の発生を伴う既遂犯との区別を意味するのであればそのかぎりで妥当ということになるが，この点は，障害の存在によるか中止行為によるかという違いはあるにせよ，未遂犯（障害未遂）におい

---

56 これに対し，板倉 宏「中止犯」刑法基本講座第4巻37頁。

てもまったく同様であって，中止犯の本質として違法の減少を特に取り上げて独立に論ずる意味はない。②の結果無価値論に立脚する違法減少説は，自己の意思により結果発生の危険を消滅させることによって違法性を減少させた点に中止犯の本質的特徴を求めているが（**危険消滅説**／山口279頁以下参照），外部的障害によっても同じように客観的危険を消滅させることはできるのである。したがって，違法減少説を採るのであれば，違法要素としての「故意」に危険の発生から独立した意義を，そして「故意の放棄」に危険の消滅から独立した意義を与える①の行為無価値論的アプローチを採らざるをえないであろう。もっとも，仮に故意を主観的違法要素と解するとしても，中止犯を特徴づけている中止の任意性は，故意の放棄と同一ではなく，故意を放棄するに至った「動機の自発性」を意味しているのであって，いずれにしても任意性を違法減少要素と構成することには疑問がある。

　また，違法減少説によると，正犯の中止行為による違法減少の効果が共犯にも及ぶことになってしまい（違法の連帯性），中止犯の一身専属的効果を説明することができないという難点もある。この点，違法減少説の側から「中止者の行為は中止によって減少されてもやはり違法であるから，他の共犯の成否には影響を及ぼさない」との説明がなされている[57]。たしかに，共犯の違法性が完全に否定されることはありえないが，違法の従属性（連帯性）を認めるかぎり，正犯の違法性が減少すればそれに伴って共犯の違法性も減少するはずである（違法減少の連帯性）。そこで，違法減少説に立って中止犯の一身専属的効果を説明しようとするなら，違法の本質につきいわゆる人的違法論に立脚して，刑法における違法性を行為者関係的な人的違法と解し，違法の従属性を否定して「人による違法の相対性」を認めることが不可避となる。その意味でも，物的違法論（結果無価値論）の見地から違法減少説を採ることは不可能と思われる。

　(2) 責任減少説　　この見解は，犯罪を完了させなかった中止行為が「自己の意思」によったものであること（任意性）を根拠に，行為者の責任が未遂犯よりも減少することになる，と主張する。すなわち，犯行の決意（故意）の事後的な撤回が行為者の規範意識の覚醒として働くことによって，非難可能性（責任）が減少することに中止犯の法的性格を求めるのである。責任減少説は，従来，道義

---

[57] 板倉・前掲注 (56) 44頁。

的責任論・人格責任論の立場から主張されてきたが（例えば，団藤362頁）[58]．その後，結果無価値論を徹底する立場からも有力に主張され（例えば，内田271頁，中山433頁），さらに最近では，刑事政策目的をも考慮に入れ，任意の中止によって可罰的責任（処罰に値する責任）が減少する，とみる見解も主張されている（**可罰的責任減少説**／浅田391頁，山中806頁以下）[59]。中止犯のもつ一身専属的効果も，連帯的に作用する違法とは異なり，個別的に作用する責任の観点からこれをよりよく理解することができる[60]。

責任減少説は，中止犯の構造を分析することによって得られた見解であり（➡1参照），故意を責任要素と解する結果無価値論の立場から，故意の放棄を意味する任意の中止によって責任が減少する，と説くのであるが，中止犯を未遂犯から区別している任意性の要件が，故意の放棄とは異なるとすると（➡前頁），責任減少の根拠は，故意の放棄それ自体ではなく，適法行為の期待可能性が困難な状況で（中止行為は犯罪を実現しようとして実行に着手した行為者自身によって行われる），あえて適法行為（中止行為）を選択したこと（動機の自発性）による非難の減少に求められるべきであろう。中止犯の場合，この意味での「自己の意思により」犯罪を完了させなかった（未遂の違法性にとどめた）結果として，責任が未遂犯（障害未遂）より減少する，と解すべきである。

以上により，責任減少説が基本的に妥当だと考えられるが，この見解に対しては，責任減少説によるならば，任意性の内容として規範的意識の覚醒（広義の悔悟）を要求するのが自然であるが，そうした場合，中止犯の成立範囲が狭くなりすぎる，という批判が提起されている（平野・Ⅱ333頁以下）。たしかに，刑法における責任概念を道義的（倫理的）責任と解する場合には上の批判が妥当するが，この問題は，刑法上の責任を法的に理解することによっておのずから解決されることになろう。「自己の意思による」（自発的意思）の内容としては，いったん抱いた結果実現意思（故意）を法の呼びかけに応じて放棄する意思があれば（法的

---

58 香川達夫『中止未遂の法的性格』（1963年）107頁。
59 浅田391頁は，中止犯の場合，途中で放棄されるような故意は当初から強力なものではなかったという評価が可能であり，それによって非難可能性（可罰的責任の量）が減少し，また，行為時点ですでに特別予防の必要性に欠けるという判断が可能であり，このことが可罰的責任の質の問題として考慮される，とする。さらに，山中敬一「中止犯――その法的性格および任意性の概念について――」現代刑法講座第5巻369-370頁。
60 西田316頁は，「中止犯における刑の減免は，責任の側面からの未遂犯における量刑事情の法定化である」として，これを「法定量刑事由説」と呼ぶ。

責任),道義的覚醒に基づくものでなくても責任減少を認めるのに十分と考えられる（内藤・下Ⅱ1287頁）。

また，責任減少説によると，中止行為があったにもかかわらず結果が発生してしまった場合についても（➡ 3 (4)参照），中止犯と同じ取り扱いになってしまうという指摘があるが（山口・探究223頁），責任減少説も中止犯が結果の発生しない未遂犯の一種であることを当然の前提とし，その枠内で障害未遂との相違を問題としているのであって，上の批判は妥当しない。中止犯の法効果である「刑の必要的減免」の根拠の中には，中止行為による危険の減少に伴う違法の減少も含まれているが，それは既遂と比較した場合の障害未遂（未遂犯）でも同様であって（ただし障害未遂は違法減少のみ），中止犯の場合に，未遂犯の法効果である「任意的減軽」を超えて，さらに寛大な扱いを受けることができる根拠は，未遂犯と異なり，まさに結果発生の危険を減少させ既遂に至らせなかった中止行為が「自己の意思により」なされたこと，すなわち責任の減少に求められるのである（➡ 1 (2)参照）。

(3) 違法・責任減少説　今日，法律説内部で中止犯においては違法性と責任が共に減少するという見解も有力に唱えられている。これには，①常に違法と責任双方の減少を認める立場（川端・現代刑法論争Ⅰ302頁）と，②場合によってはどちらか一方のみを認める立場とがある。

まず，①の立場は，一方で，ⓐ故意を主観的違法要素と認める立場から中止行為に違法性減少を肯定し，他方で，ⓑ中止行為が自発的な意思に基づいて決意された（中止行為に任意性のある）場合には，法敵対性を弱めるので責任が減少する，と説く（川端496-7頁）。この理解によると，故意を放棄して中止行為に出ても，そこに任意性が認められなければ中止犯とならず，反面において，故意の放棄による中止行為の存在しないところに中止の任意性を認める余地はないのであるから，結局，中止犯の法的性格を最終的に基礎づけているのは，法敵対性を弱めるとされる，自己の自由な意思により中止行為に出ようとする決意であって，責任減少一元説に帰着することになるのではなかろうか。また，違法減少と責任減少のどちらか一方が認められれば必ず他方も認められるというのであれば，両者を要求する意味が失われてしまうから，違法減少と責任減少の併用を認める意義は，本来，一方が認められても他方が認められない場合があるということに基づいていたはずである。

そこで、②違法・責任減少説の第2の立場は、違法減少か責任減少のいずれかが認められれば中止犯成立の余地があると解し、まず、ⓐ「たとえば悔悟にもとづいて真剣な中止行為（結果発生防止行為）をしたが、中止行為と結果不発生との間の因果関係が認められない場合、客観的な違法性が減少するというより、行為者に対する非難可能性が減少する」[61]、と説明する。しかし、違法・責任減少説は任意の中止により、責任と並んで違法性が障害未遂に比べて減少すると解するのであるから、右の場合に違法性の減少を否定するのは背理と言わざるをえないであろう。また、ⓑ「悔悟（広義）にもとづかない功利的な打算にもとづいた中止行為の場合などは、責任の減少というより違法性が減少する」というが[62]、このようなケースにおける任意性の内実に関する理解が問われるとともに、違法減少を認めるのであればあえて責任減少を論ずるまでもないと思われる。いずれにせよ、違法減少と責任減少のいずれかが認められれば足りる、とする見解にあっては、中止犯の法的性格に関する統一的理解が放棄されることになろう。

③ 併用説

近年では、基本的に法律説に立ちつつ、中止犯規定が刑事政策的考慮に基づくことも否定できないということから、刑事政策説と法律説を併用する見解が次第にその数を増している。併用説の基本思想は、ⓐ刑の必要的減免の効果が付与される「実質的根拠」を問題とする政策説と、ⓑその効果が「犯罪論体系」上どこで説明されるのかを検討する法律説とは、次元の異なる問題であって両立しえないわけではない、とするものである（二本柳誠・重点課題202頁以下）。そこで、現在では、①違法減少説と刑事政策説の併用説（福田235頁）、②責任減少説と刑事政策説の併用説（内藤・下Ⅱ1289頁）[63]、および③違法・責任減少説と刑事政策説の併用説（総合説）が唱えられている状況である（大塚257-8頁）[64]。しかし、これらの併用説、特に総合説に対しては、刑の減免の根拠を説明するものとして明確性に欠けるほか（浅田392頁）、「全体直観的思考につながる」おそれがある（山中805頁）、との指摘がある。

---

61 板倉・前掲注（56）45頁。
62 板倉・前掲注（56）45頁。
63 木村静子「中止犯」刑法講座第4巻26頁。
64 板倉・前掲注（56）42頁以下。

なお，違法減少説（危険消滅説）の論者の多くは刑事政策説との併用を認めているが[65]，それは中止犯の刑の減免の根拠を既遂との対比に求めようとするからである。すなわち，障害未遂の場合は，外部に障害が存在するからそれにより結果の発生が阻止されるが，中止未遂の場合は，障害が存在しないため結果の発生を防止するためには行為者自ら中止行為に出ざるをえず，法としては，既遂の具体的危険の消滅を行為者自身に奨励するという政策を採るしか手立てがないのである（平野・II333頁以下，山口280頁参照）。その意味で，政策説と違法減少説とは，盾の両面の関係にあるといえよう。

3 要 件

未遂犯（障害未遂）と共通の要件である実行の着手，結果の不発生を別として，中止犯（中止未遂）固有の要件として，①中止行為と②中止の任意性の２つが考えられる。

1 中止行為

自己の意思により「犯罪を中止する」ことを要する。「犯罪を中止する」とは，自らの行為により犯罪を完了させないこと，言い換えれば既遂に至らしめないことをいう。未遂犯（障害未遂）においては，障害の存在が行為を既遂に至らせない原因であるが，中止犯（中止未遂）にあっては，障害が存在しないため，行為を既遂に至らせないためには，障害に代わるものとして行為者自身が中止行為に出る必要があるのである。

なお，違法（・責任）減少説は，自らの行為で生じさせた危険を自らの行為で除去したことで，全体としての未遂犯の違法が減少するとして，かかる見地から中止犯の一身専属性を認めるが，これは人的違法観の帰結である（➡498頁）。中止行為が未遂犯における「障害」に代わるものであるとすれば，物的違法論からすると，中止行為が誰によってなされようと（第三者によってなされた場合は障害未遂であるが），危険（違法）減少の程度は障害未遂と同等であろう[66]。

---

[65] はしなくも，違法減少説（危険消滅説）は政策説以外の何ものでもないことを意味する，と主張するものとして西田315-6頁。

[66] 例えば，傷害の実行後に後悔した行為者が被害者の傷の手当てをした場合（中止未遂）と，たまたま現場を通りかかった往診中の医師が傷の手当てをした場合（障害未遂）とを比較すると，むしろ後者の方が違法（危険）減少の程度は高いといえるだろう。

(1) **中止行為の態様**　2つの態様に分かれる。

(a) **着手中止と実行中止**　まず、ⓐ犯罪の実行に着手したが、その完了前に実行行為そのものを取りやめた場合が**着手中止**（未了中止）である。着手中止の場合は、法益侵害の危険は発生したものの未だ実行行為が完了していないため、事後の実行を行わないことによって結果の発生を阻止することが可能である（不作為による中止）。これに対し、ⓑ犯罪の実行に着手してこれを完了したが、結果の発生する前にその結果発生を防止した場合が**実行中止**（終了中止）である。実行中止では、既に実行行為が完了し結果の発生に向けて事態が進行しているため、結果の発生を阻止するためには行為者に結果発生を防止すべき積極的な中止行為が要求される（作為による中止）。そこで、中止行為の態様（不作為か作為か）を特定するために、実行行為がいつ終了したかを確定することが重要な課題となる。

(b) **実行行為の終了時期**　この点に関しては、従来、①行為者の意思（犯罪計画）内容を標準とする主観説と、②客観的な結果発生の可能性を標準とする客観説とが対立してきた。次の設例に即して考えてみることにしよう。

> 〔設例〕Ｘはピストルを2発撃ってＡを殺害するつもりであったが、1発撃ったところで2発目の発射を取りやめた。

①**主観説**によれば、1発目の弾丸が当たってＡが重傷を負った場合でも実行行為は終了せず（着手中止）、したがって結果防止のための積極的な中止行為をしなくても中止犯となってしまうが、現に因果関係を遮断しなければ結果が発生してしまう状態が惹起された以上、これを着手中止として扱うことはできない。次に、②**客観説**によれば、1発目の弾丸が当たらなくても結果発生の危険が生じた以上（実行未遂）、実行行為は終了し、しかも中止行為の必要性がないことから障害未遂となるが、それでは、Ａに弾丸が当たって負傷した場合に中止行為に出ることにより中止未遂の可能性が生ずることとの均衡を失することになる。また、いずれの説によっても、設例とは異なり、Ｘが1発しか撃つつもりがなかった場合、弾丸が当たらなければ未遂犯となるが、2発目の発射が可能であるのにこれを行わない不作為を中止行為として扱わなくてもよいか、という疑問もある。

したがって、結論としては、③Ｘの当初の意図がどうであれ、ⓐ1発目の弾丸

が当たらなかった場合は，2発目の弾丸を発射する可能性があるかぎり実行行為は終了せず，中止犯となるためには以後2発目の弾丸を発射しないという不作為で足りるが（着手中止／東京高判昭62・7・16判時1247号140頁　参照），これに対し，ⓑ1発目の弾丸がAに当たって致命傷を負わせた場合は，実行行為が終了し，因果関係を遮断しないと結果が発生してしまうことから積極的な中止行為が要求される（実行中止），と解すべきである（**因果関係遮断説**）。なお，このように考えた場合，ケースⓐを着手中止，ⓑを実行中止と呼ぶのは言葉の問題にすぎず，実際上は，中止行為がどのような場合に不作為で足り，どのような場合に作為を必要とするかが需要な意味をもつことになる。

　因果関係遮断説に依拠したとみられる裁判例として，着手中止を認めた東京高判昭51・7・14（判時834号106頁）がある（松原322-3頁）。事案は，YがXとの共謀により殺意をもって日本刀でAの右肩に1回斬りつけ，さらに二の太刀をあびせて息の根を止めようとしたところで，Xが「もういい，Yいくぞ」と言って攻撃をやめさせ，Yもこれに応じて次の攻撃を断念し，その後XがＸが友人らにAを病院に連れて行くよう指示したというものである。これに対し裁判所は，「Aが受けた傷害の程度も右肩部の長さ約22センチメートルの切創であって，その傷の深さは骨に達しない程度のものであった」ことから，被告人らのAに対する殺害の実行行為が終了したとは考えられず殺人罪の着手未遂の事案である，として中止犯の成立を認めた（判例研究として，和田俊憲・刑法の判例207頁以下）。

　(c) **失敗未遂**　　例えば，Xが，弾丸が1個しか入っていないピストルをAに向けて発射しこれを外してしまった場合のように，その後中止行為に出ようとしても，既にそれ以上の危険は存在せず（危険不存在），もはや中止の余地がない事態に立ち至った場合は，中止犯の成立が認められない。この場合，弾丸が外れAを手当てする必要がないから実行中止の可能性はなく，また，2発目の発射を取りやめたくても既に弾が尽きているからその可能性もなく着手中止にもならないのである。このようなケースを「失敗未遂」ないし「欠効未遂」と呼んでいる[67]。

　これに対し，前例において，Xは，まだ弾が入っていると誤信してAに向けて2発目を発射しようとしたところ，Aが恐怖におののいているのを見て気の毒に

---

[67] 鈴木一永「失敗未遂について」（早稲田大学）法研論集140号（2011年）189頁以下参照。

なり発射を取りやめた場合は，客観的には中止行為（不作為）と結果不発生との間に因果関係が欠けているが，中止犯の主観的要件（中止故意・任意性）を満たしているため，責任減少説の立場からは中止犯の成立を認めてよいと思われる（浅田397頁参照／➡(5)）。

(2) **中止の故意**　行為者に中止行為が認められるためには，自己の行為（作為または不作為）によって，存在する構成要件実現の危険が減少することを認識していなければならない（中止の認識）。中止行為の法的性格について，故意を主観的違法要素とみない客観的な違法減少説を採る場合はさておき，責任減少説に立脚するかぎり，客観的に中止に当たる行為が行われて結果の発生が防止されても，行為者にその認識（中止の故意）がなければ，中止行為に非難減少効果を認めることができないからである。

したがって，まず着手中止の場合，例えば，第1の発射により気絶した被害者がすでに死亡したものと誤認して第2の発射を取りやめた場合のように，客観的には行為者の不作為により危険が減少していても，行為者がすでに行為の続行可能性（必要性）がないと誤信した場合は中止犯が成立せず，また，実行中止の場合も，客観的には行為者の何らかの行動（作為）により危険が減少したとしても，行為者に危険除去（中止行為）の認識がないときは，やはり中止犯は成立しないことになる（なお，中止の故意は，任意性の問題と解する余地もある➡2）。

(3) **積極的な努力**　実行中止の成立のためには，単に偶然的に結果が生じなかっただけでなく，結果防止を目的とした行為者自身の積極的な努力が必要である。このような要件が要求されるのは，合規範的意思の中止行為への表動がなければ，非難可能性（責任）の減少を認めて刑を減免するわけにはゆかないからである。

判例は，従来，実行行為終了後の実行中止の要件として，真面目でひたむきな動機・心情を意味する「真摯な努力」を要求してきている。特に，結果発生防止行為を他人に依頼する場合には，自らが結果防止にあたった場合と同視しうる程度の努力を要求している。例えば，大判昭12・6・25（刑集16巻998頁）は，家屋に火を放ってその場を立ち去ったが，炎が燃え上がるのを見て恐怖心を生じ，他人に「放火したからよろしく頼む」と叫びながら走り去ったという事案に関し，結果発生を防止する行為は必ずしも行為者が独力でする必要はないが，自ら結果発生の防止にあたらず他人に依頼する場合には，少なくとも自らが防止にあたっ

たのと同視しうる程度の努力をする必要がある，と判示した。

　中止犯の法的性格について責任減少説によりつつ，そこでいう責任を道義的責任と解するときは，判例と同様，中止行為の真摯性を要求することになろう。しかし，中止行為は未遂犯における障害に対応するものとして，本来中止犯の客観的要件として位置づけられるものであり，仮に主観面を考慮するとしても，法的責任と倫理的責任とは区別されるべきであるから，中止行為の要件として，中止の故意を超えて真摯な努力までは必要でなく，客観的にみて結果を防止するにふさわしい積極的な行為[68]とその認識があれば足りると解すべきであろう[69]。

(4) 中止行為と結果の発生　実行中止において結果の発生を防止すべき積極的な中止行為を行ったが，結果が発生してしまった場合にも中止犯の成立が認められるかどうかが問題となる。積極的な努力が認められれば，結果が発生してしまった場合にも，中止犯の成立（準中止犯）を認める見解もあるが（積極説／牧野・下646頁），中止犯も結果の発生しない広義の未遂犯の一種なのであるから，結果が発生した場合には積極的中止行為があっても中止犯の成立は認められない（消極説／大判昭13・4・19刑集17巻336頁参照）[70]。

　この場合，徹底した人的不法論の立場は別として，違法減少説の見地から中止犯不成立の結論を導くことは容易であるが，責任減少説の立場からすれば，積極的な努力により責任非難が減少する以上，結果が発生しても中止犯が成立可能とすべきはずだ，という指摘がなされている[71]。しかし，責任減少説も，未遂犯（広義）の一種である中止犯の成立要件として結果の不発生（既遂の違法が減少）を当然の前提としており，その原因が任意の中止にあることに責任減少の根拠を求めているにすぎないのであるから，上の批判は当たらないであろう。

(5) 結果の不発生との因果関係　上とは反対に，結果は発生しなかったものの，中止行為と結果不発生（危険消滅）とが因果関係に立たない場合にも中止犯

---

[68]　「中止行為は，結果の発生を防止するに足りる程度のものであることが必要である」とするものとして，西田319頁。

[69]　真摯性の要件は，それ自体に意味があるというものではなく，実際には，後述の中止行為と結果不発生との間の因果関係を補充し，さらにこれを代替する機能を果たすものと理解されてきたのである（香川313-4頁）。中止行為の真摯性は，中止犯の成立要件としてではなく，量刑判断においてさらにその責任を減少させるものとして考慮すれば足りよう（佐伯(仁)361-2頁参照）。

[70]　もとより，実行行為と相当因果関係に立たない結果が発生した場合には，なお中止犯の成立する余地がある。

[71]　平野「中止未遂の法的性格（書評）」・前掲注（25）164頁以下。

が認められるか、という問題がある。例えば、毒薬を投与後に思い直して解毒剤を飲ませたが（実行中止）、①実は投与した毒薬が致死量に達していなかったため最初から結果が発生しえなかった場合、あるいは②致死量に達していたが、解毒剤の効果が現れる前に他人の救助行為によって結果が防止された場合のように、行為者により積極的な努力が払われたが、行為者の中止行為と結果の不発生とが因果関係に立たない場合（効果のない実行中止）の扱いについては見解が分かれている。判例は、被告人の行為による防止効果がなかったとして中止犯を否定するが（消極説／大判昭4・9・17刑集8巻446頁）、この場合も積極的な努力による責任の減少が認められ、また、前例において、❶毒薬が致死量に達していないことを知らずに毒薬の投与（実行行為）を途中で取りやめた場合（着手中止）や、❷致死量に達していたが他人が介在しなかったため解毒剤の効果が現れた場合に、いずれも中止犯が認められることとの均衡からみて、上記①②の場合にも中止犯の成立を肯定すべきであろう（積極説[72][73]）。

ただし、この場合、自らの行為により結果発生を防止したわけではないので、違法減少説に立った場合に、はたして積極説を採りうるかには疑問が残る。もっとも、人的違法論の見地からは、中止行為に上述の真摯性を要求するかぎり、そこに行為無価値の減少を認める途が十分に可能であり、結果不発生との間の因果関係は必須のものではなくなるであろうが、物的違法論の見地からは、結果発生の危険を実際に減少させなければ中止犯とはいえないことになるから、この立場で、違法減少説に立ちつつ、中止行為と結果不発生（危険消滅）とが因果関係に立たない場合にも行為者の真摯性を拠り所として中止犯の成立を認めるのは困難であろう（因果関係の必要性を明言するものとして、山口283頁以下）。

2 中止の任意性

「自己の意思により」犯罪を中止することを要する。中止行為の任意性に関す

---

[72] なお、佐伯(仁)364頁は、「致死量の毒が入っていた可能性を根拠に危険が肯定される場合にも、そのような可能性に基づいて認められた危険は、病院に運んで治療を受けさせることで消滅する」とするが（高橋401-2頁参照）、現に存在しない危険が消滅することはありえず、ここでは二重のフィクションが想定されており、不能犯論における仮定的蓋然性説の問題性が増幅されて現れている。

[73] 改正刑法草案24条2項（前掲注50）。なお、ドイツ刑法24条1項2文は「中止行為の関与がなくとも行為が既遂に達しなかったとき、中止行為者が、任意かつ真摯に、行為が既遂に達するのを妨げるような努力をした場合には罰せられない」と規定する。

る要件がこれである。

(1) 学　説　中止の任意性の判定基準については、見解が分かれている。

(a) 主観説　外部的障害による場合および外部的障害を認識して中止した場合以外が自己の意思による場合である、とする見解がこれである。倫理的動機を問題とする次の限定主観説に対して、「心理的主観説」（ないし単純主観説）とも呼ばれる。この見解は、例えば、警察官が来たので犯行の目的を遂げなかった場合とか、実際には警察官が来たのではないが来たと思ったので犯罪の実行を中止した場合は、自己の意思によったものとはいえない、とする。中止犯の法的性質に関する責任減少説と主観説の結び付きは必然的なものではないが（➡(c)）、「違法は客観的に、責任は主観的に」と考える伝統的な客観的違法論の立場に立ち、かつ、責任の基礎に関して意思責任論を採るのであれば、責任減少説は「自己の意思による」かどうかを行為者の主観面から出発して考える主観説に結び付くことになる（浅田393頁、内田272頁以下など）。中止犯の刑の必要的減免の根拠を責任減少に求め、かつ、刑法上の責任を法的見地から捉えるときは、この主観説が基本的に支持されるべきであろう。

問題は、その具体的基準であるが、この点で参考になるのがフランクの公式である。すなわち、ⓐ「たとえ成し遂げることができるとしても、成し遂げることを欲しない」ときが自己の意思による場合（中止犯）、ⓑ「たとえ成し遂げることを欲したとしても、成し遂げることができないと思った」ときが自己の意思によらない場合（未遂犯）だとするものである。例えば、同じく犯罪の発覚をおそれて犯行をやめた場合であっても、ⓐ後日の逮捕・処罰を免れえないと思って中止したときは、行いうるが行おうと欲しない場合であるから中止犯[74]、これに反し、ⓑ犯罪の既遂に達することが妨げられると思って中止したときは、行おうと欲しても行いえないと思った場合であるから未遂犯ということになる。

また、主観説と基本的に同じ思想に立脚する見解として、「犯罪行為時における目的合理的に行動する人間の冷静な理性を基礎として、不合理に決断して犯罪の実行を中止したとき、自己の意思により中止したといいうる」とする**不合理決断説**も唱えられているが（山中825頁）、これは、中止未遂の法的性格を、適法行

---

[74] 任意性に「法益尊重の意識」に基づく動機を要求する見解（二本柳・重点課題210頁）によると、本文のⓐのケースや目的物の価値が僅少なため財物奪取を思いとどまった場合も任意性が否定されるが、それは法的要請としては過度の要求であろう。

為の期待可能性が困難な状況で，あえて中止行為を選択したことによる非難の減少に求める責任減少説の立場からは支持しうる考え方といえよう。

　(b) **限定主観説**　「自己の意思により」ということを行為者の規範意識の覚醒ないし広義の後悔に出たことと解するのがこの見解である[75]。先の心理的主観説に対して，「規範的主観説」とも呼ばれる。中止犯の法的性質を責任減少に求め，かつ，刑法上の責任を倫理的，道義的に捉える立場からは，論理必然的な帰結である[76]。しかし，中止犯の法効果が必要的とはいえ，刑の減軽にとどまる場合もあることを考えると，規範意識の覚醒ないし広義の後悔まで要求する必要はないというべきであろう。

　ところで，責任減少説を採ると，自己の意思は「悔悟その他の倫理的に是認すべき動機によった場合に限るのが自然」であるとの指摘がある（平野・Ⅱ 333頁）。たしかに，道義的責任論を基礎とする責任減少説にはこの指摘が妥当するが，刑法上の責任を法の見地からする規範的な非難可能性と捉える法的責任論を採れば，責任減少説の立場でも任意性の内容として倫理的悔悟を要求することにはならない。この場合，どちらの主観説を採るかは，論者のよって立つ責任観（法的責任論か道義的責任論か）によって決まることになる。思うに，倫理的悔悟は法律上の責任としては過大の要求であって，例えば，目的物の価値が僅少なため財物奪取を思いとどまった場合にも自発的意思による故意の放棄が認められ，責任減少説においても中止の任意性を認めることができるのである。

　(c) **客観説**　犯罪を遂げない原因が社会一般の通念に照らし通常障害と考えるべき性質のものでない場合には，自己の意思によったものである，とする見解がこれである。自己の意思によって中止したかどうか，という本来主観的であるべき問題を「社会一般の通念」という客観的基準によって決しようとするところにこの説の特色がある[77]。しかし，いったい何が「通常障害と考えるべき性質のものでない」のか必ずしも明確ではなく，また，この見解には行為者の主観面を

---

[75] これに対し，西田321頁は，「なんらかの法的責任非難を低減させるような動機であれば足りる」と解しつつ，限定主観説を採る。

[76] これに対し，違法減少説は，たとえ悔悟によらなくても，本人ができると思ったのにやめたときは中止犯であるとして（平野・Ⅱ334頁），中止犯の成立範囲を広く認めようとする傾向にあり，違法減少説が少なくとも限定主観説を採りえないことは明らかであろう。

[77] 前田118-9頁は，基本的に責任減少説に立ちつつ，客観説の判断方式を「行為者の認識（さらにそれに基づく動機形成）が一般人にとって通常，犯罪の完成を妨げる内容のものであるか否か」というものと捉え，本説を採用する。

十分に考慮しえていないうらみがある。

　客観説については，違法減少説との結び付きが想定されるが，責任減少説であっても一般人を標準にして行為者の責任を論ずる場合には，責任減少説に立ちつつ客観説との結び付きが考えられてくる（例えば，香川310-1頁）。殊に，責任の内容を「行為者の反社会性」に求める主観主義犯罪論（近代学派）の立場にあっては，責任減少説の見地から客観説を採ることになる。すなわち，この立場の論者は，中止犯の刑の必要的減免の根拠を「行為者の反社会性」の減少・消滅に求め（その意味での責任減少），その結果，任意性の判断基準を「経験上通常」，「一般の経験上」という社会的・客観的なものに見い出そうとしたのである。これは，主観主義犯罪論が本人の意思内容を問題とすべきところでは，客観的基準を用いる点に由来しているといえよう（中山・概説Ⅰ203頁）。

　なお，中止犯の刑の必要的減免の根拠を違法減少（危険消滅）に求める立場にあっては，行為者に危険を消滅させることが最大の関心事であって，極論すれば，およそ中止行為に出た意図・動機はいっさい問わないとするのが一貫した帰結であるから，中止行為は障害から区別されるものであれば足り（例えば，中止行為が強制されたような例外的場合を除き任意性を認める），「任意性の要件の意義は極めて軽いもの」（山口287頁）となるであろう。しかし，実際には，客観説の実際の適用にあたってはかなり高いハードルが設けられているのである（➡(2)）。

　(2) 判例　判例には，主観説によるものと客観説によるものとがある。例えば，ⓐ主観説に属するとみられるものとして，殺意をもって被害者の胸部に短刀を突き刺したが流血のほとばしるのを見て翻然これを中止したという事案につき，中止犯といえるためには，外部的障害の原因が存在しないにもかかわらず内部的原因によって任意に実行を中止するか，もしくは結果の発生を防止した場合をいう，として中止犯の成立を否定した大判昭11・3・6（刑集16巻272頁）がある（他に，大判大2・11・18刑録19輯1212頁，大判大11・12・13刑集1巻749頁 など）。

　しかし，ⓑ判例の主流は，むしろ客観説に依拠しているとみられる。例えば，①大判昭12・9・21（刑集16巻1303頁）は，犯罪の発覚を恐れて放火を中止した事案について，犯罪の発覚を恐れることは経験上一般に犯罪の遂行を妨げる事情となるべきものであって障害未遂である，とし，②最決昭32・9・10（刑集11巻9号2202頁）は，実母を殺害する目的で，野球用バットで同女の頭部を一撃しすでに死亡したものと思っていたが，間もなく被害者から呼ばれたので行ってみる

と，被害者が頭部から血を流しているのを見て驚愕し殺害行為をやめた，という事案につき，右のような事情の下に，被告人が犯行完成の意力を抑圧されて本件犯行を中止した場合には，犯罪の完成を妨害するに足る性質の障害に基づくものと認められる，として任意性を否定した（他に，最判昭24・7・9刑集3巻8号1174頁など）[78]。

また，ⓒ中止の任意性を肯定した下級審判例には，客観説と限定主観説の基準を併用したとみられるものもある（例えば，福岡高判昭61・3・6判時1193号152頁）。中止が広義の後悔に基づいていれば容易に任意性が肯定できるから，裁判所が任意性を肯定すべきだと考える事案について，（客観説と共に）限定主観説の基準を援用することは，容易に理解できるところである。

4 予備の中止

(1) 問題　予備行為を開始した後，実行に着手する以前の段階で実行開始の意図を放棄した場合に[79]，中止犯の規定（43条ただし書）の類推適用ないし準用があるか否かが争われている。それは，中止犯規定が基本的構成要件に該当する犯罪の実行に着手することを前提としている（43条本文）一方で，ⓐ実行の着手後の中止未遂には刑の必要的減免の可能性があるのに，ⓑ実行の着手以前の予備につきその可能性がないとすると（特に刑の免除規定のない外患予備，通貨偽造準備，支払用カード電磁的記録不正作出準備，強盗予備の場合），予備よりも犯罪の発展した段階である未遂の場合に優遇措置が認められるのに（ⓐの場合），それより手前の段階である予備の場合に優遇措置が得られないのは（ⓑの場合），不均衡ではないか[80]，という疑問が生ずるからである。

(2) 見解　予備の中止には，ⓐ中止犯規定の適用を認めない消極説と，ⓑこれを認める積極説がある。判例の採る消極説からみてゆくことにしよう。

(a) 消極説　まず，①情状による刑の免除を規定している殺人予備罪（201条）

78　佐伯(仁)366-7頁は，実体法上の要件の問題と立証の問題の混在が裁判例の任意性判断の評価を難しくしている，としたうえで，客観説に立つとされる判例についても，行為者の主観的な任意性を認定するための経験則を述べているものと理解することも可能だ，とする。
79　この場合を一般に「予備の中止」と呼ぶが，本来の中止犯が実行に着手したが自己の意思により既遂に至らせず未遂にとどめること（既遂の中止＝中止未遂）をいうのであるから，予備行為に着手したが自己の意思により実行の着手に至らず予備にとどめる「予備の中止」は，むしろ「未遂の中止＝中止予備」と呼ぶのが実態に適っているであろう。
80　平野龍一「中止犯」・前掲注（25）159頁参照。

につき，古く大判大5・5・4（刑録22輯685頁）は，「情状ニ依リ其刑ヲ免除スルコトヲ裁判官ニ任セシモノニシテ其処分上別ニ権衡ヲ失スルカ如キ虞アルコトナシ」としていた。次に，②刑の免除規定のない強盗予備罪について，最判昭24・5・17（裁判集刑10号177頁）は，予備罪に中止未遂の適用・準用が認められない理由として，予備罪においては予備行為によって既に既遂となっていることを挙げた。そして，③このテーマに関するリーディング・ケースともいうべき最大判昭29・1・20（刑集8巻1号41頁）[81]は，特に理由を付すことなく，「予備罪には中止未遂の観念を容れる余地のないものである」として，消極的立場を堅持した。このうち②の昭和24年判決を前提とするならば，予備罪は独立した犯罪（既遂犯）であり，犯罪が「既遂」に達した以上，そこに中止「未遂」を観念する余地がないということであろう（森住信人・百選Ⅰ147頁）。

一方，学説は，43条ただし書の「犯罪を中止した」とは，同条本文との関係で「犯罪の実行」を中止することを意味するが，これには「予備の実行」は含まれないとし，また，予備罪が一種の挙動犯ないし即時犯であって，予備行為はそれ自体で犯罪として完結する，ということをその根拠として43条ただし書の準用を否定する。ここでは予備罪が行為無価値論的に把握され，予備行為につき，その後に予定される「実行の着手」の可能性（予備罪としての結果）を問うことはしない。しかし，予備の中止に43条ただし書の準用を認めないと，特に強盗予備罪（237条）のように情状による刑の免除が認められていない類型については，やはり犯罪実行の着手後に任意にこれを中止した場合との間に刑の不均衡が生ずることが避けられない。

　(b) **積極説**　予備の中止においても，刑の必要的減免を認めることによって，行為者に実行の着手の断念を奨励し，ひいては犯罪発展の初期の段階で既遂結果の発生を事前に防止することが期待できる[82]。これに対し，「刑の免除」が規定されていない予備罪には政策的に特別の要罰性が認められる，との指摘もあ

81　ただし，本件は共犯からの離脱の事例であり，離脱者による離脱（中止）意思の表明も他の共犯者の了承も認められない事案であって，積極説からも中止規定の準用の認めがたいケースであった。

82　消極説は，「準備行為が行われれば予備罪は完成しており，『予備行為を中止すること』は実際上考えられない」とするが（前田125-6頁），「予備の中止」というのはそのような場合ではなく，本文に述べたように，予備行為を開始したが実行の着手に至らなかった場合（未遂の中止）をいうのである（➡注79参照）。

るが，それは，自己の意思によらず実行の着手に至らない強盗予備罪（237条）にみられるような通常の予備の場合をいうのであって，任意の意思で実行の着手を断念した場合は，やはり特別の考慮が必要であろう。そもそも予備についても，未遂の場合と同様，予備の着手に伴う予備行為そのものと，「実行の着手（未遂）に至る（具体的）危険」を意味する予備の結果とを要件とするならば（➡458頁），予備行為に着手し，実行の着手に至る危険を生じさせたが，自己の意思により実行の着手に至らなかった場合は，通常の予備に比して責任減少が認められ，刑の必要的減免を肯定すべきであろう（浅田399頁）。43条ただし書の準用を認める積極説が妥当である[83]。

(3) **刑の減免の基準**　積極説に立った場合，刑を減軽または免除すべき基準となる刑をどこに求めるべきか，という問題がある。予備罪の法定刑自体一種の法定減軽を施したものであるから，この場合，予備罪の法定刑ではなく基本犯の法定刑を基準とすべきである（68条参照）。ただし，基本犯の法定刑を減軽しても予備の刑よりも重い場合（例えば，強盗予備の中止）には，刑の免除のみを認めるべきであろう。これに対し，独立罪である私戦予備罪の法定刑は，基本犯の刑に法定減軽を施したものではないから，この場合は本罪の法定刑が基準となる[84]。

---

[83] 基本的に積極説に立ちつつ，独立罪としての私戦予備罪については中止ということがありえず，また不均衡の問題も生じないので，43条ただし書の準用を否定するもの（折衷説）として，西原・上316頁。
[84] なお，予備罪の刑を基本としつつ，68条の趣旨に照らして予備罪の中止には刑の免除のみが可能である，とするものとして西原・上317頁（注4）など。

第3章 共 犯 論

第1節 正犯と共犯

1 総　説

　犯罪は，1人で行うのを基本とするが（単独犯＝単独正犯），1つの犯罪に複数の人間が関与する場合もある（複数犯＝共犯〈広義〉）。共犯に関する立法形式には，ⓐ日本の刑法のように，犯罪への関与形態を正犯と共犯に区別する共犯立法形式（**共犯体系**）のほか[1]，ⓑ共犯の形式を法典のうえで区別せず，すべての関与者を正犯として，その扱いを量刑に委ねる立法形式もあり，これを**統一的正犯体系**と呼んでいる[2]。

　また，前者の共犯体系の下でもさらにその内部で2つの考え方に分かれており（田山聡美・重点課題214頁参照），1つは，①本来処罰されるべきであるのは自ら構成要件を実現する正犯のみであるが，特別の規定により処罰を拡張したものが共犯である（刑罰拡張原因），とする考え方であり（**限縮的〈制限的〉正犯概念**），他の1つは，②犯罪に関与した者は本来的にすべて正犯であるが，特別の規定に当たる場合のみ共犯として軽く処罰される（刑罰縮小原因），という考え方である（**拡張的正犯概念**）。わが国の通説は，限縮的正犯概念を採用しているが，過失犯に関しては拡張的正犯概念を採用する見解も有力である。

2　正犯の概念

（1）**意　義**　正犯とは，犯罪を実行する者，すなわち（基本的）構成要件に該当する行為を行う者をいう。正犯概念には広狭二義がある。

　(a) **狭義の正犯**　単独正犯（直接正犯・間接正犯（➡(2)）），被加担犯（被教唆者・

---

[1] ただし，実務の運用は，共謀共同正犯の容認によって（➡579頁），ほとんどの共犯形態が共同正犯として扱われ，実質的には統一的正犯体系化しているとの評価もなされている（高橋406頁参照）。
[2] 高橋則夫『共犯体系と共犯理論』（1988年）5頁以下。

被幇助者）および同時犯をいう。各自が実行行為のすべてを行うことを要する。このうち，**被加担犯**とは，広義の共犯のうち（➡3①(1)），犯罪の実行を担当する者をいい，**同時犯**とは，犯罪の実現は同時になされたが，意思疎通のないことにより共犯として扱われないものをいう[3]。

(b) **広義の正犯**　狭義の正犯のほか，共同正犯（60条／➡561頁）を含む。共同正犯にあっては実行行為の一部を分担すれば足りるが，判例・多数説は，およそ実行行為の分担を必要としない「共謀共同正犯」を共同正犯の一形態と解している（➡565頁）。

(2) **直接正犯と間接正犯**　単独正犯のうち，ⓐ自己の手によって直接に構成要件に該当する事実を実現する場合を**直接正犯**といい，ⓑ他人を道具として自己の犯罪の実現に利用する場合を**間接正犯**という（➡第2節）。なお，直接正犯と間接正犯は，共同正犯とは異なり共に狭義の正犯であって，正犯内部の事実上の区別にとどまり法的扱いに違いはないが，犯罪によっては間接正犯の形式では犯しえないものがあり，これを「自手犯」と呼んでいる（➡536頁）。

図　正犯と共犯の関係

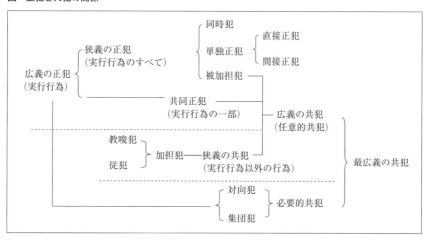

3　刑法207条は，同時傷害について特例を定め，「二人以上で暴行を加えて人を傷害した場合において，それぞれの暴行による傷害の軽重を知ることができず，又はその傷害を生じさせた者を知ることができないときは，共同して実行した者でなくても，共犯の例による」と規定するが，傷害につき無実の罪を負わされる危険がある点で，立法論的には問題を含んだ規定である。

3 共犯の概念

1 意　義
共犯概念にも，広狭二義がある。

(1) 広義の共犯　単独(正)犯（および同時犯）に対応する概念であって，2人以上の者が意思疎通のうえ犯罪を行うことをいう（複数犯）。その意味では，被加担犯や共同正犯も共犯である。被加担犯を別として，広義の共犯には，およそ実行行為を行わない狭義の共犯（教唆犯・従犯）と実行行為を一部しか行わない共同正犯とが含まれる。したがって，共同正犯は，広い意味では，正犯（➡ 2(1)(b)）であると同時に共犯でもあって，そこに共同正犯のもつ犯罪としての複合的な両面性が認められ[4]，解釈論上解決の困難なさまざまな問題が派生することになる[5]。

(2) 狭義の共犯　広義の正犯に対応する概念であって，構成要件該当行為（実行行為）以外の行為を行う者をいい，**加担犯**ともいう。教唆犯（61条／➡594頁）および従犯（幇助犯）（62・63条／➡599頁）がこれである。ちなみに，共謀にのみ関与し実行行為を行わない共謀共同正犯は，私見によれば，広い意味でも狭い意味でも共犯であって，広義の正犯である共同正犯とはなりえない。

2 種　類
共犯は，最広義では，任意的共犯のほか必要的共犯を含む。

(1) 任意的共犯　1人でも行いうる犯罪を数人で行う場合をいう。任意的共犯のうち，①2人以上の者が共同して犯罪を実行する場合が「共同正犯」（60条）であり，②他人の犯罪に加功する場合が「加担犯」（狭義の共犯）である。加担犯には，人を教唆して犯罪を実行させる「教唆犯」（61条）と，正犯を幇助する「従犯」（幇助犯）（62条）とがある。

(2) 必要的共犯　本来的に多数人の協力を必要とする犯罪が必要的共犯であって各則に規定され，その成立・処罰につき総則の共犯規定の適用を必要としない。

(a) 種　類　必要的共犯には，ⓐ例えば，騒乱罪（106条）のように，数人の協力が集中する関係に立つ**集団犯**（多衆犯）と，ⓑ例えば，賄賂罪（197条以下）のように，数人の協力がそれぞれ向かい合う関係に立つ**対向犯**とがある。対向犯に

---

[4] その反面で，共同正犯は，狭い意味では正犯（単独正犯）でもなく共犯（加担犯）でもない，という特殊な犯罪形態である。

[5] 学者は，時に「共犯の章は刑法中で『絶望の章』である」と歎ずることがあるが（瀧川幸辰『刑法の諸問題』（1951年）237頁），それは特に共同正犯に集約的に現れてくる。

は，①例えば賄賂罪[6]のように，双方（収賄と贈賄）を処罰するもの（**双方向的対向犯**）と，②例えばわいせつ物頒布等罪のように，相手方（買い手等）に対する処罰規定がないもの（**片面的対向犯**）とがある。

(b) 総則規定との関係　必要的共犯と総則の共犯規定の関係（必要的共犯に対する任意的共犯）の理解については，見解の対立がある。まず，ⓐ集団犯については，①集団外から集団犯を教唆する場合にも，集団犯の性質上共犯規定の適用を受けないとする見解（大塚276頁，団藤434頁など）と，②その場合にも共犯が成立するとする見解（多数説）がある。次の対向犯においても対向者以外の者（第三者）は共犯となりうるから，後説が妥当であろう。

ⓑ対向犯においては，まず，上記①の類型のように（➡(a)），対向する双方の行為者が処罰される場合，相互に他方の共犯となることはない。また，②の片面的対向犯の類型のように，例えば対向関係にある者のうち一方の行為者についてだけ処罰規定がある場合も，原則として，他方の者が処罰される者の共犯となることはない。

(c) 片面的対向犯の根拠　問題となるのは，片面的対向犯の場合，何故対向犯の相手方が不可罰であるのか，ということである。

(i) 立法者意思説　この点につき，判例は，弁護士法72条（非弁護士の法律事務の取扱い等の禁止）違反事件に関し，不可罰とされる相手方を対向犯の共犯として処罰することは法の意図しないところである，としてその理由を立法者意思に求めている（最判昭43・12・24刑集22巻13号1625頁／立法者意思説＝形式説）。立法者意思説に対しては，①不可罰な必要的関与行為の限界が不明確であり，また，必要的関与行為の不可罰性を画する定型性・通常性の基準も曖昧であって，処罰範囲が不明確とならざるをえず，また，②一方で責任共犯論的思考から可罰性を肯定する方向に赴き，また，他方で正犯行為が不可罰であれば共犯行為は当然不可罰だとされて，その背後にある基本思想が一貫していない，との指摘もなされている（西田376-7頁）。

(ii) 実質説　一方，学説は，さらに立法者意思の実質的根拠を探求し，相手方は被害者であって関与行為に違法性がないことや可罰的責任がないことを不可罰性の根拠として挙げる（平野・Ⅱ379頁以下，山口339-340頁など／実質説）。例え

---

[6] 賄賂罪の場合は，基本的に身分犯（公務員犯罪）であることから，身分者による収賄と非身分者による贈賄を別の刑で処罰しているが，例えば重婚罪の場合は，双方が同一の刑で処罰される。

ば，わいせつ物頒布・販売罪の買い手は「被害者」であって，販売を促す行為は違法でないとされるが，他面，販売が「被害者の承諾」に基づく行為であるとすると，何故販売行為が可罰性を帯びるのか，という疑問が生ずる。この点については，買い手の行為が単発的な一過性の行為であるのに対し，売り手の行為は，不特定の第三者と繰り返し共働する可能性（増幅作用）をもっている集合犯・営業犯的性格によって特徴づけられている[7]（佐伯(仁)422頁参照）[8]。したがって，正犯（販売者）に対して，不特定の第三者への販売を働きかける行為は，このような増幅作用を伴うものとしてわいせつ物頒布・販売罪の共犯を構成することになろう。

(iii) 併用説　実質説が基本的に妥当な方向を示すとしつつ，立法者意思説的な必要的共犯の概念の必要性を否定することはできない，とする立場がある（西田378-9頁）。例えば，実質説によって違法性が欠如するとされる事例（例えばわいせつ物頒布罪）も，各犯罪の保護法益の理解の仕方いかんによっては当然に処罰されることになってしまい，実質説の理論的基盤が必ずしも強固なものとはいえない，とする。また，立法者は，法益侵害が可能な立場にある者の一部についてのみその行為を構成要件化することも可能であって（例えば秘密漏示罪），共犯行為についても，違法・責任の両面において当罰的であってもなお可罰性の枠外におかれる領域を認めることは十分可能だというのである。したがって，実質説を採る場合であっても，立法者意思説の意味における必要的共犯の概念はなお維持すべきだということになる。立法者意思説により当然に予想される行為を不処罰としたうえで，それを超える行為については実質説に従い処罰範囲を限定する，とする見地からは妥当な見解であろう（浅田402頁，内藤・下Ⅱ1420頁）。

4　正犯と共犯の区別
1 学　説
正犯と共犯を区別する基準に関しては，見解が分かれている。
(1) **主観説**　自己の犯罪をなす意思（正犯意思）で犯罪を行った者が正犯で，

---

[7] 豊田兼彦『共犯の処罰根拠と客観的帰属』（2009年）106頁参照。
[8] なお，佐伯(仁)423頁は，立法者において必要的共犯の相手方を処罰する意思が明らかである場合には，共犯規定の適用が可能であるとし，例として金融商品取引法のインサイダー取引の罪（166条）を挙げる。

他人の犯罪に加功する意思（従犯意思）で犯罪を行った者が共犯である，とする見解がこれである。この説は，因果関係論において条件説を採り，すべての条件は原因として同価値であるから，正犯と共犯を客観的には区別しえないという見地に立って，行為者の意思を基準として主観的に正犯と共犯とを分けようとするものである。したがって，故意はあるが自分のためにする意思がない者を利用する場合，すなわち「故意ある幇助道具」の利用の場合（➡530頁），主観説によれば背後の利用者は（間接）正犯，現実の法益侵害行為を行った者は共犯（従犯）ということになる。わが国の裁判例には，（共謀）共同正犯と従犯の区別に関し，「自らの犯罪を実現する意思」を有する者が共同正犯者である，という意味で「正犯意思」を基準とするものが少なくない（松原361頁参照）。

しかし，例えば，他人の命令・依頼により殺人を行った場合，主観説によると，実行者は他人の犯罪に加功する意思しかないから共犯となり，命令者は自己の犯罪をなす意思があるから正犯となって，命令者を教唆犯（共犯）とする現行法の規定とは相容れない。また，例えば，財産犯におけるいわゆる2項犯罪（利得罪）の場合，法は他人に財産上不法の利益を得させる行為も正犯として処罰しているが，主観説により，構成要件を実現する行為をしているにもかかわらず，他人のためにする意思で行ったということでこれを共犯とすることも，現行法の規定と相容れない結論になる。そればかりでなく，そもそも行為者の主観のみによって外形を異にする犯罪態様を分類することは妥当でない。

(2) 形式的客観説　構成要件を基準とし，構成要件該当行為を行った者が正犯，それ以外の行為（器具・助言を与えること，見張りをすることなど）により構成要件の実現を容易ならしめた者が共犯である，とする見解がこれである（例えば，浅田405頁）。また，基本的構成要件該当事実を実現する者が正犯であるとする定型説も形式的客観説に数えられるが，共同正犯について，自ら実行行為を行った者でなくても基本的構成要件該当事実を実現した場合があるとするとき[9]，それは既に実質客観説（行為支配説）に一歩を踏み出したものといえよう。

形式的客観説の抽象的な基準自体は必ずしも誤りとはいえないとしても，いったい何が構成要件該当行為なのか，その具体的基準が必ずしも明らかにされていないという難点がある[10]。また，実行行為を行わなかった者は正犯でないとして

9　団藤重光『実践の法理と法理の実践』（1986年）445頁。

も，反対に一部でも実行行為を行った者がすべて正犯としての当罰性を有しているといえるかという問題があり，さらに，この立場を徹底すると，見張り行為は原則として常に共犯（従犯）とならざるをえないが，はたしてそれでよいかという疑問も提起されている。

なお，**拡張的正犯論**も形式的客観説の一つに数えられることがあるが，この見解も主観説と同様，因果関係論において条件説に立ち，犯罪を行う者は因果的には本来すべて正犯であるとしつつ，法的には刑法が刑罰を制限している場合（教唆・幇助）が共犯であり（刑罰縮小原因），それ以外の場合が正犯である，としている（➡1）。拡張的正犯論に対しては，実行行為の定型性を看過し，正犯概念を広く認めすぎる，との批判が向けられている[11]。

(3) **実質的客観説**　正犯と共犯の実質的な内容の違いに着目して両者を分かつ見解であるが，これは，その理論構成の仕方によりさらにいくつかの考え方に分かれる。

(a) **因果関係論を基礎とするもの**　まず，①因果関係論（結果帰属論）における**原因説**の見地から，結果に対し原因を与えた者が正犯であり，条件を与えたにすぎない者が共犯であるとする見解があるが，原因と条件との区別が困難であるということから，この説は過去のものとなった。

次に，②近年，有力に主張されている**遡及禁止論**も結果帰属論を基礎とする実質的客観説の1つに数えることができよう（山口68頁）[12]。これは，広義の共犯と単独正犯の限界づけを他人（介在者・被誘致者）の自律的決定の介在の有無に求め，結果に至る過程に第三者の自律的行為が介在した場合には，この結果は第三者の領域で発生したことになるので，その者が正犯であり，これを誘致した背後者は共犯にとどまることになる。これに対し，背後者（誘致者）に（間接）正犯性が認められるのは，介在者（被誘致者）が是非弁別能力を欠いていたり，法益侵害結果の認識を欠いていたりして，自律的決定をなしえない場合ということになる。この見解は，①説と同様，因果関係論（客観的帰属論）を基礎として正犯

---

[10]　これに対し，浅田405頁は，形式的客観説が「条文の各犯罪類型を手がかりとして判断できる点で，むしろ他説に比べて明確な基準を提示するものといえる」とする。

[11]　瀧川・前掲注（5）237-8頁は，拡張的正犯論がドイツではナチス政権時代に流行した破壊的な学説であって，この学説はそのまま共謀共同正犯論に理論的根拠を提供するものであり，警戒を要する傾向といわねばならない，と厳しく指摘する。

[12]　島田聡一郎『正犯・共犯論の基礎理論』(2002年) 391頁。

と共犯を区別しようとするものであるが、第一次的に介在者（被誘致者）の属性（自律的決定性）に着目する点にその特色がある（➡151頁参照）[13]。

 (b) 行為支配説　　この説は、①もともと目的的行為論を基礎とし、結果に対して故意（目的実現意思）による（目的的）行為支配がある場合が正犯であり、そのような行為支配がない場合が共犯である、とする見解であった。そして、この基準に従い、例えば、被教唆者は結果に対する行為支配があるから正犯であり、教唆者は行為支配がないから共犯である、とする。しかし、目的的行為論に依拠する行為支配説によると、行為支配という本来客観的であるべき概念が、主観的な目的的実現意思によるものか否かによって結論が左右されることになり、共犯についても因果的共犯論（惹起説）により結果に対する因果関係を要求する場合には（➡540頁以下）、例えば教唆犯についても、教唆者に目的的実現意思による教唆行為支配を媒介として結果に対する支配が及んでいる、とも言えなくはないのである[14]。

 そこで、②近年では、行為支配の内実をより明らかにしようとし、犯罪の実現過程を全体として客観的に支配し統制する者を広義の正犯と解する見解が登場するに至った。それによれば、ⓐ直接正犯は自らの身体運動の支配（実行行為による寄与）を通じて、ⓑ間接正犯は介在者の意思の支配（優越的要因による支配）を通じて、ⓒ共同正犯は分業による機能的行為支配（共同的行為支配）を通じて、犯罪事実全体を統制する者とされる[15]。ここで特に問題となるのは、ⓒの共同正犯における行為支配の射程がどこまで及ぶか、ということである。

 いわゆる実行共同正犯の場合は、基本的に直接正犯（単独正犯）と同様の論理（実行行為による寄与）が妥当するが、共謀共同正犯の場合は、少なくとも間接正犯の場合と同様の意味で、他の実行共同正犯者の行為に対する意思支配というものは考え難い。そこで、「支配」の対象が全体的な「犯罪実現過程」と捉えられ、共同正犯の場合は、たしかに単独正犯よりも各自の支配の程度は希釈されるが、「犯罪実現に対して重要な因果的寄与をなしたり、相互に心理的に拘束しあったりすることで事象経過全体を支配しているともいえる」と説明されている

13　正犯と共犯の区別に関する遡及禁止論の問題性については、松原341頁参照。
14　そこから、共犯に関しても共犯者が共犯行為についての支配はもたなければならないから、ここでいう行為支配の対象は（基本的）構成要件該当事実に限られる、ともされる（団藤373頁）。
15　橋本正博『「行為支配論」と正犯理論』（2000年）159頁以下、特に171頁以下。

(松原342頁)。詳細は後に論ずるとして（➡577頁），仮に，共同正犯に「行為支配」の概念を認めるとして，それが（共謀）共同正犯を含む広義の共同正犯概念に妥当する原理なのか，それとも実行行為性を要請する狭義の共同正犯概念を基礎づける原理なのか，ということが問題となる。

(4) **私　見**　正犯および共犯には，上述のようにそれぞれ広狭二義があることから，ⓐ共同正犯を含む広義の正犯と狭義の共犯（加担犯＝教唆犯・従犯）の区別の問題と，ⓑ狭義の正犯と共同正犯を含む広義の共犯の区別の問題とに分けて考えてみる必要がある。共犯に対する正犯の限界が問われるⓐの問題解決にとっては，正犯の概念要素である「実行行為」が重要な意味をもち，反対に，正犯に対する共犯の限界が問われるⓑの問題解決にとっては，「共犯の基礎理論」に関する考察が不可欠となる。

(a) **実行行為概念と正犯・共犯の区別**　正犯（広義＝単独正犯・共同正犯／以下，単に「正犯」という）と共犯（狭義＝加担犯／以下，単に「共犯」という）の区別に際しては，両者の概念内容を問題とせざるをえない以上，基本的には形式的客観説の見地から出発しなければならない。したがって，実行行為の存否が正犯と共犯を分かつメルクマールとなる。実行行為は，これを実質的にみれば，法益を侵害する適性を有する危険な行為（法益侵害の一般的危険性のある行為）ということになるが，その意味で，まず，1人で実行行為をすべて行う単独正犯のうち，①自己の手によって直接に構成要件に該当する事実を実現する「直接正犯」は当然に正犯である。

ところで，現実に正犯と共犯の関係が問われる場面，つまり複数の人間が法益侵害に関与する場合についてみると，実行行為性の有無は，結局，ⓐ各自が直接法益侵害の一般的危険性のある行為を行った場合のほか，ⓑある行為者（背後者）の行為が他の行為者（介在者＝道具）の行為を介して結果を実現したといえる場合に問題となってくる。このうちⓐの正犯グループに属するのが，②一部とはいえ各自が実行を分担する「実行共同正犯」であって，ここでは実行行為による寄与がなされている点で（共同）正犯性が認められる。これに対し，犯罪の実行を共謀するものの自らは実行行為を分担することのない共謀共同正犯は，正犯メルクマールである実行行為性を欠き広い意味においても正犯と解することはできない（➡第4節3）。問題となるのは，ⓑの正犯グループに属する犯罪形態の場合，すなわち③他人を道具として自己の犯罪の実現に利用する「間接正犯」の正犯性

をいかに基礎づけることができるか，ということである。

詳細は後述に譲るが（➡第2節1），ここでは背後者（間接正犯者）が自ら直接法益侵害結果を実現していないことから，介在者の行為を媒介とする「行為支配」の概念が援用されることになるが，問題は，ここにおいてどのような場合であれば結果の実現に支配を及ぼし，法益侵害の一般的危険性のある行為を行ったとして，それを「実行行為」と評価できるか，ということである。思うに，行為支配が認められ，その者の行為が実行行為として正犯性を獲得するためには，相手方の存在が規範的障害（規範意識による抵抗力）として自己の行為の危険性を減殺することになるものであるかどうかに依拠しているといえる（規範的障害論）。相手方が規範的障害とみられない場合にこれに働きかける行為は，それ自体が法益侵害の一般的危険性をもった実行行為として行為者に行為支配が認められて正犯となり，反対に，相手方が規範的障害と評価される場合には，その相手方が実行行為の担い手として正犯性を獲得し，これに関与する行為者には正犯としての行為支配性が認められず共犯としての危険性を有するにとどまるのである[16]。

広義の正犯と狭義の共犯の区別をめぐる個別問題としては，共謀共同正犯を共同正犯の一形態として正犯（広義）に含めて考えるか，それとも加担犯（狭義の共犯）に解消すべきかという問題（➡565頁以下）のほか，この点とも関連して共同正犯と従犯をどのように区別すべきかという問題（➡604頁以下），さらに間接正犯と教唆犯の区別に関する問題[17]（➡527頁以下）等があるので，以下，それぞれの箇所で詳論することにする。

(b) **共犯理論と正犯・共犯の区別**　狭義の正犯（単独正犯）と広義の共犯（共同正犯・加担犯）の区別に関しては，共同正犯を含む共犯の基礎理論，特に共犯の本質論に左右されるところが大きい。詳細は後に譲るが，結論を先に述べれば，①共犯の構造論（処罰根拠論）としては因果的共犯論を採り（➡540頁以下），

---

[16] 行為支配の内実を規範的障害の不存在に求め，そこに正犯としての行為の危険性を認める見解に対しては，法益侵害の危険性は，間接正犯より教唆犯（または共同正犯）の方が大きいことがあり，規範的障害の有無と危険の程度との間に直接の関係はない，との指摘があるが（松原339-340頁），規範的障害論にいう危険性は，背後者の正犯性を基礎づけるために介在者の規範的属性に着目したものであって，物理的な事実上の危険性を問題としているわけではない。なお，共謀にのみ関与する共謀共同正犯は，他の実行共同正犯者が規範的障害として存在することにより，間接正犯と異なり，行為支配の概念によってもその（共同）正犯性を認めることはできない（➡562頁）。

[17] 間接正犯は，狭い意味でも正犯であるので，共同正犯を含む広義の共犯との区別としても問題となる（➡(b)）。

ⓐ単独で実行行為をすべて行うことから直接的に法益を侵害するのが正犯（狭義）であり[18]、ⓑ他者（正犯）との「心理的因果性」を媒介として間接的に法益を侵害するのが共犯（広義）である。また、②共犯の本質論（共犯学説）として、筆者は共同意思主体説が妥当であると考えており（➡548頁以下）、ⓐ他者との間に意思疎通（意思連絡）が認められず、そこに何らかの行為の共同があるとしても、2人以上の者が共同目的に向かって合一するという実態が認められない場合は単独正犯（同時犯）であり、これに対し、ⓑ2人以上の者の間に意思疎通があり、そこに犯罪の実現に向けての共同意思主体の活動が認められる場合に初めて共犯（広義）が肯定されることになる。その意味では、共同正犯も、①他の共同正犯者を介して初めて法益侵害を完成させることができ、また、②他者との間に、単なる意思連絡を超えた共同犯行の意識の形成（共謀）が要求されることによって狭義の共犯から区別されるものの、共同意思主体の一員として広義の共犯に位置づけられることになるのである。

2 不作為犯における正犯と共犯の区別

不作為による共犯が問題となるケースには、共犯が不作為により、①正犯の作為に関与した場合と、②正犯の不作為に関与した場合とがある。

(1) 不作為で作為に関与した場合　例えば、娘Aの母親Xは、夫Yと意思疎通のうえ、YがAを殺害するのを黙って見ていたという場合〔事例Ⅰ〕、Aの生命の安全につき保障人的地位に立つXの不作為は、正犯となるのであろうか、それとも共犯（従犯）にすぎないのであろうか。学説は区々に分かれている。

(a) 正犯説　作為義務のある者の不作為はすべて正犯（広義）であって、不作為による共犯は存在しないとする見解がある。この見解によれば、Xには、Yとの間に正犯の一種としての共同正犯が成立することになる。しかし、一口に保障人の作為義務違反といってもその無価値内容には様々な種類・程度のものがあり、保障人的地位に立つ者の不作為が常に正犯となるわけではない。事例Ⅰにおいて、Aとの関係でXもYも保障人的地位にあるが、Xの不作為の法的性格は、Yが本件のように作為であるか、それともYも不作為であるかによって異なってくる。保障人による不作為犯においても、やはり正犯と共犯の区別は必要である。

18　その点で、共同者各人がそれぞれ結果を含め実行行為のすべてを遂行する**不真正実行共同正犯**は（これに対し各自が実行を分担する場合を**真正実行共同正犯**という）、共謀がなされている点で共同正犯の一形態ではあるが、各自が独立して直接法益を侵害しているという点では単独正犯に等しく、共同正犯性を認めるうえで必ずしも60条の存在を必要としていない。

(b) 二分説　これには、正犯と共犯（従犯）とを分ける基準について、その内部でいくつかの考え方がある。

(i) 義務二分論　作為義務の質と内容を重視する立場から、①〔事例Ⅰ〕のXのように、直接にその保護法益（Aの生命）に対して保障人的義務（保護義務）を負う者の不作為は正犯であるが、②例えば、息子Zが他人Bを殺害しようとするのを意思疎通のうえ黙認した母親Xの場合のように〔事例Ⅱ〕、一定の人間（息子Z）の犯罪（B殺害）を阻止すべき義務（監視義務）をもつ者（X）の不作為は共犯（従犯）であるとする見解がある（高橋491頁など）[19]。しかし、この立場では、事例Ⅱにおいて、息子Zが娘Aを殺害するケースにおいては、母親Xの不作為が息子Zとの関係では従犯、娘Aとの関係では正犯という不都合な事態に至る。

(ii) 意思二分論　次に、不作為犯においては、客観的基準により正犯と共犯を区別することができないということから、不作為者の意思を考慮して正犯と共犯を区別しようとする見解がある（主観説）。しかし、不作為による関与においては、不作為者は行為の実行をすべて作為者に委ねているのであるから、不作為者には自己の行為をなす意思（正犯者意思）を認めえず、主観説によると、結局、不作為による関与はすべて従犯ということになるのではなかろうか。

(iii) 因果関係二分論　この見解は、まず、不作為による正犯・共犯の作為義務を等質のものとみる立場から、作為義務の程度によってその不作為の重要性を区別することはできないとし、因果関係の質的差異に着目する（西田361-2頁）。すなわち、幇助の因果関係が正犯結果を促進し、容易にしたことで足りると解されることから、①不作為者が作為に出ていれば「確実に」結果を回避できたであろう場合には不作為の同時正犯、②結果発生を「困難にした可能性」がある（＝不作為により犯行を容易にした）場合には不作為による幇助と解するのである。しかし、①においても、他に直接法益を侵害する作為者が存在する以上、その者が第一次的責任を負うべきであって、不作為者はやはり幇助の罪責にとどまるとすべきであろう。

(c) 従犯説　わが国の通説・判例[20]は、正犯の行為を防止すべき作為義務違反は不作為による従犯であって、作為の正犯に対し不作為で関与する者は常に従犯である、としている。この見解は、基本的に妥当であると考えるが、従犯説に対しては、①自分の子供を第三者が殺害するのを阻止しなかった母親は幇助となるが、②野犬が噛み殺そうとしているのを阻止しなかった母親は正犯となり不均衡だとの批判がある（井田493頁）。しかし、①のケースは、他に作為者の存在する複数犯（共犯）であって、

19　中 義勝「不作為による共犯」〔同〕『刑法上の諸問題』（1991年）332頁以下。
20　例えば、①大判昭19・4・30（刑集23巻81頁）は、配給の基礎となる通帳の事実が異なっているのにこれを放置した町内会長に詐欺罪の幇助を認め、②大阪高判昭62・10・2（判タ675号246頁）は、他の共犯者とともに拉致した被害者を、その共犯者が殺害することを予測しつつ現場を離れ、被害者が殺害されたという事案につき、作為による殺害と等価値とはいえないとして、不作為による殺人の幇助を認め、③札幌高判平12・3・16（判時1711号170頁）は、夫が自分の子供に暴行を加えているのを阻止しなかった母親に傷害致死罪の幇助を認めた（➡606頁参照）。

結果の発生に対し作為が決定的な意味をもつのに対し，②のケースは，単独犯（事故への関与）の場合であって，母親に排他的支配が認められるかぎり，その不作為が結果の発生に対し決定的な意味をもつというべきであろう（➡582-3頁）。

ただし，従犯説によっても，①作為者がまだ行為の過程を支配している場合は，作為者の行為を阻止しなかった不作為者（保障人）は従犯であるとしても，②例えば〔事例Ⅰ〕において，Yが現場を立ち去ったにもかかわらず，Xが殺されそうになったAを救助せず死ぬにまかせたという場合のように，作為者（Y）がもはや行為の過程を支配していないときには，不作為者（X＝保障人）に排他的支配が認められ正犯となる，と解すべきであろう（➡583頁）。これに対し，突き落とすところを見ていて助けなかった場合には幇助になるのに，後からやってきて放置すると正犯になるのは不均衡だとして，共に従犯だとする見方もあるが（佐伯(仁)433頁），ここでも，前者が他に作為者の存在する複数犯（共犯）のケースであるのに対し，後者は，単独犯の場合であって，両者は状況を異にするというべきであろう。

なお，裁判実務上問題となるのは，本来であれば，不作為の幇助とされるべきものが，共謀共同正犯の理論を媒介として，共同正犯へと「格上げ」されているという事実である。殊に，謀議（共謀）の内容を共同犯行の認識ないし意思の連絡で足りると解するときは，例えば，倉庫の守衛が窃盗犯人との事前の打ち合わせに従ってその者の窃取行為を見て見ぬ振りをし，これを阻止なかった場合，守衛は窃盗の共謀共同正犯として処罰されることになり，また，謀議の態様として事前共謀のみならず黙示の現場共謀をも肯定することになれば，たまたま現場に居合わせて窃盗を傍観した守衛も実行者に対する一定の身分・地位の故に共謀共同正犯として処罰されることも考えられる[21]。この問題については，共謀共同正犯を扱う際に改めて考えてみることにしよう（➡579頁）。

(2) **不作為で不作為に関与した場合**　例えば，母親Xと父親Yが共謀のうえ，子供Aに食事を与えずこれを餓死させた場合，Aの死に対しXの不作為とYの不作為とで因果性の程度に差が設けられない以上，ともに正犯となる（詳細は，➡581頁）。

第2節　間接正犯

1　意　義

間接正犯とは，他の人間を自己の犯罪の実現に利用する場合であって，意思疎通を欠く点において共犯と異なる。利用しようとする他人（被利用者＝介在者）が規範的にみて犯罪実現の障害となっていない点で，間接正犯は共犯から区別される（間接正犯の正犯性）[22]。すなわち，法秩序は，違法性を弁識する能力を有する者

21　堀内捷三『不作為犯論』（1978年）245-6頁。

に対して，その者が犯罪事実を認識した以上当該違法行為を避け適法行為に出ることを期待するが（規範的責任論），間接正犯の場合は，法秩序の側からみてこのような期待ができない者（道具）を犯罪実現に利用することによって，適法行為への期待が可能な者（規範的障害＝正犯）の行為に関与する共犯に比して，直接正犯の場合と同様に犯罪実現の危険性が高まることになる（規範的障害説）。すなわち，共犯，例えば教唆犯においては，規範的障害である正犯者の存在が教唆行為の危険性を実行行為のそれより軽いものとし，反対に，（間接）正犯においては，規範的障害の不存在がその行為のもつ実行行為としての危険性を基礎づけているのである[23]。

　共犯（教唆犯）とは異なり，間接正犯において被利用者が規範的障害となりえないということは，利用者（背後者）の側からみればその者が法益侵害（の原因）に対し行為支配を有していることを意味し，したがって間接正犯の正犯性が行為支配説の思想によって基礎づけられ，間接正犯と教唆犯の概念上の区別も行為支配の有無によって説明されることになる（行為支配説）[24]。その理由として，①行為支配説が主観・客観の両面から正犯の本質および正犯と共犯の区別を説きうる点と，②これが共犯従属性の本質を正犯と共犯の区別の標準に表現させている理論である，という点が挙げられている[25]。②の根拠は，規範的障害の存在が行為支配を不可能にするのが教唆犯であり，したがって教唆犯が成立するためには，正犯が実行に着手することによって規範的障害が乗り越えられる必要がある（教唆犯の従属性），という説明を可能にすることを前提としている。間接正犯においては，被利用者（介在者）が規範的障害でないことが利用者（行為者）の行為支配性（実行行為性）を導く関係にあり，両者は表裏の関係に立つものとみることができよう[26]。

---

[22]　改正刑法草案26条2項は，「正犯でない他人を利用して犯罪を実行した者も，正犯とする」と規定して，間接正犯の正犯性を明らかにしている。
[23]　西原春夫「教唆と間接正犯」刑法講座第4巻136頁以下（同『犯罪実行行為論』（1998年）265頁以下所収）。本論文は，共犯従属性説（➡556頁）の理論的基礎として規範的障害論を展開し，規範的障害の存在が共犯の本質的特徴であることを明らかにした先駆的業績である。
[24]　山口69頁が，「因果過程に介在する他人の結果惹起に対する答責性が，その結果惹起行為に対する行為者の行為支配について，その限界を画する意義を有する」というのもこれと同趣旨である。
[25]　西原・前掲注（23）146-7頁（同・274-5頁以下）。
[26]　間接正犯を「行為者が他人の行為を自分の意のままに利用して結果を惹起したといえる場合」と捉えるものとして，松原343頁。

2 態　様

　間接正犯は，被利用者の性質に応じて，次のような態様に区分されている[27]。いずれの場合においても考慮すべき実質的観点は，背後の利用者（＝間接正犯者）にとり，被利用者が規範的障害となっていないこと（＝道具）が，ひるがえって自己の行為の実行行為としての危険性（行為支配）を基礎づけている，という事情である。ここでの課題は，教唆犯と間接正犯の区別の問題に関し，正犯の側からの考察として，教唆犯に対する間接正犯の限界を提示するという役割を担っている[28]。

　(1) 故意のない者の利用　　被利用者の錯誤を利用する場合であって，これには，ⓐ被利用者に過失もない場合（無過失行為の利用）と，ⓑ故意はないが過失のある場合（過失行為の利用）とがある。共に，被利用者が事実の錯誤により故意を欠く（情を知らない）場合である。

　(a) 無過失行為の利用　　例えば，情を知らない第三者を窃盗に利用する場合がこれである。判例として，管理処分権のない被告人Xが情を知らないYに勝手に他人の所有物を売却し，YがさらにZに売却し，Zがこの物を搬出した事案について，Xは窃盗罪の正犯である，としたものがある（最決昭31・7・3 刑集10巻7号955頁）。毒殺のために毒物を郵送するような離隔犯（➡534頁）も，この類型に入る。

　(b) 過失行為の利用　　例えば，医師が看護師の過失行為を利用して，患者に毒薬を注射させる場合がこれである。もっとも，過失犯に対する共犯を認める立場（拡張的共犯論）では，この場合，医師は教唆犯となるが，介在者の無過失行為を利用する場合と同様（山口69頁参照），被利用者は，過失があるとはいえ事実の認識がない結果として行為の法益侵害・危険性（違法性）を意識していない以上，背後の利用者にとりその者はやはり規範的障害となっておらず，利用者に行為支配性（正犯性）を認めるべきである。

　なお，ここに故意がないというのは，利用者の実現しようとした当の構成要件についての故意がないことをいうから，被利用者が他の構成要件について故意を

---

[27] いわゆる「死せる道具」（行為性のない身体活動）やおよそ意思能力を欠く者の利用も，他人利用の行為態様として間接正犯に含めることもあるが（例えば高橋413頁），これは規範的障害を問う以前の問題であって，背後者はむしろ直接正犯として扱われるべきであろう。
[28] これに対し，共犯の側からの考察として，間接正犯に対する教唆犯の限界を示す役割を担うのが共犯の従属形態（➡第3節3）に関わる課題である（西原・前掲注（23）148頁（同・276頁））。

有する場合（直接正犯）でも，利用者は教唆犯ではなく間接正犯となることがある（直接正犯に対する間接正犯／団藤158頁）。その限度で，いわゆる「正犯（直接正犯）の背後の正犯（間接正犯）」を認めることは可能であろう[29]。例えば，Ｘが屏風の背後にいるＡを殺す目的で，それを知らないＹに屏風を撃つことを命じた場合（団藤博士の設例），Ｙは規範的障害であるとしてＸに殺人教唆の罪責を認める見解もあるが（例えば，西原・下360- 1 頁），Ｙは器物損壊の限度で規範的障害であるにとどまるから，Ｘには器物損壊罪の教唆犯のほか，殺人に関しては間接正犯の成立を認めるべきであろう（前田86- 7 頁）。

(2) 「**故意ある道具**」の利用　　被利用者に故意がある場合であっても規範的障害が認められない者を「故意ある道具」と呼び，これを利用する行為も間接正犯とされている。これには，従来いくつかの態様のものが考えられてきた。

(a) 「**目的のない故意ある道具**」の利用　　例えば，学校の教材用であると偽って，「行使の目的」のない印刷工に通貨を偽造させる場合がこれである（148条参照）。被利用者に故意（偽造の認識）があっても（偽貨として行使する）目的がない以上，規範的障害の存在が否定される。もっとも，通貨偽造罪の故意を「行使の危険のある偽造」の認識と解するときは（→161頁参照），本件は故意のない者の利用の一場合とみることもできよう。

(b) 「**身分のない故意ある道具**」の利用　　例えば，公務員である夫Ｘが非公務員である妻Ｙをして賄賂を受け取らせた場合，通説は，公務員という身分を有するＸを収賄罪の間接正犯（Ｙは従犯）であると解している。しかし，この場合，Ｙは公務員であるＸとの関係で業者から金品を受け取る行為が違法であることは意識しているのであって，Ｙの存在はＸの行為にとり規範的障害となっているとみるべきである。この場合，たしかにＹは公務員でないから収賄罪の予定する形式的意味での正犯とはなりえない（したがって単独正犯たりえない）が，被教唆者として違法性の意識をもって違法行為を行っているという実質的な意味では正犯性を備えているといえる。Ｘには収賄罪の教唆犯または共同正犯（65条１項の共犯には共同正犯も含まれる／→612頁）の成立が考えられよう[30]。

(c) 「**故意ある幇助道具**」の利用　　故意はあるが，自分のためにする意思（正犯者意思）がない者を利用する場合をいう[31]。正犯と共犯の区別に関する主観説に

---

[29] 間接正犯の正犯性を，事実的な行為支配（犯罪事実の優越的支配）に求める立場から，「正犯の背後の正犯」を認めるものとして，高橋412頁（注22）。

よれば，背後の利用者は（間接）正犯ということになるが，故意のある者を一方的に利用するということはやはり不可能であって，共犯の成立を考慮すべきである。最判昭25・7・6（刑集4巻7号1178頁）は，被告人である会社の代表取締役Xが，事情を知っている従業員Yに命じて闇米を自動車で運搬させた行為について，従業員を自己の手足とし，自ら正犯として闇米を運搬輸送したものである，と判示して間接正犯の成立を認めたが疑問である（山口72頁）[32]。

(d)「**違法性の意識のない故意ある道具**」**の利用**　例えば，大麻が合法化されている国の人間に対し，日本でも合法的であるとだまして日本国内に大麻を輸入させる場合のように，故意（事実の認識）はあっても，違法性の意識（の可能性）のない者も規範的障害となりえず，このような者の利用も，違法性の意識の可能性を故意とは別個の責任要素と解する責任説の立場からは，「故意ある道具の利用」の一類型とみることができよう[33]。

(3) 適法行為の利用　他人を正当防衛・緊急避難等の可能な状態に陥れ，第三者の法益を侵害させる場合がこれである。この場合も，間接正犯を共犯に解消し，およそ間接正犯を認めない拡張的共犯論の立場からは，教唆犯の成立が認められることになるが，《正犯》が適法行為を行っているにもかかわらず，これに関与する《共犯》の行為を違法とみること[34]，すなわち「正犯のない共犯」を認めるのは妥当でない（➡543頁）。直接行為者が適法に行為する場合には，やはり一定の条件の下でこれを利用する行為を間接正犯と解すべきであろう[35]。なお，講壇事例としては，例えば，XがAを使嗾してYに向けて不法な攻撃をさせ，正当防衛状況に陥ったYの反撃行為を利用してAを侵害することが考えられてい

---

[30] 収賄罪のように，身分犯で背後者が身分を有しており，自分がいなければ法益を侵害できない場合，背後者を直接正犯と解することも可能である（介在者は共犯），とする見方もあるが（佐伯(仁)411頁，松宮256-7頁），「身分のない故意ある道具」の利用を「故意ある幇助道具」の利用の場合と同列に扱うことはできないであろう（➡注31）。

[31] 佐伯(仁)408頁は，正犯性を実行行為概念から切り離す立場から（➡572頁），実行行為を行いながら正犯でない場合があるとして，「故意ある幇助道具」を「実行行為を行う従犯」と呼んでいる。

[32] もっとも，本件実行行為を物理的な「運搬」行為ではなく抽象的，規範的に「輸送」と捉えるなら，被告人は直接正犯として本件闇米を輸送したものとみることもできよう。

[33] これに対し，故意説による場合，あるいは本件を（法律的）事実の錯誤のケースと考える場合は，(1)の「故意のない者の利用」の一形態ということになる。

[34] この場合，自己の犯罪行為を実現するために他人の行為を利用するのであるから，違法の相対性からしても，利用者の側からは違法行為の利用であって教唆とみることができる，とするものとして，中山477頁以下。

[35] 林幹人「適法行為を利用する違法行為」〔同〕『刑法の現代的課題』（1991年）102頁以下。

る。ただ，このような事態は，余りに偶然に左右される側面が強くて法益侵害の確実性に欠けるため[36]，Xの行為に実行行為としての危険性が乏しいともみられることから，XにYを道具とする間接正犯の成立を認めることは困難であろう（もとよりXのAに対する教唆犯の成否は別問題である）。

判例として，①大判大10・5・7（刑録27輯257頁）は，被告人が自ら行った堕胎行為により妊婦の生命に対する危険を発生させ，そのため医師をして緊急避難として堕胎を完成させた者を堕胎罪の間接正犯とした。もっとも，本件被告人は，当初直接正犯として堕胎の実行に着手しており，本件を全体として適法行為を利用した間接正犯とみることには疑問が残る[37]。また，②最決平9・10・30（刑集51巻9号816頁）は，被告人らが外国から大麻を隠匿した航空貨物を密輸入しようとした際，税関で大麻の隠匿が判明したことから，**コントロールド・デリバリー**（監視付き泳がせ捜査／麻薬特例法4条）が行われ，配送業者が税関長の輸入許可を経て貨物を配達し，被告人がこれを受け取った場合であっても，第三者の行為を自己の犯罪実現のための道具として利用したと解しうるから，禁制品輸入既遂罪が成立する，とした。しかし，コントロールド・デリバリー実施以後，被利用者（配送業者）は，行為者である被告人ではなく捜査機関に利用・支配されていたのであるから，禁制品輸入罪は未遂にとどまるとみるべきであろう（遠藤裁判官の意見）。

(4) 責任無能力者の行為の利用　心神喪失者等，責任能力のない者を利用する行為は，通常，間接正犯である[38]。しかし，刑事未成年者であっても12,3歳で違法性の弁識能力のある者は，背後の利用者にとり規範的障害となるのであって，これに働きかける行為に行為支配は認められず共犯（教唆犯）と解すべきである。①最決平13・10・25（刑集55巻6号519頁）は，Xが12歳の長男Yに強盗を指示命令し犯行道具を与えたところ，Yが是非弁別能力をもって自らの意思により強盗の実行を決意し，臨機応変に対処して強盗を完遂した場合には，Xには間接正犯ではなく共同正犯が成立する，とした[39]。これに対し，②最決昭58・9・21（刑集37巻7号1070頁）は，12歳の養女を利用して窃盗を行わせた被告人に間接

---

[36] XがYの行為を意のままに利用したとみるのは困難である，とするものとして松原347頁。
[37] 植田博「間接正犯」刑法基本講座第4巻86頁参照。
[38] これに対し，拡張的共犯論の立場では，人間の利用を物理的利用（死せる道具）と心理的利用とに分けて，前者を直接正犯，後者を教唆犯に位置づけることになる（中山477頁）。

正犯の成立を認めたが，これは被利用者が刑事未成年者（責任無能力者）であったからではなく，是非の弁別能力があっても被告人によりその意思が抑圧されていたことを理由とするものであった（意思抑圧型の間接正犯）。

(5) **被害者の行為の利用**　被害者を直接に侵害することなく，被害者を錯誤に陥れて自己の行為の結果を認識しえない状態を利用したり，強制により意思を抑圧された被害者の行動を利用したりした場合も，一種の間接正犯とみることができる。最決平16・1・20（刑集58巻1号1頁）は，極度に恐怖して被告人に服従していた被害者に対して，暴行・脅迫を交えつつ，岸壁上から車ごと海中に転落して自殺することを執拗に要求し，被害者をして，命令に応じて車ごと海中に飛び込む以外の行為を選択することができない精神状態に陥らせていたときは，被害者に命令して車ごと海中に転落させた被告人の行為は，殺人罪の実行行為に当たる，とした。本件の被害者は，その意思が完全に制圧されていたわけではないが，死の現実的危険性の高い行為以外の行為を選択することができない状態におかれていたことから，被告人は被害者の行動およびその結果（未遂）を支配していたとみることができよう。

以上に対し，行為者の欺罔により被害者に錯誤が生じていても，それが動機・縁由についての錯誤にとどまり，被害者に自損・自傷行為以外の行為を選択することが可能である場合，法益侵害結果は被害者の答責領域内で生じたものであって，行為者に行為支配は認められず間接正犯は成立しない。例えば，追死の意思がないのに追死するもののごとく装って相手を自殺させる偽装心中の場合，自殺を違法とみるとき，行為者による自殺の申し出にもかかわらず，正常な判断能力があり，かつ，自殺の何たるかを弁えている被害者の規範的意思によって死の結果が遮断されることが期待されており，背後の行為者に殺人罪（の間接正犯）は成立せず，せいぜい自殺関与罪（202条）が成立するにとどまることになる。

3　間接正犯における未遂処罰

間接正犯の場合，利用者と被利用者の行動が連続して行われることから，いつ実行の着手があり，また，どの時点で未遂犯としての処罰が可能となるか，とい

39　本決定が間接正犯の成立を否定したのは妥当であるが，強盗行為自体はYが単独で行っており，Xにはむしろ教唆犯の成立を認めるべきであった（同旨，浅田432頁）。本決定に対する研究として，岡部雅人・刑法の判例240頁など。

う問題があり、この点について見解が分かれている。

(1) 利用行為開始説　多数説の採るところであって、利用者の利用行為の開始に実行の着手を求めるとともに、その時点で直ちに未遂犯として処罰に値する危険（可罰的違法性）が生ずる、とみる。この説は、結果発生との関係で、直接の物理的因果力をもたない利用者の誘致行為を実行行為と解する点では、行為を規範主義的に理解している反面（大塚173頁）、利用者の身体運動としては、被利用者を犯罪に誘致する行為しかないということを強調する点では、行為を自然主義的に理解しているといえる。

　この見解に対しては、実行行為概念を不当に拡大し、実行の着手、したがって未遂犯の成立を非常に早い時期に認めてしまう、ということが指摘されている（西原・下366頁）。特に、例えば被害者自身の行為を利用する場合、他人の過失行為を利用する場合、挙動犯の間接正犯の場合などにおいて、未だ法益侵害の危険が切迫していないにもかかわらず実行の着手を認めてしまう結果となっている、と批判される。しかし、利用行為開始説の問題性は、利用行為の開始に実行の着手を求めた点にあるのではなく、実行の着手（利用行為の開始）によって直ちに未遂犯として処罰に値する危険（可罰的違法性）が生ずる、と解した点にあるといえよう。

(2) 被利用行為開始説　少数の学説および判例の認める見解であって、通常、被利用者が行為を開始して初めて法益侵害の危険が切迫するのであり、この時点に実行の着手を求め、したがって未遂犯としての処罰を認めるべきである、とする。もっとも、この立場でも、利用行為時にすでに危険の切迫性が認められるときは、例外的に利用行為の開始に実行の着手を認めることができる、とされている（個別化説／例えば西原・下367頁）。被利用行為開始説が、被利用者の行為の開始をまって初めて未遂犯として処罰に値する法益侵害の具体的危険が発生するとしたその結論には正しいものがある。しかし、被利用者が直接の法益侵害行為を開始した時点では、利用者が現場にいないなどおよそ被利用者の行為に介入しえない場合もあり、利用者の「実行の着手」をも被利用者の行為の開始に求めた点には疑問がある。

　この問題を考えるうえで参考となるのは、行為と結果とが場所的に異なる**離隔犯**の場合の取扱いである。①判例は、離隔犯についていわゆる**到達主義**を採っており、例えば、大判大7・11・16（刑録24輯1352頁）は、殺人目的で毒物を郵送し

たという事案につき，相手方がこれを受領した時点で毒物を食用することのできる状態となり，殺人の着手が認められる，と判示した。これに対し，②利用行為開始説では**発送主義**を採ることになるが（➡475・6頁），③離隔犯についても，通常の間接正犯の場合と同様，事態（客体）が行為者の手を離れるのは発送時であって，この時点ですでに実行の着手が認められるが，未遂犯としての処罰が可能となるのは，被害者の生命への危険が切迫し現実化した到達時（ないし被害者が配達物を食しようとしたとき）と解すべきである。

　(3) **私　見**　　利用行為開始説，被利用行為開始説を問わず，従来の学説の問題点は，実行の着手の問題と未遂犯における結果（法益侵害の現実的危険の発生[40]＝未遂犯の処罰）の問題とを同一視している点にあったと思われる。たしかに，通常の犯罪においては，実行の着手と同時に法益侵害の具体的危険も発生し，両者を区別する実益はないのであるが，間接正犯にあっては，原因において自由な行為の場合と同様（➡304頁），実行の着手と危険の発生との間に時間的懸隔が生じていると考えられる。すなわち，まず，背後の利用者による利用行為の開始によって実行の着手が認められ，その後，被利用者が行為を開始することによって初めて侵害結果発生の現実的危険（未遂結果）が発生し，利用行為について処罰に値する可罰的違法性が認められることになるのである。

　まず，ⓐ実行の着手については，共犯の場合と異なり，規範的障害となりえない被利用者を道具として利用する間接正犯の場合，侵害犯については，法益侵害の一般的危険性を有する利用行為を正犯行為，したがってその開始を実行の着手と解することができる[41]。しかし，ⓑその後に被利用者による現実の法益侵害行為が予定されている以上，物理的見地からは実行が開始されただけでは未だ法益侵害の具体的危険（既遂結果発生の現実的危険）が発生したとはいえず，被利用者の行為の開始をまって初めて実行行為（＝正犯行為）は可罰性を獲得することになる，と解することができるのである（➡477-8頁）。

---

[40] 具体的危険犯の未遂をも視野に入れた場合，「既遂結果発生の現実的危険（の発生）」と呼ぶのが精確であるが（➡464頁注8），未遂の多くは侵害犯について認められているので，通例に従い本文の用語例によることとする。
[41] 松原300頁は，「同時存在原則や法令適用の基準となる問責対象行為は，行為者の意思発動としての発送行為・誘致行為に尽きるのであって，被利用者の行動等を行為者の『行為』とみるのは擬制にすぎない」とする。

4 自手犯

　一定の行為主体が自ら一定の行為をする場合だけを犯罪として処罰するものを「自手犯」という[42]。自分で行うのでなければ，犯罪を行ったことにはならないものがこれであって，自手犯は，間接正犯の形式では犯しえないとされている。自手犯には，①法律の形式による形式的自手犯と，②犯罪の性質による実質的自手犯とがある。

　(1) 形式的自手犯　　法律上，最初から間接正犯的犯行形式を排除しているものをいう。例えば，刑法156条の虚偽公文書作成罪（公文書の無形偽造）は，この罪の間接正犯の特殊な場合を処罰の対象としている157条の公正証書原本等不実記載罪との関係で，間接正犯的犯行形式が排除されていると考えられる。すなわち，公文書について作成権限のない者が，157条の規定しない公文書を，同条に規定する以外の方法で情を知らない公務員をして作成させた場合に，虚偽公文書作成罪（156条）の間接正犯が成立するか，という問題であるが，公文書の無形偽造の行為主体は，本来，当該公文書の作成権限を有する公務員に限られているのだから（身分犯），非公務員は157条の場合の外は情を知らない公務員をして虚偽公文書を作成させても不可罰と解せられる（消極説）[43]。

　(2) 実質的自手犯　　間接正犯的犯行形式が実質的にみて不可能な犯罪をいう。

　(a) 真正自手犯　　いかなる形態においても間接正犯的犯行の不可能な犯罪がこれである。例えば，偽証罪（169条）は，①法律により宣誓した証人がそれ以外の者を利用してこの罪を犯すことができないばかりか，反対に，②証人でない者が法律により宣誓した証人を利用して偽証罪を犯すこともできないのである。

　(b) 不真正自手犯　　例えば，通貨偽造罪（148条以下），収賄罪（197条以下）のように，①一定の目的・身分を持つ者，すなわち直接正犯たりうる者がそのような目的・身分を持たない者を利用して犯罪を行うことはできるが（ただし，➡2 (2)(b)頁），反対に，②目的・身分を持たない者，すなわち直接正犯となりえない

---

[42] 西田76頁は，間接正犯という形態であっても，その保護法益を侵害した場合に犯罪の成立を否定する理由はない，として自手犯の概念を否定するが，法益侵害行為がすべて犯罪を構成するものではないことを銘記すべきである。

[43] ただし，公文書の作成は，事実上の作成者である作成補助者によって作成され，作成名義人はただこれに裁可を与えるにすぎないのが通常の事態であるから，156条の主体には，作成名義人である公務員のほか，文書の作成について事実上の職務権限を有する補助公務員も含まれる（最判昭32・10・4 刑集11巻10号2464頁）。

者がそのような目的・身分を持つ者を利用して犯罪を行うことができないものをいう[44]。

第3節　共犯の基礎

1　共犯の処罰根拠
1　問題の所在

「共犯は，自ら犯罪を実行していないにもかかわらず，なぜ処罰されるのか」という共犯の処罰根拠に関する問題は，共犯の処罰についての統一的原理によって共犯論全体を整序し，これにより共犯をめぐる諸問題を矛盾なく解決しようとする意図の下に展開されてきた議論である。具体的には，①「共犯の因果性」に関して，幇助の因果関係（➡600頁），承継的共犯（➡第8節1），共犯からの離脱（➡第8節2）をどのように説明するか，②例えば，嘱託殺人罪（202条後段）のように，「自己が被害者となる犯罪」への関与が共犯として処罰されないとすれば，その理由は何か（➡3），③被教唆者（正犯）をして犯罪の実行に着手させるが，未遂に終わらせる意思で教唆する「未遂の教唆」は可罰的であるか否か，不可罰であるとした場合，その理由は何か（➡第5節3），④「共犯と身分」に関し，まず，真正身分犯について（65条1項），非身分者であるにもかかわらず，身分犯に加功したときに何故処罰されるのか，また，不真正身分犯において（同2項），身分犯に加功しておきながら，非身分者に通常の刑が科される理由は何か（➡第7節），⑤「必要的共犯」において一方が不処罰とされているとき，その者は他方の共犯にもなりえないのか，なりえないとすればその根拠は何か（➡518-9頁），といった問題がこれに含まれると解されている。もっとも，共犯の処罰根拠論は，いわば共犯が成立するための外枠をいかに画すべきか，という議論であって，これによって共犯論上の諸問題すべてについて直ちに解決の道筋がつけられる，という性格のものではない。

共犯の処罰根拠論に関して，狭義の共犯である教唆犯・従犯（以下，加担犯という）のほか，「共同正犯」もこれに含まれるかが争われている。この問題は，共同正犯が犯罪の実行を要素とする点で正犯であり（ただし共謀共同正犯），その反

---

[44] なお，強姦罪の場合，身分をもたない女性も身分者である男性を利用して犯罪を行うことができるから，強姦罪は身分犯であっても自手犯ではない。

面で，一部でも実行していれば全体について責任を問われる点で共犯でもある（一部実行の全部責任の原則），というその複合的性格にかかわっている。この点について，共犯の処罰根拠をめぐる問題が，上記の共犯論上の諸問題，とくに②・③・④に関して議論されてきた学説史的経緯に照らし，また，共同正犯が加担犯とは共犯としての構成原理を異にしていることから，加担犯の処罰根拠に限るとする見方もあるが（松宮318頁）[45]，共同正犯も単独正犯とは異なり，自ら行った実行行為の枠を超えて他の共同正犯者が行った実行行為についても責任を問われるのであるから，その限度で共犯の処罰根拠論の射程は共同正犯にも及ぶと解すべきであろう。

2 共犯の違法性と因果性

(1) 学　説　共犯の処罰根拠をめぐって，学説は多岐に分かれている。それは，ⓐ正犯と共犯との間に犯罪性（違法性）についての本質的な違いがあるのか，それとも単に違法性の量的な相違があるにすぎないのか，という点に関して理解の対立がみられるからである[46]。すなわち，①責任共犯論および違法（不法）共犯論が，共犯は正犯の犯行を誘発・助長したことに対して罪責を負うのだと解し，正犯と共犯の間に犯罪としての本質的違いを認めるのに対し，②因果的共犯論は，共犯は正犯を介して犯罪結果を惹起したことを理由に罪責を負うのだと解して（惹起説），正犯と共犯の間に単に量的相違のみを認めるのである。また，以上の点とも関連して，ⓑ共犯の処罰根拠論は，共犯行為と正犯結果との関係をどのように捉えるか，という問題（共犯の因果性）とも深くかかわっている[47]。

(a) 責任共犯論　共犯は正犯を誘惑して堕落させ，罪責と刑罰に陥れたが故に処罰される，と考える見解であって，そこから共犯は正犯の責任に従属する，

---

[45] 高橋426頁以下は，①共同正犯の処罰根拠と②狭義の共犯の処罰根拠とは区別されなければならないとしたうえで，①は「一部実行全部責任」の根拠の問題とし，本文に挙げた各理論をもっぱら②の問題として捉えている。

[46] 前田326頁は，共犯の処罰根拠論が教唆を中心に考えるドイツの理解を，（事実上）教唆のない日本（共犯全体に占める教唆の割合は0.2％／➡579頁）に導入しようとしたものであったため，わが国の刑事司法実務にほとんど影響しなかった，としてその不毛性を指摘する。しかし，その反面において，この理論は，制度上統一的正犯体系を採らないわが国の司法実務において，共犯のほとんどすべてが共同正犯として扱われていることの「異常さ」を浮き彫りにしたともいえよう。問題は，処罰根拠論の「不毛性」にあるのではなく，共犯現象の大半を（共謀）共同正犯として処理する司法実務の「異常性」にあるのである。

[47] この問題に関する私見の詳細については，「共犯と違法の相対性」『研究』255頁以下。

とも説かれる。責任共犯論は、刑法上の保護法益とは直接関係のない正犯の堕落・誘惑という心情的、倫理的要素によって共犯の処罰根拠を基礎づけようとするところにその特色がある。責任共犯論は、共犯（特に教唆犯）の処罰根拠を正犯者との関係の中に求め、正犯は刑法各則の保護法益を侵害したことを理由として処罰され、共犯（教唆犯）は正犯を侵害した（罪責と刑罰に陥れた）ことを理由として処罰される、と主張する。標語的には、例えば「正犯者は殺人を行い、教唆犯は殺人者をつくる」と表現されている。

しかし、刑法の任務が法益の保護にあると解する立場からすると、「堕落」・「誘惑」といった法と倫理の一体性を志向する責任共犯論には根本的な疑問がある。また、責任共犯論は、共犯現象における責任の側面を強調する考え方であるが、共犯も犯罪である以上、法益の侵害・危険という違法性の側面を無視することはできない。責任共犯論は、また、責任がない者は「罪責と刑罰」に陥れられることがないということから、共犯の従属形態に関し、共犯が成立するためには、正犯に構成要件該当性・違法性のほか責任が具備されていなければならない、とする極端従属形式に向かうが（➡558頁）、違法とは異なる責任の個別的性格に照らすと、共犯の責任は正犯の責任とは別個独立に評価されなければならない。

(b) **違法共犯論**　共犯は正犯を反社会的な状態に陥れ、社会の平和を乱したから処罰される、と解する違法共犯論は、正犯者を違法行為に陥れた点に共犯の処罰根拠を求める。違法共犯論は、正犯と共犯とで向けられる規範が別個のものであるとし、標語的に、例えば「正犯は『人を殺すな』という規範に違反し、教唆犯は『他人を人殺しへと唆すな』という規範に違反する」と説かれている。違法共犯論は、もともと違法の実体を「行為者関係的な人的行為不法」と解する人的不法論（行為無価値論）から主張された見解であって[48]、行為者の目標設定、心構え、義務、これらすべてが生じるかもしれない法益侵害と共に行為の不法を決定するという人的不法概念を前提とするならば、正犯と共犯の違法内容も、当然、本来的に異なることになる[49]。すなわち、自ら犯罪を実行する正犯者と、正

48　高橋・前掲注（2）165頁。
49　これに対し、違法共犯論を、①正犯の行為無価値を惹起したことを処罰根拠とする行為無価値型と、②法益侵害説を基礎として、正犯の結果無価値（法益の侵害・危険）を惹起したことを処罰根拠とする結果無価値型とに分け、後者は後出の修正惹起説（➡ ③(2)(b)）とも呼ばれる、とするものとして浅田406-7頁。

犯者に犯罪を実行させる者との違法性の観点における人的立場は決して同一ではないと解し，共犯者の処罰は，ただ正犯による法益侵害の結果に因果関係をもつからだけではなく，教唆・幇助という方法で正犯による法益侵害に寄与したこと（行為無価値）にある，と主張するのである[50]。

違法共犯論は，共犯行為自体の違法性を強調する半面で，正犯結果を共犯からみて処罰条件的なものと解する立場といえるが，正犯行為を「行わせた」だけでは共犯の違法性としても十分ではなく，結果無価値（法益侵害・危険）の側面が脱落してしまっているところにこの説の問題性がある。仮に「社会の平和」（正犯者の社会的完全性）の侵害に法益侵害の側面をみるとしても，これは内容空疎な法益概念であって，実体を伴った固有の意味での法益（被害者の生命・身体・自由・財産など）とはまったくその性格を異にしている。したがって，この立場で，正犯とはおよそ別種の法益（社会の平和）を侵害するとされる教唆犯が何故正犯の刑を科せられることになるのか（61条），その理由は必ずしも明らかでないし，さらに教唆犯を念頭において構築された違法共犯論からは従犯の処罰根拠の説明に窮する，という問題も出てこよう。

(c) **因果的共犯論**　共犯は正犯の実現した結果を共に惹起したが故に処罰される，と説く見解であって**惹起説**とも呼ばれる。この立場では，共犯の違法性を基礎づける前提として，共犯行為と正犯結果との間の因果性が問われることになる。因果的共犯論の特色は，「正犯は直接的に，共犯は間接的に法益を侵害する」と解するところから，前2説とは異なり，正犯と共犯の間に違法性の量的相違は認めるものの，因果的な法益侵害の惹起という点では両者の間に本質的違いはない，と主張するところにある。因果的共犯論は，共犯の処罰根拠を犯罪結果（法益侵害）との関係で理解する点で，犯罪（違法）の本質を法益侵害・危険に求める違法観ともっともよく調和するものといえ，基本的に妥当な見解である。

(2) **小　括**　上にみたように，共犯の処罰根拠（共犯の因果性・違法性）に関し，①責任共犯論・違法共犯論と②因果的共犯論との間には，根本的な理解の相違が認められる。

(a) **共犯の違法性**　①責任共犯論と違法共犯論は，正犯と共犯との間に犯罪としての本質的な相違を容認し，したがって正犯の違法性と共犯の違法性との間

---

[50]　福田平＝大塚仁『対談／刑法総論（下）』（1987年）183頁以下。

に質的違いを認めるのに対し，②因果的共犯論は，法益の侵害が直接的か（正犯），間接的か（共犯）という量的相違のみを認め，両者の間に違法性に関する本質的違いを認めないのである。

(b) 共犯の因果性　①共犯は正犯を堕落させ罪責と刑罰に陥れたが故に処罰されると説く責任共犯論においては，共犯行為と「正犯者」との関係だけが問題とされており，正犯行為・結果との因果性が要求されることはない。また，②共犯は正犯に違法な行為を行わせたが故に処罰されると説く違法共犯論にあっては，共犯行為と「正犯行為」との因果性は問われるが，正犯結果との関係が問題とされることはない。これに対し，③共犯者が正犯者と共に犯罪結果を惹起した点に共犯の処罰根拠を求める因果的共犯論では，共犯が成立するためには，間接的とはいえ当然に共犯行為と「犯罪結果（正犯結果）」との間の因果関係の存在が要求されることになるのである。

> **【心理的因果性と物理的因果性】**　共犯の因果性には，心理的因果関係と物理的因果関係とがある。共犯の因果性は，最終的には共犯行為と犯罪結果との間に認められるのであるが，そのためには，共犯者間において犯罪の実現に向けて相互に因果力を及ぼしうる共犯行為の実態が存在していなければならない。まず，共犯が同じように複数人による犯罪でありながら同時犯と異なって扱われるのは，2人以上の者の間に意思疎通・意思連絡が存在しているからであって，そこには相互の心理に働きかける犯罪意思の共有・強化の促進に資する**心理的因果関係**が認められる。特に，共犯を特殊な社会心理的現象である共同意思主体の活動とみる場合には（共同意思主体説／➡2②(3)），特定の犯罪を実現しようとする共同目的の下での一体化にあたり，心理的因果関係が重要な働きをもつことになる。この意味での心理的因果性は，物理的因果性と異なり，共同正犯を含むすべての共犯形式に不可欠の要件である[51]。
>
> 　共犯の因果性は，また，共犯形式（共同正犯・教唆犯・従犯）ごとに独自の表れ方をする。①2人以上共同して犯罪を実行する「共同正犯」にあっては，2人以上の者が各自共同犯行の意識をもって一体となることによって心理的因果関係を基礎づけ，共同した数人で犯罪を実行することにより，主として物理的因果関係を基礎づけることになる。また，②人を教唆することによって相手方に犯罪の決意を生じさせ，かつ，これを実行させる「教唆犯」にあっては，正犯者意思への働きかけを本質とする点においてもっぱら心理的因果関係が問題となる。これ

51　共犯における心理的因果性の重要性を強調するものとして，町野朔「惹起説の整備・点検」内藤謙先生古稀祝賀『刑事法学の現代的状況』(1994年) 128頁以下。

に対し，③正犯を幇助する「従犯」にあっては，幇助の態様が物質的・有形的なものであれば物理的因果関係が問題となり，精神的・無形的ものであれば心理的因果関係が問題となる（幇助の因果性に関し，➡600頁）。

3 惹起説（因果的共犯論）と共犯（違法）の従属性

(1) 問題の所在　2人以上の者が意思疎通のうえ犯罪を行うのが広義の共犯（複数犯）であるが，その2人以上の者の中に違法に行為する者と適法に行為する者とが共に含まれることがありうるか，ということが，今日「（人による）違法の相対性」の問題として議論されている。例えば，①A（共犯）の依頼により，X（正犯）がAを殺害しようとしたが未遂に終わった場合に〔事例Ⅰ／嘱託殺人〕，Xの嘱託殺人（202条後段）未遂が違法であってもAの教唆（嘱託）行為は適法であるということができるか（共犯のない正犯），反対に，②B（共犯）がY（正犯）を慫慂してYに自傷行為をさせた場合に〔事例Ⅱ／自傷教唆〕，Yの自傷行為が自損行為として適法であるとしつつ，Bについて傷害の教唆を認めることができるか（正犯のない共犯），という問題がそれである。

共犯と正犯の違法性との関係については，従来，共犯（違法）の従属性の観点から議論がなされてきており，違法の従属性（連帯性）を強調する立場は「人による違法の相対性」を否定し，違法の独立性（個別性）を是認する立場は「人による違法の相対性」を肯定してきた。

(2) 学説　惹起説（因果的共犯論）内部で，共犯（違法）の従属性（独立性）をどの程度認めるか，すなわち共犯独自の違法性の有無・程度をどのように考えるかによって，①純粋惹起説（独立性志向惹起説），②修正惹起説（従属性志向惹起説），③混合惹起説（従属的法益侵害説）の3つの見解が主張されている

(a) 純粋惹起説　共犯は正犯行為を介しているとはいえ，共犯者自身が自ら刑法各則で保護されている法益を侵害しているとみる純粋惹起説は（浅田407頁〔ただし結論は混合惹起説と同一になる〕，佐伯（千）337頁，中山444頁，山中862頁〔ただし正犯なき共犯を否定する〕），共犯の違法性は共犯行為自体の違法性に基づいており，正犯の違法性から完全に独立していると解することによって（違法の独立性），違法の個別性という意味での「人による違法の相対性」を全面的に肯定する立場である。したがって，この見解は，「共犯のない正犯」を認めるだけではなく，「正犯のない共犯」をも認めることになる。前例で言えば，①Xの嘱託殺人未遂が違法であってもAの教唆（嘱託）行為は適法であるとするだけではなく〔事例Ⅰ〕，②Yの自傷行為が自損行為として適法であってもBについて傷害の教唆を認めるのである〔事例Ⅱ〕。

しかし，後者につき正犯行為が適法であるのにこれに加担した共犯行為を違法であるとして処罰するのは，共犯の可罰性の不当な拡張と言わざるをえないであ

ろう[52]。正犯者Yの行為が適法であるならば，これを慫慂したBの行為も適法と解すべきである。また，人による違法の相対性を全面的に認める場合には，刑法65条1項が真正身分犯に関し，非身分者が身分者に加功した場合に，非身分者も身分犯の共犯として処罰されると規定している趣旨を合理的に説明することが困難となろう。純粋惹起説は，各自が実行行為を分担する共同正犯の処罰根拠を説明しうるとしても，実行行為を担当する正犯を介して初めて犯罪結果に影響を与えうる教唆・幇助の処罰根拠を説明するものとしては不十分である。所詮，純粋惹起説は，違法性を行為者関係的に捉える人的不法論の帰結であり，したがってこの見解には，違法の本質を命令違反に求める主観的違法論の痕跡が色濃く残されている[53]。

　また，純粋惹起説を一貫させると，正犯に当たる者の行為が構成要件に該当しない場合についても，共犯の成立を認める可能性が生じてくる。例えば，証拠隠滅罪（104条）において，他人Xが当該刑事事件の犯人Yに証拠隠滅を教唆した場合，「自己の刑事事件」に関する証拠の隠滅のため，正犯（Y）に構成要件該当性が否定されるにもかかわらず，法益侵害の惹起を理由に，他人（X）に証拠隠滅教唆が成立することになる[54]。さらに，「共犯と身分」に関し，真正身分犯において身分者が非身分者の行為に加功した場合，例えば，秘密漏示罪（134条）において医師が看護師に秘密漏示を教唆した場合，直接行為者である非身分者について構成要件該当性が認められないにもかかわらず，身分者による法益侵害の惹起を捉えて，秘密漏示罪の共犯の成立を肯定することにもなる（なお，保健師助産師看護師法にある同様の罰則規定（42条の2，44条の3）については，➡43頁・注22）。しかし，「正犯のない共犯」を肯定することは，現行法の予定する教唆・幇助の概念を著しく逸脱することになろう（山口298頁，同・探究239-240頁参照）。

　(b) **修正惹起説**　共犯は正犯が法益を侵害するのに関与し，正犯の結果不法を共に惹起しているとみることから，共犯の違法性は正犯行為の違法性に基づくと考える修正惹起説は，共犯（違法）従属性の理論に全面的に依拠し，共犯の独立した違法要素をおよそ認めない立場である。共犯の違法性が正犯の違法性に依存するという修正惹起説の理論的根拠は，客観的違法論に由来する違法の連帯性に求められる。客観的違法論の説く「名宛人なき規範」の思想は，人によって違法評価が異なることを拒否し，正犯が違法であれば共犯もこれに連帯して違法となる，と考えるのである[55]。「人による違法の相対性」を原則的に否定し，違法の

52　高橋・前掲注（2）144頁。
53　大越義久『共犯の処罰根拠』（1981年）221頁，258頁。
54　そもそも61条の解釈として，構成要件に該当しない行為を「犯罪」と呼ぶことには無理があろう（佐伯(仁)379-380頁）。
55　高橋・前掲注（2）150頁参照。

連帯性を貫徹させようとする修正惹起説は,「正犯のない共犯」を否定するだけではなく,「共犯のない正犯」をも否定することになる。この立場を徹底すると, 右の〔事例Ⅱ〕でYの自傷行為が適法であればBの教唆行為も適法となるだけではなく,〔事例Ⅰ〕におけるXの嘱託殺人未遂が違法であれば殺人の嘱託をしたAの教唆行為も不可罰ではあるが違法となるのである。

修正惹起説に対しては, 正犯行為が違法であれば共犯行為もすべて違法であるとするのは, 違法の連帯性の過度の強調であり, その結果として必要的共犯やアジャン・プロヴォカトゥールの不可罰性を基礎づけることが困難になる, という批判が向けられている[56]。嘱託殺人事例でいえば, 修正惹起説によるとAの教唆(嘱託)行為もXの違法な嘱託殺人未遂行為に連動して違法となるが, これでは共犯者であると同時に被害者でもあるAを処罰することになって不当だというのである。たしかに, 被害者でもあるAの行為の可罰性を認めることはできないが, この点はどのように考えるべきであろうか。

まず, Aの依頼によるとはいえ, XによるAの嘱託殺人未遂という構成要件的結果(生命侵害の危険)を因果的に惹起したという点では, 直接・間接の違いこそあれ, Xの正犯行為とAの教唆(嘱託)行為との間に本質的な違いはない。被害法益の観点からすれば, 因果的共犯論に立脚するかぎり, Xの行為を違法行為, Aの行為を適法行為として, そこに違法性の質的相違を認めることはできない。しかし, 行為者側の事情を加味して考えると事態は異なり, 正犯行為と共犯行為の間に違法の量的相違を認めることが可能となる。Xの行為は, Aの生命に重大な危険を及ぼす性質のものであるから, 構成要件該当の(可罰的)違法行為であり, またXの側にこれに優越する利益も認められない。これに対し, 教唆者であると同時に被害者でもあるAは, そこにXの行為を介在させているため不完全ではあるものの, 自己の生命の自由な処分(自己決定の自由)という利益が実現していると解せられるのであって[57], Aについては少なくとも可罰的違法性が否定されなければならない。被害者であるために正犯たりえない者(自殺(未遂)者・自傷行為者)[58]は, 法益侵害にとってより間接的な共犯としては, なおさらその可罰性を欠くのである(不可罰的違法)。

(c) 混合惹起説　　共犯は正犯を通して間接的に法益を侵害しているとみる混合惹起説は, 共犯の違法性は共犯行為自体の違法性と正犯行為の違法性の双方に基づくと考える(井田481頁以下, 佐久間351頁, 髙橋428頁, 松宮317頁以下, 山

---

[56] 髙橋・前掲注(2)150-1頁。
[57] ちなみに, 自殺自体は, 自己の法益とはいえ生命という重大な利益の侵害であるから違法であるとしても, そこには自己決定の自由の完全な実現が認められる。
[58] 「人の生命・身体は本人に対しては保護されていない」と説明されることがあるが(例えば, 佐伯(仁)377頁), 厳密にいえば, 生命(および生命に準ずる重大な身体的利益)に関しては, 「本人に対し刑罰を科してまでは保護されていない」というべきであろう。

口300頁など）[59]。この見解は，違法の連帯性を一部認めて「正犯のない共犯」は否定するが，「人による違法の相対性」を部分的に認めて「共犯のない正犯」については肯定するのである。したがって，〔事例Ⅱ〕のYの自傷行為が自損行為として違法でないのであれば，これを慫慂したBの教唆行為も違法でないが，〔事例Ⅰ〕のXの嘱託殺人未遂が違法であっても，Aの教唆（嘱託）行為が違法でないことを認めるのである。

しかし，正犯者（X）の行為が可罰性を帯びた違法行為であるにもかかわらず，被害者としての身分を有するとはいえ，それに原因を与えた共犯者（A）の行為がまったくの適法行為であると解することは困難であろう（ただし被害者でもあるAについて，➡(b)）。また，その反面において，混合惹起説は，正犯による法益侵害から区別された共犯固有の法益侵害性を認めるが[60]，法益侵害の点では正犯と共犯との間に質的な区別を設けることはできないと思われる。正犯と共犯との間で違法性の有無・程度に違いが認められるとしても，それは侵害法益と他の行為事情，特に保全法益との比較衡量によるのであって，共犯行為自体に独自の法益侵害性が認められるからではない。法益侵害性の点に限って言えば，共犯の違法性といっても，結局は正犯行為を介しての法益侵害に尽きていると考えられ，それとは独立に共犯行為独自の違法性を想定することは困難ではなかろうか。

2　共犯の本質
1　問題の所在

共犯の本質，すなわち「共犯は一体何を共同（共働）にするのか」という点をめぐって，従来，学説が対立してきた。共犯学説（共犯理論）における行為共同説，犯罪共同説，および共同意思主体説の対立がこれである。

(1) 共犯学説の射程　共犯学説の理解について，本書は，それが狭義の共犯（教唆犯・従犯）を含む共犯一般の問題であると解しているが（他に，大塚282頁注11，川端523頁，中213頁など），これとは異なり，共犯学説は共同正犯固有の問題であると解する見方も有力である（例えば，高橋422頁，福田266頁）。しかし，共犯学説と呼ばれるものは，共犯は何故に他人の行為から生じた結果についてまで罪責を負わされるのか，という共犯の共犯たる所以（共犯性）をめぐる見解の対立を内容とするのであるから，共犯学説は教唆犯・従犯を含めた共犯一般の本質に関

---

[59]　西田338頁は，「関与者の誰かの行為が構成要件を充足することが，共犯の処罰根拠になる」として，これを「構成要件的惹起説」と呼ぶ。
[60]　高橋・前掲注（2）281-2頁。

する問題を扱うものと解すべきである。したがって，各共犯学説にいう「共同」は共同正犯にいう「共同」より広く，単なる関与・加功を含む「共働」というほどの意味で使われているのである。

(2) 共犯の処罰根拠論との関係　ところで，共犯学説が共犯一般の問題に関する学説であるということになると，それと共犯の処罰根拠に関する問題（➡1）とはどこが違うのか，という疑問がわいてくる。この点，①両者はまったく同一ではないとしても，相互に密接な関係があるとし，例えば，犯罪共同説は責任共犯論の方向であって行為無価値論によって支えられ，行為共同説のとる因果的共犯論は結果無価値論によって支えられている，とする見方もあるが（中山443頁），その結びつきは必然的なものとはいえないであろう。②共犯の処罰根拠論は，共犯の構造，共犯における違法の実体を解明しようとするものであって（その限りで行為無価値論・結果無価値論との関係が認められる），共犯処罰の出発点を形成し，いわばそのための必要条件（外枠）を提供しようとするものであるのに対し，共犯学説は，共犯現象の本質・全体像を解明しようとするものであって，共犯の処罰根拠論を踏まえつつ共犯処罰を限定する方向でその到達点を形成し，いわば共犯処罰のための十分条件（内実）を提供しようとするものである。

2 共犯学説

共犯学説の分類の仕方については，行為共同説と犯罪共同説とに大別したうえ，共同意思主体説を犯罪共同説の1つとしてこれに含めて理解する見解もあるが（西原・下374頁以下／➡注62），ここでは共同意思主体説に犯罪共同説とは異なる独自の意義を認める立場から，これを独立させて論ずることにしよう。

(1) **行為共同説**　共犯は数人が共同の「行為」によってそれぞれ各自の犯意を実現するものと解する立場であって，**事実共同説**ともいう。行為共同説は，共犯を数個の犯罪（それが同一の場合もある）を数人で行う「数人数罪」の場合と捉え，しかも最近では，一部でも犯罪行為の共同があれば共犯と認められると解することによって，共犯を単独犯の延長上において把握しようとする傾向がいっそう強くなっている。行為共同説によれば，同一の「犯罪」を共同にする必要がないことから，共通の犯罪意思の存在（故意の共同）は共犯成立の要件ではなく，また，各自の犯罪から出発したそれぞれの罪名が念頭におかれるので，法定的に重なった部分の共同を問題にする場合にも，必ずしも罪名の同一性（従属性）にはこだわらないことになる。行為共同説には，①主観主義犯罪論の犯罪徴憑説の見地から（牧野・下677-8頁，宮本194頁な

ど），犯罪共同説のように数人が一個の犯罪を共同すると解することは意味をなさないとして，行為の共同を社会的事実の共同（例えば，殺人と放火の共犯）と捉える立場と，②客観主義犯罪論に立脚して，共犯を犯罪遂行の方法的類型であると解する見地から（例えば，浅田409頁，佐伯(千)332頁，中山449頁以下，平野・Ⅱ364頁など），各自が実行行為の一部共同（例えば，殺人と傷害の共犯）によって自分自身の犯罪を行うことを共犯と捉える立場とがある。

したがって，犯罪共同説の論者が指摘するように（大塚282頁，団藤390頁など），必然的に行為共同説＝主観主義という図式が成り立つわけではないとしても，この説は，共犯を単独犯に引きつけて理解するあまり，単独犯と異なる共犯の本質（共犯の共犯性），すなわち共同正犯において実行行為の一部しか分担していないのにその全体について刑責を問われ（一部行為の全部責任），また教唆犯・従犯においておよそ実行行為を行っていないにもかかわらずそれが犯罪とされる理由を説明し尽くすことはできない。この説を徹底させれば，共犯の可罰性は共犯それ自体に備わるとする共犯独立性説に至り，正犯と共犯との区別も抹消されることになって，刑法総則における共犯規定の存在意義を失わせることになろう（西原・下373-4頁）。

行為共同説は，故意の共同を要求しないことから，故意犯と過失犯の共同も認めることになり，例えば，XがYの過失行為を利用してAを殺害した場合，XにYの過失正犯に対する故意の殺人教唆犯の成立を認めることになる。また，行為共同説は，行為の共同さえあれば罪質の異なる犯罪についても共犯を認めるから，前出の事例（➡530頁），すなわちXが屏風の裏にいるAを殺害しようとして，事情を知らないYに屏風に対する発砲を教唆した事例において，XにYの器物損壊行為に対する殺人の教唆を認めることになる。しかし，これらの場合，61条1項にいう「正犯」は現実の正犯（Yの過失致死罪・器物損壊罪）ではなく，共犯（X）の立場から想定された正犯（現実には存在しないYの殺人罪）を意味することになり，他人（正犯）に殺意を生じさせることが殺人教唆である，という教唆概念の基本的理解に真っ向から衝突することになる（西田397頁）。

行為共同説は，①2人以上の者の行為が相互に共犯であること（相互の意思疎通）を要しないとして，複数の関与者間にある者は単独犯，他の者は共犯という形態の片面的共犯（➡561頁）を認め，また，②共犯ありというために，2人以上の者が同じ犯罪類型に該当することを要しない，として罪名の従属性（同一性）を否定し，さらに，③過失の共犯（過失犯に対する共犯，過失による共犯，少なくとも前者／➡560-1頁）を肯定するなど（佐伯(千)324頁），共犯の処罰範囲を不当に拡大する傾向にあることは否定できない。共犯は，なるほど刑罰拡張事由ではあるが，それにはおのずから一定の限界があるのであって，単独犯とは異なる共犯固有の事情（私見によれば共同意思主体の活動）によって，単独犯に存在しながら共犯に欠けるもの（完全な実行行為性〔単独正犯性〕の欠如）を補わなければならないのである。

行為共同説と主観主義犯罪論との結びつきが絶対的なものではないとしても，その

親近性はやはり否定できないと思われる。客観主義に立脚する佐伯千仞は、行為共同説を採る根拠として共犯の「方法的類型」性を挙げるが（佐伯(千)323頁）、この発想は主観的犯罪論の泰斗宮本英脩に依拠するものであって、そこでは行為共同説（事実共同説）においては「犯罪の主観的方面を主として理論を構成する結果として、犯罪の成否は犯人各自に付いて独立にこれを論じ（る）」としていたのである（宮本194頁）。行為共同説が個人（主義）的共犯論とされるのも、それが個人の主観、意思方向を重視し、共犯における責任の個別性・独立性を強調するからであって、主観説の共犯論における現れとみることができよう。特に、今日の行為共同説は、その当初の意図において共犯論に個人責任の原則を貫徹させることから出発しつつ、その実、共同意思主体の活動はもとより、犯罪の共同さえ不要とし、単なる行為の共同のみによって他人の実現した犯罪事実にまで責任の範囲を拡げることによって、結果的にはむしろ近代刑法の基本原理である個人主義の原則を逸脱したものとなっているのである。

(2) **犯罪共同説**　この説は、客観主義犯罪論（構成要件論）の立場から構成要件的定型性を強調し、刑法総則の共犯規定を構成要件の修正形式（修正された構成要件）と解することから出発して、共犯は特定の「犯罪」（一個の犯罪）を数人で行う「数人一罪」の場合である、と解する。この見解によれば、各共犯者に成立する犯罪の「罪名」が少なくとも共犯の限度では同一であることが要求される（罪名同一性＝罪名従属性）。犯罪共同説には、①一個の故意犯を共同して行った場合にのみ共犯を認め（故意の共同）、共犯が成立するために複数の犯罪が完全に一致していることを要求する**完全犯罪共同説**（かたい犯罪共同説）と、②複数の犯罪が部分的に一致していればよいとして、異なる犯罪の間でも構成要件が重なり合う限度で共犯の成立を認める**部分的犯罪共同説**とがある。構成要件的定型性を強調する構成要件論の立場からすれば、完全犯罪共同説に至るのが自然であるが、今日、部分的犯罪共同説が多数説となっている（例えば、大塚282頁注13）。

ところで、共犯者間に成立する罪名にズレが生じた場合、完全犯罪共同説では、本来、共犯が成立しないことになるはずであるが（複数の単独犯）、実際には、重い犯罪の共犯の成立を認めたうえで、軽い罪を犯す意思しかない者については38条2項を適用して軽い犯罪の刑で処断しようとする見解が有力である。これに対し、部分的犯罪共同説は、罪名と科刑の分離を拒否して同一の犯罪の実行という観点を貫き、異なる犯罪の間でも両罪の構成要件が重なり合う限度で最初から軽い犯罪の共犯の成立を認めるのである（➡③）。なお、完全犯罪共同説は、共犯の成立にとっては相互了解が不可欠であるとして片面的共犯を否定し、また故意の共同が必要であるとして過失の共犯も否定するのに対し、部分的犯罪共同説では、犯罪の部分的一致が認められる限度で過失の共犯、片面的共犯を認めることがある。犯罪共同説に対しては、複雑微妙な共犯現象（とくに教唆犯、従犯）を形式的な構成要件の修正形式という概念のみによって説明し尽すことができるか、共犯成立の主観的要件として故意の共同だけで足りるか、という疑問が提起されよう。

(3) 共同意思主体説　共犯を特殊な社会心理的現象である共同意思主体の活動である，とみる共同意思主体説は，共犯をいわば「一主体一罪」の場合と捉えている。意思の結合に重点をおき，一定の犯罪を実現しようという共同目的の下に合一するところに，独自の扱いを必要とする共犯の本質が認められる，と解するのである（岡野275頁以下，草野117頁以下，齊藤(金)226頁以下など）[61]。共犯が，自らは実行行為を行っていないにもかかわらず，処罰の対象となり（教唆犯・従犯の場合），また，犯罪の一部しか行っていないにもかかわらず全体について責任を問われる（一部実行全部責任／共同正犯の場合）理由としては，数人が一定の犯罪を実現しようとする共同目的の下に合一したということ以外には考えられず，もっとも適切な見解である（西原・下375頁以下参照）[62]。「一個の故意犯」について意思の結合を強調する共同意思主体説の立場では，完全犯罪共同説の場合と同様，片面的共犯および過失の共犯は認められないことになる。

なお，共同意思主体説も，共同正犯に特有の学説ではなく，共同正犯のみならず，教唆犯・従犯にも妥当する共犯学説であって，広義の共犯すべてに共通する共犯原理を提供するものであることに注意を要する（➡ 1(1)）。したがって，共同意思主体が形成され，そのうちの1人が犯罪の実行に着手すれば何らかの共犯が成立することになるが，そのことによって直ちに全体について常に共同正犯が成立することにはならないのである（➡574頁参照）。共同意思主体内部においていずれの共犯（広義）が成立するかは，それぞれの行為が実行行為であるか（共同正犯），教唆行為であるか（教唆犯），幇助行為であるか（従犯）によって決まってくるのであって，本説においても，意思的結合に重点がおかれるあまり，実行行為の担うべき役割が希薄化されることがあってはならない（中山452頁参照）。

3　異なる犯罪間の共犯

共犯学説の対立がもっとも先鋭に現れてくるのは，各人が異なる犯罪の実現を意図して共同加功した場合，すなわち共犯者間に成立する罪名にズレが生じた場合の取扱いである。まず，共同正犯について考えてみることにしよう（➡(1)(2)）。

---

[61] 共同意思主体説は，草野豹一郎の創唱になり，齊藤金作の展開にかかる学説であるが，両者は，草野説が共犯の連帯性の観点から共犯の成立上の従属性と処罰上の従属性を共に認めたのに対し，齊藤説が共犯成立上の一体性（従属性）と処罰上の個別性（独立性）を主張した点で相違がみられる。齊藤説は，犯罪の主体（共同意思主体それ自体）と処罰の対象（共同意思主体の各構成員）に乖離がみられるという問題を残すものの，違法の連帯性（従属性）と責任の個別性（独立性）の観点からは一定の合理性を備えているといえよう。
[62] 共同意思主体説の論者の多くは，本説を行為共同説・犯罪共同説と並ぶ第三の学説と位置づけているが，西原・下374頁以下は，これを構成要件論によらない犯罪共同説としてその内部に位置づけている。

(1) 罪質を同じくする場合　例えば、〔事例Ⅰ〕Xが殺人の意思で、Yが傷害の意思で共同してAに向けピストルを発射したが、Yの弾丸はかすり傷を与えたにとどまり、致命傷を与えたXの行為によってAが死亡した場合に、X・Yの罪責がそれぞれどうなるかが問題となる。

(a) 全面的に共同正犯を認める立場　①行為共同説は、事例ⅠにおいてX・Y間に行為の共同が認められるから、Xの殺人とYの傷害（Aの死亡につき過失があれば傷害致死）との間に共同正犯を認める。したがって、Xには殺人罪の共同正犯として199条・60条が適用され、Yには傷害（致死）罪の共同正犯として204条（または205条）・60条が適用されることになる。行為共同説、特に客観主義の立場からするそれは、結論的に部分的犯罪共同説に接近するが、Xの殺人のように構成要件の重なり合いを超えた部分についても共同正犯の成立を認めるところにその特色が見受けられる。

　問題となるのは、事例Ⅰにおいて、反対に、Yの弾丸によりAが死亡した場合であるが、行為共同説では、この場合も、共同の行為について因果関係を論ずるので（牧野・下678頁）、Yの発砲がXとの合意に基づいている以上、発砲によるAの死の結果を予見しているとしてXに殺人既遂の共同正犯を認めることになる。しかし、Xの故意とYの行為・結果とを結合することにより、自身に殺意があるとはいえ、殺人につき合意のないYによる行為の結果をXの罪責に取り込むことは、Xが自己の実現したのではない殺人結果についてその犯罪意思（殺意）のみに基づいて処罰することにつながり、犯罪を悪性の表現と解する主観主義犯罪論以外からこれを基礎づけることは困難であろう。

　ところで、②完全犯罪共同説および共同意思主体説の中には、罪名の同一性を維持する必要から（➡(3)参照）、異種の犯罪間の共同正犯は認めないものの、罪質を同じくする事例Ⅰにおいては共同実行の事実に着目し、X・Yに重い殺人の共同正犯を認めたうえで、殺意のないYについては38条2項を適用して軽い傷害（致死）の限度で罪責を問う見解も有力である。しかし、この見解は、殺意のないYについて殺人の共同正犯を認めることになるほか、成立する罪名（殺人）と科刑の基礎となる罪名（傷害（致死））との間に不一致が生ずるという問題を残している。

(b) 部分的に共同正犯を認める立場　構成要件が重なり合う限度で共同正犯の成立を認める部分的犯罪共同説は、本件を抽象的事実の錯誤における構成要件

的符合説と同様に考え，事例Ⅰの場合，傷害（致死）の限度で構成要件が重なり合っているから，その限度でX・Yに共同正犯の成立が認められることになる。したがって，Yには傷害（致死）罪の共同正犯が認められ，その点では行為共同説と同じ結論になるが，殺意のあるXには構成要件の重なり合いの限度を超えたものとして殺人の単独犯が成立することになる。もっとも，共同正犯は相互に存在しなければならないとするなら，この場合，X・Y間に共同実行の事実について意思疎通がある以上，Xには傷害致死罪の共同正犯も成立し，理論的には単独犯である殺人罪との観念的競合ということになろう。なお，事例Ⅰとは反対に，殺意のないYの行為から死の結果が発生した場合，殺意のあるXの罪責は，傷害致死の限度でしか共同正犯を認めない部分的犯罪共同説では殺人未遂となる。

(c) **共同正犯を認めない立場**　完全犯罪共同説および共同意思主体説を純粋に貫くと，同一の犯罪の実現を意図していないXとYとの間に共同正犯は成立しないことになる。すなわち，XおよびYはそれぞれ単独犯であり，Xは殺人罪，Yは傷害罪で処断されることになる。この結論に対しては，それはX・Yが共同して犯罪を実行しているという事実を殊更無視している点で不当である，という批判がなされているが（内藤・下Ⅱ1359頁），これは共犯の本質に関する行為共同説と犯罪共同説ないし共同意思主体説との理解の相違に基づく指摘であって，一個の故意犯を共同して行った場合（故意の共同）にのみ共犯を認め（犯罪共同説），あるいは一定の犯罪を実現しようという共同目的の下に合一するところに独自の扱いを必要とする共犯の本質が認められると解する立場（共同意思主体説）からすれば，本事例を共犯（共同正犯）ではなく複数の単独犯（同時犯）として扱うことも1つの帰結といえよう。本件は，まさに狭義の正犯と共同正犯を含む広義の共犯の区別が問われるケースなのである（➡524-5頁）。

【判例の立場】　下級審裁判例には，①事例Ⅰにおける被害者Aが傷害にとどまったという事案について，Xの所為は刑法60条（ただし，傷害の範囲で），203条，199条に該当し，Yの所為は刑法60条，204条に該当する，としたものがある（札幌地判平2・1・17判タ736号244頁）。これは，法令の適用において，Xについても「傷害の範囲で」共同正犯の成立を認めていることからみて，部分的犯罪共同説を採ることを鮮明にしたものといえよう。

一方，最高裁は，②最決昭54・4・13（刑集33巻3号179頁）において，暴行・傷害を共謀した者のうちの1人が殺意をもって被害者を殺害した場合において，殺意のなかった他の者につき「殺人罪の共同正犯と傷害致死罪の共同正犯の

構成要件が重なり合う限度で軽い傷害致死罪の共同正犯が成立する」とした。この判示は，部分的犯罪共同説を採用しているようにもみえるが，単に構成要件の重なり合いを問題とすることなく，「共同正犯」としての構成要件の重なり合いを問題としているところからみて，行為共同説の論理と大差ないと評することもできよう（内藤・下Ⅱ1364-5頁）。ただ，殺意（故意）のある者について，どのような処理がなされるかについては明言しておらず，最高裁がいずれの立場であるかは必ずしも明らかでなかった。

しかしその後，③最高裁は，いわゆるシャクティ治療事件において（➡444-5頁），親族から入院中の患者に対する手当てを全面的に委ねられた被告人が，患者を退院させてその生命に具体的危険を生じさせたうえ，適切な治療を受けさせないで死亡させた事案につき，不作為による殺人罪の成立を認めたうえで，殺意のない親族との間では保護責任者遺棄致死罪の共同正犯が成立する，と判示して（最決平17・7・4 刑集59巻6号403頁），部分的犯罪共同説に立つことを明らかにした。

(2) 罪質を異にする場合　例えば，〔事例Ⅱ〕Xが強盗の意思で，Yが強姦の意思でA女に対して共同して暴行を加え，XがA女に傷害を与えたが，共にその目的を達しなかった場合，X・Yの罪責がそれぞれどうなるかが問題となる。

(a) 共同正犯を認める立場　事例Ⅱでは，暴行の限度で（犯罪）行為の一部共同が認められるから，①行為共同説に立てば，Xの強盗致傷（財物を奪取しなかった点を重視すればその未遂）とYの強姦致傷（強姦自体の既遂・未遂を問わない）の共同正犯となる。すなわち，まずXは強盗致傷（未遂）の共同正犯として240条前段（243条）・60条の適用を受け，Yは強姦致傷の共同正犯として181条2項・60条の適用を受けることになる。また，②部分的犯罪共同説に立っても，強盗罪と強姦罪とで暴行の限度で構成要件が重なり合っているとみる場合は，行為共同説と同じ結論になる。

しかし，強盗罪は財産犯であってそこにおける暴行が財物強取の手段であるのに対し，強姦罪は性的自由に対する罪であってそこにおける暴行は姦淫の手段であるから，両罪はその本質において性格を異にしていると解すべきである（しかも，罪質の違いに伴い，強盗罪における暴行は相手方の反抗を抑圧する程度のものであることを要するのに対し，強姦罪における暴行は反抗を著しく困難にする程度のものであれば足りる）。したがって，仮に手段の共通性が認められるとしても強盗罪と強姦罪との間に共同正犯の成立を肯定すべきではないのであり，暴行という両罪にとり

手段的・非本質的部分の共同に着目して，自らは傷害の結果を生じさせなかったYにも強姦致傷としての共同正犯の罪責を問うことは妥当でないであろう。

　(b) **共同正犯を認めない立場**　①完全犯罪共同説ないし共同意思主体説の立場に立てば，事例Ⅱにおいても共同正犯の成立を認めることはできず，暴行のみを行ったYは強姦未遂の罪責を問われるにすぎない（Xは強盗致傷（未遂）の単独犯）。また，②部分的犯罪共同説であっても，強盗罪と強姦罪の構成要件が重なっていないとみるときは，Yはやはり強姦未遂の限度で責任を問われることになる。

　(3) 犯罪の同一性（罪名従属性）　例えば，〔事例Ⅲ〕XがYに窃盗を教唆したところ，Yが強盗を行ったという場合，Xの罪責について，刑は38条2項により窃盗教唆のそれによるとしても，罪名は正犯に従属して強盗の教唆なのか，それとも科刑と同じ窃盗の教唆なのかが問題となる。この点については，共犯の罪名が正犯のそれに従属すべきか否かという形で争われている。

　(a) **犯罪（罪名）独立性説**　①行為共同説は，犯罪（罪名）の独立性を認める立場から，Xは刑ばかりでなくその罪名も窃盗の教唆となると解している。Xは，窃盗教唆の意思で，この立場では同じく窃盗教唆の結果を引き起こしたことになるから，錯誤の問題ではなかったことになる[63]。しかし，この場合，客観的にはXの教唆行為もYによる強盗の結果と因果性を有するというべきであって，そこには錯誤があり，窃盗教唆の結論を導くためには38条2項の適用を認めざるをえないであろう（西田398頁）。なお，教唆・幇助については，事例Ⅲのように，正犯の認識（強盗）が共犯の認識（窃盗の教唆）を上回っている場合には，罪名従属性が否定されるが，逆に，共犯の認識（強盗の教唆）が正犯の認識（窃盗）を上回っている場合には，共犯の「二次的責任」性を考慮して罪名の従属性を認める見解がある（山口313頁以下）。この帰結は，行為共同説と犯罪共同説の対立が基本的に共同正犯に関するものと解することの表れといえよう。

　また，②部分的犯罪共同説の立場からも，窃盗罪と強盗罪は窃盗の限度で構成要件が重なっていることから，成立する犯罪も科刑の基礎となる犯罪と同様，窃盗の教唆ということになる。さらに，③共同意思主体説の立場においても，本件

---

[63] ちなみに，前掲最決昭54・4・13（➡551頁）の考え方によれば，Xには窃盗の範囲で教唆犯が成立することになる（前田・基礎330-1頁参照）。

における共同意思主体の活動は窃盗を限度としていると解するならば，共犯者Xの罪名について，正犯者Yからの独立性を認めることができよう。もっとも，Xに窃盗教唆罪が成立するについては，強盗罪の中に含まれている窃盗罪の犯意をYに生ぜしめたと評価できることが当然の前提となる（前田・基礎331頁）。なお，Yの強盗行為は，共犯の成立範囲を超えた過剰結果として，強盗罪の単独犯となる。

(b) **犯罪（罪名）同一性（従属性）説**　完全犯罪共同説（および一部の共同意思主体説）は，共犯の罪名が正犯の罪名に従属することを要求し，Xの罪名は強盗の教唆であり，刑だけが38条2項により窃盗の範囲内にとどまる，とする。しかし，罪名は，成立する犯罪に対する質的評価の差異を示すものであって，罪名（犯罪）と科刑の分離を認めるべきではなく，また，軽い窃盗の意思しかないXに重い強盗の故意の成立を認めることは責任主義に反するから，結論としてはやはり犯罪（罪名）の従属性を認めるべきではないであろう（内藤・下Ⅱ1356頁）。

3　共犯の従属性

1　実行従属性

(1) **意　義**　共犯が犯罪として成立するためには，正犯者が少なくとも犯罪の実行に着手することを要する，という原理を「共犯の従属性」（実行従属性）という。

共犯の従属性という考え方は，実定法がこれを採用している。まず，刑法は61条で人を教唆して「犯罪を実行させた」者を処罰し，62条で「正犯」を幇助した者を処罰しているところから，教唆犯・従犯の成立には正犯（実行行為）の存在が前提となっていると解される。また，特別刑法の中には共犯の独立処罰を例外的に規定しているものがあるが（例えば，破壊活動防止法38～40条），このことは，逆に，共犯が原則として正犯に従属して成立するものであることを物語っている。しかし，学説には，①このように独立教唆を例外規定と解して共犯の従属性を肯定する立場（通説）のほかに，かつては，②独立教唆を例示規定（注意規定）と解して共犯の独立性を肯定する立場が存在していた[64]。

---

[64] 伝統的に，共犯の本質に関する①行為共同説は共犯独立性説を採り，②犯罪共同説は共犯従属性説を採ると考えられてきたが，今日，共犯の処罰根拠に関する（純粋）惹起説による行為共同説は，共犯従属性説を採用している（浅田410頁参照）。

(2) 共犯独立性説　共犯の可罰性は共犯行為それ自体において備わり，共犯が犯罪として成立するためには必ずしも正犯者が犯罪の実行に着手することを要しない，とする学説がこれである。近代学派の主観主義の思想と結び付いて説かれてきた共犯独立性説は，共犯処罰の基礎を共犯行為に現れた行為者の反社会的性格の徴憑の中に求め，犯罪の教唆をしたが正犯者が実行しなかった場合にも，教唆者の反社会的性格が教唆行為に現実化されているから「教唆の未遂」として処罰すべきである，と説くのである（牧野・下677頁以下など）。刑法43条にいう「実行」の中には基本的構成要件に該当する本来の実行行為（正犯行為）だけではなく，修正された構成要件の実行行為である共犯行為をも含む，と考える共犯独立性説の立場を徹底すると，正犯と共犯の概念的区別も失われることになる。

　しかし，以下のような理由により，共犯独立性説は，主観主義犯罪論の退潮に伴いすでに過去の学説となった。すなわち，まず理論的にみると，共犯行為自体に完全な犯罪性が備わっているとみることは，正犯の実行の着手以前の，法益侵害の危険性が規範的障害（正犯）の存在のため可罰的程度に達していない段階で共犯の可罰性を認めるものであって，妥当でないのである（➡(3)）。また，実際問題としても，上述のように（➡(1)），共犯の従属性という考え方は，特別刑法における一部の例外を除いて現行法がこれを採用しているのであって，共犯独立性説が解釈論として成り立つ余地はないのである。

(3) 共犯従属性説　共犯の従属性を主張する学説がこれである（通説）。共犯従属性説は，一般に，古典学派の客観主義の立場から主張され，例えば，犯罪の教唆をしたが被教唆者が実行しなかったときは（教唆の未遂），法益侵害の十分な危険がないから処罰する必要はない，と説く。もっとも，共犯行為も，それ自体に内含される犯罪性があるからこそ，正犯の実行行為に従属して共犯となり可罰性を帯びるのであって，共犯の従属性といっても，それは共犯の犯罪性ないし可罰性を正犯から借用するということ（共犯借用犯説）を意味するものではない。問題は，それ自体において犯罪性をもつ共犯がことさらに正犯の存在を必要とするのはなぜか，ということであるが，この点については，従来，2つの論拠が示されてきた。

(a) 形式説　共犯従属性説の立場から，修正された構成要件の教唆・幇助行為は，基本的構成要件そのものの実行行為より犯罪性が低く，両者は犯罪としての定型を異にしているから，共犯の未遂に未遂犯規定の適用はない，と説かれる

ことがある（団藤377頁以下）。つまり，「実行」とは，基本的構成要件に該当する正犯行為を意味し，教唆犯・幇助犯のような共犯行為，すなわち修正構成要件に該当する行為を含まないから，教唆の未遂は，43条の「実行」の解釈として不可罰ということになる，というのである。

しかし，共犯独立性説も，共犯行為は共犯という拡張された構成要件の実行行為だとするにすぎず，共犯行為が直ちに正犯の実行行為だとしているわけではない。そして，刑法43条の「実行」は基本的構成要件の実行だけではなく，拡張された構成要件の実行をも含むと解釈することにより，教唆の未遂を可罰的としているのである。したがって，共犯従属性説を採る場合に問題となるのは，実質的にみて，なぜ共犯行為の犯罪性ないし違法性が正犯行為のそれよりも低く，43条の「実行」に共犯行為の実行が含まれないのか，ということである。

(b) **実質説**　共犯の従属性の理論的根拠は，正犯が実行に着手して初めて共犯の危険性が可罰的程度にまで高まるということに求められる。共犯の従属性が認められるかどうかは，結局，共犯行為自体に未遂犯として処罰に値するだけの結果発生の危険性が備わっていると考えるかどうかによる。もし，これが肯定されれば，正犯が実行に着手しなくても共犯の未遂として処罰されることになるし（共犯独立性説），否定された場合には，正犯が実行に着手しなければ共犯は可罰性を獲得しえないことになる（共犯従属性説）。ところで，共犯が間接正犯から区別される根拠は，正犯者という規範的障害の存在であった（➡527-8頁）。すなわち，法秩序は，正犯者である責任能力者に対して，例えば，教唆を受けたにもかかわらず違法行為に出ないことを期待するのであって（規範的責任論），正犯者の存在は，教唆者が犯罪を実現することについての規範的障害となっている（西原・下377頁以下）。共犯は，この障害を乗り越えることによって（＝正犯が実行に着手することによって）初めて，現実に法益の保全にとって危険な存在となるのである。

共犯の違法性は，実質的には，共犯行為があっただけでは未だ法益侵害の具体的危険が発生せず，正犯が実行に着手して初めて処罰に値する結果発生の具体的危険が生ずる，という点にその特色を有している（平野・Ⅱ349頁参照）[65]。共犯が

---

[65] 離隔犯のように実行の着手時期と危険の現実化との間にズレのある犯罪に対する共犯については，共犯が成立するためには，正犯が形式的に実行に着手しただけでは足りず，その結果として法益侵害の現実的危険が発生したことも必要ということになる。

未遂犯として処罰されるためには，共犯行為と共犯結果（正犯の実行）の存在が共に不可欠である。その意味で，共犯も一種の結果犯であって，共犯行為だけでは共犯としても可罰的程度に至っていないのである。たしかに，共犯行為自体，潜在的には法益侵害へ向けてのある種の危険性を有しているが（だからこそ正犯の実行に従属して共犯としての可罰性を帯びることになる），それが共犯行為にとどまっているかぎりでは，そこに未遂犯としても処罰するに値するだけの危険の顕在化・現実化を認めることができないのである[66]。

なお，以上により実質説を採るとしても，それは実行従属性に関する形式的論拠の内実を明らかにする限度であって，例えば共犯行為（教唆・幇助行為）も法益侵害の危険性を備えているから実行行為である，として実定法上の形式的枠組を超えて実行行為概念を相対化し拡張することは許されない。

2 要素従属性

共犯が成立するためには，正犯による実行の着手に加えて（実行従属性），どのような犯罪成立要件を備えていることが必要か，という問題がこれである。なお，要素従属性は，共犯が成立するために正犯が少なくともどのような要件を備える必要があるか，という問題（共犯成立の必要条件）であって，反対に，正犯が一定の要件を備えればそれに伴って必ず共犯も成立する，という十分条件の問題でないことに注意する必要がある。

(1) **共犯の従属形式**　M. E. マイヤーは，共犯の従属形式を次の4つに分類している。

(a) **最小限従属形式**　正犯者が構成要件を実現したこと（実行行為を行ったこと）のみを要件とする[67]。しかし，共犯の従属性を認める根拠が，正犯者が犯罪の実行に着手して初めて法益侵害の具体的危険性（可罰的違法性）を認めること

---

[66] 西田387頁は，44条の趣旨として，「○○条の未遂は罰する」という規定はあっても，「○○条の教唆犯の未遂は罰する」という規定はないのであるから，教唆の未遂の不可罰性は，44条と実質説のいう未遂処罰の謙抑性に求められる，とする。

[67] さらに，間接正犯を否定する拡張的共犯論の立場から，自殺関与罪にみられるように，正犯（自殺者）の行為が構成要件に該当しない場合にも，その教唆・幇助が可罰的とされていることからすれば，正犯行為は構成要件に該当する必要もなく違法でありさえすればよい，とする見解も唱えられている（**一般違法従属形式**／浅田411頁，佐伯(千)339頁。なお，山中862頁参照）。しかし，自殺教唆・幇助は，それ自体各則上の独立した正犯行為であって，これを総則の教唆・幇助と同視することはできないであろう。

ができる、という点に求められるかぎり、単に正犯者が形式的に構成要件を実現しただけで可罰的違法性が生じなかったときは、共犯の成立を認めることもできないと言わざるをえない。これに対し、「人による違法の相対性」を認め、正犯に正当化事由が認められても、関与者（共犯）の行為は違法とされることがありうるから、基本的には最小従属性説が妥当だとする見解もあるが（西田395頁）、直接行為者に違法阻却事由（正当化事由）がある以上、背後者の行為も違法となりえないと解すべきであろう[68]。

（b）**制限従属形式**　現在の多数説の採るところであって、正犯者が構成要件を違法に実現したことを要件とする（ただし、身分のない故意ある道具の利用➡530頁）。違法が連帯的に作用することを認めるかぎり、基本的に妥当な方向を示している。もっとも、これは正犯が違法な構成要件該当行為を行わなければ共犯が成立しない、ということであって、反対に、被害者による嘱託殺人教唆が不可罰であることからも明らかなように（➡544頁）、正犯が違法な構成要件該当行為を行なえば常に共犯も成立する、というわけのものではない。

（c）**極端従属形式**　かつての多数説の採るところであって、正犯者が構成要件を違法かつ有責に実現したことを要件とする。共同正犯（60条）における「二人以上共同して犯罪を実行した」、教唆犯（61条1項）における「人を教唆して犯罪を実行させた」、従犯（62条1項）における「正犯を幇助した」という場合の「犯罪」「正犯」がすべての要件を備えた犯罪と理解されることが法文上の形式的根拠とされてきた。しかし、責任能力のない者も規範的障害となりうる以上（➡532頁）、正犯者は必ずしも刑法的な意味での責任を具備している必要はなく、また、責任の個別性・独立性に照らしても、共犯が成立するために正犯が責任を備えていることは過度の要求である[69]。

（d）**誇張従属形式**　正犯者が構成要件を違法かつ有責に実現し、しかも一身的な刑の加重・減軽事由を備えていることを要件とする。例えば、事前収賄罪（197条2項）において「公務員となったこと」を客観的処罰条件と解した場合、共犯が成立するためには正犯にそのような一身的事由が備わっていなければなら

---

[68] 町野・前掲注（51）119頁以下。
[69] 判例は、従来、極端従属形式を採るものと解されてきた（例えば、大判明37・12・20 刑録10輯2415頁）。しかし、最決昭58・9・21（刑集37巻7号1070頁）は、刑事未成年者を利用する場合であっても教唆犯にとどまる余地のあることを認めるに至り、判例も制限従属性説へと傾きつつある（➡532-3頁参照）。共同正犯につき、最決平13・10・25（刑集55巻6号519頁）。

ない，と解するのである[70]。しかし，仮に犯罪の処罰要件として成立要件以外に正犯者の一身的属性を認めるとしても，正犯者の一身的特性の有無が共犯の成立に影響を及ぼすとするのは妥当でない。

このように共犯の従属形式についても見解が分かれているが，基本的に制限従属形式を採るとしても，正犯が共犯にとって規範的障害になっている，という共犯の従属性の根本思想に遡って考えるならば，形式的な従属形式の問題に拘泥するのは適当でなく，従属形式の問題は，共犯の成立要件の問題（➡ 4）に解消される必要があろう（西原・下382頁参照）。

(2) 従属性の程度と間接正犯の存在意義　間接正犯は，かつて，自ら構成要件該当事実を実現する者を正犯とする**限縮的正犯概念**と，共犯形式に関し通説とされてきた極端従属形式との間隙を埋めるものとして考案されたと考えられていた。すなわち，間接正犯に当たる行為態様は，限縮的正犯概念によると，自ら構成要件該当事実を実現しているわけではないから正犯ではなく，また，極端従属形式によると，直接法益侵害行為を行う者（道具）には責任が認められないから，背後者は共犯（教唆犯）ともなりえず，したがってその可罰性を認めるためには，（直接）正犯と共犯の中間に位置する第3のカテゴリーとして間接正犯の概念を必要とした，と説明されたのである。

ところが，共犯の従属形式（要素従属性）について，共犯は正犯が構成要件に該当して違法な行為を行えば成立するという意味で制限従属性説が通説となったことから，限縮的正犯概念を維持しようとするのであれば，間接正犯を共犯（教唆犯）に解消すれば足りる，とする見解（教唆犯解消説＝**拡張的共犯論**）が有力に主張されるようになった（例えば，中山446頁・474頁）。すなわち，間接正犯における被利用者の行為も構成要件に該当して違法ではあるのだから，制限従属性説に立って共犯（教唆犯）の成立にとり正犯の責任性が必要でないのであれば，間接正犯をあえて共犯（教唆犯）から区別しておく意味はないというわけである。殊に，故意・過失を責任要素と解する場合には，正犯の故意・過失は共犯（教唆犯）の成立に無関係ということになり，過失犯ないし無過失行為に対する共犯（教唆犯）も成立可能ということになるのである。この立場で，犯罪意思の惹起を意味

---

[70] 客観的処罰条件（公務員となったこと）を行為の条件として違法構成要件要素と構成する場合には（➡130頁），公務員となって初めて正犯者が構成要件を違法に実現したことになるから，公務員とならなければ制限従属形式によっても共犯の成立が認められないことになる。

する教唆概念は,「他人に違法行為を行う動機を喚起すること」というところまで緩和されることになる（佐伯(千)344頁）[71]。

しかし,被利用者（正犯）に故意が認められない場合には規範的障害が存在せず[72],これを利用する行為は,法益侵害にとり共犯行為以上の危険性,すなわち実行（正犯）行為としての危険性を有すると言わざるをえないであろう。また,既述のように,制限従属性と呼ばれるものは,共犯が成立するためには正犯行為が少なくとも構成要件に該当して違法でなければならないという消極的意味をもつにすぎず,正犯が違法に構成要件該当行為を行えば,これに関与した者に直ちに共犯が成立する,という積極的意味をもつものではないことにも注意する必要がある。さらに,限縮的正犯概念も,正犯を自らの手により犯罪を実現するものに限定しているわけではなく,他人を道具として利用する場合にも物的な道具を利用する場合と同様,自ら構成要件該当事実を実現したといえるのであって[73],間接正犯をあえて正犯概念から排除する実益も乏しいといえよう。

4　共犯の成立要件

共同正犯を含む広義の共犯が成立するためには,以下の要件を備えることが必要である。

(1) 客観的要件　共犯従属性説の見地から,①関与行為,すなわち共犯行為（共同加功・教唆・幇助）がなされること,②関与者中の少なくとも1人が犯罪の実行に着手すること（➡3①）が必要であり,さらに,③結果犯の場合は,関与行為と結果発生との間に因果関係が存在しなければならない（➡541頁）。

(2) 主観的要件　共犯が成立するためには,さらに2人以上の者が特定の犯罪実現を目的として一体とならなければならない（共同意思主体）。まず,①構成員が行為の違法性についての弁識能力をもっていることが必要である（規範的障害）。ただし,必ずしも刑法上の意味での責任能力を具備している必要はない

71　浅田431頁は,限縮的正犯概念を採用し,一般違法従属形式を採用するので（前掲注67）,間接正犯とされている多くの場合は教唆犯と解することになるが,被利用者に規範的障害が認められない場合は,利用者はむしろ直接正犯である,とする。
72　拡張的共犯論は,正犯が過失の場合について規範的障害を認め,背後者を教唆犯とするが（浅田432頁）,過失行為者には結果の予見可能性が認められるものの,その心理状態は無過失の場合と同様,犯罪事実の認識がないのであるから,規範的障害ではないとみるべきであろう。
73　このような場合を「間接正犯」と呼ぶか「直接正犯」（ないし単に「正犯」）と呼ぶかは,用語の問題にすぎない。

（制限従属形式）。次に，②関与者全員が特定の犯罪実現についての意思疎通（意思連絡）をもつことが必要である。したがって，過失犯に対する共犯，過失による共犯は認められない（齊藤（金）233頁など）。また，この意思疎通は，共犯の成立にとって本質的なものであり，しかも共犯者間における心理的因果関係を認めるうえで相互的なものでなければならず，したがって，例えばXの加功をYが認識していない場合（片面的共犯），Yに被加担犯（被教唆犯・被幇助犯）ないし共同正犯が成立しないのはもとより，Xについても共犯の成立は認められない[74]（齊藤（金）232頁，西原・下384頁／片面的共同正犯につき，➡592頁）。

なお，以上は共同正犯を含むすべての共犯形式に共通の要件であって，個々の共犯形式（共同正犯・教唆犯・従犯）に固有の要件については，節を分かってこれを考察することにしよう。

第4節　共同正犯

1　総説

(1) 意義　共同正犯とは，2人以上共同して犯罪を実行することをいい，共同して犯罪を実行した者は，すべて正犯とされる（60条）。これには，①例えば，XとYが強盗を共同して実行する意思をもって，まずXがAに暴行を加えて反抗を抑圧し，次いでYがAから財物を強取した場合のように，各自が実行行為の一部を担当する場合（分担型共同正犯）と，②例えば，XとYがAを殺そうと話し合い，それぞれAに向け銃を発射し，Xの弾丸が命中してAが死亡した場合のように，各自が実行行為のすべてを行う場合（付加型共同正犯）とがある（松原348頁）。共同正犯は，ⓐ「犯罪の実行」が要求される点では正犯（広義）であるが，ⓑ各自が実行行為のすべてを行う必要がなく（事例①），また，各自の行為が既遂に達する必要もなく（事例②），2人以上の者が意思疎通のうえ犯罪の一部でも実行すれば，結果を含むその全体について責任を問われる（一部実行の全部責任）という点では共犯（広義）である。

(2) 一部実行全部責任の根拠

(a) 学説　この問題については，従来，①共同正犯者が相互に相手方の行

---

[74] 町野・前掲注（51）136頁。

為を利用し合い，補充し合ったこと（相互利用・補充関係），②相互に相手方の心理を通してその行為に影響を与え，結果に対して因果関係を及ぼしたこと（心理的促進機能），③意思疎通を媒介として共同犯行の一体性（共同意思主体）が認められること（団体責任の原理），④共謀に基づく相互利用・相互補充による行為帰属（相互的行為帰属論／高橋427頁）などが考えられてきた。また，近年では，⑤「一部行為全部責任」の効果は，（心理的）因果性によって帰責範囲が拡張され，利用補充関係によって各寄与が1つの犯罪事実に統合され，（緩和された）行為支配によって正犯性が付与される，という3つの機能によって重畳的に基礎づけられる，とも説かれている（松原350-1頁）。

(b) 私 見　まず，ⓐ共同正犯も広義の共犯の一形態であることに照らすと（共同正犯の共犯性），共犯の基礎理論に照らして，教唆犯・従犯と同じように共犯としての性質・効果を備えることになる。すなわち，①共犯の処罰根拠論における因果的共犯論，特に相互の意思疎通による心理的因果性によって他の共同正犯者の行為についても自己の刑事責任の枠内に取り込まれ，また，②共犯の本質論における共同意思主体の活動の一環として，その内部における役割分担としての相互利用・補充関係に基づいて1つの犯罪の実現に向けて共働したことにより，他の構成員の行った行為についても「共犯（広義）」である共同正犯としての責任を問われることになる。

それと同時に，ⓑ狭義の共犯（加担犯）と異なる共同正犯固有の属性として，共同正犯は広義の正犯であることから（共同正犯の正犯性），共謀（共同犯行の意識の形成）とその結果としての共同実行（実行の担当）により，共同して実行した犯罪の全体について「正犯（広義）」としての責任に問われることになる。このように（実行）共同正犯は，広い意味では正犯であるが，相互に規範的障害であって狭義の正犯（＝単独正犯）ではないので，実行共同正犯・共謀共同正犯を問わず，共同正犯者相互間に狭義の正犯原理，特に間接正犯の正犯性を基礎づける「行為支配」の原理によって「一部実行全部責任」の法理を基礎づけることはできないのである（➡523頁以下）。

2　要　件

(1) 共同実行　共同正犯の構成要件は，2人以上の者が，ⓐ共同して，ⓑ犯罪を実行することである（60条）。「共同実行」があるといえるためには，①客観

的な共同実行の事実と，②主観的な共同実行の意思とが共に必要である。共同実行の意思に関しては，過失犯の共同正犯（➡5）や片面的共同正犯（➡6）の可否をめぐって争いがある。

(a) 共　同　　第1に，2人以上の者が共同することを要する。共同により，共同正犯者は，相互に他人の行為に対しても責任を負うことになる（共同正犯の共犯性）。ここに「二人以上共同する」とは，違法性の弁識能力のある2人以上の者が各自共同犯行の意識をもって一体となることをいう（西原・下389頁）。共同犯行の意識が要求される点で，共同正犯は，2人以上による実行行為が客観的に競合していても，共同犯行の意識を欠く同時犯から区別される。「共同犯行の意識」は，互いに他の者の行為を利用し合い，共同の目的である事実を実現するために一致協力することの意識を意味し，このような共同犯行の意識を形成することを**共謀**と呼んでいる。

　共謀は，共同正犯に固有の要件であるから，狭義の共犯を含むすべての共犯形式に共通の要件である意思連絡・意思疎通の存在を前提としてそれを超えるものでなければならない。また，共謀は，（これを認めるとして）共謀共同正犯の要件であるにとどまらず，実行共同正犯を含むすべての共同正犯に不可欠の要件であって，共同正犯の「罪となるべき事実」に属するから，訴訟の場では厳格な証明の対象となる。さらに，共謀は，共同犯行の意識という内心の心理状態そのものではなく，共同犯行の意識を形成することをいうから，共謀があるというためには，意思を外部に表示し，共同意思を形成する客観的行為がなければならない（**客観的謀議説**／西原・下390頁，松原362頁など）。ただし，共謀には，一般に，直接的な明示の共謀（謀議）だけではなく，間接的共謀や順次的共謀，さらには黙示の共謀も含まれると解されており，その限界が問題となる。

(b) 実　行　　第2に，共同した数人で犯罪を実行することを要する。ここに「犯罪を実行する」とは，（基本的）構成要件に該当する行為を行うことをいう。共同正犯は，各人が実行行為の一部を分担し，その結果，関与者全体で実行行為の全部を行うという点で，正犯の一種でもある（共同正犯の正犯性）。この点で，共同正犯は，同じく2人以上の者が意思疎通のうえ犯罪を行っている場合であっても（広義の共犯），構成要件該当行為以外の行為を行う加担犯（狭義の共犯＝教唆犯・従犯）から区別される。共同正犯は，例えば，父親と母親が殺害の意思を通じて子供に食事を与えずこれを餓死させた場合のように，不作為によっても犯し

うる（→4）。共同正犯には，①共同者のすべてがそれぞれ実行行為の全部または一部を分担する**実行共同正犯**と[75]，②共同者のうち一部の者のみが犯罪の実行を担当する**共謀共同正犯**があるとされるが，共謀共同正犯を認めるべきか否かについては争いがある（→3）。

(2) 共同正犯の違法性　共同実行の違法性判断を考えるうえで参考となるものに，共同正犯における過剰防衛が争点となった最高裁判例がある。事案は，Aの態度に憤激したXが友人Yに包丁を持たせて一緒にタクシーでAの店に向かったが，タクシー内でXに未必の故意が生じ，Yに対し「やられたらナイフを使え」と指示してYを同店に行かせ，自分は少し離れた場所に待機していたが，Yが店から出てきたAにXと取違えられ，いきなり激しい暴行を受けたので，Yは自己の生命・身体を防衛する意思でAの殺害を決意し，Xとの共謀の下に包丁でAを刺殺した，というものである。これに対し，最決平4・6・5（刑集46巻4号245頁／**フィリピンパブ事件**〔→193頁〕）は，共同正犯が成立する場合における過剰防衛の成否は，共同正犯者の各人につきそれぞれの要件を満たすかどうかを検討して決するべきであって，共同正犯者の1人（Y）について過剰防衛が成立したとしても，その結果当然に他の共同正犯者（X）についても過剰防衛が成立することになるものではないとし，積極的加害意思を欠くYについては，Aの攻撃が急迫不正の侵害であるとして過剰防衛の成立を認めたものの，積極的加害意思をもって侵害に臨んだXについては，急迫性を欠くものとして過剰防衛の成立を否定した[76]。

たしかに，過剰防衛のもつ責任減少の側面は個別的に作用し，責任減少の効果は直接攻撃を受けて反撃の衝に当たったYについてのみ現れるものであって，Xには妥当しないが，違法減少の側面は連帯的に作用し（→208頁参照），共同正犯全体に共通に作用すると解すべきである。すなわち，Aによる急迫不正の侵害は，YおよびXにとって防衛行為の違法性を減少させる共通の事実であって，共謀共同正犯者[77]とされるXについてもその限りで過剰防衛の成立を認めるべきで

---

[75] 実行共同正犯のうち，①各共同者が実行行為の一部を分担する場合を**真正実行共同正犯**といい，②共同者のすべてがそれぞれ結果を含め実行行為の全部を遂行する場合を**不真正実行共同正犯**という→注（18）。
[76] 積極的加害意思と侵害の急迫性の関係については，→192頁以下参照。
[77] 本件は，共謀共同正犯論の立場でもXの行為を教唆犯と解する余地があったと思われるが，この点は上告審では争われていない。

あろう。本決定の論理は，Yの行為が正当防衛と評価される場合にも妥当すると考えられ，そうであるとすると，共同正犯者の一方の行為が適法，他方の行為が違法ということになり，上の疑問はさらに増幅されてくる[78]。本決定は，（人による）違法の相対性を過度に強調しているきらいがある[79]。

3 共謀共同正犯
1 問題の所在

2人以上の者が犯罪の実行を共謀し，共謀者中のある者が共同目的実現のために犯罪の実行に出た場合に，自らは実行行為を分担しなかった他の共謀者にも共同正犯としての責任を負わせることができるか，ということが共謀共同正犯論として争われてきた。刑法60条は，「二人以上共同して犯罪を実行した者は，すべて正犯とする」と規定しているが，この条文の解釈として，共同した2人以上の全員が犯罪を実行しなければならないのか（共謀共同正犯否認論），それとも共同した2人以上のうちの少なくとも1人が犯罪を実行すればよいのか（共謀共同正犯是認論），見解が分かれているのである[80]。共謀共同正犯は，後述のように，判例が旧刑法以来一貫してこれを是認し（➡ 2 ），学説がかつては一部の見解（共同意思主体説）を別としてこぞってこれに批判的な態度をとっていたのに対し，近年では，学説も確立された判例理論を考慮してその理論体系化に努めてきているという事情もあり（➡ 3 ），刑法学における判例と学説の関係ないし学説の役割を考えるうえでも格好のテーマである（団藤397頁以下参照／➡ 4 ）。

この問題の解決は，共同正犯を単独正犯および他の共犯形式（教唆・幇助）と比較して，どのような性格の犯罪として理解するかにかかっている。共同正犯は，ⓐ「二人以上共同して」という部分と，ⓑ「犯罪を実行した」という部分とから構成されており（➡ 2 (1)），ⓐの共犯性の要件によって共同正犯は単独正犯から区別され（その点では教唆犯・従犯と同じ），ⓑの正犯性の要件によって狭義の

---

[78] 行為無価値論（人的違法論）を前提とするときは，行為者の主観的認識の違いにより，違法の有無が相対的に決せられ，Yに正当防衛が成立する事態において，共同正犯者のXには，正当防衛の成立が否定されることもありうるが（井田444頁・468頁），結果無価値論の立場から適法行為者と違法行為者の共同正犯を認めることは困難であろう。

[79] 本決定に対する私見の詳細については，「判批」『研究』265頁以下。

[80] 改正刑法草案27条は，1項に現行法と同趣旨の規定をおくとともに，2項で「二人以上で犯罪の実行を謀議し，共謀者の或る者が共同の意思に基づいてこれを実行したときは，他の共謀者もまた正犯とする」と規定し，共謀共同正犯も正犯であるとする旨を明らかにしている。

共犯（教唆犯・従犯）から区別されている（その点では単独正犯と同じ）。このような複合的性格をもつ共同正犯概念のうち，共犯性の側面を強調するのが是認論であり，正犯性の側面を重視するのが否認論なのである。すなわち，是認論は，2人以上の共同があれば，あとは狭義の共犯と同様に共謀者中の誰か1人以上の実行の着手をまって共同正犯が成立すると解するのに対し，否認論は，なるほど単独正犯の場合のように各人が実行行為のすべてを行う必要はないが，全員が少なくとも実行行為の一部を行わなければならないと解するのである[81]。

2 判 例

(1) 団体的共犯論に立脚する裁判例　判例は，古く旧刑法時代から共謀共同正犯を認めてきており（最初のものとして，大判明29・3・3 刑録2輯3巻10頁），現行刑法施行後も，当初は知能犯についてのみ共謀共同正犯の成立を認めていたが（例えば，恐喝罪の事案につき大判大11・4・18 刑集1巻233頁）[82]，やがて非知能犯（実力犯）についてもこれを認めるようになった（例えば，大判昭6・11・9 刑集10巻568頁）。そして，①リーディング・ケースとされる昭和11年5月28日の大審院連合部判決（刑集15巻715頁）によって一般化され，共謀共同正犯の理論が完全に確立されるに至ったのである。連合部判決は，共同正犯の本質は二人以上の者が一心同体のごとく互いに相倚り相援けて各自の犯意を共同的に実現して特定の犯罪を実行するにあり，「二人以上の者窃盗又は強盗の罪を犯さんことを謀議し其の中或者に於て之を実行したるときは爾余の者亦由て以て自己の犯意を実現したるものとして共同正犯たるの責を負ふへきものと解せさるへからす」と判示した[83]。その後，戦後の最高裁判所の判例も共謀共同正犯を認め，大審院の見解を受け継ぐことを明らかにした（最判昭23・1・15 刑集2巻1号4頁）。ここまでの時期，判例の採る共謀共同正犯論に理論的根拠を与えた学説としては，後述の共同意思主体説（→③(3)）がほとんど唯一のものであり，これに対し，通説は，学派の如何を問わずこぞって批判を加えていた。

(2) 個人的共犯論に立脚する裁判例　このような判例・学説の状況に一石を投じたのが，②最高裁がいわゆる練馬事件（印藤巡査殺害事件）について判示した，昭和33年5月28日の大法廷判決（刑集12巻8号1718頁）である。この大法廷判決は，「共謀共同正犯が成立するためには，二人以上の者が，特定の犯罪を行うため，共同意思の

81　共謀共同正犯は，意思の連絡による心理的因果関係だけで共同正犯を肯定できるかという問題である，とするものとして佐伯(仁)383頁。
82　窃盗罪につき共謀共同正犯を否定したものとして，大判大7・12・21（新聞1522号21頁）。
83　本判決は，一般に共同意思主体説によったものと理解されているが（例えば，瀧川230頁以下），これに対し，本判決の理論構成は，自己の犯罪の実現という意味での正犯者意思の実現を中心的理由にしているとみることができ，その意味では，主観説に近いものであった，とする見方もある（内藤・下Ⅱ1369頁。なお，佐伯(仁)395頁）。

下に一体となって互いに他人の行為を利用し，各自の意思を実行に移すことを内容とする謀議をなし，よって犯罪を実行した事実が認められなければならない」が，「右のような関係において共謀に参加した事実が認められる以上，直接実行行為に関与しないものでも，他人の行為をいわば自己の手段として犯罪を行ったという意味において，その間刑責の成立に差異を生ずると解すべき理由はない」とした。

　本判決は，次の2点において特筆に値するものとされている。第1に，本判決が共同意思主体説とは異質な個人的共犯論に立脚して共謀共同正犯の新たな理論構成を試みたのではないかということが注目され，本判決を契機として，後述の間接正犯類似の理論，価値的行為の理論など（➡③(4)(a)），個人責任の原理に立脚した共謀共同正犯論が説かれることになった。第2に，この点とも関連して，本判決は共謀概念に絞りをかけるとともに，共謀を「罪となるべき事実」とし，厳格な証明の対象とすることによって，共謀共同正犯の拡大をチェックしようとしたことである。本判決は，積極的態様の「謀議への参加」が必要であるとしたことによって，「謀議」を単なる主観的要件にとどまるもの（主観的謀議説）ではなく，共謀共同正犯の客観的要件でもあると解したもの（客観的謀議説）とみることができる（内藤・下Ⅱ1371-2頁）。また，本判決は，X→Y→Zと順次に共謀が行われた場合にも，すべての者に共謀の成立を認めてよい，としていわゆる**順次共謀**を認めたのであった。

　上記①②判決の事案がいわゆる黒幕重罰論を背景とする支配型の共謀共同正犯であるのに対し，③各人が対等の立場で共同して犯罪実現に関与し，重要な役割を分担する，という役割分担型の共謀共同正犯に属するのが，大麻密輸入罪に関する最決昭57・7・16（刑集36巻6号695頁）である。事案は，大麻の密輸入を計画したXからその実行担当者になって欲しい旨頼まれた被告人は，執行猶予中の身であることを理由にこれを断ったものの，大麻を入手したい欲求にかられ，知人のYに対し事情を明かして協力を求め，同人を自己の身代りとしてXに引き合わせるとともに，密輸入した大麻の一部をもらい受ける約束の下にその資金の一部をXに提供したというものであるが，本決定は，単に「謀議に参加した」というだけで共謀共同正犯を肯定することなく，被告人の意思内容や謀議その他犯罪遂行過程において具体的に果たした役割の重要性などを総合考慮して，被告人が「謀議を遂げた」ものと認められる，とした[84]。

　(3) 最近の裁判例　近年，判例は，共謀共同正犯を拡大適用する傾向にある。例えば，④最決平15・5・1（刑集57巻5号507頁／**スワット事件**）は，暴力団組長である被告人が，スワットと称されるボディーガードに対してけん銃等を携行して警護するよう直接指示を下さなくても，スワットが自発的に被告人を警護するためにけん銃等を所持していることを確定的に認識しながら，それを当然のこととして受け入れて認容しており，そのことをスワットらも承知していたときは，被告人とスワットらとの間にけん銃等の所持につき黙示的に意思の連絡があったといえる，と判示して，自らは

---

[84] 本決定には，共謀共同正犯否定説から肯定説への改説を明言する団藤裁判官の「意見」が付されている（団藤・前掲注(9)222頁，446頁参照／➡③(4)(b)）。

けん銃を所持しておらず，その意思も有していない被告人にけん銃等所持罪の共謀共同正犯を認めた。本決定では，練馬事件判決で認定されたような客観的謀議行為が共謀共同正犯を認めるうえで不可欠の要素ではない，とされている（岡部雅人・刑法の判例240頁以下・251頁参照）。

　本件には，たしかに，被告人を警護するため，その身辺で組員がけん銃を所持していた（被告人は犯行現場付近にいた）という特殊性はあるが，スワットらが組長の認識・認容につき承知していたことが証拠によって認定されていない（山中925頁）「黙示的意思」の連絡だけで共謀共同正犯を認めるのは，従来の判例の立場を超えたものといえよう。共同正犯の成立が暗黙の共同で足りるとすると，共謀共同正犯論は，本来であれば従犯とされるべきもの（作為正犯に対する不作為による関与＝幇助）を容易に共同正犯に格上げする役割を担うことにもなりかねない[85]。また，本件のような挙動犯（けん銃等所持罪）において，共同正犯に実行行為性を要求しない共謀共同正犯の問題性がより明確な形で浮き彫りにされているともいえる（浅田417頁参照）[86]。

　次に，共謀共同正犯における「故意」を問題とする判例が現れることになった。それは，判例④および平成17年決定（➡注86）が，被告人がけん銃の所持を「確定的に認識しながら認容していた」ことを根拠の1つとして共謀共同正犯を認めたことから，共謀共同正犯の成立上，共謀者の故意は未必の故意では足りないのではないか，との疑義が生じたことと関連する。この点につき，⑤最決平19・11・14（刑集61巻8号757頁）は，被告会社の代表取締役等であった被告人Ｘらが，共謀者の受託者（仲介者）Ｙや廃棄物の実際の処理に当たる者Ｚによる廃棄物の不法投棄の可能性を確定的に認識していたわけではないが，これを強く認識しながら，それでもやむをえないと考えて廃棄物処理をＹに委託したという事案につき，Ｘらは，Ｙを介してＺにより行われた廃棄物の不法投棄について，「未必の故意による共謀共同正犯の責任を負うというべきである」と判示した[87]。

　たしかに，故意概念そのものの問題としては，共謀共同正犯の故意に関して，単独正犯の場合と別異に解する理由はないといえる（高橋442頁）。しかし，共謀者に未必の故意しかない場合に，故意を超えて共謀の成立を認めてよいかは別問題である。共同正犯を含む広義の共犯が成立するためには，他者による正犯の実行に加えて自らの共犯行為とその実現意思が必要であり，例えば教唆犯の主観的要件（教唆意思）としては，正犯に一定の犯罪を実行する決意を生じさせ，かつ，これを実行させる意思

---

[85] 曽根「不作為犯と共同正犯」『展開』283頁参照。
[86] スワット事件と類似の事案（暴力団の会長のいわゆる「会長付き」らがホテル出入り口前通路上で，けん銃1丁と実包を所持していた）につき，最決平17・11・29（裁判集刑288号543頁）は，黙示的意思の連絡があるとして，被告人である会長にも共謀を認定し共謀共同正犯の成立を認めた原判決を是認したが，スワット事件ほど強固な組織性がない事案に共謀を肯定することは，よりいっそう問題であろう（高橋437頁）。
[87] 本件につき，被告人自身が委託を通じて間接的に不法投棄したとも考えられる特殊な事例に関するものであって，その射程は広くない，とするものとして松宮276頁。

必要であって（➡595頁），単に正犯が犯罪を実行するかもしれないという未必の認識では足りないのである。それは共謀共同正犯の場合も同様であって，「共謀」は，共同正犯（実行共同正犯を含む）における共犯行為として，共謀があるといえるためには，実行正犯者による実行行為に対する未必的認識を超えた「共同犯行の意識の形成」が必要であり，判例⑤における被告人Xらには未必の故意が認められるとしても，Yらとの間に「共謀」があったとすることはできないであろう。

③ 学 説

かつては，共謀共同正犯を否認する見解が判例に抗して圧倒的通説であったが，近年では，その理論構成に違いがみられるものの，むしろこれを是認する見解が多数説を形成している。①否認論は，共同正犯の正犯性を強調し，❶正犯とは実行行為を担当する者であること（正犯＝実行），❷共同正犯が正犯であること（共同正犯＝正犯），❸単なる共謀者は実行行為者でないこと（共謀共同正犯＝実行の欠如），という3つの命題を堅持し，共謀共同正犯は，実行行為を分担していないのであるから正犯の一種である共同正犯となりえないと解する。これに対し，②是認論は，共同正犯の共犯性を重視する見地から，共謀共同正犯の成立を認めるために上の3命題のうちの少なくともいずれか1つ（特に❷）を否定することになるのである[88]。

　(1) **否認論**　共謀共同正犯を否定する立場は（浅田419頁，鈴木(茂)220頁，中238頁以下，中山466頁以下，山中936-7頁など），次のように説く。①正犯とは実行行為を行う者をいうから，②共同正犯も正犯の一種である以上，構成員各自が実行行為を分担しなければならないが，③共謀共同正犯の場合は，正犯の構成要件的特徴を示す実行行為を分担していないのであるから，その者は正犯ではなく，したがって正犯の一種である共同正犯とはなりえない。すなわち，否認論は，共謀自体が実行行為でないことを当然の前提として（上記❸），共同正犯の正犯性の根拠を実行行為性に求めているのである。

　否認論は，まず，❶正犯には実行行為が必要であると解する根拠として，60条が「犯罪を実行した者」を「正犯」としていることのほか，61条が「犯罪を実行させた者」，すなわち自らは犯罪を実行しなかった者を教唆犯とする反面で，犯罪を実行させられた者，すなわち自ら犯罪を実行した者を正犯として扱っているという事実を挙げている。「実行させること」（教唆・共謀）は「実行すること」ではないというわけで

---

[88] 共同正犯を単独正犯と教唆犯との複合形式とし，かつ教唆犯を正犯の一態様と解したうえで，共謀共同正犯を教唆犯であるとするものに，野村403-4頁，同「共謀共同正犯」現代的展開Ⅱ235頁以下。

ある。そして，このように解しなければ，現行法が峻別している共同正犯と教唆犯・従犯との概念的限界が画しえなくなる，とするのである（佐伯（千）341-2頁参照）。

　否認論は，次に，❷共同正犯に実行行為の分担が必要である理由として，共同正犯が正犯の一種であることを挙げるが，その実質的な根拠としては，刑法における個人責任の原理が考えられている。すなわち，共同者の各人が実行行為の少なくとも一部を遂行することによって初めて共同正犯の可罰性が基礎づけられるのであって（自ら行った犯罪の実行について責任を問われる），単なる共謀者をも共同正犯とする是認論は，団体責任を認めるものであって（他人の行った犯罪の実行について責任を問われる），近代刑法の基本原理（個人責任の思想）に反するというのである。

　もっとも，共謀共同正犯を否定し，実行共同正犯のみを共同正犯と認めるとしても，そこにいう「実行」（共同実行）は，必ずしも単独正犯における実行（単独実行）と同じでなければならない，というものではない。共同正犯の場合は，各自の行為を全体としてみて犯罪の実行と評価できるかどうかが問題なのであって，単独正犯と異なり各自の行為がそれ自体独立して実行行為性を備えている必要はない。例えば，XとYが共謀のうえ，強盗罪における手段としてXが暴行を行い，Yが脅迫を行って共同してAから財物を強取した場合，X・Yの行為が相まって被害者Aの反抗を抑圧する程度に達すれば足り，X・Yの行為がそれぞれ独立してAの反抗を抑圧する程度のものであることは必要ないのである。

　(2) **正犯概念と実行概念を分離する立場（是認論・その１）**

　(a) **包括的正犯説**　「包括的正犯」という名称は，実行行為者でなくても正犯としての重い処罰に値する行為をした者を正犯に含めて考える，というところから付けられたものである。共謀共同正犯否認論はもとより，是認論のうちでも次に述べる共同意思主体説および行為支配説（間接正犯類似説）は，基本的構成要件に該当する行為（実行行為）を行う者を正犯と解する通説的見地から，実行行為が正犯概念にとって不可欠の構成要素であることを認めている（実行必要説）。これに対し，ひとり包括的正犯説は「実行なき正犯」の存在を認め（実行不要説），実行行為を行っていない共謀共同正犯も正犯の一種である共同正犯となりうる，とするのである。この見解は，重い処罰に値する者が正犯であると解する立場から，前掲❶の命題を否定し，正犯も必ずしも実行行為を分担する必要はない，と主張する[89]。すなわち，共同正犯は正犯であるが，実行行為を分担する必要はないから，実行行為を担当していない共謀共同正犯であっても共謀という重い処罰に値する行為をしている以上，正犯，したがって共同正犯となりうる，と説くのである。

　包括的正犯説の基本的な発想は，正犯概念が共犯概念と対をなす（共犯論）のに対し，実行は予備の対概念であって（未遂論），正犯と実行とは次元を異にする概念だということであろう。そして，60条の文理解釈としても，共同した全員が実行を分担し

---

[89] 平野龍一「正犯と実行」〔同〕『犯罪論の諸問題（上）総論』（1981年）132頁以下。

なければならないと解釈しなければならない必然性はないし、61条の解釈としても、それはすべての正犯（例えば、予備の正犯）ではなく、「実行」正犯に対する教唆のみが可罰的である旨を規定していると解することができる、とするのである。ところで、60条の文理解釈としては、構成要件の少なくとも一部を実現する行為をもって共同した者だけを（共同）正犯とする趣旨に読む見解（実行必要説）の方が、日本語の通常の読み方としては適切であると考えられるが、2人以上の者が共同し、そのうちのいずれかが犯罪を実行したときは、共同者の各人はすべて正犯として処罰される、というように読むこと（実行不要説）もまったく不可能というわけではない。いずれの文理解釈を採るかは、結局、刑法学的な合理性、合目的性によって決定されることになるのである[90]。

そこで、犯罪の実行に関与した者が正犯としての重い処罰に値するかどうか、実行行為に準ずる重要な役割を演じたかどうかが問題となるが、これらの基準が共同正犯と従犯の区別には妥当するとしても、はたして共同正犯と教唆犯の区別にも妥当するのかという根本的な疑問が提起される[91]。教唆犯にも「正犯の刑を科する」以上（61条）、教唆者もまた重要な役割を演じたものと言わざるをえないからである。共同正犯と教唆犯は、重要な役割の有無ではなく、やはり行為態様の相違、すなわちそれが実行行為であるか教唆行為であるかによって区別されなければならない。刑法は、「重い処罰に値する」行為として、実行行為と教唆行為を予定し、「軽い処罰に値する」行為として幇助行為を予定しているのである。したがって、共謀共同正犯については、共謀自体が実行行為にも教唆行為にも当たらないのであれば、これを重い処罰に値する行為とみることができず、教唆犯はもとより共同正犯としても重く処罰することはできないのである。正犯と共犯の概念的区別を堅持し、このような実質的基準に形式的な明確性を与えるためには、正犯（共同正犯）と実行行為概念との結び付きを否定することはできないであろう。理論上共犯（特に従犯）となるべき者が実務上正犯（共同正犯）として扱われる可能性を排除するためには、正犯概念を実行行為概念に結び付けておくことになお実践的、政策的意義が認められると思われる[92]。

(b) 準実行共同正犯説　共謀（共同実行の意思の連絡）が、共謀共同正犯はもとより実行共同正犯を含むすべての共同正犯に必須の要件と解されることから、近年、共謀共同正犯が成立するためには、共謀に加えて、実行共同正犯における実行行為に代わる実体（重要な役割）が要求される、とする見解が主張されるに至っている（重要な役割説／西田348頁以下）[93]。この見解は、その名称からも明らかなように、共謀共

90　西原春夫「共謀共同正犯」論争刑法224頁（同・前掲注（23）『犯罪実行行為論』326頁以下所収）参照。
91　中山研一「共謀共同正犯」〔同〕『刑法の論争問題』（1991年）206-7頁。
92　実際上の問題として、是認論には、実行行為者の背後に黒幕として存在する大物の処罰を意図するということのほか、教唆犯または従犯としての事実の認定や判示が面倒であるのに比して共謀共同正犯としての処理は比較的容易である、という実務上の便宜も考慮に入れられていよう。

同正犯を実行共同正犯に引き付けて理解しようとするところにその特色がある。すなわち，共謀者（非実行者）と実行者の間の支配関係・役割分担関係から判断して，犯罪事実に対する事実的寄与において，実行に準ずる重要な役割を果たしたと評価できる場合に，共謀共同正犯を認めることができる，と解するのである[94]。本説は，共同正犯の共犯としての性格を強調し，そのかぎりで次の共同意思主体説に接近するが（➡(3)），共謀共同正犯も，拡張されてはいるが実行共同正犯と同様の正犯性を有する，と解している点において包括的正犯説の1つと解することができよう。

問題となるのは，実行行為を伴わない共謀共同正犯において，実行共同正犯と同視するためにはこれに匹敵する「プラスα」として何が要求されるか，ということである。この点につき，①行為者が共謀にのみ参加し，その他には何もしていない場合には，当該共謀の形成に主導的な役割を果たしたとか，共謀の維持に重要な役割を果たしたという事情（プラスα）が認められれば，共同正犯を肯定することができ，②行為者が，共謀以外に犯罪実現に寄与する行為（見張り，現場での指示，実行者の送り迎え等）を行っている場合には，その寄与が実行行為に準ずるだけの重要性を有していれば（プラスα），共同正犯を肯定できる，とする（佐伯(仁)405頁）。ここに，重要な役割として2つのものが並列的に挙げられているが，①と②のケースを統合し，共謀共同正犯を共同正犯として実行共同正犯と同一視するための正犯メルクマールは必ずしも明らかではない[95]。

(c) **実質的共同惹起説**　この見解は，共同正犯と教唆・幇助の区別につき，正犯概念を実質的に捉えることにより，実行行為の分担（形式的正犯）を伴わないが，構成要件該当事実の惹起について重要な因果的寄与を行い，構成要件該当事実を実質的に共同惹起した場合が共同正犯であって，共謀共同正犯もこれに含まれる，とする（山口323-4頁）。たしかに，共同正犯は構成要件該当事実を共同に惹起する犯罪形態であり，また，共同正犯と幇助との区別は，「重要な因果的寄与」の有無により区別することは可能であろう。しかし，共同正犯と同じく重要な因果的寄与を果たしている教唆犯との区別は，最終的な「共同惹起」の有無に求めざるをえないが，形式的正犯概念

---

[93]　この見解は，一部に罪刑法定主義の疑義が指摘される不真正不作為犯論において不作為の作為との同価値性が問われたのと同様に，共謀共同正犯について実行共同正犯との同価値性を問題としている。そのアナロジーで言えば，共謀共同正犯は不真正共同正犯ということになるが，不真正不作為犯にあっては，その問題の所在が曲がりなりにも実行行為内部での分類（作為・不作為）にとどまっているのに対し，共謀共同正犯にあっては，そもそも実行行為を担っていなくても正犯の1つである共同正犯たりうるかが問われているのであって，その問題性にははるかに大きいものがある。

[94]　西田典之「共謀共同正犯について」平野龍一先生古稀祝賀論文集・上巻（1990年）375頁（同『共犯理論の展開』（2010年）40頁以下所収）。

[95]　共犯の本質に関する行為共同説に立ちつつ是認論に至っている重要な役割説には，共同正犯と教唆・幇助とは結果惹起に因果性を有する点で変りがないとする統一的正犯の発想があるが，因果性の問題は，共同正犯の共犯性を説明しているだけで，共同正犯の正犯性は別に考えられなければならない，とするものとして浅田418-9頁。

を放棄したことから,「構成要件該当事実を実質的に共同惹起した」と言うだけでは,重要な因果的寄与に代わる具体的な区別基準として必ずしも明確でないように思われる。

 (3) **共同正犯を共犯と解する立場——共同意思主体説（是認論・その2）**　否認論を含む他の見解が共同正犯を正犯と解しているのに対し,この見解は,共犯原理として団体責任の法理を認める立場から,前掲❷の命題を否定し,共同正犯も教唆犯・従犯と同様の意味で共犯である,と解する。

　(a) **共同意思主体説と団体責任**　共同意思主体説は,異心別体である2人以上の者が一定の犯罪を実現しようという共同目的の下に合一したとき,そこに共同意思主体が形成され,その共同意思主体中の1人以上が共同目的の下に犯罪を実行したとき,そこに共同意思主体の活動が認められ,これによって共謀に基づき共同意思主体を形成する全員につき共同共犯が成立する,と主張する。そして,共同正犯も共犯の一種であるから実行行為の分担は必ずしも必要でなく,実行行為を担当しない共謀共同正犯も共同正犯となりうる,と説くのである（岡野303頁以下,草野124頁以下,齊藤(金)238頁以下,西原・下393頁以下など）。共同意思主体説が,単に共謀に参加したにとどまる者に対しても,他人の行った実行行為についての罪責を負担させようとしたことに対して,それは団体責任を認めるものであって,近代刑法の基本原理である個人責任の原則に反する,という批判が提起されている。

　これに対して,共同意思主体説に立脚する是認論から次のような反論が試みられている。第1に,団体責任といっても,それはいわゆる連座・縁座といった封建的な連帯責任とは異なり,「自己の行為と関係のある」他人の犯罪について責任を負担させられるものであって,現行法も現に総則において教唆犯・従犯の可罰性につき他人である正犯者の実行行為を前提としており,各則においては内乱罪・騒乱罪の首謀者や謀議参与者（ただし内乱罪のみ）の責任について団体責任の原理を是認しているではないか,とする[96]。もっとも,この反論のうち,前者については正犯とされる共同正犯と加担犯にすぎない狭義の共犯,後者については総則の共同犯罪と各則の集団犯罪がもつそれぞれの実質的差異を看過している,との再批判も出されている[97]。

　反論の第2は,個人責任論に立脚するとされる否認論も「一部行為の全部責任」の法理を認めているが,そこにすでに団体責任の原理が忍び込んでいるのではないか,というものである。例えば,X・Yが強盗を共謀し,Xは暴行を加え,Yが財物を奪取したような場合,個人責任の原理を純粋に貫くならばXは暴行罪,Yは窃盗罪とせざるをえないのではないか,というのである。そこで,もしこの場合,X・Y共に強盗罪としての罪責を問われるべきであるとするなら,各人の責任の基礎がすでに各人の具体的な行為のみでなく,共同してなした実行行為にあるということになり,X・

---

[96] 西原・前掲注(90)225-6頁（同・前掲注(23)『犯罪実行行為論』330頁以下）。
[97] 佐伯千仭「共謀共同正犯」〔同〕『刑法改正の総括的批判』(1975年) 134頁。

Yがそれぞれ構成要件の一部を分担したという事実は，当該構成要件の実現がX・Yの共同の仕事であることを確定するための一つの材料にしかすぎなくなる（西原・下394-5頁），とするのである。しかし，この反論に対しても否認論の側から，それは「一部でも実行している」という事実の重要性をことさら無視する点に決定的な難点がある[98]，との再批判がなされている。

思うに，共同意思主体説による共謀共同正犯論の最大の問題性は，共同正犯を含む広義の共犯と正犯（狭義＝単独正犯）を分かつ大枠の基準に関わる共同意思主体の概念によって[99]，共犯論内部で共同正犯と狭義の共犯（教唆犯・従犯）の限界に関わる共謀共同正犯を説明しようとした点にある。たしかに，複数の行為者間に共同意思主体の活動が認められなければ，他の共犯形式と同様に共謀共同正犯も認められないのであるが，反対に，共同意思主体の活動が認められるからといって，直ちに共謀共同正犯を含む共同正犯の存在が肯定されることになるわけのものではない。共同意思主体内部で共同正犯が認められるためには，そこに狭義の共犯から区別される共同正犯としての実体，すなわち犯罪実行の分担が備わっていなければならないのである。共同意思主体説は，狭義の共犯において，犯罪の実行を担わなかった者についても共犯として犯罪性を認め，共同正犯については，実行行為を一部しか行っていなくても全体について責任を問うこと（一部実行全部責任）を説明するための理論であって[100]，けっしてそれ以上のものではありえないのである。

(b) **重要な役割論**　そこで，共同意思主体説内部から，同じく共犯である共同正犯と狭義の共犯（特に従犯）とは，正犯メルクマールである実行行為の有無ではなく，「重要な役割」を演じたかどうかによって区別される，とする主張が現れる。同じ「重要な役割」であっても，先の包括的正犯説（準実行共同正犯説）がその有無を正犯と共犯の区別基準として用いるのに対し，共同意思主体説は，共犯内部で共同正犯と狭義の共犯との区別基準として用いるのである。すなわち，共同意思主体説によれば，正犯は実行行為を行う者であるが（この点が包括的正犯説と異なる），共謀共同正犯は実行行為を分担していないけれども，共謀という重要な役割を演じている以上，共犯の一種である共同正犯となりうる，と説くのである。

問題は，共同意思主体説に立脚して共同正犯を共犯と解する場合，刑法60条が共同正犯を「正犯とする」と規定している文言をどのように理解するかということである。共謀共同正犯も「重要な役割」を演じているからというのでは，それが狭義の共犯でないことの説明とはなっても，「正犯」とされることの理由とはならない。共犯の本質を規範的障害の存在に求める見地から考えた場合も，共謀共同正犯にとって実行

98　米田泰邦「共謀共同正犯」論争刑法242頁
99　共同意思主体説は，教唆犯・従犯を含む広義の共犯の本質（共犯の共犯性）を明らかにするための理論であって，共同正犯固有の問題（例えば共謀共同正犯）を扱うものではない（➡549頁）。
100　従来の共同意思主体説は共同正犯を共犯と解してきたが，共同正犯は，教唆犯・従犯のように実行行為を行っていなくても犯罪となる，という意味で共犯（狭義）であるわけではない。

（共同）正犯の存在は規範的障害であってその共犯性を基礎づけることはできるが，やはり共同正犯のもつ正犯性を導き出すことはできない。のみならず，規範的障害の存在しない間接正犯とは異なり，これの存在する共謀共同正犯の場合は，その危険性が狭義の共犯の場合と同様に一段低いものと解さざるをえず，これを，正犯とされる共同正犯に含めて考えることはできないであろう。共同正犯が正犯とされる根拠は，やはりその実行行為性に求めざるをえないと思われる。重要な役割を演じたかどうかという実質的な基準に形式的な明確性を与えるためには，正犯（共同正犯）と実行行為概念との結び付きを否定することはできない。実行行為を行った者がすべて重要な役割を演じたといえるかどうかは別として[101]，法益侵害の直接性の観点からすると，少なくとも実行行為を行わなかった者は，重要な役割を演じなかった者としてこれを正犯（共同正犯）と解すべきではないであろう。

(4) **実行行為概念を実質化する立場──実質的実行共同正犯説（是認論・その3）**
否認論はもとより，共同意思主体説や包括的正犯説も形式的実行行為概念に依拠し，共謀を実行行為から切り離して，実行共同正犯と共謀共同正犯とを峻別するのに対し，この立場は，実行行為概念を実質的，規範的に理解する立場から，前掲❸の命題を否定し，共謀共同正犯にも実行行為の分担が認められる，と解する。すなわち，正犯は実行行為を行う者であるから，共同正犯も正犯の一種である以上，実行の分担は必要であるが，共謀共同正犯も結果の発生に対し行為支配を及ぼしているかぎり，全体的にみれば実行を分担しているといえるのであって共同正犯となりうる，とするのである。個人責任の原理に立脚して共謀共同正犯を基礎づけようとするところにその特色が認められるが，実行行為を実質化して考える立場にもその内部にいくつかの考え方がある。

(a) **間接正犯類似説**　まず，前掲の練馬事件大法廷判決に触発され，「他人の行為をいわば自己の手段として犯罪を行った」という最高裁の考え方を間接正犯のアナロジーで説明しようとする見解がある。この見解によれば，共同実行の有無は2人以上の者の行為を全体的，総合的に考察して判断すべきであって，全員が実行の全部または一部を分担することを要せず，各人がそれぞれ意思を連絡のうえ，互いに他人を利用し補い合って共同の犯罪意思を実現しようとする場合には，自ら実行行為を分担しなかった者であっても，共同の意思をもった共同者の一員に加わることにより，犯行を思いとどまろうとする実行担当者の反対動機・規範の障害を抑圧し，実行担当者を共同意思の影響の下に全員の手足として行動させた点で，実行担当者と共同して実行行為をしたものである，とする（藤木284-5頁参照）[102]。

---

[101] 佐伯(仁)408頁は「実行行為を行う者が正犯と解する見解からは，実行行為を行いながら正犯でないということはあり得ない」とするが，実行行為の存在が一部実行で足りる共同正犯の成立に必要条件であるとしても十分条件でないとすれば，実行行為を行いながら共同正犯とならない可能性はある（➡注143／実行行為をすべて行う単独正犯の場合，実行行為は必要十分条件である）。

[102] 藤木英雄「共謀共同正犯」〔同〕『可罰的違法性の理論』（1967年）324頁以下参照。

しかし，間接正犯類似の理論に対しては，是認論の内部からも，情を知った責任能力者に対し間接正犯の場合と同様の行為支配が考えられるか，また，仮にこの点が認められたとしても，右の論理では教唆犯にも行為支配が認められることになってしまい，教唆犯と間接正犯との概念的区別が不可能となってしまうのではないか，といった批判が提起されることになった[103]。さらに，この説においても，未遂犯の成立時期は，直接の実行担当者が実行に着手した時点以降に求めざるをえないであろうから，その意味でも共謀（行為）自体を実行行為とみることはできず，それにもかかわらず共謀をも実行と解するならば，実行行為概念が形式・実質の二元的なものとなり，議論を混乱に陥れることになろう（佐伯（仁）402頁参照）。間接正犯類似説のもつ問題性は，このように実行行為概念を弛緩させることによって，共謀共同正犯と実行共同正犯との本質的差異を没却してしまう点にある。実行行為概念が刑法学において果たしている人権保障的機能を考慮するとき，共同正犯においてこれを形式（実行共同正犯の場合）・実質（共謀共同正犯の場合）の両面から二義的に使用することは，それが刑法学上の基本概念であるだけに他の問題にきわめて大きな影響をもたらすといえよう（岡野304-5頁参照）[104]。

　(b) **行為支配説**　実行行為を実質化する立場は，その後，まず，①従来，実行行為概念を形式的に捉えてきた定型説からも支持されるに至っている。この見解は，正犯を，犯罪を実行する者，すなわち基本的構成要件に該当する事実を実現する者と解したうえで，さらにこれを敷衍して「構成要件該当事実について支配をもった者——つまり構成要件該当事実の実現についてみずから主となった者——こそが」正犯にほかならないとして（団藤372-3頁），実行概念を実質化する。また，正犯と共犯の区別については，行為支配の対象が構成要件該当事実であるかどうかにあるとして，構成要件該当事実の実現に行為支配をもった者が正犯とされることになる。そして，以上の前提から，共同正犯については，本人が共同者に実行行為をさせるについて自分の思うように行動させ，本人自身がその犯罪実現の主体となったものといえる場合には，実行行為をさせた本人も，基本的構成要件該当事実の共同実現者として共同正犯となることを認め，共謀共同正犯が肯定されるに至るのである（最決昭57・7・16刑集36巻6号695頁の団藤意見／➡567頁）[105]。

　上記①説は，共謀（謀議）に関与した者のうち自ら基本的構成要件を実現したといえるほどに，直接実行者に対して完全に支配力をもっていた場合に限って共謀共同正犯を認めているが，そうであるとすると，間接正犯の場合とは異なり，違法性の弁識

---

[103] 例えば，西原春夫「共同正犯における犯罪の実行」齊藤金作博士還暦祝賀『現代の共犯理論』（1964年）134頁以下（西原・前掲注（23）286頁以下所収）。
[104] 岡野光雄「共謀共同正犯」法学セミナー264号65頁。
[105] 前田351頁は，いみじくも「この変化は，……形式的犯罪論の骨格とも呼ぶべき『実行行為』の形式性・統一性が瓦解し，実質的犯罪論に転換する象徴的事例であった」と述べるが，それだけに実質的犯罪論が共謀共同正犯を「重く処罰したい」という動機に支えられた心情刑法であって，図らずもその中に限定原理をもたないことを吐露しているといえよう。

能力があり規範的障害となる,すなわち主体的人格の持主である実行者に対して,はたして完全な支配力を及ぼすことがありうるか,という間接正犯類似説に対するのと同様の疑問が生ずる。また,仮に行為支配の概念によって,上下・主従間の関係が問題となる「支配型共謀共同正犯」を基礎づけることができるとしても,対等・平等な協力関係が問題となる「分担型共謀共同正犯」を基礎づけることができるかは疑問であり[106],論者の意図する「実務的要求の観点から,ほぼ必要にして充分な限界線を画する」ことが可能かはなお問題の存するところであろう[107]。

　次に,②基本的に共謀共同正犯を認めないとする立場からも,直接の実行者に対する関係で優越的支配が認められる場合には,共同正犯を認めてよいとする見解も現れるに至っている(**優越支配共同正犯説**)。すなわち,「実行を担当しない共謀者が,社会観念上,実行担当者に比べて圧倒的な優越的地位に立ち,実行担当者に強い心理的拘束を与えて実行にいたらせている場合には,共同正犯を認めることができる」とするのである(大塚307頁)。この見解も,合認論から出発しつつ,共同正犯の成立に厳格な意味での実行の分担を要求しないかぎりでは,共謀共同正犯の少なくとも一部を共同正犯の中に取り込んでいるが,優越支配共同正犯説に対しては,圧倒的な優越的地位に立つ背後者が受命者に心理的拘束を与える状況は,もはや典型的な間接正犯のそれであって,受命者をも含む共同正犯の問題ではない[108],とする指摘が妥当しよう[109]。

　(c) **機能的行為支配説**　　さらに,近年,単独正犯・間接正犯・共同正犯に共通の正犯性を,構成要件事実の実現過程を支配していることに求める行為支配説も有力に主張されている(➡522頁)[110]。この見解の根本思想は,共同正犯が他の狭義の共犯と異なり正犯とされているのであるから,他の正犯と共通する正犯としての実質を備えていなければならず,その共通要素を「行為支配」の概念に求めるのである。ここでは,「行為支配」概念が,本来の,狭義の正犯と広義の共犯との区別基準としてではなく,広義の正犯と狭義の共犯との区別基準として用いられていることに注意する必要がある。したがって,共同正犯には共犯の側面もあることから,そこでいう支配概念は,直接正犯(実行行為遂行による行為支配)・間接正犯(優越的要因による支配)におけるそれとは異なり,各関与者が「自己の寄与を撤回することによって全体の計画を挫折させうる」という「機能的行為支配」(共同的行為支配)に求められることになるのである。

　機能的行為支配説については,まず,①緩和されているとはいえ,はたして共同正

106　中野次雄「判批」警察研究56巻1号81-2頁。
107　中山・前掲注(91)219頁。
108　松村格「共謀共同正犯」刑法基本講座第4巻200頁。
109　共同正犯における強い心理的因果性を根拠に共謀共同正犯を認める見解として,前田352頁,同・基礎344頁。
110　橋本・前掲注(15)159頁以下,照沼亮介『体系的共犯論と正犯理論』(2005年)115頁以下など。

犯に行為支配の概念を容れる余地があるのか，また，そのように修正された行為支配概念がそもそも「行為支配」の名に値するか，次に，②仮にこれを認めるとして，機能的行為支配（共同支配）概念がはたして実行共同正犯を超えて共謀共同正犯をも基礎づけうるか，ということが問題となる。

　まず，①間接正犯が自ら直接法益侵害行為を行っていないにもかかわらず正犯とされたのは，被利用者に規範的障害が認められないことによって，利用行為に実質的な意味での実行行為性が肯定されたからであった。しかし，共同正犯にあっては，各自が規範的障害として存在し，少なくともその相互間に間接正犯的な意味での行為支配を認めることはできない。それにもかかわらずそこに緩和された行為支配が認められるのは，「二人以上共同して」いるからであって，「緩和された行為支配＋実行」によって初めて共同正犯が基礎づけられるということになるのではなかろうか。「自己の寄与を撤回すると計画全体が挫折してしまう」という実行者の心理状態は，被教唆者にもみられるところであって，実行を伴わない他の共謀者の正犯性を基礎づけるだけの属性を備えているとは考えられない[111]。いずれにせよ，行為支配という，本来，単独正犯，特に規範的障害の不在の間接正犯を基礎づけるために用意された原理で共同正犯を含む共犯現象を律しうる，とする点に根本的な疑問が残るのである。

　次に，②機能的行為支配説の論者も，共同支配が間接正犯における行為支配とは異なり，60条によって「共同して実行した」と言える程度に修正・緩和された行為支配であることは，これを認めている（松原359頁）。そうであるとすると，そこでいう行為支配は，せいぜい「一部しか実行していなくても，結果を含む全体について正犯としての責任を問われる」という実行共同正犯を基礎づける程度にとどまるものではないであろうか。機能的行為支配概念によっても，共謀共同正犯を共同正犯に取り込むことは困難なように思われる。

④　共謀共同正犯における立法・判例・学説の役割

　以上の考察から明らかなように，共謀共同正犯の実体は，まず，①実行行為を行う直接正犯・実行共同正犯と異なり，形式的意味での実行行為（基本的構成要件に該当する行為）を伴っていない点で，狭義の共犯であり，また，②規範的障害が欠けるために行為支配の認められる間接正犯とも異なり，他に実行正犯という規範的障害が存在する点で，やはり行為支配の認められない加担犯，特に教唆犯に近い犯罪形態であると言わざるをえない。共謀共同正犯には，いずれの点においても実行行為概念の実質的内容とされる「法益侵害の一般的危険性」を認める

---

[111] 機能的行為支配説は，共謀共同正犯者がその寄与を撤回することによって計画全体を挫折させうるような役割を担ったことも考慮に入れるが，これは重要な役割論を自説に取り込んだものである（松原360-1頁）。

ことができず，これを60条の共同正犯に包摂することは不可能である。

　結論として，筆者は，責任主義の一面である個人責任の原理を徹底し（➡280頁），また，理論上共犯（とくに従犯）たるべき者が実務上正犯（共同正犯）として扱われる可能性を排除するためには，共謀共同正犯の理論を否定することになお実践的，政策的意義が認められると考えている。共謀共同正犯の理論は，比較的その外延が明確な実行共同正犯・教唆犯・従犯のいずれにも属さない共犯（類似の）現象を，共同正犯に落とし込むために考案された「受け皿」構成要件として機能してきた暗い歴史をもっている。実行行為の箍（たが）を外された共謀共同正犯概念は，また，本来であれば他の共犯形態（特に従犯）に含まれるべき行為態様を共同正犯に取り込むという機能も果たしてきた。例えば，不作為による幇助は，それ自体実行行為を伴っておらず，その反面で，実行行為を行わない共謀共同正犯が作為・不作為を問わない犯行形式であることから，容易に不作為の従犯を自己の中に取り込むことが可能となったのである（➡527頁）[112]。

　司法統計年報によれば[113]，関与者が複数であったケースのうち，その97.9%が正犯の場合である。これには，共同正犯のほか，間接正犯，被加担犯（被教唆者・被幇助者）が含まれるが，間接正犯の成立が限定的であること，教唆・幇助として処罰されることが稀なこと（教唆が0.2%，幇助が1.9%）であることからすると，その多くが共同正犯と考えられる。しかも，実行行為を行わない加担犯（教唆犯・従犯）が圧倒的に少ないことにかんがみると（かつその罪種は特定のものに限られている），実行行為を伴わない共犯の大半が共謀共同正犯として処理されていることが窺われるのである。したがって，実務においては，共犯（広義）≒共同正犯（≒共謀共同正犯）の図式が推測されるのであって，刑法典の採る共犯体系を否定しこれを統一的正犯体系へシフトさせる事実上の法改正が司法の手によりなされてきたといえる[114]。

---

[112] 共謀共同正犯について，明確な輪郭づけがなされず，その内容が不明確な漠然としたものであることを指摘しつつ，「たとえばその場にいて，あえてこれに反対しなかった者も，不作為犯としての作為義務が十分検討されることなく共犯者の一人だとされる可能性もある。そこに共謀共同正犯理論の持つほんとうの問題性ないし危険性がある」と警告を発したのは，ほかならぬ包括的正犯説の平野龍一であった（平野「正犯と実行」・前掲注（89）136-7頁）。

[113] 以下に掲げる数値は，亀井源太郎『正犯と共犯を区別するということ』（2005年）6頁以下による。

[114] 松宮365頁は，「実務における「共謀共同正犯」の多用（現実はむしろ「濫用」ないし「誤用」というべきであろう＝筆者注）も，共犯論，ひいては犯罪体系論全体の発展を阻害している」と指摘する。

共謀共同正犯に対する学説の対応としては，平野龍一によって，判例が法を具体化してゆくものであり，学説はそのための参考意見にすぎない，とする見地から，確立した判例となっている共謀共同正犯の概念を是正しようとするのであれば，それは立法によるべきであって，解釈論としては判例の基本線を前提とせざるをえない（平野・Ⅱ403頁），とする見解が表明されて以降，肯定説が有力化して今日に至っている。しかし，平野も，法解釈学（学説）は裁判官を説得してその行動をコントロールする実践的活動であって，学説は裁判官を説得しようとする努力である，としていたのであって，今日一部にみられる傾向のように[115]，学説は判例を説明するための努力である，としていたわけではない[116]。一方，共謀共同正犯否認論の立場からは，学説が判例を有効に指導すべきであるという命題が維持される以上，判例に追随する学説の傾向を助長することがあってはならず[117]，「実務を前提にしてその行き過ぎに歯止めをかけるのも，書かれた法を前提にして実務の「不当な解釈」を指摘し是正するのも学説の任務である」と説かれているのである[118]。

ヨーロッパ法を継受する以前の律令法制の下で，共同犯行の意思を形成するうえで重要な役割を果たした「造意者」を中核とする共犯思想に代わって登場した，実行行為を中心に据える継受法たる現行刑法の下で，そもそも共謀共同正犯概念が実定刑法と整合性を取りうるかは当初から大きな問題であった。立法資料によるかぎり[119]，共謀共同正犯に関する立法者意思は，共同正犯を「実行共同正犯」，つまり犯罪の実行を分担した者に限る趣旨であって，「現行刑法60条が共謀共同正犯を含まない趣旨であったことは，疑う余地がない」（松宮276頁）とする指摘もある。また，改正刑法草案27条2項は，共謀共同正犯に関する規定を新設しているが，そのことは，その是非は別として，少なくとも同条1項と同趣旨の現行60条の規定が実行共同正犯に関する規定であることを物語っているといえよう[120]。もとより，現行刑法の解釈は立法者意思に拘束されるものではないが，共謀共同正犯論については，今日，刑法典制定時の原点に立ち返り，判例の在り方

---

[115] この傾向は，2004年の法科大学院設立後特に顕著であるが，「法学研究者の役割とは何か」が今改めて問われているのである。
[116] 平野龍一「刑法と判例と学説」〔同〕『刑法の基礎』(1966年) 243頁以下。
[117] 中山研一『現代刑法学の課題』(1970年) 134-5頁。
[118] 山中敬一「平野龍一博士の刑法理論」ジュリスト1281号57頁。
[119] 松尾浩也 増補解題〔倉富勇三郎ほか監修〕『増補 刑法沿革総覧』(1990年) 925頁。

を含めて全般的再検討の時期に来ているのではなかろうか。

4　不作為犯の共同正犯

　不作為犯と共同正犯とが交錯する場面で生ずる犯罪形態が不作為犯の共同正犯である。これには，①共同正犯者が共に不作為の場合と，②一方が作為，他方が不作為の場合とがある。

　(1) 共に不作為の共同正犯　　ここでは，「不作為犯に対する共同正犯」と「不作為による共同正犯」とが複合しており，不作為犯に対する不作為による共同があった場合に，「不作為犯の共同正犯」の成否が問題となる。不作為犯の共同正犯の例として，例えば，〔事例Ⅰ〕父親Xと母親Yが殺害の意思を通じて，自分たちの子供Aに食事を与えずこれを餓死させたようなケースが考えられる。

　通説は，XとYに共同の作為義務違反の共同の不作為が認められるとして，殺人罪の「不作為犯の共同正犯」が成立する，と解している。もっとも，この場合は，XおよびYのいずれか1人がAに食事を与えていれば，Aは餓死しないですんだのであるから，これを同時犯と構成してもX・Yに正犯としての罪責を問うことができる。したがって，固有の意味で「不作為犯の共同正犯」として解決しなければならないのは，XとYが共同して作為に出なければAの死亡を回避しえなかった場合である。例えば，地震により子供Aが大人1人の力では動かせないような重い家具の下敷きになったにもかかわらず，両親X・Yが示し合わせて家具を移動せずAを死に至らせたような場合がこれである。

　(2) 作為と不作為の共同正犯　　一方が作為で，他方が不作為で共同して犯罪を行った場合も，不作為犯と共同正犯が関連する犯罪形態として捉えられ，作為と不作為との共同正犯を認めることができるか，という形で問題が提起される。例えば，〔事例Ⅱ〕父親Xと母親Yとが意思疎通（共謀）の上，Xが積極的に子供Aを殴打・足蹴にするという作為により殺害したが，その際，Yはそれを阻止できるのに阻止しなかった場合に，Yに不作為による殺人の共同正犯が成立するか，ということが問題となる（➡525頁以下）。

---

[120] 是認論は，共謀共同正犯が形式的に刑法60条の解釈によりこれに含まれるから共同正犯として重く処罰するというのではなく，実質的にみて重い処罰に値する実態が認められるから60条に含めて考える，というものであって明らかに類推解釈の手法によっていると言わざるをえないであろう（➡43頁）。

事例Ⅱにおいて，①共同意思の下で各人が作為（X）と不作為（Y）の態度に出ていることを共同実行行為とみなし，作為と不作為の共同正犯を認めて，殺人についてXには「作為による共同正犯」，Yには「不作為による共同正犯」が成立する，とみる見解も有力である（例えば，大塚・基本問題334頁）。しかし，Xの暴行を阻止しないというYの不作為は，積極的な動作であるXの作為と比べると，潜在的な作用可能性を有する消極的な態度にすぎず，このように従属的な役割を果たすにとどまるYの不作為について，これを，不作為者による犯罪事実形成作用を凌駕する作為者によるそれ（Xの行為＝作為）と同列に論ずることはできない。Aの死亡結果に対して，Xが自らのイニシアティブの下に因果関係を設定し，Xの作為が結果の発生に直接的な因果性をもつのに対して，これを阻止しなかったYは，作為義務（阻止義務）違反の不作為により，Xを介しての間接的な因果性をもつにとどまっているのである。

また，②犯行現場において，Y以外にXの犯行を阻止する者がいなかった，という「排他的支配」の見地からYに犯罪阻止義務を認めてその共同正犯性を基礎づけることもできない。この場合，たしかにXの犯行を阻止しうる者が現場にY以外にいない，という意味で，Yに従犯としての不作為犯を認めるだけの排他的支配は肯定される。しかし，単独正犯の事例においては，不作為者は結果への因果の流れを自己の掌中に収め，その意味での排他的支配を理由に結果回避のための作為義務を根拠づける可能性（正犯性）が生まれるが，本事例の場合は作為による正犯者Xが現に存在し，規範的責任論の見地からすると，法は，Xに対して直接に犯行の中止を期待しているのであって，Yについて犯罪現場における正犯性を基礎づけるに足りる排他的支配を認めることができないのである。

さらに，規範論的にみて，法益保護をもってその任務とする刑法規範は，第一次的には，「法益を侵害するな」という禁止の内容を理解し，規範の要請に従って行為できるにもかかわらず，禁止規範に違反して積極的に法益侵害行為に出ようとする作為者（X）に向けられる。法益保護の役割は，法益侵害行為に出ないという形でまずもってXが果たさなければならず，Xに正犯としての第一次的な責任が課せられることになる。これに対し，Yは，Xがその役割を果たさないことによって初めて，「Xの行為を阻止せよ」という命令規範に応ずる形で二次的補充的に法益を保護する役割を果たせば足りるのであって，Yは，あくまでもXによって遂行される法益侵害（Aの殺害）の実現を意図し，支援してその阻止を

しない点で従犯としての役割を果たしているにすぎないのである。

作為者（X）が正犯であるときは，それに対する不作為による関与者（Y）は，原則として従犯にとどまる。父親Xが子供Aを毒殺しようとするのを阻止しなかった母親Yの立場は，水に溺れたAを救助しなかったYの立場とは，法的意味が異なるのである（前者は従犯，後者は正犯）。もっとも，例えば，XがYの不在中にAに暴行を加えて外出した後に，Xと入れ違いに帰宅したYが重傷を負っているAを発見したが，殺意をもってこれを放置して死に至らしめたような場合には，Yに不作為による殺人罪が成立するが，それは，正犯であるXの実行行為後にAがY単独の支配領域内に置かれたからであって，前例とは事情が異なることに注意する必要がある（➡527頁）。

なお，共謀共同正犯論によれば，事例Ⅱにおいても，当然にYに殺人の（共謀）共同正犯が認められるが，共謀に関与した一事をもって，本来，不作為による幇助にとどまる犯行形式を容易に共同正犯に「格上げ」してしまうところにも，この理論に内在する問題性が露呈されているといえよう（➡579頁）。

5 過失犯の共同正犯
Ⅰ 事例の解決

過失犯の共同正犯を認めることができるかどうかについても，共犯（共同正犯）の本質との関連で，学説上，見解が分かれている。ⓐ「過失の共同正犯」となるのか，それとも，ⓑ単なる「過失の競合」にすぎないのか，が問題となる事例としては，次のようなケースが考えられる。

まず，①〔**事例Ⅰ**〕XとYが協力してビルの工事現場で鉄材の両端を持ってこれを下に落とす作業をやっていたところ，2人の不注意により，下を通りかかった通行人Aの頭上に鉄材を落としAを死に致したという場合，ⓐ是認論では過失の共同正犯となるが，ⓑ否認論ではX・Y共に過失の単独犯（同時犯）が成立するということになる。この場合は，結論的にはいずれの説によってもX・Yに過失犯（業務上過失致死傷罪）が成立する。

次に，②〔**事例Ⅱ**〕ハンターのZとWが猟に行って，2人とも不注意によりBを野獣と誤認しBに向かって銃を発射したところ，Zの弾丸はBに命中し死亡したけれどもWの弾丸は当たらなかった場合，ⓐ過失の共同正犯を認める立場（是認論）は，Wについても業務上過失致死傷罪の成立を認め，ⓑ過失の共同正犯を

認めない立場（否認論）は，Wは過失単独犯の未遂として不可罰となる。また，〔事例Ⅱ′〕命中した弾丸がZとWのいずれの銃から発射されたものか判明しなかった場合，ⓐ是認論ではZ・W共に業務上過失致死傷罪が成立し，ⓑ否認論では因果関係の証明ができない以上，Z・W共に不可罰となる。

2 判 例

　戦前の大審院時代は，過失犯の共同正犯を否認していたが（例えば，大判大3・12・24刑録20輯2618頁），戦後最高裁の時代になってこれを是認する判例が現れた。最判昭28・1・23（刑集7巻1号30頁）は，共同して飲食店を経営していたX・YがAから仕入れたウイスキーと称する液体を，メタノールの含有の有無につき何らの検査もせずに意思を連絡して数名の者に販売したところ，その液体には法定除外量以上のメタノールが含まれていた，という事案に対し，（旧）有毒飲食物等取締令（1条・4条1項後段）に規定された過失有毒飲食物等販売罪の共同正犯を認めた。もっとも，本件の場合，X・Yは共に過失により有毒な酒類を販売したとみられるから（過失挙動犯），過失犯の共同正犯を認めなくても過失同時犯として処罰しうる場合であった（その点では，前掲〔事例Ⅰ〕と同じ）。したがって，過失結果犯の典型である過失致死傷罪について最高裁がどのような態度を取るかは必ずしも明らかではなく，判例としての指導力は乏しかった[121]。

　そのためもあってか，その後の下級審判例は，ⓐ肯定判例（例えば，業務上失火罪の共同正犯を認めた名古屋高判昭61・9・30 高刑集39巻4号371頁）と，ⓑ否定判例（例えば，業務上過失致死傷罪につき過失の競合にすぎないとした広島高判昭32・7・20 高刑裁特4巻追録696頁）とに分かれることになった[122]。もっとも，主流は肯定判例であって，例えば東京地判平4・1・23（判時1419号133頁／世田谷通信ケーブル火災事件）は，X・Yが共同して電話ケーブルの修理作業を行ったが，終了後トーチランプのとろ火を消さなかったため火災を発生させた事案につき，近年，学説上有力となった「共同の注意義務に共同して違反した」という公式を用いて（→③(1)(b)），過失の共同正犯の成立を認めたのである。ただ，共同正犯と構成しないと行為者の過失責任が問えない事例（前掲〔事例Ⅱ〕の類型）は必ずしも多い

---

[121] 土本武司「過失犯と共犯」刑法基本講座第4巻141頁参照。
[122] 否定判例には，過失の共同正犯の概念を認めつつ，具体的事案の解決としてその成立を否定したものもある。

とはいえ，判例は，多くの場合，過失同時犯（過失の競合）として処理する傾向にある[123]。

3 学　説

この問題は，共犯および過失犯の本質論と関連して，見解が多岐に分かれている。まず，ⓐ共犯の本質論からのアプローチによれば，従来，①行為共同説が過失共同正犯を是認するのに対し，犯罪共同説がこれを否認し，また，ⓑ過失の本質論からのアプローチは，伝統的に過失共同正犯を否認する傾向にあったが，今日，この対立の図式は必ずしも維持しえないものとなっている（高橋453頁参照）。

(1) 是認論　否認論が共同正犯の成立に故意の共同を要求するのに対し，是認論は，故意の共同は故意犯の共同正犯の要件として必要であっても，共同正犯それ自体の概念要素として絶対不可欠のものではない，と説くことから出発する。すなわち，故意犯の場合は，一部実行全部責任の効果を認めるために行為および結果の意識的共同を必要とするが，過失犯については，実行行為の共同によって共同の注意義務に共同に違反して法益を侵害した以上（共同過失），一部実行全部責任の効果を認めうるはずだというのである[124]。是認論にも，共犯の本質につき，ⓐ行為共同説によるものと，ⓑ犯罪共同説によるものとがある。

(a) 行為共同説　是認論は，まず，①主観主義的な行為共同説の立場から主張される。すなわち，共同正犯が成立するためには自然的行為（前構成要件的な行為）を共同にする意思があれば足り，結果を共同にする意思（故意の共同）を必要としないということから，前構成要件的な行為についての意思の連絡があるにすぎない過失の共同正犯も認められることになる（木村（亀）405頁など）。

また，②客観主義犯罪論に基づく行為共同説からも，過失の共同正犯は肯定される（中山465頁，平野Ⅱ・393頁以下）。すなわち，共同正犯が成立するためには各自がその犯罪行為の一部を共同にすれば足り，犯罪（罪名）の従属性（同一性）を要求しないことから，故意犯と過失犯との間に共同正犯を認めるだけではなく，過失犯相互の間にも共同正犯を認めることになる。この見解によれば，過失犯に

---

[123] 例えば，川治プリンスホテル火災事件に関する最決平2・11・16（刑集44巻8号744頁／➡363頁），薬害エイズ事件ミドリ十字ルートに関する大阪高判平14・8・21（判時1804号146頁），患者の同一性確認を怠って患者を取り違えて手術をし，看護師・執刀医・麻酔医の過失責任が問われた横浜市大付属病院事件に関する東京高判平15・3・25（刑集61巻2号214頁）など。

[124] 土本・前掲注（121）144頁。

も正犯（実行行為）と共犯（関与行為）の区別が可能であるという見地から，各自の過失行為（実行行為）の共同的利用による結果惹起が認められれば過失の共同正犯を肯定してよいとし，過失行為それ自体の危険性と，一方が他方の行為についてまで注意すべき義務の違反とによって，共同過失が認定されるとするのである。もっとも，共同正犯においては，一部行為の全部責任の法理が適用されることから，その認定は慎重になされなければならない，ともしている（中山463頁）[125]。

(b) **犯罪共同説**　近年では，犯罪共同説に立ちつつ過失犯の特性に着目して共同正犯概念を修正し，過失の共同正犯を認める見解も現れるに至っている。すなわち，「前法律的な事実に関する意識的・意欲的共働が不注意の共有という契機を帯びることによって，一個の全体としての構成要件該当（充足）かつ違法な行為→結果となることができる」[126]とする（内田296-7頁）。また，あるいは「法律上，共同行為者に対する共同の注意義務が課せられている場合に，共同行為者がその注意義務に共同して違反したとみられる客観的事態が存在するときは，そこに，過失犯の共同正犯の構成要件該当性があった」とし，例えば前掲〔事例Ⅰ〕においては，共同実行の内容としての共同者の相互的な利用・補充の関係を見いだすことができるのであり，不注意な行為を共同にし合う心情を過失犯についての共同実行の意思と解しうる，とするのである（大塚296-7頁以下）。ここで，「共同の注意義務」というのは，「みずから遵守するだけでなく，共同者の他の者にも遵守させるようにつとめなければならない関係にあ〔る〕」義務と解されている（福田平＝大塚仁・刑法総論Ⅰ〈大学双書〉381頁）。

(c) **過失論の変容と過失共同正犯**　さらに，①新過失論の台頭により，過失犯にも実行行為が存在することが意識されるようになると，過失行為（過失犯の実行行為）の共同として過失犯の共同正犯が認められるに至り（例えば，福田273頁），また，②旧過失論の側からも過失行為が「実質的で許されない危険」をもった行為と理解されるようになると（平野・Ⅰ193頁），過失実行行為の共同を

---

[125]　西田383-4頁は，例えば前掲最判昭28・1・23（→②）における事案のように，共同者が同一の結果防止のために重畳的に共通の注意義務を負担しており，各自が自己の注意義務を果たしていれば自動的に他の行為者の過失による結果発生をも防止しえたという場合は，過失と結果の因果関係を認めることが可能であって，このような類型に限定するならば，過失共同正犯を肯定することも考慮に値する，という。

[126]　内田文昭『刑法における過失共働の理論』（1973年）61頁。

問題とする余地が生じてきたのである（前田・基礎363-4頁参照）。従来の過失共同正犯論が「共同正犯」の本質論を基礎として過失の共同正犯を考えていたのに対し、これらの立場が「過失」の本質論から出発して過失の共同正犯を論じている、という違いが見受けられる。

(2) 否認論　まず、ⓐ伝統的な犯罪共同説の論者は、①共同正犯に必要な相互的了解は結果を共にする決心を意味し、それは故意行為についてのみ存在する、と説き（瀧川229頁）、あるいはまた、②過失犯における意識的部分である犯罪的でない意思の連絡は、共同して犯罪を実行する意思としては不十分であり、したがって過失行為にとって本質的でない意識的な部分についての意思の連絡をもとに過失の共同正犯を論じることは、過失犯の本質に即した議論ではない、とするのである（団藤393頁）。

次に、ⓑ共同犯行の意識をもって一体となる共同意思主体の活動は故意犯についてのみ可能である、と主張する共同意思主体説も過失の共同正犯を否定する。すなわち、刑法が共犯（共同正犯）を規定した理由が、2人以上で共同目的に向かって合一するところに特殊な社会心理的現象が生ずることを認めたことにある以上、一定の犯罪は故意犯であることを要するのである（岡野295頁参照）。何故なら、一定の目的に向かっての相互了解がなければ、特殊な社会心理的現象が生ずるものとして、特別の取扱いをする必要がないからである（斎藤(金)233頁）。

4　検　討

(1) 是認論の問題性　以下、共同意思主体説に立脚し、過失の共同正犯を否認する立場から[127]、これを是認する見解の問題性について考えてみよう。

(a) 共犯の本質と是認論　過失の共同正犯を認める見解のうち、まず、ⓐ犯罪共同説による是認論についてみると、犯罪共同説はもともと犯罪結果について意思の連絡がある場合を共犯と解する見解なのであるから、犯罪共同説に立ちつつ共同正犯を認めるために何故犯罪的結果を含む相互了解が不要なのか、という問題が生ずる。これに対し、この立場の論者は、過失の共同正犯を認めるためには表面的な行為の共同だけでは足りず、内面的な不注意の共同が必要であると説くが、はたして内心の問題である不注意（注意義務違反）の共同ということが事

---

[127]　共同意思主体説を、教唆犯・従犯を含む広義の共犯に関する学説と捉える見地からは、過失の教唆犯・従犯も当然に否定されることになる。

実としてありうるのか，という疑問がわく。この疑問を解くかぎはおそらく，注意義務を結果回避のための外部的な義務として構成する，いわゆる新過失論に求められることになろう（➡335頁以下参照）。すなわち，不注意の共同というためには，過失を，行為者のおかれた具体的な状況の下において，法益侵害の結果を招かないようにするため何人にも遵守することが要請される基準行為からの逸脱と捉える新過失論の立場によることが不可避のものとなるのである[128]。しかし，過失を内心的な予見義務の違反と捉える伝統的な過失論（旧過失論）の立場では，不注意の共同ということが意味をもたず，したがって旧過失論を前提とするかぎり，犯罪共同説に立脚しつつ過失の共同正犯を認めることは論理的に不可能であろう。

これに対し，ⓑ行為共同説の立場から過失共同正犯の帰結を導くことは，理論的には可能である。殊に，①裸の行為の共同があれば共同正犯が認められるとする主観主義的な行為共同説に従った場合は，過失の共同正犯を認めることに何の障害もないであろう。しかし，非犯罪的，前構成要件的な意思の共同があるというだけでは，共同正犯の当罰性を基礎づけることができない。例えば，前掲〔事例Ⅰ〕において，鉄材を共同して投げ落とす，というそれ自体非犯罪的な行為についてX・Y間に意思の連絡があったというだけで，事故が発生すると一転，その意思連絡がその結果についての共同過失に転ずる，と解することはできない。行為を共同にすること自体に共犯処罰の基礎を求める行為共同説を徹底すると，Xにしか過失が認められない場合にも過失の共同正犯が成立するということになりかねないのである。

そこで，②客観主義的な行為共同説のように，単なる行為の共同ではなく犯罪行為の共同を考えるとした場合，行為共同説が事実上犯罪共同説に合流することになるのではないかという点をおくとしても，各人の過失から区別された共同の注意義務違反（共同過失）を観念しうるかという疑問はやはり解消されていない[129]。すなわち，危険な共同行為にかかわる複数の者に，各自が自己の注意を払うと共に，相手方に注意を喚起する義務（その意味での共同義務）があるとして

---

[128] 土本・前掲注（121）145頁。
[129] 「共同義務の共同違反」の考え方は，（共同正犯における）意思疎通の問題を看過し，客観的要素のみによって共同正犯の成立を認める結果となっている，とするものとして高橋456頁。

も，それは単に同じ内容をもつ各人の義務が併存している状態にすぎず，共同正犯を根拠づける意思疎通に代わりうるものではないと思われる（前田・基礎372-3頁参照）[130]。例えば〔事例Ⅱ〕において，ZおよびWが各自意識を緊張させて客体が野獣でなく人（B）であることを認識すべき義務はもとより，共同過失を基礎づけているとされるZがWに対して，WがZに対して相互に注意を促すという義務も，実はそれぞれがZ固有の義務でありW固有の義務であって，いずれの義務違反もせいぜい過失同時犯を基礎づけているにすぎないのである。

　結局，「共同行為者が，互いに不注意であったために，相互に不注意を助長・促進する結果になり，ために法益侵害を惹起したと評価しうるときには，その過失的共働に対して，共同正犯の成立を認めることはなんら困難でない」（内田296頁），とは言えないと思われる。無意識的な不注意そのものを共同にするということが意味をなさない以上，不注意と不可分に結び付いているとはいえ，意識的な客観的行為の共同があるというだけでは，一部実行全部責任の効果を基礎づけることはできないであろう。

　(b) 是認論とその実益　過失共同正犯を認める実益という観点からも，是認論の存在意義は疑わしい。〔事例Ⅰ〕の場合には，過失単独犯としてX・Yを共に処罰しうるのであって，共同正犯の規定を援用して「一部行為の全部責任」の法理を適用する必要はないであろう（西原・下385頁）。また，是認論は，〔事例Ⅱ'〕において，Z・Wどちらの発射した弾丸からBが死亡したか特定できない場合に意味があるとするが，行為と結果との間の因果関係が立証できない以上，むしろ両者に業務上過失致死傷罪の責任を負わせるのは不当であって，共に無罪とすべきだと思われる。

　是認論からはまた，共同決定の場合，例えば，欠陥商品の販売を取締役会において全員一致で決定した場合，1人が反対しても決定は覆らないから，個々の取締役についていえば，決定に賛成したことと結果との間の条件関係を肯定することが難しいが，共同正犯とすればこれを肯定することができる，とされる（佐伯

---

[130]　是認論は，①監督的地位にない者（X）に，他人（Y）の行為に対する注意義務を認めることは困難であって，②共同正犯を認める実益がある，とするのであるが（佐伯(仁)428頁（記号は筆者)），①を前提とするのであれば，Yの行為から結果が発生した場合（あるいはどちらの行為から結果が発生したのか不明の場合），X（不明の場合はYも）の罪責を否定するのが筋であろう。
[131]　なお，合法則的条件公式を用いて判断するのであれば，個々の取締役の各1票が評決に作用したのであるから条件関係は肯定できることになる。

(仁) 428頁。なお，松宮270頁参照）。ここでは，条件関係の認定が共同正犯と結び付けて考えられているが，共同決定の事例は一種の択一的競合（択一的条件関係）の事例として把握すべきであって，個々の取締役の刑事責任は問えないと考えざるをえない[131]。それと同時に，そもそも共同決定の事例において，はたして個々の取締役の過失責任が問われなければならないのかを改めて考えてみることも必要であろう。欠陥商品による事故をもたらしたのは，取締役会全体の決定，会社の方針に基づく対外的な販売戦略にあるのであって，取締役の投票行動はその決定に至る内部的プロセスでしかない。したがって，本来，過失責任の主体は会社組織自体に求められるべきであるが，個人責任の原則に照らし会社を処罰の対象としえないのであれば，それは刑法のもつ原理的性格に由来しているのである。いずれにしても，個々の取締役の刑事責任を問うために過失共同正犯を是認しようとするのは，論理が逆転しているように思われる。

(2) 否認論の妥当性　以上の是認論に対し，過失の共同正犯を否定する場合には，過失犯をすべて共同正犯から排除することによって，共犯論の内部で明確な限定性を保障することが可能となる。否認論に対しては，この立場は過失犯を単独犯に分解することによって，是認論であれば過失による教唆・幇助として不可罰な行為をも正犯として広く処罰することになる，という批判が加えられている（中山462頁）。過失犯に正犯と共犯の区別を認めないことは，すべてを正犯として扱うものであって，過失犯の定型性を緩く解することから拡張的正犯概念を認めることになる，というのである[132]。しかし，単独犯とした場合は，自己の危険行為についてのみ過失責任を問われるのであり（いわば「一部行為の一部責任」），過失の実行といえないもの（故意であれば教唆・幇助にすぎないもの）は否認論においてもやはり不可罰行為として扱われることになるのである。

[5]　**結果的加重犯の共同正犯**

それでは，故意犯と過失犯との中間的な犯罪形態である結果的加重犯について，共同正犯は成立するであろうか。

(1) 事例　例えば，X・Yは共同してAから財物を強取しようと企て，Xは暴行，Yは財物奪取を行ったが，Xの過失によりAを死に致した場合，結果的加重犯の

---

[132] 過失犯においては正犯と共犯の区別は存在せず統一的正犯概念が妥当する，という立場から否認論を採るものとして高橋456頁。

共同正犯を認める立場（是認論）からは，Yにも強盗致死罪が成立する余地があるのに対し，否認論の立場では，Yの罪責は強盗罪にとどまることになる。

(2) **判　例**　まず，結果的加重犯が成立するためには，行為と結果との間に条件関係があればよいとする判例の立場からすると，基本的行為について共同の認識がありさえすれば，発生した重い結果に対して予見可能性（過失）がなくても共同の責任が問われることになる。例えば，最判昭26・3・27（刑集5巻4号686頁）は，強盗を共謀した者の1人（X）が強盗の機会に致死の結果を発生させたときは，他の共謀者（Y）も強盗致死の責めを負う，としている。判例は，単独犯としての結果的加重犯について，予期しえない重い結果についても責任を負担させるというのであるから，共同正犯においても基本行為を共同して実行した全員が結果について責任を問われることになるのは当然の帰結である。しかし，重い結果を予見しえなかった者（Y）についても，予見可能であった者（X）と同様に結果的加重犯としての重大な責任を問うのは，基本犯についての共同の認識しか存在しない以上，責任主義に抵触するという批判を招くことになる（Xにも予見可能性がなければ同様の問題が生ずる）。

(3) **学　説**　共同正犯是認論と否認論の対立がみられる。

(a) **是認論**　結果的加重犯の成立には加重的結果について予見可能性ないし過失を要する，という見解のうち，ⓐ過失の共同正犯を認める立場からは次のような結論が導かれる。すなわち，形式的には，結果的加重犯は故意犯である基本犯と過失犯である加重結果との複合形態であるから，過失犯についても共同正犯が認められる以上，当然，結果的加重犯全体についても共同正犯が認められることになる。また，実質的にみれば，結果的加重犯が結果発生の高度の危険性を有する行為を類型化したものである以上，共同加功者全員に過失が認められれば，実際には加重結果を惹起しなかった者についても共同正犯が成立することになるのである（福田＝大塚・前掲刑法総論 I 379頁）。

さらに，ⓑ過失の共同正犯を認めない立場であっても，結果的加重犯については共同正犯の成立を肯定する見解がある（岡野339頁，団藤402・428頁）[133]。すなわち，結果的加重犯においても基本犯は故意犯であるから，基本犯について共同正犯が成立する場合には，結果の発生について過失があることを条件として全員に結果的加重犯の責任が生ずるというのである。この立場でも，過失を要求するとはいえ，一部行為の全部責任の効果が各人の認識を超えたところにまで及ぶことになる。この見解は，単独犯の結果的加重犯の法理をもって結果的加重犯の共同正犯を基礎づけようとするものであるが，共同正犯固有の論理が考慮されていない点に問題を残している[134]。

---

[133] 基本犯と加重結果との間に危険とその実現という客観的帰属の関係が認められれば，結果的加重犯の共同正犯が肯定される，とするものとして高橋457頁。

[134] 神山敏雄「結果的加重犯と共同正犯」阿部純二編著・法学ガイド10『刑法 I（総論）』（1987年）166-7頁。

(b) **否認論** 是認論はいずれにしても，共同正犯の成立要件である共同犯行の意識が加重結果にまで及んでいないにもかかわらず，結果的加重犯について共同正犯の成立を認めている点で根本的な疑問がある。単独犯の場合に，発生した加重結果について予見可能性ないし過失があれば足りるのは，その加重結果を自ら惹起しているからであって，他人の惹起した加重結果についての責任が問われる共犯の場合とは実態を異にしている。共犯においては，たとえ基本犯について共同実行の事実があり，かつ，結果につき予見可能性ないし過失があったとしても，それだけでは他人が生じさせた加重結果について共同正犯としての重い罪責を問うことはできない。本項の冒頭の事例において（➡(1)），およそ暴行行為に関与していないYについて，Xの過失により生じたAの致死結果についてまで責任を負わせるべきではないであろう[135]。結果的加重犯については，基本犯の限度で共同正犯を認めれば足りると思われる。

6 片面的共同正犯

(1) 意 義 共同正犯が成立するためには，共同実行の意思（共同意思）が必要であるが（➡2(1)），共同正犯形態の犯行において，共同実行の意思が片面的に一方にしか存在しない場合，例えば，Xが強盗の意思でAに暴行を加えている間に，Yが強盗の分け前に与る意図の下に，Xの背後でXの知らないうちにAに対して銃を突き付けて脅迫しAの反抗を抑圧したためにXが強盗の目的を遂げたという場合に，Yに強盗の共同正犯が成立するかどうかが問題となる。片面的共同正犯の特色は，共同犯行の意思が一方にのみ存在することから，共同犯行の意思が相互に存在する本来の共同正犯と，およそ共同犯行の意思が存在しない同時犯（単独犯の競合）の中間的形態に当たるという点にある。

判例は，片面的幇助は認めるものの（例えば，大判大14・1・22 刑集3巻921頁／➡603頁），共同正犯が成立するためには，行為者相互間に意思の連絡が必要であって，たといその一人が他の者と共同犯行の意思をもってその犯罪に参加したとしても，全員の協力によって犯罪事実を実行したとはいえないから，共同正犯は成立しない（大判大11・2・25 刑集1巻79頁），として否認論に立っている。

(2) 学 説 論点は，共同正犯が成立するためには，共同実行の意思が⒜一方的に自己にのみ存在すれば足りるのか，それとも⒝同様に他の共同行為者にも存在することが必要であるか，ということである。

---

[135] 是認論に立ちつつ，Yに強盗致死罪の責任を負わせるためには，Y自身も暴行行為を共同する必要がある，とするものとして神山・前掲注（134）167頁。

(a) **是認論**　行為共同説は，片面的共同正犯の成立を認め，例えば，共同実行の意思は行為者各自の内心の問題であるから行為者自身に備わっていれば足り，相手方にも同様の意思があることは（本人からみれば）客観的事実の問題であって，本人の共同正犯の成立のためには不要であるとし，あるいは，意思の相互連絡は片面的共同正犯にとってその前提となるものではないとする[136]。そして，因果的共犯論によれば，物理的因果性のみであっても共犯の処罰を根拠づけることは可能であるとし，その関与が重要なものと評価されれば，片面的共同正犯を認めてもよいとする（西田355頁）。

もっとも，片面的共同正犯を認める立場にも，相手方に心理的にも物理的にも影響を及ぼしていない場合は問題外である，とする見解もある（平野・Ⅱ391頁以下。同旨，浅田414-5頁）。例えば，XがAを狙って発砲しようとしているのを見たYが，Xの目的を達成させようとしてAに向けて発砲したが，Xの弾丸が当たりYの弾丸が外れた場合，Xの行為も結果もYの行為によって影響を受けていないから，Xの行為についてYが責任を負う理由はない，とする。たしかにこの場合，片面的共同正犯の成立が否定されているが，その理由は，共同実行の意思が片面的であること，すなわち心理的因果性が認められないことではなく，Yの行為がXの行為にもその結果にも物理的影響（因果的影響）を及ぼしていないことに求められている。

(b) **否認論**　これに対し，否認論は，まず，①犯罪共同説から主張され，共同意思すなわち故意の共同があるといえるためには相互に意思の連絡がなければならないとし（例えば，大塚292頁），また，②共同意思主体説も，共同犯行の相互的な意思の連絡があって初めて共同正犯における共同意思主体が形成されると主張する（岡野287頁など）。

思うに，刑法60条は，共同正犯における「一部実行全部責任」の法理を基礎づけるうえで，相互に相手方の行為を利用し合い補充し合って犯罪を実行すること（相互利用・補充関係）を予定していると解釈すべきであり（➡562頁），そのためには相互的な利用・補充関係にある共同行為の表象・認容が必要である。また，片面的共同正犯には，相手方に対する物理的影響が認められるとしても，共同正犯の成立に不可欠な共謀が存在しないことから相手方に共同実行の意思が認められ

---

[136] 植田重正「片面的共犯」斎藤金作博士還暦祝賀『現代の共犯理論』（1964年）241頁以下。

ない以上，相互の意思疎通によって初めて可能となる心理的影響が認められないのである。否認論が妥当である。

なお，共同意思主体説を広義の共犯に関する学説と理解するときは，そこに2人以上の異心別体である個人が，一定の犯罪を犯すという共同目的を実現するため，同心一体となるという実態が認められない以上，片面的共同正犯はもとより片面的教唆・幇助も否定されることになる（齊藤(金)232頁）。

第5節　教　唆　犯

1　意　義

教唆犯とは，人を教唆して犯罪を実行させることをいい，正犯の刑が科せられる（61条1項）。教唆犯は，共同正犯と同様，被教唆者と意思疎通のうえ犯罪を行う点において広義の共犯であるばかりでなく，共同正犯とは異なり，教唆行為が構成要件該当行為（実行行為）以外の行為である点で狭義の共犯（加担犯）でもある。なお，拘留または科料のみに処すべき罪の教唆者は，特別の規定（例えば，軽犯罪法3条）がなければ処罰されない（64条）。

2　要　件

(1) 客観的要件　ⓐ人を教唆することによって相手方に犯罪の決意を生じさせ，かつ，ⓑ相手方をして犯罪を実行させることが必要である。

(a) 教　唆　まず，人を教唆することを要する。ここに「教唆」とは，違法性の弁識能力のある他人をして，特定の犯罪を実行する決意を生じさせることをいう[137]。教唆は「特定の犯罪」を実行する決意を生じさせるものであるから，ただ漫然と「何らかの犯罪をせよ」，「およそ人を殺せ」と命ずるのは教唆ではない。正犯者が「違法性の弁識能力のある」他人である点において，そのような能力のない者を利用する間接正犯から区別され，また，もっぱら相手の「理性」に訴えて一定の犯罪実行の決意を生じさせる点において，主として相手の「感情」に訴えるあおり・扇動行為から区別される。ただし相手の理性に訴えるものである以

---

[137] 判例（大判明41・5・18刑録14輯539頁）は，数人が共同して教唆する場合に，現に教唆を行わなかった者にも教唆犯が成立する，としている。共謀共同正犯を認める立場からは，「共謀共同教唆」も肯定されよう。

上，命令・慫慂（しょうよう）・指示・欺罔・威圧・嘱託など，教唆の手段・方法は問わない。

【扇動（あおり行為）】被扇動者に特定の犯罪を実行する決意を生じさせ，または被扇動者の既存の犯罪の決意を助長するような勢いを有する刺激を与えることをいう（破壊活動防止法4条2項参照）。扇動罪の処罰規定は特別法の中に見られるところであるが（破壊活動防止法38条以下のほか，地方税法21条など。なお，あおり行為につき国家公務員法110条1項17号，地方公務員法61条4号など），表現の自由を保障した憲法21条および同31条との関係で問題がある。扇動については，（独立）教唆の場合と異なり，被扇動者が現に実行を決意し，または既存の決意を助長されるに至ったことを要しないとするのが一般の理解であるが，独立教唆よりさらに早い段階で言論を捕捉し，これに刑罰をもって対抗することは処罰範囲の不当な拡大をもたらし，憲法上重大な疑義が生じよう。教唆との区別は先に述べた方法いかんによるべきである。

(b) **実行させる**　次に，人をして犯罪を実行させることを要する。ここに「犯罪を実行させる」とは，被教唆者が教唆に基づいて犯罪の実行を決意し，その決意に基づいて犯罪の実行に出ることをいう。教唆犯の従属性の問題がこれである。したがって，教唆行為をしたが，正犯が実行に着手しなかった**教唆の未遂**は不可罰である（➡555頁以下参照）。

なお，特別法の中には教唆を独立罪として処罰する規定がある（**独立教唆**／例えば，破壊活動防止法38条以下）。この場合にも，①表現の自由の保障という観点から，教唆犯が成立するためには少なくとも被教唆者に犯罪の決意が生じたことを要する，と解すべきであろう。これに対し，②独立教唆について，被教唆者に対して一定の犯罪を実行する決意を新たに生じさせる行為がなされれば十分であって，それによって被教唆者が実際に犯行の決意を抱くに至ったことを要しない，とする見解は，通常の教唆犯との差異を過度に強調するものであって妥当でない。両者の違いは，被教唆者の「実行の着手」の有無によるべきである。

(2) **主観的要件**　教唆の意思は，ⓐ一定の犯罪を実行する決意を生じさせ，かつ，ⓑこれを実行させる実現意思であるから，教唆犯は故意犯であり，過失による教唆は，教唆犯の故意を欠き，教唆犯としては不可罰である（38条1項ただし書参照）[138]。教唆の故意内容である「犯罪を実行させる意思」とは，被教唆者をして犯罪構成要件の実現に至らせる意思をいう。共犯は正犯の実現した結果を共

---

[138] ただし，ケースによって過失犯の単独正犯として処罰される可能性はある（➡597頁参照）。なお，「過失犯に対する教唆」については，➡529頁参照。

に惹起したが故に処罰されると解する以上（因果的共犯論），教唆犯の故意は，単に被教唆者に犯罪を実行する決意を生じさせる意思というだけでは足りず，結果犯の場合には，被教唆者を介して法益侵害の「結果」を発生させる意思がなければならない。したがって，「未遂の教唆」は不可罰である（➡ 3）。

3　未遂の教唆

(1) 意　義　被教唆者をして犯罪の実行に着手させるが，未遂に終らせる意思で教唆する場合を「未遂の教唆」という。例えば，〔**事例**〕殺人未遂に終らせる意思をもったXがYに対してAの殺人を教唆し，そのため殺意を生じたYがAを殺そうとしてAに切りかかったところで，XがYの行為を阻止して殺人の結果を発生させなかった場合，Xの罪責が問題となる。なお，被教唆者をして犯罪を既遂に至らせる意思で教唆したが，正犯が未遂に終った場合は「未遂犯の教唆」であって，この場合の教唆者は当然に可罰的である。

(2) 学　説　共犯の処罰根拠の問題と関連して（➡537頁），ⓐ可罰性を認める見解と，ⓑ否認する見解とが対立している。

(a) 可罰説　未遂の教唆について，まず，①共犯の処罰根拠に関する責任共犯論からは，正犯を罪責と刑罰に陥らせる（正犯が未遂犯として処罰される）ことに予見がある以上，可罰的であるとされ（荘子・初版740頁），また，②違法共犯論においても，この立場で，教唆は正犯をして構成要件に該当する違法な行為に至らせることであるから，教唆の故意も，正犯が実行行為に出ることまで予見していれば足りる，として可罰説が導かれる（大塚311頁，大谷434頁など）。さらに，③因果的共犯論（惹起説）に立ちつつ，結果発生の危険を生じさせたことが未遂犯の結果であり，教唆者はそれを認識していたのであるから可罰的である，とする見解もある（平野・II350頁，前田375頁など）[139]。

しかし，共犯従属性説の立場から，教唆犯が成立するためには，正犯が実行に着手しなければならないことはもとより当然であるが，反対に，正犯が実行に着手すれば常に教唆犯が成立するというわけのものではない。正犯の実行の着手は，教唆犯の成立にとり必要条件ではあるが，けっして十分条件ではないのである（浅田436頁）。因果的共犯論の見地から，共犯が正犯と共に法益侵害結果を惹

---

[139] したがって，この立場でも，必ず防止されることが具体的に明らかであるときは，故意があるとしても結果発生の危険が認められないから，不能犯の教唆として不可罰となる。

起したが故に処罰されると解するかぎり（ただし，正犯は直接的に，共犯は間接的に），犯罪の主観面（故意）においても，正犯と共犯とで同一のものが備わっていなければならない。

　(b) **不可罰説**　教唆者が被教唆者の犯行を確実に阻止しうると考えている以上，教唆犯の故意を欠き不可罰となる（多数説）。前例において，殺意（殺人既遂の故意）のあるYは殺人未遂であるが，殺人既遂の故意のないXには殺人未遂の教唆も成立しない。YとXとの間で，直接・間接の違いはあれ殺人未遂の違法性は連帯的に作用するが，Yには殺人既遂の故意が認められるのに対して，Xにはその意味での故意が認められないことから，両者の間で責任が個別的に作用するのである。YはXの教唆に基づき法益侵害の危険を生じさせており，Xの教唆行為も違法であるが，既遂に至らせる故意のないXに故意責任は認められない。したがって，Xの予期に反してYの行為によりAが死亡した場合は，Xに過失が存在することを条件として過失致死罪が成立するにすぎない。

　なお，違法の連帯性（従属性）を強調する修正惹起説を採ると，未遂の教唆の場合，正犯の違法性に従属して共犯も可罰的違法性を帯びると解するのが一般である[140]。たしかに，修正惹起説に拠るかぎり，正犯行為が違法であれば共犯も違法と解さざるをえず，また，未遂犯における故意の内容を「既遂結果発生の可能性（危険）」の認識と解し，かつ，これを主観的違法要素と解する場合には，前例Xの行為も可罰性を帯びることになる。しかし，故意の内容としては既遂犯と未遂犯との間に違いはなく（いずれも正犯による既遂結果発生の認識・予見）[141]，また，未遂犯における故意も責任要素と解する立場からは，Xの教唆行為が違法であるとしてもXには教唆犯としての責任故意が欠け，不可罰となるのである。違法の従属性（連帯性）といっても，正犯が可罰的違法性を帯びれば共犯もこれに従属して必ず処罰される，という趣旨ではなく，共犯が成立するためには少なくとも正犯が違法でなければならない，という意味である（共犯処罰の必要条件であるが十分条件でない）ことに注意を要する。

　(3) アジャン・プロヴォカトゥール　「他人を犯罪に陥れることを職業とする警察の手先」という意味であって，初めから逮捕する目的で，人に犯罪遂行を教

140　大越・前掲注（53）150頁・257頁。
141　例えば，殺人未遂は殺人既遂の故意で未遂に終わった場合をいうのであって，最初から未遂の故意しかない場合には（傷害罪等は別として）殺人未遂にもならない。

唆し，被教唆者が犯罪を実行するのを待ってその場で直ちに逮捕するものをいう。麻薬犯罪などの摘発の際に行われるおとり捜査の「おとり」がこれに当たり，手続法上の適法性が問われるほか未遂の教唆との関係で，教唆者（捜査機関）につきその可罰性が問題となる（麻薬取締官等については免責規定がある〔麻薬57条〕）。一方，被教唆者の罪責について，最決昭28・3・5（刑集7巻3号482頁）は，他人の誘惑により犯意を生じまたはこれを強化された者が犯罪を実行した場合に，その他人である誘惑者が捜査機関であるからといって，その犯罪実行者の犯罪構成要件該当性または責任性もしくは違法性を阻却し，または公訴提起の手続規定に違反しもしくは公訴権を消滅せしめるものとすることはできない，としている。

4 間接教唆

(1) 意 義 教唆者を教唆した者（間接教唆者）についても，教唆犯と同様，正犯の刑が科せられる（61条2項）。ここに「教唆者を教唆した者」とは，①Yに対し，第三者Zを教唆して犯罪を実行させるように教唆したX，および，②Yに犯罪の実行を教唆したがYは自ら実行せず，YがさらにZを教唆して犯罪を実行させた場合における第1の教唆者Xをいう。

(2) 連鎖的教唆（再間接教唆以上） X→Y→Z→Wと教唆が連鎖し，Wが犯罪を実行した場合，Zは教唆者（61条1項），Yは教唆者を教唆した者（間接教唆者／同条2項）であるが，問題となるのは，第1の教唆者Xが間接教唆者として61条2項により処罰されるか，すなわちYをXとの関係で「教唆者」とみることができるか，ということである。

①是認論は，61条2項にいう「教唆者」は間接教唆者（Y）を含むから，再間接教唆者（X）も教唆者（Y）を教唆した者として処罰される，とする（大谷440頁，平野・Ⅱ352頁，前田373頁，山口318頁など）。判例（例えば，大判大11・3・1 刑集1巻99頁）も，教唆者を教唆した者も教唆犯となるから，さらにこの者を教唆した者も，教唆者を教唆した者として本条2項に当たる，としている[142]。

しかし，②「教唆者」とは，本来，正犯（W）を教唆した者（Z）をいうのであるから，教唆者を教唆した者はYに限られ，Xは，「〈教唆者（Z）を教唆した

---

[142] 実行従属性の論拠に関する実質説の観点から，再間接教唆は（教唆の幇助および間接幇助とともに）可罰的である，とするものとして西田388頁。

者（Y））を教唆した者」（不可罰）とはいえても,「〈教唆者（Z)〉を教唆した者」（同条2項）とはいえないであろう。ここでも，罪刑法定主義の見地から，実質的考慮を重視するあまり条文上の形式的限定がおろそかにされることがあってはならない。否認論が妥当である（大塚317頁，川端594頁，団藤410頁など)。

第6節 従 犯

1 意 義

従犯とは，正犯を幇助することをいい（62条1項),**幇助犯**ともいう。教唆犯と同様，狭義の共犯（加担犯）であるが，従犯が情状において正犯よりも軽いことを考慮した結果，刑が正犯に照らして必要的に減軽される点で（63条),正犯の刑を科される教唆犯よりも軽い共犯形式である。また，従犯を教唆した者にも，従犯の刑が科される（62条2項)。なお，拘留または科料のみに処すべき罪の従犯は，教唆犯の場合と同様，特別の規定（例えば軽犯罪法3条）がなければ処罰されない（64条)。「教唆犯に対する幇助」,「間接幇助」（従犯に対する幇助）は，刑法が教唆の教唆（61条2項),従犯の教唆（62条2項）のみを規定した点に照らして不可罰と解すべきである。もっとも，大判昭12・3・10（刑集16巻299頁）は，教唆の幇助を従犯として認めるほか，最決昭44・7・17（刑集23巻8号1061頁）は，幇助者の幇助行為を容易にする者は，正犯者の実行を間接に幇助したものとして，その者に従犯が成立する，としている。間接幇助については，学説上も，判例と同様の理由により（山口320頁),あるいは幇助を一種の「実行行為」とみて（西田388頁),これを肯定する見解も有力であるが，疑問である。

2 要 件
1 客観的要件

従犯が成立するためには，①正犯を幇助し，かつ，②被幇助者（正犯）が犯罪を実行しなければならない。

(1) 幇 助 まず，正犯を幇助することが必要である。ここに「幇助」とは，正犯者の犯罪の実行を容易ならしめることをいい，態様・方法のいかんを問わない[143]。作為はもとより，例えば，他人の違法行為を阻止する法律上の義務ある者がこれを怠るという不作為によっても犯される（大判昭3・3・9 刑集7巻

172頁／➡ 4）。また，凶器の貸与といった物質的・有形的幇助だけではなく，助言・激励を与えるという精神的・無形的幇助もある（大判明43・9・20刑録16輯1522頁）。なお，**無形的幇助**と教唆との相違は，教唆が犯罪実行の決意を生じさせることであるのに対し，無形的幇助は単に他人の既発の犯意を強固にさせるにすぎない点にある。

(2) **正犯の実行**　　次に，被幇助者（正犯）が犯罪を実行したことが必要である。正犯が犯罪の実行に着手しないかぎり，従犯は成立しない（幇助の従属性）。従犯の形態は，幇助行為の時期との関連で，①例えば，事前に凶器を貸与する場合のように，正犯の実行に先行する**予備的従犯**と，②見張り行為のように，正犯の実行と同時に行われる**随伴的従犯**とに分類される。

正犯の実行が終った後にはこれを幇助することはありえないから，「事後的従犯」は不可罰である。なお，犯罪後に，犯人を蔵匿し（犯人蔵匿罪／103条），証拠を隠滅し（証拠隠滅罪／104条），または盗品等の処分に関与する行為（盗品等に関する罪／256条）は，本来の意味での従犯ではなく，独立の犯罪である。

(3) **幇助の因果関係**　　従犯，特に正犯と並列的関係にある従犯において，因果関係ないし不可欠的条件関係が必要かどうか，必要であるとしてどのような場合に因果関係が認められるか，が争われている[144]。例えば，〔**事例Ⅰ／合鍵事例**〕Xは，YがA宅に侵入して窃盗を行うのを幇助する意思でA宅の玄関の合鍵を手渡したが，Aが鍵をかけ忘れて外出していたのでYは合鍵を使用することなく侵入窃盗を行ったという場合，Xの罪責がどのようになるかが問題となる。

ⓐ共犯については正犯と異なり結果との因果関係が不要であると解すれば，Xに容易に従犯の成立が認められるのに対し，ⓑ共犯においても因果関係が必要であると解した場合には，次に，はたして本件においてXの幇助行為と犯罪結果との間に因果関係が認められるかどうかが問われることになる。従犯にも因果関係が必要であると解する立場には，①幇助行為と正犯行為との間に因果関係があれば足りるとするもの（正犯行為説）と，②幇助行為と正犯結果との間にも因果関係が必要であるとするもの

---

[143] 実行行為は，通常，幇助行為となりえないが，例えば，詐欺罪や恐喝罪において，被害者の瑕疵ある意思に基づいて交付・処分される財物・利益を取得し，詐欺・恐喝を既遂に至らせる行為にのみ関与する者は，共犯者間で軽微な役割を担ったにすぎず従犯と解すべきであろう（➡注101）。
[144] 下級審裁判例として，Xは，Yから地下室においてAを殺害する計画を打ち明けられ，銃声が聞こえないように地下室の窓等に目張りをしたが，Yが計画を変更して走行中の自動車の中でAを射殺したという事案につき，東京高判平2・2・21（判タ733号232頁／板橋宝石商殺害事件）は，正犯の犯行を幇助しようとした行為が，正犯の実行行為との関係では全く役に立たなかった場合に，なお幇助であるというためには，その行為自体が正犯を精神的に力づけ，その犯行意図を維持強化することに役立ったことを要する，とした。

（正犯結果説）とがある。

(a) **危険犯説**（因果関係不要説）　従犯を，法益侵害の危険（正犯行為）を生じさせる危険犯であると解する立場（危険犯説）は，従犯の成立について違法性の観点から客観的に帰属範囲を限定すれば足りるとして，幇助行為と正犯結果との間の因果関係を要求しない（例えば，野村421頁）。すなわち，正犯は正犯結果を惹起する侵害犯であるが，従犯は法益侵害の危険を生じさせることを根拠に処罰される危険犯と解するのである。

危険犯説のうち，①抽象的危険犯説は，「援助」という結果を惹起するのが従犯の内容であり，幇助行為があればそれだけで危険が擬制されるとして，事後的には現実の危険が発生しなかった場合にも可罰的幇助を認める。合鍵事例〔事例Ⅰ〕について言えば，XがYに合鍵を手渡した時点で既に合鍵を使用する可能性が存在する以上，その行為は直ちに可罰性を帯びることになる。しかし，この帰結は，抽象的危険犯説が従犯規定を独立の構成要件と解し，結局は幇助の未遂を認めることによって共犯独立性説に至らざるをえないことを意味している。これに対し，②いわゆる**危険増加説**に立脚する具体的危険犯説は，幇助行為によって正犯が法益侵害を行う危険を増加させたとみられる場合に従犯の成立が肯認されるとするものであって，そこに一応の限定をみることができる。

しかし，危険犯説は，いずれにしても共犯の処罰根拠としての因果的共犯論の前提を放棄するものと言わざるをえず，理論的には，侵害犯についても危険が発生すれば侵害結果が発生しなくても従犯としては既遂ということになって，「侵害犯の危険犯化」を招くという問題を残している。従犯においても，何らかの意味で犯罪結果との間に因果関係が存在することが必要である。

(b) **正犯行為説**（因果関係必要説・その１）　違法共犯論の立場から幇助の因果関係を要求する場合，従犯の因果関係は正犯行為との間に存在すれば足りる，とする正犯行為説（実行行為惹起説）に至るが，因果的共犯論の立場からも，正犯行為説が主張されることがある。すなわち，共犯は「間接的な法益侵害行為」にすぎないから，幇助行為の射程は正犯行為を促進することに尽きているとし，したがって正犯結果の惹起という事態は，共犯従属性の原則によって幇助行為に間接的に影響を与えればよい，とするのである（合鍵事例については，因果性が否定される／日高504頁，同・現代刑法論争Ⅰ340頁以下）。

この見解は，従犯のもつ法益侵害の間接性を重視するものといえよう。しかし，正犯行為説は，共犯の処罰根拠を実行行為の促進と，共犯の（可罰）従属性に求めるものであって，厳密な意味での因果的共犯論とみることは困難である。この立場では，理論上，既遂の幇助と未遂の幇助とを区別しえないことから，これを区別するためには既遂の罪責を正犯の罪責から借用せざるをえず，既遂結果との関係では因果関係不要説に至らざるをえないであろう。

(c) **正犯結果説**（因果関係必要説・その2）　共犯の処罰根拠が正犯を介して違法な結果を惹起した点に求められる以上、幇助行為は正犯行為によって実現された法益侵害（正犯結果）と因果関係を有していることが必要である。ただ、ここでいう因果関係が、①従犯に独自のもので足りるのか、それとも②正犯と同一のものでなければならないのか、という点に関して見解が分かれている。

(i) **独自の因果関係説**　従犯においては独自の因果関係が認められれば足りるとする立場の第1は、ⓐ幇助行為によって構成要件要素にとり重要でない事情の修正が認められる場合にも因果関係があるとするものであって（**具体化的結果観**）、例えば、〔事例Ⅱ〕XがYがAの右脚を狙って発砲しようとしているのを見てAの身体を少し押してAの左脚に当たるようにした場合にも、Xの行為は傷害の幇助になると解する。しかし、具体化的結果観の立場は、因果関係が帰責原理として果たしている犯罪限界づけ機能を放棄するものと言わざるをえないであろう。

第2は、ⓑ因果関係（条件関係）の認定にあたり、単独犯の場合とは異なり、共犯については仮定的因果経過を考慮に入れてもよいとする立場である。例えば、〔**事例Ⅲ**〕Xが正犯者Yの侵入窃盗を助けるために梯子を運んでやったという場合、Xが梯子を運ばなければYが自ら運ぶことによって同じように結果が生じたであろうから、Xの行為には因果関係が認められない、とする見解がある。しかし、この立場を一貫させると、例えば、〔**事例Ⅳ**〕XとYはZがAの殺害を計画していることを知り、それぞれ日本刀をZに提供したところ、ZがXの日本刀を使ってAを殺害した場合、Xが日本刀を提供しなくてもZはYの提供した日本刀によってAを殺害したであろうから、Xの行為とA死亡の結果との間に因果関係がないということにもなりかねない。幇助の因果関係においても、単独犯の場合と同様、仮定的事態を考慮に入れる合理的根拠は認められない（付け加え禁止説／➡102頁）。

(ii) **共通の因果関係説**　結論として、従犯の因果関係についても基本的に正犯の場合と同様の因果関係が要求されるべきである。ただ、並列的な因果関係が問題となる場合、因果関係の存否の判断は結果をどのように定義するかに依拠していることから、結果に対する法的評価に着目し問題を解決することが要請される（**法的結果説**）[145]。実際には、幇助行為により、それがなかった場合と対比して、法的にみて重要な結果の変更があったとみられる場合に初めて、幇助行為と犯罪結果との間の因果関係が認められることになる。したがって、〔事例Ⅱ〕のXの行為は、Aの右脚の傷害を左脚の傷害に変えたというだけのことであるから法的に重要な変更とはいえず、傷害の幇助とはならないのである。

その反面で、因果連鎖が並列的に接続している場合は、付加的に作用する共同惹起が問題なのであるから、幇助の因果関係における結果は、幇助行為がなければおよそ

---

[145] この意味で、従犯の因果関係は正犯のそれとは異なる独自のものであるとしても（西田342頁参照）、それは「結果」の性格が正犯と従犯とで異なっていることに由来するにすぎず、因果関係自体に相違があるわけではない。

発生しなかったであろう結果である必要はなく，幇助により正犯の結果惹起が早められたり強化されたりしているという付加的因果関係で足りると解することができる（**流入あるいは強化の因果関係**）。例えば，〔事例Ⅰ〕において玄関の鍵がかかっていたため，YはXから渡された合鍵を用いて侵入したが，Yは鍵をこじ開けて侵入することができたという場合〔事例Ⅰ´〕であっても，幇助行為により早められ強化された結果が発生しており，因果関係が認められる。また，〔事例Ⅲ〕において，梯子を運ぶというXの行為がYの侵入窃盗を容易にするものである以上，結果の発生に対して因果性があるのである。学説が，幇助の場合，幇助行為により正犯による結果惹起を促進することが必要であり，そして現実に促進したことが幇助の因果関係の内容である（**促進関係説**／山口・探究253頁），とするのも同趣旨と思われる。

2 主観的要件

従犯が成立するためには，幇助者が正犯を幇助する意思をもっていたことが必要であるから（幇助の故意），「過失による幇助」は認められない。また，共犯の本質について共同意思主体説に立って考えるとき，共犯の成立要件である意思疎通は相互的なものであることを要するから，被幇助者（正犯）において幇助されていることの認識が必要である。したがって，「過失犯に対する幇助」や**片面的幇助**も認められない（岡野326頁）。もっとも，通説・判例（例えば，大判大14・1・22刑集3巻921頁〔一方的に正犯者の賭博開張に賭者を誘って賭博をさせた事案〕）は片面的幇助を認めている。

片面的共同正犯を認める見解は当然に片面的従犯を肯定するが，犯罪共同説の見地から，片面的共同正犯を否定しつつ，意思疎通があれば共同正犯と認められる場合を含めて，広く片面的従犯を認める見解（折衷説）も有力である（例えば，大谷444-5頁）。その根拠として，①正犯の実行行為を容易にすることは，正犯の側に幇助を受けているという意識がなくても可能であること，②刑法62条も幇助者と被幇助者との間に意思の連絡があることを要求していないと解するのが自然であること，を挙げている。

しかし，犯罪共同説の要求する意思連絡の相互性は，ひとり共同正犯だけの問題ではなく，共犯一般の問題であって従犯にも要求されてしかるべきであるし，また，正犯に対する心理的影響が認められない片面的従犯について，類型的にみて幇助行為としての可罰的危険性が認められるかも問題である。さらに，外形がまったく同一であるにもかかわらず，意思疎通があれば実行の一部分担として共同正犯とみられる場合をも，片面的であるが故に従犯とすることに論理的な一貫

性が認められないのではないかという疑問もある。いずれにせよ，共同意思主体説を加担犯を含む共犯本質論として理解するかぎり，この立場では，片面的共同正犯と同様，片面的従犯の成立も認めることはできないのである。

【中立的行為による幇助】　例えば，人を殺傷するつもりで果物ナイフを買おうとしている人に，そのことを知りながら金物屋が果物ナイフを売った場合に〔事例〕，殺人罪ないし傷害罪の従犯が成立するか，が問題となる。「日常的行為と幇助」と呼ばれている問題がこれである。幇助行為は，本来，正犯の実行行為と相まって初めて犯罪を完成させるものであり，それ自体必ずしも法益侵害の危険性を備えているわけではない。したがって，日常的行為であることから直ちに従犯性が否定されるわけではないが，片面的幇助を否定する立場からは，日常的行為について従犯の成立を認めるためには，行為者と正犯者との間で特定の犯罪を行うことについて意思の連絡が不可欠であって[146]，日常的行為者が単に正犯者の意図を認識していた（幇助の故意）だけでは足りないというべきである[147]。

　最決平23・12・19（刑集65巻9号1380頁）は，適法な用途にも著作権侵害の用途にも利用できるファイル共有ソフト「Winny（ウィニー）」を，インターネットを通じて不特定多数の者に公開・提供する行為について，正犯者がこれを利用して著作物の公衆送信権を侵害することを幇助したとして，著作権法違反幇助に問うためには，それを著作権侵害に利用する一般的可能性を超える具体的な侵害利用状況が必要であり，かつ，そのことを提供者においても認識・認容していることを要するが，本件では，この認識・認容があったとはいえず幇助犯の故意を欠く，と判示した。本決定の結論は支持できるが，仮に被告人に上の認識・認容（故意）が認められたとしても，それだけでは従犯の主観的要件としても不十分であり，特定の正犯者との意思疎通が予定されていない本件は，もともと従犯の成立を認めることが困難な事例といえよう。

3　共同正犯と従犯の区別

(1) **一般的考察**　広義の正犯（共同正犯を含む）と狭義の共犯（加担犯）の区別に関する議論（➡523-4頁）が基本的に妥当する。ここでは，共犯（広義）の本質に関する共同意思主体説に立脚しつつ，その内部で実行行為を正犯性（共同正犯）

---

[146] これに対し，片面的幇助を認める立場から，中立的行為による幇助を認めるためには，「自己の行為を，正犯の犯罪計画ないし正犯行為に具体的に適合するように，特別に形成したこと」が必要となる，とするものとして高橋471頁。

[147] 前例において，例えば，店頭で殴り合いの喧嘩をしている一方の求めに応じて果物ナイフを売った場合は，黙示の相互的意思連絡があったものとして従犯の成立を認めることができよう。

のメルクマールと解する立場から考察を加えることにしよう。

　(a) **抽象的基準**　　共同意思主体説によると，犯罪事実の実現に対し，重要な役割を演じた者が共同正犯であり，軽微な役割しか演じなかった者が従犯である。ここに「重要な」役割とは，単犯正犯における実行行為と同価値の当罰性のあるものをいう（西原・下396頁以下参照）。問題となるのは，具体的にどのような場合がこれに当たるかである。

　(b) **具体的基準**　　役割の重要性を決する具体的基準として，①共同犯行の意識の有無，②共同意思主体内部における地位（主たる地位か，従たる地位か），および共同意思主体の活動に対する役割，③実行行為への加功の有無・程度（法益侵害に対し中心的役割を果たしたか）などが考慮されるが（西原・下403頁），私見によれば，実行分担者がすべて共同正犯たりうるかは別として，少なくとも実行行為を分担しなかった者を共同正犯とみることは妥当でない（➡523-4頁）。

(2) **見張り行為の法的性質**　　犯罪の見張りを共同正犯と解すべきかそれとも従犯にとどめるべきか，が共謀共同正犯論とも関連して争われている。

　(a) **判　例**　　古くから今日に至るまで，おおむね見張りを共同正犯と解してきている。①当初の判例は，共謀共同正犯との関係を意識することなく，正犯と共犯の区別に関する実質的客観説に立脚し，見張りも実行行為の一部であると解することによって，その共同正犯性を説明していた（例えば，大判明42・6・8刑録15輯728頁）。ところが，②昭和11年に共謀共同正犯の理論を確立した大審院連合部判決（➡566頁）が出るに及んで，見張りの問題も共謀共同正犯論の一環として論ぜられることになった。いやしくも共謀のうえ見張りを担当した場合には当然に共同正犯と解されることになったのである（例えば，最判昭23・3・16刑集2巻3号220頁）。

　(b) **学　説**　　共謀共同正犯の場合と同様，共同正犯において実行行為の分担が必要か，見張りを実行行為とみることができるか，ということが争われている。

　(i) **従犯説**　　共同正犯に実行行為の分担を要求し，かつ実行行為概念を形式的に把握する定型説の立場にあっては，通常，見張りは構成要件要素をなさないから，ほとんどの場合従犯と解されることになる（団藤395頁）。

　(ii) **共同正犯説**　　①実行行為があったか否かは2人以上の行為を全体として観察すべきであり，彼個人としては直接手を下さなくても，犯罪を共謀しかつその見張りを分担するような場合には，従犯ではなく共同正犯を認めるべきである

とし（小野205頁），あるいは，②共同正犯が成立するために各人が厳密な意味での実行行為を分担することは必要でなく，共同者の行為を全般的にみたときに実行の分担と同視される行為をなせば足りる，とする前提に立って（価値的行為説），謀議に際して積極的な役割を演じた者が見張りを分担した場合は正犯と認めてよいとする（藤木302頁）。

(iii) **二分説**　この見解は，共同意思主体説の立場から見張りを2つの場合に分け，①例えば，現場において指揮・監督する場合のように，実行行為そのものの分担もあえて辞さないが，役割分担として見張りを引き受けたような場合は，重要な役割を演じたものとして共同正犯，これに対し，②例えば，組織への新参者が見張りのみの意思をもって犯行へ関与したような場合は，軽微な役割しか演じなかったものとして従犯となる，とする（西原・下397-8頁）。共謀共同正犯を認める立場からは，もっとも妥当な説明であろうが，共謀共同正犯を否認する場合には，見張り自体が実行行為とみられる場合（例えば，監禁罪における見張り）を除き，従犯と解すべきであろう。

4　不作為による従犯

(1) **「不作為による従犯」における作為義務**　上述のように（➡526-7頁），保障人的地位に立つ者が不作為により作為に関与した場合は，基本的に従犯の成立が認められるが，問題となるのは，その際の作為義務の内容をどのようなものとして理解すべきか，ということである。この点に関し，被告人Xが，内縁の夫Yによる当時3歳の子供Aに対するせっかんを放置して，Yによる傷害致死を容易にさせたとの事実で起訴された事案において，一審（釧路地判平11・2・12判時1675号148頁）が，Xの行為は作為による傷害致死幇助罪とは同視できないとして無罪を言い渡したのに対し，二審（札幌高判平12・3・16判時1711号170頁／➡526頁・注20）が，これを破棄して傷害致死幇助罪の成立を認めた例がある。

本件について一審判決を批判して二審判決を支持する見解には，作為による幇助が正犯行為を促進すれば足りる以上，不作為の場合も「犯罪行為・結果発生を完全に阻止・防止することができなくても，それを困難にすることが可能であればよい」とするものがある[148]。この見解は，ⓐ正犯行為を困難にしないという不作為を，ⓑ正犯行為を促進する作為と同視し，ⓑの場合に作為による従犯を構成するのと同様に，保障人によるⓐの不作為も従犯を構成すると解するのである。しかし，幇助とはいえ結果

---

[148] 神山敏雄「不作為をめぐる共犯の新様相」現代刑事法53号（2003年）49頁。

に対し直接的な因果力をもたない不作為について作為義務違反を根拠にその当罰性を認めるためには，単に正犯行為を困難にしない，正犯の実行にとって「障害となる作為に出ない」という不作為にとどまっていては，これを作為による幇助と同視することはできない。やはり，従犯についても不真正不作為犯としての当罰性を認めるためには，作為による幇助と同価可能な高度の作為義務違反，すなわち正犯行為による結果との関係で法益侵害結果の発生を防止すべき義務（犯罪阻止義務）違反でなければならないであろう（内藤・下Ⅱ1446頁）[149]。

　不作為による従犯が成立するためには，不作為者が正犯行為を阻止し，正犯による結果の発生を防止する義務があり，かつ，それが可能であるにもかかわらず，正犯行為を阻止し結果の発生を防止する作為に出ず，正犯者のなせるままに結果を発生させたことが必要である。したがって，上掲の裁判例において，仮に，XがYの犯罪実行を阻止することが著しく困難であるという状況があれば，Xに作為容易性が否定されて結果回避可能性は認められず，たといXがYによる犯罪の遂行を困難にすること，Yによる犯罪実行の障害となる作為に出ることが不可能でなかったとしても，Xに作為義務（犯罪阻止義務）違反，したがって不作為による従犯の成立を認めることはできないのである[150]。

　このように，不作為による幇助を認める前提となる作為義務も，不作為による正犯の前提となる作為義務と同様，法益侵害結果の発生を防止すべき法的作為義務と解することになると，不作為による従犯と正犯の区別基準をどこに求めるかは当然問題となるところである。結論からいえば，両者の差異は，共に保障人的地位にあることを前提として，①不作為の単独正犯におけるように，他に正犯者が存在しない場合，すなわちいわゆる排他的支配が認められる場合は結果を防止しない不作為者が正犯となり，②本件におけるように他に（作為による）正犯者が存在する場合は，期待された作為により正犯の実行を阻止しうることを前提に，不作為者は従犯としての罪責を問われることになるのである。①は，期待された作為により直ちに犯罪結果が防止される場合であり，②は，作為により正犯の実行を阻止することを介して間接的に犯罪結果が防止される場合である。直接的因果性が問われる正犯と間接的因果性にとどまる共犯との違いは，不作為による正犯と従犯との間にも認められるのである。

　(2) 犯罪阻止可能性の程度　「不作為による従犯」における作為義務の実体を犯罪阻止義務（結果回避義務）に求めるとした場合，問題となるのは，想定される作為が他人（正犯）による犯罪結果を防止する可能性，正犯の犯罪の実行を阻止しうる見込みをどの程度もっていることが必要か，ということである。この点については，前掲

---

[149]　島田聡一郎「不作為による共犯について（1）（2）」立教法学64号（2003年）・65号（2004年）221-2頁。

[150]　「保障人的地位を有する者が，比較的容易に阻止しえた場合にかぎって，不作為による幇助を認めるべきであろう」とするものとして，浅田439頁。本件二審判決に対する研究として，齊藤彰子・刑法の判例288頁以下。

釧路地裁判決が「犯罪の実行をほぼ確実に阻止し得た」ことが必要だとしたのに対し，二審の札幌高裁判決は，単に「正犯者の犯罪を防止することが可能」であれば足りる，としたのである。「不作為による従犯」の成立のために，正犯の犯行阻止の確実性（ないし確実性に境を接する蓋然性）まで必要と解するか，それとも単なる可能性，低い見込みで足りると解するか，という点において両判決は際立った対照を見せている。

　思うに，単なる不作為による幇助が作為による幇助，例えば，正犯者が子供の虐待のために用いる道具を幇助者が準備する行為と同価値と判断されるためには，幇助者とはいえ，特別の義務である作為義務（保障人的義務）が要求される不作為者には相当高度の結果回避・結果防止の可能性が認められなければならない。ここにおいて，不作為による幇助者を作為による幇助者と同視しうるために，期待された作為があれば正犯の犯行を確実に阻止しえた，ないしそれに近い蓋然性があったことが要請されてこよう。正犯結果防止の確実性（に境を接する蓋然性）は，不作為による従犯の成立を認めるための不可欠の要件と考えられる。ここでも，不作為正犯においてとられた，「直ちに救急医療を要請していれば，十中八，九被害者の救助が可能であった場合に」被害者を放置した不作為と死亡結果との間に刑法上の因果関係（条件関係）が求められる（最決平1・12・15 刑集43巻13号879頁／➡105頁），という公式が参考になる。これは，正犯行為と結果との関係で論じられたものであるが，不作為による従犯についても「直ちに犯罪阻止行為に出ていれば，十中八，九正犯行為を阻止することによって結果発生を防止することができた」ことが要求されよう。

第7節　共犯と身分

1　身分および身分犯の概念
1　問題の所在

身分犯とは，例えば公務員のみが犯しうる収賄罪（197条以下）のように，身分の有無によって影響を受ける犯罪をいう。身分犯については，身分のない者が単独で身分犯を犯しえないことは当然としても，非身分者が共犯形式で正犯である身分犯に関与した場合，その共犯と身分の関係をめぐって問題が生ずる。非身分者は，その場合にも正犯から独立してその者に身分犯が成立しないのか，それとも正犯に従属して身分犯が成立することになるのか，という問題がこれである。

　この点に関し，刑法65条1項は，「犯人の身分によって構成すべき犯罪行為に加功したときは，身分のない者であっても，共犯とする」と規定して，非身分者も身分者に連帯して身分犯の共犯となることを明らかにし，同2項は，「身分に

よって特に刑の軽重があるときは，身分のない者には通常の刑を科する」と規定して，身分者については身分犯の刑を，非身分者については非身分犯の刑を個別的に科することを明示している。そこで，連帯的（従属的）作用を認める1項と，個別的（独立的）作用を認める2項との関係をどのように解すべきかが問題となってくる。

2 身分の概念

(1) 身分の意義 判例は，**身分**の意義について，65条の「身分」とは，男女の性別，内外国人の別，親族の関係，公務員の資格などの関係に限らず，一定の犯罪行為に関する犯人の人的関係たる特殊の地位または状態をいう，とこれを広く解している（大判明44・3・16刑録17輯405頁）[151]。そして，目的犯における「目的」のような継続性のない一時的な要素についても身分性を認め，例えば最判昭42・3・7（刑集21巻2号417頁）は，麻薬密輸入罪の「営利の目的」に関し，（旧）麻薬取締法64条は，同法12条1項の規定に違反して麻薬を輸入した者に対して，犯人が営利の目的をもっていたか否かという犯人の特殊な状態の差異によって刑に軽重の区別をしているのであるから，刑法65条2項にいう「身分によって特に刑の軽重があるとき」に当たる，と判示している。

学説も，主観的な目的を身分概念に含めるのが多数説であるが（例えば，西田407頁以下）[152]，身分の文理的解釈等から身分概念に継続性を要求し，継続性の認められない「目的」などは身分でない，とする見解も有力である（大塚329頁，高橋480頁，前田335頁，山中1006頁など）。営利の目的を有する者がそのような目的をもたない者と共同して麻薬を密輸入したような場合には，目的は非難可能性に関係する内心の問題として個別的に作用し（責任加重事由），認識を共通にする単純な密輸入罪の限度で共犯が成立するにとどまるのであるから（違法の連帯性），身分概念の本来の語義を拡張してまでも目的を身分と解する実益は乏しいといえる[153]。また，営利目的拐取罪（225条）において，営利目的を有する正犯行為に目

---

[151] 強姦罪については，女性も本罪の手段である暴行・脅迫を行うことができるから身分犯でない，とする見解も有力である（高橋477頁，松宮300頁，山口328頁，山中1008頁など）。たしかに，本罪は女性にも共同正犯の可能性があるほか，男性を道具として利用する間接正犯が可能であっていわゆる自手犯ではないが，女性が単独（単身）では犯しえないという意味でやはり身分犯と解すべきであろう。

[152] 西田典之「共犯と身分——その解釈論的考察(2)」〔同〕『新版 共犯と身分』（2003年）295頁以下。

的のない者が関与した場合であっても，意思連絡により共犯者が正犯行為による客観的な「営利の危険」を認識しているときは，客体が未成年であれ成人であれ（身分犯説によれば前者の場合は不真正身分犯，後者の場合は真正身分犯），65条1項を適用するまでもなく，正犯行為の違法性に従属して営利目的拐取罪の共犯の成立を認めることが可能である。いずれにせよ，主観的一時的な心理的要素を身分概念の中に含めるべき必然性はないように思われる。

(2) **身分の種類** 身分が犯罪の成否・程度に及ぼす影響に応じて次の区別がある。

(a) **構成的身分** 例えば，収賄罪（197条以下）における公務員，秘密漏示罪（134条）における医師等のように，その存在が犯罪の成立要件とされる身分を「構成的身分」ないし「真正身分」という。

(b) **加減的身分** 保護責任者遺棄罪（218条）における保護責任者（刑が加重される），自己堕胎罪（212条）における妊娠中の女子（刑が減軽される）のように，刑罰の量に影響を与える身分「加減的身分」ないし「不真正身分」という。

(c) **消極的身分** 犯罪性・当罰性を阻却する身分をいう。これには，①例えば，医師法17条（医師以外の者の医業禁止）における医師のように，一定の身分があることによって違法性が阻却される身分（**違法阻却的身分**），②例えば，刑法41条における刑事未成年者のように，一定の身分があることによって責任が阻却される身分（**責任阻却的身分**），③例えば，刑法244条の親族相盗例における一定の親族関係のある者のように，一定の身分があることによって刑罰が阻却される身分（**刑罰阻却的身分**）の区別があるとされている（ただし，刑罰阻却的身分については，これを違法ないし責任阻却的身分に解消しようとする見解も有力である）。

> 【刑罰阻却的身分】 通説は，例えば，親族相盗に関する刑法244条1項が一身的刑罰阻却事由（人的処罰阻却事由）を規定したものであると解し，一定の親族関係のある者を「刑罰阻却的身分」と解している。この人的処罰阻却事由説は，「刑の免除」の根拠を「法は家庭に立ち入らない」という政策的考慮に求めてい

---

153 佐伯(仁)419頁は，「営利の目的がある場合を加重処罰している場合に，そのような目的を有していない共犯者を軽く処罰するためには65条2項を適用することが必要であ（る）」とするが，行為共同説にあっては，目的を有する者には重い罪の共同正犯が，目的を有していない者には軽い罪の共同正犯が成立するのであるから，65条2項を適用しなくても必ずしも不都合とはならないであろう。

るが，犯罪が成立しているにもかかわらず，政策的理由だけで刑罰権の発生を否定するのは妥当でない。本条項は，行為動機に対する反対動機が弱いことを理由とする責任減少事由を規定したものであって，そこにおける親族関係は「責任減少的身分」と解される（『各論』126頁参照）。

3 身分犯の概念

(1) 意　義　身分の有無によって影響を受ける犯罪が**身分犯**であるが，構成的身分は犯罪の成否に関係し，加減的身分は刑罰の量に影響を与える。

(2) 種　類　身分犯は，その身分が構成的身分であるか加減的身分であるかによって次の2つに区別される。

(a) 真正身分犯　その身分が構成的身分（真正身分）である身分犯をいう。すなわち，特定の身分があることによって初めて可罰的違法性を生じさせるような犯罪がこれであって，「構成的身分犯」ともいう。

(b) 不真正身分犯　その身分が加減的身分（不真正身分）である身分犯をいう。すなわち，「身分により特に刑に軽重のある」場合がこれに当たり，「加減的身分犯」ともいう。

2　刑法65条の法意

1 65条1項と共犯形式

65条1項の「共犯」に含まれる共犯形式については，見解の対立がある。

(1) 判　例　当初，判例は，正犯に従属する教唆・幇助は身分のある正犯者に準じて処罰されるのが当然であるのに対し，「すべて正犯」とされる共同正犯の場合は，非身分者が身分犯の正犯として処罰されるためには例外規定が必要であるということから，65条1項は共同正犯による加功のみに限り，教唆・幇助は含まれないものとしていた（大判明44・10・9刑録17輯1652頁）。しかし，非身分者が教唆・幇助をなした場合に身分犯の教唆犯・従犯が成立することが必ずしも明らかでないことが意識されるに及んで，判例はその後見解を変更し，65条1項の「共犯」にはすべての共犯形式が含まれる，と解するに至った（大判大4・3・2刑録21輯194頁）。

(2) 学　説　一方，学説には，次の3つの考え方がある。①第1説は，かつての判例とはまったく反対に，非身分者は身分犯を実行しえないということを理

由に教唆犯と従犯についてのみ65条1項の適用を認めている[154]。②第2説は，真正身分犯については第1説と同様に解するが，不真正身分犯については，非身分者も実行をなしうるということを理由に65条1項の「加功」に共同正犯を含めて考えている（団藤420頁など）。最後に，③第3説は，教唆犯・従犯の外，非身分者も事実上の実行は可能であるということを理由に，65条1項の「加功」に共同正犯を含めて考えている（多数説）。

　第1説および真正身分犯に関する第2説は，「実行」概念を厳格に解してこれを「加功」から区別するが，その根底には，身分犯の本質を義務違反と理解して，非身分者には共同正犯の形式でも実行行為を行いえないとする考え方が潜んでいると思われる。しかし，加減的身分はもとより構成的身分も行為の主体に関わる要件であって実行行為自体の要件ではないから，非身分者も身分者と共同して違法な法益侵害結果を惹起すること，すなわち事実上の実行行為を行うことは可能であって，65条1項の「共犯」の中に教唆犯・従犯だけではなく共同正犯も含めて考えるべきであろう。例えば，強姦罪において身分のない女性Xも身分のある男性Yと共同し，Xが暴行・脅迫を行いYが姦淫を行うという形で強姦罪の共同正犯として被害者の法益（性的自由）を侵害することができるのである。同様に，収賄罪において公務員でない者も，公務員と共同することによって事実上金品（賄賂）を収受（収賄）し，公務の公正（に対する社会の信頼）を害することは可能である[155]。

2　65条1項と2項の関係

(1) 問題の所在　1でみたように，刑法65条は，第1項において身分が連帯的に作用する場合を規定しているのに対し，第2項においては身分が個別的に作用する場合を規定しており，そこに共犯における身分の連帯的作用と個別的作用という相反する2つの方向が示されている。その意味で，1項は共犯従属性説に，2項は共犯独立性説に親近性をもつ規定となっており，従来，その間に矛盾があるのではないか，と

---

[154] 浅田450頁は，純粋・混合惹起説からは，身分は本来個別的に作用するものであって，1項が身分への連帯を認めるのは，法益侵害への寄与を理由とする例外的措置であるとして，共同正犯には適用されない，とする。
[155] ただし，収賄行為により公務員が直接法益（公務の公正）を害するのに対し，非公務員は公務員を介して間接的に法益を害しているのであって，その程度には違いがあるとみるべきである。それは，特に正犯である公務員（身分者）の行為と教唆犯・従犯である非公務員（非身分者）の行為について言えることであって，立法論としては，非身分者による真正身分犯の共犯行為につき刑の減軽を認めるべきであろう（ドイツ刑法28条1項。なお，浅田450頁参照）。

いうことが議論の的となってきた[156]。すなわち，仮に1項の連帯的作用を徹底するのであれば，2項の「身分によって特に刑の軽重があるとき」(不真正身分犯)も非身分者に身分犯の刑を科すべきであるし，反対に，2項の個別的作用を重視するのであれば，1項の「犯人の身分によって構成すべき犯罪行為」(真正身分犯)においては，非身分者の刑を減軽すべき筋合いのものである[157]。そこで，従来，真正身分犯・不真正身分犯の区別の問題と65条1項・2項の関係をめぐって議論が展開されてきたのである。

(2) **学 説** 大別して，65条を構成的身分（真正身分）・加減的身分（不真正身分）の区別という形式的見地から理解しようとする形式説（➡(a)(b)）と，65条の相反効果の生じる実質的根拠を問題とする実質説（➡(c)）とがある。

(a) **真正身分犯と不真正身分犯に対応させる立場** 通説・判例は，条文をそのままの形で理解し，形式的に65条1項は真正身分犯に関する規定であり，2項は不真正身分犯の規定であると解している（**形式的区別説**）。例えば，大判大2・3・18（刑録19輯353頁）は，賭博の常習性のない者が賭博常習者を幇助したという事案について，65条1項を適用することなくもっぱら2項によって処断すべきであるとし，最判昭31・5・24（刑集10巻5号734頁）は，尊属殺人（旧200条）に卑属親という身分のある者と身分のない者とが共同加功した事案について，非身分者は65条2項により普通殺人罪として処断すべきであるとしている。このような形式的理解は，65条の文言に忠実であり，また，真正身分犯と不真正身分犯との区別が条文の立法形式により比較的容易に判断できるという利点もあるが，犯罪類型によっては真正身分犯か不真正身分犯か明らかでない場合があり[158]，また，そもそも何故真正身分犯の場合は連帯的に作用し，不真正身分犯の場合は個別的に作用するのか，という実質的論拠は不明のまま残されている。そこで，この論拠を明らかにするために，形式的区別に合理的基礎を与える必要が生じてくるのである[159]。

1項が真正身分犯に関する規定であり，2項が不真正身分犯に関する規定であることを実質的に説明するならば，1項の構成的身分は違法身分であって連帯的に作用し，2項の加減的身分は責任身分であって個別的に作用すると解することになろ

---

[156] 大野平吉「共犯と身分」刑法講座第4巻159頁以下。
[157] 改正刑法草案31条1項は，真正身分犯に加功した非身分者の刑の減軽可能性を認めている。
[158] 例えば，事後強盗罪（238条）については，それが真正身分犯を規定したものか不真正身分犯を規定したものかについて周知の争いがあり（また，目的いかんによって両者の場合があるとする複合的身分犯説もある），さらに，そもそも身分犯でない（結合犯）とする見解も有力である（➡各論134頁）。
[159] また，形式的区別説では，不真正身分犯の場合（例えば保護責任者遺棄罪〔218条前段〕），単独でも犯罪（単純遺棄罪〔217条〕）主体となりうる非身分者が共犯でも単独犯の場合と同様の軽い扱いを受けるにもかかわらず（65条2項），真正身分犯の場合は（例えば不保護罪〔218条後段〕），単独ではおよそ犯罪の主体となりえない者が何故共犯の場合に身分者と同様に重く処罰されるのか（65条1項），が明らかでない（松原400頁）。

う[160]。しかし、これに対して、この説では現実の刑法の身分犯規定をうまく説明できない、という批判がある[161]。例えば、同じ公務員という身分が構成的身分として規定されていることもあれば（例えば、197条以下の収賄罪）、加減的身分として規定されていることもある（例えば、194条の特別公務員職権濫用罪）事実から明らかなように、立法者は意識して違法性に関する身分を構成的なものと規定し、責任に関するものを加減的に規定したわけではない、というのである。

たしかに、収賄罪における「公務員」という身分が構成的身分であるのに対し、特別公務員職権濫用罪における「特別公務員」という身分は加減的身分である（本罪は逮捕監禁罪（220条）の加重類型とみることができる）。しかし、同じ公務員という身分であっても、前者においては、公務員の身分があって初めて職務に関し賄賂を収受等する行為により公務の公正（とこれに対する社会の信頼）という法益が侵害されて違法となるのに対し、後者にあっては、主体が公務員であろうと非公務員であろうと、被害者の身体活動の自由という法益を侵害する点（違法性）では何ら違いがなく[162]、ただそのような行為に出ないことをより強く期待されている特別公務員が職権を濫用して逮捕・監禁行為を行った場合に非公務員による場合より責任非難が強まるのである[163]。

しかし、同質の犯罪類型内部において、同一の身分が構成的身分とされる場合と加減的身分とされる場合とがあるときは、なお、問題は解決されていない。すなわち、218条の保護責任者という身分は、217条の単純遺棄罪との関係では加減的身分であるが、218条後段の不保護罪との関係では構成的身分である。したがって、非身分者が保護責任者遺棄罪（218条前段）に関与した場合は、不真正身分犯として65条2項により軽い217条の刑で処断されるのに対し、保護責任者による不保護罪（218条後段）に関与した場合は、真正身分犯として65条1項により重い218条の刑で処断されることになる。しかし、非身分者の不保護行為は、単独では犯罪を構成しないにもかかわらず、不保護罪が真正身分犯であるという理由で、非身分者も単独で犯罪を構成する遺棄罪より重く処罰されるとするのは不合理であろう（西田400頁参照）。

(b) 共犯成立の問題と科刑の問題に対応させる立場 この見解は、65条1項の連帯性と2項の個別性という矛盾を解消しようとし、1項は「共犯とする」としていることから、真正身分犯・不真正身分犯を問わず共犯成立の問題を規定したものであ

---

160 65条1項の連帯性、2項の個別性を共犯の処罰根拠論から説明するものとして、高橋則夫「共犯と身分」刑法基本講座第4巻173頁。
161 前田雅英「共犯と身分」現代的展開Ⅱ253頁。
162 これに対し違法身分と解するものとして、西田典之『刑法各論』（2012年）485頁、同・前掲注(152) 261頁参照。
163 共犯の処罰根拠論における混合惹起説の見地から、65条1項は、真正身分犯について、制裁規範の発動条件である法益の侵害・危険のみを根拠に、制裁（媒介）規範における可罰性拡張を認めた政策的・例外的な共犯成立規定であり、65条2項は、不真正身分犯についての共犯成立に関する注意規定である、と解するものとして高橋476頁。

り，2項は「通常の刑を科する」としていることから，特に不真正身分犯について科刑の問題を規定したものである，と解する(**成立・科刑分離説**／団藤418頁)。すなわち，不真正身分犯についても行為者が身分を有することによって初めてその罪が構成されるという点では真正身分犯との間に違いはなく，共犯成立の問題としてまず1項の規定が適用されなければならない，とするのである。最高裁判例は，業務上横領罪(刑法253条)や特別背任罪(会社法960条〔商法旧486条〕)のような「複合的身分犯」(➡3③)について本説に従い，例えば，業務者および占有者の身分のないXが業務上占有者であるYと共に金員を横領したときは，1項により業務上横領罪の共同正犯が成立し，非身分者であるXには，2項により単純横領罪の刑が科されるとしているが(最判昭32・11・19刑集11巻12号3073頁)，下級審裁判例は必ずしもこれに従っていない[164]。

　成立・科刑分離説の特色は，共犯の従属性の思想を徹底させ，共犯の罪名は正犯の罪名と同一でなければならないとする罪名従属性の見地から，不真正身分犯における非身分者にも身分犯の成立を認めて65条1項を適用する点にある。しかし，この見解によると，不真正身分犯について，成立する犯罪(1項)と処罰の基礎となる犯罪(2項)とが異なることになる結果，刑罰は成立する犯罪に対応していなければならない，という刑法の基本原則に抵触する恐れがある。したがって，65条の文理解釈としては，①「共犯と身分」における共犯成立の問題は65条以前の問題であり，65条は全体として共犯の処罰を規定したものと解するか(西原・下409頁)，あるいは，②1項は真正身分犯につき共犯の成立・処罰を，2項は不真正身分犯につき共犯の成立・処罰を規定したものと解すべきであろう。

(c) 違法身分と責任身分に対応させる立場　　この見解は，65条1項・2項は必ずしも真正身分犯・不真正身分犯の区別とは対応関係に立たず，1項は違法身分に関して犯罪の成立・処罰が連帯的に作用することを規定したものであり，2項は責任身分に関して犯罪の成立・処罰が個別的に作用することを規定したものである，と解している(**実質的区別説**[165]／西田402-3頁)[166]。この見解によれば，「違法は連帯的に，責任は個別的に」という思想を徹底する結果，構成的違法身分・加減的責任身分という類型のほか，①構成的責任身分(例えば，面会強請自体を処罰していない暴力行為等処罰法2条2項の面会強請罪における常習者)，②加減的違法身分(例えば，特別公務員職権濫用罪〔194条〕における特別公務員)という範疇も認められることになる。

---

[164] 例えば，東京地判平2・10・12(判タ757号239頁)は，常習性の認められない共犯者については単純賭博罪の幇助犯が成立するにすぎない，としている。

[165] 西田・前掲注(152)167頁以下。

[166] 類似の見解として，身分を違法身分と責任身分に分けるものの，責任身分の個別的作用は自明の事柄であるから，65条はもっぱら違法身分に関する規定であるとし，しかも身分本来の性質から2項の個別的作用が原則で，その趣旨を1項にも及ぼせば，身分なき共犯の刑は(酌量)減軽されるべきである，とする見解も主張された(**個別的作用説**／佐伯(千)355-6頁)。これに対する批判として，西田402頁。

実質的区別説によると，まず，①例えば，常習面会強請罪における常習性のような構成的責任身分について非身分者が身分犯に加功したとき，この立場では構成的身分であっても責任身分であれば1項の問題となりえず，しかも構成的身分である以上「身分によって特に刑の軽重があるとき」にも当たらないから2項も適用されず[167]，結局非身分者は不可罰となる。

反対に，②加減的違法身分については，加減的身分であっても違法身分と認められれば，共犯の成立・処罰が正犯のそれに連帯的に作用することになり，不真正身分犯でありながら非身分者も身分犯として不当に重く（あるいは軽く）処罰されることになってしまう。例えば，非(特別)公務員が特別公務員職権濫用罪(194条)に関与した場合，特別公務員が（加重的）違法身分であることを根拠に，65条1項により加重的身分のない非(特別)公務員に本罪の共犯としての罪責を認め非身分者も重く処罰されることになるが，それは65条2項の文理を超えた被告人に不利益な解釈と言わざるをえない（内藤・下Ⅱ1407頁）。したがって，この場合，非(特別)公務員には「通常の刑」として逮捕・監禁罪(220条)の刑を科すべきであるが，そのためには，本罪の「特別公務員」を責任身分と解するか，65条2項の「身分」は例外的に加減的違法身分[168]を含むと解することが必要となろう。

(d) **帰結**　結局，ⓐ原則として，①構成的違法身分（真正身分犯）について65条1項，②加減的責任身分（不真正身分犯）について65条2項を適用することとし，ⓑ例外的に，①構成的責任身分については真正身分犯であっても（例えば，不保護罪における保護責任者），65条2項を準用して非身分者を不可罰とし[169]，②加重的違法身分（不真正身分犯）については，違法身分であっても（例えば，194条における特別公務員を違法身分と解した場合），65条2項により非身分者には「通常の刑」を科すべきであろう（松原405頁など／➡619頁）。

3　各種身分犯と共犯

1 真正身分犯と共犯

(1) 非身分者が身分者に加功した場合　この場合は，65条1項により非身分者も身分犯の共犯として処罰される。ここでは，構成的身分（違法身分）への従

---

[167] 被告人に有利な類推として65条2項の準用を認めるものとして，松原403頁。
[168] 行為無価値論の見地から違法身分を2つに分け，法益侵害性に影響する（連帯的）違法身分は1項で，義務違反性に影響する（一身的）身分は2項とする見解として，井田512頁以下。結果無価値論において一身的違法身分を認める見解もあるが（松原404頁以下），結果無価値論の立場で法益侵害に還元しえない人的違法性を認めるのは困難であろう。なお，伊東366-7頁，内田幸隆・重点課題252頁，佐伯(仁)416頁参照。
[169] これに対し，浅田451頁は，不保護罪についても非身分者は217条で処断すべきとするが，被告人に有利な方向での類推を意図するのであれば，むしろ不可罰とする方が，遺棄行為についてのみ身分を問わず犯罪とし，不保護についてはあえて保護責任者のみを可罰的としている立法趣旨に適うであろう。

属と連帯が認められる。ただし，構成的身分が責任身分である場合，例えば不保護罪における保護責任を責任身分と解した場合，非身分者の不保護行為は，単独では犯罪を構成しないにもかかわらず，不保護罪が真正身分犯であるという理由で重い本罪の成立を認めることは，非身分者が単独でも犯罪を構成するにもかかわらず，共犯の場合に軽い通常の刑が科される単純遺棄罪（217条）との均衡を害することになるので不可罰となる。

(2) 身分者が非身分者に加功した場合　例えば，秘密漏示罪において，医師が看護師に秘密の漏示を教唆した場合については見解が分かれている。①多数説は，この場合，「身分なき故意ある道具の利用」として身分者に間接正犯の成立を認めるが，②上述のように（➡530頁），非身分者も身分者にとり規範的障害となるから，共犯（広義）の成立を認めるべきである。

2　不真正身分犯と共犯

(1) 非身分者が身分者に加功した場合　原則として違法身分の連帯性，責任身分の個別性が認められるが，加重的違法身分犯については特別の考慮が必要となる。

(a) 責任身分の場合　不真正身分犯においては責任（加重）身分からの独立と個別化が認められるから，65条2項により非身分者には通常の刑が科せられることになる。問題はその理論構成であるが，**2**でみたように，非身分者には，2項により端的に非身分犯の共犯が成立してその刑が科せられると解すべきであって，反対説のいうように，まず1項により（不真正）身分犯の共犯が成立し，次いで2項により非身分犯の刑が科せられる，と解すべきではない。

問題となるのは，身分者が責任減少身分の場合にも，非身分者には65条2項により重い「通常の刑」が科されるのか，ということである。例えば，自己堕胎罪（212条）における「妊娠中の女子」を仮に責任減少身分と解した場合（ただし，筆者は後述のように違法減少身分と解している），非身分者（第三者）には「通常の刑」として同意堕胎罪（213条）の刑が科されるのかという問題がある。責任の個別性の見地からこの結論を主張する見解もある一方で（西田・前掲注（162）20頁），共犯の二次的責任性・要素従属性の要件から軽い身分犯（自己堕胎罪）の共犯の成立を認める見解も有力である（山口333頁）。しかし，いったん責任減少身分性を認めた以上，非身分者である共犯には65条2項により213条の重い「通常の刑」

を科すべきであろう。

　(b) 違法身分の場合　　まず，減軽的違法身分犯に非身分者が加功した場合，違法の連帯性（従属性）の原理により非身分者にも軽い身分犯の共犯が成立する。例えば，前掲自己堕胎罪を減軽的違法身分犯と解した場合，非身分者である共犯者にも正犯に連帯（従属）して自己堕胎罪の共犯が成立することになる（『各論』38頁）。

　問題は，加重的違法身分犯の場合であるが，例えば，194条における特別公務員を違法加重身分と解した場合，非身分者が特別公務員の職権濫用による逮捕・監禁行為に関与する行為も，やはり65条2項により違法の連帯的作用が立法上の制約を受け（➡616頁），220条の逮捕・監禁罪の軽い「通常の刑」が科されるにとどまる。

　(2) 身分者が非身分者に加功した場合　　身分が責任身分か違法身分かによって，結論が異なる。

　(a) 責任身分の場合　　例えば「常習性」を責任身分と解した場合，賭博の常習者が単純賭博の実行を教唆する行為の罪責が問題となる。①単純賭博罪の教唆犯の成立を認める非身分犯説は，共犯の従属性の考え方を徹底して，非身分犯の教唆犯が成立するとするが（例えば，団藤423頁）[170]，②責任身分（加減的身分）の個別化という観点からは，身分犯（常習賭博罪）の教唆犯の成立を認める身分犯説（例えば，大判大3・5・18刑録20輯932頁）が妥当であろう（松原407頁など）。①の非身分犯説は，実行行為と教唆・幇助行為とを峻別し，賭博常習者は賭博行為（実行行為）を行うことの常習性を有する者をいい，賭博の教唆・幇助行為の常習者を意味しないとするが（大塚355頁），賭博常習者が賭博を教唆する場合とその他の者が賭博を教唆する場合とでは，責任非難の程度に違いがあるというべきである（前田340頁参照）。

　②の身分犯説に対して，共犯者に常習賭博罪の刑を科すことは，常習者でないこと（その意味での消極的身分）を一種の身分と解するものであって身分概念の自殺であるばかりか，常習賭博罪の刑を「通常の刑」とみることに帰着して文理に反するという批判がある（団藤424頁（注）13）。しかし，65条2項の趣旨は，不真正身分犯にあっては共犯関係において身分者には身分犯の刑を，非身分者には非

---

[170] 常習性を，行為の反復継続性による法益侵害の危険の増加を理由とする違法要素と解する見地から，非身分犯説を採るものとして，浅田451頁。

(b) **違法身分の場合** この場合は，身分者も非身分犯の正犯の違法性に従属（連帯）して，非身分犯の共犯が成立することになる（➡ 2 ②(2)(d)）。例えば，194条における特別公務員が非身分者による逮捕・監禁行為に加功しても，正犯が220条の逮捕・監禁罪の違法性にとどまる以上，これに関与した特別公務員にも正犯の違法性に従属して220条の罪の共犯が成立するにすぎない。また，麻薬輸入罪における「営利目的」を違法身分と解した場合，営利目的を有する者が営利目的を有しない者の麻薬密輸入に関与したときは，軽い単純輸入罪の共犯にとどまることになる（松原409頁）。

③ 複合的身分犯と共犯

例えば，占有者でも業務者でもない者が，正犯の業務上横領罪（253条）に関与した場合のように，構成的身分と加減的身分との複合的身分犯について，その取扱いが問題となる[171]。判例には，65条1項により業務上横領罪の共犯となるが，非身分者には本条2項により通常の横領罪の刑を科すべきである，としたものがあるが（最判昭32・11・19 刑集11巻12号3073頁／➡615頁），これは，業務上横領罪が「他人の物の占有者」という構成的身分と「業務者」という加重的身分との二重の意味での身分犯であることを考慮したものであろう。しかし，1項により成立する犯罪と2項により科せられる刑罰との間に離齬を来すのは妥当でなく，この場合，構成的身分が違法身分，加重的身分が責任身分と解されることから，65条1項により単純横領罪（252条）の共犯を認め（違法身分の連帯性），業務者（正犯）については，2項により業務上横領罪が成立する（責任身分の個別性）と解すべきであろう（西田410頁）。

④ 消極的身分犯と共犯

犯罪性・当罰性を阻却する消極的身分犯についても（➡610頁），①非身分者が消極的身分者に加功した場合，および②消極的身分者が非身分者に加功した場合にそれぞれ問題となる。

---

[171] 同様の問題は，取締役等の事務処理者でない者が特別背任罪（会社法960条）に関与した場合にもみられる。

(1) 非身分者が身分者に加功した場合　　非身分者が，ⓐ違法阻却的身分犯，ⓑ責任阻却的身分犯，ⓒ刑罰阻却的身分犯にそれぞれ加功した場合した場合に問題となる。

(a) 非身分者が**違法阻却的身分**を有する者の行為に加功したときは，身分者の行為が適法であるから，これに加功した非身分者にも共犯は成立しない。

(b) 非身分者が**責任阻却的身分**を有する者の行為に加功したときは，身分者に違法性の弁識能力もなければ非身分者に間接正犯が成立し，弁識能力があれば身分者は規範的障害となり，非身分者には共犯が成立することになる（いずれも正犯は不可罰）。問題となるのは，例えば，第三者が犯人を教唆してその証拠を隠滅させた場合のように，身分が責任阻却事由として構成要件要素（行為の主体）から排除されている犯罪類型において第三者が身分者を教唆した場合である。この場合，犯人である正犯の違法行為に連帯して第三者に共犯が成立するようにも思われるが，自己（犯人自身）の刑事事件に関する証拠の隠滅は構成要件をもたないのであるから[172]，その教唆犯も成立しないと解すべきであろう。

(c) 非身分者が**刑罰阻却的身分**を有する者の行為に加功したときは，非身分者には通常の刑が科されることになる。例えば，親族相盗例において親族であることを刑罰阻却的身分と解した場合，親族でない共犯については刑の免除の効果が及ばないのである（244条2項）[173]。

(2) 身分者が非身分者に加功した場合　　ⓐ違法阻却的身分者，ⓑ責任阻却的身分者，ⓒ刑罰阻却的身分者が，それぞれ非身分者の行為に加功した場合に問題となる。

(a) **違法阻却的身分**を有する者が非身分者の行為に加功したときであっても，非身分者の行為は違法であるから，これに加功した身分者には共犯が成立する（違法の連帯性）。例えば，医師の身分は一身専属的な効果をもつにすぎないから，医師が無免許者に医療行為をさせれば，無免許者の行為は違法であって，医師はその教唆犯として処罰される。なお，妊婦（違法減少身分）が他人に依頼して堕胎してもらった場合には，「被害者」でもある妊婦について，同意堕胎罪

---

[172] 一般違法従属性説に立ちつつ，この場合も一種の必要的共犯について処罰規定がないのであるから処罰されない，とするものとして浅田453頁。

[173] 本条を，責任減少事由を規定したものと解しても，その一身専属的効果に変わりはなく，事情は同じである（『各論』126頁）。

(213条) または業務上堕胎罪 (214条) の教唆犯ではなく, 65条2項を準用して自己堕胎罪 (212条) の教唆犯が成立する。

(b) **責任阻却的身分**を有する者が非身分者の行為に加功したときは, 非身分者に正犯が成立するとしても, 責任は個別的に作用するから責任のない身分者 (共犯) は不可罰である。例えば, 犯人または逃走者自身が蔵匿・隠避する行為は期待可能性がないので不可罰であるが, 他人を教唆して自己を蔵匿または隠避させる行為もやはり責任が阻却され不可罰となると解すべきである。自己蔵匿・隠避 (正犯) の場合に期待可能性がないので責任が阻却されるという一身専属的な効果は, 共犯形式の場合にも同様にこれを認めることができるからである (『各論』302頁)。もっとも, 被告人が自己の刑事事件につき, 他人に虚偽の陳述をするよう教唆したときは, 正犯となる証人の偽証が被告人自身の虚偽の陳述に比べてはるかに法益 (国家の司法作用) 侵害の危険性を高めることになるから, 被告人にそのような行為に出ないことの期待可能性もないとはいえず, 偽証教唆の成立が認められる (『各論』309頁)。

(c) **刑罰阻却的身分**を有する者が非身分者の行為に加功したときは, 刑罰阻却事由のもつ一身専属的性格から, 身分者には刑罰阻却の効果が認められる。例えば, 犯人蔵匿罪および証拠隠滅罪に関する親族間の特例の規定 (105条) を刑罰阻却事由と解した場合, 犯人の親族が自ら行った場合に正犯として刑を免除することができる以上, その一身的効果は親族が第三者を教唆してその犯人を蔵匿させたときにも認められる (➡注173参照)。

第8節 共犯の諸問題

1 承継的共犯

1 問題の所在

共犯は, まず関与者が特定の犯罪実現について意思疎通 (意思連絡) をしたうえ, 関与行為 (共犯行為) を行い, 次いで関与者中の少なくとも1人が犯罪の実行に着手し, さらに結果犯の場合は関与行為と因果関係のある結果が発生して犯罪が終了するという過程をたどり, 意思連絡から結果の発生に至るまで終始関与者全員が協力関係にある, というのが通常の形態である。しかし, 共犯現象が常にすべてそのような経過をたどるというわけではない。例えば, 最初は単独犯と

して行われていたものが途中から他人が関与することによって共犯に転ずることもあり，このような場合を「承継的共犯」と呼んでいる。共犯の処罰根拠について因果的共犯論に立脚するときは，共犯が成立するために共犯行為と犯罪結果との間に因果関係の存在が要求されることになるが，その場合，承継的共犯については後行者の行為と先行者が行った行為およびその結果との因果性をどのように考えるべきかが問題となる。

　承継的共犯は，先行者が実行行為の一部を行ったが，既遂に達する前ないし犯罪が終了する前に後行者との間に意思連絡が生じ，事後の行為を共同して犯罪を実現した場合である（特殊なケースとして事後の行為を後行者のみが行う場合もある）。通常の共犯の場合には，実行行為を共同する段階（共同正犯の場合）ないし幇助する段階（従犯の場合）で既に事前に意思連絡があるのに対し，承継的共犯の場合は，意思連絡が犯罪実行の開始後に行われている点にその特色がある（なお，承継的教唆犯は，教唆犯の性格上これを観念することはできない）。そこで，この場合，後行者はどの範囲で先行者の行為・結果を承継するのか，すなわち後行者はどの範囲で共犯としての責任を問われるのかが問題となる。殊に，結果犯において結果の発生が先行者の行為によるものか後行者の行為によるものか，因果関係が不明な場合，承継的共犯を認めるか否かで結論が左右されることになる。

2　承継的共同正犯

（1）意　義　「承継的共同正犯」とは，先行者がある犯罪の実行行為を一部終了した後に，後行者が途中から先行者と意思連絡のうえ実行行為に関与する場合をいう。例えば，〔事例〕Xが強盗の意思でAに暴行を加えその反抗を抑圧したところ，たまたまXの友人Yが付近を通りかかったので，XとYが意思連絡のうえ共同してAから財物を強取した場合，強盗罪の共同正犯がX・Yに成立するか，すなわちYに強盗罪の共同正犯としての罪責を問えるかどうかが問題となる。

（2）学　説　これには，承継的共同正犯を，ⓐ肯定する見解（積極説），ⓑ否定する見解（消極説），およびⓒその両者を修正する見解（折衷説）の3つがある。

　（a）肯定説（積極説）　　この立場は，後行者にも介入以前の先行行為を含む犯罪全体に対する共同正犯としての責任を認める（西原・下386頁など）。肯定説は，その根拠として，①後行者も先行行為を認識・認容し，かつ，先行者との間に相

互的な意思の了解も認められること，②後行者が先行者の行為およびその結果を積極的に利用していること，③結合犯や結果的加重犯を含めて，1個の犯罪を2つに分解して論ずることは不可能であることを挙げ，承継的共同正犯においても「一部行為の全部責任」の原則が貫徹されることを強調している。殊に，1つの犯罪は不可分である以上（一罪の不可分性），その実行の一部に加わった者が全体について責任を問われるのは当然である，とする第3の根拠は肯定説を支える基本的な思想である。

　しかし，単に一罪性を強調して犯罪全体についての責任を問うのは形式的思考にすぎ，実質的にみても肯定説の帰結は，後行者に自己の行為による因果力の及ばない過去の事態についてまで責任を負わせるものであって，公正の観点からも妥当性を欠くと言わざるをえない[174]。承継的共同正犯を，事前に共同犯行の意思が形成されている本来の共同正犯と同一視することは困難である。

　(b)　否定説（消極説）　この立場は，承継的共同正犯の存在を全面的に否認する（浅田422頁，内藤・下Ⅱ1425頁，中山460頁，松原386頁，山口350頁など）。否定説は，承継的共同正犯に関し，①共同正犯においては共同実行の意思と共同実行の事実が同時に存在しなければならないが，先行行為は共同加功の意思に基づくものとはいえないこと[175]，②事後の共同意思に基づく後行者の行為が先行行為およびその結果に対して因果性をもつことはありえないこと，③後行者が加功していない先行行為について，遡って責任が問われるということは考えられないことから，後行者は介入後の実行行為についてのみ共同正犯としての責任を問われ，犯罪全体についての共同正犯としての責任は問われないとする。例えば，詐欺罪において，欺罔（詐欺）行為が行われた後，情を知って錯誤に陥っている被害者から財物の交付を受ける行為は，詐欺罪の従犯（随伴的幇助）であって共同正犯ではないというのである。否定説は，共犯の処罰根拠についての因果的共犯論からの帰結でもあって，「関与前の事実につき後行行為者の関与が因果性を持つということはあり得ない以上，後行行為者は関与した時点以降の行為及びその結果に

---

[174]　岡野光雄「承継的共犯」刑法基本講座第4巻186頁。
[175]　承継的共同正犯を否定する判例も，一般に，その実質的根拠として，共同正犯が成立するためには共同実行の意思と共同実行の事実が同時に存在することが必要であるという事実を挙げている（例えば，名古屋高判昭47・7・27刑裁月報4巻7号1284頁。もっとも，本件では，傷害致死の基本行為である暴行・傷害に途中より介入した事案につき，介入後の後行者の行為によって死の結果を惹起した蓋然性がきわめて高いとして，傷害致死罪の共同正犯の成立を認めた）。

ついてしか責任を負わない」とする（前田・基礎353頁）[176]。

　否定説によれば、冒頭の事例におけるYの罪責は窃盗罪の共同正犯ということになるが、この結論に対して、それは承継的共同正犯の有する特殊な側面を無視するものであって余りにも形式的すぎる、との批判が提起されている[177]。たしかに、この場合、YはXの行為によって生じたAの反抗抑圧状態を利用してXと共同して財物を取得しているが、強盗罪は暴行・脅迫を加えて被害者の反抗を抑圧したうえで財物を強取するという形態の犯罪なのであるから、強盗の罪に準強姦罪（178条2項）に相当する規定がない以上、Yに強盗罪の責任を負わせることはできないであろう（野村398頁注3）。物理的にも心理的にも因果関係に影響を及ぼしえない事実についての刑責は問いえないのである。もっとも、後行者の行為がそれ単独では実行行為とみられない場合であっても、先行者の行為と相まって実行行為とみられる場合には共同正犯としての罪責を負うが、それは共同正犯一般に共通の問題であって、承継的共同正犯固有の問題ではない（➡570頁／前田・基礎356頁以下参照）。

　否定説を採った場合に問題となるのは、強盗罪における窃盗罪のような「受け皿」構成要件が存在する場合はよいとして、詐欺罪や恐喝罪のようにそのような構成要件をもたない犯罪の場合の扱いである。基本的に否定説に立ちつつ、詐欺犯人が被害者を欺罔した後や恐喝犯人が被害者を畏怖させた後で、被害者による財物の交付行為の部分にだけ関与した者について、財物の受領は、先行者からみれば詐取・喝取であり、後行者はこれに関与するのであるから、詐欺罪・恐喝罪の共犯が成立する、という見解もある（佐伯(仁)386-7頁、西田366-7頁）。しかし、ここでいう「共犯」が共同正犯を意味するとすれば問題であろう。財物の受領が詐取・喝取であるのは、あくまでも先行者からみた場合のことであって、欺罔行為・脅迫行為に関与していない後行者からみれば、事情を知らされたとしてもそれは単なる財物の受取り行為にすぎない。後行者にはせいぜい詐欺・恐喝の幇助の刑責を問うにとどめるべきであろう。

　（c）**折衷説**（中間説）　　肯定説および否定説を修正した折衷説（限定積極説）も

---

[176] ただし、前田360-1頁は、「共同することにより正犯の範囲を拡大する共同正犯の場合は、単独正犯に比し、因果性は若干緩やかなもので足りる」としたうえで、強盗罪につき、「積極的に利用したことにより暴行脅迫に関与したのと同視し得るから強盗の共同正犯となる」とする。
[177] 岡野・前掲注（174）186-7頁。

今日有力に主張されている。

　(i) まず，基本的に肯定説に立ちつつ，犯罪によっては一定の限界を設け，後行者の責任の範囲を限定しようとする見解がある。例えば，強盗致死傷罪（240条）の場合，後行者にも強盗致死傷罪の共同正犯の成立は認めるが，後行者の財物奪取は，先行者によってもたらされた結果のうち被害者の抵抗不能という状態だけを利用したにすぎないとして，先行者による被害者の傷害・死亡の結果については後行者に責任を認めず，38条2項の趣旨によって責任を強盗の限度にとどめようとするのである（藤木290頁以下）。しかし，共同正犯が成立するためには単に積極的な利用行為があっただけでは足りず，先行行為と合わさった評価にせよ，そこに実行行為とみられる実体が存在しなければならないであろう。

　(ii) 次に，基本的に否定説に立ちつつ，一定の場合には先行行為についても責任を問いうるとする見解がある。まず，①結合犯や結果的加重犯について例外的に承継的共同正犯を肯定する。すなわち，これらの犯罪は，複数の違法行為が結合して1つの犯罪を形成しているため（結合犯の一罪性），途中からの介入が可能となると解するのである（大塚295頁）。しかし，当該犯罪が結合犯ないし結果的加重犯であること（一罪性）は，当初より強盗罪の意思を有する先行者についてのみ言えることであって，財物取得行為にのみ関与する後行者の罪責には影響しないとみるべきであろう。また，②強盗罪のように，先行行為が関与後にもなお効果をもち続けているときは，例外的に先行行為についても責任を問いうる，とする見解もある（平野・Ⅱ382頁以下）。この見解も，強盗致死傷罪について，後行者の財物奪取行為にとって被害者の致死傷の結果は意味をもたないが，反抗抑圧状態は意味があると解するのである。しかし，反抗抑圧状態についても，事前に生じているものに事後的に因果的影響を与えるということはできない（前田・基礎358頁）[178]。

　(iii) さらに，「共犯成立上の一体性・共犯処罰上の個別性」という観点から，承継的共同正犯の問題を把握する立場がある[179]。例えば，強盗致死傷罪において，

---

[178] 西田366-7頁は，基本的に否定説から出発しつつ，後行者乙が関与する時点において，なお，先行者甲が実現しようとしている結果については因果性を有することが可能であるとし，例えば，甲の行為の結果が，強取，詐取，喝取である場合，乙は，このような違法結果を左右しえた以上，強盗，詐欺，恐喝の責任を負うべきだという。しかし，財物・利益の取得行為が強取，詐取，喝取であるのは，自ら暴行・脅迫・欺罔を行った甲について言えることであって，取得行為にのみ関与した乙を甲と同列に論ずることはできないであろう。

まず，後行者は先行者によってもたらされた既存事実（反抗抑圧・死傷の結果）を認識・認容し，これを利用して奪取行為を共同しているから，犯罪現象としては先行者との間の強盗致死傷罪の共同正犯として把握することができる。ただし，承継的共同正犯においては，後行者について介入前の行為・結果について主観的要件と客観的要件が同時に存在しないので「一部行為の全部責任」の法理が働かず，右の場合，後行者の財物奪取にとって必要とされる先行者の行為・結果は先行者の惹起した反抗抑圧状態だけであるから，強盗罪の責任が問われるにすぎない，とするのである。この見解については，成立する犯罪と処罰の基礎におかれる犯罪が分離されることの是非が問われよう。

(3) **判例の動向** 　下級審裁判例には，承継的共同正犯を肯定するものと否定するものとがある。まず，ⓐ承継的共同正犯を認める判例は，その根拠として，①単純一罪性・分割不可能性（例えば，札幌高判昭28・6・30 高刑集6巻7号859頁），および②後行者が先行者の行為・結果を認識し利用している事実（例えば，東京高判昭34・12・7 高刑集12巻10号980頁）を挙げるほか，③因果関係の立証の困難さと刑法207条との不均衡の是正（例えば，東京高判昭34・12・2 東時10巻12号435頁）を考慮に入れている。

　次に，ⓑ折衷的な見解を採用するものとして，①福岡地判昭40・2・24（下刑集7巻2号227頁）は，先行者が強盗の目的で被害者に暴行を加えて傷害を与えた後，後行者が財物奪取に加わったという事案につき，後行者の責任についてはそれ自体独立に判断すべきであって先行者の責任を承継しないとしつつ，窃盗罪ではなく強盗罪の共同正犯を認めた。また，②東京地判昭40・8・10（判タ181号192頁）は，先行者が強姦の目的で被害者に暴行を加えて傷害を与えた後に後行者が姦淫した事案につき，強姦致傷罪の共同正犯の成立を認めたが，その責任を38条2項により強姦罪の限度にとどめた。さらに，③大阪高判昭62・7・10（高刑集40巻3号720頁）は，承継的共同正犯が成立するためには，先行者の行為およびこれによって生じた結果を自己の犯罪遂行の手段として積極的に利用する意思の下に，実体法上の一罪を構成する先行者の犯罪に途中から共謀加担し，右行為などを現にそのような手段として利用した場合に限られる，として限定積極説に立つことを明らかにしている[180]。

---

179 岡野・前掲注（174）187頁。

以上に対し，ⓒ近時，最高裁は，X・YがA・Bに対して暴行を加えて傷害を与え，その後，被告人が加わって，3人でA・Bに暴行を加えて両名に傷害を与えたという事案について，「被告人は，共謀加担前にXらが既に生じさせていた傷害結果については，被告人の共謀及びそれに基づく行為がこれと因果関係を有することはないから，傷害罪の共同正犯としての責任を負うことはなく，共謀加担後の傷害を引き起こすに足りる暴行によってAらの傷害の発生に寄与したことについてのみ，傷害罪の共同正犯としての責任を負うと解するのが相当である」として（最決平24・11・6 刑集66巻11号1281頁），共犯の因果性を重視する見地から（全面的）肯定説を排斥した。本決定が否定説の立場か限定積極説の立場かは必ずしも明らかでないが，補足意見において，強盗・詐欺・恐喝などについて承継的共同正犯の可能性を明示していることなどに照らすと，後者の立場を採用したものとみることができよう（高橋451頁参照）[181]。

3 承継的従犯

後行者が先行者の事後の実行行為を幇助した場合が承継的従犯であるが，問題の性格は基本的に承継的共同正犯の場合と同じである。判例として承継的従犯を認めた大判昭13・11・18（刑集17巻839頁）は，刑法240条後段の罪は結合犯として単純一罪となるから他人が強盗目的で殺人を行った後，その事実を知悉しながら，その他人の犯行を容易にする意思で，強盗殺人の一部である強取行為を幇助したときは，強盗ないし窃盗の従犯ではなく，強盗殺人罪の従犯となる，としている。この判例では，結合犯の分割不可能性と後行者が先行者の行為・結果を十分認識していたことが承継的従犯を認める重要な根拠とされている。

なお，学説には，強盗ないし強盗致死傷の事案につき，窃盗罪の共同正犯と強盗罪ないし強盗致死傷罪の従犯（承継的従犯）が成立するとする見解があること

---

[180] 本判決に対する研究として，亀井源太郎・刑法の判例255頁以下。なお，大阪地判平9・8・20（判タ995号286頁）は，XがAに暴行している途中で事情を知った被告人が暴行に加わったが，Aに生じた傷害が共謀成立の前後いずれの暴行により生じたかが明らかでない場合にも刑法207条の同時傷害の特例を適用しうるとし，被告人を傷害罪の共同正犯として処断した。しかし，同条は共犯関係が成立しない場合に誰も責任を負わなくなることを避けるために定められた例外的措置であって，承継的共犯の場合には，共犯関係が存在し，少なくともXに傷害罪の成立が肯定されるから，同条の適用を認めるべきではないであろう。

[181] これに対し，本決定は，結果の負責のためには結果発生に寄与したことを要すると述べる点で，因果共犯論に基づく承継否定説の論理に従ったもの，とするものとして松原389頁。

に注意する必要がある（中野149頁，165頁以下）。この見解は，財物奪取行為を共同正犯（窃盗）と従犯（強盗）の両面から評価しようとするものであるが，後行者が実行行為（財物奪取行為）を分担しているにもかかわらずなお（強盗の）従犯とする点に問題を残しているといえよう[182]。

2　共犯からの離脱・中止
1　問題の所在
共犯関係にある者の一部が翻意して犯行を中止し共犯から離脱した場合，その後に残余の共犯者が生じさせた結果について，離脱者がどのような責任を負うべきかが問題となる。これが「共犯からの離脱」ないし「共犯関係の解消」（広義）と呼ばれる問題であり，これには2つの論点が含まれている。

第1は，共犯の因果性にかかわるものであって，翻意した共犯者はどのような場合に他の共犯者の行為や翻意後に生じた結果について責任を問われるのかという問題であり，自己が与えた因果性を解消していれば，その後，他の共犯者によって犯行が行われたとしても離脱者は共犯の責任を負わない，とする**因果性遮断説**が今日有力に主張されている[183]。第2は，中止犯規定適用の可否にかかわるものであって，共犯からの離脱のうち実行の着手後に離脱した場合において，翻意した共犯者に刑の減免という中止犯の効果を認めることができるかという問題である。厳密にいえば，前者は，実行の着手の前後を問わず，およそ「共犯関係からの離脱」が認められるかという問題であり，後者は，特に実行の着手後の離脱における「共犯と中止」の問題である。

2　共同正犯の場合
(1) 実行の着手前の離脱　これには，①離脱者が共謀により他の共犯者に心理的影響を及ぼしたにすぎない場合と，②心理的影響に加えて物理的影響をも及ぼした場合とがあり，その後の扱いに違いが生じてくる。前者の場合は，共謀からの離脱によって，心理的因果性が解消されたか否かが問題となり，後者の場合は，これに合わせて物理的因果性が遮断されたかも問題となる。

---

[182] 岡野・前掲注（174）186-7頁。
[183] これに対し，松宮316-7頁は，因果性の切断は犯行を阻止しないかぎり不可能であるとし，ここでは因果的思考ではなく規範的・評価的思考が決定的であるとする。

(a) **学説**　共謀共同正犯否認論からは，共謀だけに関与した者についてその後の行為につき責任を問われることはないが[184]，共謀共同正犯を認める立場においても，実行の着手前に共謀関係からの離脱意思を表明し，他の共謀者が離脱を了承したときは，自己の設定した因果関係（心理的因果性）を遮断したことになるからせいぜい予備罪が問題となるにすぎず，たとえ他の共同正犯者の行為によって結果が発生したとしても離脱者に共同正犯は成立しない。この場合の離脱の要件としては，他の共謀者による離脱の了承と離脱者による因果的影響の除去とが考えられるが，共謀関係からの離脱においては，通常，離脱意思の了承によって直ちにそれまでの共謀関係は解消し（心理的因果性の遮断），以後の行為に対する離脱者の影響は除去されたとみることができよう。この場合，離脱意思の表明とその認識・了承は，因果関係遮断のためのプロセスと解することができる[185]。

問題となるのは，共同犯行の意思をもって凶器を準備し共謀に及んだが，実行に着手する前に共謀から離脱したものの，他の共犯者がその凶器を用いて犯罪を実行した場合（物理的因果性の存する場合）の離脱者の罪責である。この場合，共謀からの離脱により共同正犯としての心理的因果性は解消されており，そのかぎり爾後の行為につき離脱者の共同正犯性は否定されるが，自己が準備した凶器を他の共犯者が使用することを容認している以上，従犯としての心理的因果性および物理的因果性は残されており，離脱後は従犯としての罪責を負うことになる（佐伯（仁）389-390頁）。ただし，共謀からの離脱により，幇助を含むおよそ共犯にとって必要不可欠な要素である心理的因果性（相互の意思連絡）が切断されたとみられる場合には，従犯の成立も否定されることになろう（➡(b)(i)②判決参照）。

(b) **判例**　着手前の離脱につき，判例は，離脱者の責任を否定するものと肯定するものとに分かれている[186]。

(i) **離脱者の責任を否定する判例**　その多くは，離脱者の離脱意思の表明が他の共謀者により了承され，その結果，心理的因果性が解消されて共謀関係が消滅したことをその根拠として挙げている。例えば，①東京高判昭25・9・14（高

---

[184] ただし，共謀共同正犯を否認する場合にも，着手前の離脱者が（共謀）共同正犯としての罪責を負うことはないものの，教唆犯（あるいは従犯）としての罪責を負うことになる場合は考えられよう（相内 信「共犯からの離脱，共犯と中止犯」刑法基本講座第4巻256頁）。
[185] 相内・前掲注（184）254頁。
[186] 相内・前掲注（184）248頁以下参照。

刑集3巻3号407頁）は，共謀共同正犯の場合，離脱者は他の共謀者に対して共謀関係から離脱する旨を表明し，他の共謀者がこれを了承すれば，共謀はなかったことに帰し，離脱後の行為は他の共犯者だけの共謀に基づき行われたものであって，離脱者はこれにつき責任を負わなくてもよい，としている。

なお，②福岡高判昭28・1・12（高刑集6巻1号1頁）は，強盗を共謀し匕首を用意して被害者宅付近に赴いたものの，自ら非を悟って現場から立ち去ったが，離脱を意識した他の共犯者がその後この匕首を用いて強盗を実行したという事案につき，「離脱の表意は必ずしも明示的に出るの要がなく，黙示的の表意によるも何等妨げとなるものではない」と判示して，離脱者の罪責を強盗予備にとどめた。たしかに，離脱の意思表明は，他の共犯者が認識・了承しうるものであれば黙示のものでもよく，また本件の場合，共謀からの離脱により共同正犯としての心理的因果性は払拭されているが，他の共犯者が離脱者の用意した凶器を使用して強盗に出ている以上，物理的因果性の断絶は認められず，また，それとの関連で幇助を限度とする心理的因果性も残存しているとみるべきであろう。結論的には，離脱者に強盗の従犯の成立を認めるべき事案であったと思われる（➡(a)）[187]。

(ii) 離脱後の責任を認める判例　その多くは，①実行阻止の手段を講じなかったこと（大判昭9・2・10刑集13巻127頁），②離脱の意思を表明することによって共謀関係解消の措置を講じなかったこと（福岡高判昭24・9・17高刑判特1号127頁），③結果の発生を阻止しなかったこと（東京高判昭30・12・21高刑裁特2巻24号1292頁）等をその理由として挙げている[188]。特に，④離脱しようとする者が共謀者団体の頭であって他の共謀者を統制支配しうる立場にある場合については，共謀関係からの離脱が認められるためには，積極的な犯行中止への説得活動などにより，自己と他者との共謀関係を完全に解消することが必要であるから（西田369頁），離脱者において共謀関係がなかった状態に復元させなければ，共謀関係の解消がなされたとはいえない（松江地判昭51・11・2刑裁月報8巻11=12号495頁），として共謀関係における地位・立場いかんにより心理的因果性の強度に差があることを認めている。

---

[187] 離脱後も残存している離脱者の事前の事実的寄与が，実行に匹敵する重要な役割分担として「機能的行為支配」を基礎づけると言えれば，離脱者の正犯性も肯定しうる，とするものとして松原393頁。

[188] 相内・前掲注（184）250頁。

さらに，⑤近時の最決平21・6・30（刑集63巻5号475頁）は，被告人Xが共犯者数名と住居に侵入して強盗を行うことを共謀した場合において，共犯者の一部が住居に侵入した後強盗に着手する前に，見張り役の共犯者Yが既に住居に侵入していた共犯者Zらに電話で「犯行をやめた方がよい。先に帰る」などと一方的に伝えただけで，Xが格別それ以後の犯行を防止する措置を講ずることなく，自動車内で待機していた現場からYらと共に離脱した場合は，当初の共謀関係が解消したとはいえない，と判示した[189]。本件において，被告人Xは主導的役割を果たしておらず，しかも離脱したのが住居侵入後ではあったが強盗の実行に着手する前であって，残余の共犯者もXらの離脱を認識しそれを知ったうえで犯行を継続したにもかかわらず，強盗致傷罪の共同正犯の罪責に問われている。それは，Xらの離脱後もXによる関与行為の心理的，物理的影響力が残存し，すでに犯行が継続されうる状況が形成されていたにもかかわらず，Xは自己の関与行為の因果性を解消せず，また，結果発生を防止する行為に出なかったために犯行が計画通り行われたことにより，離脱または共犯関係の解消が認められなかったからであろう（西田372-3頁参照）[190]。

(2) 実行の着手後の離脱・中止　この場合は上記(1)の場合と異なり，既に実行行為が開始されていることから結果発生の蓋然性は高く，一般的には因果関係の遮断は認められにくい[191]。しかし，離脱者の残余者への積極的な働きかけにより心理的・物理的因果性が切断され，離脱者が関与した離脱前の実行行為と離脱後に生じた結果との因果関係の遮断が認められれば既遂の責任は問われず，さらにそこに任意性が認められれば中止犯となる。そのかぎりで，着手後の離脱は，中止犯の問題と重なり合う面がある。

(a) 結果の発生が防止されたとき　この場合，まず，①共同者全員の中止行為によって結果の発生が防止されたときは，全員に中止犯が認められる。これに対し，②一部の者の中止行為によって結果の発生が防止されたときは，その結果

---

[189] 本決定を契機として，実行の着手前後で共犯関係解消の要件が形式的に区別されないことが明確になった，とする理解が有力になりつつあるが（例えば，橋爪　隆・百選Ⅰ191頁など），実行の着手後の離脱については中止犯の成否が問題となりうる点で，なお両者を区別することに実際上の意義が認められよう。

[190] もっとも，Zらに及ぼした共謀の効果が，Xらが現場から立ち去った前後で同一視しうるものであるかは疑問であり，ZらがXらの立去りを認識した後には，Zらに及ぼした心理的因果性は幇助のそれに減弱していたとみる余地もあろう（橋爪・百選Ⅰ191頁参照）。

[191] 相内・前掲注（184）255頁。

の不発生という事態は他の者にとっては障害未遂となる。なぜなら，中止犯の法的性格を特に責任減少に求めるかぎり（責任減少説），中止犯は一身的な刑罰減免事由と解されることになるので，その効果が他の共同正犯者に及ぶことはないからである（➡498頁以下）。

(b) **結果の発生が防止されなかったとき**　判例は，実行の着手後の離脱に関して，結果が発生した場合につきこれまで離脱者の責任を否定したものはない。①責任を認めた大判昭12・12・24（刑集16巻1728頁）は，「二人以上共同して犯罪の実行行為に出で，しかもその行為既に完了せるがごとき場合において，共犯者中の一人に中止犯の成立を認めんには，少なくともその者において共同犯行による結果の発生を防止する作為に出で，しかもその結果の発生を防止し得たることを要す」としている。特に，ⓐ実行の着手後に共犯関係から離脱したが，結果防止のための適切な手段を講じなかった場合は，中止犯の成立が否定され共同正犯となる。このようなケースとして，②最判昭24・12・17（刑集3巻12号2028頁）は，共同して強盗に着手した者のうちの1人（X）が任意に犯行を中止してその場を立ち去っても，他の共同者（Y）の金員強取を阻止せずこれを放任した以上は中止犯とはならない，と判示している。

しかし，ⓑ実行の着手後に共犯関係から離脱し，かつ，結果が発生した場合であっても，適切な防止手段を講じたことによって離脱者の実行行為と結果との間の因果関係が否定された場合には，他の共同正犯者によって結果が生じさせられても共同正犯は成立せず，中止犯が認められるにすぎない。上掲②の事案においても，①の事案とは異なり，被告人Xは残余者Yに中止を勧告し，Yによる実行継続の可能性を大幅に低下させて，Yに手中の金銭を少なくともいったんは手放すことまでさせており，その後Yがふたたび金銭を手に取ったのはY独自の判断によるものであって，Xの加功の影響は撤回されたものとみて中止の任意性と相まち中止犯の成立を認める余地のある事案であった（中山506-7頁，平野・Ⅱ386頁など）。

なお，着手後翻意した共犯者の一部が真剣な中止行為をしたときは，結果が発生したとしても共犯関係からの離脱を認めて，共同正犯の障害未遂に準ずる責任が問われるべきだとする見解もあるが（大塚347-8頁），離脱以前の関与行為と結果との間の因果関係が認められる場合であれば既遂としての責任を負うべきであるし[192]，反対に，因果関係が否定されることから離脱を認めて既遂犯としての責

任を問わないというのであれば，それは中止未遂ないしそれに準ずる場合と解すべきであろう（平野・Ⅱ385頁）。また，この場合，規範的な観点から共犯関係の解消を認めるべきだとする見解からすれば（➡注183），通常であれば因果性を解消するに足りる行為が行われた以上，実際には因果関係が否定されなかったとしても中止犯を認めることになろう。いずれにしても，障害未遂に準ずる場合とする結論には疑問が残る。

(3) **共同犯行終了後の離脱**（共同正犯の解消）　X・Yによる共同犯行が終了した後，Xとは独立してYが新たな犯罪の決意により別個の犯罪を遂行した場合，Xの事前の共謀関係はYの新たな犯行と心理的因果性を有しないから，Xが共同正犯としての罪責を負うことはない。共同犯行終了後の共同正犯の解消（狭義）は，共同正犯からの離脱（広義）の一種であるが，当初の共同正犯の過程で共同遂行の意思を放棄して離れる狭義の「共同正犯からの離脱」とは区別される。もっとも，判例は，共同正犯の解消については比較的厳格に対応し（➡判例①），これを認める場合にも，先行行為（当初の共同実行）と後行行為とが一連一体の行為と評価しうるか，という観点から問題の解決を図っている（➡判例②）。

①最決平1・6・26（刑集43巻6号567頁／「おれ帰る」事件）は，XがYと共謀のうえ，こもごもAに暴行を加えて（第1暴行），立ち去る際に「おれ帰る」と言っただけで現場をそのままにして立ち去った後，YがさらにAに暴行を加え（第2暴行），Aが死亡したという事案について[193]，Xは，YがAに対し制裁と称してなお暴行を加えるおそれがあるのに，これを制止する措置を講ずることなく成り行きに任せて現場を立ち去ったのにすぎない，としてYとの間の当初の共犯関係の解消を認めず，A死亡の結果が仮にYによる第2暴行によって生じさせられたものであったとしても（いずれの暴行により死亡したかは証拠上不明），Xは傷害致死の責を負う，とした[194]。本件では，ⓐ当初のX・Yの共謀により生じた結果発生の危険がXの離脱後も残存しており，Xとは独立してYが新たな犯罪の決意

---

[192] 西田典之「共犯の中止について」法学協会雑誌100巻2号（1983年）267頁（同・前掲注（94）240頁以下所収）。

[193] 本件弁護人は，本件が共犯からの離脱ではなく，共犯関係が解消した後の問題である点を重視し，Yの暴行により生じた可能性のあるA死亡の責任をXに問うことはできない，と主張して上告している。

[194] 本判例は，被告人の行為によって生じた結果発生の危険を消滅させるための措置を取っていれば，生じた結果について責任を負わない，ということを裏側から示したもの，とするものとして佐伯（仁）390頁。本件に対する判例研究として，照沼亮介・刑法の判例268頁以下など。

により別個の犯罪を遂行した事案ではなかったことを踏まえて，ⓑYにおいて制裁を加えるおそれが消滅していなかったのに，これを防止する措置を採らなかったことが解消を否定する根拠とされた（島岡まな・百選Ⅰ193頁参照）。

これに対し，②量的過剰防衛が問題となったケースにおいて正当防衛の成立を認めた，最判平6・12・6（刑集48巻8号509頁）は，被告人XとY・Zら複数人が不正な侵害者Aに対し共同して防衛行為としての暴行に及んだが，Aの侵害が終了した後に，なおもY・ZがXとの共謀によらずにAに対し暴行を続けたのに，Xがこれを制止しなかったという事案に関し，「侵害現在時における暴行が正当防衛と認められる場合には，侵害終了後の暴行については，侵害現在時における防衛行為としての暴行の共同意思から離脱したかどうかではなく，新たに共謀が成立したかどうかを検討すべきであって，共謀の成立が認められたときに初めて，侵害現在時及び侵害終了後の一連の行為を全体として考察し，防衛行為としての相当性を検討すべきである」としたうえ，本件では，新たな共謀の成立は認められないのであるから，被告人に関して反撃行為と追撃行為を一連一体のものとして総合評価する余地はない，としてXを無罪とした。

本件について，ⓐ従来の共犯解消（共犯からの離脱）の論理からすると，当初のXの行為から生じた因果的効果が追撃行為の時点で消滅したとみることはできず，また，XはYらの違法な追撃行為に対する結果防止措置を講じていないことからXの罪責を否定することは困難である（第一審・控訴審はXにも過剰防衛の成立を認めている）。しかし，ⓑ本件は，一連の事態の過程で正当防衛（適法行為）が過剰防衛（違法行為）へと質的に転換した事例であり，Xの関与した反撃行為時の共謀（適法）は追撃行為時にまで及んでおらず，追撃行為時の共謀（違法）はYとZによる新たなものであって，Xの罪責が否定されることになったのであり，本判決は，従来の離脱論とは異なる新たな論理を展開したものといえよう（共謀の射程論／十河太朗・百選Ⅰ195頁参照）。

③ 教唆犯・従犯の場合

基本的に共同正犯の場合と事情は同じである。

(1) 共犯関係からの離脱　正犯者が実行に着手する以前に離脱の意思を表明し，正犯との因果関係を断ち切ったときは，その後の正犯の実行行為および結果について責任を問われない。特に，(a)教唆関係からの離脱の場合，教唆が正犯に

特定の犯罪を実行する決意を生じさせること，その意味で他の共犯形態にもまして心理的因果性にその核心があることからすると，教唆者が離脱の意思を表明し，教唆によって生じた正犯者の犯意を消滅させたときは，教唆行為と正犯行為・結果との因果関係も消滅し，その後正犯者が新たな意思で犯罪を実行しても，教唆者は正犯の行為・結果について教唆犯としての責任を負わない。

一方，(b)従犯については，まず，①精神的・無形的幇助に関しては，離脱の意思表示が正犯に認識されることにより，犯意の強化・促進作用は消滅される。問題となるのは，②物質的・有形的幇助の場合であるが，例えば犯行に使用する道具を供与した場合には，通常，それを取り戻すことがなければ物理的因果性はもとより心理的因果性もなお残存しているとみるべきであろう。ただし，正犯者が後にその凶器を使用して犯行に及んだ場合であっても，幇助者の離脱の意思により正犯者がいったん犯罪意思を放棄したのであれば，その時点で正犯と従犯との意思疎通，したがって心理的因果性は切断されて共犯からの離脱が認められる。

(2) 教唆・幇助の中止　中止犯の成否は，正犯が犯罪の実行に着手して初めて問題となるから，実行の着手自体を阻止したときは，共犯従属性（実行従属性）の原理により不可罰となる。これに対し，教唆者・幇助者が，実行に着手した正犯者のその後の実行を阻止し（着手中止），または結果の発生を防止したとき（実行中止）は中止犯となる。ただし，中止未遂規定（43条ただし書）は，自ら犯罪を実行した場合（正犯）を前提としているから，本問の場合（共犯）は，中止未遂規定の準用ということになろう。また，結局は結果が発生した場合であっても，正犯が実行に着手した後に，教唆者・幇助者が離脱の意思を表明し，その結果正犯者が犯行を思いとどまったときは，たとえその後において新たな意思に基づいて犯罪を完成させたとしても，離脱後に完成した犯罪については因果性が切断されているから，中止未遂規定の準用が可能となる[195]。

3　共犯の錯誤
1　意　義

「共犯の錯誤」とは，①狭義では，共犯者の認識した犯罪事実と現に正犯者が実現した犯罪事実とが食い違う場合をいう。特に，窃盗を教唆したところ正犯者

---

[195] 反対に，正犯者自身が自己の意思で中止したとき，正犯には中止犯の成立が認められるが，中止未遂の一身専属的性格に照らして共犯は障害未遂の教唆犯・従犯となる。

が強盗を行った場合のように，正犯者の実行した犯罪が共犯者の認識内容を超える場合を**共犯の過剰**という。②広義では，その他に共犯形式相互間の錯誤（➡ 4 ），および正犯と共犯の間の錯誤（➡ 5 ）を含む。

2 具体的事実の錯誤

単独犯の場合と同様，方法の錯誤に関して具体的符合説と法定的符合説の対立がみられる。

(1) 正犯が方法の錯誤の場合　例えば，〔事例Ⅰ〕ＸがＹにＡを殺害するよう教唆したところ，ＹがＡを狙って発射した弾丸が意外のＢに命中してしまった場合のように，正犯者（Ｙ）にとって方法の錯誤の場合，共犯者（Ｘ）にとっても方法の錯誤であるから，①具体的符合説によれば，Ｘの故意はＹと同様に阻却されることになる。この場合，ＹにはＢに対する関係で過失致死罪が成立するが，問題はＸの罪責である。過失犯に対する（過失による）教唆を否定し（➡529頁），かつ，過失犯についても限縮的正犯概念が妥当すると解する見地からは，Ｘには，Ｂとの関係では犯罪が成立せず，Ａとの関係で殺人未遂罪の教唆犯が成立するにとどまることになる[196]。これに対し，②法定的符合説によれば，同一構成要件内の錯誤である以上，ＸにはＢとの関係でも故意が認められることになる。しかし，特に教唆犯の場合，故意一般が問題となるだけではなく，これに教唆の故意であることによる限定が加わるから，錯誤を考慮（故意を否定）すべき範囲は広がり，事例Ⅰのような人身犯罪の場合はもちろん，客体が財物の場合であっても，発生した結果との関係では原則として共犯に故意の阻却を認めるべきであろう（中山503頁参照）。

(2) 正犯が客体の錯誤の場合　問題となるのは，〔事例Ⅱ〕例えば事例Ⅰにおいて，教唆されたＹがＢをＡと誤認して殺害してしまった場合のように，正犯者にとって客体の錯誤の場合の共犯者の扱いである[197]。この場合，Ｙの立場からみると，その錯誤は客体の錯誤であるから，具体的符合説によってもＹには殺人の既遂が成立する。問題は，教唆者であるＸの罪責である。

---

[196] なお，〔事例Ⅰ′〕正犯Ｙが改めてＡを狙ってこれを殺害した場合，Ａに対する関係でＹには殺人既遂の包括一罪が成立し，Ｘはその教唆犯となる。

[197] ドイツの判例（1859年のプロイセン最高法院判決）に現れた有名な事件にローゼ・ロザール事件がある。それは，ロザールがローゼにＡの殺害を教唆したところ，ローゼがＡだと思って殺害した相手は，実はＡによく似たＢであった，というものである。

①法定的符合説は，具体的事実の錯誤の場合，客体の錯誤と方法の錯誤とによって扱いを異にしないから，Xからみて錯誤がそのいずれであろうと，Bに対する殺人既遂の教唆犯が成立する。これに対し，②具体的符合説によった場合，Xの錯誤が客体の錯誤か方法の錯誤かが問題となる。この場合，ⓐ正犯者Yにとって客体の錯誤である以上，教唆者Xにとってもそれは客体の錯誤であるとする立場からすれば，Xには殺人教唆の既遂が成立することになる（例えば，平野・Ⅱ387頁，山口343頁）。しかし，ⓑ自らは直接攻撃を加えていないXの殺人教唆の故意はAに対してしか向けられていないから，XにはA殺害についての反対動機しか設定されておらず，Xにとっては方法の錯誤とみるべきであろう（西田230頁，松原416頁など）。Xの罪責は，Aとの関係では教唆の未遂として不可罰であり（共犯従属性説），また，過失犯についても統一的正犯概念を否定する立場からは，Bとの関係での過失致死罪の成立も否定されることになる。

(3) 事例Ⅱ(2)の修正事例 それでは，〔事例Ⅱ′〕事例Ⅱにおいて，Bを殺害した後，間違いに気づいたYがAを捜し出してこれを殺害した場合，正犯者YにはBおよびAに対する殺人の併合罪が成立するが，Xの罪責はどうなるであろうか。まず，ⓐ事例ⅡをXにとり方法の錯誤と解した上で具体的符合説によった場合は，Yの第1の行為に対する関係では，上にみたように殺人教唆の未遂（不可罰）であるが，これはもっぱらYの事情によるものであることから，第2の行為に対する関係でXに殺人既遂の教唆が成立することになろう[198]。これに対し，ⓑ法定的符合説によった場合，あるいは具体的符合説によりつつ事例Ⅱを客体の錯誤の事例と解した場合，事例Ⅱ′はどのように扱われるであろうか。

第1に，①数故意犯説では，2個の殺人教唆が成立することになる。しかし，教唆の故意は，特定の犯罪を実行する決意を生じさせるものであって，Aの殺人だけを教唆したXに2個の殺人教唆を認めてよいかは疑問である。第2に，②一故意犯説に従った場合は，YがBを殺害した第1の行為について殺人教唆の成立が認められる以上，YのA殺害という第2の行為は過剰なことであって，Xは故意責任に問われないことになる（過失があれば過失致死罪）。しかし，Xはあくまでもの殺害を教唆しているのであって，はたしてYによるAの殺害の点について

---

[198] これに対し，Xの教唆の故意は，Yの第1行為（B殺害）で費消されており，第2行為（Aの殺害）は，Xの教唆に基づくものではなくYの別の故意に基づくものである，とするものとして中義勝『刑法上の諸問題』（1991年）287頁以下。

殺人教唆の責任を問わなくてもよいのかという疑問が残る。本事例の解決は，やはり上記ⓐの方式によるべきであろう。

3 抽象的事実の錯誤

法定的符合説からは，構成要件の重なり合いが問題となる。

(1) 構成要件が重なり合う場合 これには，ⓐ共犯者の認識した事実より重い事実が実現された場合（共犯の過剰）と，ⓑ軽い事実が実現された場合とがある。

(a) 共犯の過剰の場合 共犯者は，認識した軽い犯罪の限度で故意の成立が認められる。例えば，窃盗の意思で見張りをしていたところ，正犯が強盗をしたときは，共犯者は窃盗の限度で責任を問われる（最判昭23・5・1刑集2巻5号435頁）。問題となるのは，特に正犯者の実現した重い犯罪が共犯者の意図した犯罪の結果的加重犯の場合の取扱いである。判例は，共犯行為と正犯者の実現した重い結果との間に条件関係があれば共犯が成立するとしているが，責任主義の観点から疑問である。学説には，①過失があることを条件として共犯者に結果的加重犯の罪責を認める立場（第1説）と，②その場合でも基本犯の限度でしか責任を認めない立場（第2説）がある。意思の連絡（心理的因果性）をその中核とする共犯の本質に照らせば，発生した重い結果については意思の連絡がない以上責任を問うべきではないであろう。第2説が妥当である（行為共同説の立場から，浅田459頁）。

判例は，共同正犯における錯誤に関し，①最判昭22・11・5（刑集1巻1頁）は，強盗の共同正犯の1人が傷害した事案につき，他の行為者も強盗傷人に当たるとしているが，強盗の共同正犯にとどめるべきである。また，②最判昭24・7・12（刑集3巻8号1237頁）は，数人で強姦のうえ傷害した事案につき，傷害が誰の暴行によるものか不明であっても全員が強姦致傷罪になるとしているが，強姦罪には同時傷害の特例に関する207条のような規定がない以上，因果関係の立証ができないのであれば，全員が強姦罪の限度で共同正犯になると解すべきである。なお，③最決昭54・4・13（刑集33巻3号179頁）は，暴行・傷害を共謀したもののうち，1人が殺意をもって被害者を殺害した場合において，殺意のなかった者につき，「殺人罪の共同正犯と傷害致死罪の共同正犯の構成要件が重なり合う限度で軽い傷害致死罪の共同正犯が成立する」とした（➡551頁）[199]。

教唆・幇助の錯誤に関して，判例は，④故意の成立には，認識事実と発生事実とが犯罪の定型として規定された範囲で符合していれば足りるとしたうえで，A宅に対する住居侵入窃盗の教唆に基づき，正犯者がB宅に対して住居侵入強盗を行ったときは，教唆者は住居侵入窃盗の犯意で教唆犯としての責めを負う，としているが（最判昭25・7・11刑集4巻7号1261頁），教唆の内容がA宅に限定されていたとすれば疑問が残る。また，⑤最判昭25・10・10（刑集4巻10号1965頁）は，正犯者が被害者に傷害を加えるかもしれないと認識しつつ匕首を貸与したところ，正犯が被害者を殺害した場合，傷害致死幇助として処断されるべきである，としているが，この場合も構成要件の重なる傷害の限度で従犯としての罪責を問うべきであろう。

　(b) **共犯者の認識内容よりも軽い犯罪が実現された場合**　実現した軽い犯罪の限度で責任を問われる。正犯者が重い犯罪の実行に着手していない以上，共犯者に重い犯罪の未遂の共犯を認めるべきではない（共犯の従属性）。例えば，強盗を教唆したところ正犯が窃盗を行った場合は，窃盗の教唆犯が成立し，強盗教唆の未遂は成立しない。

　(2) **構成要件が重なり合わない場合**　原則として故意は阻却されるが，通説・判例は，罪質が同一の範囲内で故意を認めている。最判昭23・10・23（刑集2巻11号1386頁）は，XがYとの間でZに対し虚偽公文書作成罪（156条）を教唆することを共謀したが，XはYにはかることなくWに公文書偽造罪（155条）を教唆したという事案につき，両罪は犯罪構成要件を異にしているが，両罪の罪質・法定刑は同じであり，かつ，共謀者の動機・目的も同じであるから，他の共謀者（Y）も公文書偽造教唆につき故意を阻却しない，とした。この結論は，構成要件の重なり合いを実質的に捉える見地からは是認されるが，形式的構成要件的符合説の立場からは，作成権限を有する公務員を主体とする虚偽公文書作成罪（身分犯）と非身分犯である公文書偽造罪との間に構成要件的符合を認めることはできないであろう（浅田459頁／➡382頁）。

199　本件では，原判決が殺意のなかった者にも殺人罪の共同正犯の成立を認めつつ，刑を傷害致死罪の限度としているのに対し，本決定は，成立する犯罪も傷害致死罪の共同正犯であるとして成立する犯罪を科刑と一致させている。

4 共犯形式相互間の錯誤

軽い共犯形式の限度で責任を負う。例えば，共犯者は幇助の意思しかなかったが，教唆犯の結果が生じた場合，あるいはその逆の場合，いずれも従犯としての責任を問われる。教唆犯と従犯は，ともに構成要件該当行為（実行行為）以外の行為によって正犯を介して間接的に法益を侵害する行為であり，そこに犯罪としての共通性が認められるからである。

5 正犯（間接正犯）と共犯（教唆犯）の間の錯誤

(1) 問題の所在 教唆犯には，「正犯の刑」が科されるから，法定刑は間接正犯と同じであるが，教唆犯における被教唆者（正犯）が規範的障害となるのに対し，間接正犯における被利用者（道具）には規範的障害が認められないから，間接正犯の方が教唆犯より危険性は高く犯情は重いといえる[200]。また，例えば殺人罪の場合，間接正犯の構成要件は199条に規定され，教唆犯では61条によって修正された199条の構成要件が問題となることから，両者間の錯誤は抽象的事実の錯誤となり，38条2項の適用を受けることになる（西田332-3頁参照）。したがって，正犯（間接正犯）と共犯（教唆犯）の間の錯誤においては，基本的に両者が重なり合う範囲で軽い共犯（教唆犯）としての責任を問われることになる。

(2) 形態 間接正犯と教唆犯の間の錯誤には，行為者の認識内容いかんにより2つの類型が考えられる。

(a) 教唆犯の意思で間接正犯の結果が生じた場合 例えば，〔事例Ⅰ〕医師Xは，注射器に毒薬が入っていることを看護師Yが知っていると考えて患者Aへの注射を指示したが，Yがその事情を知らずに注射をした場合である。この場合，Yには過失があることを条件として業務上過失致死罪（211条前段）が成立するが，問題はXの罪責である。Xは，客観的には殺人の間接正犯であるが，XにYが事情を知らなかったという認識がない以上，殺人の教唆犯としての罪責を負うにとどまる。この場合，結論として過失犯に対する故意（殺人）の教唆犯の成立を認めることになるが，それは錯誤論を適用した結果であって（Yが無過失であっても同じである），本来的に過失犯に対する故意の共犯（教唆犯）の成立を認めるものではない（➡561-2頁）。

---

[200] 教唆（幇助も同じ）には，処罰の制限が設けられていることも（64条），教唆犯の方が間接正犯より犯罪性が軽い1つの根拠となろう。

(b) **間接正犯の意思で教唆犯の結果が生じた場合**　利用者が事情を知らない被利用者を犯罪に誘致したところ，途中で被利用者が事情を知るに至りながら犯行を継続した場合に，利用者の罪責が問題となる。例えば，〔**事例Ⅱ**〕事例Ⅰにおいて，Xは，毒薬が入っていることを知らないYにAへの注射を指示したが，Yが途中でその事情を知ったにもかかわらずそのままAに注射をした場合の取扱いについては，見解が分かれている。

(i) **第1説**　利用者が被利用者を犯罪へ誘致する行為を実行行為と捉えたうえ，途中で被利用者が情を知るに至ったという事実は因果関係の軽微な錯誤にとどまると解して，間接正犯の既遂を認める（教唆犯の結果は吸収される）。しかし，およそ間接正犯というものは，被利用者が最後まで情を知らないで行為した場合に初めて，それが規範的障害とならない道具を利用した正犯行為の結果として背後者に帰責されるのであって，そのような実体が存在しない本問の場合には少なくとも間接正犯の既遂を認めることはできない。

(ii) **第2説**　そこで，第1説と同様，利用行為自体を実行行為と捉えるが，行為（間接正犯）と結果（教唆犯）との間に相当因果関係がないとして，間接正犯の未遂を認め，殺人既遂教唆との観念的競合とする見解が現れる。しかし，間接正犯の未遂処罰時期（既遂結果発生の現実的危険）は被利用者（Y）による行為の開始時に求められるが（➡535頁），本件の場合，間接正犯の未遂成立前にYは情を知るに至った（被教唆者に転化した）のであるから，間接正犯の未遂もこれを認めることはできない。

(iii) **第3説**　被利用者の行為を実行行為と捉え，客観的に生じた教唆犯の限度で利用者の刑責を認める。この見解が妥当である。ただし，その理論構成は，利用者の誘致行為も間接正犯の実行行為ではあるが，間接正犯の未遂としての可罰的危険が生ずる前に教唆犯としての結果が生じているので，間接正犯は成立せず，38条2項により軽い教唆犯として処罰される，と解すべきであろう（間接正犯の故意に教唆犯の故意が含まれている，とするものとして前田377頁）。

4　予備罪と共犯

(1) **見　解**　予備罪に対する共犯というものが考えられるか，また，それは可罰的か，という点については見解が分かれている。

(a) 可罰説（積極説）　予備の共犯を認める見解にも，その理由づけに関しいくつかの考え方がある。まず，①犯罪の「実行」を実質的に理解し，予備罪も修正されてはいるが1個の構成要件を規定しており，したがってそこに実行行為を観念することができるから（実行行為概念の相対性），予備罪も正犯となりうるのであって，これに対する共犯を認めることができる，と説く（第1説／高橋423・462頁，西田391-3頁など）[201]。また，②予備行為は実行行為ではないとしつつも，予備行為と正犯行為とは両立しうる概念であるという前提に立って，正犯行為である予備行為に対する共犯を認めることができる，とする（第2説）。

さらに，③予備罪に対する共犯は予備罪そのものであって，あえて「予備の共犯（教唆・幇助）」という概念を認める必要はない，と主張する見解もある（第3説）。これは，他人のためにその犯罪実行を容易にする目的で行う準備行為を意味する，いわゆる**他人予備**を予備罪に含めて考える立場である。判例として予備罪の共同正犯を認めた最決昭37・11・8（刑集16巻11号1522頁）は，XがYに依頼されて殺害用に青酸ソーダを入手しYに交付したが，Yはこれを使用せず他の手段により殺害の目的を遂げたという事案につき，殺人予備の共同正犯が成立するとして結果的に他人予備を認めた[202]。また，④例えば殺人予備罪（201条）における「目的」を65条1項の「身分」と解し，自ら殺人を犯す目的のない者も，目的のある者の行為に加功したときは65条1項により殺人予備の共犯（共同正犯）となる（西田392頁参照），とする立場もある（第4説）。

(b) 不可罰説（消極説）　不可罰説は，まず，①犯罪の「実行」を形式的に理解し，未遂規定である「犯罪の実行に着手して」（43条）にいう「実行」（予備から区別される）と，共犯規定である「犯罪を実行した」（60条），「犯罪を実行させた」（61条1項）にいう「実行」を同義に解し，「正犯を幇助」（62条1項）にいう「正犯」も実行行為者（予備行為者から区別される）と理解して，予備行為は実行行為ではないから予備罪は正犯とはなりえず，したがって予備罪の共犯は存在しないとする前提から出発する。そして，②個々の共犯形態ごとに予備の共犯の不可罰性を説き，ⓐ予備の共同正犯については，予備行為の範囲はきわめて広範で

---

[201] 明文規定のある内乱予備幇助の場合以外は，予備の幇助を認めるべきではないが，予備罪にも実行行為は認められるから予備の共同正犯は肯定しうる，とするものとして齊藤誠二『予備罪の研究』（1971年）445頁・460頁以下・591頁以下。

[202] 本件の原判決（名古屋高判昭36・11・27 高刑集14巻9号635頁）は，予備罪の従犯の成立を否定しつつ，予備罪の共同正犯の成立を認めている（**限定積極説**）。

あって，基本的構成要件の内容としての実行行為のような定型性を有しないから，これについて共同正犯を認めるときは，その観念は相当あいまいなものとなるおそれがあるとし，ⓑ予備の教唆犯については，共犯従属性説の立場において，被教唆者の行為が実行の着手に至らない段階にまで，教唆行為に一般的な可罰性を認めることは適当でないとし，ⓒ予備の従犯については，刑法が特に重大な犯罪についてのみ予備罪を処罰していること，従犯を正犯と比べて軽い犯罪とみていることにかんがみれば，予備の従犯は認めるべきではない，とする（大塚（仁）308・315・324頁）。

なお，③二分説（西原・上317-8頁，福田258-9頁など）は，ⓐ私戦予備罪（93条）や通貨偽造等準備罪（153条）のような独立予備罪の場合は，実行行為を観念できるから予備の共犯（教唆・幇助）は可罰的であるが，ⓑ殺人予備罪（201条）のような一般の非独立罪としての予備罪には実行行為が観念できず，共犯従属性の見地からその共犯は不可罰であるとするが，本来の予備罪について共犯の成立を否定する点で，実質的にはこれも不可罰説の1つである[203]。

(2) **検　討**　予備罪には予備行為があり，事実上それに対する関与・加功（共犯）も考えられるが，問題は，予備に対する共犯（加功・関与）が現行法上可罰的とされているか，ということである（浅田470頁）。可罰説（積極説）のうち，①第1説は，予備行為も一種の実行行為であるとするが，通説である共犯従属性説の見地からすれば，61条の「実行」（62条の「正犯」）は未遂段階以降の行為を意味するから，予備行為を実行行為に含めて考えることはできない。予備行為を実行行為以前の段階の行為と解し，しかも予備行為がきわめて例外的な場合にのみ犯罪とされていることから，予備行為と実行行為を峻別して扱うことこそが厳格解釈の要請に適うものである以上，この見解には基本的な疑問がある。

また，②第2説については，［実行（行為）─予備（行為）］と，［正犯（行為）─共犯（行為）］とは別個の犯罪系列に属する対概念であり（前者は未遂論，後者は共犯論），したがって論理的には予備（正犯）の共犯を認めることができるとしても（松原429頁参照），上記のように共犯は明文上実行行為に対する関係においてのみ認められており，また，予備行為というものは本来的に無定型・無限定であ

---

[203] 典型的な事前予備犯ではその共犯は認められないとしつつ，実行に着手したものの切迫危険を発生させるに至らなかった実行予備犯については予備の共犯が認められる，とするものとして鈴木252-3頁。

り，共犯，特に従犯もまた同様であって，予備の共犯はますます無定型・無限定なものになり，明文の規定がないかぎり，これを罰することは妥当でない（→注(202) 名古屋高判昭36・11・27参照）。

さらに，③第3説は，他人予備を認めるが，予備は正犯としての実行を予定する者にとってのみ予備なのであって（自己予備），他人予備は単に予備の幇助にすぎない。他人予備（実質は予備の幇助）は，自己予備に比べて行為としての危険性が低く，また，他人予備を認めると，正犯が予備の段階にとどまれば（他人）予備の正犯として扱われ，正犯が実行に着手すると正犯の共犯（従犯）として扱われることになり，体系上の混乱が生ずる[204]。また，④第4説には，予備罪における「目的」をも身分と解することに対する疑問と共に，65条1項にいう「犯人の身分によって構成すべき犯罪行為」に殺人予備等の予備罪を含みうるか，という問題もある。

可罰説の論者は，前掲最決昭37・11・8（→642頁）の事案につき，Xに殺人予備の幇助を認めないと，XはYが実行に着手するまで不可罰になるがそれは不当だとする（西田391頁）。しかし，この場合，XについてはYがその青酸ソーダを使用した殺人の実行に着手して初めて殺人の幇助が成立するのであって，本件では，Xの調達した青酸ソーダは使用されなかったのであるから，幇助の因果関係が欠け幇助の未遂として不可罰ということになる（川口浩一・百選I 165頁）。予備の教唆・幇助を処罰することは，本来，共犯従属性説（実行従属性）により不可罰であるべき教唆・幇助の未遂行為を処罰することにつながる。予備の幇助が内乱罪（79条）について例外的に規定されていることを考慮すれば，その他の予備の共犯は一般に処罰されないものと解される。予備の共犯の実体は，共同正犯を含む共犯の実行従属性の問題であり，正犯が実行に着手していないのであるから不可罰説が妥当である。いわゆる「他人予備行為」も正犯（自己予備）が実行に着手して初めて従犯として処罰すれば足り，予備罪の共同正犯を認める必要もない[205]。

---

204 西田392頁は，一定の犯罪関与行為が犯罪の実現にとって有する役割の比重が予備段階と実行段階で異なりうるから，正犯の実行の着手を境に，予備の共同正犯から正犯の幇助に変化することは不合理でないというが，疑問である。

205 強いて予備罪の共同正犯を認めようとすれば，自己予備相互のそれが考えられるが，それぞれが予備罪を構成するのであるから同時犯として処理すれば足り，あえて60条を適用するまでもないであろう。

第4章 罪 数 論

第1節 罪数の概念

1 意 義

1人が同時にまたは引き続いて数個の罪を犯す場合や，日時・場所を異にして数個の罪を犯す場合に，1個の罪が犯されたものとして刑法各本条に規定された法定刑のみを適用すべきであるか，それとも数個の罪が犯されたものとして刑を加重すべきか，刑を加重するとすればどのようにするかが問題となる。このように，犯罪の単複，すなわち犯罪の個数を論ずるのが「罪数論」であるが，罪数（広義）には，論理的な発展段階を異にする2通りの意義がある。

(a) **理論上（評価上）の罪数**　1個の犯罪が成立するのか，数個の犯罪が成立するのか，という文字通り犯罪の個数にかかわる**犯罪成立**上の問題がこれであって，刑法学上「犯罪論」の領域に属する。

(b) **科刑上（処分上）の罪数**　成立した数個の犯罪についてこれを科刑上どのように扱うか，という**犯罪競合**の問題であって，刑法学上，本来は「刑罰論」の領域に属する。ただ，科刑上の罪数は理論上の罪数を前提として初めて考慮しうるものであり，また，理論上の罪数を論ずる意義も，結局はその犯罪に対する刑の適用上の問題を解決するためのものであるから，両者を統一的に論ずることになお実際上の意義があり，ここに両者を一括して扱うことにする。

2 種 類

理論上の罪数と科刑上の罪数との組合せにより，罪数はこれを次のように分類することができる。

(a) **理論上も科刑上も1罪の場合**　**本位的一罪**という。これには，①1行為1結果で，1個の罰条が問題となるにすぎない「単純一罪」（➡第2節2），②1個の行為が数個の罪名に触れる外観を呈するが，実はそのうちの1つの罰条の適

用が他の適用を排除する「法条競合」(➡同3)，③現に数個の単純一罪が存在するにもかかわらず，その実質的な一体性の故に1個の罰条だけを適用して処断すれば足りる「包括一罪」(➡同4) がある[1]。

(b) **理論上数罪・科刑上1罪の場合**　これには，①1個の行為が2個以上の罪名に触れる「観念的競合」(54条1項前段／➡第3節2) と，②犯罪の手段もしくは結果である行為が他の罪名に触れる「牽連犯」(同後段／➡同3) とがある。いずれの場合も，それぞれの罪名に対応する法定刑のうち，上限も下限ももっとも重いものによって処断される。

(c) **理論上も科刑上も数罪の場合**　これには，①同時審判の可能性があって，確定裁判を経ていない2個以上の罪である「併合罪」(45条前段／➡第4節1～4) と，②同時審判の可能性のない数個の犯罪である「単純数罪」(➡同5) がある。

3　罪数決定の標準

(1) **学説**　1罪か数罪かをいかなる標準によって決定するかは，犯罪の本質観に左右され，見解の対立がみられる。

(a) **意思説**　犯罪は行為者の犯罪意思の実現であるという見地から，このような犯罪意思が1つであるか否かが犯罪の個数を決定する，と考える。しかし，1個の意思で結果が数個の場合もあり，心理的な犯罪意思だけを標準として罪数を一義的に決定することはできない。

(b) **行為説**　犯罪は，人の行為であるから，犯罪の単複は行為が1個であるか否かによって決せられる，とする。しかし，犯罪類型には数個の意思活動や身体の動静を必要とするものが多く，この見解は，犯罪類型自体が数個の行為を予定している多行為犯（例えば詐欺罪）や，それぞれ独立して罪となるべき数個の行為を結合して1個の犯罪を構成している結合犯（例えば強盗罪）の場合（➡648頁）の説明に窮することになる。

(c) **結果（法益）説**　犯罪の可罰性はその法益侵害にあるとの見地から，侵害された法益の個数が犯罪の単複を決定する，と説く。犯罪の実質は法益侵害にあり，刑罰法規は法益を保護するためにその侵害・危険行為を処罰するのであるか

---

[1] 法条競合と包括一罪を合わせたものを「評価上一罪」と呼び，単純一罪と科刑上一罪の中間に位置づけるものとして，前田391頁。

ら，被害法益の個数は罪数判断においてもっとも重要な基準となりうるが，行為の状況いかんによっては被害法益が1個であっても数罪（併合罪）とせざるをえないこともあるから，法益侵害の個数だけですべてを解決することはできない（内藤・下Ⅱ1458-9頁）。

(d) **構成要件説**　犯罪はなによりも構成要件を充足する行為であるから，構成要件充足の数が犯罪の個数を決定する，と考える。この見解が，構成要件という共通の場を提供することによって罪数決定の際における思考上の合理的・経済的な基準をもたらした点は評価されなければならないが，その基準により構成要件を数回充足する包括一罪（➡650頁）の1罪性を合理的に説明することはなお困難である。

(e) **総合説**　罪数の問題は，一定の与えられた犯罪事実について，犯人に対しその犯罪の法定刑の範囲内で一回刑を科せば足りるのか，それとも二重三重に刑を科する必要があるか，という問題にほかならないから，罪数決定の原理も究極的にはこの点に求められなければならない。その意味で，罪数論は，形式的な構成要件論を基礎としつつも，最終的には実質的犯罪観の上に築かれることが必要である。そして，その際，結果（法益）を中心として，意思・行為等が総合的に考慮されることになるのである。

同様の考え方として，犯罪の個数を決定する基準は，「犯罪の成立要件を総合的に考慮して決定するのが自然である（犯罪標準説）」としつつ，「刑罰がどのようになるかということから逆に罪数（実体法上の一罪・数罪）を決定したり，訴訟上の効果から逆に罪数を決定するべきではない」とする見解がある（浅田472頁）。理論的にはたしかにその通りであるが，罪数（殊に犯罪の競合）を論ずる実際上の意義が最終的には刑の適用に関わることからすれば，刑罰の効果等に対する考慮も判断の際の1つの指標とはなりうるだろう（➡ **1**(b)）。

(2) 法益の種類と罪数　理論上の罪数の捉え方は，法益の種類によって異なる。

(a) **一身専属的法益の場合**　生命・身体・自由・名誉・人の秘密のような一身専属的法益を侵害する場合，その侵害はそれ自体固有かつ独自の評価を受けるべきであって，他の法益の侵害と包括して評価することの許されない性質のものであるから，侵害された法益の個数，すなわち被害者の数に応じた犯罪が成立する。

(b) **非一身専属的法益の場合** 財産罪のように非一身専属的法益を侵害する場合は，ある程度包括的に評価することが許される。例えば，同時に数人の所有者の財物数個を窃取した場合であっても，それが1個の管理状態に置かれているかぎりは単純に1罪である。これに反し，財産が複数の管理の下に置かれているときは，非一身専属的法益といえども所有者（被害者）の数に応じて犯罪が成立する。

(c) **国家・社会的法益の場合** 具体的な保護法益に対する侵害が1個であるかどうかによって罪数が決定される。すなわち，国家的法益の場合は，国家の存立・作用という保護法益の見地から，社会的法益の場合は，公共の安全・信用，公衆の衛生，社会風俗という保護法益の見地から，それぞれ侵害が1個であるかどうかにより決定される。

第2節　本位的一罪

1　意　義

本位的一罪とは，刑法の規定する併合罪と科刑上一罪を除いた本来的な意味での1罪をいう。理論上の1罪であり，したがって科刑上も当然に1罪として扱われる。

2　単純一罪

1行為1結果で，1個の罰条が問題となるにすぎない本位的一罪をいい，当該罰条を1回適用すれば足りる。個々の犯罪類型に規定された事実が1回発生したかどうかによって決まる。なお，盗取の手段として暴行・脅迫を予定する強盗罪のように，独立しても犯罪（暴行罪・脅迫罪）となる一定の手段を要件とする**結合犯**や，例えば，詐欺罪のように独立には犯罪にならない複数の行為（欺く行為と財物・利益取得行為）を合わせて1つの犯罪としている**多行為犯**も，複数の行為が合わされることにより構成要件的には1つの行為と評価される。

3　法条競合

(1) **意　義**　1個の行為が数個の罪名に触れるような外観を呈するが（外観上の数罪），実はそのうちの1つの罰条の適用が他の罰条の適用を排除する場合を

いう。「競合的単純一罪」とも呼ばれる²。

　(2) **種　類**　次の4つのものがある、とされている。

　(a) **択一関係**　性質上両立しえない規定は、一方が他方を排斥して適用される、とする関係をいう。その例として、一般に背任罪（247条）と横領罪（252，253条）が挙げられるが、横領に当たる行為は背任ではありえず、またその逆も成り立つから、ここには法条自体の本来の意味での競合はない³。そこから、最近では、択一関係を法条競合から除外する傾向もみられる（例えば、西田414頁）。

　(b) **吸収関係**　例えば、殺人罪（199条）の適用されるときは、殺人未遂罪（203条）は適用されないというように、全部法が部分法を排斥することを意味する。この場合、殺人が既遂に至ればそこに未遂との競合が存在するようにも見受けられるが、ここでも択一関係の場合と同様、論理的に一方の罰条が他方の罰条を排斥しているのである⁴。

　(c) **特別関係**　「特別法は一般法を排斥する」という公式で示される。例えば、常習賭博罪（186条1項）と単純賭博罪（185条）のように、2つの罰条が同一の構成要件を包含しており、その一方（特別法／常習賭博罪）がより狭く限定されているために他の罰条（一般法／単純賭博罪）に対し特殊的に構成されているという関係にあり、したがってこの場合、特別法の構成要件のみによって評価すれば足りる。

　(d) **補充関係**　この場合、「基本法（個別法）は補充法を排斥する」との原則によって基本法（個別法）のみが適用され、補充法は基本法（個別法）の適用がない場合においてのみ適用される。例えば、傷害罪（204条）の規定（基本法）と暴行罪（208条）の規定（補充法）との関係がこれである⁵。特殊なものが優先されるという点で、特別関係との間に違いはなく、ただ、特別関係では一般的なものを先に規定するのに対し（単純賭博罪→常習賭博罪）、補充関係では特殊なものを先に規定する（傷害罪→暴行罪）という形式上の相違があるにとどまる⁶。

2　中山善房〔大塚仁ほか編〕『大コンメンタール刑法 第4巻』（第3版・2013年）193頁。
3　中山（善）・前掲注（2）196頁参照。
4　吸収関係は包括一罪に含まれる、とするものとして高橋497頁。
5　ただし、傷害罪には暴行（有形力）を手段としない無形力による形態も含まれるので（例えば、嫌がらせ電話によるノイローゼ／➡『各論』17・25頁）、両罪が常に補充関係に立つわけではない。
6　補充関係は、法条競合として不要である、とするものとして例えば西田414頁。

4 包括一罪
1 意 義
現に数個の単純一罪が存在するにもかかわらず，その実質的な一体性の故に1個の罰条だけを適用して処断すべき場合をいう。包括一罪は，法条競合と科刑上一罪の中間領域にあり，まず，ⓐ法条競合は外観上数罪が競合する場合であるのに対し，包括一罪は数個の行為が現実に数罪とされる場合であり（ただし包括して1罪と評価される），また，ⓑ科刑上一罪では独立に評価を示す必要がある数罪が問題となるのに対し，包括一罪ではその必要がない数罪が問題となる，という相違がある（内藤・下Ⅱ1459頁）。

2 種 類
包括一罪として，次のような場合が考えられる。

(1) 行為が1個の場合 これには，1個の行為がⓐ同一の構成要件に該当する場合と，ⓑ別個の構成要件に該当する場合とがある。

(a) 同一の構成要件に該当する場合 1個の行為が数個の法益を侵害するが同一構成要件に該当する場合，例えば，1個の管理状態に置かれている複数の所有者の財物数個を同時に窃取した場合のように，非一身専属的な法益の侵害は，それが同一機会における単一の犯意の実現とみられるかぎり，包括して1罪となる（➡648頁）。

(b) 別個の構成要件に該当する場合 1個の行為が数個の異なる構成要件に該当する場合は，原則として観念的競合となるが（➡第3節2），甲罪に該当する事実が乙罪に該当する事実に随伴する場合であって（随伴行為），甲罪の可罰性が乙罪に比べてかなり軽微な場合は（付随犯），甲罪を適用せず乙罪だけで処罰することができる。例えば，1発の弾丸で人を殺すとともにその衣服をも傷つけた場合，重い罪（乙罪）である殺人罪が軽い罪（甲罪）である器物損壊罪を吸収して成立する。これを**吸収一罪**という。論理的に両立しえない関係に立つ，法条競合の一種としての吸収関係（➡3⑵(b)）と区別する必要がある。

(2) 行為が数個の場合 これには，ⓐ同一の構成要件に1回該当する場合，ⓑ同一の構成要件に数回該当する場合，ⓒ別の数個の構成要件に該当する場合がある。

(a) 同一の構成要件に1回該当する場合 まず，①1個の罰条において同一

の法益侵害に向けられた数個の行為態様が規定され，それらが相互に手段－目的または原因－結果の関係にある場合，各行為が行為者の1個の犯意の実現とみられるときは包括一罪となる。例えば，人を逮捕して引続き監禁する場合は，全体として逮捕・監禁罪（220条1項）の包括一罪が成立する（最大判昭28・6・17 刑集7巻6号1289頁）。他に，賄賂を要求し，約束し，収受した場合や（197条1項），盗品を運搬・保管・有償収受した場合（256条2項）も，それぞれの罪の包括一罪である。

また，②特に時間的，場所的にきわめて近接した条件の下に数個の同種の行為が行われたときは，全体を包括して観察し，ただ1回だけ当該犯罪類型に規定された事実が発生したものとみて，1個の罪とされる場合がある。これを**接続犯**という[7]。例えば，最判昭24・7・23（刑集3巻8号1373頁以下）は，午後10時頃から翌午前零時頃までの間に3回にわたって，農業会倉庫より，米を3俵ずつ，合計9俵を窃取したときは，それらの行為は単一犯意の発現たる一連の動作であって，窃盗罪が1罪成立する，とした。これに対し，同一の機会に同種の行為が数回行われても，その間，時間・場所の懸隔が認められる場合は併合罪として扱われる（➡659頁）。接続犯（包括一罪）か併合罪かは，構成要件の同一性，被害法益の単一性，具体的行為状況，主観的要件等を総合して判断されることになる。

(b) **同一の構成要件に数回該当する場合**　同一の構成要件に該当する場合でも行為が数個の場合は，原則として併合罪となるが（➡第4節），例えば，常習賭博罪（186条1項／常習犯），わいせつ物頒布罪（175条／営業犯）のように，1つの構成要件が同種の行為の反復を予想している**集合犯**の場合には，一連の行為が包括して1罪とされる[8]。集合犯の場合，1回の行為でも常習性・営業性が認められれば常習犯・営業犯が成立しうる反面，数個の行為が行われた場合，それぞれの行為が複数回構成要件に該当するにもかかわらず，一罪として扱われる（浅田476頁）。

(c) **別個の構成要件に該当する場合**　数個の行為がそれぞれ異なる構成要件

---

[7] 連続犯を規定していた旧55条（連続シタル数個ノ行為ニシテ同一ノ罪名ニ触ルルトキハ一罪トシテ之ヲ処断ス）が1947年に削除されたことに伴い，その一部が包括一罪（接続犯）として扱われることになった。

[8] 集合犯は，観念的競合・牽連犯と同様，数行為・数結果の本来的数罪であるが，構成要件上，「処罰一回性」原則の適用のあることが明確にされている一場合である，とするものとして中山（善）・前掲注（2）203-4頁。

に該当する場合に，それらを**混合的包括一罪**として処理できるかが問題となる。判例は，一般に，数個の行為の犯意の同一性，時間的・場所的近接性，機会の同一性，複数行為の密接関連性，被害法益の同一性などを根拠に，混合的包括一罪の成立を肯定している。例えば，最決昭61・11・18（刑集40巻7号523頁）は，XとYとが共謀のうえ，まずXが覚せい剤取引の斡旋にかこつけてAをホテルの一室に呼び出し，別室に買主が待機しているように装って，売買の話をまとめるためには現物を買主に見せる必要がある旨申し向けてAから覚せい剤を受け取り逃走した後，YがAを拳銃で狙撃したが殺害するに至らなかった場合，先行する窃盗罪または詐欺罪（覚せい剤取得行為）について，これを包括して強盗殺人未遂罪（覚せい剤の返還ないし代金支払いを免れるという財産上の不法の利益を得るためになされた行為）が成立する，と判示した。

　しかし，上記の接続犯等とは異なり，異なる構成要件に該当する複数の行為を包括一罪とすることに問題がないわけではない。むしろ，理論上数罪の成立を認めたうえで，科刑上一罪（観念的競合）として扱うことも考えられてよいと思われる。ところで，後掲最大判昭49・5・29（刑集28巻4号114頁）によれば，観念的競合における「1個の行為」とは，「法的評価をはなれ構成要件的観点を捨象した自然的観察のもとで」社会的見解上1個のものと評価を受ける場合をいう，とされている。たしかに，行為の個数判断は自然的観察・社会的見解の下で行われるとしても，個数判断の対象となる行為自体は構成要件的行為に限られるのであって，本決定についてみると，二項強盗の行為には，窃盗・詐欺によって取得した財物の取返しを防ぐための行為も含まれる以上，本件被告人らの行為を一連の1個の行為とみて観念的競合と構成する余地もあったと思われる（浅田489頁，中山(善)・前掲注(2)215頁参照）。

5　不可罰的事後行為

　理論上の一罪のうち，法条競合（吸収関係）か包括一罪（吸収一罪）かが争われているものに，不可罰的事後行為（共罰的事後行為）がある。

　(1) 不可罰的事後行為と罪数　「不可罰的事後行為」とは，犯罪の終了後も違法状態の継続が予定されている状態犯において，事後，単にその違法状態を利用したにすぎないため，独立に処罰する必要がないとされる行為をいい，例えば，窃盗罪成立後

の当該盗品についての器物損壊行為がその典型とされている。問題となるのは，後行行為である器物損壊行為が犯罪として成立しているのかということであるが，これには，①器物損壊行為（後行行為）についてそもそも犯罪の成立を否定するものと，②後行行為についても犯罪（器物損壊罪）の成立を認めつつ，先行行為について成立する犯罪（窃盗罪）によってすでに処罰が尽くされているから（**共罰的事後行為と呼ばれる**），後行行為についてあえて処罰するまでもない，とする２つの見解がある。①説は，不可罰的事後行為を法条競合の一種としての吸収関係と捉え，不可罰的事後行為は最初から犯罪として成立していないのであって，犯罪事実の一部をなすものではない，とする（法条競合説）。これに対し，②説は，不可罰的事後行為を包括一罪の１つとしての吸収一罪と捉え（包括一罪説），場合によっては，重い罪（窃盗罪）で処罰しないで軽い罪（器物損壊罪）だけで処罰することも可能であると解している（平野・Ⅱ414頁）[9]。

　思うに，不可罰的事後行為の場合，例えば，窃盗罪と器物損壊罪において所有権という同種の法益が侵害されてはいるが，法条競合の事例とは異なり，窃盗と器物損壊とは別個の行為であって，所有権が同時に侵害されているわけではない。また，窃盗による所有権侵害があっても，それによって被害者の所有権が消滅するわけではなく，事後の器物損壊行為によって当該所有権が再度侵害されるのであり，その意味で，不可罰的事後行為を法規適用上２罪が両立しえない関係に立つ法条競合の一場合と解することはできない。したがって，不可罰的事後行為の場合，窃盗罪と器物損壊罪という２個の単純一罪が成立することになるが，同一人の同一客体に対する同一法益（所有権）を侵害していることから，両罪に１個の罰条だけを適用して処断すれば足りることになるのである。ここでは，器物損壊罪の刑（処罰）が窃盗罪のそれに吸収されているのであって，不可罰的事後行為はむしろ「包括一罰」「吸収一罰」とでも呼ぶべき場合といえよう。

　(2) 不可罰的事後行為が不処罰とされる根拠　　不可罰的事後行為の場合，先行行為と後行行為との関係は，数行為・数結果の場合であって，そのいずれの行為についても処罰は可能であるが，集合犯の場合と同様，いずれか一方の行為（通常は重い先行行為）が処罰されれば，その効果は他の行為（後行行為）にも及び，これを独立に処罰する必要はなくなる。それは，事実上複数の結果が発生していても，規範的にみれば侵害法益の同一性の故に違法評価の重複が認められ，先行行為の処罰によって後行行為も償われるからであり，両者をそれぞれ独立に処罰することは，二重処罰の結果となって許されないのである。

　この問題に関連して，不可罰的事後行為における不可罰性が，①相互的な択一関係として成立するのか（先行行為または後行行為を処罰），②固定した片面的方向においてのみ成立するのか（先行行為のみ処罰），という議論がある。思うに，成立する犯罪

9　この立場では，事後の器物損壊行為にのみ関与した者もその罪の共犯となる。

に主従関係があるとしても、処罰は択一的に捉えるべきものであって、結論としては①の立場が妥当であり、不可罰的事後行為とされる後行行為のみを処罰し、主要犯罪ともいうべき先行行為を処罰しないことも可能である。例えば、磁石を用いて窃取したパチンコ玉を正当に取得したもののように装って同じパチンコ店で景品と交換しこれを詐取する場合、景品との交換が事後処分であるとしても、景品に対するパチンコ店の所有権が侵害されたという事実は否定できず、これを詐欺罪として処罰することも十分可能である。ただし、パチンコ玉はもともと景品と交換するための手段にすぎず、しかも被害者が同一であることから、仮に両罪の成立を認めるとしても窃盗罪・詐欺罪のいずれか一方の罪の処罰のみが可能となる。

(3) **不可罰的事後行為の範囲**　後行行為が不可罰的事後行為とされる場合と別罪を構成し別個に処罰される場合の区別基準は、どこに求められるのであろうか。結局は、後行行為の犯罪性が先行犯罪について評価された違法内容の範囲内にとどまっているか否かということに帰着するが、不可罰的事後行為が不処罰とされる根拠を違法評価の二重性に求める場合、そのメルクマールとして考えられるのが「新たな法益侵害があったか否か」というものである。窃盗後の器物損壊行為が不可罰とされるのは、そこに法益侵害が認められるとしても、それは同一法益の再度の侵害であって新たな法益侵害とは評価できない、という点にあった。これに対し「新たな法益侵害」として考えられるのは、後行行為が先行行為とは別種の法益を侵害した場合（例えば、窃取した郵便貯金通帳を利用して現金を引出した場合）、あるいは第三者の法益を侵害した場合（例えば、情を秘して盗品を第三者に売却した場合）である。

ところで、通常の不可罰的事後行為の場合、先行行為（例えば窃盗罪）の法定刑が後行行為（例えば器物損壊罪）のそれより重いことから、先行行為が後行行為を包摂する関係にあり、前者が処罰される場合は後者も共に処罰されるとして、後行行為を不可罰と解することは容易に理解しうる。問題となるのは、後行行為が構成する罪の法定刑の方が、先行行為が構成する罪のそれより重い犯罪の場合にも不可罰的事後行為を認めることができるか、ということである。例えば、遺失物を横領（254条／法定刑の上限は懲役1年）した後にこれを損壊する行為（261条／法定刑の上限は懲役3年）の可罰性については、①可罰説と②不可罰説の対立があるが、遺失物横領後に当該遺失物を損壊する行為の違法性は、他人の占有する他人の物を損壊する典型的な器物損壊行為や他人から委託されて自己が占有する他人の物を損壊する場合とは異なり、占有侵害も信任関係違背も伴わない軽微なものであって、遺失物等横領罪の違法内容に包摂されることから、横領した遺失物の損壊行為は遺失物横領行為によって共に処罰され不可罰的（共罰的）事後行為として扱うことができる。

それでは、先行行為と後行行為が同一の構成要件に該当する場合、例えば、委託を受けて他人の不動産を占有する者が、これにほしいままに抵当権を設定してその旨の登記を了した後に、受託者がその不動産をほしいままに売却等による所有権移転行為を行いその旨の登記を了したときのように、先行行為も後行行為も同じ横領行為の場

合はどうであろうか。これに関し，最大判平成15・4・23（刑集57巻4号467頁）は，先行の抵当権設定行為の存在は後行の所有権移転行為について犯罪の成立を妨げる事情にはならないと判示し，後行行為ついて「委託の任務に背いて，その物につき権限がないのに所有者でなければできないような処分をしたものにほかならない」として，横領罪の成立を認めた（ただし，本件では後行の所有権移転行為のみが起訴されている）。思うに，本件被告人の所有権移転行為は横領罪を構成するものの，先行の抵当権設定行為との関係で新たな法益侵害行為とはいえず，不可罰的事後行為の範疇には含まれるが，抵当権設定行為が訴因に掲げられず処罰の対象とされなかったことから，後行行為である所有権移転行為の潜在的な可罰性が顕在化した，と解することができる。したがって，先行の抵当権設定行為を起訴し横領罪として処罰したのであれば，後行の所有権移転行為は，横領罪を構成するとしても不可罰的（共罰的）事後行為として処罰すべきではないであろう。

第3節 科刑上一罪

1 意 義

科刑上一罪とは，理論上（評価上）は数個の犯罪が成立するが，科刑（処分）の上で1罪として扱われるものをいう。これには，観念的競合と牽連犯（54条1項）とがある。

問題となるのは，実体法上複数の犯罪が成立しているにもかかわらず，科刑上一罪とされる根拠であるが，この点については，①その可罰評価に一部重複があるため，一括して可罰評価の対象とすべきものとしたとする説（中野178頁），②1個の意思活動によってなされた場合は1回の違反であり，独立の数個の意思活動によってなされた場合とは犯情を異にするという説（平野・Ⅱ420頁），③観念的競合の場合は，1個の同時的意思の発現という点で責任が減少し，牽連犯の場合は，重い方の犯罪につき通常これに伴う犯罪を考慮して法定刑が定められているため不法減少が認められるとする説（林459頁以下），④被害法益の一体性により適用範囲が決定される「処罰の一回性」原則という刑罰適用上の合目的的要請によるとする説[10]，などが主張されている。いずれにしても，科刑上一罪は併合罪に比して，違法・責任の減少に伴う可罰評価の重複が認められ，それに伴い理論上数罪であるものの一回の処罰で足りるとする関係が認められるのである。

---

[10] 中山（善）・前掲注（2）183頁。

2 観念的競合

(1) 意　義　1個の行為が2個以上の罪名に触れるものをいう（54条1項前段）。観念的競合が成立したときは、それぞれの罪名に対応する法定刑のうち、上限も下限ももっとも重いものによって処断される。観念的競合には、ⓐ1回の投石によって2人を傷つける場合のような同種類の観念的競合と、ⓑ1回の投石によってAを傷つけると同時にBの物を損壊するような異種類の観念的競合とがある。

(2)「1個の行為」の意義　観念的競合が理論上数罪であるにもかかわらず、併合罪と異なり科刑上一罪として扱われるのは、それが1個の行為による場合だからである。したがって、「1個の行為」とは何か、ということが中心問題となる。この点に関し、最大判昭49・5・29（刑集28巻4号114頁）は、「1個の行為とは、法的評価をはなれ構成要件的観点を捨象した自然的観察のもとで、行為者の動態が社会的見解上1個のものとの評価をうける場合をいう」と判示した。思うに、観念的競合と併合罪とを分かつ基準は、実在的に行為が1個か数個かということに求めるべきであって、結果をも含めた法的評価・構成要件的観点を考慮して判断すべきではないが、評価の対象を特定するという意味で、判断の前提におかれるのはあくまでも構成要件的行為でなければならない。この見地からは、「1個の行為」とは「構成要件に該当する行為」が自然的観察・社会的見解上1個と評価される場合をいう、と解されることになる。そして、その際に時間的・場所的一致、行為者の意思等が総合的に考慮されることになるのである（➡第4節**4**）。

3 牽連犯

(1) 意　義　犯罪の手段もしくは結果である行為が他の罪名に触れるものをいう（54条1項後段）。ここに「手段もしくは結果である行為」とは、手段－目的、または原因－結果の関係にある行為をいう。効果は、観念的競合と同じである。

(2)「手段もしくは結果」の関係　牽連犯における手段－目的、原因－結果の牽連性をどの範囲のものに限定すべきかについては、見解が分かれている。①主観説は、行為者があらかじめ牽連させる意思で行為した場合に牽連犯の成立を認めるべきであるとし（牧野・下799頁）、②客観説は、経験上、ある犯罪が通常他

の犯罪の手段もしくは結果とみられる類型かどうかによって決定すべしとする（通説）。

判例（例えば，最判昭32・7・18刑集11巻7号1861頁）は，牽連犯が成立するためには，犯人が主観的に一方の犯罪を他方の犯罪の手段または結果の関係で実行したのみでは足りず，罪質上，その数罪間に通例手段・結果の関係があることを要する，と判示して，客観説的立場に立っている。判例が，一般的に牽連関係にある犯罪とみているのは，住居侵入と侵入後の罪（窃盗・強盗・殺人・傷害・強姦・放火等），文書等の偽造とその行使，偽造公文書行使罪と公正証書原本不実記載罪・詐欺罪などである。これに対し，放火罪と火災保険金の詐欺罪，殺人罪と死体遺棄罪，監禁罪と傷害罪，窃盗教唆罪と盗品有償譲受罪などは併合罪であるとされてきたが，牽連犯との区別は必ずしも明らかではない[11]。

4 かすがい現象

(1) 意　義　例えば，住居に侵入して2人を殺害した場合のように，それ自体併合罪の関係にある複数の罪（2個の殺人罪）が，他の罪（住居侵入罪）との間に同時に科刑上一罪（牽連犯）の関係に立つため全体として1罪となるような場合を「かすがい現象」（クリップ効果）という。この例において，屋外で2人を殺害すれば併合罪として重く処罰されるのに，さらにこれに住居侵入が加わった場合に科刑上一罪としてかえって軽く処罰されることになるのは不合理ではないか，という疑問が生ずる。すなわち，複数の併合罪に対して，ある罪（前例で言えば住居侵入罪）が「かすがい」となることによって全体を科刑上一罪とすることができるのか，問題が生じてくるのである。

(2) 判　例　かすがい現象を肯定したものと否定したものとに分かれている。

(a) 肯定判例　まず，①牽連犯に関するものとして，最判昭29・5・27（刑集8巻5号741頁）は，住居に侵入して順次3人を殺したという事案につき，3個の殺人罪はそれぞれ住居侵入罪と牽連関係にあるから，全体として科刑上一罪となる，と判示した。

また，②観念的競合に関するものとして，大判大14・5・26（刑集4巻342頁）

---

[11] 改正刑法草案（1972年）は，牽連犯の具体的適用において判例の態度が必ずしも一貫していないこと，牽連犯とされる場合のうちには観念的競合になると解されるものも多いことなどを理由に，牽連犯に関する規定を削除している。

は，無免許で古物商を営み，その間十数回にわたり贓物（盗品等）を故買した場合，無免許古物営業の罪（かすがいに当たる）と贓物故買（盗品等の有償の譲受け）罪とに触れる1個の行為として全体が観念的競合になる，とした。しかし，無免許古物営業の罪が集合犯（営業犯）であるのに対し，贓物故買罪は即成犯（即時犯）と考えられるので，時間的継続を伴う行為と一時点における行為との関係として，前掲昭和49年最高裁判決（➡ 2(2)）の基準に従えば，両罪は併合罪の関係に立つということになろう。

(b) 否定判例 最判昭35・4・28（刑集14巻6号822頁）は，立候補届け出前の数回にわたる供与行為について，事前運動の罪と各供与の罪を観念的競合としたうえで，それらは全体としてなお併合罪の関係に立つとして，全体としての1個の行為によるかすがい現象を否定した。

(3) 学 説 例えば，住居に侵入して，A・B・Cの3人を殺害した場合にかすがい現象を認めることは不合理であるということから，これを否定して合理的な解決を図ろうとする試みがなされている。

①第1は，罪数としてはかすがい作用による科刑上一罪としつつも，かすがいに当たる罪が結び付けられる罪の併合刑と同じかより重い罪の場合はかすがい効果を認めるが，かすがいが軽いときにはかすがいが結び付けられる罪の併合刑で処断するという見解であるが（中野233-4頁），これに対しては，科刑上一罪でありながら併合加重の余地を認めることの是非が問われることになる。②第2は，住居に侵入してA・B・Cを殺害した場合に，住居侵入とAの殺害とを牽連犯とし，これとB・Cの殺害とを併合罪とする見解であるが[12]，これには住居侵入とB・Cの殺害との牽連関係を無視しているという疑問がある。③第3は，住居侵入と3個の殺人とをそれぞれ牽連犯とし，3つの牽連犯の併合関係を認める見解（ドイツの通説）であるが，これに対しては，住居侵入罪を三重に評価しているという批判が提起される。そこで，最後に，④A・B・Cに対するそれぞれの殺人の併合罪と住居侵入罪が科刑上一罪になるという解決法が考えられるが（その可能性を示唆するものとして，内田356頁），はたしてこのような罪数処理を現行刑法が認めているかという問題がある。

現行法の解釈論としては，かすがい現象を認めたうえで（科刑上一罪），後は量

---

[12] 山火正則「科刑上一罪について——観念的競合と『かすがい』理論を中心として」刑法雑誌23巻1＝2号（1979年）1頁以下。

刑において事実上の併合関係を考慮せざるをえないであろう[13]。

第4節　併　合　罪

1　意義・要件

併合罪とは，確定裁判を経ていない2個以上の罪をいう（45条）。「（実在的）競合犯」ともいう。

併合罪となるためには，まず，①確定裁判前のものであることを要する。ここに「確定裁判」とは，通常の訴訟手続によっては不服を申し立てえない状態に至った裁判をいい，確定判決とそれ以外のもの（略式命令，交通事件即決裁判など）がある。

次に，②確定裁判を経ていない2個以上の罪のあることを要する（45条前段）。もし，ある罪について禁錮以上の刑に処する確定裁判があったときは，その罪とその裁判が確定する前に犯した罪とに限り，併合罪とする（同条後段）。

2　効　果

(1) **同時に裁判する場合**　現行刑法は加重主義を原則とし，例外的に吸収主義，併科主義を採用している。

(a) **加重主義**　併合罪のうちの2個以上の罪について有期の懲役または禁錮に処するときは，そのもっとも重い罪について定めた刑の長期にその2分の1を加えたものを長期とする。ただし，それぞれの罪について定めた刑の長期の合計を超えることはできない（47条）。

(b) **吸収主義**　併合罪のうちの1個の罪について死刑に処するときは，他の刑を科さない。ただし，没収は，このかぎりでない（46条1項）。また，その1個の罪について無期の懲役または禁錮に処するときも，他の刑を科さない。ただし，罰金，科料および没収は，この限りでない（46条2項）。

(c) **併科主義**　併合罪について罰金，拘留，科料および没収に処する2個以上の罪のあるときは，それらを併科する（48条1項）。ただし，2個以上の罰金は，その多額の合計以下で処断する（48条2項）。

---

[13]　全体を一括して扱う判例の立場にも合理性があり，全体を科刑上一罪としても必ずしも不当ではない，とするものとして浅田488頁。

(2) 同時に裁判しない場合　併合罪のうちにすでに確定裁判を経た罪とまだ確定裁判を経ていない罪とがあるときは，確定裁判を経ていない罪について更に処断する（50条）。ただし，①死刑を執行すべきときは，没収を除き，他の刑を執行せず，②無期の懲役または禁錮を執行すべきときは，罰金，科料および没収を除き，他の刑を執行せず，③有期の懲役または禁錮の執行は，そのもっとも重い罪について定めた刑の長期にその2分の1を加えたものを超えることができない（51条）。

(3) 大赦のあった場合　併合罪について処断された者がその一部の罪につき大赦を受けたときは，他の罪について改めて刑を定める（52条）。

3　併合罪における罪数処理

(1) 問題の所在　同一人が数罪を犯した場合であっても，それらの犯罪について同時に審判する可能性があるとき（またはあったとき），数罪を全体的に考慮して刑の適用につき特別の配慮をするために，併合罪の規定が設けられている（47条／➡ **2**(1)(a)）。問題となるのは，47条の趣旨について，①これが併合罪加重の大枠のみを定めたものであって，具体的な量刑は完全に裁判所の自由裁量に任されているのか，それとも，②併合罪加重の場合においても，これを構成する各罪の法定刑（特にもっとも重い罪の長期）がなお意味をもち続けると解すべきか，ということである。

　この問題につき，最判平15・7・10（刑集57巻7号903頁）は，上の①の見地から，当時9歳の女児を略取すると同時に逮捕監禁し，その後9年2か月にわたって同女を自宅内に監禁し続け，その結果，同女に両下肢筋力低下等の傷害を与えるとともに，その間，同女に着用させるために下着4枚を万引きした，という未成年者略取，逮捕監禁致傷，窃盗事件につき，「刑法47条は，併合罪のうち2個以上の罪について有期の懲役又は禁錮に処するときは，同条が定めるところに従って併合罪を構成する各罪全体に対する統一刑を処断刑として形成し，修正された法定刑ともいうべきこの処断刑の範囲内で，併合罪を構成する各罪全体に対する具体的な刑を決することとした規定であり，処断刑の範囲内で具体的な刑を決するに当たり，併合罪の構成単位である各罪についてあらかじめ個別的な量刑判断を行った上これを合算するようなことは，法律上予定されていない」と判示し，一審の懲役14年の量刑判断を維持した（なお，原審は，前記②の見地から，懲役11年の刑を言い渡している）[14]。問題は，逮捕監禁致傷罪（および未成年者略取罪）だけであれば，最高刑が懲役10年にとどまるのに（法定刑・処断刑は，犯罪行為時の旧規定による），比較的軽微な窃盗（被害合計約

---

[14] 本判決に対する私見の詳細は，「併合罪加重における罪数処理——新潟少女監禁事件最高裁判決を中心として—」『展開』301頁以下。

2,500円）が加わることによって，最高刑の懲役15年に近い懲役14年の刑を科すことの当否にある。

(2) 併合罪加重の趣旨　併合罪の処断方法には，①数罪に対する処断刑の範囲をそのもっとも重い罪の法定刑の限度にとどめる「吸収主義」，②併合罪関係にある各罪のうちもっとも重い罪の刑に一定の加重をしたものを併合罪の刑とする「加重主義」，③犯罪ごとに刑を定めこれを併せて科刑する「併科主義」がある。現行刑法は，①死刑・無期自由刑について吸収主義を（46条），②有期自由刑について（単一刑）加重主義を（47条，なお48条2項），③財産刑について併科主義を採用している（48条1項），とする理解が一般である（➡ **2**(1)）。このうち，刑法47条については，たしかに重い罪の法定刑の長期の1・5倍を処断刑の長期としていることから，形式的には加重主義を採用しているとみることもできるが，立法の沿革に照らして実質的に考えると，本条が吸収主義（特にその根底をなす統一刑主義）を修正する加重主義を採用している，と解することには疑問の余地がある。

　明治13年の旧刑法100条1項が「重罪軽罪ヲ犯シ未タ判決ヲ経ス二罪以上倶ニ発シタル時ハ一ノ重キニ従テ処断ス」として，併合罪に当る「数罪倶発」につき（犯罪）吸収主義を採用していたのに対し，現行刑法の「刑法改正政府提出案理由書」（以下，理由書）は，「改正案ハ此主義ヲ排斥シ所謂併科主義ヲ採リ一罪毎ニ各其刑ヲ科スルコトヲ原則ト為シタリ」と論じた。現行刑法が，併合罪を構成する各罪の独立性を前提として，その科刑につき1罪ごとにそれぞれの刑を科す併科主義を基本としていることは，この説明から明らかである。ただし，刑法47条について，理由書は「但……有期ノ自由刑ニ付キ各罪毎ニ一ノ刑ヲ科ストスレハ遂ニハ其刑期数十年ノ長キニ至ル虞アルヲ以テ……例外トシテ制限併科ノ主義ヲ採リタリ」と述べ，併科主義の例外として，併科の限界を，まず①併合罪のうちもっとも重い罪について定めた刑の長期の1・5倍（本文）におき，次いで，②各罪について定めた刑の長期の合計（ただし書）におく「制限併科主義」を採用したことを明言している。一般に加重主義を採ると解されている刑法47条も，その実体は併科主義を修正したものにすぎず，基本はあくまでも一罪ごとにそれぞれの刑を科すとする考え方なのであって，本条において，依然として（制限）併科主義の科刑方法は生きていると考えられる。

　併合罪処罰の原則が併科主義であるとすれば，47条の解釈としても処断刑を決定する際に基本となるもっとも重い犯罪について定めた法定刑の上限が基準としての働きをもつことは否定できない。したがって，いったん処断刑が形成された場合にも，その範囲内で裁判官がまったく任意に具体的な刑を量定できるということにはならず，併合罪における処断刑の上限といっても，それを各犯罪類型の法定刑の上限と同様の趣旨に理解する必要はないのである。刑法47条の趣旨はむしろ，通常は，刑法が相対的法定刑主義を採り，量刑についての裁量の幅が著しく広くなっていることを考えると，併合罪といえども重い罪について定めた法定刑の限度内で処断することが可能であって，「加重主義」と呼ばれるものも，実際の量刑において当然に重い罪の法定刑の

上限を超えて刑を科するわけではないことに注意する必要がある。

4 観念的競合と併合罪の区別

　観念的競合が理論上は数罪であるにもかかわらず，併合罪と異なり科刑上一罪として扱われるのは，形式的にみれば，それが一所為数法の場合，すなわち1個の行為による場合だからである。これは法規上の要請であって，観念的競合と併合罪を分かつ基準についての議論もこの「1個の行為」をめぐって展開されることになる。問題は，行為の一個性を認める基準をどこに求めるかということであるが，この点に関し，前掲最大判昭和49・5・29（➡656頁）は，「1個の行為」とは，自然的観察・社会的見解上一個のものとの評価をうける場合をいう，と判示したのであった。そこで，作為犯と不作為犯に関する具体例に即して行為の一個性について検討してみることにしよう。

1 作為犯の場合

　(1) 1個の行為とみられる場合（観念的競合）　2罪が時間的，場所的に一致して発生するかぎり，両罪を構成する行為は1個であって観念的競合の関係に立つ。

　(a) 時間的継続・場所的移動を伴う行為相互間の場合　例えば，無免許運転の罪と酒酔い運転の罪，無免許運転の罪と車検切れ車両運転の罪は，それが同時に行われたとき，運転という1個の行為によるものであるから観念的競合となる。この場合，無免許・酒酔い・車検切れという事実は，行為ないし行為者の属性であって行為そのものではないと考えられるのである（前掲最大判昭和49・5・29参照）。

　(b) 一時点一場所における行為相互間の場合　両行為が時間的にも場所的にも一致する場合，例えば自動車の一時不停止（ただし不作為）とそれに伴う業務上過失致死傷（現・過失運転致死傷）とは1個の行為によるものであって，両罪は観念的競合となる。なお，時間的継続，場所的移動を伴う行為と一時点一場所における行為とは，原則として2個の行為であるが（➡(2)(b)），例えば，酒に酔った状態で車の運転を開始し，発進直後に人身事故を起こしたような場合は，酒酔い運転行為と過失致死傷行為とが時間的にも場所的にも重なり合っているとみられるから，例外的に1個の行為として両罪は観念的競合の関係に立つ。

　(2) 2個の行為とみるべき場合（併合罪）　これには，次の2つのケースが考えられる。

　(a) 時間的にも場所的にも一致しない一時点一場所における複数の行為　例えば，2個の速度制限違反の罪は，原則として併合罪の関係に立つ。最決平5・10・29（刑集47巻8号98頁）は，制限速度を超過した状態で継続して普通乗用自動車を運転し，2地点を進行した場合，右2地点の距離が約19.4キロメートルも離れており，その間

道路状況等も変化している事案につき，右2地点における速度違反の行為は別罪を構成する，とした[15]。

 (b) **時間的継続，場所的移動を伴う行為と一時点一場所における行為**　原則として2個の行為とみるべきである。例えば，無免許運転の罪と速度制限違反の罪は，2個の行為であって併合罪となる（最判昭49・11・28刑集28巻8号385頁）。また，業務上過失（過失運転）致死傷罪と酒酔い運転の罪は，前者が後者の一部においてのみ重なり合うから，行為は2個であって，両罪は通常併合罪となる。前出の最大判昭49・5・29は，「もともと自動車を運転する行為は，その形態が，通常，時間的継続と場所的移動とを伴うものであるのに対し，その過程において人身事故を発生させる行為は，運転継続中における一時点一場所における事象であって，前記の自然的観察からするならば，両者は，酒に酔った状態で運転したことが事故を惹起した過失の内容をなすものであるかどうかにかかわりなく，社会的見解上別個のものと評価すべきであって，これを一個のものとみることはできない」から併合罪の関係にある，と判示している。ただし，酒酔い運転が過失の内容をなすときは，そこに原因（酒酔い運転）―結果（業務上過失〔過失運転〕致死傷）の関係が認められるから，その場合には両罪は牽連犯の関係に立つと解すべきであろう[16]。

 ② **不作為犯の場合**
　2つの不作為犯が同一の機会に行われたとき，それが，①1個の行為（不作為）によるものか（観念的競合），②2個の行為（不作為）によるものか（併合罪），問題が生ずる。例えば，道路交通法72条1項は，交通事故があったとき，車両等の運転者に負傷者救護義務と警察官への事故報告義務とを課しているが，人に傷害を負わせる交通事故を起こしながら，負傷者の救護も事故を警察官へ報告することもしないで現場から逃走する「ひき逃げ」の場合に，救護義務違反罪と報告義務違反罪との罪数関係が問題となる。

　この点に関し，最大判昭51・9・22（刑集30巻8号1640頁）[17]は，前掲昭和49年の最高裁大法廷判決が設定した「行為の一個性」の判断に従うかぎり，ひき逃げが救護義務違反罪と報告義務違反罪を構成する場合には，社会的出来事としては1つと観念されるのが通常であり，この場合の救護義務・報告義務に違反する不作為は社会的見解上1個の動態と評価すべきであるとして，両罪は観念的競合の関係にある，という見解を採った[18]。この見解は，構成要件的行為の個数判断に関して自然的観察，社会的

15　その他，速度違反の罪は運転行為の継続中の一時的，局所的行為をその対象としており，同一の高速道路上の2つの地点での速度違反であっても，両地点の道路が社会通念上単一の地点と評価しうる範囲を超える場合には，（包括一罪ではなく）2個の速度違反罪が別個独立に成立する，とした裁判例がある（大阪高判平3・1・29高刑集44巻1号1頁）。
16　鈴木茂嗣「罪数論」現代刑法講座第3巻299頁。
17　本判決に対する私見として，「交通事犯の罪数に関する最近の裁判例――最高裁昭和51年9月22日大法廷判決を中心として」判例タイムズ342号（1977年）20頁以下。

見解を重視する立場から，ひき逃げの事実をもって1個の不作為（行為）と解するものであるが，不作為犯においては，作為義務の定める作為以外の動態はすべて行為（不作為）として成立するのであるから，ひき逃げ行為は不作為の徴憑ないしその一態様ではあっても不作為それ自体ではないというべきであろう。

救護義務違反罪と報告義務違反罪において個数判断の対象となる構成要件的行為は不救護と不報告という2個の不作為であって，その両者は社会的見解上も2個の行為とみるべきである。救護しないという不作為と報告しないという不作為との間には，構成要件的行為の重なり合いは，通常これを認めることができないといわなければならない。救護義務違反罪と報告義務違反罪とは，例えば，負傷者を救護することが同時に事故を報告することにもなるというような格別の事情がないかぎり，併合罪の関係に立つと解すべきであろう。[18]

③ 共犯の罪数

(1) 共同正犯の場合　判例は，古く，①共同正犯は数人共同一体の関係であって，その1人から観察するときは，共犯者の行為も自己の行為の一部をなすものであるから，同時になした共犯の行為は，自己の意思活動と相合して1個の行為を構成するとし，XとYが共謀し，XはAを，YはBを殺害し財物を奪取した行為は，1個の行為により2個の殺人および強盗致死各罪名に触れる観念的競合である，としていた（大判大5・11・8 刑録22輯1693頁）。しかしその後，②数人共同して2人以上に対しそれぞれ暴行を加え，一部の者に傷害を負わせた場合には，傷害を受けた者の数だけの傷害罪と暴行を受けるにとどまった者の数だけの暴力行為等処罰法1条の罪が成立し，以上は併合罪として処断すべきである，とするに至った（最決昭53・2・16 刑集32巻1号47頁）。

思うに，前掲昭和49年の最高裁大法廷判決（➡656頁）で示された，自然的観察・社会的見解による行為の一個性判断によるかぎり，共同正犯においても複数の行為が存在するのであるから，併合罪の成立を認めるべきであろう。①判決は，49年判決が「これを離れ，捨象せよ」とした法的評価・構成要件的観点から1個の行為を捉えている立場と解される[19]。

(2) 従犯の場合　従犯（教唆犯も同じ）については，正犯が複数の罪の併合罪である場合，ⓐ従犯にも実体法上複数の罪が成立するかという問題と，ⓑそれが複数である場合に観念的競合か併合罪かという問題がある。判例は，併合罪に当たる2回の覚せい剤密輸入罪を1回で幇助したという事案につき，ⓐ「幇助罪は正犯の犯行を幇助

18　救護義務違反と報告義務違反は，交通事故の迅速・適切な処理という警察への協力義務という点で共通し，しかも同一条項に規定されているのであるから，包括一罪と解するのが妥当とするものとして，浅田485頁。
19　中山(善)・前掲（2）231頁。

することによって成立するものであるから，成立すべき幇助罪の個数については，正犯の罪のそれに従って決定される」としたうえで，ⓑ「幇助罪が数個成立する場合において，それらが刑法54条1項にいう1個の行為によるものであるか否かについては，……幇助行為それ自体についてこれをみるべきである」と判示し，被告人の2個の覚せい剤取締法違反幇助の罪は観念的競合の関係にある，とした（最決昭57・2・17刑集36巻2号206頁）。

ⓐの点については，被告人の幇助行為により正犯が2個の覚せい剤密輸入罪を行ったのであるから，正犯の違法性（2罪）に従属して被告人にも従犯2罪の成立が認められるが，ⓑに関しては，従犯者自体の行為の個数に従って判断すべきであり，被告人は1個の幇助行為しかしていないのであるから観念的競合となるべきであって，妥当な結論である。

5 単純数罪

同時審判の可能性がない数罪が「単純数罪」であって，併合罪にもならない。すなわち，甲罪・乙罪を犯した後に，乙罪につき禁固以上の刑に処する確定裁判があり，その後に丙罪を犯した場合，甲罪は乙罪と併合罪処理がなされるが（50・51条），甲罪・乙罪と丙罪とは単純数罪であって，丙罪は独立に処断され，刑も別々に言い渡されることになる（45条）。しかし，同一人に対する科刑・執行である以上，単純に刑を併科することには問題もあり，少なくとも単純数罪の量刑にあたっては，併合罪と類似の配慮がなされるべきであろう（浅田492頁）。

事項索引

あ

あおり行為 ……………… 595
明石砂浜陥没事件 ……… 353
アジャン・プロヴォカトゥール …………… 597
あてはめの錯誤 ………… 403
アンシャン・レジームの刑法制度 ……………… 59
アンセル ………………… 67
安全体制確立義務 ……… 362
安楽死 …………………… 275

い

硫黄殺人事件 …………… 491
生駒トンネル事件 ……… 352
意識障害 ………………… 302
意思自由喪失説 ………… 266
意思責任 ………………… 288
意思説 …………………… 325
意思表示説 ……………… 268
意思方向説 ……………… 268
一元的行為無価値論 …… 168
一故意犯説 ……………… 372
一部実行全部責任 ……… 561
一厘事件 ………………… 173
一括消去説 ……………… 101
一般観察説 ……………… 137
一般予防論 ……………… 65
意図的挑発 ……………… 195
違法
　——の相対性 …… 171, 176
　——の統一性 ………… 176
違法一元論 ……………… 176
違法共犯論 ……………… 539
違法減少説 ……………… 497
違法・責任減少説 ……… 500
違法多元論 ……………… 176

違法身分 ………………… 615
違法性 …………………… 153, 394
　——の錯誤 ……… 393, 402
違法性構成要件解消説 … 118
違法性推定機能 ………… 110
違法性の意識 …… 393, 395
　——の可能性 …… 295, 400
　——不要説 ……… 395, 404
違法阻却事由 …………… 180
違法阻却的身分 ………… 610
違法判断先行説 ………… 439
違法（行為）類型論 …… 117
違法有責（行為）類型論
　………………………… 114, 115
意味の認識 ……………… 131
因果関係 ………………… 125
　——の錯誤 ……… 330, 369
　——の中断 …………… 136
因果関係学説 …………… 134
因果関係遮断説 ………… 504
因果経過の相当性 … 138, 142
因果性遮断説 …………… 628
因果の共犯論 …………… 540
因果的行為論 …………… 93
印象説 …………………… 481
インフォームド・コンセント …………………… 245
陰謀 ……………………… 459

う

ヴェーバーの概括的故意
　…………………………… 330
ヴェルツェル ……… 94, 114

え

疫学的条件関係 ………… 106
エホバの証人 …… 246, 274

お

応報刑論 …………… 24, 64
大阪南港事件 …………… 149
遅すぎた構成要件の実現
　…………………………… 330
小野清一郎 ………… 70, 114

か

概括的故意 ……………… 329
外国判決の効力 ………… 56
回顧的責任論 …………… 284
改善刑論 ………………… 26
蓋然性説 ………………… 325
外務省秘密漏洩事件 …… 247
確実性説 ………………… 475
拡張的共犯論
　………………… 529, 531, 559
拡張的構成要件説 ……… 466
拡張的正犯 ……………… 515
　——論 ………………… 521
確定的故意 ……………… 328
学派の争い ……………… 64
科刑上一罪 ……………… 655
科刑上の罪数 …………… 645
加減的身分 ……………… 610
過失 ……………………… 333
　——の過剰防衛 ……… 208
　——の競合 …………… 361
　——の併存 …………… 360
過失擬制説 ……………… 128
過失緊急避難 …………… 366
過失推定説 ……………… 128
過失責任主義 …………… 280
過失不作為犯 …………… 341
過失併存説 ……………… 361
過失犯の共同正犯 ……… 583
過失犯の構造 …………… 334

668　事項索引

加重主義 ……………… 659
過剰避難 ……………… 238
過剰防衛 ……………… 206
かすがい現象 ………… 657
加担犯 ………………… 517
価値関係的行為論 …… 94
仮定的因果経過 ……… 102
仮定的蓋然性説 ……… 486
仮定的消去法 ……… 98, 100
仮定的付け加え公式 … 104
過度の広汎性の理論 … 48
可能性説 ……………… 398
可罰的違法性 ………… 171
　　――の理論 …… 171, 249
可罰的違法阻却事由
　　………………… 178, 180
可罰的責任 …………… 293
可罰的責任減少説 …… 499
可罰的責任能力 ……… 298
可罰的責任論 ………… 286
狩勝トンネル事件 …… 238
ガロファロ ……………… 63
川崎協同病院事件 …… 278
川治プリンスホテル火災事
　件 …………………… 363
慣習刑法の排斥 ……… 38
間接教唆 ……………… 598
間接正犯 …………… 516, 527
　　――類似説 …… 308, 575
間接的安楽死 ………… 275
間接目的犯 ………… 132, 161
完全犯罪共同説 ……… 548
カント …………………… 62
監督過失 ……………… 362
観念的競合 …………… 656
管理過失 ……………… 363

き

危惧感説 ……………… 348
危険共同体 …………… 235
危険刑法 ……………… 14
危険結果説 …………… 461
危険行為説 …………… 461
危険消滅説 …………… 498

危険増加説 …………… 601
危険の実現 …………… 150
危険の創出 …………… 150
危険の引受け ……… 269, 367
危険犯 ………………… 81
旗国主義 ……………… 55
記述的構成要件要素 … 121
既遂犯 ………………… 457
期待可能性 ……… 296, 422
　　――の錯誤 ……… 428
　　――の判定基準 … 426
　　――の理論 ……… 292
危難 …………………… 232
機能的行為支配説 …… 577
機能的二分説 ………… 446
規範違反説 …………… 154
規範的一般予防論 …… 167
規範的構成要件要素 … 121
　　――の錯誤 ……… 410
規範的障害説 ………… 528
規範的責任能力 ……… 298
規範的責任論 …… 292, 422
義務緊急避難 ………… 455
義務の衝突 …………… 455
客体の錯誤 ……… 369, 376
客体の不能 …………… 489
客観主義 ……………… 65
客観的違法論 ………… 157
客観的危険説 ………… 484
客観的帰属論 ………… 149
客観的行為無価値論 … 481
客観的構成要件要素 … 122
客観的事後予測 ……… 140
客観的処罰条件 ……… 130
客観的相当因果関係説 … 140
客観的注意義務違反 … 335
客観的謀議説 …… 563, 567
客観的未遂論 ………… 460
急迫 …………………… 191
旧過失論 ………… 334, 338
旧刑法 ………………… 35
吸収一罪 ……………… 650
吸収関係 ……………… 649
吸収主義 ……………… 659

救助的因果経過 ……… 105
救助の因果関係 ……… 437
教育刑論 ……………… 65
競合的単純一罪 ……… 649
教唆 …………………… 594
　　――の未遂 …… 555, 595
教唆犯 ………………… 594
教唆犯解消説 ………… 559
行政刑法 ……………… 4
行政犯 ………………… 4
行政法上の禁止事項に関す
　る錯誤 ……………… 411
共同意思主体説 … 549, 573
共同過失 ……………… 585
共同実行 ……………… 562
共同正犯 ……………… 561
　　――の解消 ……… 633
共犯 …………………… 517
　　――と身分 ……… 608
　　――の違法性 …… 540
　　――の因果性 …… 541
　　――の過剰 …… 636, 638
　　――の罪数 ……… 664
　　――の錯誤 ……… 635
　　――の従属形式 … 557
　　――の従属性 …… 554
　　――の処罰根拠 … 537
　　――の本質 ……… 545
共犯学説 ……………… 546
共犯からの離脱 ……… 628
共犯体系 ……………… 515
共犯借用犯説 ………… 555
共犯従属性説 ………… 555
共犯独立性説 ………… 555
京踏切事件 …………… 355
共罰的事後行為 ……… 653
共謀 …………………… 563
　　――の射程論 …… 634
共謀罪 ………………… 459
共謀共同正犯 …… 564, 565
業務上過失 …………… 359
業務上特別の義務 …… 238
業務上の軽過失 ……… 360
強要による緊急避難 … 232

事項索引　669

極端従属形式……558, 559
キール学派…………………66
緊急救助…………………197
　　──義務……………447
緊急行為…………………184
緊急的正当化事由………184
緊急避難…………………221
　　──行為………………233
　　──状況………………231
　　──の本質……………222
均衡性の原則……………234
禁止の錯誤………………393
近代学派……………………63

く

偶然避難…………………233
偶然防衛…………………200
草野説……………………386
具体化的結果観…………602
具体的依存性説…………450
具体的危険説……………481
具体的危険犯………………81
具体的事実の錯誤‥369, 370
具体的符合説
　　…………370, 372, 375
具体的法定符合説………371
具体的予見可能性説……347
熊本水俣病事件……………45
クロロホルム事件‥323, 331

け

傾向犯………………133, 161
経済刑法……………………4
形式的違法性……………153
形式的客観説……………465
形式的構成要件的符合説
　　……………………382
形式的三分説……………445
形式的自手犯……………536
形式的責任論……………291
形式的犯罪概念……………81
形式的犯罪論………………73
形式的身分犯……………126
形式犯………………………81

刑事学………………………7
刑事社会学派………………64
刑事人類学派………………63
刑事政策説………………494
刑事犯………………………4
刑事法………………………4
　　──学…………………6
継続犯……………………124
刑
　　──の適用…………282
　　──の廃止……………53
　　──の変更………40, 52
　　──の量定…………281
刑罰拡張原因……………515
刑罰縮小原因………515, 521
刑罰阻却的身分…………610
刑罰適応性………………298
刑罰能力説………………297
刑罰法規不遡及の原則……40
刑法…………………………3
　　──の科学化…………7
　　──の機能的考察……9
　　──の謙抑性…………14
　　──の効力……………52
　　──の社会統制機能…10
　　──の正当化原理……18
　　──の時に関する効力…52
　　──の場所に関する効力
　　……………………54
　　──の人に関する効力…56
　　──のマグナ・カルタ機能
　　……………………16
刑法解釈学…………………7
刑法改正作業………………72
刑法学………………………6
刑法各則……………………6
刑法各論……………………8
刑法総則……………………5
刑法総論……………………8
刑法典………………………3
啓蒙主義の刑法思想………59
結果………………………98
結果回避可能性
　　…………103, 354, 442

結果回避義務説…………345
結果継続説………………124
結果原因支配説…………451
結果行為説………………306
結果的加重犯………135, 281
　　──の共同正犯……590
結果無価値………………164
結果無価値論………73, 170
結果予見義務説…………344
結合犯………………473, 648
欠効未遂…………………504
決定規範…………………157
決定論……………………285
牽連犯……………………656
原因行為説………………308
原因説……………………136
原因において違法な行為の
　　理論…………………195
原因において自由な行為
　　………………………305
喧嘩………………………191
厳格故意説…………397, 406
厳格責任説………………415
幻覚犯……………………479
現在の危難………………232
限時法……………………53
限縮的〈制限的〉正犯概念
　　…………………515, 559
限定主観説………………509
限定責任能力……………301
謙抑主義……………………14
権利濫用説………………196

こ

故意………………………318
　　──の過剰防衛……208
　　──の構成要件関連性
　　………………131, 383
　　──の個数………378, 380
　　──の体系的地位……318
　　──の提訴機能
　　………131, 294, 381
故意ある(幇助)道具……530
故意規制機能

670　事項索引

……………… 111, 383, 385
故意説 ……………… 296, 406
行為 …………………… 95, 98
――と責任の同時存在の
　原則 ……………………… 304
――の一体的評価 …… 210
――の客体 ………… 97, 129
――の主体 ………………… 97
――の状況 ……………… 129
――の条件 ……………… 129
――の相当性
　……………… 137, 139, 142
行為意思 …………………… 96
行為概念の機能 ………… 92
行為共同説 …………… 546
行為継続説 …………… 124
行為原理 ……………… 88, 91
行為支配説 …… 522, 528, 576
行為者
　――の危険性 ………… 281
行為者標準説 ………… 427
行為者無価値論 ……… 480
行為主義 ……………… 81, 91
行為責任主義 ………… 280
行為責任論 …………… 288
行為無価値 …………… 165
行為無価値論 ……… 73, 166
行為類型論 …………… 118
行為論 ……………………… 87
合意 ……………………… 257
合一的評価説 ………… 386
後期古典学派 ………… 61, 62
攻撃的緊急避難 ……… 221
合憲限定解釈 …………… 49
口実防衛 ………………… 198
構成的身分 …………… 610
構成要件 ……………… 107
　――の機能 …………… 108
　――の要素 …………… 120
構成要件違法性解消説 … 118
構成要件該当事実 …… 107
構成要件該当性 ……… 107
　――と違法性の関係 … 88
構成要件欠缺の理論 … 483

構成要件的過失 ……… 131
構成要件的結果 ……… 123
構成要件的故意 ……… 131
構成要件的事実説 …… 409
構成要件的状況 ……… 129
構成要件的等価値性
　……………………… 441, 448
構成要件的符合説 …… 382
構成要件モデル ……… 308
構成要件論 ……………… 86
公訴権濫用の理論 …… 171
光文社事件 ……………… 243
合法則的条件公式 …… 101
公務員の政治的行為 …… 51
功利主義 …………………… 18
国外犯 ……………………… 55
国内犯 ……………………… 54
国労久留米駅事件 …… 243
個人的責任 …………… 280
個人抑止モデル ……… 127
誤想過剰避難 ………… 239
誤想過剰防衛 ………… 213
誤想避難 ………………… 239
誤想防衛 ………………… 211
誇張従属形式 ………… 558
国会制定法主義 ………… 38
国家標準説 …………… 426
古典学派 …………………… 60
個別観察説 …………… 136
個別的客観説 ………… 467
混合惹起説 …………… 544
混合の包括一罪 ……… 652
混合の方法 …………… 302
コンディティオ公式 …… 98
コントロールド・デリバ
　リー ……………………… 532

さ

再間接教唆 …………… 598
罪刑成文法主義 ………… 38
罪刑法定主義 ……… 33, 82
　――的機能 …………… 108
罪質符合説 …………… 384
最小限従属形式 ……… 557

罪名従属性 ……… 548, 553
罪名同一性 …………… 548
佐伯千仭 ………………… 70
作為 ……………………… 97
　――と不作為の等置問題
　……………………………… 441
作為可能性 …………… 441
作為義務 ……………… 441
　――二分論 …………… 446
　――の限定 …………… 447
　――の錯誤 …………… 454
　――の発生根拠 ……… 445
作為犯 ……………… 435, 436
錯誤 ……………………… 367
錯誤構成要件 ………… 112
差別原因説 …………… 136
猿払事件 ………………… 39
39条適用説 …………… 305

し

自手犯 …………………… 536
自救行為 ……………… 250
志向無価値 …………… 165
志向無価値論 ………… 168
自己が被害者である犯罪 … 22
自己危殆化論 ………… 271
自己決定の自由 ……… 260
自己答責性原則 ……… 271
事後の故意 …………… 331
事後法の禁止 …………… 40
自己保全の利益 ……… 186
自己予備 ……………… 643
事実共同説 …………… 546
事実上の引受け説 …… 449
事実的不能説 ………… 484
事実の欠缺論 ………… 483
事実の錯誤 …………… 367
自招危難 ……………… 235
自招侵害 ……………… 194
自然主義的行為論 ……… 93
事前の故意 …………… 330
自然犯 …………………… 4
自然犯法定犯区別説 … 406
実現意思説 …………… 327

事項索引　671

実行共同正犯 …………… 564
実行行為 ………………… 122
　　──の終了時期 ……… 503
実行従属性 ……………… 554
実行中止 ………………… 503
実行の着手 ……………… 463
　　──時期 ………… 314, 465
実行未遂 …………… 458, 464
実質の違法性 …………… 153
実質の違法性論 ………… 154
実質の客観(危険)説 …… 466
実質の共同惹起説 ……… 572
実質的・形式的客観説 … 467
実質的故意概念 ………… 396
実質的行為責任論 ……… 290
実質的構成要件的符合説
　　………………… 383, 391
実質的実行共同正犯説 … 575
実質的自手犯 …………… 536
実質的責任論 ……… 283, 292
実質的犯罪概念 ………… 80
実質的犯罪論 …………… 74
実質的身分犯 …………… 126
実質犯 …………………… 81
実体の刑法 ………………   4
実体的デュー・プロセスの
　　理論 ………………… 48
実体論的犯罪論 ………… 83
質的過剰防衛 …………… 209
失敗未遂 ………………… 504
支配型共謀共同正犯 …… 577
社会規範の責任論 ……… 286
社会の行為論 …………… 95
社会の責任論 …………… 285
社会の相当行為 ………… 249
社会の相当性説 ………… 182
社会統制 …………………   3
　　──手段 ………………   3
社会復帰刑論 …………… 26
社会防衛論 ……………… 289
社会倫理維持説 ………… 12
シャクティ治療事件
　　………………… 445, 552
惹起説 ……………… 540, 542

重過失 …………………… 359
集合犯 …………………… 651
修正旧過失論 ……… 337, 339
修正惹起説 ……………… 543
修正責任説 ……………… 296
集団犯 …………………… 517
従犯 ……………………… 599
重要な役割説 …………… 571
重要な役割論 …………… 574
主観主義 ………………… 65
主観的違法要素 ………… 159
　　──の理論 ………… 159
主観的違法論 …………… 157
主観的危険説 …………… 480
主観的客観説 …………… 467
主観的行為無価値論 …… 480
主観的構成要件要素 …… 130
主観的責任 ……………… 280
主観的相当因果関係説 … 139
主観的未遂論 …………… 460
主体の不能 ……………… 492
純過失説 ………………… 128
準故意説 ………………… 407
準実行共同正犯説 ……… 571
純粋安楽死 ……………… 275
純粋惹起説 ……………… 542
準中止犯 ………………… 506
障害未遂 ………………… 460
消極的安楽死 …………… 275
消極的一般予防論 ……… 27
消極的構成要件要素の理論
　　………………… 113, 118, 419
消極的錯誤 ……………… 368
消極的身分 ……………… 610
　　──犯 ……………… 619
消極的モラリズム ……… 19
承継的共同正犯 ………… 622
承継的共犯 ……………… 621
承継的従犯 ……………… 627
条件関係 ………………… 98
　　──の断絶 ………… 99
条件説 …………………… 134
条件付き故意 …………… 329

条件付き予見可能性 …… 363
常態の正当化事由 ……… 184
状態犯 …………………… 124
贖罪刑論 ………………… 64
処断刑 ……………………   5
処罰条件 ………………… 130
白地刑罰法規 …………… 39
自律の原理 ……………… 260
自力救済 ………………… 250
徴憑説 …………………… 460
素人仲間の平行的評価 … 131
侵害 ……………………… 188
　　──の継続性 …… 191, 209
　　──の予期 ………… 192
侵害原理 ………………… 82
侵害犯 …………………… 81
人格形成責任 …………… 289
人格責任論 ……………… 289
人格的行為論 …………… 94
新過失論 …………… 335, 338
人権宣言 ………………… 34
人権保障機能 ………… 11, 16
新構成要件論 …………… 113
真摯な努力 ……………… 505
新社会防衛論 …………… 67
心神耗弱者 ……………… 302
心神喪失者 ……………… 301
真正作為犯 ……………… 436
真正自手犯 ……………… 536
真正不作為犯 …………… 437
真正身分犯 ………… 611, 616
人的不法(違法)論 …… 158, 166
信頼の原則 ………… 357, 362
心理学的方法 …………… 302
心理学的要素 …………… 303
心理強制説 ……………… 37
心理的因果性 …………… 541
心理の主観説 …………… 508
心理的責任論 …………… 291

す

推定的承諾 ……………… 272
随伴的従犯 ……………… 600
数故意犯説 ………… 372, 374

事項索引

スワット事件 ………… 567

せ

性格責任論 …………… 289
性格論的責任論 ……… 290
制御能力 ……………… 303
制限故意説 ……… 401, 407
制限従属形式 ………… 558
制限責任説 …………… 409
青少年保護育成条例 … 39, 50
精神の障害 …………… 302
精神病 ………………… 302
精神病質 ……………… 302
正当化事情の錯誤 …… 414
正当化事由 ……… 178, 180
　　──の錯誤 ……… 414
正当化の一般原理 …… 181
正当業務行為 ………… 244
正当防衛 ……………… 185
　　──行為 ………… 188
　　──状況 ………… 187
正犯 …………………… 515
　　──の背後の正犯 … 530
生物学的方法 ………… 302
生物学的要素 ………… 302
成立・科刑分離説 …… 615
世界主義 ……………… 56
責任 …………………… 279
責任過失 ……………… 295
責任共犯論 …………… 538
責任減少説 …………… 498
責任故意 ……………… 294
責任構成要件要素の理論
　　……………………… 418
責任主義 ………… 82, 279
責任条件 ……………… 293
責任説 ……… 296, 402, 407
責任前提説 …………… 299
責任阻却的身分 ……… 610
責任能力 ………… 293, 297
　　──の存在時期 … 298
　　──の体系的地位 … 299
　　──の本質 ……… 284
責任身分 ……………… 615

責任無能力 …………… 301
責任モデル …………… 306
責任要素説 …………… 300
関根橋事件 ……… 238, 395
積極的安楽死 ………… 275
積極的一般予防論 … 27, 283
積極的加害意思 … 192, 199
積極的錯誤 …………… 368
接続犯 ………………… 651
絶対的応報刑論 ……… 62
絶対的不定刑の禁止 … 48
絶対的不能・相対的不能説 … 485
折衷主義刑法理論 …… 69
折衷的相当因果関係説 … 139
切迫性説 ……………… 476
前期古典学派 ………… 60
先行行為 ………… 443, 444
先行行為説 …………… 448
宣告刑 …………………   5
全体主義の刑法理論 … 66
専断的治療行為 ……… 245
扇動 …………………… 595
千日デパートビル火災事件
　　……………………… 364
全農林警職法事件 …… 174

そ

争議行為 ……………… 242
相対的応報刑論 ……… 65
相対的非決定論 ……… 285
相対的不定期刑 ……… 48
相当因果関係 ………… 137
　　──説 …………… 137
相当性判断 ……… 137, 145
相当理由説 …………… 394
双方向的対向犯 ……… 518
遡及禁止論 ……… 151, 521
即成犯 ………………… 124
属人主義 ……………… 55
属地主義 ……………… 54
組織上の過失 ………… 358
組織抑止モデル ……… 127
尊厳死 ………………… 277
存在根拠説 …………… 113

た

体系的思考 ……………   8
対向型過失競合 ……… 361
対向犯 ………………… 517
第五柏島丸事件 ……… 429
第三の錯誤 ……… 415, 420
対物防衛 ……………… 189
代理処罰 ……………… 55
瀧川幸辰 ………… 70, 114
択一関係 ……………… 649
択一的競合 …………… 99
択一的故意 …………… 329
択一的条件関係 ……… 99
多行為犯 ……………… 648
他者侵害原理 ………… 18
手綱がらみ(暴れ馬)事件
　　……………………… 423
他人予備 ……………… 642
たぬき・むじな事件 … 411
単純一罪 ……………… 648
段階的過失 …………… 360
単純過失 ……………… 359
単純数罪 ……………… 665
単純事実説 …………… 409
団藤重光 ……………… 70

ち

知的障害 ……………… 302
千葉大チフス菌事件 … 106
着手中止 ……………… 503
着手未遂 ………… 458, 464
チャタレー事件 ……… 132
注意義務 ……………… 343
　　──違反 ………… 343
注意能力 ……………… 350
中止行為 ……………… 502
中止の任意性 ………… 507
中止犯 ………………… 492
　　──の法的性格 … 493
中止未遂 ……………… 492
抽象的危険説 ………… 480
抽象的危険犯 ………… 81
抽象的事実の錯誤 … 369, 382

事項索引　673

抽象的符合説 …………… *385*
抽象的法定符合説 ……… *372*
中立的行為による幇助 … *604*
超過の内心傾向 ………… *159*
重畳的条件関係 ………… *100*
挑発防衛 ………………… *194*
超法規的正当化事由
　………………… *184, 248, 252*
　──の理論 …………… *249*
超法規的責任阻却事由 … *425*
直接正犯 ………………… *516*
直接目的犯 ………… *132, 161*
直前行為説 ……………… *467*
直近過失説 ……………… *360*
治療行為 ………………… *245*

つ

付け加え禁止説 ………… *102*

て

定型説 …………………… *481*
適正処罰の原則 …………… *48*
展望の責任論 …………… *284*

と

同意 ……………………… *257*
同意傷害 ………………… *262*
統一的正犯体系 ………… *515*
東海大学安楽死事件 …… *276*
等価の応報刑論 ………… *62*
動機説 …………………… *326*
道義の責任論 …………… *284*
動機・目的説 …………… *448*
東京中郵事件 …………… *174*
同時犯 …………………… *516*
到達主義 …………… *477, 534*
盗犯等防止法 …………… *220*
都教組事件 ………… *50, 174*
独自の錯誤説 …………… *420*
徳島市公安条例事件 ……… *47*
特別関係 ………………… *649*
特別刑法 …………………… *4*
特別予防論 …………… *26, 65*
独立教唆 ………………… *595*

な

名宛人なき規範 ………… *543*
名古屋安楽死事件 ……… *275*
名古屋中郵事件 ………… *175*

に

二元主義 ………………… *66*
二元的行為無価値論 …… *169*
二重の故意 ……………… *316*
二重の絞り論 …………… *174*
任意的共犯 ……………… *517*
任意未遂 ………………… *492*
認識ある過失
　………………… *325, 344, 358*
認識根拠説 ……………… *113*
認識なき過失 …………… *358*
認定論的犯罪論 ………… *83*
認容説 …………………… *325*

ね

練馬事件 ………………… *566*

は

排他的支配・危険創出説
　…………………………… *452*
排他的支配領域性説 …… *450*
漠然性故に無効の理論 …… *47*
パターナリズム …………… *19*
裸の行為 …………… *87, 91*
発送主義 ………………… *475*
羽田空港ビルデモ事件 … *405*
早すぎた構成要件の実現
　…………………… *331, 472*
犯罪 ……………………… *79*
　──の終了時点 ……… *124*
　──の主体 …………… *126*
　──の態様 …………… *433*
　──の理論 …………… *79*
犯罪競合 ………………… *645*
犯罪共同説 ……………… *548*
犯罪個別化機能 ………… *110*
犯罪徴表説 ……………… *289*
犯罪論の構成方法 ………… *84*

ひ

判例の不遡及的変更 ……… *40*

ひ

被害者の承諾 …………… *255*
被害者のない犯罪 ………… *21*
非決定論 ………………… *284*
必要的共犯 ……………… *517*
避難意思 ………………… *233*
非犯罪化論 ………………… *21*
百円紙幣模造事件 ……… *405*
評価規範 ………………… *157*
表現犯 ……………… *134, 161*
表象説 …………………… *325*
平等原因説 ……………… *134*
開かれた構成要件 ……… *438*
平野龍一 ………………… *72*
被利用者説 ……………… *477*
ビルクマイヤー ………… *62*
ビンディング …………… *62*

ふ

フィリピンパブ事件
　…………………… *193, 564*
ブーメラン現象 ………… *421*
フェリー ………………… *64*
フォイエルバッハ ………… *60*
付加型共同正犯 ………… *561*
不確定的故意 …………… *329*
不可罰の事後行為 ……… *652*
武器対等の原則 ………… *204*
複合的身分犯 …………… *619*
不作為 …………………… *97*
　──による作為犯 …… *437*
　──による従犯 ……… *606*
　──の条件関係 ……… *104*
不作為犯 …… *435, 437, 474*
　──の共同正犯 ……… *581*
不真正作為犯 …………… *436*
不真正自手犯 …………… *536*
不真正不作為犯 ………… *437*
不真正身分犯 ……… *611, 616*
付随事情の正常性
　………………… *297, 422, 424*
付随犯 …………………… *650*

不正 …………………… 188
　——の侵害 …………… 188
不注意 ………………… 343
物的違法論 …………… 158
物理的因果性 ………… 541
不能犯 ………………… 478
不能未遂 ……………… 478
部分的責任能力 ……… 300
部分的犯罪共同説 …… 548
普遍主義 ……………… 56
不法構成要件 ………… 110
不法・責任符合説 …… 384
分担型共同正犯 ……… 561
分担型共謀共同正犯 … 577
分配理論 ……………… 66

へ

併科主義 ……………… 659
平均人標準説 ………… 426
並行型過失競合 ……… 361
併合罪 ………………… 659
　——加重 ……………… 661
併発事実 ……………… 372
米兵ひき逃げ事件 …… 148
ヘーゲル ……………… 62
　——学派 ……………… 62
ベーリング ………… 62, 112
ベッカリーア ………… 59
ベネフィセンスの原理 … 20
ヘルマンの概括的故意 … 324
遍在説 ………………… 54
弁識能力 ……………… 303
片面的共同正犯 ……… 592
片面的対向犯 ………… 518
片面的幇助 …………… 603

ほ

ボアソナード ………… 69
法条競合 ……………… 648
防衛意思 ……………… 197
防衛行為と第三者 …… 216
防衛行為の相当性 …… 204
防衛行為の必要性 …… 203
法益 …………………… 6

——の要保護性不存在の
　原則 ………………… 260
法益関係的錯誤説 …… 266
法益衡量説 …………… 182
法益侵害説 …………… 155
法益保護機能 ……… 11, 16
法益保護説 …………… 13
法益保護の早期化 …… 14
法確証の利益 ………… 186
包括一罪 ……………… 650
包括的正犯説 ………… 570
防御の緊急避難 ……… 221
幇助 …………………… 599
　——の因果関係 ……… 600
幇助犯 ………………… 599
法人処罰 ……………… 127
法人の犯罪能力 ……… 126
法人犯罪 ……………… 126
包摂の錯誤 …………… 403
法定刑 ………………… 5
法定的正当化事由 …… 184
法定的責任阻却事由 … 424
法定的符合説
　……… 371, 372, 379, 382
法定犯 ………………… 4
法の結果説 …………… 602
法的責任論 …………… 285
法の不知 ……………… 402
方法の錯誤 ……… 369, 376
方法の不能 …………… 490
法律主義 ……………… 38
法律説 ………………… 497
法律の事実の錯誤 …… 410
法律の不能説 ………… 483
法律の錯誤 ……… 393, 417
法令行為 ……………… 240
北大電気メス事件 …… 351
保護主義 ……………… 55
保護法益の抽象化 …… 14
保護利益不存在の原則 … 259
補充関係 ……………… 649
補充性の原則 ………… 233
保障構成要件 ………… 109
保障人 ………………… 440

——説 ………………… 439
保障人的義務 ………… 440
保障人的地位 ………… 440
ホテルニュージャパン火災
　事件 ………………… 363
ポポロ事件 …………… 253
本位的一罪 …………… 648

ま

舞鶴事件 ……………… 253
マイヤー, M. A. …… 66, 113
牧野英一 ……………… 69
牧野説 ………………… 385
マグナ・カルタ ……… 34
マクノートン・ルール … 303
丸正名誉毀損事件 …… 247

み

未遂の教唆 …………… 596
未遂犯 ………………… 457
　——における危険 …… 142
　——における故意 …… 162
　——の故意 …………… 471
密接行為説 …………… 466
三友炭坑事件 …… 173, 429
見張り ………………… 605
未必の故意（未必的故意）
　………………… 325, 329
身分 …………………… 609
　——のない故意ある道具
　………………………… 530
身分犯 …………… 126, 611
宮本英脩 ……………… 70
宮本説 ………………… 386

む

無過失責任説 ………… 128
むささび・もま事件 … 412

め

明確性の原則 ………… 46
命令説 ………………… 157
メッガー ……………… 113

も

目的刑論 …………… 25, 64
目的説 ………………… 181
目的的意思 ……………… 94
目的的行為論 ……… 94, 292
目的的行動力 …………… 94
目的のない故意ある道具
　………………………… 530
目的犯 …………… 132, 160
モラリズム ……………… 18
森永ドライミルク事件 … 351
問題的思考 ……………… 9

や

夜間潜水訓練事件 ……… 146
薬害エイズ事件厚生省ルー
　ト ……………………… 341
薬害エイズ事件帝京大学病
　院ルート ……………… 353
やわらかな違法一元論 … 176
やわらかな決定論 ……… 286

ゆ

有意的行為論 …………… 93

優

優越支配共同正犯説 …… 577
優越的利益説 …………… 183
有責行為能力説 ………… 297
有責性 …………………… 279
許された危険 …………… 364
　――の法理 …………… 270

よ

要素従属性 ……………… 557
抑止刑論 ………………… 26
予見可能性 ……… 334, 347
　――の基準 …………… 350
　――の対象 …………… 349
予備 ……………………… 458
　――の中止 …………… 511
予備罪と共犯 …………… 641
予備的従犯 ……………… 600
予防刑法 ………………… 14
予防論的責任論 ………… 283

り

リーガル・モラリズム …… 18
利益衡量説 ……………… 183
離隔犯 …………… 474, 534
リスト …………………… 64

流

流入あるいは強化の因果関
　係 ……………………… 603
利用意思 ………………… 442
量刑 ……………………… 281
利用者説 ………………… 475
量的過剰防衛 …………… 209
両罰規定 ………………… 127
理論上の罪数 …………… 645
臨死介助 ………………… 274

る

類推解釈の禁止 ………… 42

れ

例外モデル ……………… 306
連鎖的教唆 ……………… 598

ろ

労働刑法 ………………… 4
労働争議行為 …………… 242
ロクシン ………………… 67
ロンブローゾ …………… 63
論理的結合説 …………… 103

判例索引

大判明29・3・3刑録2輯3巻10頁 ……… *566*
大判明36・5・21刑集9輯874頁 ……… *44*
大判明41・5・18刑録14輯539頁 ……… *594*
大判明42・6・8刑集15輯728頁 ……… *605*
大判明43・9・20刑録16輯1522頁 ……… *600*
大判明43・10・11刑集16輯1620頁 ……… *173*
大判明44・2・27刑録17輯197頁 ……… *44*
大判明44・3・16刑録17輯405頁 ……… *609*
大判明44・10・9刑録17輯1652頁 ……… *611*
大判大1・12・20刑録18輯1566頁 ……… *258*
大判大2・3・18刑録19輯353頁 ……… *613*
大判大2・11・18刑録19輯1212頁 ……… *510*
大判大3・5・18刑録20輯932頁 ……… *618*
大判大3・7・24刑録20輯1546頁 ……… *490*
大判大3・9・25刑録20輯1648頁 ……… *195*
大判大3・12・24刑録20輯2615頁 ……… *414*
大判大3・12・24刑録20輯2618頁 ……… *584*
大判大4・2・10刑録21輯90頁 ……… *443*
大判大4・3・2刑録21輯194頁 ……… *611*
大判大5・5・4刑録22輯685頁 ……… *512*
大判大5・11・8刑録22輯1693頁 ……… *664*
大判大6・9・10刑録23輯999頁 ……… *491*
大判大7・11・16刑録24輯1352頁 ……… *534*
大判大7・12・18刑録24輯1558頁 ……… *442*
大判大7・12・21新聞1522号21頁 ……… *566*
大判大10・5・7刑録27輯257頁 ……… *532*
大判大11・2・25刑集1巻79頁 ……… *592*
大判大11・3・1刑集1巻99頁 ……… *598*
大判大11・4・18刑集1巻233頁 ……… *566*
大判大11・5・6刑集1巻255頁 ……… *328*
大判大11・12・13刑集1巻749頁 ……… *510*
大判大12・4・30刑集2巻378頁 ……… *141, 330*
大判大13・4・25刑集3巻364頁 ……… *412*
大判大13・8・5刑集3巻611頁 ……… *403*
大判大13・12・12刑集3巻867頁 ……… *236*
大判大14・1・22刑集3巻921頁 ……… *592, 603*
大判大14・5・26刑集4巻342頁 ……… *657*
大判大14・6・9刑集4巻378頁 ……… *411*

*　　　*　　　*

大判昭2・10・16刑集6巻413頁 ……… *317*
大判昭3・3・9刑集7巻172頁 ……… *599*
大判昭4・4・11法律新聞3006号15頁 ……… *355*
大判昭4・9・17刑集8巻446頁 ……… *507*
大判昭6・11・9刑集10巻568頁 ……… *566*
大判昭6・12・3刑集10巻682頁 ……… *302*
大判昭7・1・25刑集11巻1頁 ……… *191*
大判昭7・3・7刑集11巻277頁 ……… *237*
大判昭7・8・4刑集11巻1153頁 ……… *404*
東京控判昭8・2・28法律新聞3545号5頁
　　………………………………………… *141*
大判昭8・6・29刑集12巻1001頁 ……… *396*
大判昭8・8・30刑集12巻1445頁 ……… *375*
大判昭8・11・21刑集12巻2072頁 ……… *429*
大判昭8・11・30刑集12巻2160頁 ……… *237*
大判昭9・2・10刑集13巻127頁 ……… *630*
大判昭9・8・27刑集13巻1086頁 ……… *264*
大判昭9・10・19刑集13巻1473頁 ……… *466, 468*
大判昭11・2・10刑集15巻96頁 ……… *237*
大判昭11・3・6刑集16巻272頁 ……… *510*
大連判昭11・5・28刑集15巻715頁 ……… *566*
大判昭11・11・21刑集15巻1501頁 ……… *429*
大判昭11・12・7刑集15巻1561頁 ……… *197*
大判昭12・3・10刑集16巻299頁 ……… *599*
大判昭12・6・25刑集16巻998頁 ……… *505*
大判昭12・9・21刑集16巻1303頁 ……… *510*
大判昭12・11・6裁判例11巻刑法87頁 ……… *237*
大判昭12・12・24刑集16巻1728頁 ……… *632*
大判昭13・3・11刑集17巻237頁 ……… *443*
大判昭13・4・19刑集17巻336頁 ……… *506*
大判昭13・11・18刑集17巻839頁 ……… *627*
大判昭17・7・24刑集21巻319頁 ……… *280*
大判昭19・4・30刑集23巻81頁 ……… *526*

*　　　*　　　*

最判昭22・11・5刑集1巻1頁 ……… *638*
最判昭23・1・15刑集2巻1号4頁 ……… *566*
最判昭23・3・16刑集2巻3号220頁 ……… *605*

最判昭23・3・16刑集2巻3号227頁……… *328*
最判昭23・5・1刑集2巻5号435頁……… *638*
最判昭23・6・8裁判集刑2号329頁……… *359*
最大判昭23・7・14刑集2巻8号889頁… *412*
最大判昭23・7・7刑集2巻8号793頁… *191*
最判昭23・10・23刑集2巻11号1386頁… *639*
最判昭24・2・22刑集3巻2号206頁… *413*
最判昭24・5・17裁判集刑10号177頁… *512*
最大判昭24・5・18刑集3巻6号772頁… *242*
最判昭24・7・9刑集3巻8号1174頁… *511*
最判昭24・7・12刑集3巻8号1237頁… *638*
最大判昭24・7・22刑集3巻8号1363頁… *265*
最判昭24・7・23刑集3巻8号1373頁以下
………………………………………… *651*
最判昭24・8・18刑集3巻9号1465頁… *197*
福岡高判昭24・9・17高刑判特1号127頁… *630*
最判昭24・12・17刑集3巻12号2028頁… *632*
最判昭25・7・6刑集4巻7号1178頁… *531*
最判昭25・7・11刑集4巻7号1261頁… *639*
東京高判昭25・9・14高刑集3巻3号407頁
………………………………………… *629*
最判昭25・10・10刑集4巻10号1965頁… *639*
最判昭25・11・9刑集4巻11号2239頁… *146*
最大判昭25・11・15刑集4巻11号2257頁
………………………………… *242, 243*
最大判昭25・11・22刑集4巻11号2380頁… *22*
最判昭25・11・28刑集4巻12号2463頁… *403*
最大判昭26・1・17刑集5巻1号20頁… *317*
最判昭26・3・9刑集5巻4号500頁… *192*
最判昭26・3・27刑集5巻4号686頁… *591*
最判昭26・6・7刑集5巻7号1236頁… *359*
最判昭26・7・10刑集5巻8号1411頁… *413*
最判昭26・8・17刑集5巻9号1789頁… *413*
最判昭26・11・15刑集5巻12号2354頁… *396*
大阪高判昭27・5・15高刑集5巻5号812頁
………………………………………… *302*
最大判昭27・8・6刑集6巻8号974頁… *247*
最判昭27・12・25刑集6巻12号1442頁… *53*
福岡高判昭28・1・12高刑集6巻1号1頁
………………………………………… *630*
最判昭28・1・23刑集7巻1号30頁… *584, 586*
最決昭28・3・5刑集7巻3号482頁… *598*
最大判昭28・6・17刑集7巻6号1289頁… *651*
札幌高判昭28・6・30高刑集6巻7号859頁

………………………………………… *626*
最大判昭28・7・22刑集7巻7号1621頁… *56*
福岡高判昭28・11・10高刑特26号58頁… *491*
最決昭28・12・24刑集7巻13号2646頁… *317*
最判昭28・12・25刑集7巻13号2671頁… *238*
最大判昭29・1・20刑集8巻1号41頁… *512*
最判昭29・5・27刑集8巻5号741頁… *657*
最判昭30・3・1刑集9巻3号381頁… *44*
最判昭30・10・25刑集9巻11号2295頁… *193*
最判昭30・11・11刑集9巻12号2438頁… *251*
最判昭30・12・9刑集9巻13号2633頁… *247*
東京高判昭30・12・21高刑裁特2巻24号1292
頁………………………………………… *630*

* * *

名古屋高判昭31・4・19高刑集9巻5号411
頁………………………………………… *317*
東京高判昭31・5・8高刑集9巻5号425頁
………………………………………… *253*
最判昭31・5・24刑集10巻5号734頁… *613*
最大判昭31・6・27刑集10巻6号921頁… *44*
最決昭31・7・3刑集10巻7号955頁… *529*
最判昭31・12・11刑集10巻12号1605頁
………………………………… *173, 429*
最判昭32・1・22刑集11巻1号31頁… *191*
最大判昭32・3・13刑集11巻3号997頁… *132*
最判昭32・7・18刑集11巻7号1861頁… *657*
広島高判昭32・7・20高刑裁特4巻追録696
頁………………………………………… *584*
最決昭32・9・10刑集11巻9号2202頁… *510*
最判昭32・10・4刑集11巻10号2464頁… *536*
最判昭32・10・18刑集11巻10号2663頁
………………………………… *395, 396, 404*
最判昭32・11・19刑集11巻12号3073頁
………………………………… *615, 619*
最大判昭32・11・27刑集11巻12号3113頁… *128*
最判昭32・11・27刑集11巻12号3113頁… *281*
最大判昭33・5・28刑集12巻8号1718頁… *566*
最判昭33・7・10刑集12巻11号2471頁… *429*
最判昭33・9・9刑集12巻13号2882頁… *443*
最判昭33・9・12刑時163号5頁… *429*
最判昭33・11・21刑集12巻15号3519頁… *265*
最判昭34・2・5刑集13巻1号1頁… *209*
最判昭34・2・27刑集13巻2号250頁… *413*
最判昭34・7・2刑集13巻8号1163頁… *444*

判例索引　　679

東京高判昭34・12・2東時10巻12号435頁‥626
東京高判昭34・12・7高刑集12巻10号980頁
　　………………………………………………626
最大判昭35・1・27刑集14巻1号33頁………49
最判昭35・2・4刑集14巻1号61頁………238
最判昭35・4・28刑集14巻6号822頁………658
東京高判昭35・12・27下刑集2巻11=12号
　1375頁…………………………………………253
広島高判昭36・7・10高刑集14巻5号310頁
　……………………………………………………489
名古屋高判昭36・11・27高刑集14巻9号635
　頁…………………………………………642, 644
最判昭37・3・23刑集16巻3号305頁………491
最判昭37・4・4刑集16巻4号345頁…………54
最判昭37・5・4刑集16巻5号510頁………333
大阪地判昭37・7・24下刑集4巻7＝8号
　696頁……………………………………………96
最決昭37・11・8刑集16巻11号1522頁
　…………………………………………642, 644
名古屋高判昭37・12・22高刑集15巻9号674
　頁…………………………………………………275
最判昭38・3・15刑集17巻2号23頁………174
福岡高判昭38・7・5下刑集5巻7＝8号
　647頁…………………………………………232
大阪高判昭39・9・29下刑集6巻9＝10号
　979頁……………………………………………96
福岡地判昭40・2・24下刑集7巻2号227頁
　……………………………………………………626
最決昭40・3・9刑集19巻2号69頁‥468, 470
最決昭40・3・26刑集19巻2号83頁………128
大阪高判昭40・6・7下刑集7巻6号1166頁
　…………………………………………………263
東京地判昭40・8・10判タ181号192頁……626
東京地判昭40・9・30下刑集7巻9号1828頁
　…………………………………………………444
　　　　　＊　　　＊　　　＊
最決昭41・7・7刑集20巻6号554頁………215
最大判昭41・10・26刑集20巻8号901頁
　…………………………………………174, 180
東京高判昭41・10・26刑集21巻8号1123頁
　…………………………………………………148
最判昭41・12・20刑集20巻10号1212頁……357
最判昭42・3・7刑集21巻2号417頁………609
最決昭42・5・19刑集21巻4号494頁………42

最判昭42・10・13刑集21巻8号1097頁……357
最決昭42・10・24刑集21巻8号1116頁
　…………………………………………141, 144
最決昭43・2・27刑集22巻2号67頁………316
最決昭43・12・24刑集22巻13号1625頁……518
最大判昭44・4・2刑集23巻5号305頁
　…………………………………………41, 50, 174
最決昭44・7・17刑集23巻8号1061頁……599
東京高判昭44・9・17高刑集22巻4号595頁
　…………………………………………………404
最決昭44・12・4刑集23巻12号1573頁……206
最決昭45・1・29刑集24巻1号1頁………133
大阪高判昭45・5・1高刑集23巻2号367頁
　…………………………………………………237
福岡高判昭45・5・16判時621号106頁……328
最決昭45・7・28刑集24巻7号585頁
　…………………………………………468, 470, 473
福岡地久留米支判昭46・3・8判タ264号403
　頁…………………………………………………444
最判昭46・6・17刑集25巻4号567頁
　…………………………………………135, 141
最判昭46・11・16刑集25巻8号996頁
　…………………………………………193, 198
名古屋高判昭47・7・27刑裁月報4巻7号
　1284頁…………………………………………623
最大判昭48・4・25刑集27巻3号418頁
　…………………………………………243, 252
最大判昭48・4・25刑集27巻4号547頁
　…………………………………………50, 174
最判昭48・5・22刑集27巻5号1077頁……357
最大判昭49・11・6刑集28巻9号393頁……39
徳島地判昭48・11・28刑裁月報5巻11号1473
　頁…………………………………………………351
最判昭49・11・28刑集28巻8号385頁……663
最大判昭49・5・29刑集28巻4号114頁
　…………………………………91, 652, 656, 662, 663
神戸簡判昭50・2・20判時768号3頁……248
最判昭50・4・3刑集29巻4号132頁………241
最大判昭50・9・10刑集29巻8号489頁……47
最判昭50・11・25刑集29巻10号928頁……243
最判昭50・11・28刑集29巻10号983頁……198
　　　　　＊　　　＊　　　＊
大阪地判昭51・3・4判時822号109頁……318
札幌高判昭51・3・18高刑集29巻1号78頁

　　　　　　　　　　　………………… 351
最決昭51・3・23刑集30巻2号229頁……… 247
最判昭51・4・30刑集30巻3号453頁………… 45
大阪高判昭51・5・25刑裁月報8巻4＝5号
　253頁 ………………………………………… 352
東京高判昭51・6・1高刑集29巻2号301頁
　　　　　　　　　　　………………… 405
東京高判昭51・7・14刑時834号106頁 ……… 504
最大判昭51・9・22刑集30巻8号1640頁 …… 663
松江地判昭51・11・2刑裁月報8巻11＝12号
　495頁 ………………………………………… 630
京都地舞鶴支判昭51・12・8判時958号135頁
　　　　　　　　　　　………………… 301
最大判昭52・5・4刑集31巻3号182頁 …… 175
最決昭52・7・21刑集31巻4号747頁
　　　　　　　　　　　………… 193, 199
最決昭53・2・16刑集32巻1号47頁 ……… 664
最決昭53・5・31刑集32巻3号457頁 ……… 247
最判昭53・6・29刑集32巻4号967頁 ……… 405
最判昭53・7・28刑集32巻5号1068頁 ……… 375
最決昭54・3・27刑集33巻2号140頁
　　　　　　　　　　　……… 384, 391, 392
最決昭54・4・13刑集33巻3号179頁
　　　　　　　　　　　……… 551, 553, 638
最決昭54・11・19刑集33巻7号728頁 ……… 340
最決昭55・11・13刑集34巻6号396頁
　　　　　　　　　　　……… 256, 260, 263
最決昭55・12・17刑集34巻7号672頁 ……… 171
大阪高判昭56・9・30高刑集34巻3号385頁
　　　　　　　　　　　………………… 317
最決昭56・12・21刑集35巻9号911頁 ……… 329
最決昭57・2・17刑集36巻2号206頁 ……… 665
最決昭57・5・25判時1046号15頁 ………… 106
最決昭57・5・26刑集36巻5号609頁 ……… 188
最決昭57・7・16刑集36巻6号695頁
　　　　　　　　　　　………… 567, 576
東京高判昭57・8・10刑裁月報14巻7＝8号
　603頁 ………………………………………… 359
最判昭57・9・28刑集36巻8号787頁 ……… 49
東京地八王子支判昭57・12・22判夕494号142
　頁 ……………………………………………… 444
横浜地判昭58・7・20判時1108号138頁
　　　　　　　　　　　………… 332, 472
最決昭58・9・13判時1100号156頁 ……… 303
最決昭58・9・21刑集37巻7号1070頁
　　　　　　　　　　　………… 532, 558
最判昭59・3・6刑集38巻5号1961頁 ……… 329
最判昭59・7・3刑集38巻8号2783頁 ……… 303
松江地判昭60・7・3判例集未登載 ……… 144
最決昭60・9・12刑集39巻6号275頁 ……… 198
最大判昭60・10・23刑集39巻6号413頁
　　　　　　　　　　　………… 39, 50, 51
福岡高判昭61・3・6判時1193号152頁 …… 511
最決昭61・6・9刑集40巻4号269頁 ……… 391
最決昭61・6・24刑集40巻4号292頁 ……… 175
名古屋高判昭61・9・30高刑集39巻4号371
　頁 ……………………………………………… 584
最決昭61・11・18刑集40巻7号523頁 ……… 652
最決昭62・3・26刑集41巻2号182頁 ……… 215
大阪高判昭62・7・10高刑集40巻3号720頁
　　　　　　　　　　　………………… 626
最決昭62・7・16刑集41巻5号237頁 ……… 405
東京高判昭62・7・16判時1247号140頁 …… 504
千葉地判昭62・9・17判時1256号3頁 …… 206
大阪高判昭62・10・2判タ675号246頁 …… 526
最決昭63・2・29刑集42巻2号314頁 ……… 45
最決昭63・5・11刑集42巻5号807頁 ……… 144
最判昭63・10・27刑集42巻8号1109頁 …… 362
　　　　　　　＊　　　＊　　　＊
最決平1・3・14刑集43巻3号262頁 ……… 352
最決平1・6・26刑集43巻6号567頁 ……… 633
最判平1・7・18刑集43巻7号752頁 ……… 413
最判平1・11・13刑集43巻10号823頁 ……… 205
最決平1・12・15刑集43巻13号879頁
　　　　　　　　　　　………… 105, 608
札幌地判平2・1・17判夕736号244頁 …… 551
最決平2・2・9判時1341号157頁 ………… 324
東京高判平2・2・21判夕733号232頁 …… 600
東京地判平2・10・12判夕757号239頁 …… 615
最決平2・11・16刑集44巻8号744頁
　　　　　　　　　　　………… 363, 585
最決平2・11・20刑集44巻8号837頁 ……… 144
最決平2・11・29刑集44巻8号871頁 ……… 364
大阪高判平3・1・29高刑集44巻1号1頁
　　　　　　　　　　　………………… 663
最決平3・4・5刑集45巻4号171頁 ……… 46
長崎地判平4・1・14判時1415号142頁 …… 298
東京地判平4・1・23判時1419号133頁 …… 584

最決平4・6・5刑集46巻4号245頁
　　　　　　　　　　　　　　　　193, 564
最決平4・12・17刑集46巻9号683頁 ……… 144
最決平5・10・29刑集47巻8号98頁 ……… 662
最決平5・11・25刑集47巻9号242頁 ……… 363
最決平6・6・30刑集48巻4号21頁 ……… 220
最判平6・12・6刑集48巻8号509頁 ……… 634
最決平6・12・9刑集48巻8号576頁 ……… 55
横浜地判平7・3・28判時1530号28頁 ……… 276
最決平7・7・19刑集49巻7号813頁 ……… 128
千葉地判平7・12・13判時1565号144頁 …… 269
最判平8・2・8刑集50巻2号221頁 ……… 45
東京地判平8・6・26判時1578号39頁 ……… 232
最判平8・11・18刑集50巻10号745頁 ……… 41
最判平8・11・28刑集50巻10号827頁 ……… 53
最判平9・6・16刑集51巻5号435頁
　　　　　　　　　　　　　　　　192, 209
大阪地判平9・8・20判タ995号286頁 …… 627
最決平9・10・7刑集51巻9号716頁 ……… 128
最決平9・10・30刑集51巻9号816頁 ……… 532
　　　　　　　＊　　　＊　　　＊
釧路地判平11・2・12判時1675号148頁 …… 606
札幌高判平12・3・16判時1711号170頁
　　　　　　　　　　　　　　　　526, 606
最決平12・12・20刑集54巻9号1095頁 ……… 352
東京地判平13・3・28判時1763号17頁 ……… 353
大阪高判平13・6・21判タ1085号292頁 …… 444
最決平13・10・25刑集55巻6号519頁
　　　　　　　　　　　　　　　　532, 558
最決平13・11・14刑集55巻6号763頁 ……… 464
最判平14・1・22刑集56巻1号1頁 ……… 46
大阪高判平14・8・21判時1804号146頁 …… 585
最判平15・1・24判時1806号157頁 …… 355, 357
東京高判平15・3・25刑集61巻2号214頁 …… 585
最大判平15・4・23刑集57巻4号467頁 ……… 655
最決平15・5・1刑集57巻5号507頁 ……… 567

最判平15・7・10刑集57巻7号903頁 ……… 660
最判平15・7・16刑集57巻7号950頁 ……… 144
最決平16・1・20刑集58巻1号1頁 … 265, 533
最決平16・3・22刑集58巻3号187頁
　　　　　　　　　　　　　　　323, 331, 472
最決平17・7・4刑集59巻6号403頁
　　　　　　　　　　　　　　　　444, 552
最決平17・11・15刑集59巻9号1558頁 ……… 363
最決平17・11・29裁判集刑288号543頁 ……… 568
最決平17・12・6刑集59巻10号1901頁 ……… 240
最決平18・2・27刑集60巻2号253頁 ……… 414
最決平18・3・27刑集60巻3号382頁 ……… 149
東京高判平19・1・29高裁速報平成19年107
　頁 ……………………………………… 444
名古屋高判平19・2・16判タ1247号342頁 … 473
最決平19・3・26刑集61巻2号131頁 ……… 361
最決平19・9・18刑集61巻6号601頁 ……… 50
最決平19・11・14刑集61巻8号757頁 ……… 568
最決平20・3・4裁判集刑293号685頁 ……… 469
最決平20・4・25刑集62巻5号1559頁 ……… 303
最決平20・5・20刑集62巻6号1786頁 ……… 195
最決平20・6・25刑集62巻6号1859頁 ……… 210
最決平20・11・10刑集62巻10号2853頁 …… 47
　　　　　　　＊　　　＊　　　＊
最決平21・2・24刑集63巻2号1頁 ……… 210
東京高判平21・5・25判時2049号150頁 …… 303
最決平21・6・30刑集63巻5号475頁 ……… 631
最決平21・7・16刑集63巻6号711頁 ……… 205
最決平21・12・7刑集63巻11号1899頁 ……… 278
最決平21・12・7刑集63巻11号2641頁 ……… 353
最決平21・12・8刑集63巻11号2829頁
　　　　　　　　　　　　　　　　302, 303
最決平23・12・19刑集65巻9号1380頁 ……… 604
最決平24・11・6刑集66巻11号1281頁 ……… 627
最決平24・12・7刑集66巻12号1337頁 ……… 51
東京高判平24・12・18判時2212号123頁 …… 232

著者略歴

曽根威彦（そね たけひこ）
1944年　横浜に生まれる
1966年　早稲田大学法学部卒業
現　在　早稲田大学名誉教授　法学博士

主要著書

『刑法における正当化の理論』（1980年, 成文堂）
『ドイツ刑法史綱要』（共訳, 1984年, 成文堂）
『表現の自由と刑事規則』（1985年, 一粒社）
『刑法における実行・危険・錯誤』（1991年, 成文堂）
『現代刑法論争Ⅰ, Ⅱ［第2版］』（共著, 1997年, 勁草書房）
『刑事違法論の研究』（1998年, 成文堂）
『刑法学の基礎』（2001年, 成文堂）
『刑法の重要問題［総論］［第2版］』（2005年, 成文堂）
『刑法の重要問題［各論］［第2版］』（2006年, 成文堂）
『刑法総論［第4版］』（2008年, 弘文堂）
『刑法各論［第5版］』（2012年, 弘文堂）
『刑法における結果帰属の理論』（2012年, 成文堂）
『刑事違法論の展開』（2013年, 成文堂）
『現代社会と刑法』（2013年, 成文堂）
『我が刑法学の歳月』（2014年, 成文堂）

刑 法 原 論

2016年4月20日　初版第1刷発行

著　者　曽　根　威　彦
発行者　阿　部　成　一

162-0041　東京都新宿区早稲田鶴巻町514
発行所　株式会社　成 文 堂
電話 03(3203)9201(代)　FAX 03(3203)9206
http://www.seibundoh.co.jp

製版・印刷　藤原印刷　　　　　製本　弘伸製本
©2016　T. Sone　Printed in Japan
☆乱丁・落丁本はおとりかえいたします☆
ISBN978-4-7923-5180-9 C3032　　　　　検印省略

定価（本体6500円＋税）